Ingrid Warburg Spinelli

Ingrid Warburg Spinelli
Die Dringlichkeit des Mitleids und die Einsamkeit, nein zu sagen

Lebenserinnerungen bearbeitet von Annette Kopetzki
mit einer kleinen Enzyklopädie des Antifaschismus und des Widerstandes in Europa und Amerika

Dölling und Galitz Verlag

Gestaltung: Wilfried Gandras
Satz: Dölling und Galitz Verlag unter Verwendung der Palatino, Linotype
Belichtung: CAP, Hanna Hoins, Hamburg
Druck und Bindung: Fuldaer Verlagsanstalt
Printed in Germany

ISBN 3-926174-17-x

Inhalt

Editorial

Die Erinnerungen von Ingrid Warburg Spinelli haben wie die meisten Erinnerungen, die nicht nur für den kleinsten Familienkreis aber auch nicht gezielt für den unersättlichen Buchmarkt geschrieben wurden, ihre lange und oft komplizierte Geschichte. Als wir Ingrids Manuskript in den Händen hielten und sie dann auch persönlich kennenlernten, hatte dieses Manuskript schon viele Phasen durchgemacht. Etwas davon erzählt Ingrid in ihrer Danksagung.

Der durch Ingrids bewegtes Leben entstandene »Wust« aus zwei Koffern Material in verschiedenen Sprachen und Aufzeichnungsarten: Tonbändern, Essays, Zeitungsartikeln, Briefen, Gesprächsnotizen, Dokumenten konnte nach über zehn Jahren langer Arbeit zu dem gemacht werden, was wir heute nicht ohne Stolz vorlegen, auch wenn wir »erst« zwei Jahre an diesem Buch arbeiten. In Rom arbeitete Annette Kopetzki mit Ingrid zusammen. Ihr ist es zu danken, daß aus dem »Wust« ein lesbares Manuskript entstand.

Eine zentrale Frage, die eng mit Ingrid Warburgs wechselhaftem Leben zusammenhängt, war die nach der Sprache, in der die endgültige Fassung ihrer Lebenserinnerungen entstehen sollte. Mit den abgewandelten Worten Aby Warburgs gesprochen, beinhaltet diese Frage das Problem: Hamburgerin von Geburt zu sein, Jüdin aus Schicksal, Schwedin durch die Herkunft ihrer Mutter, Engländerin durch Studium und Freundschaft, Amerikanerin im Exil und durch die politische Arbeit und Italienerin als Frau und Mutter. Ingrid hat sich für die deutsche Sprache entschieden. Für die Sprache ihrer Kindheit und Jugend, für das Deutsche ihrer Freunde aus dem deutschen Widerstand und Exil, für das Deutsche — wie sie sagt — Rilkes und Martin Bubers.

Ein weiteres Problem war, wie die vielen Dokumente, die Ingrid nach und nach aus Mappen, Kisten und Kästen zu Tage förderte in den Text integrieren, ohne den Erzählzusammenhang zu zerstören. So entstand ein Buch aus zwei Teilen. Der erste ist die Autobiographie Ingrid Warburgs, während der zweite Teil aus einem kommentierten biographischen Personen- und Stichwortverzeichnis besteht, an dem wir Monate gearbeitet haben. Auf immer neue Dokumente, Geschichten und Zusammenhänge verweisend, ist uns dieser Anhang immer mehr zu einer kleinen Enzyklopädie des antifaschistischen Widerstandes geraten. Eine Ausnahme bildet der Bericht Varian Frys. Wir haben uns dafür entschieden, seinen langen Bericht von 1941 für das »Emergency Rescue Committee«, den Sabine Niemann für uns aus dem Amerikanischen übersetzte, vollständig in den ersten Teil zu übernehmen, weil er durch seine Authentizität die besondere historische Situation begreifbar macht und noch nie publiziert wurde.

Die endgültige Fassung dieses Buches entstand bei der Gelegenheit einer der zahlreichen Reisen nach Rom, um mit Ingrid die Fahnenkorrekturen zu besprechen. Wir entdeckten Ingrids Schatzkiste mit den wunderbaren Photographien. Das reizte unseren Graphiker Wilfried Gandras, und so ist dieses Buch auch noch ein Bilderbuch geworden. Auf diese Weise entwickelt sich mit der Zeit ein Werk, das vieles ist: persönliche Erinnerung wie Geschichtsbuch, intellektuelle Biographie wie Denkschrift, liebevolle Annäherung an Ingrids Freunde und ihre außergewöhnliche Familie. Und zugleich alles das, was wir mit dem Titel, der Ingrids Haltung entspricht, ausdrücken wollen:

Die Einsamkeit, nein zu sagen — nein zu sagen den Verkrustungen der Ideologien, den Diktaturen und Nationalismen, den Sicherheiten von Wohlstand und Bildung, dem sicheren Hafen der Familie und der Glaubensgemeinschaft.

Die Dringlichkeit des Mitleids — das heißt, Menschen in Not und Verfolgung zu helfen; unabhängig von ihrer Religion, politischen Meinung und Haltung, ihrer Staatsangehörigkeit, Rasse und persönlichen Lebensweise.

Wir hoffen, daß wir mit diesem Buch zum Nachdenken anregen können: über Widerstand und Exil, Mitleid und dessen Verweigerung und die wieder dringlicher gewordene Frage, ob Juden heute als Teil einer deutschen Gesellschaft leben können.

Vorwort

Die Odyssee von Ingrid Warburg Spinellis Leben, die uns in diesem Buch vor Augen tritt, spiegelt jene Abgründe wider, denen viele von uns in den vergangenen fünfzig Jahren gegenüberstanden. Hier wird ein menschliches Zeugnis abgelegt und eine Botschaft überbracht, die nicht für jeden auf Anhieb leicht zu entziffern ist. Für den aber, der Augen hat zu sehen und Ohren zu hören, erschließt sich in der schlichten Sprache dieser vielgeprüften Frau die Schreckenswelt jener Zeit, aber auch Einiges von den Hoffnungen und Möglichkeiten, ihr aufrecht und tapfer zu begegnen.

Schon ihr Name — Warburg Spinelli — bezeichnet einen Teil der Spannungsfelder, denen sie sich stellte, aus denen sie ein Ganzes formen mußte. Im Hause Warburg fügten sich augenscheinlich jüdischer Geist und deutsche Geschichte in einer Weise in eins, die auf ihre Art vorbildlich war und wohl kaum je in Frage gestellt wurde. Die Größen der Zeit gingen bei der Familie ein und aus, ihre Verbindungen umspannten die Stadt wie die ganze Welt. Ein behütetes Leben mit allen Möglichkeiten reicher Entfaltung schien Ingrid Warburg vorgezeichnet. Wie anders sollte es kommen.

Die Schule in Salem bei Kurt Hahn, einem Freund der Eltern, das Studium in Heidelberg bei Gundolf und dessen Fortsetzung in Oxford, wo sie u.a. Freundschaft mit Isaiah Berlin und Adam von Trott schloß, schienen noch im Sinne dieser geradlinigen Traditionen zu verlaufen. Doch sie begann schon damals zu ahnen, wohin die Reise ging und was sich an Unheil in diesem Lande vorbereitete. Ingrid Warburg begann zu zweifeln. Sie fand Gefährten, die das Verhängnis erkannten und entschlossen waren, sich ihm entgegen zu stellen — dies eher auf der Seite der politisch links Orientierten als bei den vertrauten Freunden der Familie.

Später, als Ingrid Warburg gezwungen war, Deutschland fernzubleiben, verzichtete sie darauf, sich in der amerikanischen Emigration mit Hilfe der dortigen Warburgs ein schönes Leben zu machen. Statt dessen stellte sie sich mit ihrer ganzen Kraft auf die Seite der jüdischen und anderen Flüchtlinge, die nun in Scharen in Amerika ankamen. Sie begann Spenden zu sammeln, Hilfskomitees zu gründen, um für die nun Mittel- und Heimatlosen eine wenn auch noch so dürftige Lebensgrundlage zu schaffen. Sie richtete Bildungsstätten ein, in denen die meist aus großen Städten gekommenen Flüchtlinge für die Besiedlung Palästinas vorbereitet wurden.

Als ich sie einmal in Rom besuchte, sah ich unter ihren Papieren eine Fülle von Briefen — Bittgesuche, Hilfeschreie, Dankesbriefe — von Menschen, denen sie die Flucht aus Südfrankreich und damit die Rettung vor dem Zugriff von Gestapo und französischer Polizei oft in letzter Minute ermöglichen konnte. Männer wie Marc Chagall, Walter Mehring, Franz Werfel und viele andere bekannte Namen waren darunter.

Amerikanische Hilfskomitees wie das »Emergency Rescue Committee«, dem Ingrid Warburg angehörte, hatten Notvisa beschafft, Schiffstransporte und Geldmittel besorgt. Schließlich war es sogar gelungen, tapfere Männer wie Varian Fry nach Frankreich einzuschleusen, die den Exodus der Flüchtlinge unter größter persönlicher Gefahr organisierten und begleiteten. Ingrid Warburgs nahe Bekanntschaft mit Eleanor Roosevelt, der engagierten Gattin des amerikanischen Präsidenten, hat dieses große Hilfs- und Rettungswerk wohl erst ermöglicht. Ich erfuhr dies alles erst vor wenigen Jahren in Rom. Ingrid hatte nie davon gesprochen.

Ein Flüchtling ganz besonderer Art stieß eines schönen Tages in New York auf Ingrid Warburg. Es war Veniero Spinelli, italienischer Revolutionär und Kommunist aus einem altem Fürstengeschlecht, der im Spanischen Bürgerkrieg gegen die Faschisten gekämpft hatte. Auf abenteuerlichen Wegen war er, der nach dem Stalin-Hitler-Pakt mit den Kommunisten gebrochen hatte, über

Nordafrika als Fremdenlegionär entkommen und nur mit dem, was er am Leibe trug, an Amerikas Küsten gelandet, von dem einzigen Wunsch beseelt, wieder für die Befreiung seines Landes zu kämpfen. Ingrid eroberte er mit dem südlichen Feuer seiner Liebe im Sturm. Für sie bedeute dies, wenn ich es richtig sehe, die entscheidende Wende in ihrem Leben.

Veniero Spinelli war fest entschlossen, sobald als möglich in seine Heimat zurückzukehren, um am bewaffneten Kampf für die Befreiung Italiens und am Aufbau eines freien Europa teilzunehmen. Es muß Ingrid klar gewesen sein, daß ein Leben mit diesem Mann, dessen geistige und politische Leidenschaft sie mit ihrem warmen Herzen und ihrer ganzen Existenz zu teilen bereit war, ihr die größten Opfer abverlangen würde. Was Veniero von ihr erwartete, ging weit über das soziale, wenn auch oft lebensrettende Engagement hinaus, dem sie sich in den USA gewidmet hatte.

Ohne Gäste und Verwandte heirateten sie unter bescheidenen Verhältnissen in New York. Schon bald begann eine lange und qualvolle Trennung. Veniero trat freiwillig in die US-Army ein, um sich mit dem erstmöglichen Transport nach Italien verschiffen zu lassen. Als man ihn kurze Zeit später zurückschicken wollte, desertierte er. Während sein Bruder Altiero noch in faschistischen Gefängnissen schmachtete, schloß Veniero sich den italienischen Partisanen an und verschwand für längere Zeit. Ingrid, die mit den ersten beiden Kindern noch in Amerika war, ahnte nicht, wo er sich befand, wie es ihm ging, ob er überhaupt noch am Leben war. Ihrer glücklichen, wenn auch — wie man sich denken kann — oft dramatisch bewegten Ehe entstammen fünf prächtige Kinder. Sie leben bis auf einen Sohn, der in London arbeitet, seit dem frühen Tod ihres Vaters in der Nähe ihrer Mutter in Rom.

Vielleicht kann man sich vorstellen, welchen Zerreißproben Ingrid Warburg Spinellis Leben ausgesetzt war. Das vorliegende Buch ist ein bewegender Ausdruck dieser Zerrissenheit, aber auch des menschlichen und politischen Reichtums, der in ihr verborgen liegt. Peter Weiss hat in seinem Werk »Die Ästhetik des Widerstands« die wahren europäischen Dimensionen dessen, was sich auch in dieser Biographie andeutet, meisterhaft zur Anschauung gebracht. Über und in all diesen Wanderungen und Wandlungen steht wie ein Stern in der Nacht, so will mir scheinen, das Judentum, seine schreckliche Heimsuchung in unserer Zeit, seine Auserwählung durch alle Zeit. Angefochten und eins mit ihren Leidensgenossen und allen Verfolgten blieb Ingrid sich und ihren Freunden treu.

Sie sagte mir einmal, die Rückkehr nach Deutschland sei ihr leichtgefallen, weil sie sich immer, wo sie sich auch befand, als Teil des deutschen Widerstands empfunden habe. Mit einigen seiner herausragenden Männer und Frauen war sie in ungetrübter Freundschaft verbunden. Aus den Seiten dieses Buches sprechen die Treue und Standhaftigkeit einer vielgeprüften und vom Schicksal geprägten Frau, es spricht die Stimme ihres Gewissens. Zugleich, wenn auch im kleinen Ausschnitt persönlicher Erfahrung, wird hier etwas spürbar von den wahren "Dimensionen europäischen Widerstands", wie sie der Rabbi Friedlander 1984 in Berlin in seiner großen Gedenkrede zum 20. Juli gezeichnet hat.

Aus Trauer und Hoffnung geboren sollten diese wahren Dimensionen, wenn nicht alles verloren ist, eindringen in das innere Gefüge eines neuen Europa.

Dezember 1989 Heinrich von Trott

Danksagung

Ich hätte nie dieses Buch schreiben können ohne die Hilfe meiner Kinder, die mir in allem immer nah gestanden haben und die Geduld hatten, das Geschriebene in allen Sprachen und in jeder Phase zu hören und zu lesen.

Das Buch wäre außerdem nie etwas ohne die Hilfe und tiefe Anteilnahme von Katia Tennenbaum geworden, einer Freundin einer anderen, jüngeren Generation mit einem ähnlichen Erfahrungshintergrund durch ihre deutsch-jüdisch-polnische Familie.

Sie hatte eine unendliche Geduld, mit mir zu denken und zu diskutieren. Aus unseren Gesprächen entstand die erste Fassung des Manuskriptes. Wir haben sehr vieles gemeinsam in unserer Haltung zur Problematik des Judentums und der Zugehörigkeit zu Deutschland oder Italien und so stehen wir uns auch politisch sehr nahe.

Die Bewegtheit oder Ungleichheit des sprachlichen Stils meiner Erinnerungen entstand durch die langen verschiedenen Etappen des Schreibens. Am Anfang, nach dem Tod meines Mannes Veniero 1969, war es der Versuch, meinen Kindern die prägenden Momente meiner Vergangenheit zu beschreiben, und sie so an der Entstehung auch ihrer Realität teilhaben zu lassen. Ich bin jedem von ihnen dankbar für die lebendige Beteiligung. So konnte meine Geschichte mit ihren Menschen und geschichtlichen Geschehnissen auf wunderbare Weise auch ein lebendiger Teil ihres Lebens werden.

Begonnen hatte ich auf italienisch in Briefform zu schreiben und übersetzte Texte aus dem Deutschen und Englischen hinzuzufügen. Der Anfang war in Rom, später dann in England und New York während ich bei meinem Sohn Francesco zu Besuch war.

Mit Unterstützung guter Freunde habe ich sowohl in England als auch in Amerika in englischer Sprache weitergearbeitet.

Dem Historiker Jonathan Steinberg, einem guten Freund der Familie, bin ich dankbar, daß er den Text zu diesem frühen Zeitpunkt gelesen hat und mich auf das Problem der Sprache aufmerksam machte. Er konnte mir begreiflich machen, daß das Italienische und Englische Decksprachen für mich seien und daß ich auf Deutsch schreiben müße.

Zu großem Dank verpflichtet bin ich den vielen Menschen, die diesem Buch durch Rat und Tat erst zum Leben verholfen haben. Es sind dies vor allem Annette Kopetzki, Esther Koppel, Gabriele Kreis, Joe Lash, Trude Pratt und Heinrich von Trott.

Rom, im Oktober 1989 Ingrid Warburg Spinelli

Der Kösterberg

Leben auf dem Kösterberg, dem Sommerwohnsitz der Familie Warburg in Hamburg Blankenese 1897 — 1938.

Anna Beata Warburg, die Mutter Ingrid Warburgs, legte für jedes ihrer Kinder ein üppiges, foliantengroßes Bilderbuch an: das sogenannte »Kösterbergalbum«.

Die besondere Atmosphäre dieses Albums galt es zu erhalten, ohne es auch nur annähernd vollständig reproduzieren zu können. Dennoch gibt diese Auswahl einen ersten Einblick in das großbürgerliche Leben einer der ersten jüdischen Familien in Hamburg.

Das große Haus auf dem Kösterberg

Interieurs

Ingrids Start ins Leben

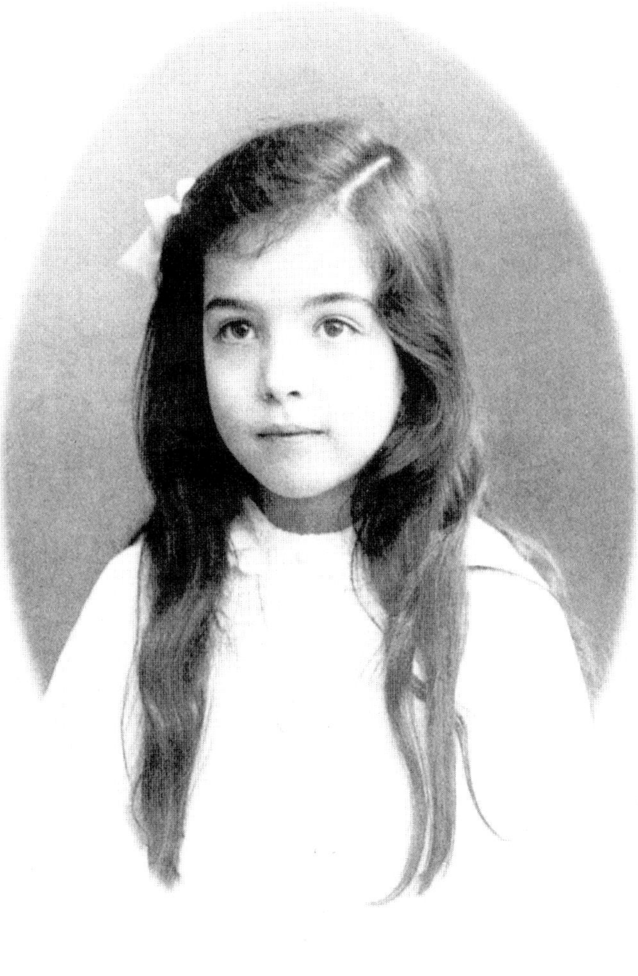

Ingrid mit vier Jahren

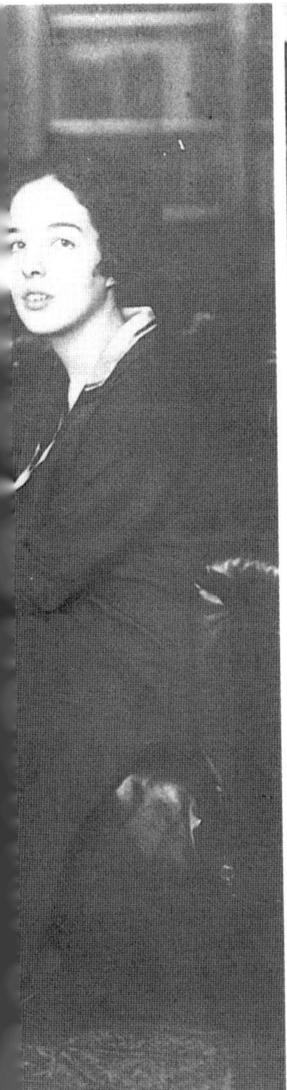

Die Großeltern Charlotte und Moritz Warburg mit Ingrids Eltern

Sabbatruhe unter der Ulme

Die Eltern am Schreibtisch

Ingrid mit ihrem Vater bei den Hühnern

Gehversuche

Auf der Veranda vor der »Arche«

Beim Erbsenpahlen

Eva, Noni und Ingrid mit ihrer Mutter vor der »Arche«

Tante Malchen

Großvater Moritz

»... zur Belohnung schenkte mir Onkel Derenberg einen Igel«

Chauffeur Halt

Bella

Frede, Renate, Max Adolph, Bettina, Lola, Erich, Marietta, Großpapa

Parade für Onkel Paul

In »Kösterberguniform«, rechts Ingrid

Lola, Jimmy, Frederic, Erich, Marietta, Bettina, Carola

Tante Louises Hochzeit

hinten von links: Aby, ?, Felix, Frieda, Max   vorne: Fritz, Louise, Charlotte, Moritz, Olga, Paul

Onkel Aby und Tante Mary spielen »Tante Lotte«

Onkel Paul als Serenissimus

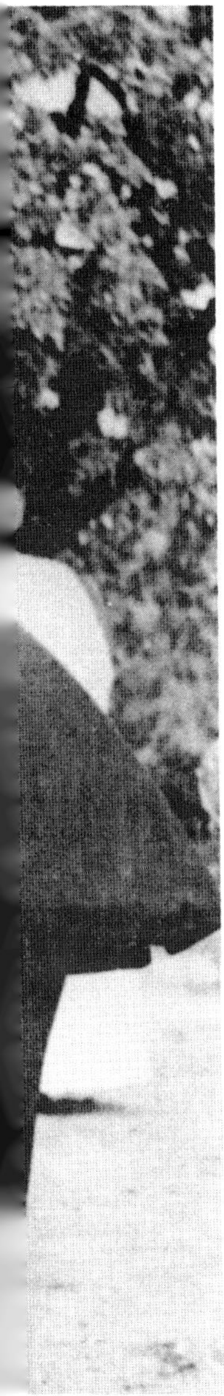

»Das Postamt« von Tagore im Naturtheater

Plattdeutsche Berufsschauspieler

The Famous Five (Aby, Max, Paul, Felix, Fritz)

Aby, Max, Paul, Felix und Fritz

»Anbetung« von Tante Malchen

Kindheit in Hamburg 1910 — 1926

Im Herbst war der Kösterberg am schönsten: Wenn der riesige Garten voller roter, gelber Dahlien und Astern stand, sammelten wir Eicheln und Kastanien, und zu meinem Geburtstag, am 1. Oktober, machte meine Mutter lustige Figuren daraus. Das tat sie jedes Jahr, bis zu meinem 16. Geburtstag 1926, da hat sie mir ein ganzes Jazz-Orchester geschnitzt. Die Erinnerung an meine Kindheit ist wie vielleicht bei den meisten Menschen voller Bilder.

In den ersten Jahren wohnten wir in der Fontenay 5, in einem Haus ganz nah bei der Alster. Dort gingen wir spazieren und fütterten die Enten und die Schwäne. Viele meiner Verwandten haben damals in der Nähe gewohnt, und wir haben sie oft besucht. Ein regelmäßiger Spaziergang führte uns in den Mittelweg 17, wo die Großmutter Charlotte Warburg wohnte. Wir Kinder waren dann besonders fein angezogen und durften auf keinen Fall in die Pfützen treten. Wir stiegen die Treppe hinauf, und oben im Frühstückszimmer trat uns die kleine, rundliche Großmutter entgegen. Neben sich hatte sie einen Schlüsselkorb stehen, darin lagen die letzten Briefe von den Verwandten aus Amerika. Großmutter fragte, wie es uns ginge, und wir bekamen aus einer Büchse ein paar Kekse. Meine Mutter erkundigte sich nach den Familienneuigkeiten, und Großmutter sagte: »Im Schlüsselkorb liegen die Briefe von Paul und Felix.« Diese frühe Erfahrung, daß Briefe der Verwandten von der ganzen Familie gelesen wurden, daß sie »öffentlich« waren, hat mich später beim Briefeschreiben immer sehr behindert. Bei der Großmutter spielten wir dann mit unseren Kusinen Anita und Gisela, den Töchtern von Onkel Max Warburg.

Im Sommer wohnten wir in der »Arche«. Die Arche war das erste Haus, das die Großeltern auf dem Kösterberg in Blankenese gekauft hatten. Es war 200 Jahre alt, ursprünglich ein Wirtshaus mit Strohdach, von wunderbaren Linden umgeben. Vor dem Haus lag ein kleiner Platz mit einer Sandkiste, in der wir als Kinder alle gespielt haben. Zwischen den Bäumen sah man die Elbe mit den vorüberziehenden Schiffen. Im Schlafzimmer der Eltern blickte von der Decke ein großes Auge herab, das Auge Gottes, der die Menschen im Schlaf beschützt. In diesem Haus hatten die Großeltern zuerst gewohnt, bis sie sich später das große weiße Haus daneben bauten, um für die Familien, die jedes Jahr aus Amerika und England kamen, Platz zu haben. Später haben nacheinander Onkel Max, Onkel Paul und wir in der »Arche« gewohnt. Heute bewohnt Erich Warburg das Haus auf dem Kösterberg.

Ich erinnere mich zum Beispiel noch sehr gut, wie eines Tages mein Onkel Julius Derenberg kam, der mit Vaters Zwillingsschwester Louise verheiratet war. Er war Arzt und sollte mir die Mandeln herausnehmen. Unser Schlafzimmer hatte einen kleinen Balkon mit Aussicht auf die Elbe. Ich wurde auf einem Stuhl in meinem Zimmer festgebunden und blickte auf die Elbe. Langsam verschwand alles vor meinen Augen, weil der Schmerz unerträglich wurde, denn die Operation fand ohne Narkose statt. Zur Belohnung schenkte er mir einen Igel, dem ich auf der Wiese vor der Küche Milch zu trinken gab.

Der Kösterberg war ein ziemlich großer Besitz: man konnte zwei, drei Stunden herumstreifen, wenn man alles sehen wollte. Es gab Hühnerställe, zwei Gemüsegärten, Treibhäuser und Obstbäume. Wir aßen fast nur, was im Garten wuchs. Außerdem konnte man verschiedene Sportarten betreiben. Die Bocciabahn war für meinen Vater angelegt worden, und auf dem Tennisplatz haben wir mit unseren Kusinen gespielt. Es gab ein Schwimmbad, zunächst nur ein rundes Becken, das dann zu einem richtigen Bad ausgebaut wurde, mit einem kleinen Schwedenhaus zum Umziehen. Hier haben wir alle schwimmen gelernt. Später, am Anfang der 30er Jahre, bin ich hier mit Peter Bielenberg zu allen Tageszeiten geschwommen. Und auch meine Heidelberger Studienfreundin Bobby Euler genoß das Schwimmbad bei ihren Besuchen. Unser Gärtner hieß Schmidt, und seine drei Söhne, mit denen wir spielten, erzählten uns über den Unterschied zwischen Jungen und Mädchen, was wir noch nicht wußten.

Es gab auch einen Stall mit Pferden. Den Kutscher liebten wir. Später, als wir in Hamburg zur Schule gingen, holte er uns in Blankenese mit einem kleinen Wagen ab und ließ uns kutschieren. Auf Bella, dem dicken alten Pferd, durften wir schon mit vier oder fünf Jahren reiten. Wir ritten zum Steinberg, einem kleinen Platz in der Nähe mit antiken, vielleicht römischen Steinen, und stellten uns vor, Ritter zu sein. Der Birkenhügel hieß Charlottenruhe, weil meine Großmutter Charlotte Warburg ihn sehr liebte. Die Römische Terrasse war von englisch geschnittenen Buchsbäumen eingefaßt, von dort blickte man auf den Fluß. Es gab auch ein kleines Naturtheater, wo wir z. B. »Leonce und Lena«, das »Postamt« von Tagore und den »Sommernachtstraum« aufgeführt haben. Die ganze Familie hat mitgespielt. Wenn wir im Sommer mit den Kusinen aus Amerika und England im Garten spielten, bekamen wir alle Kutscherhemden über unsere feinen Kleider gezogen. Diese langen, blauen Leinenhemden mit weißen, bestickten Kragen waren eine Art Kösterberger Uniform, die alle, Jungen wie Mädchen, anziehen mußten. Kam Besuch, wurden sie schnell wieder ausgezogen, und — siehe da! — darunter kamen lauter saubere Kinder hervor. Nur die Haare mußten noch gekämmt werden.

Einmal, als ich wohl 15 oder 16 Jahre alt war, feierten wir im Garten ein Fest. Die ganze Nacht lang wurde im römischen Theater getanzt, und ich muß mich in meiner Begeisterung an einem Baum gestoßen und arg verletzt haben. Aber erst am nächsten Morgen merkte ich, daß die Wunde recht tief war und genäht werden mußte. Die Freude über die Musik und das Tanzen im Park war so groß gewesen, daß mir der Schmerz überhaupt nicht zu Bewußtsein gekommen war. Der Doktor kam, und ich erinnere mich, wie ich später auf der Terrasse in einem Liegestuhl lag, Rilke las und mich verwöhnen ließ. Während meines Studiums in Hamburg hat sich dann eine ähnliche Geschichte unter ganz anderen, traurigen Vorzeichen wiederholt.

Wenn ich an den Kösterberg zurückdenke, an den Blick aus meinem Fenster auf den Fluß und die vorüberziehenden Schiffe, die in alle Welt, auch nach England und Amerika zu meinen Verwandten, fuhren, dann kommt mir dieser Ort noch heute wie eine Insel, ein gleichbleibend sicherer Bezugspunkt in allen Wirrnissen, wie ein Stückchen Ewigkeit vor.

So verliefen diese ersten Jahre meines Lebens in der ruhigen, sicheren Atmosphäre eines großbürgerlichen Familienlebens. Man hatte das Gefühl, es würde ewig so weitergehen. Urlaubsreisen nach Italien oder nach Tirol wurden fast ein Jahr im voraus geplant. Man glaubte an eine fortschrittliche Entwicklung Deutschlands in Wirtschaft und Politik, und die jüdische Familie Warburg, mit ihren weitverzweigten familiären und beruflichen Beziehungen zum Ausland, würde zweifellos Teil dieser Entwicklung sein.

Deutlich spürbar war in jenen Jahren der Stolz unserer Familie, die sich seit Jahrzehnten deutsch und vor allem in Hamburg »dazugehörig« fühlte und endlich mehr oder weniger gleichberechtigt am sozialen, wirtschaftlichen und politischen Leben Deutschlands teilhaben zu dürfen glaubte.

In der Familiengeschichte der Warburgs gab es ohnehin keine Erinnerung an das Getto. Schon Simon von Warburg, der Vorfahr der Familie, von dem alle Warburgs abstammen, besaß vom Bischof von Paderborn einen Schutzbrief für 100 Jahre. In der zweiten Hälfte des 17. Jahrhunderts zogen seine Enkel dann aus der Stadt Warburg nach Altona, das sich unter der toleranten Regierungsherrschaft des dänischen Königs befand. 1798 wurde das Bankhaus M. M. Warburg in Hamburg gegründet. In jeder Generation besaß immer mindestens ein Familienmitglied besondere Fähigkeiten zum Geldverdienen, ohne jedoch Reichtum als solchen sehr wichtig zu nehmen. Mit dem Geld wurden auch Verwandte unterstützt, die weniger lukrativen Tätigkeiten nachgingen, die Künstler, Rabbiner und Wissenschaftler. Vor allem aber wurde das Geld für das allgemeine Wohl der jüdischen Gemeinde gebraucht, denn der Zusammenhalt in der Gemeinde und der Familie ist ein Erbe aus der langen Verfolgungsgeschichte der Juden. Diese traditionelle, religiös begründete Wohltätigkeit der

Familie hat sich aber immer auch auf die verschiedensten karitativen, sozialen und kulturellen Einrichtungen ausgedehnt. Vor allem die Verwandten in Amerika, Onkel Paul und Onkel Felix, unterstützten Bürgerrechtsbewegungen, gründeten Universitäten, zu denen zum Beispiel auch Schwarze Zutritt hatten, förderten Museen und halfen der Einwanderungsbewegung nach Israel. Mein Großvater Moritz, der als erster das Bürgerrecht in Hamburg erhalten hatte, unterstützte das Israelitische Krankenhaus, und 1902 stiftete die Warburg Bank das dazugehörige Schwesternheim. Für meinen Vater Fritz Warburg, der von 1918 — 1939 Kuratoriumsvorsitzender des Krankenhauses gewesen ist, war das Fortführen dieser Tradition selbstverständlich.

Meine Großeltern, Moritz und Charlotte Warburg, waren noch orthodox oder, wie mein Vater sagte, »orthoprax«. Das Einhalten aller Regeln und Gebote der jüdischen Religion war eher eine selbstverständliche Gewohnheit, ein Lebensrhythmus, den sie aus Achtung vor ihren Eltern aufrechterhielten. Alle jüdischen Feste wurden gefeiert, und jeden Freitagabend traf sich die ganze Familie bei den Großeltern. Am Versöhnungstag gingen ihre fünf Söhne in die Synagoge und fasteten. Hinterher gab es eine Riesenmahlzeit. Meiner Mutter gefielen diese Riten nicht, weil sie fand, daß Fasten nur bedeute, den ganzen Tag lang an das kommende Essen zu denken. Ich erinnere mich noch sehr gut an die lange, festlich gedeckte Pessach-Tafel. Das jüngste Familienmitglied mußte fragen: »Was unterscheidet diesen Abend von allen anderen Abenden?« Es wurden dann die Lieder gesungen, die Bestandteil dieses Festes sind, die meine Onkel aber für sich umdichteten, wenn sie zusammen sangen.

Eine besonders wichtige Rolle spielten im Haus meiner Großmutter die sogenannten »Armen«, für die man zu sorgen hatte. So stellte meine Tante Malchen, die sehr orthodox und wohltätig war und von den fünf Brüdern deshalb oft geneckt wurde, bei allen großen Essen eine Büchse auf den Tisch. Wenn ein Familienmitglied sich schlecht benahm oder schlecht über Dritte sprach, mußte es Geld in diese »Armenbüchse« zahlen. Meine Großmutter hatte »ihre« persönlichen Armen. Besonders wichtig war es für sie, daß ein »treuer Armer« am Freitagabend kam, weil der Tag sonst nicht »richtig« war und etwas fehlte. Wenn der Arme sich verspätete, wurde sie nervös und rief ungeduldig: »Wo bleibt denn der Schlemihl?«

Großvater Moritz lebte noch als orthodoxer Jude. In den Aufsichtsräten war er sehr beliebt, weil er bei den Frühstücken nach den vielen Sitzungen den unkoscheren Hummer immer seinem Nachbarn zuschob. Über Großvater Moritz' Seelenruhe gibt es deshalb viele Geschichten. Als er einmal, wie jeden Morgen, zu Fuß über die Moorweide — einer Parkanlage am Hamburger Rothenbaum — ins Büro ging, sprach ihn ein Bekannter auf den finanziellen Ruin von Verwandten der Familie Warburg hin an und versicherte, wie leid es ihm täte. Darauf erwiderte mein Großvater nur: »Vor einem Unglück, das nur Geld kostet, soll man den Hut ziehen.«

Für die Familie Moritz Warburgs war es wichtiger als für die Familie Siegmund Warburgs am Alsterufer, die sich eher als ein Teil der deutschen, jüdischen Aristokratie verstand, in Hamburg als respektable, großbürgerliche Familie zu gelten. Großvaters fünf Söhne gaben die jüdischen Dogmen früher oder später auf, und ihr Judentum lebte fort als kulturelle Tradition, aber auch als das Bewußtsein, eben Juden und Deutsche zu sein. Bei fast allen waren das soziale Engagement und das Gefühl ihrer gesellschaftlichen Verantwortung stark ausgebildet: Max Warburg, der Offizier der Kavallerie werden wollte, als Jude aber abgelehnt wurde, ging in die Politik und wurde Mitglied des Hamburger Senats. Paul Warburg wurde engster Mitarbeiter des amerikanischen Präsidenten Wilson und begründete 1913 das »Federal Reserve System«. Obwohl das Verbot für Juden, Staatsbeamte zu werden, sie also nicht traf, waren sich die Brüder doch immer bewußt, daß ihr Judentum ihnen gewisse Schranken auferlegte. Als Walter Rathenau Max Warburg nach dem Ersten Weltkrieg aufforderte, der Regierung beizutreten, lehnte Onkel Max mit der Begründung ab: »Die Linke will mich nicht, weil ich Bankier bin, und die Rechte will mich nicht, weil ich Jude bin.« Max Warburg, dem auch innerhalb der Familie die Repräsentation nach außen oblag, nahm dann als offizieller Ratgeber an den Friedensverhandlungen in Versailles teil, die ihn sehr enttäuschten.

»Eines ist sicher«, schrieb er an seine Frau, »diesen Frieden können wir nicht ernsthaft unterzeichnen.« Es ist ihm immer ein Anliegen gewesen, die Erinnerung an die historischen Judenprogrome als tiefe Abscheu vor Gewalt in seiner politischen Arbeit fruchtbar zu machen. Die kurze, aber intensive Mitarbeit meines Vaters Fritz und Onkel Max Warburgs an der Politik in Deutschland läßt sich nur mit dem jüdischen Verantwortungsgefühl gegenüber der Gemeinde erklären. Dieses Verantwortungsgefühl ließ sie Deutschland nicht so sehr als Staat, sondern als Gemeinschaft von Menschen empfinden, an der sie endlich aktiv im Sinne eines gesellschaftlichen Fortschritts teilnehmen durften.

Dieses Verantwortungsgefühl der Familie Warburg gegenüber der Gemeinde — und nicht nur der jüdischen — ist auch durch eine historisch ältere Geschichte belegt. Sie erzählt, wie meine Urgroßmutter Sara Warburg während einer tiefen finanziellen Krise Hamburgs 1857/58 die Stadt vor dem Bankrott bewahrte. Durch verwandschaftliche Beziehungen gelang es, einen Kredit bei der Österreichischen Nationalbank zu bekommen, und im Dezember 1857 traf ein Eisenbahnzug mit Silberbarren im Wert von 3 Millionen Talern in Hamburg ein und machte die bankrotte Hansestadt wieder kreditwürdig.

Paul und Felix Warburg, die nach Amerika gegangen waren, kamen bei Ausbruch des Ersten Weltkriegs in einen Konflikt zwischen ihren politischen Aufgaben und ihrer Bindung an Deutschland. Onkel Paul trat 1914 von seinem Amt als Regierungsberater zurück. In einem Brief an den Präsidenten Wilson begründete er diesen Schritt mit seiner Bindung an die deutschen Verwandten. *»Es sind Stimmen laut geworden, daß ein eingebürgerter Amerikaner deutscher Herkunft, dessen engste Verwandte prominente Positionen im öffentlichen Leben Deutschlands einnehmen, keine bedeutende Vertrauensstellung im amerikanischen Staatsdienst besetzen sollte ... Ich habe nicht geschworen, daß ich »vollkommen auf jede Loyalität und Treue gegenüber fremden Machthabern und besonders gegenüber Kaiser Wilhelm II. verzichte«, bevor ich nicht ganz sicher war, daß ich meiner*

Wahlheimat unbedingt dienen und ihre Ideale und Ziele verteidigen wollte.« In einem Augenblick, in dem es darum ging, einem Nationalstaat im Moment des Krieges zu dienen, mußte Onkel Paul den Konflikt zwischen seiner deutschen, amerikanischen und jüdischen Identität gegen sein kosmopolitisches Empfinden aufwiegen und auf diese Weise lösen und tat dies auch, um keine antisemitischen Ressentiments wachzurufen. Die selbstverständliche Identifizierung mit dem Schicksal der deutschen Nation dagegen, wie sie zum Beispiel noch aus dem Brief spricht, den meine Großmutter Charlotte Warburg nach dem Krieg an den Präsidenten Wilson schrieb und in dem sie ihn bat, sich zum Fürsprecher Deutschlands bei den Alliierten zu machen, brachte die Brüder in Amerika in schwere Konflikte. Ich fand später einmal eine Aufzeichnung von Onkel Max aus dem Jahre 1916 über den Antisemitismus: Es sei die Tragödie der jüdischen Gemeinde in Deutschland vom Patriotismus und dem verantwortungsvollen Dienst an ihrem Vaterland ausgeschlossen zu sein. Das triebe die Juden ins linke politische Lager. »Ich akzeptiere nicht, daß ein deutscher Christ mehr Vaterlandsliebe hat als ein deutscher Jude.« Aus diesen Zeilen spricht seine Enttäuschung darüber, daß ihm der Offiziersdienst verweigert wurde. Viele der Probleme, die auch mich später existentiell sehr stark betreffen sollten, sind in diesen Identifikations- und Loyalitätsproblemen meiner Onkel schon angedeutet.

Aby Warburg, der älteste der fünf Brüder, war der erste, der sich von der Bank und von der jüdischen Orthodoxie freimachte. Seine Heirat mit Mary Hertz, einer Christin, verursachte großen Aufruhr in der Familie. Dennoch war Aby unter den fünf Brüdern gewissermaßen der Rabbi, das geistige Oberhaupt der Familie, der Suchende, der sich intensiv mit Kunst und Literatur beschäftigte und dem die anderen ganz selbstverständlich, ja, mit Freuden die ökonomischen Sorgen abnahmen. Berühmt ist die Geschichte des Abkommens, das er mit seinem Bruder Max schloß: Mit 12 Jahren erklärte Aby sich bereit, seine Rechte als Erstgeborener an den zweitältesten Bruder abzutreten unter der Bedingung, daß dieser ihm zeitlebens alle Bücher kaufte, die er haben wollte:

der Grundstock der berühmten »Kulturwissenschaftlichen Bibliothek Warburg« in Hamburg. Max hat später einmal gestanden, daß er seine Zustimmung wohl etwas leichtfertig gegeben hatte, denn er hatte damals nicht ahnen können, was auf ihn zukommen würde. Er hatte wohl gedacht, sein Bruder würde ein paar Bände Goethe, Herder und dergleichen von ihm verlangen. Daß es aber einmal soweit kommen würde, daß tausende von Fachbüchern höchst spezieller Art angeschafft würden, davon hatte er sich wohl keine Vorstellung gemacht. Max Warburg hielt sein Wort, und Aby konnte ungefähr ab 1900 mit Hilfe seiner Brüder daran gehen, die Bibliothek aufzubauen, die dann zu Beginn der 20er Jahre in ein öffentliches Institut umgewandelt wurde. Von Anfang an arbeitete diese Bibliothek eng mit der kurz zuvor unter Abys Mitwirkung gegründeten Universität Hamburg zusammen. Das Grundprinzip der Forschungsarbeit von Aby Warburg war die Interdisziplinarität, die auch im Namen seiner »Kulturwissenschaftlichen Bibliothek« ausgedrückt ist und sich in ihrer Anlage wiederholt: Werke über Anthropologie, Religion, Philosophie und die Geschichte der Naturwissenschaften über Kunsttheorie, Linguistik, Geschichte, Ethnologie und Literatur — das alles gehörte für Aby Warburg zum Studium der historischen und gesellschaftlichen Eingebundenheit des Kunstwerks. Von dem »seelischen Ort«, an dem sich seine Bibliothek befand, sagte er: »*Sie bedeutet in dem noch ungeschriebenen Handbuch der Selbsterziehung des Menschengeschlechts ein Kapitel, das den Titel haben könnte: »Von der mythisch-fürchtenden zur wissenschaftlich-errechnenden Orientierung des Menschen sich selbst und dem Kosmos gegenüber*«.«

Die Loslösung vom jüdischen Dogma hat Aby Warburg sicherlich eine noch viel tiefere, bindendere Verpflichtung bedeutet. Sein Bruch mit dem Gebot: »Du sollst dir kein Bild von Gott machen«, verwandelte sich in die große intellektuelle Strenge, mit der er in seinen kunsthistorischen, religionsgeschichtlichen und anthropologischen Studien nach Deutungen der menschlichen Existenz gesucht hat. Ich habe mich Onkel Aby darin immer nahe gefühlt. Was er den »Denkraum der Besonnenheit« nannte, war auch für mich eine Denkfigur für die geistige Freiheit, aber auch die Verantwortlichkeit, mit der man sich über die eigenen religiösen und politischen Ideale Rechenschaft ablegt. Als wir noch Kinder waren, wurde Onkel Aby sehr von uns geliebt, denn er sprühte vor Witz und war voller Güte. Leider sah ich ihn wenig, denn er ging nach dem Ersten Weltkrieg, der ihn tief erschüttert hatte, zeitweilig in ein Sanatorium.

Mein Vater, Fritz Warburg, hatte von allen Brüdern vielleicht das tiefste Bewußtsein und die breiteste Kenntnis der jüdischen, besonders der ostjüdischen Kultur. Er hatte sich dieses Wissen selber angeeignet und betrieb auch ein umfassendes Studium der deutschen Literatur. Er liebte Fontane, Raabe, aber auch plattdeutsche Autoren und typische Geschichten mit Hamburger Lokalkolorit. Er sprach missingsch und erzählte mit großer Begeisterung Geschichten in diesem hamburgischen Mischmasch aus Hoch- und Plattdeutsch, die dann am komischsten wirkten, wenn er jüdische Witze auf diese Art erzählte. Am aktuellen Kulturleben der 20er und 30er Jahre nahm er lebhaften Anteil. Sein ExLibris, sein Motto, lautete: »Man muß aus allen Blüten Honig saugen.« Er war mit seiner Zwillingsschwester nach sechs gesunden, hübschen Kindern zart und kränklich auf die Welt gekommen und eigentlich kein Wunschkind mehr. Diese Geburt erschöpfte meine Großmutter, sie verlor etwas von ihrer heiteren und vitalen Kraft.

Die Zwillinge wurden von einer Christin, Franziska, gepflegt und beschützt. Ihre Liebe rettete den Kindern das Leben. Franziska war über dreißig Jahre in der Familie des Großvaters. Sie hat alle sieben Kinder Moritz Warburgs betreut und sogar mit ihnen gemeinsam Hebräisch gelernt, um die täglichen Gebete mit ihnen sprechen zu können. Sie war selber tief religiös, hätte aber in diesem orthodoxen jüdischen Haus ihre eigene Religion nie erwähnt. Für meinen Vater war diese frühe Erfahrung, daß auch die »goim«, die Nichtjuden, lieben und Leben retten können, sehr entscheidend. Ich wurde nach dieser geliebten Erzieherin meines Vaters mit zweitem Namen Franziska genannt.

Schon früh empfand mein Vater sich als häßlich und als »anders«, er hat die selbstverständliche Einheit der Familie nicht in dem Maß erlebt wie seine Brüder. Es war darum für ihn keineswegs so natürlich wie für diese, Teil der deutschen Bourgeoisie zu werden. Er fand, im Gegensatz zu seinen Brüdern, seine eigentliche Identität in der Geschichte der jüdischen Diaspora, als das Jude-Sein vor allem eine Frage des Überlebenmüssens war. Oft erzählte mein Vater Geschichten aus dem »Städtele«, Geschichten einer Zusammengehörigkeit, die er nie erlebt hatte, der er aber unbewußt nachtrauerte. Aus diesem Mikrokosmos des »Städtele«, aus dem Singer, Chagall und viele andere ihre Kunst geschöpft haben, bezog auch mein Vater die Kraft des »Trotzdem«.

Eine dieser Geschichten, Beschreibungen des jüdischen Lebens im »Städtele«, möchte ich hier erzählen, weil sie eine Art Schlüssel ist für die Rolle bestimmter Menschen in der jüdischen Gemeinschaft und weil ich später mit Hilfe dieser Geschichte meine eigene und die soziale Aufgabe meines Mannes sozusagen säkularisiert gedeutet habe:

Als die Juden noch in der Diaspora lebten, ging der Mann die ganze Woche mit seinem Wagen und dem Pferd in den Dörfern herum, um den Bauern seine Waren, meistens Textilien, zu verkaufen. Nachdem er die ganze Woche unter »Fremden« gewesen war, ging er am Freitagabend erst in die Synagoge und kam dann nach Hause. Und dort war er dann der König. Er saß am Ehrenplatz der festlich gedeckten Freitagstafel, die Frau segnete die Kerzen und zündete sie an. Am Sonnabend, bei Sonnenuntergang, machte er sich wieder auf den Weg, die Frau stand in der Tür und wünschte ihm »Gut Woch!«

Der Mann war in jedem Fall das geistige Oberhaupt der Familie, und wenn er ein Rabbiner war, dann übernahm die Frau die ökonomische Verantwortung für die Familie, denn er war der spirituelle Führer, dessen religiöse Funktionen die Ankunft des Messias vorbereiteten.

So selbstverständlich wie diese Menschen — z. B. auch Onkel Aby — von der Familie unterstützt wurden, so selbstverständlich war es später für mich, daß mein Mann in seinem antifaschistischen, politischen Kampf für eine bessere Welt ökonomisch unterstützt werden mußte. Ja, es ist das Recht dieser »Vorkämpfer«, in ihrer Arbeit für die Emanzipation aller — die geistige wie die politische — von wirtschaftlichen Sorgen entlastet zu werden. Zwar hat es in der Familiengeschichte der Warburgs immer Frauen gegeben, die aktiv und ganz eigenverantwortlich an den Bankgeschäften teilgenommen haben, wie meine Urgroßmutter Sara Warburg, doch meine säkularisierte, politische »Übersetzung« dieser Geschichte hat dann zu Problemen in der Familie geführt.

Die Bindung meines Vaters an die Tradition hat ihn wohl auch bewogen, das Elternhaus mitsamt den Freitagabenden zu übernehmen, als Großmutter Charlotte starb. Eigentlich hatte mein Vater Jura oder Medizin studieren wollen, auf jeden Fall wollte er sein Leben außerhalb der väterlichen Bank aufbauen. Aber als seine Brüder Paul und Felix nach Amerika gingen, gehorchte er dem Willen seines Vaters und trat als Partner von Onkel Max in die Bank ein. Seine schwache Gesundheit ließ ihn dankbar sein für jeden Tag, den ihm das Leben schenkte. Er war darum offen für alle Überraschungen — im Guten wie im Bösen. Den rationalen Fortschrittsglauben seiner Brüder konnte er nicht teilen. Er traf sich eher mit Onkel Aby im »Denkraum der Besonnenheit«, in der Freude am Studium, in der Suche nach dem Sinn des Lebens. Geld oder Macht bedeutete beiden wenig. Meinen Vater interessierten die Menschen mit ihren Wünschen und Problemen. So übernahm er dann auch in der Bank die Aufgabe, die ihm am meisten lag: er wurde Personalchef. Abends blieb er oft bis nach acht Uhr im Büro, um sich die Sorgen der Angestellten anzuhören.

Natürlich wurde es für meinen Vater sehr wichtig, sein Bild einer Familie, eines Zuhauses zu verwirklichen. Erst als ihm das gelang, als meine Schwester und ich geboren wurden, erhielt auch er seinen Platz und seine Rolle in der großen Warburg-Familie.

Auch meine Mutter war eine Warburg. Ihr Vater Siegfried Samuel Warburg war wegen der Enge und Orthodoxie der jüdischen Gemeinde in Hamburg nach Schweden gezogen und hatte dort Ellen Josephson geheiratet. Die Josephsons entstammen einer deutsch jüdischen Familie, die im 17. Jahrhundert nach Schweden kam, weil der Finanzminister dem schwedischen König vorgeschlagen hatte, zur Belebung des Handels ein paar Juden mit internationalen Geschäftskontakten und Erfahrungen aus Deutschland kommen zu lassen. Die ersten Juden kamen aus Prenzlau in Mecklenburg und waren Textilhändler. Nachdem etwa 100 Familien eingewandert waren, brauchte man einen Lehrer, und so kam Per Josephson, ein Vorfahr meiner Mutter, aus Prenzlau nach Schweden. Auch er fuhr über die Dörfer, um Stoffe zu verkaufen. Aber er war auch schon, wie später alle Josephsons, sehr musisch veranlagt. Wenn er seine Geige hervorzog und spielte, belebte sich das Geschäft. Die Josephsons haben später Maler, Schauspieler, Theaterintendanten, Musiker und Verleger hervorgebracht. Zwei Josephsons waren Intendanten des Stockholmer Stadttheaters, Ludwig Oscar Josephson war ein Freund Ibsens, den er dort zum ersten Mal aufführte, und später der Schauspieler Erland Josephson, der Peter Weiß inszenierte. Ein getaufter Josephson komponierte außer religiöser Musik eine schwedische Nationalhymne. In Schweden gab es wenige Juden, sie waren vollkommen in die schwedische Gesellschaft integriert und kaum mehr religiös, geschweige denn orthodox. So war der Bruder meiner Großmutter David Josephson die »Hebamme« des königlichen Hauses. Ein Mann mit schier unerschöpflichem Humor. Trotzdem lebten auch hier unbewußte Traditionen weiter, und das stark entwickelte soziale Engagement meiner Mutter entsprang sicherlich der jüdischen Sorge um die Gemeinschaft. Sie wuchs mit ihren drei Schwestern ohne den Vater auf, der früh starb. Alle Mädchen studierten und fingen bald an zu arbeiten. Meine Mutter besuchte eine sehr fortschrittliche Schule, deren Direktorin, Anna Whitlock, eine aktive Frauenrechtskämpferin war. Später stand meine Tante Ingrid, die älteste Schwester meiner Mutter nach der ich benannt wurde, dieser Schule vor. In der Whitlockska Samskolam habe ich meine ersten Schuljahre verbracht, und ich erinnere mich an die imponierende und sehr vitale Gestalt der alten Anna Whitlock, vor deren Küssen ich mich fürchtete, denn sie hatte einen Bart so hart wie der eines Mannes.

Anna, meine Mutter, beschloß schon sehr früh, mit Kindern zu arbeiten. Sie war empört über die damalige Auffassung von Kleinkindererziehung in den öffentlichen Institutionen und setzte sich für freiere, menschlichere Einrichtungen für die Kinder arbeitender Frauen ein. Sie erkannte, daß dafür zunächst eine qualifizierte Ausbildung der Kindergärtnerinnen erforderlich war. Ihr ganzes Leben lang hat sie aktiv für den Fortschritt in der institutionalisierten Kindererziehung gearbeitet. So ging sie nach Hamburg, weil es dort das »Pestalozzi-Fröbel-Haus« gab, ein pädagogisches Seminar, in dem auch Kindergärtnerinnen ausgebildet wurden. Da sie noch sehr jung war, brachte ihre Mutter sie in der Familie von Aby S. Warburg, einem Vetter meines Vaters, unter, wo sie sich gleichzeitig um die Kinder kümmerte. Im Warburg-Clan galt sie deshalb lange als »Das Kinderfräulein«.

Es gab entscheidende Unterschiede zwischen diesen beiden Zweigen der Familie Warburg: Meine Mutter war in der puritanisch-protestantischen Arbeitsethik des schwedischen Bürgertums erzogen worden, für sie bedeutete die Verpflichtung gegenüber den weniger Privilegierten mehr als die traditionelle Wohltätigkeit der reichen Hamburger Bürger: Menschen hatten ein Recht auf Hilfe und soziale Würde. Reichtum empfand meine Mutter als beschämende Last. Als mein Vater mit einem der ersten Autos auf dem Sommersitz von Aby S. Warburg ankam und um ihre Hand anhielt, war sie sehr erstaunt. Sie hatte bisher nie an die Ehe, sondern immer nur an ihre Arbeit gedacht. Der Eintritt in den Clan der Warburgs muß für meine Mutter ein Schock gewesen sein. Zwar sagte Tante Malchen: »Nun, gegen eine Warburg kann man nichts sagen«, von ihren Schwägerinnen, der Frau Onkel Pauls, und besonders von Alice Warburg, der Frau von Onkel Max, wurde sie jedoch mißtrauisch empfangen und viel kritisiert. Auch mein Vater, der sie sicher sehr liebte, hat ihr vielleicht nie verständlich machen können, wieviel es gerade für ihn bedeutete, daß eine junge, hübsche, sozial so aktive Frau bereit war, mit ihm eine Familie zu gründen. Ihr muß die Rollenverteilung in der Familie unklar geblieben sein. Vater konnte ihr nicht begreiflich machen, daß die Brüder stolz waren, Aby zu unterstützen, daß Max derjenige war, der die Familie nach außen hin repräsentierte und darum mehr Geld brauchte, und daß er, Fritz, Geld in erster Linie nur als Mittel ansah, die Familientradition fortzusetzen.

Auch nach der Heirat arbeitete meine Mutter weiter. 1909 übernahm sie die Leitung des Fröbel-Seminars und gründete ein Koordinationszentrum für die Hamburger Kindergärten, deren Zustände sich allmählich besserten.

Ein erster Schritt meiner Mutter war, das Haus in der Fontenay 5 nach ihrem Geschmack im Stil der schwedischen Wohnkultur einzurichten. Im Jahre 1908 waren blaue Wände und helle Birkenmöbel natürlich zu modern und widersprachen der schweren Biedermeierkultur, die in den übrigen Häusern waltete. Große Schwierigkeiten hatte meine Mutter, die aus einem einfachen Haushalt kam, einem Hausstand mit vier bis fünf Mädchen, einer Köchin und einem Diener vorzustehen. Sie hatte nie kochen gelernt und große Angst vor der Köchin. Nie durften spontan Gäste eingeladen werden, weil das Menü nicht im letzten Moment geändert werden konnte. Die Unsicherheit meiner Mutter den Hausangestellten gegenüber war schwer für meinen Vater zu ertragen. Es wurde sehr einfach gegessen, und alles, was auf den Tisch kam, mußte aufgegessen werden. Das Schlimmste war Biersuppe, die sogar für meinen sonst bescheidenen Vater zuviel war. Im Gegensatz zu unserem war der Haushalt von Tante Alice natürlich sehr raffiniert und elegant.

Während es für meinen Vater selbstverständlich war, als Symbol der Fortsetzung einer Tradition die beiden großen Häuser der Elterngeneration zu übernehmen, litt meine Mutter unter dem Reichtum der Familie. In den 20er Jahren, während der großen Wirtschaftskrise, empfand sie es als Schuld, daß es uns gut ging. Die Familie wurde mit großen Summen aus den USA unterstützt. In uns Kindern verstärkte das: »Wir sind leider zu reich« meiner Mutter das Gefühl des Andersseins. Sie zog uns absichtlich schlecht an, und während die anderen Mädchen in der Schule große, farbige Schleifen im Haar trugen, durften unsere immer nur braunen Schleifen nicht breiter als zwei Zentimeter sein. Es war in den ersten Jahren nach dem Krieg auch immer ein Problem, wenn wir unsere Freunde auf den Kösterberg einladen wollten, denn er war viel zu groß. Wir empfanden ihn dagegen als unsere ganz natürliche und sichere Heimat. So wurde der Kösterberg auch zu einem Symbol unseres Andersseins und einer gewissen Isolierung. Die ersten Jahre der Ehe meiner Eltern waren glücklich, und meine Geburt wie die meiner Schwester Eva, nur 15 Monate später, sicher eine große Freude.

Der Ausbruch des Ersten Weltkriegs bedeutete für die Warburgs eine Tragödie. Seit Generationen hatten sie alles darangesetzt, gute internationale Beziehungen für Deutschland aufzubauen, und nun wurde durch den Völkerkampf alles zunichte gemacht. Max Warburg arbeitete mit Albert Ballin am Aufbau der Hamburg-Amerika-Linie. Er hatte mitgeholfen, das erste Kabel zwischen Amerika und Deutschland zu legen. Max Warburg kannte den Kaiser persönlich, und er und Ballin versuchten umsonst, den Kaiser von den Gefahren eines unbegrenzten U-Boot-Krieges zu überzeugen, da sie sicher waren, daß Amerika dann auf Seiten der Alliierten in den Krieg eintreten würde. Für meinen Vater und seine Brüder bedeutete dieser Krieg den Abbruch der Kontakte zu den Verwandten in Amerika, und das war nicht nur aus persönlichen Gründen tragisch, sondern auch geschäftlich eine Katastrophe, weil die Bank auch auf die Zusammenarbeit mit England, mit Onkel Felix bei Kuhn, Loeb & Co in Amerika und mit dem von Paul Warburg gegründeten »Federal Reserve System« aufbaute. Außerdem hatten beide, sowohl Vater als auch Mutter, eine Schwester in England, Tante Olga und Tante Gerda. Meine Mutter liebte ihre Schwester Gerda, die jedes Jahr auf den Kösterberg kam, sehr. 1914 kam sie am 3. August in Hamburg an, am 4. August war der Krieg ausgebrochen und sie mußte mit dem ersten Schiff nach England zurück. Eine chauvinistische Atmosphäre griff um sich. Die Köchin schimpfte mit mir, weil ich »goodbye« sagte, ich sollte statt dessen sagen: »Gott strafe England!« Meine Mutter litt unter der Greuelpropaganda der Alliierten, obwohl ihre Beziehung zu Deutschland nicht so selbstverständlich war wie für meinen Vater und Max Warburg.

1915 begann mein Vater, in Schweden für Deutschland zu arbeiten. Er war Handelsbevollmächtigter des Deutschen Reiches bei der deutschen Gesandtschaft in Stockholm und fuhr oft zwischen Schweden und Deutschland hin und her. Seine besondere

Aufgabe bestand darin, die Wirtschaftsbeziehungen zwischen Schweden und Deutschland aufrechtzuerhalten. Mit seiner Hilfe erhielt Schweden zum Beispiel Kohle für die schwedischen Eisenbahnen vom Kriegministerium, und er bewirkte Anleihen in Höhe von 250 Millionen Kronen für die deutsche Reichsbank. Für seine Arbeit wurde er in Schweden zum Kommandant des Nordstjärneordens ernannt. Als er 1916 wieder einmal nach Hause kam, sagte er zu meiner Mutter: »Das nächste Mal kommst du mit den Kindern mit, dann kannst du auch deine Mutter besuchen.«

Vor unserer Abreise kam Großmutter Warburg, um uns Aufwiedersehen zu sagen. Mich fragte sie: »Na, Ingrid, wie lange bleibst du denn fort?« »Vier Jahre«, war meine Antwort. Alle waren entsetzt, aber ich sollte recht behalten. Der Krieg dauerte länger als erwartet, und danach brach in Deutschland die Revolution aus. So kehrten wir erst 1920 wieder nach Hause zurück.

Die Fahrt nach Schweden war meine erste große Reise. Mit ihren drei verschiedenen Gewässern, dem Fluß, dem Meer und dem See erinnerte mich die Stadt Stockholm an Hamburg. In Stockholm empfingen uns meine Großmutter Ellen, Moster Ingrid und Moster Elsa. Tante Elsa führte in Uppsala ein ewiges Studentenleben. Sie war Paläontologin an der Universität, stand spät auf und rauchte Zigarren. Einmal klingelte das Telefon bei ihr, es war König Gustav von Schweden. Er war passionierter Archäologe, und sie sind beide in der ganzen Welt herumgereist, um Ausgrabungen zu machen -- aber nicht zusammen.

Wir nahmen eine eigene Wohnung. Großmutter war sehr liebevoll, sie erzählte uns wunderbare, selbsterfundene Märchen, die ich viele Jahre später meinen Enkeln wiedererzählt habe. In den Jahren in Schweden bin ich von einem Kleinkind zu einem Schulmädchen herangewachsen. Als ich sechs Jahre alt war, lehrte meine Mutter mich Schwedisch lesen und schreiben. Dann kam ich in die Schule, deren Direktorin meine Tante Ingrid war. Es war eine sehr moderne Schule, in der es außer dem Unterricht Handwerksklassen, Tischlern und Kochen für Mädchen und Jungen gemeinsam gab. Hier schloß ich meine ersten Freundschaften.

Meine Eltern waren glücklich in Stockholm. Mutter war in ihrer Heimat, und Vater hatte eine Aufgabe, die er unabhängig von seinen Brüdern für Deutschland erfüllen konnte. Meine Mutter hatte Schweden als Sozialarbeiterin verlassen und kam nun an der Seite eines Mannes zurück, der eine wichtige Rolle im Verhältnis zwischen dem neutralen Schweden und Deutschland spielte. In unserer großen Wohnung im Zentrum wurden viele Gesellschaften gegeben. In dieser Zeit begann die Freundschaft meiner Eltern mit Elsa Brandström, der Tochter des schwedischen Botschafters in Moskau. Sie arbeitete in Rußland für die deutschen Kriegsgefangenen. Es wurde eine sehr wichtige Beziehung, und später haben meine Eltern unser Haus auf dem Kösterberg nach Elsa Brandström benennen lassen In Stockholm erneuerte meine Mutter ihre alten beruflichen Kontakte. Gemeinsam mit Elsa Beskow, einer bekannten Kinderbuchautorin, schrieb sie ein Beschäftigungsbuch für Kinder: »Was sollen wir tun?«, in dem Anleitungen für Basteleien aus wertlosem Material gegeben werden. Dieses Buch ist in viele Sprachen übersetzt worden.

1920 wurde ein ereignisreiches Jahr: Großmutter Charlotte Warburg, starb und mein Vater kehrte nach Hamburg zurück. Der Arbeiter- und Soldatenrat nach sowjetischem Muster wurde gebildet, und mein Vater nahm an den Verhandlungen zwischen der Handelskammer und dem Arbeiterrat teil. Am 14. November wurde bekanntgegeben, daß Hamburg weiterhin finanziell unabhängig bleiben würde.

In diesem Jahr schrieb ich in einem Brief an meinen Vater: *»Lieber Vater. Dank dir viel tausendhundertmal für alles, was du mir bis jetzt getan hast. Und komme zu uns, sonst kriegst du mich nie nie mehr vor deinen Augen zu sehen. Papa wirklich, wir können nicht ohne dich sein.«*

Am Ende des Jahres kehrten auch Eva, meine Mutter und ich nach Hamburg zurück. Wir wohnten erst auf dem Kösterberg und dann in der Fontenay. 1922 wurde dann meine Schwester Charlotte Esther geboren. Ihr ganzes Leben lang ist sie nach einem Kinderbuch mit dem Titel »Noni, Loni nur ein Mädchen« nur Noni gerufen worden. Mutter war dennoch sehr froh, sie sagte, es wäre ihr schwer gefallen, einen Jungen zu erziehen. Noni hatte ein Kindermädchen, Käthe, die sehr nett war und im Gegensatz zu unseren früheren Mädchen einen Freund hatte. So erfuhren wir die ersten Geheimnisse der Liebe.

Die Geschäfte der Bank nahmen nach den Einbußen des Krieges wieder zögerlich Aufschwung. Es waren unruhige Zeiten. Als 1922 Walter Rathenau ermordet wurde, waren auch die Warburgs gefährdet. Ich erinnere mich, wie die Männer in vergitterten Autos und unter Polizeischutz vom Kösterberg ins Büro fuhren. Onkel Max wurde ein bodyguard oder »Schatten« von der Polizei zugeteilt, der, wie sich dann herausstellte, ein überzeugter Nationalsozialist war, so daß seine Bewachung für Onkel Max nicht gerade die geringste Gefahr bedeutete, wie er später in seinen Erinnerungen schrieb.

Unsere Familie fühlte sich nach der Rückkehr aus Schweden zunächst fremd in Deutschland. Meine Eltern verfolgten die politischen Entwicklungen in Rußland mit großem Interesse, gleichzeitig beobachteten sie in den Ressentiments über die Kriegslasten, die Deutschland zu tragen hatte, einen wiedererwachenden Antisemitismus.

Auch für uns Kinder war es nicht leicht, uns wieder in Deutschland zurechtzufinden. Einige Monate hatten wir Privatunterricht, und im Frühjahr 1924 kamen wir in die Mädchenschule »Mary Henkel«. Meine Schwester Eva erinnert sich an das Gespräch meiner Mutter mit der Direktorin: »Ich habe zwar keinen Platz mehr«, sagte diese, »aber wenn ich ihre Töchter nicht aufnehme, wirft man mir vor, ich sei Antisemitin.« Es war eine Schule des mittleren und Großbürgertums für die Kinder Hamburger Kaufleute, Anwälte und Ärzte. Wir kamen von außen, und nach der fortschrittlichen schwedischen Schule empfand ich hier einen Mangel an Phantasie. Die Väter der anderen Mädchen hatten an der Front gekämpft, manche hatten Brüder und Vater verloren. Die Familien kannten sich untereinander, und unter den Mädchen gab es bereits feste Freundschaften.

Für mich wurde vor allem die Orthographie ein großer-Kampf. Manche Worte waren auf Schwedisch ganz ähnlich und doch anders. Unter einem Diktatheft stand geschrieben: »Ingrid, vergiß nicht, daß der Wille Berge versetzen kann!« Später hatte ich zu Hause eine Demoiselle, um Französisch zu lernen. Wir gingen bei jedem Wetter um die Alster. Diese Französischstunden wurden später wichtig für mich, als ich meinen Mann Veniero, einen Italiener, in New York kennenlernte. Wir haben sieben Jahre lang nur französisch gesprochen, denn er sprach damals nur italienisch, spanisch und französisch und ich deutsch, englisch, schwedisch und französisch. Dann kam die Inflation. Ein Sohn von Felix Warburg wohnte bei uns und hatte die Taschen voller Dollars, mit denen er sich unbegrenzt Süßigkeiten kaufen konnte. Eine Briefmarke war eine Million wert, und die Sekretärinnen und Angestellten der Warburg-Bank in der Ferdinandstraße liefen während der Mittagspause zu Karstadt, um ihr Geld möglichst schnell gegen Waren einzutauschen.

Mein Vater beschloß, das väterliche Haus am Mittelweg 17 zu übernehmen. Im Herbst 1923 wurde unser Haus an der Fontenay aufgegeben, aber das Haus am Mittelweg war noch nicht fertig. Die Eltern machten eine lange Reise nach Italien. Mein Vater erhielt jeden Tag ein Telegramm über das Geschäft, die Börse und unser Wohlergehen. Das Telegramm lautete immer: »Börse so und so, Kinder gesund.« Wir hatten aber in dieser Zeit Masern mit hohem Fieber, und meine Mutter war sehr erschrocken, daß es ihr nicht mitgeteilt worden war.

Als die Eltern zurückkamen, begann eine schwierige Zeit. Wir wohnten mit einem Fräulein bei Aby Warburg in der Heilwigstraße, und die Eltern am Frauenthal bei Louise Derenberg, der Zwillingsschwester meines Vaters. Auf unserem Schulweg kamen wir am Frauenthal vorbei, und da saß die ganze Familie mit der kleinen Noni und Käthe am Tisch. Bei den Derenbergs wurde gut gegessen, wir mußten aber weiter in die Heilwigstraße. Tante Mary, Aby Warburgs Frau, war jedoch sehr lieb zu uns. Sie war Bildhauerin. In Abys Haushalt gab es ein Fräulein Düren, das sehr umfangreich war und sich so langsam bewegte, weil, wie Onkel Aby sagte, sie ein Goldfischbassin im Bauch hatte, das nicht überschwappen durfte. Onkel Aby war leider damals in der Klinik bei

Ludwig Binswanger, es war für Tante Mary eine schwere Zeit. Endlich sind wir dann in den Mittelweg gezogen. Das Haus war recht groß und hatte einen Garten ringsherum. Im ersten Stock lag eine große Bibliothek, dort saßen sich die Eltern an einem Schreibtisch beim Arbeiten gegenüber. Außerdem gab es einen Speiseraum mit einem elektrischen Klavier. Ich erinnere mich, daß ich Jahre später, als ich in Hamburg studierte, mit meinem Vater einen Vortrag von Paul Tillich hörte. Nach dem Vortrag ging Professor Tillich mit den Studenten und meinem Vater zu »Tante Klara«, einem Kellerlokal, das damals sehr beliebt war. Als es ihm zu rauchig wurde, sagte mein Vater: »Warum gehen wir nicht alle zu uns nach Hause?« Als wir bei uns ankamen, sagte eine Studentin: »Ich muß schnell nach Hause gehen und mich umziehen.« Sie kam dann in einem weißen Seidenkleid zurück und sagte: »Dies ist das einzige Kleid, das ich hier tragen kann.«

Ich hatte ein rundes Zimmer im Turm, in dem das Bett auf Rollen aus der Wand kam. Damals hatten wir einmal in der Woche jüdische Religionsstunde bei einem Fräulein Josefi. Wir mochten sie nicht besonders und beteten, daß Gott ihr einen Schnupfen schicken möge. Wir lernten ein wenig Hebräisch und jüdische Geschichte.

Als ich ungefähr 16 Jahre alt war, bestand eine wunderbare und willkommene Einrichtung: ein Zahnarzt in Berlin namens Kennedy. Er sollte mir die Zähne regulieren. Das bedeutete, daß mein Vater, der oft nach Berlin fuhr, mich mitnahm. Ich wohnte bei Kusinen, zum Beispiel bei Lola Hahn, der Tochter von Onkel Max, die ich sehr verehrte. Es war herrlich in Berlin: Ich wurde behandelt wie eine Erwachsene und durfte mit auf Gesellschaften und ins Theater gehen. Hier sah ich zum ersten Mal die Bilder von Käthe Kollwitz und George Grosz, die mich sehr beeindruckten. Ich erinnere mich an die Aufführungen Max Reinhardts, an den »Fröhlichen Weinberg« und an den Clown Grock, den mein Vater liebte. Mein Vater kannte viele junge Schauspieler, die er nach dem Theater zum Essen in die »Königin« einlud. Wir gingen bei ihnen vorbei, pfiffen zu den Fenstern hinauf, und dann kamen sie herunter. Meine Mutter schätzte diese Berlinfahrten nicht besonders.

Schule Schloß Salem

Die Mädchengruppe

Mit Harald von Meyenburg

Der Speisesaal

eim Heuen

Theater in Salem

Strafexerzieren

Schule Schloß Salem

Amts Überlingen, Baden.

Reifezeugnis.

Ingrid W a r b u r g,

geboren den 1. Oktober 19 10

zu Hamburg,

israelit. Bekenntnisses, XXX Tochter des Bankiers

Dr. Fritz Warburg,

hat die Schule Schloß Salem — Oberrealschule —

seit dem 2. Mai 19 27 von Klasse O.II an besucht und

war seit April 19 30 Schüler der Ober-Prima.

Er hat die an der Anstalt nach Maßgabe des Erlasses des badischen Ministers des Kultus und Unterrichts vom 10. Juni 1930 Nr. B. 22299 abgehaltene Reifeprüfung bestanden.

Das Betragen an der Anstalt war . Der Fleiß war .

Die Kenntnisse und Fertigkeiten in den einzelnen Lehr- und Prüfungsgegenständen waren:

Religion		Zeichnen	
Deutsch	ziemlich gut	Leibesübungen	
Englisch	gut	Singen	
Französisch	ziemlich gut	Wahlfreie Lehrgegenstände:	
Geschichte	gut	Lateinisch	
Chemie (mit Mineralogie,	ziemlich gut		
Geologie und Biologie)	ziemlich gut		
Physik	hinlänglich		
Mathematik	ungenügend		

Demgemäß wird demselben das Reifezeugnis einer Oberrealschule zuerkannt und seine Entlassung mit den besten Wünschen für den von ihm gewählten Beruf ausgesprochen.

Salem, den 13. März 1931 .

Der Vorsitzende der Prüfungsbehörde:

Die Leitung der Schule Schloß Salem:

1931

(s. Rückseite!)

Schule Schloß Salem 1926 — 1930

1926 wurde beschlossen, mich auf die Schule Schloß Salem am Bodensee zu schicken. Die Wahl dieser Schule lag nahe, denn der Leiter, Kurt Hahn, war mit uns verwandt, sein Bruder Rudo Hahn hatte Lola, die Tochter von Max Warburg, geheiratet, und Anita, ihre Schwester, war bereits seit zwei Jahren in Salem.

Wir kamen an einem Frühlingsmorgen in Salem an. Das Schloß Salem ist ein riesiges altes Zisterzienserkloster, in dem Kurt Hahn und Prinz Max von Baden 1920 die Internatsschule Salem gegründet hatten. Im »Schwan«, einem kleinen Gasthof vor den Toren der Schule, der für die Salemer Schüler natürlich »off limits« war, aßen wir unser letztes, gemeinsames Mittagsmahl. Wir waren alle etwas beklommen, denn es war das erste Mal, daß sich ein Mitglied unserer Familie für längere Zeit von den anderen trennte. Dann kam Kurt Hahn mit einer Schülerin herein. Er war immer freundlicher zu Jugendlichen als zu Erwachsenen und sagte zu mir: »Ingrid, es ist besser, wenn du dich jetzt von deinen Eltern und deiner Schwester verabschiedest. Dies ist Alice von Platen. Sie wird dir alles zeigen, und du wirst in ihrem Zimmer schlafen.« Wir nahmen also Abschied, und ich ging mit Alice durch das große Tor der Schule. Alice trug das Schulkleid aus grauem Flanell und an der Brust einen schmalen, lilafarbenen Stoffstreifen. Sie war eine »Farbentragende«, ein Mitglied der Schülerselbstregierung. Direkt im Schultor befand sich ein kleiner Laden, in dem man Hefte, Bleistifte und Süßigkeiten kaufen konnte. Die Inhaberin, Frau Sorge, war eine wichtige Figur für die Salemer Schüler. Auf besonderen Wunsch meiner Mutter hatte ich bei Frau Sorge von

Anfang an uneingeschränkten Kredit. Zigaretten und Alkohol gab es nicht, die waren in Salem natürlich strengstens verboten. Alice und ich gingen die weiten Treppen hinauf in den Nordflügel, in dem auf einem langen Gang unser Zimmer lag. Die Schule war damals noch sehr spartanisch. Im Zimmer standen vier Betten, die tagsüber an die Wand geklappt wurden, einige Tische und Stühle. Auf dem Steinfußboden konnte man große Löcher erkennen, und Alice erklärte mir, daß sie von den Gewehrschäften der Soldaten Napoleons herrührten. Ich packte aus: Die Bücher und meine persönlichen Sachen kamen auf ein Brett über dem Klappbett. Dann gingen wir essen. Wir mußten am Münster vorbei durch den Hof in das letzte Stockwerk des Südflügels gehen. Dort war ein großer Saal mit langen Tischen, an denen die Schüler saßen, frischgewaschen nach dem Sport oder der Landarbeit. Ich setzte mich mit Alice an einen Tisch, dessen Oberhaupt sie war. Plötzlich sagte sie zu meinem Tischnachbarn: »Du hast schmutzige Fingernägel, geh' dir die Hände waschen.« Der Junge, den sie ermahnt hatte, war Prinz Georg Wilhelm von Hannover, der Enkel des Kaisers. Er hat die Schule später kurze Zeit geleitet. Neben mir saß Hans Heinrich Solf, der Sohn des deutschen Botschafters in Tokio. Er hatte ein blaues Auge, und ich fragte ihn, was denn passiert sei. Man erklärte mir, er habe gestern abend strafboxen müssen. Strafboxen war, wie das Exerzieren, eine harte Einrichtung für die Jungen. Sie mußten sich unter der Aufsicht eines ehemaligen Polizeikommissars schlagen. Manchmal mußte eine ganze Klasse für gewisse »Sünden« strafexerzieren. Diese militaristischen Elemente der Erziehung empfand ich als einen Mangel in Salem.

Wie in anderen Landschulheimen kamen auch in Salem die meisten Schüler aus der Aristokratie oder waren Söhne hoher Staatsbeamter und Professoren. Aber es gab auch Kinder aus »gebrochenen Ehen«, wie man das damals nannte, oder aus der Landbevölkerung der Umgebung. Ich war sehr froh, daß endlich nicht mehr von Geld gesprochen wurde, es schien in Salem kein Thema zu sein. Die Schüler kamen aus zu unterschiedlichen Milieus, und es waren auch Engländer, Franzosen, Griechen und Amerikaner darunter. Eigentlich war Salem eine Schule für Jungen. Die Mädchen waren in der Minderzahl und dienten anfangs nur der Vervollkommnung der Erziehung der Jungen.

Das Vorbild, das der Gründer Salems, Kurt Hahn, vor Augen gehabt hatte, waren zweifellos die englischen Public Schools, und ganz in deren Sinn wollte er eine verantwortungsvolle Führungselite ausbilden. Dazu gehörte eben auch die Vorbereitung der Jungen auf den militärischen Dienst an ihrem Staat. Hahn selber hatte in England, das er sehr liebte, klassische Studien betrieben, und er war tatsächlich ein Pädagoge im Sinne der griechischen Antike: Erziehung der Heranwachsenden durch sie selbst, wechselseitig, unter Anleitung, Leben nach selbstgemachten Regeln, Schülermitverwaltung, Schülerdemokratie, Erweckung von schlummernden Talenten durch Möglichkeiten der Verwirklichung, Freude am Lernen und vor allem an der Gemeinschaft, sehr viel Sport, körperliche Ertüchtigung und Selbstdisziplin, Theaterspielen und Landwirtschaft — das waren seine erzieherischen Ideale und Methoden, die er auch durchaus politisch verstand. Unsere häufige Platon-Lektüre im Unterricht sollte uns den Geist der Polis vermitteln und die neue Generation, die in Salem heranwuchs, vorbereiten auf ihre Aufgabe, führende Positionen in einer besseren, auf gemeinschaftliche Werte gründenden, weltoffenen Gesellschaft einzunehmen. Ich erinnere mich an die wiederholte Frage eines Jungen an Hahn: »Wann können wir ins Volk wirken?« Es war jedoch keine explizit politische Erziehung und fortschrittlich höchstens in einem vagen, humanistischen Sinn. Hahn gab zum Beispiel die Koedukation auf, als er das englische Gordonstoun leitete, denn er wollte nicht als »progressiv« gelten. Golo Mann, der seit 1923 in Salem war, schrieb über Hahn anläßlich seines Todes: *»Er war der hilfreichste, generöseste Mensch, den ich je kannte; reich an Ideen, reich an Energien und List, um sie zur Wirklichkeit zu bringen. Er hatte es nicht leicht: als Jude in einer zuerst diskret, dann immer brutaler antisemitischen Gesellschaft; als einer, der von Natur aus kränkelte, auch psychische Depressionen kannte, aber die Gesundheit liebte und andere zur Gesundheit führen wollte; als christian gentleman unter Heiden, Menschenbildner, mit Leidenschaft und aus Intuition, ein Erzieher der Jugend, ein feuriger Berater von Erwach*senen.«

Die Erziehung zum Willen und zur Selbstdisziplin war ein für uns Schüler sehr klar erkennbares Prinzip der Schule. Ehrlichkeit uns selbst und anderen gegenüber wurde mit Vertrauen in unsere Selbstkontrolle belohnt. Diese Selbstkontrolle war der Grundstein der Schülerselbstregierung in Salem. Ihr dienten die sogenannten »Trainingspläne«: In jedem Zimmer hing einer dieser »Trainingspläne« an der Wand, auf dem eingetragen werden mußte, wieviel Waldläufe, Seilsprünge oder ähnliches man am Tag absolviert hatte, aber auch, wieviel Wasser man getrunken hatte. Es gab bestimmte Normen, über ihre Einhaltung wachte ein jeder selbstverantwortlich. Andererseits wurden viele Fehler oder Vergehen einzelner Schüler öffentlich gemacht: Man mußte sich dann vor dem Schülerparlament verteidigen. Oft konnte man Hahns Anschläge am Schwarzen Brett lesen: »A. verliert seinen Trainingsplan. Grund: Er hat gelogen.« Oder es hieß: »Ich möchte anregen, daß diejenigen, die gestern das Privileg hatten, den großen Menschen Albert Schweitzer auf der Orgel spielen zu hören, sich 8 Tage lang enthalten, auf den Gängen und in den Zimmern Schlager zu pfeifen oder zu singen. Unterschrift: Hahn.« Oder: »Ich höre, daß einige abgetakelte Sportgrößen über den morgigen Wettkampf ihre blasierten Visagen säuerlich verziehen. Wenn morgen Mitglieder der ersten beiden Mannschaften beträchtlich hinter ihren zu erwartenden Höchstleistungen zurückbleiben, so werden sie im nächsten Semester nur Leichtathletik und kein Hockey treiben.«

Auch der sehr intensiv betriebene Sport diente natürlich er zieherischen Zwecken. Wie ihre englischen Vorbilder vertraute auch Salem auf den Sport als Erziehung zum Verlierenkönnen, zu den Tugenden des Fairplay und zum Mannschaftsgeist. Zwar konnten auch die Mädchen Tennis, Hockey oder Leichtathletik betreiben, und ich erinnere mich noch gerne an das Speerwerfen, aber vor allem sind mir die vielen sonnigen Nachmittage im Gedächtnis, an denen wir Mädchen den Wettkämpfen der Jungen zuschauten. Vor besonders wichtigen Spielen rief Hahn die Mannschaften in sein Zimmer und las ihnen aus der »Ilias« vor. Einer seiner Lieblingssprüche war: »Ich hasse eine Zänkerei und liebe einen Kampf.« Großen Eindruck hat die Arbeit bei der Landwirtschaft auf mich gemacht. Hahn legte Wert darauf, daß die zahlreichen Landschulheime, die er gründete, immer inmitten bäuerlicher Umgebung lagen und die Jugendlichen in die Landarbeit einbezogen wurden oder von den dörflichen Handwerkern lernen konnten. Wir halfen beim Heuen und bei der Ernte und mußten uns um die Tiere kümmern. Die Schule besaß Pferde und Kühe. Als ich noch nicht lange in Salem war, wurde mir eines Tages mitgeteilt, daß ich die beiden Kühe zu hüten hätte. Ich holte sie aus dem Stall und ging mit ihnen auf eine kleine Wiese. Den Weg kannten sie besser als ich. Während die Tiere fraßen, setzte ich mich ins Gras und las den »Wilhelm Meister«. Doch dann kamen die Jungen auf ihrem Waldlauf direkt an uns vorbei, und die Kühe wurden unruhig; eine lief in schnellem Tempo zurück nach Hause, und ich lief aufgeregt hinterher. Erst im Stall fiel mir ein, daß ich die andere Kuh ihrem Schicksal überlassen hatte. Aber da kam sie schon ganz gemächlich allein angetrottet. Später mußte ich die Tiere mit Kamm und Bürste striegeln, und hinterher brauchte ich eine ganze Flasche Eau de Cologne, um den Stallgeruch wieder loszuwerden.

Nie werde ich die wunderschöne Bodensee-Landschaft um Salem vergessen. Die Waldläufe, mit denen der Tag begann, waren herrlich. Eines der schönsten Feste war Weihnachten: Ein paar Schüler gingen Heiligabend in den Wald, suchten sich eine schöne Tanne aus, schmückten sie, legten Geschenke darunter und warteten auf die anderen. Dann schwärmten alle aus, um die Weihnachtstanne zu suchen. Die ersten, die sie fanden, stellten sich darunter und sangen Weihnachtslieder, bis sich nach und nach alle Schüler unter dem Baum einfanden und zusammen sangen.

Ein anderes, wichtiges Element des Salemer Schullebens war das Theaterspielen. Erst dominierten Schiller und die Griechen, aber dann begann Hahn, sich auf Shakespeare zu konzentrieren. Ihn faszinierte, wie die edlen Charaktere immer wieder scheiterten, und er versuchte in seinen Inszenierungen zu zeigen, wie sie sich doch noch hätten retten können. Im »Macbeth« spielte ich einmal eine der drei Hexen. Wir studierten und deuteten im Unterricht ausführlich alle Texte, um sie vor der Aufführung wirklich verstehen zu lernen. In die Aufführungen wurde die ganze Schule einbezogen. Ich erinnere mich, daß ein Junge einmal in diesem kritischen, sehr konzentrierten Moment der Vorbereitungen davonlief. Zur Strafe mußte er auf dem Dachboden bleiben, wo er Knetmasse fand und den Kopf Hahns modellierte. Ihm wurde verziehen, weil er seine Leidenschaft entdeckt hatte, und das war ein wichtiges pädagogisches Ziel in Salem: sich selbst und die wirklichen eigenen Passionen zu finden. Ein anderer Schüler entdeckte zum Beispiel, daß er Arzt werden wollte, als er sah, wie einer Kuh ein Nagel aus dem Huf entfernt wurde.

Mitunter mußte man sogenannte »Dreckarbeit« verrichten. Einmal hatte ich die Schuhe aller Jungen zu putzen, und sonntags mußten wir manchmal zu viert das gesamte Geschirr abwaschen. Das waren 500 Teller, und seitdem kann mich kein Abwasch mehr beeindrucken.

Momente der Arbeit, des Spiels, des Studiums und der Andacht wechselten einander ab. In der großen Bibliothek wurde gelernt. Hier schrieb ich unter dem Bild eines Mönches, der zum Zeichen des Schweigens einen Finger auf die Lippen legt, einen Aufsatz über Michelangelo und über die historischen Utopisten. Jeden Sonntag wurde im Münster gesungen, und Kurt Hahn oder ein Ehrengast sprach zu uns. Albert Schweitzer spielte auf der Orgel Bach und erzählte uns von seiner Philosophie.

Nach einiger Zeit wurde ich »Farbentragende«. Das Konzept der mit einem farbigen Streifen auf der Schuluniform ausgezeichneten Mitglieder des Schülerparlaments, der Schülerselbstregierung, hatte Hahn von Eton übernommen. Diese »Abgeordneten« konnten zwar auch gewählt werden, die Ernennung basierte jedoch auf dem Charakter des Kandidaten und seiner Loyalität zu den Prinzipien der Schule. Diese Prinzipien und das eigene Verhältnis dazu wurden also bei jeder Wahl einer neuen Prüfung unterzogen. Hahn, der die individuelle Persönlichkeitsentwicklung jedes einzelnen Schülers sehr genau verfolgte — er schrieb den Eltern Briefe darüber —, betraute die Farbentragenden mit ganz bestimmten Aufgaben. Sie verkörperten also beide tragende

Prinzipien der Salemer Pädagogik: Erziehung zur Verantwortung und Erziehung zur Demokratie. Natürlich gerieten diese beiden Prinzipien manchmal in Konflikt miteinander, und auch das sogenannte Schülerparlament hatte Grenzen in seinem Mitbestimmungsrecht.

Ich war über meine Ernennung so aufgeregt, daß ich sofort zu Hause anrief. Im vorletzten Jahr meiner Schulzeit in Salem wurde ich dann auch »Mädchenhelfer«. Meine Aufgabe bestand darin, mich in Absprache mit dem »Jungenhelfer«, Harald von Meyenburg, um die besonderen Probleme der Mädchen zu kümmern: kontrollieren, ob die Zimmer in Ordnung waren, den Mädchen in persönlichen Fragen zu helfen und mich für sie einzusetzen. Ich war sehr stolz auf meine Rolle und habe sie mit viel Hingabe erfüllt. Aber dann verlor ich meinen Mädchenhelferposten: Trotz der Koedukation waren Themen wie Sexualität und Erotik in Salem absolut tabu. Wir wurden mit unseren sexuellen Problemen und Fragen vollkommen allein gelassen, ja es war verboten — und zwar ohne Erklärung oder ein anderes Angebot der Hilfe —, darüber zu sprechen. Natürlich kam es trotzdem immer wieder zu mehr oder weniger innigen Kontakten zwischen Schülerinnen und Schülern. Auch ich verliebte mich zum ersten Mal in Salem. Fritz Euler kam aus Frankfurt und war ein ziemlich verwöhnter Junge. Er sah sehr gut aus, war mit allen Wassern gewaschen und sehr sportlich. Irgendwann ist es zwischen uns zu Zärtlichkeiten gekommen, die über das in Salem erlaubte Maß hinausgingen. Dabei muß uns jemand beobachtet haben. Es wurde eine Schülerversammlung einberufen, auf der beschlossen wurde, daß ich und eine Freundin, die eine ähnliche Geschichte hatte, das Schloß verlassen sollten und bei der Mathematiklehrerin, die in einem Dorf in der Nähe der Schule wohnte, einquartiert werden sollten. Ich sollte gleichzeitig Nachhilfestunden bei ihr bekommen, denn meine Mathematik war miserabel. Sie war nicht sehr streng, und meine Freundin und ich bekamen Einzelzimmer, was unsere Liebschaften natürlich nicht gerade unterband. Im Gegenteil! Die beiden Jungen besuchten uns regelmäßig. Über's Schmusen ging das damals allerdings nicht hinaus. Meine Verbannung aus dem

Schloß aber machte mich doch sehr traurig, und ich schrieb meinen Eltern, daß ich meinen Mädchenhelferposten in der Schülerselbstverwaltung verloren hatte. Hahn traf dann zufällig meinen Vater in Berlin, und sie sprachen über diesen Vorfall. Hahn selbst fand es gar nicht so schlimm, zumal ich mich, so sagte er, auf der Schülerversammlung glänzend verteidigt hätte. Mein Vater schrieb mir daraufhin einen Brief, in dem er mich tröstete, und sagte, daß es ihm leid täte, daß ich auf diese Weise hätte lernen müssen, daß man auch Dinge, die eigentlich unbedeutend sind, weniger auffällig tun müsse.

Fritz hatte eine ältere Schwester, Bobby, die ich bei ihren Besuchen in Salem kennengelernt hatte und die meine engste Freundin wurde. Unsere Freundschaft hat bis zu ihrem frühen Tod gedauert. Nach dem Vorfall mit Fritz schrieb sie mir im September 1930:

»Liebste Ingrid!

Lebenskünstler seid Ihr gerade nicht, aber das ist vielleicht auch zuviel verlangt. Es tut mir leid für Euch, das heißt, besonders für Dich, daß es nicht klappt, aber das kann man nicht forcieren. Qu'est-ce que je pense? Daß so etwas nicht zu passieren braucht unter vernünftigen und disziplinierten Menschen, wobei ich allgemein finde, daß von der Zurückhaltung der Mädchen das meiste abhängt. Daß es aber kein Unglück ist, wenn man zwei, drei Monate in Ruhe arbeitet und den Dingen von sich aus die Distanz läßt, die allen Schulgemeinden durch die Nähe des Zusammenlebens fehlt.

Bekümmer' Dich nicht, der Fritz wird seinen Weg in Salem heute finden. Wahrscheinlich muß er ihn jetzt ohne Dich finden. Vielleicht verträgt kein Junge, auch kein Mann, auf die Dauer die Ratschläge eines weiblichen Wesens, gerade wenn sie wirklich gut sind. Vielleicht, um es frivol zu sagen, verträgt kein Mensch auf die Dauer so entsetzlich viel Liebe. Es ist sehr merkwürdig, daß man das Beste, das man so von sich weiß, immer dosieren, einteilen und zurückhalten muß, trotzdem man meint, man müßte es ohne Grenzen verschenken und verschwenden. Aber es ist so, und es bleibt nichts als sehr viel Abstand und Beherrschung ...

Daß es für Dich nun ziemlich scheußlich ist, da draußen mit ein bißchen Kummer, ein bißchen Gesine [Freundin Ingrids in der Verbannung] *und ein bißchen Arbeit, kann ich mir zu gut vorstellen. Aber mach's Dir nicht schwerer als nötig. Sei heldenhaft, lies Zarathustra oder George, sei strahlend und heiter, tüchtig und sieghaft, bis sie Dir alle glauben, daß es Dir gut geht, und dann kommt es von selber. Gefühle sind so schrecklich wichtig. Die Beherrschung ist der Anfang der Überwindung. Also mach's gut, wenn auch ein bißchen spartanisch. Im Frühjahr kommt die tröstliche große Welt. Von ganzem Herzen, Bobby.«*

Bobby war damals schon in Heidelberg, dort habe ich nach dem Abitur mit ihr zusammen ein kurzes, aber sehr intensives Semester studiert. In einem früheren Brief von 1929 beschrieb sie die weltanschaulichen Gemeinsamkeiten zwischen der Schule Schloß Salem und den Gesprächen, die die Studenten Jaspers' in Heidelberg führten:

»Uns Heidelbergern und Ihnen als Salemer schwebt im Grunde etwas Gemeinsames vor, so etwas wie eine Gruppe besonderer Menschen, mit besonderen Ansprüchen an sich und besonderer Offenheit und Verantwortlichkeit gegenüber der Umwelt. So würden wir beide das vielleicht formulieren. Und diese Menschen haben irgendeine Aufgabe in der Welt, derer man sich bewußt ist, ohne sie definieren zu können. Ich glaube unsere »Führer«, Hahn in Salem und in Heidelberg Karl Jaspers, Max Weber und andere, haben eine Vorstellung von dem, was wir gemeinsam wollen, und an uns Jüngeren liegt es, sie zu verwirklichen.«

1927 wurde der Altsalemer Bund gegründet. Die Aufnahmebedingungen waren streng, und jeder mußte gewisse Verpflichtungen auf sich nehmen, die den Geist der Salemer Erziehung widerspiegelten. Im September 1932 wurde in Beuthen ein junger Kommunist ermordet, und Hitler lobte diese Tat. Hahn schickte ein Telegramm an die Mitglieder des Altsalemer Bundes:

»Salem kann nicht neutral bleiben. Ich fordere die Mitglieder des Salemer Bundes auf, die in einer SA oder SS Tätigkeit sind, entweder ihr Treueverhältnis zu Hitler oder zu Salem zu lösen.

Salem, den 9. September 1932.«

Die möglichen Konsequenzen waren Hahn durchaus bewußt. Im Januar schrieb er: »Ich weiß, daß ich in diesem Kampf das Überleben der Schule riskiert habe, aber das war die Sache wert.« Schon im März 1933 wurde Hahn in Schutzhaft genommen und nur durch die Intervention des britischen Premiers und des Markgrafen Berthold wieder freigelassen. Er emigrierte noch im selben Jahr nach Schottland und gründete Gordenstoun.

Später ist mir dann eine ähnliche Geschichte passiert: Als ich schon nicht mehr in Salem war, traf ich in Berlin, im »Döbrin«, einem koscheren Café, Graf Manfred von Pourtalés, der ebenfalls in Salem gewesen war. Zu meinem Entsetzen trug er das braune Hemd. Es kam zu einer wilden Diskussion, weil ich darauf bestand, daß ein Alt-Salemer nicht Nazi werden dürfe. Noch vom Café aus rief ich Berthold von Baden, den damaligen Präsidenten der Alt-Salemer an, und fragte ihn, ob es seiner Meinung nach zulässig sei, daß sich einer mit dem braunen Hemd noch Salemer nenne. Von Baden gab mir Recht. Aber im Grunde ist das Beispiel, das Kurt Hahn 1932 mit seinem Telegramm gegeben hat, von den Salemer Schülern, außer von einigen, die im Widerstand umgebracht wurden, nicht befolgt worden.

1930 machte ich in Salem mein Abitur. Es war die erste Reifeprüfung, die in Schloß Salem selbst abgehalten werden durfte. In die Freude über die bestandene Prüfung mischte sich jedoch auch Trauer darüber, daß die schöne Zeit in Salem zu Ende war.

Die Überschrift und Spalte 1 und 2 sind vom Studierenden auszufüllen.

Studienbuch

für stud. Ingrid Warburg

Sommer-Winter-Semester 1931

Vorlesungen und Uebungen Die Titel sind vollständig einzutragen	Zahl der Wochenstunden	Namen der Dozenten	Vermerk der Quästur: Unterrichtsgelder RM	Rpf	Ersatzgelder RM	Antestat der Dozenten
1. Existenzphilosophie	4	Jaspers	12			Jaspers
2. Kant's Kritik der Urteilskraft.	2	Jaspers	6	-		Jaspers
3. Deutsche Literatur im Zeitalter der Reformation	4	Gundolf	12	-		
4. Geschichte u. Technik des Dramas	2	Waldberg	6	-		Waldberg
5. Geschichte der deutschen politischen Nationalbestrebungen.	3	Bergsträsser	15	-		Bergstraesser
6. Gesellschaft u. Staat des gegenwärtigen Deutschland.	2	Bergsträsser	10	-		Bergstraesser
7. Politik.	4	Eckhardt.	20	-		v. Eck.
8. Leibesübungen:						
9.						
10.						

	RM	Rpf
Unterrichtsgelder	81	-
Ersatzgelder	-	
Studiengebühr	60	
Beitrag f. soz. Einrichtungen	20	60
Summe	161	60

Bezahlt 30. Mai 31 RM 161,60

Akad. Quästur. Volker

Erstes Semester in Heidelberg 1930—1931

Meine Freundschaft mit Bobby Euler und das Interesse an Literatur und Philosophie, das in Salem geweckt worden war, ließen die Entscheidung, mich im Sommersemester 1931 an der Universität Heidelberg zu immatrikulieren, ganz natürlich erscheinen.

Bobby machte damals ihren Doktor bei Jaspers, und Golo Mann beschreibt sie in seinen Jugenderinnerungen als eine »hübsche Blume unter den mageren Pflänzlein der Jaspersstudenten«. Wir wohnten zusammen im Stadtteil Rohrbach in einem kleinen Haus, das der Witwe Noll gehörte. Sie hatte zwei erwachsene Töchter, Annie und Renate, die mir im Lauf der Zeit gute Freundinnen wurden. Annie heiratete später den Sohn Jakob Wassermanns. Seinetwegen gab sie ihren Beruf als Kinderärztin in Heidelberg auf, da er Jude war, und folgte ihm nach England. Bobby und Annie haben beide großen Einfluß auf mich gehabt. Sie haben meinen späteren Weg über Hamburg und Oxford treu begleitet und auch meinen Entschluß, trotz der beginnenden Nazizeit mein Examen in Deutschland zu machen, befürwortet, ja, mich darin bestärkt.

Heidelberg war, wie Bobby mir damals geschrieben hatte, wirklich »die tröstliche große Welt«: Nach der relativen Enge und den schrecklichen grauen Schuluniformen Salems erschien mir das Leben hier sehr aufregend, bunt und elegant. Mein damaliger Modetraum war ein schwarzes Kostüm mit weißer Bluse und rotem Lackgürtel, wie es Bobby damals trug.

Hier in Heidelberg kam ich zum ersten Mal mit tagespolitischen Diskussionen und linken politischen Theorien in Berührung. Über Bobby lernte ich den Kreis kennen, in dem wir damals diskutierten. Sie war mit Golo Mann und Christiane Zimmer, der Tochter Hugo von Hofmannsthals, befreundet. Zimmer, ihr Mann, war Professor für Indologie. Später habe ich Christiane in New York, im Village, wiedergesehen, und sie erinnerte sich noch daran, wie ich im Neckar geschwommen bin. Einige unserer Kommilitonen waren Sozialisten oder Kommunisten und wurden in Auseinandersetzungen mit den farbentragenden Studenten der schlagenden Verbindungen verwickelt. Ich las das »Kommunistische Manifest« und hörte Vorlesungen von Jaspers, Bergsträsser und Eckhard. Eckhard las am Zeitungswissenschaftlichen Institut, das damals eine linke Position bezog. Außerdem hörte ich die literaturgeschichtlichen Vorlesungen von Gundolf, der im selben Jahr starb. Wie kein anderer verstand er es, den Studenten seine eigene intensive Bindung an die Werke und die Persönlichkeit der Dichter näherzubringen. Es schien kein Unterricht zu sein, wenn er uns mit großer Anteilnahme über die Romantiker erzählte.

Zwei Jahre später, im Winter 1933, schrieb ich an Adam von Trott, den ich 1932 in Oxford kennengelernt hatte: *»Weißt Du, als ich so durch Berlin ging, fiel mir plötzlich wieder Heidelberg ein ... Diese Stadt, in der ich so das gemeinsame »Bewegtsein« einer richtigen Universitätsstadt zum ersten Mal erlebte. Die Atmosphäre war wirklich die von suchenden Menschen. Dann die mir im Grunde etwas zu weiche Landschaft mit dem Neckartal und den blühenden Bäumen, und dann Gundolf, der mir damals weniger als wissenschaftlicher Arbeiter denn als so unerhört liebenswürdiger Lebenskünstler großen Eindruck gemacht hat. Er hatte eine so vertiefte Lebensfreude, verstehst Du? Keine oberflächliche, sondern irgendwie eine verinnerlichte. Die Art, wie er jede Blume, jedes Blatt und jede Form von Menschlichkeit liebevoll zu verstehen versuchte und ihm dann all das Schöne und Warme immer gegenwärtig war ...«*

Viele schöne Abende verbrachten wir bei der Familie Dr. von Baeyers, dem Heidelberger Professor für Orthopädie. Dr. von Baeyer hatte vier Kinder. Häufig waren auch Gundolf und Zimmer dabei. Dann wurde über Goethe, Hölderlin und Schiller gesprochen. Der Kreis diskutierte mit so großer Nähe und Begeisterung nicht nur literaturwissenschaftliche Fragen, sondern auch die menschlichen Probleme der Dichter, daß es fast schien, als seien sie gute Freunde der Familie. Später wurde dann Hausmusik gemacht. Jedes der Kinder spielte ein anderes Instrument, und die Mutter war eine ausgezeichnete Sängerin. Besondere Freundschaft verband mich mit Erich von Baeyer, genannt Brüdi. Auf seinem Motorrad sind wir oft durch Heidelberg gefahren, um im Neckar zu schwimmen oder abends auf dem Schloß noch einen Schoppen zu trinken. Es war Sommer und die Stadt voller Blumen. Brüdi, der gleichzeitig Musik, Malerei und Medizin studierte, heiratete später eine Jüdin und zog mit ihr nach Cleveland, Ohio, wo er praktizierender Arzt wurde. Meine älteste Tochter Elena hat ihn viele Jahre später in den USA besucht: Wie früher wurde dort nach dem Abendessen Hausmusik gemacht.

Natürlich waren solche Begegnungen in Heidelberg damals nur noch Inseln. Man diskutierte zwar die Theorien des Marxismus', und es gab einige, die große Hoffnungen auf die russische Revolution setzten. Man griff neugierig und gläubig zu den neuen Instrumenten der Erkenntnis wie der Psychoanalyse Freuds und der neomarxistischen Deutung Hegels. Aber diese Gespräche blieben sehr theoretisch und bewegten sich außerhalb der politischen Realität, die uns umgab. Auf den Straßen gab es schon Kämpfe zwischen Sozialisten, Kommunisten und Nationalsozialisten, aber deren politische Bedeutung erkannten die Intellektuellen noch nicht. Was mich und viele meiner damaligen Gesprächspartner betrifft, so glaube ich, daß wir, die wir zu einer traditionsgebundenen Elite gehörten, sehr vage Ideen über die wirkliche politische Realität hatten. In Berlin hatten auf mich die Zeichnungen von Käthe Kollwitz großen Eindruck gemacht. Die Verzweiflung und der Mut der Arbeiterfrauen, der Kampf der Mütter für ihre Kinder, haben mich jahrelang beschäftigt. Aber erst Jahre später sollte ich verstehen, was politische Militanz und wirkliche politische Einordnung bedeuten. Unsere Gedanken gingen zwar über Deutschland hinaus, man war neugierig auf die Kultur anderer Länder — Ernst Robert Curtius, Professor der französischen Literatur, suchte Verbindungen mit Frankreich herzustellen — aber es waren die letzten Momente dieses Traumes einer europäischen Zivilisation, und er wurde im Elfenbeinturm der reinen Lehre geträumt — weit ab von der industriellen und paramilitärischen Vorbereitung der Machtergreifung durch die Nationalsozialisten. Meine persönliche Situation und mein Lebensgefühl in Heidelberg als eine der damals noch weit in der Minderheit bleibenden Frauen, die studieren und ihren Intellekt entdecken durften, gibt am besten der »Katechismus der Frau« von Schleiermacher wieder, den Bobby und ich uns zu eigen machten:

»I. Ich glaube an die unendliche Menschheit, die da war, ehe sie die Hülle der Männlichkeit und Weiblichkeit annahm. II. Ich glaube, daß ich nicht lebe, um zu gehorchen oder um mich zu zerstreuen, sondern um zu sein und zu werden, und ich glaube an die Macht des Willens und der Bildung, mich dem Unendlichen wieder zu nähern, mich aus der Fessel der Mißbildung zu erlösen und mich von den Schranken des Geschlechts unabhängig zu machen. III. Ich glaube an Begeisterung und Tugend, an die Würde der Kunst und den Reiz der Wissenschaft, an die Freundschaft der Männer und die Liebe zum Vaterland, an vergangene Größe und zukünftige Veredelung.« Der letzte Abschnitt in diesem Text heißt aber auch: *»Du sollst nicht falsch Zeugnis ablegen für die Männer, du sollst ihre Barbarei nicht beschönigen mit Worten und Werken.«*

Die Frauen, die in Heidelberg meine Freundinnen wurden, studierten sehr ernsthaft, waren selbstbewußt und lebenstüchtig. Sie wurden meine Vorbilder. Marianne Weber gab nach Max Webers Tod dessen Werk heraus und wurde von uns allen sehr verehrt. Bobby war eine sehr gute Freundin von Jaspers, und Marianne Jaffé, eine andere Bekannte aus der Heidelberger Zeit, war mit Eckhard befreundet, den sie später heiratete. Ich erlebte also zum ersten Mal selber und bei anderen Menschen intensive, glückliche Bindungen und das gelebte Prinzip der Treue. In keinem einzigen Moment wurde ich in dieser Zeit persönlich mit dem Antisemitismus konfrontiert. Im Gegenteil: Die Menschen, von denen ich hier erzählt habe, haben mit großem Mut alle Risiken und Gefahren auf sich genommen, die ihnen daraus entstanden, daß sie Juden liebten oder mit ihnen befreundet waren. Die Existenzphilosophie Jaspers' half mir zu erkennen, daß ich mich selber in einer Grenzsituation befand, der Situation, von der Jaspers sagt, daß der Mensch in ihr der Möglichkeit inne wird, er selbst zu werden. Ich erkannte, daß ich dabei war, bestimmte Wege einzuschlagen: in bezug auf das Judentum, in bezug auf mein erwachendes politisches Bewußtsein und in bezug auf die Realität des Großbürgertums im Kapitalismus, aus dem ich selber stammte. Aus Heidelberg schrieb ich meiner Schwester Eva diesen Brief, der doch schon ahnen läßt wie unsicher wir unsere Zukunft fühlten:

»Liebe Eva

Vielen Dank für deinen Brief! Hoffentlich wird diese letzte Zeit mit Mariele recht nett. Die Freundschaft geht nicht verloren, da brauchst du keine Angst haben. Im Gegenteil es ist immer so, als wenn man z.B. eine Stadt sehr liebt, und weggeht und dann wiederkommt, man findet mehr, Schöneres und anderes wenn man wiederkommt. Man ist ja auch menschlich viel reifer geworden. Mit Menschen ist es auch so, und es ist sicher nur gut wenn Du einmal wieder andere Menschen triffst; man wird weiter und reicher dadurch. —

Sonst willst Du wissen, wie ich über die Lage denke? Genau wie Du. Leiden müssen die Herren [die erwachsenen Warburgs], weil ihr Leben darin viel tiefer verankert ist, und für sie so viel mehr daran hängt. [an der gesellschaftlichen Stellung] Wir sind doch jung.

Aber es wäre nett, wenn Du mir schriebest, wenn Du weißt, was ist. Ich mag die Eltern nicht fragen. Das einzige was mich wirklich interessiert, ist was aus Kösterberg wird. Wenn wir Kösterberg behalten, ist alles andere egal. Lieber im Pförtnerhaus auf dem Kösterberg als irgendwo anders!

Wir essen gleich. Bald mehr. Allein mein Liebes. Sei vergnügt und vergiß die Lebensfreude nicht. Ingrid«

Im nahen Freiburg bin ich zum ersten Mal im Winter dieses Jahres 1931 gewesen. Wir liefen im Schwarzwald Ski, und in Freiburg lernte ich Alexander Kreßling kennen. Kreßling war mit 21 aus Petersburg weggegangen, weil er zur Kerenskijgruppe gehörte. Seine Familie war wohlhabend, der Vater besaß eine Fabrik. Von 1921 bis 1927 hatte Kreßling als Violinist im Symphonieorchester Freiburg gearbeitet und 1927 den Lehrstuhl für Russisch an der Universität Freiburg bekommen. 1930 gründete er den berühmten russischen Chor. Einige Mitglieder des Chores waren mit Kreßling und uns auf der Hütte beim Skilaufen dabei. Es war ein kleines Bauernhaus in Toderauberg. Ich habe schöne Erinnerungen an diese Zeit: Kreßling war ein guter Skiläufer, und abends, nach dem Essen, gab er uns Russischunterricht. Ich erinnere mich aber weniger an die russischen Buchstaben als an die vielen schönen, russischen Volkslieder, die er uns beibrachte. Wir saßen auf der Hütte rings um den Tisch, und Kreßling erzählte uns von seiner Jugend in Rußland, vom Haus seiner Großmutter, das mit jeder Erzählung größer wurde, und von seiner Liebe zur russischen Volksmusik. Zu mir sagte er immer: »Ingrid, du erinnerst mich an ein weißes Pferd in der russischen Steppe«. Ich habe ihn später mit meinen Kindern noch oft besucht.

Der Herbst 1931 war ein wunderschöner Ausklang dieses Sommersemesters in Heidelberg. Wir wohnten auf dem Kösterberg, und ich bin fast jeden Morgen ausgeritten. Es waren herrliche, klare Oktobertage, im Park blühten die Dahlien in allen Farben, Äpfel, Birnen und der Wein im Gewächshaus waren reif für die Ernte. Einmal kamen mich zwei ehemalige Salemer auf dem Kösterberg besuchen. Sie fuhren mit einem Jeep vor, beide in Zivilkleidung, obwohl sie damals Mitglieder des »Stahlhelm« waren. Sie wollten meinen Rat, denn sie waren unschlüssig, ob sie in die NSDAP eintreten sollten, um bessere Chancen für die Aufnahme in den Staatsdienst zu haben. Beide kamen aus Bremen, sie waren »freie« Hanseaten, das war damals eine wichtige Unterscheidung. Ich weiß nicht mehr, ob ich sie überzeugen konnte. In diesem Herbst verbrachte ich viel Zeit mit meiner Schwester Eva. Durch sie lernte ich Peter Bielenberg kennen, der ein Freund der Petersens in Reinbek war, der Familie des Hamburger Bürgermeisters. Peter Bielenberg studierte Jura, sah gut aus, und wir wurden gute Freunde. Ich hatte damals ein kleines Auto, einen DKW, den man »Das Kleine Wunder« nannte, und damit sind Peter und ich oft in den Sachsenwald gefahren. Wir liebten diese Ausflüge sehr. Erst durch Peter habe ich Buchenwälder richtig lieben gelernt, obwohl doch vor unserem Haus auf dem Kösterberg auch die großen Buchen standen, die mein Vater »seine Elefanten« nannte. Unter den Gästen auf dem Kösterberg waren in jenem Herbst Marietta, die Tochter von Aby Warburg, und Peter Braden, ihr Mann. Peter hatte Literatur und Philosophie studiert, und ich erinnere mich an die langen Gespräche, die wir mit meinem Vater auf der Terrasse vor dem weißen Haus geführt haben. Ich war noch voll von meinen neuen Erfahrungen in Heidelberg. Peter Braden ist später Arzt geworden und 1936 aus der Klinik entlassen worden. Er war in Mannheim mit einer Gruppe von Intellektuellen befreundet, die in den Widerstand gegangen sind und fast alle umgebracht wurden, darunter auch Theo Haubach, der den Kontakt zu den Kreisauern herstellte.

Im Wintersemester 1931/32 habe ich dann an der Universität Hamburg weiterstudiert und Vorlesungen von Ernst Cassirer gehört. Cassirer ist wie Panofski auf Anregung des Warburg Instituts an die Hamburger Universität gekommen. Beide wurden nach der Machtergreifung entlassen und gingen ins Exil.

Mit Gisela Warburg und Fritz Schumacher in Oxford

Mit Gisela, George Oakes und Adolf Schleppegrell

Oxford 1932 — 1933

Im Sommersemester 1932 ging ich mit Gisela, der jüngsten Tochter von Max Warburg, nach Oxford. Eigentlich waren wir nach Oxford geschickt worden, um unser Englisch aufzubessern. Aber wir sprachen es beide bereits fließend, nicht zuletzt durch den Kontakt zu unseren englischen und amerikanischen Verwandten während der Sommerferien auf dem Kösterberg. Außerdem war der Englischunterricht in Salem aufgrund der großen Englandbegeisterung Hahns sehr gut gewesen. Wir fühlten uns also viel zu sicher und gingen nur unregelmäßig in die Unterrichtsstunden am »Sommerville College«. So sind wir dann auch prompt durch die Prüfung gefallen, weil wir typische englische Idioms, wie zum Beispiel »to put on one's thinking cap« oder »to make both ends meet«, nicht genügend studiert hatten. Aber das Leben in Oxford war damals viel zu bunt und interessant, um englische Idioms zu pauken. Wir wohnten nicht im College, sondern auf Anraten Bobby Eulers in Privatfamilien. Gisela war in einer protestantischen Pastorenfamilie untergebracht, die sehr schockiert reagierte, wenn sie nach zehn Uhr abends nach Hause kam. Die Familie, die Bobby mir empfohlen hatte, war sehr nett. Die Häuser lagen in der Nähe der Colleges, die Gärten standen voll blühender Blumen. Wie alle Studenten in Oxford fuhren wir mit dem Fahrrad durch die Stadt, vorne in einem Korb lagen die Bücher und Hefte. Die schöne Universitätsstadt mit ihren Gärten, dem Fluß, den vielen berühmten Colleges und der High Street, wo man sich nachmittags in den Cafés traf, begeisterte uns sehr. Es wimmelte von jungen Menschen aus aller Herren Länder. Im »Sommerville College«

lernten wir Shiela Grant Duff, Diana Hubback und Clarissa Goldsmith kennen, die beiden letzteren aus alten, jüdischen Familien des Londoner Großbürgertums. Diana war wunderschön, groß und schlank und von so dunkler Hautfarbe, daß sie wie eine Zigeunerin aussah. Diese Freundinnen bewegten sich bereits recht selbständig im gesellschaftlichen Leben Oxfords, und so lernten wir mit ihrer Hilfe einige der lebendigsten und interessantesten Studenten jener Jahre kennen. Isaiah Berlin war bereits etwas älter als wir, lehrte am »All Souls College« und war Mittelpunkt einer ganzen Gruppe. Einer seiner Freunde war Goronwy Rees, ein Bergarbeitersohn aus Wales, ein anderer Stephen Spender. Es gab viele Orte der Begegnung und Treffpunkte, wo wir miteinander diskutierten. Der »Labour Club« war so etwas wie ein natürliches Sammelbecken all jener, die mehr vom politischen Geschehen in Europa verstehen wollten und, ohne sich parteilich zu binden, Anteil an sozialen Problemen nahmen. Auf Initiative einiger Studenten aus dem »Balliol College« spaltete sich später der »October Club« ab, der deutlich kommunistisch ausgerichtet war. Ein anderer Treffpunkt war der »German Club« im »Rhodes House«. Hier verkehrten die »Rhodes Scholars«, die Stipendiaten der Cecil Rhodes Stiftung, die jungen Menschen aus allen Ländern die Möglichkeit geben wollte, in Oxford zu studieren, um dann in ihre Heimatländer zurückzugehen, wo sie verantwortliche Stellen in der Regierung übernehmen sollten. Zu den deutschen Studenten gehörten Fritz Schumacher, der Neffe des Hamburger Architekten, Adolf Schleppegrell und Adam von Trott zu Solz. Unter den Amerikanern lernte ich Georges Oakes, den Neffen des Besitzers der »New York Times« Adolph Ochs, Lionel Gelber und Shiela MacDonald, die Tochter des Premierministers der Labour-Regierung, kennen. In der ersten Zeit machten Gisela und ich viele Ausflüge mit Fritz Schumacher und George Oakes. Wir verabredeten uns am College und gingen dann auf dem Fluß »punten«, in flachen Booten mit vielen Kissen, die man mit Hilfe von Stöcken vorwärtsbewegte, die am Boden des Flusses abgestoßen wurden. Am Ufer wurde irgendwo Picknick gemacht. In vielen Colleges fanden Bälle statt. Nie wieder habe ich soviel getanzt wie in diesem Oxforder Sommer. Auf einem dieser Bälle habe ich Adam von Trott kennengelernt. Es war eine zauberhafte Nacht, und wir haben bis zwei Uhr morgens getanzt, so daß die Colleges schon geschlossen waren und unsere Begleiter später über die Mauer klettern mußten. Das war nicht ganz risikolos, denn nachts patrouillierten die »Proctors«, die Studentenpolizisten, die uns mit ihren schwarzen Fledermauscapes Angst einflößten. Adam studierte Philosophie, Politologie und Internationales Recht am »Balliol College«, das als das intellektuellste College in Oxford galt. Ich erinnere mich an die vielen Diskussionen in Adams oder Isaiah Berlins Zimmer; die beiden waren befreundet. Es ging vor allem um die Juden. Isaiah kam aus einer ostjüdischen Familie und war sich der Pogrome sehr bewußt. Seine Mutter sprach Jiddisch und hat sich nie assimilieren wollen. Isaiah fühlte sich gleichermaßen als Engländer und Jude und trat immer wieder für eine Öffnung des Westens gegenüber dem Ostjudentum ein.

Adam war skeptischer in Bezug auf die Möglichkeiten zukünftiger Assimilierung der Juden in Deutschland. Er sah die Gefahren, die Deutschland drohten, bereits sehr klar voraus und fürchtete vor allem die Isolierung innerhalb Europas. Er war damals voller Unruhe und Anspannung, denn er fühlte deutlich, daß es keine andere Alternative gab, als nach Deutschland zurückzugehen, um die immer stärker werdenden Nationalsozialisten zu bekämpfen.

Wir alle erlebten Oxford damals als eine letzte Möglichkeit freundschaftlicher und freier Begegnungen mit Menschen aus allen Ländern der Welt. Daß hier so viele langanhaltende Freundschaften geknüpft wurden, lag sicher nicht nur an der besonders kommunikativen Atmosphäre und am regen sozialen Leben zwischen den Colleges, mit ihren gemütlichen Zimmern, wo man sich in endlosen Diskussionen verlieren konnte, während der Steward Toast und Getränke brachte. Besonders die deutschen Studenten spürten: So komme ich an diesen Ort nie mehr zurück. Adam, der ohnehin ein außerordentlich großes Interesse an anderen Menschen hatte, jedem Kontakt viel Zeit und Nachdenken widmete und mit seiner Aufmerksamkeit in den anderen die besten Eigenschaften zu wecken verstand, gewann hier in Oxford viele Freunde. Die Engländer, die sicher ein ganz besonderes Talent für lebendige Freundschaften haben, haben auch später zu ihm gehalten und sein Andenken bewahrt. Zu ihnen gehört David Astor, der Sohn des »Observer«-Herausgebers, der später Historiker wurde. David Astor habe ich später auf einem Kongreß über Adam von Trott wiedergesehen. Ein treuer Freund ist über alles Trennende hinweg Isaiah Berlin geblieben. Wir haben den Kontakt nie verloren. Besonders eng war Adams Bindung an Diana Hubback. Diana hat unsere Zeit in Oxford in ihren Memoiren »The Incense Tree« beschrieben. Es gab in der Beziehung zwischen Diana und Adam jedoch etwas Trennendes, und es war dasselbe, was ich in allen Begegnungen und Freundschaften dieser Zeit fühlte: In unseren Gesprächen mit Engländern, Indern und Amerikanern verdrängten wir unsere Sorge um Deutschland. Es ist Adam vielleicht nicht immer gelungen, die Werte, auf denen seine Liebe zu Deutschland gründete und mit denen er diese Liebe begründete, den anderen begreiflich zu machen. Er hat sehr darunter gelitten, daß sein Entschluß, nach Deutschland zurückzugehen, nicht von allen verstanden wurde. Im »German Club« fanden viele Diskussionen darüber statt. Fritz Schumacher zum Beispiel, der später eine Tochter der Hamburger Petersens geheiratet hat, ist sehr gegen eine Rückkehr nach Deutschland gewesen. Er hat später in London eine große Karriere gemacht und das weltberühmte Buch »Small is beautiful« geschrieben. Seinen Kindern hat er aus Abscheu vor dem nationalsozialistischen Deutschland nicht einmal mehr die deutsche Sprache beigebracht. Ich glaube, was mich bei unserem ersten Treffen an Adam so beeindruckt hat, war, daß ich mit ihm das Gefühl teilen konnte, wir erlebten hier in Oxford einen letzten Moment der Ruhe, des freien Austausches von Meinungen und der heiteren Freundschaft, bevor uns das Unheil, das Europa bedrohte, zu Entscheidungen und aktiver Teilnahme zwingen würde. Uns beiden war bewußt, daß sich unsere Wege, obwohl wir damals beide entschlossen waren, nach Deutschland zurückzugehen, irgendwann trennen würden. Aber von Adam werde ich später mehr erzählen.

Weil ich mich ein wenig schämte, im »Special English«-Examen durchgefallen zu sein, beschloß ich, im Wintersemester in Bedales, einer progressiven »Boarding School« mit Koedukation in Südengland, Deutsch zu unterrichten. Ich gab Grammatikstunden und las meinen Schülern den »Cornett« von Rilke vor. Die Schule ähnelte ein bißchen Salem, und ich fühlte mich sehr zu Hause. Die Studenten waren mir näher als die meisten der Lehrer, die sehr viel älter waren als ich. Der Headmaster trug immer einen roten Schlips. Die Kinder kamen aus liberalen Familien, und es gab viele Juden darunter. Sonnabend und Sonntag fuhr ich oft nach London, am Sonnabendnachmittag besuchte ich Chaim und Vera Weizmann, Freunde von Onkel Felix und Onkel Max, vor allem aber von Lola Hahn. Sie sind auch für mich zu sehr guten Freunden geworden. Ich kam meistens verhungert nach dem spärlichen Landschulheimessen in London an, und Vera sagte: *»Ach, Ingrid ist da, wir müssen mehr Sandwiches zum Tee machen.«* Ich lernte bei ihnen viele deutsche und russische Juden kennen. Weizmann sah aus wie Lenin, ein warmer, faszinierender Mann voller Geschichten und mit viel Humor. Er erklärte mir zum ersten Mal, was der Zionismus ist. Wir gingen zum Lunch, und er erzählte mir von seiner Jugend, von den ungepflasterten Straßen in Pinsk, wie er im eisigen russischen Winter Geld für Israel sammelte und er heimlich in der »Schul« hinter dem Talmud versteckt anfing, Chemie zu studieren. Er erzählte von seiner Freundschaft mit Lady Balfour und von dem Kampf für die Balfour-Erklärung. Weizmann war traurig, daß die Juden in Deutschland den aufkommenden Nationalsozialismus unterschätzten. Er spürte, daß sie aufgrund ihres Mangels an lebendigem jüdischen Bewußtsein die Tragödie erst am eigenen Leib erleben müssen, um zu begreifen. Er hätte gerne viele von den prominenten deutschen Juden in seinem damals entstehenden Institut untergebracht. Eine seiner größten Enttäuschungen war, daß es ihm nicht gelingen sollte, Albert Einstein nach Israel zu bringen. Für die assimilierten Juden, die nicht Zionisten waren, aber Geld gaben, damit andere Juden nach Israel einwanderten, hatte er wenig übrig. Gegen Ende dieser Zeit fragte mich Weizmann, ob ich seine Sekretärin werden wollte.

Ich war unschlüssig und sprach in Deutschland mit Lola Hahn, die damals schon für die Zionisten arbeitete. Sie riet mir, von unten anzufangen, um herauszufinden, was ich wirklich wolle. In einem Brief aus dieser Zeit schrieb sie mir:

»Gib den Kampf nicht auf. Versuche, Dich in die Dinge zu vertiefen, die Deinen Anlagen entsprechen, und den Forderungen, die uns als verantwortlichen, würdigen Juden heute auferlegt sind, Genüge zu tun. Du mußt mein Zögern verstehen, wenn ich Dir nicht zureden kann, jetzt zu mir zu kommen, um mir bei der Arbeit zu helfen. ... Ich kann Dir nicht das vermitteln, was nötig ist, um so wie ich ganz in diesen jüdischen Dingen aufzugehen.

Das ist die Notwendigkeit für jeden Einzelnen und jetzt sicher durch die Zeit beschleunigt, erst einmal von sich aus eine Stellung zum Judentum zu finden. Wenn Du jetzt mit mir zusammenarbeiten würdest, würdest Du von oben, in die verschiedenen Organisationen und Bewegungen, die das Judentum so vielseitig hat, hineinkommen. Der Weg muß umgekehrt sein. Du mußt erst selbst einmal Fühlung nehmen, Dich mit ihnen herumzanken und mit ihnen arbeiten. Nur dann hat eine solche Arbeit Sinn, wenn sie von unten herauf organisch gewachsen ist.«

Ingrids Mutter mit Noni

Ingrid

Die drei Schwestern

Mit Veronika Meier-Wiedemann

ngrid und Eva

Ingrid und Eva

Mit Gisela und Anita

Kaffeetrinken mit Peter Bielenberg

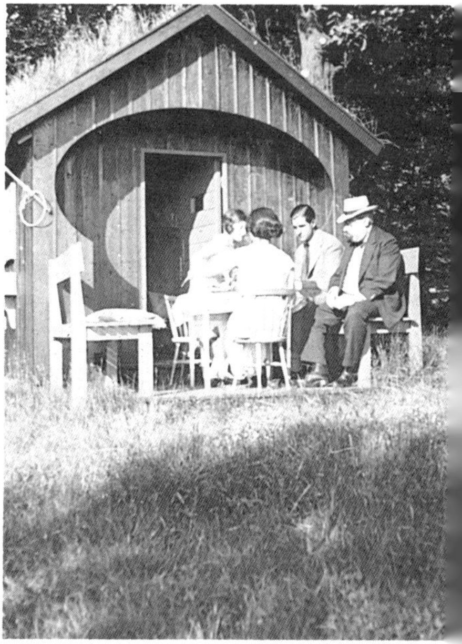

Mit Bobby Euler

Ingrid und Eva

Vor der Emigration 1936 und 1938...

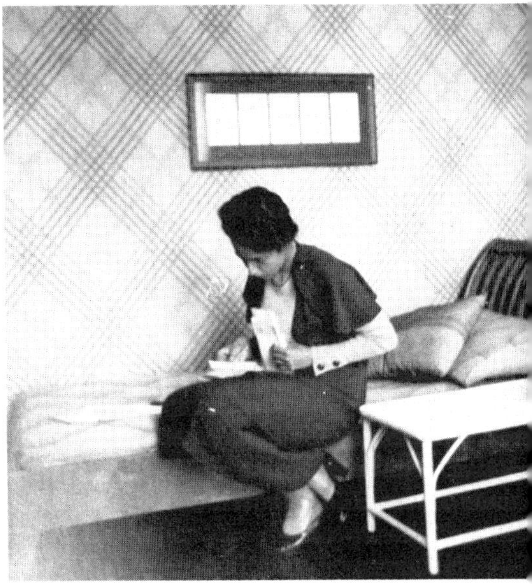

Ingrid und Eva ordnen Briefe

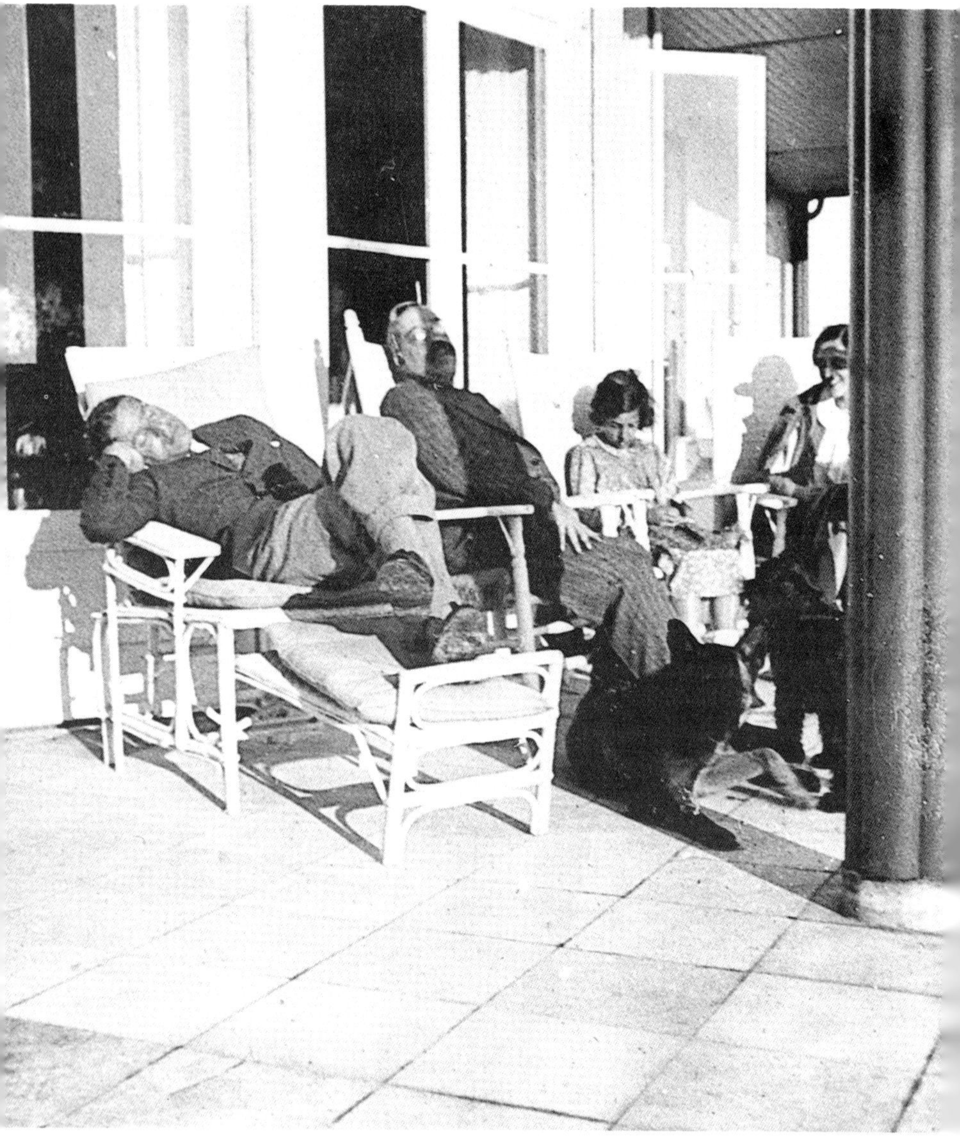

Sonntagsfrieden, vorne Peter Braden

Die letzten Jahre in Deutschland 1932—1936

Schon in Oxford hatte ich beschlossen, nach Deutschland zurückzugehen, um dort mein Studium zu beenden. Mein Vater bestärkte mich in diesem Entschluß, und ich bin ihm für seinen Rat immer dankbar gewesen, denn so habe ich ein Stück Deutschland für immer behalten. Im Winter 1932 stellte sich das Problem, an welcher Universität ich weiterstudieren könnte. Heidelberg war damals bereits für Juden problematisch. Die Hamburger Universität dagegen war nicht nur von der Familie Warburg mitbegründet worden, sondern sollte auch noch für mehrere Jahre eine relative Festung von Toleranz und Liberalität sein. Ich studierte also in Hamburg Deutsch, Englisch und Philosophie, mußte aber erst einmal das Latinum nachholen, da Salem ein Gymnasium ohne Lateinunterricht gewesen war. Mein Lateinlehrer hieß Herr Salzberg und war blind. Wir saßen uns in der Bibliothek am Mittelweg gegenüber, und ich stellte mir heimlich alle möglichen Fotografien vor die Nase, da mich der »bello gallico« nicht sonderlich interessierte und mich Verben und Vokabeln noch mehr langweilten. Herr Salzberg fragte: »Ingrid, wer ist der Cerberus?« »Ein General Cäsars«, antwortete ich. »Aber Ingrid, Cerberus ist der Höllenhund.«

Insgesamt ging jenes erste Semester an der Universität Hamburg ganz normal vonstatten. In diesem Winter habe ich außerdem an einer Art Erwachsenenbildung für Arbeitslose in Barmbek teilgenommen. Wir sprachen über Literatur, Theater und Politik. Sicher habe ich viel mehr von ihrem Leben gelernt als sie von mir. Auf den Straßen fanden schon täglich Kämpfe zwischen Sozialisten, Kommunisten und Nationalsozialisten statt. Zu Hause war man beunruhigt, aber nicht sonderlich beängstigt. Mein Vater war pessimistischer als Onkel Max, der mit Hjalmar Schacht befreundet war und überzeugt war, daß der Antisemitismus nur Propaganda sei, und irgendwann wieder abklingen würde. Max Warburg schrieb später in seinen Memoiren, daß er die Unterstützung unterschätzt habe, die Hitler bei den Volksmassen fand: »Ich hielt es für ausgeschlossen, daß dieser Mann jemals zum Alleinherrscher eines der schöpferisch befähigsten, fleißigsten und mächtigsten Völker werden könnte.«

Wenn es dunkel wurde, hörten wir die Nazis durch die Straßen marschieren und »Die Fahne hoch . . .« singen.

In dieser Zeit begann ich, auch das auf einen Rat meines Vaters hin, jüdische Literatur zu lesen, Martin Buber, Scholem Asch und Franz Rosenzweig. Gleichzeitig beschloß ich, für den Hechaluz in Hamburg zu arbeiten, der Organisation, die die jungen deutschen Juden auf ihre Einwanderung nach Israel und vor allem auf die Kibbuzim-Arbeit vorbereitete. In ganz Deutschland wurden Gruppen von jungen Menschen in Heimen untergebracht, in denen sie die ersten Erfahrungen mit dem neuen Zusammenleben und -arbeiten machen konnten. Außerdem lernten sie Hebräisch und Landwirtschaft. Eines dieser Heime war ganz in der Nähe vom Kösterberg im ehemaligen Erholungsheim »Wilhelmshöhe« in Blankenese. Dort lernte ich die ersten junge Zionisten, aber auch die ersten Juden aus Israel kennen. Die Arbeit dieser Schlichim war recht schwer. Sie mußten deutschen Juden aus den verschiedensten Gesellschaftsschichten, die meist wenig vom Judentum wußten, den Zionismus erklären und sie politisch auf einen sozialistischen Staat Israel vorbereiten. Ich arbeitete mit Naphtali Unger, der großen Eindruck auf mich machte. Er riet mir, Scholem zu lesen und die Schriften der zionistischen Arbeiterpartei. Wir hatten eine freundschaftliche Beziehung, und er verehrte mich wohl etwas. Meine Mutter glaubte ihn allerdings warnen zu müssen und sagte in der Bibliothek zu ihm: »Wenn du glaubst, daß Ingrid auf den Kapitalismus verzichtet, bist du verrückt.« Meine Arbeit für die Chaluzim, die Auswanderer nach Israel, bestand darin, ihre organisatorischen und finanziellen Probleme zu lösen. Ich hatte jedoch gemischte Gefühle dabei: Den jüdischen Nationalismus habe ich von Anfang an abgelehnt. Fasziniert hat mich dagegen schon in Salem die utopische Idee der Kibbuzim, die nicht nur zionistisch sondern im wesentlichen frühsozialistisch inspiriert war. Niemals habe ich ernsthaft an eine Auswanderung nach Israel gedacht. Ich konnte und wollte mich nicht von den unzähligen menschlichen und geistigen Bindungen, die ich zu Deutschen und zu Deutschland hatte, trennen. Meine Überzeugung, mein Streben galt einem System, in dem die Unterschiede zwischen Juden und Christen, Engländern und Deutschen immer weniger ins Gewicht fallen sollten. Das war auch unser Traum in Oxford gewesen: Eine große Völkergemeinschaft, ein Miteinander in Frieden und Toleranz. Die Idee, nur unter Juden zu leben, erschien mir ebenso unerträglich wie jede Form der kulturellen, religiösen und nationalen Absonderung. Einen neuen Nationalstaat nur für Juden zu gründen, erschien mir im Prinzip falsch.

Für das Studium lernte ich in diesem Sommer und Herbst Altenglisch und Altdeutsch, las den »Beowulf« und Shakespeare, das »Nibelungenlied« und Walther von der Vogelweide. Hitler verkündete, daß die Juden ein Fremdvolk seien und die deutsche Sprache nicht beherrschen.

Diese letzten Jahre in Hamburg bedeuteten für mich ein sehr intensives Zusammengehörigkeitsgefühl mit Deutschland, seiner Geschichte und Kultur. Während für viele deutsche Juden der Nationalsozialismus einen Bruch mit ihren Wurzeln und existentiellen Werten erzeugte, bestärkte mich das Studium in meinem Gefühl, in der deutschen Kultur verwurzelt zu sein. Die Entdeckung des Judentums war kein Bruch mit dieser Vergangenheit, sondern nur die Vertiefung eines Teils meiner Identität, der mich mein ganzes Leben lang begleitet hat.

Im Sommer 1933 sind wir noch einmal auf dem Kösterberg gewesen. Mehr denn je war der Kösterberg so etwas wie eine ruhige Insel. Peter Bielenberg war oft dabei, und Adam kam uns, nachdem er in Oxford sein Examen gemacht hatte, hier besuchen. Adam und Peter sind die besten Freunde geworden. Es war wohl vor allem Adam, der Peter überzeugt hat, in Deutschland zu bleiben und am Kampf gegen die Nazis von hier aus teilzunehmen. Christabel Bielenberg, die Peter 1934 heiratete, schreibt in ihrem Buch »Als ich Deutsche war« von einem Vorfall im Mai 1933, der Peter sehr beunruhigt hat und nach dem er wohl zum ersten Mal voll Besorgnis in die Zukunft blickte: *»Er ging mit Ingrid Warburg, einer jungen Jüdin mit den klassischen Zügen einer ägyptischen Prinzessin, über die Lombardsbrücke, als plötzlich am anderen Ende Unruhe entstand und zwei kleine Männer auf ihn zugerannt kamen, die ihre Aktentaschen festhielten. Offensichtlich angsterfüllt rannten sie wie gehetzte Hasen zwischen Passanten und Verkehr hindurch. Mehrere stämmige SA-Männer folgten ihnen keuchend auf den Fersen, und als Peter diesen den Weg versperren wollte, klammerte sich Ingrid an seinen Arm. »Peter, bist du wahnsinnig!« Ingrids Stimme klang so flehend, ihr Gesichtsausdruck war plötzlich so tragisch, daß er einen Augenblick innehielt, und als er sich wieder umwandte, hatte sich die Menge der Spaziergänger wie ein Vorhang vor der Szene geschlossen. Die Binnenalster glitzerte im Frühlingssonnenschein, und die Kirchtürme leuchteten grün im dunstigen Himmel. Es war, als ob nichts Außergewöhliches geschehen wäre.«*

1934 machte Peter seinen Doktor in Jura mit all den Schwierigkeiten, die diejenigen hatten, die sich weigerten, Nazis zu werden. Bei der Auswahl von Bewerbern für ein Austauschstipendium in den USA wurde zum Beispiel einem »Repräsentanten des neuen Deutschland« der Vorzug gegeben, da Peter kein Parteimitglied zu werden beabsichtigte. Durch seine Freundschaft zu Adam ist Peter immer über die Pläne der Widerstandsgruppen und besonders des Kreisauer Kreises unterrichtet gewesen, und als Adam 1944 verhaftet wurde, ist Peter nach Berlin gefahren, um Adam aus dem Gefängnis an der Prinz-Albert-Straße zu befreien. Er wollte sich Waffen besorgen und Adam bei Partisanen verstecken. Aber bevor er sein Vorhaben ausführen konnte, wurde Peter von der Gestapo verhaftet. Er blieb bis Kriegsende im Gefängnis.

Ab 1934 begann der Kontakt zu den anderen Studenten schon schwieriger zu werden. Eines Tages kam ein Kommilitone zu mir und sagte, ich solle es ihm nicht übelnehmen, aber er könne mich jetzt nicht mehr grüßen, sonst liefe er Gefahr, sein Stipendium zu verlieren. Ein anderes Mal stieg ich in der Universitätsbibliothek auf die Leiter, verlor das Gleichgewicht und fiel hinunter. Ich hatte mir den Arm gebrochen und war wohl einen Moment lang bewußtlos. Als ich wieder zu mir kam, hatte keiner der anwesenden Studenten sich gerührt, um mir zu helfen. Ich stieg in mein Auto und fuhr nach Hause. Am Bahnhof Blankenese traf ich auf einige Chaluzim, die schwere Reisesäcke in ihr Lager schleppten. Ich nahm sie in meinem Auto mit und fuhr sie in das Heim in der Nähe. Dann steuerte ich den Wagen nach Hause auf den Kösterberg, und erst hier merkte ich, daß ich mir den Arm gebrochen hatte. Der Schock über das Verhalten meiner Mitstudenten war größer gewesen als der Schmerz, ähnlich wie bei meinem Armbruch auf dem Kösterberg-Fest hatte ich zunächst nichts gespürt. Das ist aber im Grunde der einzige Vorfall gewesen, bei dem ich direkt mit dem Antisemitismus konfrontiert worden bin. Natürlich war es später, als ich nicht mehr nach Deutschland zurückkonnte, eine traumatische Erfahrung, daß ein so irrationaler und menschlich völlig unerwarteter Schlußstrich unter meine leidenschaftliche Anteilnahme am gesellschaftlichen Geschehen in Deutschland und meinen Wunsch, dort an der Gestaltung einer humaneren Gemeinschaft mitzuwirken, gezogen wurde. Noch in Deutschland selbst aber blieben mir Erfahrungen erspart, wie sie zum Beispiel meine Schwester Eva machen mußte, die den Kindergarten am Hafen, in dem sie arbeitete, verlassen mußte und in der Öffentlichkeit Schmähungen und Aggressionen erlebt hat.

Mein Professor in Englisch war Emil Wolff. Zwischen seiner Frau, Mathilde Wolff-Mönckeberg und unserer Familie bestehen seit vier Generationen enge Beziehungen. Als Mathilde Wolff 1899 zum Studium nach Florenz ging, haben Onkel Aby und Tante Mary sich ihrer angenommen. Sie war ein häufiger Gast des Ehepaars und schrieb nach Hause, wie sehr sie die beiden wegen ihrer Harmonie, Gemeinsamkeit der Interessen und Zusammenarbeit bewundere. Dort hat sie auch ihren ersten Mann, den Kunsthistoriker André Jolles kennengelernt. Ich selber habe mit Frede Warburg, der Tochter von Onkel Aby, und Mathilde Wolff-Mönckebergs Sohn aus erster Ehe, Theiss Jolles, in Heidelberg zusammen studiert. Wolff war ein guter Freund von Onkel Aby. Drei seiner Stiefkinder sind 1940 nach England gegangen, Wolff selber ist mit seiner Frau den ganzen Krieg über in Hamburg geblieben. Trotz erheblicher Pressionen ist er nie Parteimitglied geworden und hatte während der Nazizeit unter großen Schwierigkeiten zu leiden. Später, nach 1945, wurde er der erste Rektor der Hamburger Universität. In einem ihrer vielen Briefe an die Kinder in England schreibt Mathilde Wolff: »*Wolffs öffentliche Vorlesungen über Shakespeare sind überfüllt. Der größte Universitäts Hörsaal ist bis zum Fassungsvermögen mit allen möglichen Menschen vollgestopft, die früher nicht im Traum daran gedacht hätten zu kommen. ... Diese Vorlesung* [über King Lear] *schloß Wolff mit den Worten, die von Edgar gesprochen werden: »Bear free and patient thoughts«, knapp seine Tränen zurückhaltend und niemand blieb unberührt.«*

Für meine Promotion schlug Wolff mir Lucy Hutchinson vor, eine englische Puritanerin, die Lukrez übersetzt hat. Da ihre Manuskripte im British Museum in London lagen, wurde ich für das Sommersemester 1934 beurlaubt und ging nach London. Ich wohnte am Tavistock Square, einer typischen Londoner Straße mit drei- und vierstöckigen, schmalen Häusern und kleinen Gärten. Auf der anderen Straßenseite war ein kleiner Park. In meinem Zimmer war ein Kamin, in dem ein Gasofen eingebaut war. Für etwas Wärme mußte man einen Penny hineinwerfen, den ich nie hatte. Ganz in der Nähe befand sich das British Museum, das eine der größten Bibliotheken der Welt beherbergt. Um zum Lesesaal zu gelangen, mußte man durch die großen Säle mit den wunderschönen, alten Manuskripten gehen. Ich holte mir die Texte von Lucy Hutchinson und arbeitete ein paar Stunden am Tag. Gegenüber der Bibliothek lag im zweiten Stock eines alten Hauses einer der schönen englischen Tearooms, in dem wir oft frühstückten. Ich traf hier meine Freundinnen aus Oxford wieder, Diana Hubback, Clarissa Goldsmith und Shiela Grant Duff, die alle auch ihre Freundschaft zu Adam von Trott bewahrt hatten. Wir gingen oft ins Theater und ins Ballett, es gab viel russisches Ballett damals in

London. Mit Clarissa ging ich oft aus, weil wir uns mit zwei ungarischen Flüchtlingen befreundet hatten, Nicholas Kaldor und Thomas Balogh. Sie studierten an der »London School of Economics« und schrieben Artikel für den »Economist«. Später wurden sie Ratgeber des Premierministers Harold Wilson und bekamen den Titel eines Lords. Obwohl sie im Londoner Nebel Sehnsucht nach ihrer Heimat bekamen, ließen sie Familienangehörige nachkommen und wollten nicht wirklich zurück. Wir haben viele schöne Abende mit Gesprächen verbracht. Thomas Balogh unterrichtete später am »Balliol College« in Oxford. Er schien damals recht verliebt in mich, aber ich war mir nicht ganz sicher, ob er nicht vielleicht nur zu Onkel Siegmund Warburg in die Bank wollte. Später ist er mir nach Hamburg nachgefahren und hat meinen Vater ganz offiziell um meine Hand gebeten. Clarissa hat Nicholas Kaldor geheiratet, und jedes Mal, wenn ich in London war, haben wir uns alle wiedergesehen. Kaldors haben mich viele Jahre später in Rom besucht, wo wir am Vatikan in einem kleinen Restaurant gegessen haben. Mattioli und Malagodi waren auch mit dabei, und der Wirt hat von dieser Gruppe eine Photographie gemacht. Darunter schrieb er: »The most important English economist.«

Am 2. Mai 1934 schrieb ich an Adam von Trott aus London:

»Diana, mit der ich eben telefoniert habe, hat mir erzählt, daß Du auch hier im Tavistock Square gewohnt hast. Komisch nicht wahr, aber sehr nett, es ist mir dadurch lieber und mehr zu Hause. Ach, es wäre sehr schön, wenn du auch hier wärst. Gibt so viel zu erzählen und zu beschreiben ... Ich lese augenblicklich Lawrences Briefe, in England versteht man ihn noch besser. Ich glaube auch, daß er Recht hat, daß die Menschen hier erstaunlich wenig vital und wirklich sind und noch viel stärker in Konventionen eingespannt als in Deutschland. Merkwürdig zeigt sich auch dieses in den giftigen und unnatürlichen Farben, die die Frauen und die Zuckerbäcker bevorzugen, ein scheußliches grün und rot-rosa, giftig und ungesund ... Ich hatte heute ein langes Gespräch mit Weizmann. Ich wünschte, ich könnte ihn Dir bringen. Er ist ein weiser, kluger und gründlicher Mensch, der ungeheuer viel geleistet und durchgemacht hat. ... Er würde Dich sehr interessieren und Du würdest fühlen, wie sehr er als harter, ernster Arbeiter und als gründlicher Mensch mit uns ist, wie

sehr er unseren Kampf sein ganzes Leben lang in der Praxis gekämpft hat und heute noch kämpft. Er hat vierzig Jahre lang nur als Mensch gegen Waffen, Feinde und gegen das Goldene Kalb gekämpft. Hoffentlich langweilt Dich das nicht, aber ich bin so voll von diesem Tag und habe immer nur gewünscht, daß Du da wärst, weil es schön und gut ist, daß es ihn gibt, und er uns hilft und uns Mut machen kann. ... Aber ich habe große Sehnsucht nach Deutschland, und es kommt mir vor wie ein langes Theaterstück, das man eigentlich nur genießen kann, wenn man in Stimmung ist, und man sehnt sich nach Hause, um zu sehen, ob man auch den Wasserhahn abgestellt hat.«

So nahm ich von London Abschied.

Im Winter 1934 war Adam in Hanau, wo er sein Referendariat machte. Er fühlte sich dort sehr einsam, und seine Arbeit am Gericht deprimierte ihn. Er bat mich, ihn zu besuchen. Ich glaube, daß ich mich entschieden hatte, mein Studium in Deutschland zu beenden, war sehr wichtig für unsere Beziehung. Adam hatte durch seinen Weggang aus Oxford und seinen Entschluß, den Nationalsozialismus von innen her zu bekämpfen, große Schwierigkeiten mit seinen Freunden in Oxford gehabt. Er litt sehr darunter, daß seine Schritte und Entscheidungen in Deutschland von so vielen Freunden mißverstanden wurden. Ich fuhr also nach Kassel, wo er mich mit seinem kleinen Auto abholte. Wir fuhren durch tiefverschneite Wälder und sprachen vor allem über Kleist, der ihn besonders interessierte und dessen politische Schriften er später herausgegeben hat. Als wir schließlich in einem Gasthaus ankamen, empfing uns eine sehr liebenswürdige Wirtin, die uns ein köstliches Abendbrot und Rotwein ins Zimmer brachte. Es war ein wunderschöner Abend, an dem wir beide die ganze Zärtlichkeit und Liebe ausdrückten, die wir füreinander empfanden.

1935 kam Adam erneut nach Hamburg. Damals brachte er Hans Siebert mit, einen jungen Kommunisten, den er in Kassel verteidigt hatte und dessen Freispruch er erwirkt hatte. Die beiden hatten sich bei Adams Besuchen im Gefängnis angefreundet, haben viel diskutiert, und Siebert hat dann auch Adams Doktorarbeit gelesen. In Hamburg versuchten dann Adam und Hans meinen Vater davon zu überzeugen, daß es Zeit für die Warburgs sei auszuwandern. Mein Vater nahm ihre Warnungen aber nicht ernst und verwies immer wieder auf die lange und tiefe Verbundenheit der Warburgs mit Hamburg und Deutschland. Der Druck, der auf die Bank und ihre Kunden ausgeübt wurde, war aber schon recht groß, und seit 1933 hatten die Mitglieder der Warburg-Bank kontinuierlich ihre Sitze in Aufsichtsräten aufgeben müssen. Die amerikanischen Verwandten drängten auch schon zur Liquidation und zur Auswanderung.

Während der Hamburger Zeit schrieben mir die dann leider sehr früh gestorbene Bobby Euler und Annie Noll liebe Briefe.

»Daß Du eine Dissertation hast, freut mich sehr«, schrieb Bobby. *»Es ist ganz abgesehen vom Thema ein guter Start. Ob dich dabei mehr der puritanische oder der spätrömische Geist gefangennehmen wird, muß sich herausstellen. Aber vielleicht bringst Du es ja zu der sonst so geschätzten Mischung.«*

Meine Doktorarbeit hat für mich noch eine andere, große Bedeutung gehabt. Auf der einen Seite war sie die Bestätigung meiner Verbundenheit zu meinem Vater und der deutschen Kultur, auf der anderen Seite aber schlug die Tatsache, daß das von mir zu bearbeitende Manuskript zum Teil in Englisch und zum Teil in Latein geschrieben war, die Brücke zur Emigration. Sie war allerdings anfangs gar nicht als Emigration gedacht. Für viele Intellektuelle, die ihr Land verlassen mußten, war dieser Schritt sehr viel schwieriger als für mich. Döblin schrieb später, daß viele Emigranten sich nicht von der Sprache trennen konnten. Sie war für viele Refugees das einzige Stücke Heimat. Für mich aber war das Englische eine Einführung in meine zukünftige Welt.

Die mündliche Promotionsprüfung war schon einzigartig. Wir waren sechs Frauen, drei hochschwangere und drei Halb- oder Volljüdinnen. Wir wurden in Deutsch, Englisch und Philosophie geprüft. Außer Professor Wolff waren noch zwei andere Professoren da, die Parteimitglieder zu sein hatten. Das war ihnen aber in diesem Moment so unangenehm, daß sie ihre Parteiabzeichen hinter den Jackenaufschlägen versteckten. Ich erinnere mich, daß ich über Platon befragt wurde, aber der Professor war viel unsicherer als ich, weil er schon gar nicht mehr wußte, wie man über die Theorie des Staates examinieren oder sprechen kann, ohne sich auf den nationalsozialistischen Staat zu beziehen. Meine Interpretation des Staates bei Platon war sicherlich eine andere, und ich schöpfte hier noch aus der Platon-Lektüre in Salem, wo der Text eine der wichtigsten Richtlinien gewesen war.

Die bestandene Prüfung wurde am Mittelweg gefeiert, und als Belohnung durfte ich sechs Wochen nach New York zu Onkel Felix nach Amerika.

Vor meiner Abreise machte ich noch eine Reise durch Deutschland mit einigen Chaluzim, die auf dem Weg via Italien nach Israel waren. In Bayern und Franken sind wir durch viele kleine Städte gefahren, an deren Ortseingängen Tafeln mit der Aufschrift standen: »Juden betreten diese Stadt auf eigene Gefahr«. In vielen Gasthäusern wurden Juden nicht bedient, überall sah man Hakenkreuze und Naziinschriften. Meine Freunde sangen deutsche und hebräische Lieder und die Hatikwa, das Lied der Hoffnung. Für sie war es der bewußte Abschied von Deutschland. Für mich war damals noch keineswegs klar, daß mir ein Schlußstrich gezogen werden sollte, aber meine Verwirrung und Erschütterung sprechen schon aus einem Brief, den ich am 22. Juni 1935, unmittelbar nach dieser Deutschlandreise, an Adam schrieb:

»Ohne Dich hätte ich, glaube ich, schon manchmal den Mut verloren. Aber das Wissen um unser Gemeinsames hilft mir. Unser gemeinsames Wollen ist so stark und verpflichtend, und es gibt auch Kraft und Mut bei all dem unendlich Schweren und Unverständlichen ... Aber auf der anderen Seite gibt es so viele, die mit uns sind und um die es sich lohnt, zu versuchen, daß es gelingt ... Ich war so schrecklick kaputt, nicht eigentlich körperlich, aber erschüttert von der Tour von Hamburg mit dem Auto über München, Füssen, nach Freiburg im Schwarzwald und wieder zurück. Es war traumhaft schön, dieses Land. Die Lüneburger Heide, die ich so heiß liebe, mit den hellgrünen Birken und dem dunklen Heideland. Man fährt etwas tiefer auf der Chaussee, und zu beiden Seiten sieht man erhöht auf dem dunklen Acker die pflügenden Männer und die Frauen, die pflücken und heuen. Und dann Bayern, so weites, welliges Land mit den weißen, sauberen Dörfern. Es ist ein sehr hoher, etwas gewölbter Himmel, der dem Land wunderbar stand, und wunderschöne

Barockklöster und Kirchen, die in weiß und gold so lebensfroh und geschlossen waren. Und der Schwarzwald mit den großen Wäldern, die ich so liebe. Es war, weil es so schön war, irgendwie so schwer und schrecklich unverständlich, verstehst Du das?«

Adam von Trott in Oxford

Adam von Trott 1934

1944 vorm Volksgerichtshof

COMMUNICATIONS SECTION

OCT 16 1939

TELETYPE

FBI NEW YORK CITY 10-16-39 1-1-30 AM ERL

DIRECTOR

ADAM VON TROPP ALIAS VON TROTT ESPIONAGE. SUBJECT REGISTERED OCTOBER ELEVENTH APARTMENT FOUR AT SHOREHAM HOTEL THIRTY THREE WEST FIFTY FIFTH STREET NYC AND PRESENTLY UNDER SURVEILLANCE NEW YORK OFFICE. SUBJECT HAS SAID WILL USE INSTITUTE OF PACIFIC RELATIONS AS BUSINESS OFFICE. TWICE CONTACTED MISS INGRID WARBURG, APARTMENT TEN A, TWENTY FIVE WEST FIFTY FOURTH STREET NYC ON OCTOBER FIFTEENTH BELIEVED NIECE OF FELIX M WARBURG, PROMINENT NEW YORK JEWISH PHILANTHROPIST AND BANKER, RESIDENCE ELEVEN NAUGHT NINE FIFTH AVENUE NYC, BORN HAMBURG GERMANY, BIOGRAPHY IN WHOS WHO IN AMERICA NINETEEN THIRTY SIX THIRTY SEVEN. MISS WARBURG LEFT MESSAGE AT SUBJECTS HOTEL "----WOULD LIKE TO SEE YOU BECAUSE OF TELEGRAM FROM EUROPE." ENDEAVORING TO SECURE COPY THIS TELEGRAM AND CHECKS BEING MADE AT BARBIZON PLAZA. SUBJECT HAD LUNCH YESTERDAY WITH MR AND MRS W J SCHIEFFLIN SIX TWENTY PARTK AVENUE AND THEREAFTER ATTENDED CONCERT TOWN HALL. TELEPHONE SURVEILLANCE ON SUBJECT AT HOTEL BEING MAINTAINED THROUGH COOPERATION [redacted] AND SURVEY BEING MADE AT INSTITUTE OF PACIFIC RELATIONS TO DETERMINE POSSIBILITY INSTALLATION TELEPHONE TAP AND [redacted] AT INSTITUTE. [redacted]

RECORDED & INDEXED

PRETEXT CONVERSATION SUBJECT STATED SAILED FROM GERMANY WITH DR GASPARI NOW AT SCRIPPS COLLEGE PIERMONT CALIF SUGGEST CHECK IMMIGRATION AUTHORITIES LOS ANGELES FOR DATA RE THIS PARTYS BACKGROUND, PURPOSE OF VISIT ETC. INASMUCH AS POSSIBLY ON IDENTICAL MISSION. WILL ADVISE DAILY TELETYPE ~~OF~~ DEVELOPMENTS

65-5738-1

FOXWORTH

Telegramm an FBI Direktor Edgar Hoover über Trott Observation

Adam von Trott

Ich möchte in diesem Kapitel weitgehend auf das verzichten, was heute über Adam von Trott als historische Persönlichkeit bekannt ist. Statt dessen möchte ich versuchen zu beschreiben, was uns verband, ich möchte erklären, was ihn bis ins Innerste zu einem politisch denkenden und handelnden Menschen gemacht hat, und ich möchte die Gründe für seine Einsamkeit aufzeigen.

Als ich Adam in Oxford kennenlernte, war er 23 Jahre alt. Er arbeitete an seiner Doktorarbeit über Hegel, die den Titel trägt: »Hegels Staatsphilosophie und das Internationale Recht«. Der zweite Teil trägt den Titel: »Sittliche Gewissensentscheidung und souveräner Staatswille«. Hier deutet sich das Problem an, das Adam in seinem Verhältnis zum nationalsozialistischen Staat zentral beschäftigen sollte. Denn er war überzeugt, daß die innere moralische Haltung einer Nation durch einen souveränen Staatswillen zum Ausdruck komme, der grundsätzliche moralische Verantwortung für sein politisches Handeln nach innen und außen hin übernehmen müsse. Individuelles politisches Handeln kann nur dann in den Widerspruch zwischen Individuum und Staat geraten, wenn dieser sein moralisches Fundament verliert. Adam war in einer Familie aufgewachsen, in der der Dienst am Staat Tradition hatte, und er fühlte, ebenso wie ich, eine starke innere Verpflichtung gegenüber dem Vater und dem, was dieser repräsentierte. In der Auffassung von der Familie als Grundpfeiler des Staates stimmte er mit Hegel überein. 1930 schrieb er an seinen Vater, daß der Dienst am Staat der einigende und unerschütterliche Grundsatz seines Lebens sein werde. Aber schon zu dem Zeitpunkt erzeugte der Wunsch, sich angesichts der sich abzeichnenden Zerstörung aller Rechtsstaatlichkeit am politischen Leben in Deutschland zu beteiligen große Spannungen in ihm. Hinzu kam, daß Adam sich auch aufgrund seiner persönlichen Herkunft als Weltbürger fühlte und weit über nationalstaatliche, konfessionelle und rassische Begrenzungen hinausdachte. Seine Mutter hatte amerikanische Vorfahren, darunter John Jay, Richter am »Supreme Court«, ein Vater der amerikanischen Verfassung. In seiner Arbeit über Hegel hatte Adam das Recht auf Individualität und Persönlichkeit über alle nationalen Begrenzungen gestellt: »Der Mensch gilt so, weil er Mensch ist, nicht weil er Jude, Katholik, Protestant, Deutscher oder Italiener ist.« Bis 1933 setzte Adam seine Hoffnungen auf die christlichen Kirchen, die Arbeiterbewegung und die SPD. Gegen den Vater und seine konservativ-aristokratische Herkunft entschied er sich für den Sozialismus, weil er hierin seinen Überzeugungen, seinem moralischen Imperativ, folgen konnte, und das war ein bestimmendes Prinzip seines ganzen Lebens. Als die Ernennung Hitlers zum Reichskanzler ihn zwang, neu zu überdenken, was der Dienst am Staat unter den Bedingungen einer faschistischen Diktatur für ihn bedeuten könnte, machte er deutlich, daß der Dienst für einen Staat, der sich in eine Willkürherrschaft verwandelt hatte, vollkommen nichtig wurde angesichts des Dienstes für die Rechte des Einzelnen. »Darauf werde ich mich vorbereiten — und einstweilen mit dem autoritären Nationalismus keinerlei Bündnis eingehen«, schrieb er am 13.12.1933 aus Oxford an den Vater. So beendete er zunächst seine juristische Laufbahn in Deutschland bis zum Assessorexamen 1936. Schon in Oxford war Adams unerschütterliche Überzeugung, einen eigenen Weg für seine Verpflichtungen gegenüber seinem Vaterland finden zu müssen, auf Unverständnis gestoßen. Aber seine Auffassung von politischer Verantwortung machte eine Rückkehr nach Deutschland nötig. In ihrem Buch, das ich schon erwähnte, erinnert Christabel Bielenberg sich an ihr letztes Gespräch mit Adam im Frühjahr 1944. In aller Deutlichkeit spricht er hier über seine Enttäuschung angesichts des Mißtrauens seiner Freunde — und bekräftigt noch einmal die Richtigkeit seiner Entscheidung:

»Ja, ich verdanke Oxford mehr, als ich sagen kann, aber es ist seltsam — als ich mich 1933 entschloß, nach Deutschland zurückzukommen, dachte ich, ich tue das, was die meisten meiner Oxforder Freunde getan hätten, wenn sie es in ihrem Land mit einem Hitler zu tun gehabt hätten. Und doch hat gerade die Tatsache, daß ich zurückgekehrt bin, obwohl ich vermutlich hätte fortbleiben können, nur Mißtrauen erregt — schädliches Mißtrauen ... Ich bedaure nicht einen einzigen Augenblick, daß ich zurückgekommen bin. Hier ist meine Heimat, hier habe ich meine Wurzeln, und ich bin der festen Überzeugung, daß jeder Deutsche, der beim Neuaufbau eines Nachkriegseuropa mithelfen will, persönlich an sich erlebt haben muß, was sich hier in unserem Land abgespielt hat. Was jemanden zum Nazi machte, was die Menschen dazu bringt, sich nicht zu rühren, nichts zu tun, was es bedeutet hat, in der Opposition zu stehen, zu opponieren, immer zu opponieren. Die gescheiterten Hoffnungen, der Heroismus, und es hat Heroismus gegeben, scheinbar sinnlosen Heroismus und dann die Schande — die lähmende Schande.«

Immer wieder hat Adam in Briefen versucht, deutlich zu machen, was der Kampf für die innere Moral des Staatswillens in seinem Fall bedeutete: »*You know it is we who are humiliated by what has passed and it is for us to wonder whether our former friends wish to have anything more to do with one who after all ... has to accept the full share of responsibility*«, schrieb er im November 1938 an Diana Hubback, inzwischen verheiratete Hopkinson. Adams Begriff von Verantwortung erstreckte sich auch auf diejenigen, die Deutschland freiwillig verlassen hatten, obwohl sie Möglichkeiten gehabt hätten, die Diktatur von innen her zu bekämpfen. Denn auf Adam, der ein politischer Mensch war und Verantwortung nicht nur für Familie und Gemeinschaft, sondern auch für die Handlungen und Schulden seiner Mitmenschen übernahm, trifft wohl zu, was Kierkegaard über den Zusammenhang von Freiheit und Schuld sagt: »Je größer die Freiheit, desto größer die Schuld, und es ist das selige Geheimnis der größten Freiheit, auch vererbte Schuld ruhig auf sich zu nehmen, denn das selbst ist die Freiheit.« Daß Adam, für den Freundschaft und Gedankenaustausch so unersetzlich waren, nicht verstanden wurde, hat zusammen mit seiner großen Einsamkeit während der letzten Jahre in Deutschland und den vielen fehlgeschlagenen Versuchen, im Ausland Verständnis und Hilfe für den Widerstand in Deutschland zu gewinnen, seine Tragödie ausgemacht.

Es war sicherlich entscheidend für die Freundschaft zwischen Adam und mir, daß wir uns nach der Begegnung in Oxford beide in Deutschland wiedersahen. Diese Bindung an unsere deutschen Wurzeln und der Wille, mit allen Kräften hier zu wirken, verbanden uns sehr. Adam war für mich, über die menschliche Beziehung hinaus, ein Symbol nicht nur des Weiterbestehens meines Deutschlands, sondern eine Bestätigung der tiefsten Gemeinsamkeit von Menschen überhaupt. Denn es gab, im Gegensatz zu anderen Beziehungen zwischen uns, auch einen ganz bewußten Willen, die eigene Identität zu betonen und vom anderen abzugrenzen. Auf der einen Seite mußten wir alles Schöne, Gemeinsame, alle Freude, die wir teilen konnten, beschützen, stärken und daraus eine Kraftquelle machen. Wir hatten zum Beispiel beide den gleichen Sinn für die poetischen, ästhetischen Schönheiten des Lebens. Auf der anderen Seite aber waren wir auch — und das nicht nur, weil unsere Wege sich notgedrungen trennen mußten, wie Rilke schreibt: »*zwei Einsamkeiten, die einander schützen, grenzen und grüßen*«. Ich schrieb Adam einmal eine kleine Geschichte von Martin Buber: »*Rabbi Raphael fragt seinen Meister:* »*Warum ist kein Gesicht des Menschen dem anderen gleich?*« und Rabbi Pinchas antwortet: »*Weil der Mensch als Ebenbild Gottes geschaffen worden ist, und weil jeder Mensch nur ein Teil von Gottes Antlitz ist, alle zusammen aber das vollkommene Antlitz Gottes darstellen. Darum sind alle Teile des menschlichen Antlitzes verschieden*«.« Immer wieder habe ich Adam in unserem Briefwechsel und bei den Begegnungen versichert, daß ich volles Vertrauen in sein Handeln, vor allem in seine menschliche Integrität hätte, daß ich seine Entscheidungen respektierte, so wie er meine. Aber der zeitgeschichtliche Moment unserer Beziehung machte in jedem Augenblick absolute Klarheit und Aufrichtigkeit notwendig. Wir waren, jeder für sich, dauernd so vielen äußeren Gefahren ausgesetzt, daß gegenseitiges Vertrauen unbedingt nötig war. Über all die Jahre hinweg war es nicht immer leicht, unsere gemeinsamen Werte zu erhalten. Ich ließ ihn an meinen jüdischen Bekanntschaften teilhaben, überzeugt, daß sie für ihn immer ein Teil seines Universums bleiben würden. Denn das religiöse Moment jeder Ethik war uns beiden bewußt — ihm durch die protestantisch-hugenottische Herkunft der Mutter, mir durch die Tradition meines Vaters. Gleichzeitig verfolgte ich den Kampf der protestantischen und katholischen Widerstandsgruppen und schrieb für Adam die Reden Kardinal Faulhabers ab. Adam hat dem christlichen Widerstand große Bedeutung beigemessen. 1936 schrieb er an Diana: »*Ich bin zu dem Schluß gekommen, daß nur eine grundlegende Wiedergeburt christlichen Gesetzes und christlicher Ethik ... die Flut hemmen kann, die alles, was wir schätzen, zu zerstören droht.*« Wir schickten uns regelmäßig theoretische Schriften und Literatur, die uns wichtig war. Das Gespräch über Bücher und Beschreibungen von Landschaften, die wir liebten, wurden in unserem Briefwechsel 1933 — 1939 natürlich zu Chiffren für das, was wir wegen der Zensur nicht explizit ausdrücken konnten. Um die Schwierigkeiten, von denen ich sprach, zu veranschaulichen, möchte ich aus einigen Briefen zitieren. Im Dezember 1933 schrieb ich an Adam nach Hanau. In diesem Brief beziehe ich mich unausgesprochen auf das entsetzlich schwierige Problem, ob Adam in die Partei eintreten sollte oder nicht, das Adam sich damals theoretisch stellte:

»*... und dann habe ich irgendwo große Angst um Dich. Ich habe das Gefühl, Du träumst und müßtest jetzt gerade ganz wach sein. Das meine ich, wenn ich sagte, ich wüßte Dich gerne in Berlin. Nicht, daß Berlin wirklich echter und bodenständiger ist, aber es ist den Dingen näher und der Wirklichkeit näher, um die es eben geht. Du sagst, ich soll gerecht sein. Ich will mit meiner ganzen Kraft versuchen, es zu sein, aber das heißt doch nicht, nicht sagen, was ich denke und fühle. Vertraust Du mir genug, um mir zu glauben, daß es mir in dem, was ich jetzt sage, nur um Dich geht, und daß ich versuchen will, objektiv zu sein. Du sagst, ich soll Dir helfen, und heißt nicht helfen andern auch Klarheit schaffen? Ich glaube, daß Du nur »intellectually honest« leben und sein kannst, und dann mußt Du wissen, wie die Fragen gestellt sind. Es sind doch Fragen, die total gestellt sind und nur total beantwortet werden können. Im Grunde hat das mit en bloc nichts zu tun. Ich vertraue Dir ganz und* *glaube, daß, was auch immer Du tust, Du es mit ganzem Herzen, mit deinem besten Wissen tust. Wenn Du verstanden hast, daß nicht die Ideen allein und abstrakt, sondern immer nur die Menschen und ihr Handeln entscheiden, weißt du, wie groß die schwere Entscheidung ist, die der Einzelne hat. Du weißt, daß die größte und tiefste Verantwortung jeder Mensch gegen seinen eigenen Glauben hat, sich dieses zarte und zerbrechliche Instrument rein und wahr zu erhalten. Dies ist die Kraft, die einen handeln läßt, und das Gesetz, das einen führt. Wenn man es zerstört, tappt man im Dunkeln. Du kannst, wenn Du prinzipiell gefragt bist, nicht halb antworten. Du kannst nur ganz klar und scharf antworten, glaube ich. Wie ist die Frage gestellt und was wird gefragt? Die Kultur, das Land und die Menschen in ihrer Eigenart bleiben. All das, was wir so sehr lieben, ist da, und gehört mir und Dir. Das soll und kann nicht entschieden werden. Aber gefragt ist: »Erkennst Du diese Form und diese Haltung als die Deinige an?« Man kann und darf da nicht halb antworten. Du mußt Dir darüber klar sein, daß prinzipiell in dem Programm Punkte sind, ohne die das Ganze nicht zu denken ist, und mit denen Du meiner Meinung nach nicht einstimmen kannst. Jetzt weniger denn je kann und darf man sich etwas vormachen und muß den Mut haben, die wirklichen Dinge und ihre Konsequenzen zu sehen. Wie Du auch entscheiden würdest, ich würde Dir nie einen Vorwurf machen, aber wenn Du in Ruhe darüber nachdenkst, daß eine wirkliche Freundschaft, die auf völligem gegenseitigem Vertrauen basiert, sich mit Deinen »Plänen« nicht vereinbaren läßt. Weil es menschlich unmöglich ist, daß man einer Gemeinschaft angehört, deren eine wichtige Anschauung die Verachtung meiner Gemeinschaft ist. Würde ich anders denken und um Deinetwillen anders entscheiden, müßtest Du mich verachten. Es fängt an, dunkel zu werden. Die Nebel steigen auf und über der Elbe steht die Sonne wie ein blutroter Ball, der gespenstisch durch die kahlen schwarzen Silhouetten der Bäume durchschaut. Ich bin ganz ruhig geworden, weil ich Dir das alles gesagt habe. Du hast gesagt, es soll keine Bitterkeit und keine Unklarheit zwischen uns sein, und ich fühle und weiß, daß ich das nicht ertragen könnte. Ich kann nur Dein Freund sein, wenn ich auch Dein bester Feind sein darf. Ich habe Dich zu lieb um Dich zu schonen. Your friend with all my heart. Ingrid.«*

1934, bevor ich nach England ging, schrieb ich Adam: »*Ich glaube, daß man auch ohne Bindungen frei und stolz die Beziehungen zueinander ganz klar machen kann und muß. Wir sind nicht da, um das Leben zu spielen, sondern wir stehen doch in einem sehr ernsten, heißen Kampf auf Posten, und wir brauchen alle Kräfte ... Wir, Du und ich, wie brauchen doch keine moralischen Korsetts, es steht uns doch frei, eine ernste und selbständige Beziehung zu schaffen. Es hilft mir nicht, wenn Du mir gewogen bist. Ich bin doch nicht nur ein vitaler Mensch, sondern es gibt noch den anderen heißen Kampf, und da brauche ich einen wirklichen Kameraden ... Wir wollen keine Gemeinsamkeit der Schwachen, sondern der Starken sein. Wir wollen uns doch nichts vormachen, und wir wissen doch, daß außer dem weiten und schönen Bereich des natürlichen Kreislaufs die anderen Dinge da sind, in denen wir stehen und bewußt und lebendig arbeiten wollen. Und all das muß zwischen uns gewußt werden. Wir können gar keine unbekümmerten Freunde sein. Ich nicht. Das Füreinander und Miteinander-Sein und das Mit-der-Zeit und In-der-Zeit-Sein schließt das aus ...*«

Bestimmte Schritte in seinem Leben hat Adam ganz instinktiv getan. Daß er bis 1944 von seinen vielen Reisen immer wieder nach Deutschland zurückgekehrt ist, geschah so unwillkürlich, wie man jemanden aus einer Gefahr errettet. Es gibt darin eher eine formale als eine inhaltliche Übereinstimmung zwischen uns. Die Treue zu seinem Vater bedeutete für Adam den Dienst am Staat, wenn ich dagegen meinem Vater folgte, der, wie Onkel Max, im Staat niemals eine moralische Instanz gesehen hätte, bedeutete das die Verpflichtung gegenüber der jüdischen Gemeinschaft. Erst später, in Amerika, habe ich im Problem der nationalsozialistischen Judenverfolgung das allgemein politische Problem des Faschismus erkannt. Meine Arbeit für die jüdischen Flüchtlinge dehnte sich dann auf die allgemeine Unterstützung des europäischen Widerstands aus, und Adam und ich hatten in New York gemeinsam viele eindrucksvolle Begegnungen mit Menschen, die für unsere gemeinsame Sache arbeiteten. So sahen wir zum Beispiel Roger Baldwin, den amerikanischen Bürgerrechtskämpfer und Kriegsdienstverweigerer aus Gewissensgründen, in dem Adam besonders deutlich und mit großer Freude seine eigenen amerikanischen Vorfahren wiedererkannte. Das Porträt von John Jay hat Adam immer bei sich gehabt. Adam und Roger Baldwin hatten die gleiche Fähigkeit, das Leben zu genießen, den Sinn für Humor und auf der anderen Seite diese Entschiedenheit, bis zum Äußersten ihren Idealen und Überzeugungen gemäß zu leben.

Als Adam 1937 auf dem Weg nach China nach Amerika kam, sahen wir uns in New York. Diese Chinareise bildete einen Teil seines Rhodes-Scholarships. Er blieb etwa einen Monat in New York, und wir sahen uns oft. Adam arbeitete damals für das »Institute for Pacific Relations«, das war ein Teil seiner außerordentlichen intensiven internationalen Kontakte. Ich brachte Adam mit den Menschen zusammen, die ich in New York kennengelernt hatte: Trude Pratt, die mit mir und Mrs. Roosevelt für Flüchtlingskinder und den Widerstand in Europa arbeitete. Sie war sehr von Adam beeindruckt. Mit Mrs. Roosevelt gab es einen Nachmittag, der zwar typisch für den guten Willen der Amerikaner war, aber auch ihre Unkenntnis der Gefahren zeigte, denen die kämpfenden Menschen ausgesetzt waren. Bei seiner zweiten Amerikareise 1939 lud Mrs. Roosevelt Adam zum Tee ein und stellte ihn einer Gruppe von Freundinnen mit den Worten vor: *»This is Adam von Trott, a friend of ours, who will tell you all about the German underground movement.«* Adam, der damals auf dem Weg zurück nach Deutschland war und bereits von der deutschen, amerikanischen und englischen Geheimpolizei überwacht wurde, erschrak, aber es gelang seinem Charme und seiner Intelligenz, auch diese prekäre Situation zu meistern.

Weiter traf Adam Dorothy Norman, eine Photographin, die mit Roger Baldwin zusammenarbeitete und später die Zeitschrift »Twice a year« herausgab, in der viele Emigranten veröffentlichten. Ihr Salon war ein Treffpunkt von Künstlern, Schriftstellern, Theologen und politisch arbeitenden Menschen aus aller Welt. Adam dagegen machte mich mit Julie und Hertha Vogelstein bekannt, die er aus Berlin kannte. Julie und ihre Nichte Hertha waren Jüdinnen und Sozialistinnen, Julie hatte die »Briefe eines Frühvollendeten« ihres Stiefsohnes, Otto Braun, herausgegeben. In Berlin hatte Adam die beiden solange vor Übergriffen der Nazis beschützt, bis sie ausreisen konnten. Hertha und Julie Vogelstein sind mir lebenslange Freundinnen geblieben.

Nach einem Jahr kam Adam aus China wieder zurück. China hatte ihn sehr beeindruckt, er sagte, ihm fehle der Himmel über Peking, und es sei schwer, sich wieder an westliche Gesichter zu gewöhnen. Er hatte sich intensiv mit der östlichen Philosophie auseinandergesetzt und war überzeugt, daß der Westen hier noch sehr viel lernen müsse. Schon zu diesem Zeitpunkt bedrängten ihn viele Freunde, nicht mehr nach Deutschland zurückzugehen. Noch während seiner Überfahrt, am 9. November 1938, fanden die Pogrome der Kristallnacht statt, und er dachte voller Sorgen an seinen jüdischen Freund in Berlin, Wilfried Israel. Wilfried Israel war der Sohn des Besitzers des »Kaufhaus des Westens«. Seit 1933 organisierte er die Auswanderung seiner jüdischen Angestellten und leitete den »Hilfsverein der deutschen Juden«. Er ist von vielen als ein außergewöhnlicher, wunderbarer Mensch beschrieben worden.

Zurückgekehrt ist Adam dann Legationsrat im Auswärtigen Amt geworden, und um dieselbe Zeit begann seine geheime Arbeit für den Widerstand: der Zusammenhalt mit dem »Kreisauer Kreis«, mit den kirchlichen Widerstandsgruppen und mit den sozialistischen Antifaschisten der Arbeiterbewegung. Als wir uns dann 1939 in meiner New Yorker Wohnung 25 West 54. Straße wiedersahen, wirkte er müde und schien nach Aufmunterung und Bestätigung zu verlangen. Er wollte wissen, ob er älter geworden sei, beklagte sich, daß er anfing, seine Haare zu verlieren und fragte mich, ob er sich richtig kleide. In diesem ersten Moment zählten nur die Wärme und Freude über unser Wiedersehen. Ich zeigte ihm mein New York. Wir liefen durch den Central Park zum Haus meiner Tante Frieda. Mein Onkel war 1938 gestorben. Tante Frieda und Adam unterhielten sich gut, obwohl sie später zu mir sagte: »How dare you bring a German in my house!« Aber als sie dann später in der Zeitung über den »20. Juli« las, rief sie mich an und sagte, wie leid es ihr täte: »You were right, my darling.« Adam war zu einer Konferenz des Instituts in den USA eingeladen worden. In einem Schreiben an Präsident Roosevelt suchte er ihn für eine

Politik zu gewinnen, die den Widerstand gegen Hitler ermutigen könnte. Vor Kriegsausbruch war er noch in London gewesen und hatte in einem Gespräch mit Chamberlain und Lord Halifax dringend geraten, das »Foreign Office« solle Hitler gegenüber rechtzeitig eine feste Haltung einnehmen. Bei diesem letzten Besuch in New York wurde Adam bereits ständig von Agenten des FBI, von der Gestapo und dem englischen Secret Service beschattet. Die Amerikaner wußten sicherlich nicht, ob er ihnen in der Gestalt eines Nazi-Spions oder eines Kommunisten suspekter war. Meine Wohnung wurde für Adam ein Ort der Ruhe, wo er Luft holen konnte. Ich ließ ihn über seine persönlichen Probleme sprechen, ohne aber je zu versuchen, ihn von einer Rückkehr nach Deutschland abzubringen. Ich fühlte, daß er nur seinem Gewissen folgen konnte. Ich selber hatte in der Zwischenzeit gemeinsam mit Karl Frank, dem amerikanischen Liberalen Frank Kingdon und Joseph Buttinger, dem emigrierten Führer der österreichischen Sozialisten, das »Emergency Rescue Committee« gegründet. Frank und Buttinger arbeiteten außerdem für die Widerstandsgruppe »Neu Beginnen«. Adam wollte diese Gruppe kennenlernen, ich vermittelte also im Juni 1939 eine Begegnung zwischen Karl Frank, dessen Deckname Paul Hagen war, und Adam in meiner Wohnung in der 25 West 54. Straße. Das Appartement war klein, im Wohnzimmer standen die Möbel aus Hamburg, ein blaues Sofa, einige Sessel und ein kleiner Schreibtisch. Paul Hagen saß auf dem Sofa, während Adam mit seinen langen Beinen ausgestreckt auf einem Sessel Platz genommen hatte. Sie verstanden sich sofort. Adam erklärte Paul Hagen die Absichten des »Kreisauer Kreises« und sprach über seine doppelte Mission in Amerika: die offizielle und die geheime. Es gehe darum, sagte er, Amerika von der Existenz eines innerdeutschen Widerstandes zu überzeugen. Entscheidend sei, mit den Alliierten zu einer politischen Einigung zu kommen, ehe der Krieg, falls Hitler beseitigt werden könne, jede politische Lösung unmöglich machte. Allerdings könne kein Umsturz ohne die Wehrmacht gelingen. Um diese zur Mitarbeit zu gewinnen, müsse aber ein Zeichen von den Alliierten erfolgen, das allen zum Widerstand bereiten Kräften die Möglichkeit eines gerechten Friedensschlusses mit dem zukünftigen, demokratischen Deutschland garantierte. Das war natürlich auch die Überzeugung Hagens und der anderen Gruppen. Adam fragte nun, ob die Vertreter des »Neu Beginnen« ihm und anderen Männern des Kreisauer Kreises Kontakte mit der Opposition in Deutschland vermitteln könnten. Paul Hagen versprach Adam, darüber nachzudenken. Er war von Adam tief beeindruckt. Aber Adam blieb unsicher zurück: hatte Hagen ihn wirklich verstanden, vertraute er ihm und glaubte an seinen unbedingten Willen, Hitler zur stürzen? Paul Hagen hat den Heroismus der Männer des »20. Juli« sicherlich in seiner ganzen Tragweite verstanden. Aber der organisierte Widerstand in Deutschland, dessen Vertreter er nur im Ausland war, kämpfte seit langem mit eisernen Regeln und unter großen Gefahren. Die Doppelrolle Adams in Amerika machte Kontakte und Entscheidungen äußerst schwierig. In einem Brief an mich zeigte Paul Hagen im Oktober 1939, wie sehr Adams Schicksal ihn berührte:

»Liebe Ingrid. Bitte gib den beiliegenden Brief an Deinen Freund. Nach bestem Gewissen kann ich ihn nur bitten, von einer Rückreise abzusehen, da zu viele Menschen, wenn auch zuverlässige, von seiner Existenz wissen. Eine Anzeige wegen »Kontakt mit dem Feind« bedeutet zweifellos die Todesstrafe. Wenn das Geringste durchsickern würde, wäre es zumindest eine akute Gefahr, wenn er die Heimkehr beschließen sollte. Bitte, hilf auch Du in dem Sinn Deinen Freund zu beraten. Im Fall er sich dennoch entschließen sollte, zu reisen, dann telegraphiere mir, ich werde dann noch versuchen, vorher nach New York zurückzukommen.«

Aus diesem Brief geht hervor, daß die Gruppe »Neu Beginnen«, die Karl Frank vertrat, und die linke Opposition einen Kontakt mit Adam planten.

In Amerika indessen wurden Julie und Hertha Vogelstein nach Adams Abfahrt aus New York auf die Insel der Einwanderungsbehörde »Ellis Island« gebracht und dort über ihre Kontakte zu Adam befragt. Frank selber erhielt wegen seiner vielen Kontakte zum linken Widerstand nach dem Krieg keine Einreiseerlaubnis von den Besatzungsmächten. Er ist nie wieder nach Deutschland zurückgekommen. Das ist ebenso tragisch wie Adams Tod.

Das Gegenteil von Zwang, sagt Buber, ist nicht Freiheit, sondern Bindung. Zwang ist negative, Bindung positive Realität. Adam fehlte, was Karl Frank erleben durfte: das Gefühl, einer Gemeinschaft anzugehören, die die gleiche individuelle Verantwortlichkeit teilt und sich darin gegenseitig unterstützt und stärkt. Adam, der in seinen menschlichen Beziehungen den anderen ganz umfaßte und nie etwas anderes als dessen wahre, lebendige Antworten erwartete, verlor diesen Dialog. Ihm blieben nur ganz wenige Vertraute. Er erlebte den Abbruch der Kontakte zu den vielen Freunden außerhalb Deutschlands und trug die Verantwortung seiner Freiheit, das heißt, seines politischen Entschlusses, ganz allein.

Bei der angesprochenen Begegnung mit Adam hatte Chris Bielenberg den Eindruck, er wäre »mehr als einmal tief verletzt worden«. Er focht einen einsamen Kampf. Bei einem Aufenthalt in Kalifornien bei Julie Vogelstein sagte Adam einmal: »Ich bin ganz allein. Ich habe Bruchteile von mir selbst und Fragmente mancher Dinge mit anderen. Es gibt niemanden, auf den ich mich berufen kann.«

Ich glaube, daß Adam und ich einen ähnlichen, fast mythischen Glauben an die Zukunft hatten. Bei mir war es, wie Rilke sagt, das »Judentum im Blut«, also das bewußte Erleben der Wirklichkeit der Tragödien und trotzdem ein unerschütterlicher Glauben an das Kommen des Messias, an Erlösung. Adam hatte dieselbe Eigenschaft: Obwohl er sich dem Grauen ringsumher nicht verschloß, verlor er auch in den furchtbarsten Momenten seine Hoffnungen und seinen Optimismus nie.

Die offizielle Politik Roosevelts war schon damals, vor dem Eintritt der Amerikaner in den Krieg, gegen Deutschland gerichtet, obwohl die Amerikaner noch nicht an ein direktes militärisches Eingreifen dachten. Adam traf bei seinem letzten Besuch Morgenthau, den Finanzminister, er traf Eleanor Roosevelt, Felix Frankfurter vom »Supreme Court« und andere vom »State Department«. Aber es gab viel Mißtrauen ihm gegenüber. Alle die zahlreichen, hervorragenden, internationalen Kontakte, die Adam bis 1944 nutzte, um das Ausland von der Existenz eines

»anderen Deutschland« zu überzeugen, nützten nichts mehr, als Amerika dann nach der Casablanca-Konferenz die Politik des »unconditional surrender« einschlug. Diese Entscheidung der Amerikaner mußte Adam umso stärker erschüttern, als er die weltpolitische Rolle Amerikas bis dahin zugunsten Englands eher unterschätzt hatte. Es gibt hier eine Entsprechung zwischen dem innerdeutschen Widerstand und Hitler, der ebenfalls ganz auf den Hauptfeind England fixiert war, und dachte, er könne Amerika aus seinem Krieg um die Besetzung Europas heraushalten. Hinzu kam bei Adam eine sehr persönliche Unsicherheit den Amerikanern gegenüber, die wohl auf seine verwandtschaftlichen Bindungen an das Land zurückging. Fest steht, daß nicht nur er, sondern die ganze Opposition nach den Angriffen auf Rußland und der Schlacht um Stalingrad von den Alliierten eigentlich keinen »gerechten Frieden« mehr erwarten konnte. Ich erinnere mich, daß ich etwa drei Tage nach Stalingrad mit meinem Mann Veniero Spinelli Onkel Max im Haus von Onkel Felix besuchte. Veniero sagte zu Onkel Max: »Herr Warburg, heute müssen Sie recht glücklich sein.« »Warum?« fragte Onkel Max. »Hitler hat die Schlacht um Stalingrad verloren.« »Nein«, sagte mein Onkel, »das ist kein Grund zur Freude, denn nun ist die letzte Chance vertan, für Deutschland noch einen gerechten Frieden zu erhalten.« Wie meinem Onkel und auch meinem Vater, die in großer Sorge um Deutschland waren, ging es Graf Stauffenberg und Adam ab 1942 vor allem um eine Beendigung des Krieges, womit möglicherweise noch Tausende von Menschenleben hätten gerettet werden können. Dennoch hofften sie verzweifelter denn je auf ein »Zeichen des christlichen Okzidents« an den Widerstand, um die totale Isolierung Deutschlands nach außen und die erbarmungslose Propaganda, die nach der Kapitulationsforderung im Inneren einsetzte, zu durchbrechen. Adam hatte zudem immer die prekäre geographische Lage Deutschlands mitten in Europa im Sinn:

»Ich kann nicht glauben, daß sie hier in der Mitte Europas ein Vakuum schaffen wollen — ein Vakuum füllt sich auf, und wenn dieser Bombenkrieg andauert, wird es sich von Osten her auffüllen. Selbst Stalin hat erkannt, daß er, wenn die Nazis verschwunden sind, mit den

Deutschen verhandeln muß — selbst er macht Avancen. Aber die Alliierten: bedingungslose Kapitulation, bedingungslose Kapitulation, wie eine abgespielte Schallplatte. Wir müssen uns damit abfinden, ich muß mich damit abfinden, daß dies das einzige Echo ist, das aus dem Westen zu uns gedrungen ist. Und doch weiß ich, es muß Menschen dort draußen geben, die einsehen, daß die Nazis und alles, was sie vertreten, genauso unsere Feinde sind wie die ihrigen«.

Dies sind Worte Adams, an die sich Christabel Bielenberg erinnert. Mit Sicherheit hätten Adam und Stauffenberg, die beide in vollem Bewußtsein der Grauen der Nazizeit »als Deutsche« handelten, eine Besetzung, eine Teilung oder Zerstörung Deutschlands niemals akzeptiert. Sie haben dann nicht mehr erlebt, was ihnen unerträglich gewesen wäre: daß die Alliierten weiterhin jede Verhandlung ablehnten — und dies gilt auch für die mögliche Rettung der Juden — daß Deutschland besetzt und geteilt wurde. Ein Text, den er Mitte Mai 1944 verfaßte, ist das politische Testament Adams. In der »mit Herzblut« geschriebenen Abhandlung »Deutschland zwischen Ost und West« heißt es:

»Das russische Interesse an einer Eroberung Deutschlands bedeutet ein weiteres Vorrücken der Sowjetunion bis an die Atlantikküste ... Die einzige Gegenkraft zum Bolschewismus ist England. Es ist ein Fehler, die englische Politik als Fortsetzung Versailles anzusehen. Sie verhindert eine balance of power. Dennoch bleibt Deutschland die zweitstärkste Macht Europas. England muß sie gegen Rußland einsetzen.

Die einzige Möglichkeit bleibt also ein ehrenvoller Frieden ohne Besetzung, ohne Gebietsabtretungen, Zahlungen von Kriegsschulden, ohne politische Einkesselung und wirtschaftliche Fesseln . . .«

Obwohl Adam nicht voraussah, daß nicht England, sondern Amerika und Rußland zukünftig die internationale Politik bestimmen sollten, ist sein Wort von der »balance of power« zugunsten Deutschlands doch zukunftsweisend — zukunftsweisend in einem Sinn, der die Nachkriegsjahre, die Teilung der Welt und den kalten Krieg überspringt und auf einen Frieden, eine internationale Gemeinschaft verweist, die in dieser Form immer noch vor uns liegt. Adams Utopie war das harmonische Miteinander des Verschiedenen, der unterschiedlichen, nationalen »Heimaten« der Menschen. Sein Tod und das Scheitern der Männer des »20. Juli« generieren einen historischen Augenblick, den man, wie Benjamin in seinen »geschichtsphilosophischen Thesen« sagt, im Hinblick auf das darin enthaltene Moment an messianischer Zukunft »aufsprengen« müßte, um ihn recht zu verstehen. Besonders wichtig erscheint mir daran, daß Adams Bemühen um Verständigung zwischen den Völkern eben auf einer so starken Liebe zu seinem eigenen Vaterland gründete. Die meisten Menschen, die für mein Leben bedeutend waren, handelten aus einer unbezweifelten Identifizierung mit ihren nationalen, kulturellen oder konfessionellen Wurzeln. Gerade diese starke Identität gab ihnen die Kraft, die anderen zu verstehen und für ein friedliches Miteinander zu arbeiten. In Amerika habe ich erlebt, daß nur diejenigen, die auch eine bewußte Vergangenheit, ein »back home« hatten, die nationalen und religiösen Gettos überwinden konnten. In dem Augenblick, als die Amerikaner von den Deutschen und Italienern die bedingungslose Kapitulation verlangten, habe ich Amerika als Spiegel Europas erlebt. Auf meinen Vortragsreisen durch über zweihundert amerikanische Städte habe ich versucht, den Widerstand gegen den Nationalsozialismus nicht als rein jüdisches Problem, sondern als einen politischen Kampf gegen alle Formen von Gewalt und Diktatur begreifbar zu machen. Das ist mir nicht immer gelungen. Die Struktur der amerikanischen Gesellschaft schien mir noch stark von Gettos und dem Denken in Minderheiten geprägt. Es gibt wahrscheinlich einen Zusammenhang zwischen der unversöhnlichen Politik des »unconditional surrender« und dieser Gettoisierung. Daß Amerika diese Isolationspolitik gegenüber Deutschland betrieb, habe ich nie akzeptieren können. In keiner menschlichen und politischen Beziehung, in keiner Ehe, darf man vom Anderen bedingungslose Unterwerfung verlangen. Das ist so unmenschlich und falsch wie das strategische Prinzip, das die Amerikaner mit dem besiegten Deutschland begannen und dann in Korea und Vietnam fortsetzten: »Teile und Herrsche«. In besetzten und geteilten Ländern müssen neue Kriege entstehen.

Felix Warburg

Amerika 1936—1939

Der Atlantische Ozean bedeutete für meine Großeltern das Getrenntsein von ihren Söhnen Felix und Paul in Amerika. Für mich, die ich in der Hafenstadt Hamburg in einem Haus an der Elbe aufgewachsen bin, ist das Wasser immer ein verbindendes Element gewesen, ein Symbol der Einheit der Welt. Vor New York lag das gleiche Meer, das ich aus Hamburg kannte; es verband mich mit der Welt, in der es kein Festland mehr gab, sondern nur Inseln. Die Beziehungen der Menschen zueinander sind wie die von »ships that pass in the night, greet each other and pass again«. Von vielen Orten, an denen ich gelebt habe, konnte man das Wasser sehen, zum Beispiel von der Washington Avenue, unserer ersten gemeinsamen Wohnung nach der Heirat mit Veniero Spinelli, von der man auf den Hudson blickte, als wäre man auf einem Schiff. Und immer war es für mich: »Du gehst also so weit weg?« »Weit weg von wo?« Ich war immer im Sturm auf der Brücke und habe versucht, Brücken zu finden zwischen Europa und Amerika, zwischen Juden und Christen, zwischen Deutschen und anderen Nationen, zwischen Weißen und Schwarzen, um die Einheit der Menschen zu retten und im Bewußtsein, daß das Meer sich nach dem trennenden Sturm auch wieder glätten werde.

Mein deutscher Paß, mit dem ich 1936 zum geplanten sechswöchigen Besuch bei Onkel Felix nach Amerika aufbrach, lautete auf den Namen: »Ingrid Sarah Warburg« und trug das große »J« eingestempelt. Das »affidavit« für Amerika hatte ich durch Onkel Felix. Der Abschied war nicht traumatisch — mein Vater sagte nur: »Trink niemals Wasser mit Eis!«, und ich hatte immer die Absicht, bald wieder nach Deutschland zurückzukehren. Die Überfahrt auf der »Bremen« war wie ein angenehmer Aufenthalt in einem großen Hotel. Die Beziehungen, die man auf einer solchen Schiffsreise zu anderen Menschen knüpft, sind so unverbindlich und doch intensiv wie sonst nirgendwo. Ich sah mir die anderen Passagiere an: die feinen Amerikaner, die — wie es sich gehört — ihre Europareise hinter sich hatten, die fanden, daß die Züge in Italien nun endlich pünktlich seien, die sich darüber freuten, daß sie auch in Paris Freunde aus Cleveland oder San Francisco getroffen hatten. Ich sah mir die jungen Auswanderer an, die versuchten, Europa zu vergessen und sich Amerika vorzustellen, die sympathischen Wiener, die mit ihrem »Küß' die Hand, gnädige Frau« so ganz anders waren als die Hamburger, die ich zurückgelassen hatte.

Am letzten Morgen sahen wir durch den leichten Nebel kleine Boote auf uns zukommen, und plötzlich erhob sich vor uns die Statue of Liberty, und die Stadt New York mit ihren Wolkenkratzern lag wie eine phantastische Burg mitten im Meer. Jedes Mal, wenn ich mit dem Schiff in New York ankomme, wiederholt sich dieser Eindruck, der mir Herzklopfen und große Aufregung verursacht. Während wir vom Deck aus auf New York heruntersahen, dachte ich an all die Menschen, die hier einen neuen Anfang gesucht hatten.

Edward, der jüngste Sohn von Onkel Felix Warburg, erwartete mich am Hafen. Wir kamen schnell durch den Zoll und die Emigrantenkontrolle und fuhren dann mit Onkel Felix' Auto die Fifth Avenue hinauf, am Central Park vorbei, bis zur Nummer 1109. Das im neugotischen Stil erbaute Gebäude, damals das Wohnhaus der Familie, ist jetzt ein jüdisches Museum, in dem viele Ausstellungen stattfinden. In meinem ehemaligen Zimmer sind zum Beispiel lauter Thora-Rollen zu besichtigen. Meine Ankunft wurde ein großer, herrlicher Empfang. Alle Kinder waren zum Essen mit ihren Familien gekommen.

Onkel Felix ist einer der gütigsten, strahlendsten Menschen, die ich je getroffen habe. Unter der Glasplatte auf seinem Schreibtisch war der Spruch zu lesen: »Let me do what I have to do today,

I might not come this way again.« Danach hat er gelebt, und das bedeutete vor allem für ihn, anderen Menschen zu helfen. Er war der Mittelpunkt jüdischer und amerikanischer Wohltätigkeit in New York und in über siebzig Organisationen tätig. Er hatte diese jüdischen Wohlfahrtsorganisationen in einer »Federation of Jewish Charities« verbunden und arbeitete aktiv im »Joint Distribution Committee« und im »American National Refugee Committee«. Gemeinsam mit Lillian Wald hatte er die »Visiting Nurses« in der East Side gegründet und sich mit ihr um die soziale und kulturelle Eingliederung der Emigranten gekümmert. Die Idee der Henry-Street-Nurses, mit der die Familie eng verbunden war, wurde später in anderer Form bei der Hilfe für die Opfer des Naziregimes weitergeführt. Die »Nurses« waren Krankenschwestern und Sozialarbeiterinnen, die die Emigranten besuchten, für sie einkauften, kochten und die Familien in allen Fragen der Arbeit und Ausbildung berieten.

Mit Julius Rosenwald zusammen war Onkel Felix an der Gründung der »Howard University« für schwarze Studenten beteiligt. Jehudi Menuhin, Heifetz und vielen anderen Künstlern hat er geholfen, nach Amerika zu kommen. Tante Frieda und Onkel Felix waren außerdem stark in progressiven Bewegungen für die »civil liberties« und verschiedenen liberalen Organisationen engagiert; die ganze Atmosphäre im Hause war nie nur jüdisch, unter den herumliegenden Zeitungen fand sich zum Beispiel auch die liberale Zeitschrift »The Nation«, und auch die als »links« geltende »New School for Social Research« wurde unterstützt.

Oft saß ich bei Onkel Felix in seinem Arbeitszimmer. Er erzählte mir von seinen Bemühungen um die Rettung deutscher Juden. Ich berichtete über Deutschland. Die Onkel in Amerika machten sich große Sorgen um die Familie in Deutschland und wollten, daß die Brüder auswanderten, obwohl sie auch Verständnis für deren Bindung an die deutsche Heimat hatten.

Tante Frieda erzählte mir viel über ihre Eltern. Sie war von ihrem Vater, dem amerikanischen Bankier Jacob Schiff, sehr streng erzogen worden, eine sehr bewußte Jüdin und Amerikanerin. Mitarbeit in Wohltätigkeitsorganisationen war ihr selbstverständlich. Onkel Felix und Tante Frieda interessierten sich schon sehr früh für Israel. Ich empfand durch meine Arbeit mit dem Hechaluz, durch den Einfluß Bubers und die Bekanntschaft mit der Tradition der jüdischen Literatur sowie durch den Eindruck der Pogrome natürlich eine große, aktive Anteilnahme an Israel. Damals hatte ich aber noch keinen Zweifel an meiner Rückkehr nach Deutschland, weil die Hoffnung, durch meine Arbeit zur Schaffung eines anderen, besseren Deutschland beizutragen, mich nie verlassen hat. Nach Israel zu gehen, war für mich ausgeschlossen, obwohl es sicher einen Moment gegeben hat, in dem ich durch die intensive Arbeit mit den Chaluzim, den Auswanderern nach Israel, sehr enthusiastisch geworden war. Mein Interesse galt aber nicht dem Aufbau eines neuen Nationalstaates, sondern der Schaffung einer neuen Gesellschaft. Den Traum von einer neuen Welt, in der Nation, Rasse und Religion nicht mehr trennend sein würden, wollte ich nicht aufgeben.

Meine sechswöchige Reise zu Onkel Felix wurde zwar objektiv zur Emigration, denn nachdem ich dann begonnen hatte, aktiv für Kinder jüdischer und antifaschistischer Eltern zu arbeiten, konnte ich nicht mehr nach Deutschland zurück. Ich konnte die Ausreise aber nicht als Flucht aus Deutschland empfinden. Durch die weitverzweigten, internationalen Verbindungen der Familien meines Vaters und meiner Mutter hatte ich einen ganz natürlichen internationalen Hintergrund. Außerdem hatte ich keinerlei ökonomische Probleme, sondern genoß eine große finanzielle Unabhängigkeit. Zudem ermöglichte es mir die durch das Studium in Oxford erlangte solide angelsächsische Vorbereitung, sofort in Amerika zu arbeiten. Für die meisten Emigranten ist das Sprachproblem ein großes Hindernis gewesen. Nachdem ihnen unter unendlichen Schwierigkeiten die Flucht gelungen war, fing in Amerika vor allem für die beruflich spezialisierten Fachkräfte, für die Intellektuellen, die Anwälte und Ärzte, das Drama ihrer beruflichen Neueingliederung an. Anwälte und Ärzte zum Beispiel mußten neue Examen machen, völlig umlernen. Denen, die schrieben, war die deutsche Sprache die einzige Heimat. Sie mußten ihre Arbeiten für den ohnehin begrenzten Markt für deutsche Literatur übersetzen lassen. Ich dagegen hatte keinerlei Verständigungsschwierigkeiten und wurde außerdem von meinen Verwandten sofort in die amerikanische Realität integriert. Im Hause meines Onkels lernte ich sehr viele Künstler, Musiker und vor allem sozial engagierte Menschen kennen. Tante Frieda war sich ihrer sozialen Stellung sehr bewußt und lehrte mich, meine Tage sinnvoll zu nutzen. Einmal hatten wir zusammen Briefe geschrieben, ich fand die richtige Marke nicht und klebte eine Marke von einem Cent mehr als nötig auf den Brief. Tante Frieda sagte: »Darling, you must never do that! Meinst du, wir wären so reich geworden?« Dabei war sie aber sehr großzügig, ich habe nie wieder so viele Geschenke erhalten wie damals. In mehreren Geschäften räumte sie mir einen unbegrenzten Kredit ein und kaufte mir die langen Abendkleider, die für die Gesellschaften in ihrem Kreis nötig waren. Abends, bei einem großen Essen, sagte sie zu ihrer Freundin: »Sieht Ingrid in diesem Kleid, das ich für 40 Dollar im Ausverkauf bekommen habe, nicht wundervoll aus?«

An einem Samstagmorgen kam Onkel Felix einmal in mein Zimmer, als ich noch im Bett lag, und fragte mich, ob ich mit ihm ins Landhaus »Woodlands« zu Tante Frieda fahren wollte. Ich sagte, ich sei ein wenig müde und könne nicht mitkommen, da ich bis zum Abend noch etwa 300 Dollar auftreiben müsse. Ich war mehrere Jahre lang die einzige Geldbeschaffungsquelle des »Progressive School´s Committee for Refugee Children«, das wir gegründet hatten. Daraufhin nahm Onkel Felix sein Portemonnaie und streute so lange Dollarscheine auf mein Bett, bis da 300 Dollar lagen. Dabei sagte er: »Manchmal darf man etwas tun, ohne lange zu überlegen, nur für das eigene Vergnügen. Jetzt kannst du mit mir kommen.«

Schon bald nach meiner Ankunft beschloß ich, mit Onkel Felix zusammen in der »German Jewish Children's Aid« zu arbeiten. Die Organisation hatte sich die Aufgabe gestellt, jüdische Kinder aus Deutschland — später auch aus der Tschechoslowakei und aus Polen —, die ohne Eltern oder nur mit einem Elternteil nach Amerika gekommen waren, in amerikanischen Familien unterzubringen. Die Leiterin der »Children's Aid« war damals Lotte Marcuse,

Tante Nina und Tante Frieda auf dem Kösterberg 1898

grid und Tante Frieda vor dem Landhaus »Woodlands«

eine Sozialarbeiterin aus Deutschland, die in den langen Jahren in Amerika viele der Untugenden der manchmal sehr starren und unbeweglichen Sozialarbeit in New York angenommen hatte. Zu diesen Untugenden gehörte vor allem die Überzeugung, daß die Kinder, um sich in Amerika wirklich assimilieren zu können, so viel wie möglich von ihrer europäischen Vergangenheit und vor allem den Kontakt zu Freunden und Verwandten in Europa aufgeben sollten. Diese Politik war für alle Kinder sehr schmerzlich, in einigen Fällen tragisch. Ich war entsetzt darüber, wie diese Kinder, die aus den unterschiedlichsten sozialen Schichten kamen, plötzlich zu einer Einheit, den »Flüchtlingen«, zusammengefaßt wurden. Ohne Rücksicht auf ihre Herkunft aus liberalen oder orthodoxen, bürgerlichen oder Arbeiterfamilien zu nehmen, wurden sie von den amerikanischen Sozialarbeitern wahllos in Familien untergebracht. Auf meinen Besuchen bei diesen Familien fand ich Kinder assimilierter Eltern in jiddisch sprechenden, orthodox-zionistischen Häusern oder Kinder aus armen Verhältnissen bei sehr reichen Leuten, deren eigene Kinder oft unvorstellbar grausam zu den »Eindringlingen« waren. Alle Emigrantenkinder standen unter der Aufsicht des »Jewish Board of Guardians«, einer Organisation, die sich sonst nur mit unterprivilegierten Kindern befaßte. Die Sozialarbeiter hatten darum nicht viel Verständnis für diese Kinder, die aus gutbürgerlichen Elternhäusern kamen, häufig verwöhnt waren und sich nur schwer daran gewöhnen konnten, von Wohltätigkeit abhängig zu sein. Es gab viele Probleme: die Kinder stahlen, waren einsam, unglücklich und zwischen den neuen Pflegeeltern und ihren Eltern in Europa hin- und hergerissen. Viele wechselten unzählige Male die Familie, ohne Ruhe zu finden.

Um diesen Kindern zu helfen und um den oft ebenso großen Problemen ihrer Eltern Abhilfe zu schaffen, begann ich, mich nach anderen Lösungen umzusehen. Nicht nur die Kinder, auch ihre Eltern, von denen oft nur die Mutter überlebt hatte, während der Vater im Konzentrationslager umgekommen war, hatten große Probleme mit der Eingliederung in Amerika. Den Frauen oder Männern war es praktisch unmöglich, sich um die Kinder zu kümmern und sich gleichzeitig in diesem Land eine neue Existenzgrundlage aufzubauen. Sie wollten den Kontakt zu ihren Kindern, ihrem ganzen Lebensinhalt, nicht verlieren. Es mußte also ein Weg geschaffen werden, um diesen Menschen eine Ruhepause und genügend Zeit zum Erlernen der Sprache und zur Arbeitssuche zu verschaffen. Ich erinnerte mich an meine Erfahrungen mit Landschulheimen in Deutschland und England sowie an die Jugend-Alijah-Heime und setzte mich mit William Mann Fink, dem Leiter einer Farmschule, der »Manumit-School« in Verbindung. Nachdem er sich meine Schilderung unserer Probleme angehört hatte, erklärte er sich bereit, mit verhältnismäßig großen Stipendien eine Gruppe von Kindern in seine Schule aufzunehmen. Die jährlichen Kosten von 500 Dollar pro Kind bedeuteten, daß die Gehälter der Lehrer gekürzt werden mußten. Mit Finks Hilfe interessierten wir eine Reihe anderer progressiver Farmschulen für das Projekt und schufen so das »Progressive School Committee for Refugees' Children«. Das notwendige Geld für dieses Komitee habe ich mehrere Jahre lang alleine zusammengebracht. Die Unterbringung der Kinder in einer neutralen, aber pädagogisch geschulten Umgebung war entscheidend und wirkte Wunder. Besonders gefährdete Kinder wurden oft Monate lang »in Ruhe gelassen« und bekamen nur Verantwortung für die Tiere zugeteilt. Im Rhythmus der Natur und mit dem Gefühl, daß ein lebendiges Wesen, ein Schaf, ein Kalb, von ihnen abhing, haben diese Kinder, die zum Teil unvorstellbare Grauen erlebt hatten und jeden Kontakt zur Außenwelt verweigerten, wieder Vertrauen zu anderen Menschen gefaßt. Ein Junge, der miterleben mußte, wie seine Mutter in Paris den Verstand verlor und der danach mit seinem Vater in zwei Lagern gewesen war, litt unter besonders schweren Kontaktstörungen. Man entdeckte, daß er gerne malte und forderte ihn auf, seine Erinnerungen an das Konzentrationslager zu malen. Langsam konnte er in die Gemeinschaft mit einbezogen werden. Er malte später z.B. die Bühnenbilder für die Theateraufführungen, wofür er besonders gelobt wurde.

Die Eltern des kleinen Tommy Goro mußten über Nacht fliehen, die Mutter verlor durch den Schock zeitweise die Sprache. Der Junge war in neun Schulen gewesen und völlig verstört. In der

»Manumit-School« Finks wurde er vollkommen gesund, und heute ist er Biochemiker. Die Eltern ließen sich umschulen und sind erfolgreiche Photographen geworden. Über die pädagogische Umsicht der Erzieher hinaus konnten wir bei den Farmschulen sicher sein, daß es dort weder Antisemitismus noch — ebenso wichtig —antideutschen Chauvinismus gegenüber den Kindern gab.

Eine ähnliche Vorstellung von möglicher Hilfe für die »Refugees« wie ich hatte damals Lotte Kaliski, eine Frau, die ich 1938 im »National Refugee Service« kennenlernte. In Berlin war sie Leiterin einer großen jüdischen Schule gewesen und lebte jetzt mit einer Freundin in New York. Sie hatte durch eine Kinderlähmung eine Behinderung, und ihr Handicap erschwerte ihr das Sammeln von Geldern für ihre Pläne, denn die Amerikaner hatten häufig Schwierigkeiten im Umgang mit behinderten Menschen. Zweifellos war sie sehr begabt, sie wollte einen speziellen Refugee-Kindergarten, der den Müttern etwas mehr Zeit geben sollte. Es gab damals in New York keine solche Einrichtungen. Nachdem wir alles mögliche versucht hatten, beschlossen wir, zu einer Demonstration aufzurufen. Daraufhin bekamen wir einen Raum und Hilfe von einer Frauenloge. Ich half ihr, und nach vielen Schwierigkeiten gelang das Kindergarten-Experiment. Später richtete diese »Help and reconstruction«-Organisation viele solcher Kindergärten ein. Lotte Kaliski fing an, sich vor allem um behinderte Kinder zu kümmern. Sie ließ sich in Columbia ausbilden und gründete dann Heime für spastische Kinder, die in Amerika große Anerkennung fanden. Diese außerordentlich mutige und tüchtige Frau, die anfangs ganz verzweifelt war, hat sich aus eigener Kraft in Amerika ein erfülltes Leben geschaffen.

Im »Progressive School Committee for Refugees' Children« arbeitete ich zum ersten Mal mit Trude Pratt zusammen. Ich hatte sie aufgesucht, um sie um Hilfe zu bitten, denn sie war für das »Citizens' Committee for Children« tätig. Damals war sie noch mit Eliott Pratt verheiratet, einem amerikanischen Verleger. Trude war die Tochter eines Professors und hatte selbst in Freiburg gelehrt. Ich erinnere mich, wie sie mir in der Bibliothek gegenüberstand, eine große, schlanke, blonde Deutsche in einem sehr eleganten, grauen Kleid, die sagte: »Warum soll gerade ich Ihnen Geld für diese Kinder geben?« Sie hat dann aber nicht nur aktiv und unermüdlich in unserer Organisation, sondern später auch im »Emergency Rescue Committee« mit mir zusammen gearbeitet. Sie war politisch sehr interessiert und sah unsere Arbeit als eine Möglichkeit zu zeigen, wie sie als Deutsche zu den Nazis stand. Trude ist mir eine sehr gute, enge Freundin geworden. Es war wichtig für sie, jemanden zu haben, der ihren deutschen Hintergrund verstand. Sie war als Deutsche in Amerika auch Feindseligkeiten begegnet und bei ihrer Arbeit für schwarze Kinder als Weiße z.T. verächtlich gemacht worden. Durch Trude Pratt habe ich dann Mrs. Roosevelt kennengelernt, beide Frauen haben in Amerika großen Einfluß auf mich gehabt.

Mrs. Roosevelt beeindruckte mich sehr. Sie besaß eine unerschöpfliche Kraft, anderen Menschen etwas zu geben, zu lieben und diese Liebe auch zu zeigen. Ich fühlte mich ihr sehr nahe; diese enge Bindung mag wohl auch auf die Ähnlichkeit ihres Schicksals mit dem meines Vaters zurückzuführen sein. Wie er hat sie sich in einer großen, angesehenen und anspruchsvollen Familie immer »anders« gefühlt, sich als »häßlich« und nicht dazugehörig empfunden. Beider Jugend war von der Suche nach einer eigenen Rolle geprägt, und beide haben sich intensiv dem Dienst an anderen Menschen gewidmet. Eleanor Roosevelt hat mit unvorstellbarer Disziplin die Probleme ihrer physischen Realität und die Kämpfe in der Familie überwunden, um aus den schweren Momenten ihres Lebens unendliches Verständnis für die Leiden und Probleme anderer Menschen zu gewinnen. Ihr Mitgefühl war immer unmittelbar, und die Menschen sah sie ganz unabhängig von deren Rasse, Nationalität und Religion einfach als Mitmenschen an. Besonders habe ich ihr politisches Gespür bewundert, ihr Verständnis für die amerikanischen Probleme, das dann zu ihrer Stellung bei den Vereinten Nationen führte, die ihr auch besonders entsprach. Unermüdlich arbeitete sie in vielen sozialen und Wohltätigkeitsorganisationen, vergaß darüber aber nie ihre Kinder und ihre Freunde. Als ich schon nicht mehr mitten in der praktischen sozialen Arbeit stand und alleine in der Klinik lag, in der mein Sohn Oliviero geboren wurde, kam es dort eines Tages zu großer Aufregung: Trude Pratt und Eleanor Roosevelt waren gekommen, um mir trotz ihres ausgefüllten Tagesplanes persönlich Rosen zur Geburt meines Kindes zu bringen.

Die Arbeit am »Progressive School Committee for Refugees' Children« ging ohne Unterbrechung von 1937 bis 1945 weiter. 1942 haben wir das Komitee einem »board« einverleibt, dem Mrs. Roosevelt, Mrs. Pratt, Mrs. David Heyman, Betsabe de Rothschild und Mary Jayne Gold angehörten. In meiner Eigenschaft als »executive secretary«, der die Aufgabe der Geldbeschaffung zufiel, stand mir ein Schatzmeister zur Seite, ein Quäker mit Namen Hollingsworth Wood. Außerdem hatten wir eine richtige »money raising organization«. Ich konnte mich nicht mehr so intensiv um das Komitee kümmern, seit ich ab 1941 Mitarbeiterin des »Emergency Rescue Committee« geworden war. Im Juni 1945 haben wir die Organisation praktisch aufgelöst und uns nur noch um einige wenige Kinder gekümmert, mit denen es noch Probleme gab. Die meisten der von uns betreuten Kinder haben sich in den USA eine überdurchschnittlich erfolgreiche Existenz schaffen können. In den letzten Kriegsjahren sind es vor allem Kinder von Antifaschisten gewesen, die im Kampf ermordet wurden. Wenn auch nur eines dieser Kinder seine Erbschaft an Kampfesmut und -willen, von der Mrs. Roosevelt sprach, für den Aufbau eines besseren Europa, wohin viele zurückwollten, eingesetzt hat, dann hat sich unsere Arbeit wirklich gelohnt.

Ich habe in diesen Jahren aber auch andere Formen von Hilfsaktionen miterlebt, die nicht immer zu den erhofften Ergebnissen führten. Im Rahmen der Tätigkeiten des »International Refugee Committee« gab es Bemühungen, junge deutsche Juden statt nach Israel auch in andere Länder zu schicken, damit sie lernten, in der Landwirtschaft zu arbeiten. Curt Bondy leitete eine Ausbildungsgruppe, in der diese jungen Menschen auf eine Gemeinschaftssiedlung vorbereitet wurden. Schließlich kamen sie nach Amerika, und ich fuhr zu meinem Freund, William Thalhimer, den ich durch die Arbeit im »Joint« kannte, um ihm von unserem Plan zu erzählen, diese »Refugees« zu verteilen und in neue Berufe zu bringen.

Er war begeistert, gleich am nächsten Tag fuhren wir nach Richmond, um ein Gut zu kaufen. Der Anfang war gut, Thalhimer half überall aus eigener Tasche. Später kam Curt Bondy, wohnte auf dem Gut und lehrte gleichzeitig an der Universität in Richmond. Aber das Experiment scheiterte an der ungenügenden Vorbereitung der Jugendlichen, die nicht die Geduld hatten, selbst einen funktionierenden landwirtschaftlichen Betrieb aufzubauen. Sie hatten wenig gemeinsam und wollten fast alle schnell verdienen, wohl auch um Eltern und Geschwistern in Europa zu helfen. So landeten sie in Berufen, die sich ihnen leichter auftaten. Viele beschäftigte Thalhimer selbst in seinem großen Warenhaus.

Im Winter 1937 kam eines Tages ein Rabbiner zum Abendessen, der einer meiner besten Freunde in Amerika werden sollte. Wir saßen im Speisesaal, und Rabbiner Philip Bernstein sagte zu Onkel Felix: »Herr Warburg, Sie müssen nach Rochester kommen und für den Joint sprechen.« Onkel Felix entgegnete: »Warum nicht Ingrid? Sie kommt gerade aus Deutschland.« Rabbi Bernstein war sofort einverstanden, ich war aber etwas beunruhigt, denn ich hatte noch nie in meinem Leben öffentlich gesprochen. Ich fuhr trotzdem nach Rochester, lernte dort die Familie Bernstein kennen, und gemeinsam gingen wir in das Hotel, wo in einem großen Saal das »money raising dinner« stattfand. Es waren ein paar hundert Gäste geladen, die Geld spenden sollten. Wie bei fast allen Dinners dieser Art gab es Huhn, Gemüse und Eis. Philip Bernstein sprach zuerst über Israel und sagte: »Auf dem Wachtturm von Mishmar-ha-Emek in Israel warten sie auf einen Strahl von Licht, den Ihr ihnen sendet, um ihnen Hoffnung und Kraft für ihren schweren Kampf zu geben.« Dieses Wort habe ich später in allen meinen Reden gebraucht, denn das Licht ist für mich wie das Wasser ein verbindendes Element. Nach Bernstein kam ich an die Reihe. Ich hatte keine Rede vorbereitet, sondern nur die Etappen meiner letzten Reise durch Deutschland mit einer Gruppe von Chaluzim auf die Rückseite der Speisekarte geschrieben. Ich erzählte von dieser Reise durch Bayern und Franken, durch die vielen Städte, an deren Eingang Juden vor dem Betreten der Stadt gewarnt wurden, und ich beschrieb den Kampf und die Schwierigkeiten der Juden, die in Deutschland lebten. Die erste Rede war ein solcher Erfolg, daß der »Joint« beschloß, mich mit dieser Arbeit zu beauftragen. So sprach ich in 220 Städten in ganz Amerika. Das war ein außerordentliches Erlebnis und bedeutete, daß ich alle Staaten Amerikas kennenlernte, eine Erfahrung, die den meisten US-Bürgern fehlt. Ich nahm mir vor, auf meinen Reisen so viel wie möglich von Amerika zu sehen und nicht nur mit der jüdischen Bourgeoisie zusammenzukommen, mit der ich bei diesen Vorträgen zu tun hatte. Bei meinen Zuhörern handelte es sich, da es ja vor allem darum ging, so viel Geld wie möglich zu sammeln, um die wohlhabenden Mitglieder der jeweiligen Gemeinden, die sich bei den Dinners »bei chicken und ice-cream« anhörten, was ihnen dieses junge Mädchen aus einer Welt erzählte, die ihre Lebensgewohnheiten und Sicherheit doch nie berühren konnte.

Fast immer wohnte ich bei einem der führenden Mitglieder der jüdischen Gemeinde, und viele dieser Menschen sind meine Freunde geworden. In Hollywood, Beverly Hills und Los Angeles lernte ich europäische Emigranten und Filmschauspieler kennen. Zum Beispiel unterstützten Douglas Fairbanks und seine Frau schon damals die Auswanderer. Einen unvergeßlichen Abend verbrachte ich bei Thomas Mann, bei dem ich Klaus und Erika, Salka Viertel, die die Texte für Greta Garbo schrieb, und ihren Sohn, den Dichter Peter Viertel kennenlernte.

Oft bereitete man mir einen besonders netten Empfang, zum Beispiel in Seattle, wo ein Skiausflug in die Berge für mich organisiert wurde. Ein prägender Eindruck auf diesen Reisen waren die Gemeinden der jüdischen Minderheiten, die in fast allen Städten existierten. Man sagte zu mir: »Jetzt zeigen wir Ihnen unseren jüdischen Country Club.« Dieser Country Club für die wohlhabenden, meist deutschen Juden, war genau nach dem Muster der amerikanischen WASP-Clubs gebildet, den Clubs der White-Anglo-Saxon-Protestants, der Führungsschicht Amerikas, zu denen Juden aber keinen Zutritt hatten. Ich war schockiert über diese Gettoisierung, so etwas hatte es in Hamburg nicht gegeben. Tante Frieda hatte zum Beispiel ein Haus in Palm Beach, aber ihre Enkelkinder durften den dortigen Club nicht betreten.

Diesen unerklärlichen Grenzziehungen entsprach das Denken in nationalen Minoritäten, das mir auf meinen Reisen besonders auffiel. Ich lernte, daß jede Stadt, außer New York, stark von der Minorität bestimmt ist, die sie gegründet hatte. Minneapolis und Saint Paul im Norden erinnerten mich sehr an Schweden, sie waren geprägt von schwedischen und norwegischen Einwanderern. In Milwaukee spürte man den deutschen und österreichischen Einfluß, es gab deutschen Kuchen und Schokolade, und die Alten träumten noch von Kaiser Franz Josef.

In Atlanta habe ich mehr über das Negerproblem gelernt, die Diskriminierung war stark. Ich sah aber auch, wie die Weißen im Süden von den Schwarzen beeinflußt waren, von ihrer Sprache und ihrer Musik. Die Beziehungen zwischen Weiß und Schwarz schienen mir im Süden besser als im Norden, wo die öffentliche Diskriminierung zwar weniger sichtbar, in Wirklichkeit aber, vor allem im Hinblick auf Arbeitsmöglichkeiten, viel schärfer war.

Doch wenn sich Minderheiten selbst nicht integrierten, so schloß Amerika sie auch aus. In New York hatte ich Marian Anderson singen gehört. Alle bewunderten ihre Stimme, die sie wie ein Instrument benutzen konnte, viele bewunderten sie auch als Mensch, als Frau. Wie groß war mein Erstaunen, als ich hörte, daß sie, weil sie schwarz war, nur in Harlem leben durfte!

Formen der Diskriminierung, das Denken in Minderheiten und Gettoisierung mußte ich leider auch in den jüdischen Gemeinden erleben. Ich erfuhr die großartige, jüdische Solidarität und Hilfsbereitschaft, aber ich lernte auch ihre tragischen Grenzen kennen. Die uralten Fehden zwischen Ost- und Westjuden wiederholten sich hier in Amerika, und ich sah die oft berechtigte Bitterkeit der Ostjuden, die im Verhältnis zu den europäischen, stärker assimilierten Juden viel großzügiger Hilfe leisteten, denen die anderen aber oft mit Hochmut begegneten.

Besonders in den kleinen Städten, in denen eine Gettoatmosphäre herrschte, war die Verteilung von Ämtern von grotesker Wichtigkeit und ein wichtiges Mittel, soziale Hierarchien zu schaffen. Eine große Rolle haben auf diesen sozialen Stufen-Hühnerleitern der reichen jüdischen Gemeinden in den Provinzstädten diejenigen jüdischen Flüchtlinge gespielt, die sich entschlossen hatten, New York zu verlassen, um eine Existenz in kleineren Städten aufzubauen. Bei der Verteilung der »Refugees« war es nicht immer leicht, die Leute aus New York herauszubekommen, wo sie Freunde hatten. Wenn sie dann aber in andere Städte gingen, haben sie dort wichtigere Posten bekleidet, als es ihnen wohl in New York möglich gewesen wäre.

Ein annäherndes Bild dieser Gemeinden vermittelten mir bereits die verschiedenen Memorandi, die mir der Leiter des »Joint«, für den ich reiste, als Vorinformation mit auf den Weg gab:

»Memorandum 17. Januar 1938
An Miss Warburg von Mr. Cohn
betr.: Bedeutende Punkte unserer Tour

Sie halten schon ein detailliertes Programm über Eisenbahnreservierungen, Hotels etc. in Händen. Bevor Sie abreisen, sollen Sie mit einer Auswahl an Informationen zu jeder Gemeinde versorgt werden. Ich möchte Ihnen zu Ihrer Orientierung über die Gemeinden, die Sie besuchen werden, unbedingt einige wichtige Punkte nennen.

Greensboro, North Carolina

Greeensboro hat eine jüdische Gesamtbevölkerung von vierhundert Seelen und brachte bei der Kampagne 1937 11.000 Dollar für das Joint Distribution Committee auf. Der größte Anteil dieses Geldes kommt von der Cone-Familie. Mr. Julius Cone und Mr. Caesar Cone sind gute Freunde von Rabbi Jonah Wise. Die Cones sind deutscher Abstammung und besonders interessiert an der dortigen Situation. Sie sind nicht an Palästina interessiert, und ich hoffe, Sie werden den Palästinaaspekt nicht betonen. 1937 spendete Greensboro zusätzlich 2500 Dollar. Wir haben mit Rabbi Frederick Rypins korrespondiert, der eine Art geistlicher und Jüdischer-Gemeinde-Sekretär für Mr. Cone ist, da die Cone-Familie den Tempel praktisch unterhält.«

An diesen Besuch in Greensboro erinnere ich mich besonders gut, weil er für mich eine Lehrstunde in Wirtschaftskunde darstellte. Zum ersten Mal habe ich verstanden, was diese Form von Kapitalismus bedeutet. Die Familie Cone hatte große Textilfabriken; die Häuser der Arbeiter gehörten ihnen, und alle Läden waren sogenannte »company stores«. Wenn ein Arbeiter also im Laufe eines Monats in einem dieser Läden Schulden machte, so mußte er jedes Monatsende den größten Teil seines Lohnes diesem »company store« geben. So war der Arbeiter völlig Sklave des Arbeitgebers: Durch die Miete und die Läden hing er völlig von ihm ab.

»San Antonio, Texas
Die Kampagne, an der das Joint Distribution Committee beteiligt ist, wurde im Spätherbst 1937 beendet. San Antonio steuert keine angemessene Summe für den Joint bei, in Anbetracht des enormen Reichtums einiger seiner Bürger, einschließlich der Mitglieder der Oppenheimer-Familie. Sie könnten einige Arbeit im Hintergrund für den JDC oder das National Coordination Committee (for German Refugees) leisten, indem Sie spezielle Einzelzuwendungen erhalten. Die führenden Persönlichkeiten San Antonios sind im allgemeinen am JDC interessiert, jedoch nicht besonders an Palästina, obwohl Palästina an der Kampagne beteiligt ist. Der finanzielle Beitrag, der für das Land beschlossen wurde, wird von San Antonio, das bedeutende Spenden für Palästina ablehnt, nicht eingehalten. Ich schlage daher vor, den Palästinaaspekt nicht zu betonen. Miss Hanna Hirschberg, die Präsidentin der Jewish Social Service Federation wird Ihnen dabei behilflich sein, an die Gemeinde heranzutreten.«

1946, nach meiner Rückkehr nach Europa, schickte ich meinem Vater -- noch jung und ungeduldig -- einen kritischen Arbeitsbericht über meine Erfahrungen mit dem »Joint«:

»Die Führung des Joint liegt in den Händen von vielen alten und vor allem unbeweglichen Menschen. Und dann in Händen von jüngeren Söhnen reicher Familien ... Der erfreulichste Teil der Arbeit wird von den Arbeitern getan, die prozentual einen sehr großen Teil des Geldes sammeln und bei denen die Solidarität noch eine echte ist, und das Wissen um die Not eine lebendige Erfahrung. Im zionistischen Lager sieht es nicht anders aus. Auch hier wird alles von einer entsetzlichen Bürokratie überschattet, und der Kampf um die persönliche Stellung ist oft wichtiger als alles andere ... Auch da gibt es ein paar Menschen mit richtigem Herzen und mit wirklichen Motiven, aber es fehlt völlig an jungen Menschen, die sich der Arbeit zur Verfügung stellen. Ich muß leider sagen, daß Gisela und ich bei der Arbeit in dieser Sozial- und Altersklasse eine Ausnahmen waren ... die Jungen gehen entweder zur Regierung wie zum New Deal, wo viele junge Juden waren ... oder zu den linken Parteien und interessie-

Gründer des »Joint« 1918, von links nach rechts sitzend: Felix Warburg, Aaaron Teitelbaum, Albert Lucas, Mrs . F. Friedman, Boris D. Bogen, Leon Sanders, Harry

Fishel, Scholem Asch, Alexander Kahn, Jacob Milch, Harriet E. Lowenstein, Moses Schoenberg, M.Z. Margolies, Israel Friedlander, Paul Baerwald, Julius Levy, Peter

Wiernik, Meyer Gillis, Harry Cutler, Cyrus Adler, Arthur Lehman, Jacob H. Schiff
von links stehend: Abraham Zuker, Isidore Hershfield, Meir Berlin, Stanley Bero,

Louis Topkis, Morris Engelman

ren sich nicht mehr für jüdische Probleme.« Mehr als alles andere zählen in Amerika natürlich wirtschaftliche Unabhängigkeit und Leistung. Den jungen Flüchtlingen, die die Möglichkeiten hatten, sofort eine gute Universität zu besuchen, standen später brillante Karrieren in der Politik offen. Ich habe mich in vielen Fällen selber bemüht, jüdischen »Refugees« Stipendien zu verschaffen und bat Mrs. Roosevelt einmal in einem Brief, gute Leute, vor allem Lehrer, für den Unterricht vom Militärdienst freistellen zu lassen:

»Ich weiß«, schrieb ich, *»daß Sie an der Arbeit des Progressive School Committee for Refugees' Children interessiert sind, dessen Probleme mir sehr nahe gehen, und ich schicke Ihnen daher einen Brief, der die besonderen Schwierigkeiten schildert, denen die Schulen im Moment ausgesetzt sind. Cherry Lawn School hat wirklich sehr gute Arbeit geleistet, befindet sich aber jetzt in völlig aufgelöstem Zustand, weil sie alle ihre Lehrer auf einmal verliert, denn sie werden eingezogen. Ihre Bitte geht nicht dahin, die Lehrer vom Militärdienst zu befreien, sondern nur die wichtigsten Lehrer bis zum Juni freizustellen. Vielen herzlichen Dank für Ihr Interesse an diesem wie an so vielen anderen Problemen. Ihre Ingrid Warburg.«*

Washington suchte sich die besten dieser privilegierten und intelligenten jungen Flüchtlinge aus, um sie in der Regierungsarbeit zu beschäftigen. Frankfurter vom »Supreme Court« wählte in »Harvard« die besten jüdischen Studenten aus, um sie in verschiedenen Projekten des »New Deal« einzusetzen. Das Problem der Integration in den Vereinigten Staaten hing also ganz wesentlich vom Sozialstatus, von den wirtschaftlichen Möglichkeiten der einzelnen Flüchtlinge ab. Im Zusammenhang damit bestanden auch unterschiedliche Einschätzungen über den Nationalsozialismus als internationale Gefahr unter den emigrierten Juden.

Die Juden im »German Jewish Committee« fühlten sich sehr sicher und waren voll in die amerikanische Realität integriert, während die Ostjuden, die sich in nationalen, oft eng mit Gewerkschaften zusammenhängenden Gemeinschaften zusammenschlossen, ihre Erinnerung an die Pogrome wachhielten.

Die orthodoxen Juden zum Beispiel bildete eine in sich hermetisch abgeschlossene nur sich selbst verantwortliche Gruppe, die ihre Riten vollkommen intakt erhielt. Die Einstellung zur Politik Roosevelts in jenen Jahren vor dem Krieg hing von Faktoren, wie denen der sozialen Position, der Religiosität und der nationalen Herkunft ab. Der ganze großbürgerliche upper-class-Teil der jüdischen Gemeinde in New York fühlte sich als Teil des politischen Lebens der Stadt und stand hinter Roosevelt, dessen Regierung sich aktiv bemüht hatte, die wichtigsten jüdischen Intellektuellen Europas nach Amerika zu holen. Aber auch die gewerkschaftlich organisierten Juden der »labor union« waren für den Präsidenten. Beim jüdischen Mittelstand hingegen hing es oft davon ab, ob er in New York blieb, studierte oder in andere amerikanische Staaten ging, wo es starke Gegenbewegungen gegen Roosevelt gab.

Insgesamt habe ich die politische Stimmung in den ersten Jahren meines Aufenthaltes in Amerika als noch sehr geteilt erlebt. Es gab auf der einen Seite innenpolitisch ungeheuer viel soziales Engagement: die letzten Versuche einer liberalen Regierung, Amerikas Wirtschaft durch den »New Deal« zu stärken. Auf der anderen Seite gab es das stark isolationistisch eingestellte Amerika: Während Präsident Roosevelt und seine Frau fraglos von Anfang an zu den überzeugtesten Antifaschisten und Nazigegnern gehörten, war ein großer Teil der amerikanischen Bevölkerung noch gegen jede Einmischung der USA in Europa, worauf der Präsident Rücksicht nehmen mußte. Man könnte sagen, daß die Haltung der Amerikaner gegenüber Faschismus und Nationalsozialismus in Europa weitgehend durch die verschiedenen Minoritäten bestimmt war. Es gab eine starke, sehr aktive Nazipropaganda, die geschickt Deutsch-Amerikaner benutzte, um die sogenannten Greuelgeschichten aus Deutschland als Lügenmärchen der jüdischen Presse darzustellen. Es gelang ihnen zum Beispiel, John L. Lewis, den mächtigen Führer der Bergarbeiter, für diese Sache zu gewinnen, weil er aus persönlichen Gründen einen Kampf gegen Roosevelt führte. Aber im allgemeinen hatte Roosevelt die Gewerkschaften, vor allem die der Automobilindustrie auf seiner Seite. Die Italiener waren, abgesehen von wenigen Intellektuellen, am Anfang noch weitgehend faschistisch. Mussolini hatte der unterprivilegierten italienischen Minderheit endlich einen Grund gegeben, auf ihre Heimat stolz zu sein. »Il progresso italo-americano« mit seinem Herausgeber Generoso Pope ist ein Beispiel für die zwiespältige Haltung der Italiener: Pope war bis zum Kriegsausbruch philofaschistisch, organisierte aber andererseits die italienische Gemeinschaft für Roosevelt. Er hatte Kontakt mit den italienischen Gewerkschaftsführern der Textilindustrie und mit Vertretern der Mafia. Die Textilindustrie besaß eine sehr große, einflußreiche Gewerkschaft, die »Ladies Garment Workers«, die italienisch und jüdisch war. Als wir mit dem »Labor Committee« arbeiteten, in dem die jüdischen Arbeiterführer mit den Italienern eng verbunden waren, hatten wir anfangs große Schwierigkeiten, ebensoviele Italiener wie Juden zu finden, denen wir helfen konnten. In der Führung des »Labor Committee« traf ich Leute vom »Bund jüdischer Sozialisten«. Der »Bund« leitete in Amerika sehr fortschrittliche, polytechnische Schulen, die jüdischen Kinder lernten hier ein Handwerk oder technische Berufe.

Die WASPs hielten sich die europäischen Probleme verhältnismäßig fern, eine Ausnahme bildeten die Intellektuellen. Ein Kapitel für sich ist die Berichterstattung der amerikanischen Massenmedien. Adolph Ochs, Besitzer der »New York Times«, der Jude war, verzweifelte über diesem Konflikt: Er hatte Hitler gegenüber natürlich eine eindeutig negative Haltung und fühlte sich andererseits zur Objektivität verpflichtet. Und doch änderte sich im isolationistischen Amerika die Einstellung zum Nazifaschismus erst ganz allmählich, so daß es sich für ihn sehr problematisch gestaltete, seinem Motto »All the News That's Fit to Print«, das auch in der Kopfzeile der »Times« auftaucht, gerecht zu werden.

Für viele liberale Amerikaner ist der Spanische Bürgerkrieg ein auslösendes Moment gewesen, der Anfang ihres aktiven Engagements gegen Faschismus, Unterdrückung und Krieg. Die verschiedensten Bewegungen, wie zum Beispiel die Gewerkschaften, der kommunistische »American Youth Congress«, verschiedene Hilfsorganisationen für die spanische Republik und spanische Flüchtlinge, die Kriegsdienstverweigerer und die Bürgerrechtsbewegung »Civil Liberties Union«, deren Gründer Roger Baldwin war, vereinte alle eine intensive Diskussion über die Schrecken des Krieges, die Menschenrechte und — unter dem Eindruck Ghandis — die Frage, ob man Unrechtsherrschaft mit Gewalt bekämpfen müsse oder nicht. Auch ich las in der Zeit viel über Ghandi, vor allem, weil mir schien, daß er eine wichtige Rolle in der Emanzipation der Frau spielte. Schon in Afrika und dann bei seinem Kampf gegen den englischen Imperialismus in Indien hatten Frauen eine entscheidende Rolle gespielt.

Aber besonders eine Erfahrung wurde in dieser Zeit für die Ausbildung meines politischen Bewußtseins entscheidend: Ich hatte erleben müssen, daß meine Hoffnung, die jüdischen Gemeinden durch eine bloße Schilderung der schrecklichen Zustände in Europa zu aktiver Anteilnahme und zum politischen Kampf gegen Hitler zu bewegen, eine Illusion gewesen war. Ich selber fühlte mich nicht nur durch meine Zugehörigkeit zum Judentum, sondern auch durch eine politische Erkenntnis zum Handeln aufgerufen. Aber ich hatte die Juden, vor denen ich sprach, nicht durch Bewußtseinsveränderung zu Antifaschisten machen können. Nach meinen Erfahrungen mit dem Hechaluz und den jungen, für die Idee der Kibbuzim begeisterten Juden, war es besonders frustrierend für mich zu sehen, daß die amerikanischen Juden sich auf karitative Spendenwilligkeit beschränkten, statt politisch zu handeln. Während die Gegner Hitlers unter Einsatz ihres Lebens kämpften, wurde das Problem im amerikanischen Judentum, vor allem in bürgerlichen Kreisen, als ein Teil der jüdischen Geschichte erlebt, ohne daß die persönliche, gesicherte Existenz davon in irgendeiner Weise berührt werden konnte. Das Geldspenden hatte im Gegenteil die Funktion, der eigenen sozialen Stellung mehr Ansehen zu verschaffen, was besonders für die jüdischen Gemeinden außerhalb New Yorks galt. Natürlich weiß ich, daß sehr viele Juden das Problem des Faschismus politisch analysierten, die Theorie vom Faschismus als eines Stadium des Kapitalismus ist jüdischen Ursprungs. Aber schon in Hamburg hatte ich erlebt, daß viele materiell gesicherte Juden später als Sozialisten und Kommunisten begriffen, wen die Slogans, die die vorbeimarschierenden Nazis brüllten, eigentlich meinten.

»On Board S.S. Harding«

Die letzte Reise nach Europa vor dem Krieg 1939

Solange es ging, bis zum Ausbruch des Krieges also, bin ich im Sommer nach Europa gefahren, um die Eltern und meine Freunde zu treffen, aber auch, um mich im Rahmen meiner Arbeit in Amerika über die Situation der Flüchtlinge und Auswanderer in Europa zu informieren.

1937 bin ich zum letzten Mal in Hamburg gewesen. Onkel Felix und Tante Frieda begleiteten mich auf der Schiffsreise. An Bord waren auch Henry Morgenthau mit seiner Frau und seinen beiden Söhnen, mit denen ich mich sehr gut unterhalten habe. Onkel Felix und Tante Frieda stiegen in Southampton aus. Als das Schiff dann auf der Elbe am Kösterberg vorbeifuhr, stand ich auf der Brücke beim Kapitän und brachte ihn dazu, mit dem Schiffshorn zu grüßen. Noch vom Schiff aus hatte ich an Adam von Trott geschrieben:

»*United States Line, On Board, S. S., Harding. Mein lieber Freund, wie Du siehst, bin ich wieder einmal auf dem Schiff. Es ist eine wunderbare Reise, weil herrliches Wetter ist. Und es ist ganz gut, daß diese zehn Tage Ruhe und Meer zwischen Amerika und Deutschland liegen. Ich habe Dir sehr viele Grüße und Wünsche zu bringen und vor allem über Hasso und seine Zukunft zu erzählen. Es war sehr schön, in New York plötzlich Hasso von Seebach und Frau Braun-Vogelstein zu treffen. Wie ein Gruß von Dir. Frau Braun ist wirklich eine ganz besondere Frau. Wir haben uns bald sehr gut vertragen. Du hast eine besondere Freundin in ihr. Sie liebt und versteht Dich so gut ... Eine reife Frau, die trotz allem ein so tiefes Verständnis und einen so tiefen Glauben an unser Wollen hat. Sie kann Dir vielleicht wie niemand helfen. Weißt Du, ich habe in*

Amerika ein paar Menschen getroffen, von denen ich Dir erzählen werde. Ich habe zuletzt sehr gearbeitet. All das muß ich Dir erzählen ...«

Vom Kösterberg aus schrieb ich Adam im Sommer dann noch einen Brief:

»Lieber Adam, vielen Dank für Deinen Brief. In Gedanken habe ich Dir inzwischen schon sehr oft geschrieben. Es war sehr schön, mit Dir zu telefonieren und zu spüren, daß wir wenigstens auf demselben Kontinent sind. Hoffentlich muß Du nicht zu toll arbeiten in dieser Hitze. Meine Gedanken sind mit Dir. Dieser Monat in Deutschland, es ist fast ein Monat, ist vorbeigegangen und doch bin ich so gar nicht richtig hier, und der Kösterberg und seine Menschen sind von einer Schönheit, die in diesen letzten Jahren etwas so sehr Schmerzliches bekommen hat. Vielleicht empfindet man falsch, wenn man die Natur nicht mehr so rein und unmittelbar als das, was sie ist, empfangen kann, aber es ist sehr schwer. Du schriebst mir einmal vor einiger Zeit darüber, und ich habe oft daran denken müssen. Es gibt sehr viel, was ich Dir erzählen könnte über Amerika, Land und Menschen. Schreib doch, wenn Du in Berlin bist und wie es Dir geht. Von ganzem Herzen, deine Ingrid.«

Im darauffolgenden Jahr konnte ich schon nicht mehr nach Deutschland. Inzwischen war der Druck auf unsere Familie unerträglich stark geworden. Meine Mutter war schon 1933 vom Vorsitz des Fröbelvereins zurückgetreten und hatte ihre Arbeit in den Vorständen vieler Hamburger Kindergärten sowie im Amt für Jugend aufgeben müssen. Sie half meiner Schwester Eva bei ihrer Arbeit im jüdischen Kindergarten. Diesen Hort hatte Eva gegründet, als sie nicht mehr in ihrem Kindergarten am Hafen arbeiten konnte. Die Kinder kamen jetzt nicht mehr aus der Hafengegend, sondern aus dem Viertel um die Hamburger Synagoge. Viele von ihnen waren orthodox erzogen. Meine Mutter half beim Schneidern der Kostüme und bei den Vorbereitungen für die traditionellen jüdischen Feiertage, zum Beispiel für das Purim-Fest, an dem die Kinder verkleidet wurden. Mit Unterstützung meiner Mutter wurde Eva in diesem Kindergarten mehr als eine Erzieherin: Sozialarbeiterin und Auswanderungshilfe. Beide lernten in dieser Zeit vieles über die jüdische Geschichte und Religion, um den Ansprüchen der Eltern und der Kinder gerecht werden zu können. Eva begann, sich sehr intensiv mit dem Zionismus zu beschäftigen und für die Auswanderer zu arbeiten. Sie hat sogar eine Zeitlang versucht, unseren Haushalt koscher zu machen, was ihr aber nicht gelang. Noni, unsere zehn Jahre jüngere Schwester, hatte es in dieser Zeit sehr schwer. Sie war auf dem Kösterberg viel allein und schrieb später: »*Dann kam der Nazimoment. Ich hatte Angstträume, daß die Nazis sich im Park versteckten.*« Auf der Lichtwarkschule machten sich die Klassenkameraden und manche Lehrer über ihren Reichtum lustig, was sie gar nicht verstand. Dann kam der Tag, an dem der Direktor vor allen Kindern mitteilte, daß die jüdischen Kinder nicht mehr am Unterricht teilnehmen konnten. Unser Chauffeur Halt holte Noni von der Schule ab und tröstete sie: »Dann werden wir dich eben nach Eerde fahren.« Eerde war eine Quäkerschule in Ommen in Holland, an der Max Adolph, der Sohn von Aby Warburg, unterrichtete. In der Gemeinschaft in Eerde hat Noni sich wohler gefühlt.

Als die Familie dann 1939 nach Schweden emigrierte, hat Eva alle Kinder ihres Kindergartens mit nach Stockholm genommen und ihnen bei der Emigration geholfen. In Schweden hat sie sie in jüdisch-schwedischen Familien untergebracht. Von Stockholm aus arbeitete Eva dann für die Jugend Alijah, dic Auswanderung nach Palästina. Sie wäre gerne selber sofort nach Israel gegangen, aber Henrietta Szold bat sie, solange in Stockholm zu bleiben, bis die letzten Kinder aus Europa nach Israel fahren konnten. Der letzte Kindertransport reiste über Osteuropa, und in der Türkei hat der damalige Nuntius der katholischen Kirche, der spätere Johannes XXIII., bei der Weiterfahrt besonders geholfen. Als dann der Krieg ausbrach, konnte Eva selber nicht mehr nach Palästina, sie blieb in Schweden und organisierte ein Hechaluz-Heim in Nordschweden, in dem junge Deutsche auf die Auswanderung vorbereitet wurden. Ihre Kindergartenkinder haben sie später fast alle nach Israel begleitet.

Mein Vater, der schon 1938 nach Stockholm übergesiedelt war, fuhr im November 1938 zu einer Sitzung des Israelitischen Krankenhauses, dessen Vorsitzender er lange Jahre gewesen war, nach Hamburg. Dort wurde er in der Kristallnacht verhaftet und saß bis zum Frühjahr 1939 im Fuhlsbütteler Gefängnis. Auch dort blieb er sich treu, und vielleicht hat ihm sein starkes Interesse an anderen Menschen diese Zeit leichter gemacht. Ein alter Wärter wurde sein Vertrauter und erfüllte ihm den Wunsch, jeden Tag einen anderen Mitgefangenen in seiner Zelle zu haben. Mit diesen Menschen unterhielt er sich, machte graphologische Studien und blieb mit vielen auch später noch in Kontakt. Während des Krieges und über die schweren Nachkriegsjahre hinweg hat er vielen von ihnen Lebensmittelpakete aus Schweden geschickt und regelmäßig geschrieben. So hat er seinem Empfinden nach wirklich unmittelbar am Schicksal des deutschen Volkes teilnehmen können, er fühlte sich deutschen und jüdischen Verfolgten gleichermaßen verbunden. Nach Intervention von Freunden der Familie kam er wieder frei und half in der letzten Zeit, so gut es ging, bei der Emigration. Dazu schreibt meine Mutter in einem Brief vom April 1939 nach Amerika:

»Es fängt an, schwer zu werden, hier Menschen zu finden. Ich bin gerade dabei, eine Leiterin für den Hort zu suchen, in dem sie mich zum Vorsitzenden gemacht haben, und durch alle Änderungen habe ich sehr viel Freiheit, zu tun, was ich für richtig halte. So kommen jetzt Kindergarten und Hort wieder in die Johnsallee (waren seit Dezember im Jungfrauenthal) zusammen und als Alleinherrscher im ganzen Haus ... Vater war mehrere Tage in Berlin und geht nächste Woche wieder hin, es wird gearbeitet und versucht, aber bis jetzt ist noch nichts erreicht ... Es ist immer sehr einsam, wenn Vater weg ist, aber ich hatte diesesmal so viel zu tun: eine kleine Gruppe (12) Kinder gingen wieder nach Schweden, 2 von Evas »eigenen«. Sie hat jetzt ein Dutzend ihrer Kinder in Stockholm, es ist nett für sie, aber auch anstrengend. Sie klingt ganz zufrieden im Ganzen, möchte so gerne bald eine Jugend-Alijah im Gange haben, und das geht so schwer da. Sie hatte Hoffnung, 100 unterzubringen. Wenn wir nur hinkönnten, wir könnten ihr gewiß mit vielem helfen. Wir haben hier viel gearbeitet, aber jetzt könnten wir mit gutem Gewissen hier weggehen. Und von draußen helfen!«

Mein Vater hatte damals keinen Paß, mit dem er emigrieren konnte. Die Ausreise meiner Eltern Anfang Mai 1939 war dann recht dramatisch. Es ist dem großen Einsatz von Berenberg-Goßler zu verdanken, daß mein Vater endlich die Ausreisegenehmigung erhielt. Berenberg-Goßler war deswegen zu einer Unterredung mit dem Gruppenführer Wolff von der Gestapo, dem Adjutanten Himmlers, in Berlin, wo er den Eindruck gewann, daß man meinen Vater als prominenten Juden, als Geisel, für den Fall ausländischer Verwicklungen festhalten wollte. Eine Möglichkeit, die Ausreisegenehmigung zu erhalten, war das Angebot meiner Eltern, die Ausreise unbemittelter Juden und hundert jüdischer Kinder auf eigene Kosten zu organisieren.

Am 6. Mai erhielt mein Vater von der Gestapo seinen Paß, woraufhin er alle Freunde noch drei Tage lang in großer Spannung hielt, bis er am 10. Mai mit Mutter nach Schweden abfuhr. Dr. Rudolf Brinckmann, ein langjähriger Mitarbeiter von M. M. Warburg, der mit einem Partner die Leitung der Bank übernommen hatte, dankte Baron Berenberg-Goßler zwei Tage später für seine Hilfe: »Das werden Ihnen Max Warburg und sein Bruder Fritz niemals vergessen!« Kaum in Schweden angekommen, schrieb meine Mutter mir folgenden Brief:

»Stockholm 13. Mai 39, Strandvägen 41.

Ja, es ist wirklich wahr, wir sind wirklich hier. Ganz glaube ich es noch nicht, aber es ist schöööööön! Liebes gutes Kind, sofort wollte ich Dir schreiben, einen ganz ausführlichen Brief, aber statt daß es hier ganz still und ruhig ist, ist es ein »rush« gewesen, daß ich nicht zum Atmen gekommen bin ... Rührend viele Leute haben sich um uns bemüht, sich mit uns gefreut, Blumen, Depeschen, Briefe geschrieben, Besuche gemacht. Und es ist schwer, sich vorzustellen, daß die Unruhe und Angst vorbei ist. Und das ist sie nicht, denn man hat Angst um alle die, die man da gelassen hat, es war sehr, sehr schwer, sie zu verlassen. Ich kann Dir gar nicht sagen wie schwer. Man hatte das Gefühl, keine mehr da zu kennen manchmal, aber als man sie verlassen sollte, war es doch schwer und es waren doch viele.

Vater geht es wirklich gut, er ist vergnügt und vernünftig in jeder Beziehung, und er kann wirklich stolz sein, wie es alles gegangen ist. Es ist so würdig und gut gegangen, wie nur er mit seiner Ruhe und Zuversicht und Klugheit es fertigbringen konnte. Er ist vielen ein Vorbild und ein Trost gewesen dieser Zeit, wie noch nie. Hoffentlich hält er sich so ...

Ich muß nur eine Form finden, an die Dortgebliebenen zu denken, die mich nicht so unglücklich macht und den Vergleich mit den anderen Emigranten, die es so viel schlechter haben als ich.«

Auch in Schweden gab Vater den Kontakt zu Deutschland nicht auf. Die Ausreise hatte für ihn eine schmerzliche Trennung von seiner Arbeit, seinen kulturellen Wurzeln und seiner Heimat bedeutet. In keinem Moment hat er alle Deutschen mit den Nazis gleichgesetzt, er war ein wirklicher Demokrat und ebensosehr gegen den deutschen wie gegen den jüdischen Nationalismus. Vielleicht hätte er nach dem Krieg wieder nach Deutschland zurückkehren wollen wie Erich Warburg, der Sohn von Onkel Max, der die Bank in Hamburg übernahm, aber meine Mutter zog es vor, in Schweden zu bleiben. In der ersten Zeit hatte mein Vater in Stockholm ein kleines Büro, in dem er sich intensiv mit Graphologie beschäftigte und mit anderen Graphologen zusammenarbeitete. Noni wurde Kindergärtnerin in Stockholm im Pestalozzi-Fröbel-Haus. Sie machte ihr Examen bei Alva Myrdal, der Frau von Gunnar Myrdal und damaligen Direktorin des Instituts für Sozialpädagogik, und heiratete.

Im Sommer 1939 fuhr ich dann von Amerika zu meinen Eltern nach Stockholm. Ich erklärte meinem Vater, daß ich, nachdem ich in über 220 Städten in Amerika über hungernde Kinder in Polen gesprochen hatte, endlich aus eigener Anschauung wissen wollte, wie Polen ist und was sich hinter den mir so wohlbekannten Worten wie Getto und Städtele wirklich verbarg. Mein Vater verstand diesen Wunsch sehr gut, und so fuhr ich nur wenige Wochen vor Kriegsausbruch mit dem Zug nach Polen.

Schon vom Zug aus erschienen mir die Landschaft, durch die wir fuhren, und die Dörfer, die man vom Fenster aus sah, schrecklich arm. Im Zug selbst machten einige polnische Offiziere mit Reitpeitschen in Begleitung ihrer eleganten Frauen großen Eindruck auf mich.

In Warschau war ich zum ersten Mal in meinem Leben in einer Stadt, in der ich kein Wort von der Sprache verstand. Außer dem Vertreter des »Joint«, für den wir reisten, waren Lord und Lady Marley im selben Hotel, sie arbeiteten auch für den »Joint«.

Eines Abends sagte Lady Marley: »Ingrid, wir wollen einen kleinen Spaziergang machen, aber du bist zu dünn angezogen, hol' deinen Mantel.« Als ich meinen Zimmerschlüssel nicht fand, sagte sie: »Nimm meinen«, und ich fand heraus, daß der Schlüssel jedes Zimmer auf dem Flur öffnete. Das machte die Atmosphäre in Warschau noch etwas unheimlicher, aber seitdem schließe ich nie mehr ein Hotelzimmer ab.

Die Stadt machte einen beängstigenden Eindruck auf mich. Einmal sah ich eine katholische Beerdigung mit einem schwarzen Wagen, der von vier schwarzbehängten Pferden gezogen wurde, die hohe, schwarze Federbüsche auf dem Kopf trugen, dahinter folgten die schwarzgekleideten Priester und die Meßdiener. Mir kam das alles furchtbar mittelalterlich vor.

Und dann das Getto. Ich hatte so etwas noch nie gesehen: die engen Gassen mit den alten Häusern, die vielen orthodoxen Juden mit ihren langen, schwarzen Kaftans, den Bärten und den Pejess, den langen Schläfenlocken. Auch die kleinen Jungen trugen Kepis und Pejess. Gemeinsam mit den anderen Vertretern des »Joint« besuchten wir eine »Schul«: Auf langen Holzbänken saßen die kleinen Jungen und lernten, und vor ihnen stand der Rabbi mit einem Stock. Die Kinder sprachen nur Jiddisch, lernten Hebräisch und hatten einmal in der Woche Polnischunterricht, der obligatorisch war. Als ich fragte, was aus diesen Kindern denn später einmal werden solle, nahm der Rabbi einen Jungen, der wahrscheinlich zehn Jahre alt war, aber wie fünf aussah und der die zerrissene Jacke eines Erwachsenen anhatte, stellte ihn auf einen Tisch und sagte: »Was soll aus so einem schon werden?« Diese Geste war von solcher Grausamkeit, daß sie mich tief berührte. Zu meinem Entsetzen stellte ich fest, daß solche Schulen vom »Joint« unterstützt wurden und daß also auch ich sie durch meine Arbeit unterstützt hatte. Danach besuchten wir eine Schule vom »Bund der jüdischen Sozialisten«. Sie war sehr sauber, sehr modern, und die Kinder wirkten gesund. Sie sprachen nur polnisch und lernten gleichzeitig ein Gewerbe.

Auf dem Land sah ich dann auch einige Dörfer, die sogenannten »Stedtl« oder »Shtetl». Es gab keine richtigen Straßen, die

Häuser waren niedrig und strohgedeckt, und auf den verschlammten Wegen spazierten Hühner und Ziegen umher. Ich hatte noch nie solche Armut gesehen, und der Eindruck war erschütternd. Mir wurde klar, daß ich diese schlechtgeführten, hygienisch und menschlich unmöglichen Institutionen nicht weiter unterstützen konnte, sondern Unterschiede machen mußte, so zum Beispiel den fortschrittlichen Schulen des »Bundes« zu helfen. Mir war bewußt, daß die Juden in Amerika, die zwar »liberal«, aber in vieler Hinsicht auch orthodox waren, ihr Geld immer nur dem »Joint« geben würden und daß alles unterschiedslos in einen Topf wanderte.

Auf dem Rückweg fuhren wir durch Wilna — eine schöne Stadt mit einer sehr lebendigen jüdischen Kultur — und dann nach Riga. Ich erinnere mich an ein Gespräch, das ich dort mit einem Schuster führte, der einen winzigen Laden am Fluß hatte: Er war klug und sympathisch, und während er fleißig seine alten Schuhe flickte, philosophierte er mit mir über Gott und die Welt. Später mußte ich an ihn denken als man mir die Geschichte von einem Schuster erzählte, der mit ungeheuer schwerem Gepäck nach Israel kam. Die Sicherheitsbeamten der Einreisekontrolle überlegten lange, ob sie die Koffer öffnen sollten. Sie wollten den alten Mann nicht unnötig erschrecken, aber so schwer konnten eigentlich nur Waffen sein. Zu ihrem Erstaunen stellten sie fest, daß der ganze Koffer voller alter, verrosteter, krummer Nägel war. Auf ihre Frage sagte der Schuster, daß er sie zur Sicherheit mitgenommen hätte, weil er nicht wußte, ob es im gelobten Land auch genug Nägel gäbe.

Nach dieser Reise stand für mich fest, daß ich meine Arbeit für den »Joint« in Zukunft kritischer überdenken mußte. Das konnte zwar nicht das Ende meiner Bemühungen um die gefährdeten Menschen in Europa bedeuten, aber die Form mußte eine andere werden. Es war der Anfang einer grundsätzlich neuen Einstellung zu meiner Arbeit in Amerika, die sich von der rein »sozialen« Wohltätigkeitsarbeit und der Beschränkung auf das Judenproblem ausweitete auf den politischen Einsatz für einen antifaschistischen, sozialistisch motivierten Widerstand. Während der

Polenreise war mir außerdem eines klar geworden: Wenn es ein Land gibt, das eine Revolution braucht, dann ist es Polen.

Weil diese Erfahrung des Gettos in meiner Entwicklung so entscheidend war, möchte ich noch einmal auf die Voraussetzungen zurückkommen, die die Traditionen meines Vaters und meiner Mutter für meine politische Arbeit darstellten. Deshalb möchte ich einen Brief zitieren, den mir meine Mutter im Mai 1937 nach Amerika schrieb, und in dem sie sich auf meine Berichte über die Hilfsarbeit für jüdische Flüchtlinge bezieht. Sie schreibt:

»Liebes, gutes, süßes, geliebtes Kind!
Ich wollte Dir einen so recht vergnügten Brief schreiben, um Dir für zwei nette, liebe und ach so willkommene Briefe (..) zu danken. Du hast so furchtbar nett geschrieben die letzte Zeit und so viel öfter, und Du weißt gar nicht, wie wir uns damit freuen. Nein, das ist dumm zu sagen, das weißt Du ja doch. Du weißt ja doch, wie wir Dich lieben. Vielleicht sagen die meisten Mütter so, aber ich glaube doch, daß wir uns besonders nahe stehen, wir alle fünf, daß wir als Eltern das Glück haben, mit Euch so zu stehen wie selten Kinder mit ihren Eltern. Dieses Gefühl der Kameradschaft, des Zutrauens, Freundschaft und Liebe, wie wir es zueinander haben, ist doch etwas so Seltenes, so Wertvolles und Schönes, daß ich nicht glaube, daß es oft vorkommt. Und das muß uns helfen über Vieles, das schwer ist, Du weißt nicht, wie stolz ich bin, wenn du mir sagst, daß ihr von uns etwas von Euren guten Eigenschaften bekommen habt, daß unsere Haltung Euch hilft, jetzt Haltung zu bewahren. Ich werde nicht eingebildet, im Gegenteil, ich fühle immer deutlicher meine jetzige Unzulänglichkeit, meine Untüchtigkeit, vielleicht Faulheit oder Trägheit (aber, um mich gleich zu verteidigen, wohl oft bedingt durch augenblickliche körperliche Beschwerden und einer von der Zeit bedingten Nervosität). Aber ich finde, Du bist so tüchtig, so mutig und so fleißig, daß ich unglaublich stolz auf Dich bin ... Mormor [Kosename für Ingrids schwedische Großmutter] *pflegte zu sagen: »Wenn die Kinder gut gelingen, sagt man, es wäre ihre Natur, wenn sie schlecht werden, Resultat der Erziehung.« Gut, dann bin ich froh über Eure Natur und dankbar, daß sie Euch zu tüchtigen, liebevollen und gütigen Menschen gemacht hat. Das Gütige habt Ihr vom Vater, das ist sicher. Das soziale Gewissen von beiden in verschiedener Form. Vielleicht wärt Ihr leichter, glücklicher*

ohne das Gewissen, aber ich glaube doch, ein tieferes Glück kommt von Eurer Arbeit, nicht wahr?«

Das soziale Gewissen, das mir beide Elternteile auf unterschiedliche Weise vererbt haben und das mich ganz selbstverständlich zu meiner Hilfsarbeit in Amerika führte, hat in unserer Familie eine lange Tradition. Max Warburg schrieb in seinen Memoiren über die Familie seiner Großmutter Oppenheim aus Frankfurt: »*Die Freigebigkeit des Großvaters Oppenheim war oft größer, als sein Portemonnaie es zuließ. Kam ein Armer zu häufig und bat um Geld, konnte Großvater äußerlich grob sein und ihn wieder fortschicken, aber schon nach ein paar Minuten empfand er Reue. Er rannte dann die zwei Treppen seiner Wohnung hinunter und auf der Straße hinter dem Armen her, um ihm die Unterstützung in die Hand zu drücken. Kam er dann atemlos wieder oben an, sagte er: »Lieber zu Unrecht zuviel als zu Unrecht zu wenig geben!«* Der Unterschied zur Generation der väterlichen Eltern war dann, daß die traditionelle jüdische Wohltätigkeit im Rahmen der Gemeinde sich auf ein allgemeines soziales Bewußtsein ausweitete. Dies hatte ich schon bei meinem Vater erlebt, vor allem aber später bei meiner Arbeit mit Onkel Felix. In einer Rede zum Tode meines Vaters zitierte Erich Warburg ein Wort von Hofmannsthal: »*Es ist ein entscheidender Unterschied, ob Menschen sich zu anderen als Zuschauer verhalten können oder ob sie immer Mitleidende, Mitfreuende, Mitschuldige sind. Dies sind die eigentlich Lebenden.«* Für meinen Vater war die Erfahrung der Liebe seiner nichtjüdischen Kinderfrau Franziska entscheidend. So hat er auch später nie einen Unterschied zwischen Juden und Nichtjuden gemacht, wenn es zu helfen galt. Ebensowenig verlor er die Liebe zu seinem Deutschland. Aber es gibt im Verhältnis der Juden zum Staat, zur Politik und zur Gewalt einige Besonderheiten, die auch in unserer Familie hervortraten. Für meinen Vater, Onkel Aby und Onkel Max war es undenkbar, den Staat als moralische Instanz zu akzeptieren. Sie sahen in den jeweiligen Ländern, in denen sie politische Aufgaben erfüllten, eher eine Gemeinschaft von Menschen als eine auf Prinzipien gegründete staatliche Einheit. Das Gewaltmonopol des Staates bereitete ihnen Probleme. Jaspers sagte: »*Recht ist der hohe Gedanke der Menschen, die ihr Dasein auf einen Ursprung gründen, der zwar nur durch Gewalt gesichert, aber nicht durch Gewalt bestimmt wird. Wo Menschen ihres Menschseins bewußt werden und Menschen als Menschen anerkennen, da erfassen sie die Menschenrechte und gründen sich auf ein Naturrecht, an das jeder, Sieger und Besiegter, appellieren kann. Sobald der Rechtsgedanke auftaucht, kann verhandelt werden, um wahres Recht durch Diskussionen und methodisches Verfahren zu finden.«* Gerade diese Rechtsfrage, nämlich die Beziehung zwischen dem Staat, der Recht übertritt, um Gewaltanwendung zu legitimieren, und die Beziehung des Rechtes jedes einzelnen Staatsbürgers zur Schuld dieses Staates, der dann als Schuldiger bestraft werden müßte, beschäftigte die Warburgs am intensivsten in der geschichtlichen Spanne vom Ersten Weltkrieg bis zur nationalsozialistischen Machtergreifung und vielleicht bis zum letzten Augenblick, in dem sie als Teil einer gefährdeten Minderheit in diesem Staat mitdenken und mithandeln konnten. Die jahrtausendealte Treue zu einem metaphysischen Prinzip — ihr Glaube — ist die Grundlage für das moralische, ethische Engagement der Juden. Für ihren säkularisierten Glauben sind sie auch bereit, ihr Leben zu lassen.

Mein Elternhaus und die politische Erziehung in Salem haben mir dieses Pflichtgefühl, teilnehmen zu müssen, zu helfen, mich zu interessieren gegeben. Meine Mutter zeigte mir, daß dies für eine Frau vor allem bedeutet, sozial zu arbeiten. Aber wenn ich auch einerseits immer versucht habe, notleidenden Menschen zu helfen und besonders Kindern eine menschenwürdige Entwicklung zu ermöglichen, dann gab es doch andererseits auch ein stark ausgeprägtes Interesse an der Politik bei mir. An den Orten meiner Ausbildung, in Salem, Oxford und Heidelberg, wurden die politischen Zukunftsträume diskutiert, die auch die Hoffnungen der Warburgs waren. Die Freundschaft mit Adam von Trott und meine Erfahrungen bei der Arbeit mit den jüdischen Auswanderern in Deutschland bis 1936 führten dann zu einem klaren Bewußtsein von der Notwendigkeit, gegen den Nationalsozialismus und den Faschismus zu kämpfen — und dies mit politischen Mitteln. Und ich sah, daß diejenigen, die so dachten wie ich, die von einer Welt ohne Diskriminierung aufgrund von Rassen-, Nationalitäts-und

Glaubensunterschieden träumten, auf jeden Fall auf der Seite des Sozialismus standen. Sie waren auch die einzigen, die wirklich gegen die Unterdrückung des Menschen kämpften. Es scheint mir also klar, daß in der geschichtlichen Situation, in der ich aufgewachsen bin, die beiden sozialen Gewissen meiner Eltern — der Einsatz meiner Mutter als Frau und das säkulare Weiterführen der jüdischen Tradition in der Familie meines Vaters —, in mir zu dieser eindeutigen politischen Haltung zusammenfließen mußten.

Ein anderes Beispiel, wie man der Kraft seiner jüdischen Identität treu bleiben kann, sie aber in der Dynamik der geschichtlichen Entwicklung in eine grenzenüberschreitende Kraft verwandeln kann, ist die Geschichte des Israelitischen Krankenhauses in Hamburg und des Anteils, den unsere Familie an seinem Aufbau hat.

Ich will hier nur erzählen, welches der Beitrag meines Vaters zum Krankenhaus war. Mein Vater war von 1918 bis 1939 Vorsitzender des Kuratoriums und nach dem Krieg, von 1947 bis 1964, Ehrenvorsitzender. Das Krankenhaus war ihm sehr wichtig. Nach dem Ersten Weltkrieg, in der Wirtschaftskrise, wurden dem Krankenhaus monatlich 500 Dollar von Paul Warburg aus New York überwiesen. Von 1933 bis 1945 mußte das Israelitische Krankenhaus um sein Überleben kämpfen. Es blieb nur ein sehr verkleinertes Haus übrig. Aber schon 1945 machten jüdische Ärzte, die im KZ überlebt hatten, wieder Pläne für den Neuaufbau. Mein Vater lebte damals in Stockholm und nahm großen Anteil am Wiederaufbau des Krankenhauses nach den alten Grundsätzen. Er schrieb: »*Die Aufrechterhaltung des ehrwürdigen und traditionsreichen jüdischen Krankenhauses hat aber nur dann Sinn, wenn es auf der Höhe gehalten und würdig weitergeführt wird. Dazu gehört einmal die paritätische Aufnahme von jüdischen und christlichen Patienten und zweitens die Aufrechterhaltung der jüdischen Tradition, daß das Krankenhaus in erster Linie für arme, jüdische Patienten zur Verfügung steht.*«

Am 14. Februar 1946 wurde das neue Kuratorium vom Hamburger Bürgermeister Rudolf Petersen ernannt. Die späteren Bürgermeister Max Brauer und Kurt Sieveking sowie Erich Warburg, der Sohn von Max Warburg, unterstützten den Neubau. Am

27. Mai 1959 sagte Max Brauer in seiner Festrede zur Einweihung: »In meiner Jugendzeit war ein geflügeltes Wort in meinem evangelischen Elternhaus: Wenn's ganz schlimm ist, dann gehe ich in das jüdische Krankenhaus!« Das Israelitische Krankenhaus in Hamburg ist ein Symbol für die Lebensweise der Warburgs, Jude und Deutscher zu sein und dabei die ethischen Werte der eigenen Gemeinschaft an eine andere, größere Gemeinschaft weiterzugeben und so mit ihr zu leben.

Nach meiner Reise durch Polen fuhr ich nach Stockholm zurück und buchte einen Platz auf der »Kungsholm«, dem letzten Schiff, das vor Kriegsausbruch von Göteborg nach New York ging. Wenige Tage vor meiner Abreise bekam ich ein Telegramm von Karl und Anna Frank, die sich damals in England aufhielten, ob ich nicht so nett sein könnte, Michaela Frank, Karls Tochter, deren Mutter von ihm geschieden und jetzt mit Carl Zuckmayer verheiratet war, mit mir nach Amerika zu nehmen. In der gefährlichen internationalen Situation wollten sie wenigstens das Kind sicher in den USA wissen. Nachdem ich zugestimmt hatte, kam ein zweites Telegramm: »Micky [so wurde Michaela genannt] kommt nach Malmö.« Mein Vater mietete sich ein Auto und holte das Mädchen dort ab. Ich weiß nicht, wie sich die beiden damals eigentlich erkannt haben, denn Micky war ein Mädchen mit langen, blonden Zöpfen und fraglos »deutsch«. Mein Vater, der immer an alles dachte, hatte für Micky ein riesiges Paket mit belegten Broten, Kuchen und Saft besorgt, von dem das Mädchen sehr beeindruckt war. Sie erzählte mir später, daß er ihr auf der ganzen Reise von Malmö nach Stockholm lauter Geschichten erzählt habe, auch solche, die für ein junges Mädchen nicht unbedingt geeignet sind.

Ich stand schon auf dem Schiff, als ich die beiden kommen sah. Als Micky dann neben mir an Deck war, fragte ich sie: »Hast du eigentlich eine Fahrkarte?« Micky sagte: »Ich glaube nicht.« Ich rief also zu meinem Vater herunter, er möge bitte noch schnell ein Ticket kaufen, weil wir sonst wohl bei der Ankunft in New York Schwierigkeiten bei der Einreise auf »Ellis Island« bekommen hätten. Er kaufte es schnell, und dann hörten wir auch schon den Pfiff, und die »Kungsholm«, das letzte Schiff nach Amerika, legte ab. Damals wußte weder ich noch mein Vater, daß es viele Jahre dauern würde, bis wir uns wiedersehen konnten. Mickys Anwesenheit hat uns das Abschiednehmen weniger traurig gemacht.

Schon auf der Schiffsreise sind wir beide gute Freunde geworden. Wir gingen viel an Deck spazieren, und Micky sang aus voller Kehle deutsche Lieder. Eines Abends hatten wir gerade laut »Die Wacht am Rhein« gesungen, als uns kalt wurde und wir in den Saal zurückgingen. Dort fanden wir zu unserem Erstaunen eine stumme, entsetzte Gesellschaft vor: Das Bordradio hatte gerade den Einmarsch der Deutschen in Polen verkündet, und es hieß, daß England bereit sei, Deutschland den Krieg zu erklären.

Als wir in New York ankamen, waren die Franks noch in England und auch die Zuckmayers noch in Europa. Also nahm ich Micky mit in meine New Yorker Wohnung, die für viele Jahre ihr Zuhause wurde, denn auch später war sie oft bei mir, wenn sie nicht bei ihrer Mutter in Vermont oder bei den Franks war. Ich kaufte ihr bei Lanz Tirolerkleider, und alle Feste, Weihnachten und ihren Geburtstag, haben wir immer zusammen gefeiert. Von allen »meinen« Kindern, mit denen ich mich zwischen 1936 und 1946 beschäftigt habe, stand mir Micky am nächsten. Als die Zuckmayers schließlich nach Amerika kamen, gingen sie zuerst nach Hollywood, wo Zuckmayer einer der wenigen emigrierten Schriftsteller war, die die berüchtigten Siebenjahresverträge mit den großen Filmgesellschaften ablehnten. Carl und Alice Zuckmayer haben sich dann auf einer Farm in Vermont niedergelassen, in der Nähe ihrer Freunde Sinclair Lewis und Dorothy Thompson, die sie aus Berlin kannten, wo sie amerikanische Korrespondentin gewesen war. Alles auf der Vermonter Farm erinnerte mich an Salzburg: die rot-weiß-karierten Tischtücher und Gardinen und das hervorragende ungarische Gulasch, das Frau Zuckmayer kochte. Zuckmayer ist der Schriftsteller, den ich am besten kennengelernt habe. In seinen Erinnerungen »Als wär's ein Stück von mir« schrieb er später von zwei Frauen, die ihm gezeigt hatten, daß es auch eine »übergeschlechtliche« Freundschaft zwischen Frau und Mann geben kann. Eine dieser Frauen war ich. Zuckmayer war ein ungeheuer lebendiger und lebensfroher Mensch, und er und seine Frau waren sehr naturverbunden. Auf ihrem kleinen Gut hegten und pflegten sie Kühe und Hühner. Mit Hilfe eines Farmbüros, das man Tag und Nacht erreichen konnte, wenn etwas mit den Tieren nicht in Ordnung war, wurden die Zuckmayers schließlich tüchtige Farmer. Micky verbrachte regelmäßig ihre Sommerferien bei ihnen. Nach dem Krieg kehrten die Zuckmayers wieder nach Europa zurück. Karl Frank, Mickys Vater und das einzige wirkliche Verbindungsglied, das sie zu Deutschland hatte, konnte nicht zurück. Er widmete sich der Psychoanalyse, seine Frau Anna arbeitete für die Bürgerrechtsbewegungen und nahm besonders aktiv am Kampf Martin Luther Kings teil.

Aber der wirkliche Grund dafür, daß Micky heute nicht viele deutsche Freunde hat, ist ihr zweiter Mann, Harold Western. Harold, ein New Yorker Anwalt und orthodoxer Jude, ist einer der ersten amerikanischen Soldaten gewesen, die ein Konzentrationslager betraten. Seitdem hat er einen tiefen Haß auf alles, was Deutschland betrifft. Als ich 1967 zum ersten Mal wieder nach New York zurückkam, gab ich ein kleines Abendessen. Ich erinnere mich an die Zweifel, die mich im Hinblick auf das Menü befielen, nachdem Micky mir erzählt hatte, wie strenggläubig ihr Mann lebte. Ich hatte nämlich weder damals noch heute die geringste Vorstellung, was als koscher gilt und was nicht.

NATIONAL
YOUTH ALIYAH COMMITTEE OF HADASSAH

1860 BROADWAY
NEW YORK, N. Y.
COlumbus 5-6585

HONORARY PRESIDENT, HADASSAH
MISS HENRIETTA SZOLD
JERUSALEM, PALESTINE

HONORARY VICE-PRESIDENT, HADASSAH
MRS. EDWARD JACOBS
NEW YORK, N. Y.

PRESIDENT, HADASSAH
MRS. DAVID DE SOLA POOL
NEW YORK, N. Y.

HONORARY CHAIRMEN, COMMITTEE
MRS. HERBERT H. LEHMAN
ALBANY, N. Y.
MRS. FELIX M. WARBURG
NEW YORK, N. Y.
MRS. ROGER W. STRAUS
NEW YORK, N. Y.
MRS. HENRY MORGENTHAU, JR.
WASHINGTON, D. C.

CHAIRMAN
MRS. DAVID B. GREENBERG
NEW ROCHELLE, N. Y.
VICE-CHAIRMAN
MRS. MOSES P. EPSTEIN
NEW YORK, N. Y.
TREASURER
MRS. SAMUEL J. ROSENSOHN
NEW YORK, N. Y.

ADVISORY COMMITTEE
MRS. FRANKLIN DELANO ROOSEVELT
MRS. LOUIS D. BRANDEIS
DR. JOHN LOVEJOY ELLIOTT
MRS. DOROTHY CANFIELD FISHER
DR. HENRY HONSKY
DR. CLARENCE E. PICKETT
MR. LEWIS L. STRAUSS
MR. OSWALD GARRISON VILLARD
SENATOR ROBERT F. WAGNER
MR. GEORGE L. WARREN
DR. STEPHEN S. WISE

YOUTH ALIYAH עלית הנוער
ASSOCIATION FOR THE IMMIGRATION TO PALESTINE OF JEWISH BOYS AND GIRLS

JERUSALEM:
MISS HENRIETTA SZOLD DR. GEORG LANDAUER

LONDON:
MRS. LOLA HAHN-WARBURG MRS. EVA MICHAELIS-STERN

Cables: ALIYAH, LONDON Tel.: HOLborn 1084 20, SOUTHAMPTON STREET, LONDON, W.C.1

AMERICAN COMMITTEE FOR IBERIAN FREEDOM
(SPAIN AND PORTUGAL)

Suite 200
95 Madison Ave.
New York, N.Y. 10016

Tel: (212) 889-2244

Co-chairpersons:
Joseph P. Lash
Nancy Macdonald
Allard Lowenstein

Director and Treasurer:
James I. Loeb

Sponsoring Committee
(Partial List)

Robert J. Alexander
Rutgers University
Carl A. Auerbach, Dean
Univ. of Minnesota Law School
Stephen R. Barnet, Prof. of Law
Univ. of California, Berkeley
Samuel Beer
Harvard University
Alfred Bingham
Writer
Roger Baldwin, Founder
American Civil Liberties Union
Joseph Buttinger
Author and historian
Mrs. Muriel Buttinger
Psychiatrist
Eugenio Chang-Rodriguez
Head of Latin American Div.
Queens College
Abram Chayes
Harvard Law School
Roberta Cohen, Exec. Sec.
Intl. League for Human Rights
Malcolm Cowley
Writer and critic
Max Delson
Attorney
Robert Delson
Attorney
Don Edwards
Member of Congress
Donald M. Fraser
Member of Congress
Thomas A. Gaines
Businessman
John Kenneth Galbraith
Harvard University
E. F. Granell
Journalist
Jack Greenberg, Director
Naacp Legal Defense Fund
Michael Harrington
Writer
Sidney Hook, Prof. of Philosophy
New York University
Irving Howe, Professor
Hunter College; Editor, Dissent
Lester S. Hyman
Attorney
Gabriel Javsicas
Economist
Hon. Philip Kaiser
Former Ambassador to Senegal
Harry Kantor
Marquette University
Frank E. Karelsen, Sr.
Attorney
James L. Leonard
United Nations Assn.
Betty Lussier
Social Worker
Rev. Warren Magnuson
Baptist General Conference
Francis E. McMahon, Former Prof.
Notre Dame University
Waldemar A. Nielsen
Consultant, author
Mrs. Esther Peterson, Former Asst. Sec.
Dept. of Labor
Joseph L. Rauh, Jr.
Attorney
Peter Seitz
Attorney, Labor Arbitrator
Arthur M. Schlesinger, Jr.
Writer
Jerome J. Shestack, Chairman
Intl. League for Human Rights
Leon Shull, Exec. Dir.
ADA
Dr. K. H. Silvert
New York University
Hon. Benjamin Stephansky
Former Ambassador to Bolivia
Dr. Albert Szent-Gyorgyi
Bio-chemist, Nobel Prize Winner
Dr. Harold C. Urey
Scientist, Nobel Prize Winner
Milton Viorst
Writer, columnist
David C. Williams
Writer
Hon. Murat W. Williams
Former Ambassador to El Salvador
Leonard Woodcock, President
United Automobile Workers
Jordan M. Young
Pace University

AFFILIATIONS NOTED FOR IDENTIFI

EMERGENCY RELIEF FOR THE CHILDREN OF ITALY, Inc
30 EAST 67TH STREET
NEW YORK 21, N. Y.
Tel. BUtterfield 8-9202

Members of the Committee

George Baldanzi
Lamberto Borghi
Aldo Bruzzichelli
Roger Burlingame
Renata Calabresi
Maria Castelnuovo-Tedesco
Nicola Chiaromonte
Mrs. Henry Coster
Saville R. Davis
Ruth Draper
Albert Einstein
Massimo Freccia
Roberto Funaro
John Hersey
Marie Victor Hugo
Beatrice Jacchia
Edward Johnson
Oscar Landi
Mrs. Max Lerner
Antonio Mangano
Paolo Milano
Reinhold Niebuhr
Angelo Patri
Giorgio La Piana
Angelina La Piana
Evelyn Preston
Ralph Pulitzer
Maria Rosselli
Rose Schneidermann
Mrs. Joel Spingarn
Enzo Tagliacozzo
Laura Tucci
Ingrid Warburg-Spinelli

Emergency Rescue Committee
Incorporated
122 EAST 42nd STREET, NEW YORK, N. Y.
MURRAY HILL 3-4590

Chairman
Frank Kingdon
Vice Chairman
L. Hollingsworth Wood
Treasurer
David F. Seiferheld
Executive Assistant to Chairman
Ingrid Warburg
National Committee
Mrs. Emmons Blaine
Elmer Davis
Dr. Robert Hutchins
Dr. Alvin Johnson
Dr. William Allan Neilson
Dr. Charles Seymour
Dr. George Shuster
Raymond Gram Swing
Dorothy Thompson

January 16, 1942

Mrs. Eleanor Roosevelt
White House
Washington, D. C.

Dear Mrs. Roosevelt:

Knowing how interested you are in the work of the Progressive Schools Committee for Refugee Children, whose problems have been very close to me, I am sending you the enclosed letter which points out the particular difficulties the schools are running into at the moment.

Cherry Lawn School has really done some wonderful work and now find themselves in a state of complete distress due to the fact that they are losing all of their teachers at one time, due to the draft.

They are not asking to have the teachers withheld from the draft, but just for a postponement of the most important teachers until June.

I wonder if you have any suggestions as to how they might proceed in this matter.

Thank you ever so much for your interest in this as well as so many other problems.

Sincerely yours,

Ingrid Warburg
Ingrid Warburg

IW/b

Politische Arbeit in Amerika 1939 — 1940

Sicher hängt es nicht nur mit der persönlichen Entwicklung meines politischen Bewußtseins im Amerika jener Jahre zusammen, daß ich die Roosevelt-Ära insgesamt als eine der lebendigsten, enthusiastischsten, offensten Phasen amerikanischer politischer Kultur bezeichnen würde. Während ich in Heidelberg und Oxford intellektuelle, eher abstrakte Diskussionen über Politik erlebt hatte, bedeutete Politik in Amerika für mich aktives »taking part«. In den vielen verschiedenen Initiativen und Organisationen, an denen ich teilnahm, begriff ich, wie Politik tatsächlich geschieht, wie man Ideen in die Tat umsetzt. Mein stärkster Eindruck vom sozialen Leben war das völlige Fehlen von »Kastendenken«. Es gab viel weniger gesellschaftliche Abgrenzungen, Tabus als in Europa, und die soziale Schichtung war durchlässiger, offener für vielfältige Möglichkeiten, den eigenen Lebensweg zu gestalten. Man konnte mit den unterschiedlichsten Leuten Freundschaften schließen und zwar gerade, weil alle irgendein »back home« hatten, eine Identität, auf deren Basis sie neugierig und hoffnungsvoll nach Amerika gekommen waren. Die Beziehungen waren darum intensiver, man wollte gemeinsam persönliche und politische Hoffnungen realisieren, das war entscheidend, nicht die Zugehörigkeit zu einer bestimmten Rasse, Gesellschaftsschicht oder Nation. Übrigens erfuhr ich auch, daß enge, freundschaftliche Beziehungen zu Frauen in Amerika selbstverständlicher waren als in Deutschland oder Italien.

Vieles erlebte ich nun anders als in Europa. Die Leute, die ich traf, arbeiteten mit allen Kräften an der Überwindung und Beseitigung des Nationalsozialismus und des Faschismus, die ganze Atmosphäre, in der Politik gemacht wurde, war offener, liberaler, aktiver. Solidarität hatte zum Beispiel in Deutschland für mich bedeutet, Leben zu retten, während der Begriff in Amerika auch den Austausch von Meinungen, Diskussionen und gemeinsame politische Analysen umfaßte. Der politische Raum erschien mir weiter, es gab darin mehr persönliche Freiheit. Man durfte seine Meinungen ändern. Wenn es in Europa einer Art Desertion gleichkam, aus der Kommunistischen Partei auszutreten, war das in Amerika durchaus möglich, ohne gleich als Verräter dazustehen. Ein Beispiel dafür ist die Geschichte von Joe Lash, dessen Freundschaft für mich in Amerika von entscheidender Bedeutung war.

Joe Lash war als Sohn sehr armer, ostjüdischer Einwanderer in der East Side geboren. Die Mutter, die ihr ganzes Leben Jiddisch gesprochen hat, führte einen kleinen Delikatessenladen. Es ist ihr gelungen, ihren Kindern eine gute Erziehung zu ermöglichen. Joe ging auf das »City College of New York«, wo er mit anderen Studenten eine linke Zeitschrift, »Campus«, herausgab. Während des Spanischen Bürgerkriegs war er Berichterstatter, später arbeitete er für die spanischen Antifaschisten. Als ich ihn zum ersten Mal traf, war Joe einer der Führer des kommunistischen »Youth Congress«, einer Studentenorganisation. Noch während des Hitler-Stalin-Paktes opponierte der »Youth-Congress« stark gegen die Politik Roosevelts. Als Rußland dann Finnland angriff, gab es große Veränderungen in der Kommunistischen Partei Amerikas. Joe distanzierte sich, auch weil Stalins Innenpolitik bekannt wurde, von der Partei, und der »Youth Congress« begann, Roosevelt zu unterstützen. Wegen dieses Kurswechsels angegriffen, meinte Joe, man müsse die Kommunisten durch Argumentieren überzeugen. Er war sicher einer der mutigsten Menschen, die ich traf, und besaß eine charismatische Führerpersönlichkeit. Mrs. Roosevelt, die er in der Arbeit für die spanischen Antifaschisten kennengelernt hatte und die zeit seines Lebens seine engste Vertraute und Freundin gewesen ist, hat ihn im Weißen Haus voller Begeisterung ihrem Mann vorgestellt. Nach dem 2. Weltkrieg war er UN-Korrespondent für die »New York Post«. Er veröffentlichte zahlreiche

Bücher über die Roosevelts. Joe Lash repräsentierte nicht nur die intellektuellen Ostjuden, sondern auch die amerikanische Linke. Ihre wichtigsten Führer habe ich alle durch ihn kennengelernt.

Unsere erste Begegnung fand in Campobello statt. Campobello war ein Landsitz der Roosevelts an der kanadischen Grenze, den Mrs. Roosevelt für Schulungslager und Seminare zur Verfügung gestellt hatte. Solche Begegnungen wurden von unserem »Intercollege Committee to Help Refugee Students« organisiert, das folgendermaßen entstanden ist: 1939 bin ich nach »Harvard« gefahren, um einer kleinen Gruppe von Studenten über Deutschland zu erzählen. Statt nur von jüdischen Problemen auszugehen, berichtete ich über die Schwierigkeiten der Nazigegner und über die Formen des innerdeutschen Widerstands. Daraufhin wurden einige Studenten so interessiert, daß sie beschlossen, sich aktiv für die Flüchtlinge in Amerika einzusetzen.

Drei von diesen jungen Leuten sind bis heute mit mir in Kontakt geblieben, darunter Abba Schwartz, der aus einer typischen jüdischen Mittelklassefamilie kam und aus seinem von einer Minderheitsmentalität geprägten Hintergrund hinaus in die Politik wollte. Er war an den Flüchtlingsproblemen außerordentlich interessiert und sehr ehrgeizig. Später wurde er ein enger Vertrauter Kennedys und arbeitete in Emigrationsfragen in Amerika und Genf. Zwischen uns entstand eine sehr freundschaftliche, gute Arbeitsbeziehung. Wir gründeten das »Committee to Help Refugee Students«, mieteten ein Büro und fingen an zu arbeiten. Von »Harvard« ausgehend wurde in vielen anderen Colleges mit großem Einsatz gesammelt. In »Harvard« gab es ein »Book of Tolerance«, eine Art Ehrenrolle, in die man sich einschrieb, um sich zu verpflichten, Geld zu spenden und mitzuarbeiten. Wir bekamen eine Reihe von »scholarships« zusammen, und im Sommer wurde das erste »workcamp« veranstaltet, eine Art Seminar, auf dem junge Amerikaner mit den Refugeestudenten zusammen leben und arbeiten konnten.

Dann wurde das Komitee dem »International Student's Service« unterstellt, was eine beträchtliche Erweiterung der Aktivitäten und der beteiligten Personen zur Folge hatte. Außer Mrs. Roosevelt und Trude Pratt war Alvin Johnson beteiligt, der Gründer und Direktor der »New School for Social Research«. Diese »Exiluniversität« hat mit Hilfe der anderen wichtigen Gruppe emigrierter Wissenschaftler, dem Frankfurter »Institut für Sozialforschung«, viele der prominentesten Wissenschaftler aus Europa gerettet. Ich bekam auf diese Weise Kontakt zu Horkheimer und Franz Neumann. Die amerikanische Niederlassung des »Instituts für Sozialforschung« bestand schon seit 1934, seit 1936 wurden auch Seminare abgehalten. Franz Neumann hatte auch zu »Neu Beginnen« Verbindung. Ich war häufiger bei ihm eingeladen. Die Arbeit mit dem »International Student's Service« war aber nicht nur wegen dieser Begegnungen sehr interessant für mich, sondern erlaubte mir auch, vielen meiner Kinder aus dem »Progressive School Committee« Stipendien für amerikanische Universitäten zu verschaffen. Mit der Arbeit für die jungen Flüchtlinge habe ich mich am meisten identifiziert, das war wirklich ganz und gar meine Aufgabe.

Für das Schulungslager in Campobello war eine sehr sorgfältige Auswahl unter den beteiligten Studenten getroffen worden. Wir diskutierten und arbeiteten über inneramerikanische Probleme wie Minderheiten, Wahlrecht, »Civil Liberties«, Gewerkschaften und Medizin, aber auch über außenpolitische Fragen. Mrs. Roosevelt wohnte in einem Nebenhaus und war fast die ganze Zeit mit dabei. Sie brachte viele hervorragende Referenten mit, auch viele Regierungsmitglieder vom State Department. Die Studenten hörten in Campobello die damaligen Führer der Linken Amerikas und lernten hier mehr über den »New Deal« und die Politik Roosevelts, als sie an anderer Stelle hätten erfahren können. Auch ich, die ich letztendlich ebenso Emigrantin war wie die Refugeestudenten, bekam durch die Arbeit einen hervorragenden Einblick in die inneramerikanischen Verhältnisse.

Bis zum ersten Kriegsjahr wurden solche Seminare in Campobello sowie eines im amerikanischen Süden veranstaltet. Die »workcamps« lagen meist in der Nähe industrieller Zentren, und die Jugendlichen wurden in die dortige Arbeit einbezogen. Mrs. Roosevelt hatte eine Organisation für Studenten gegründet, in der sie mit Arbeitern an Projekten zusammenwirkten, die »Union for Democratic Action«. Hier waren auch die »Refugees« beteiligt. Einmal besuchte ich mit ihr einen »Public Work Plan«, wo junge Leute in einer Art Jugendrepublik arbeiteten und lebten. Es war ein Resozialisierungsprogramm. Später, als die meisten Jugendlichen für den Krieg eingezogen wurden, lösten sich diese Einrichtungen auf.

Wenn Joe Lash auf Studentenversammlungen sprach, schlug er seine Zuhörer so in Bann, daß man in der Stille eine Nadel hätte fallen hören können. Während unserer Zusammenarbeit im »International Student's Service« kannte er Trude Pratt bereits. Sie haben dann geheiratet, und ich kenne keine glücklichere und intensivere Ehe als diese zwischen dem kleinen Ostjuden und der großen, sehr deutschen Frau mit bürgerlichen Hintergrund. Wir mochten uns sehr, denn irgendwo verkörperten die beiden auch meine zwei Identitäten, die jüdische und die deutsche.

In Amerika gerieten diese beiden Identitäten natürlich nicht so stark in Konflikt wie in Deutschland. Im Gegenteil: Bei Onkel Felix herrschte ein so abwechslungsreiches, offenes, soziales Leben, so große, selbstverständliche Anteilnahme an Kultur und Politik, daß mir Salem und der Kösterberg schon fast provinziell erschienen. Es war das erste Mal, daß ich auf so anspruchsvollem Niveau mit so vielen Leuten verkehrte, und ich genoß das alles sehr. Allerdings hatte ich manchmal das Gefühl, ich dürfe Amerika nicht so erleben wie die Flüchtlinge, die Verfolgung und Krieg erlitten hatten.

Besonders faszinierend war natürlich die Atmosphäre im New Yorker »Greenwich Village«. Hier lernte ich viele Künstler kennen, zum Beispiel Vera Lachmann, eine emigrierte Dichterin, die mit ihrer Freundin in einem winzigen roten Häuschen zusammen mit einer Katze lebte, in dem sie viele Feste feierte. New York gab sich recht frei und tolerant. Die Intellektuellen bemühten sich, ihre Vorurteilslosigkeit zu demonstrieren, besonders gegenüber den Schwarzen. Einmal hatte Mrs. Roosevelt ein paar Freunde in ihre New Yorker Wohnung zum Tee eingeladen, um ihnen, einen schwarzen Dirigenten, vorzustellen. Alle gingen hin und schüttelten ihm betont herzlich die Hand. Paul Tillich zum Beispiel, der Paulus unter den Juden wie er genannt wurde, war von Harlem fasziniert. Immer wenn er in New York war, ging er dort tanzen.

Ich selber hatte nun in New York zum ersten Mal mit Sozialisten, Kommunisten und Gewerkschaftlern Berührung. Dabei lernte ich einen Typ linker Intellektueller kennen, dem ich bis dahin noch nicht begegnet war. Ein Großteil der amerikanischen Linken kam nämlich aus Osteuropa. Viele von ihnen waren Juden. Diese Ostjuden unterschieden sich von den Juden, die ich kannte: Sie haben sich fast alle wie Joe Lash der Gewerkschaftsbewegung oder linken Parteien angeschlossen. Ihr Anteil an der politischen Diskussion in der Linken Amerikas war bedeutend.

Besonders kennzeichnend für die Atmosphäre unter den aktiven amerikanischen Intellektuellen war die Zeitschrift »Twice a year«, die Dorothy Norman herausgab. Wie keine andere Veröffentlichung hat sie nicht nur europäisches, sondern auch orientalisches Gedankengut in die amerikanische Diskussion gebracht. In der Ausgabe von 1938 wurde zum Beispiel die Haltung einiger Autoren zum Problem des Krieges und der Verantwortung des Einzelnen dargestellt. Auf Briefe von Rilke aus dem 1. Weltkrieg folgten ein Essay von Ignazio Silone und Texte von Kafka, Anaïs Nin und André Malraux. Regelmäßig wurde aus den Diskussionen der Civil-Liberties-Bewegung berichtet. Ich habe schon erzählt, daß ich Adam von Trott in New York mit vielen der Autoren von »Twice a year« bekannt gemacht habe: Louis Fischer, der oft mit Ghandi diskutiert hatte, Silone, der großen Eindruck auf Adam machte, Borgese, italienischer Literaturkritiker und Schwiegersohn Thomas Manns, Max Lerner und Roger Baldwin. 1978 habe ich Roger Baldwin noch einmal gesehen, lebendig und herzlich wie immer, trotz seiner 93 Jahre, sprach er mir von seiner Bewunderung für Adam. In seinem Kampf gegen Diskriminierung und Unterdrückung, seinem klaren Eintreten für die Rechte des Einzelnen hat Baldwin für mich immer das Amerika verkörpert, mit dem ich mich identifizieren konnte und das ich bewunderte. Es ist für Amerika interessant, daß der Richter, der Baldwin 1918 als Kriegdienstverweigerer aus Gewissensgründen zu einem

Jahr Gefängnis verurteilte, sagte: »*It may often be that a man or a woman has a greater foresight than the masses of the people and it may be that in the history of things he who seems wrong today may be right tomorrow.*« Später, 1938, sagte Baldwin angesichts der faschistischen Angriffe auf das republikanische Spanien und im Hinblick auf einen internationalen Krieg, daß er demokratische Gesellschaften zwar unterstützen würde, sich jedoch durch nichts gerechtfertigt sähe, mit Waffengewalt gegen Invasoren zu kämpfen. Baldwin ist uns während der Arbeit für das »Emergency Rescue Committee« immer sehr nahe gewesen.

Das seltsame Dreiergespann Trude Pratt, Joe Lash und Eleanor Roosevelt war der menschliche Mittelpunkt meiner Arbeit in Amerika während all dieser Jahre. Die drei hatten eine außerordentlich intensive Beziehung. Trude und Eleanor waren die wichtigsten Frauen in Joes Leben, und er stellte für Mrs. Roosevelt eine Art Sohn dar, wie sie sich ihn immer gewünscht hatte. Durch Trude und Joe Lash lernte ich Menschen kennen, die meiner Arbeit dann eine neue Richtung gaben. Mary Fox und Norman Thomas arbeiteten in der »League for Industrial Democracy«, sie kümmerten sich um die »migratory workers«, die Wanderarbeiter, und die »share-croppers«, die Landpächter.

Was »migratory workers« sind, verstand ich, als ich die »Grapes of Wrath« von John Steinbeck las. Diese Familien zogen wie Nomaden durch Amerika und halfen bei der Ernte. Unter ihnen gab es auch illegale spanische Einwanderer aus Mexiko und Südamerika. Mrs. Roosevelt versuchte, das Problem der Erziehung ihrer Kinder zu lösen, die wegen der dauernden Mobilität der Familie nicht zur Schule gingen. Norman Thomas, der Vorsitzende der Sozialistischen Partei, der mehrfach für die Präsidentschaftswahlen aufgestellt worden war, war ein Führer der »International Worker's Union«, der größten amerikanischen Gewerkschaftsbewegung. Mary Fox engagierte sich für die Frauenrechte. Sie lebten mit Anna und Karl Frank zusammen. Die beiden arbeiteten für das 1939 gegründete Komitee »American Friends of German Freedom«, dessen Vorsitzender Reinhold Niebuhr war.

Mit Anna und Karl Frank begann meine eigentlich politische Hilfsarbeit für die Gegner des Naziregimes. 1939 besuchten Anna und Karl Frank mich in meiner New Yorker Wohnung und fragten mich, ob ich bereit wäre, mit ihnen zu arbeiten. Die »American Friends of German Freedom« waren durch Frank mit der Gruppe »Neu Beginnen« verbunden. Deren Mitglieder stammten aus der Sozialdemokratie, aus der Kommunistischen Partei und aus anderen linken Gruppierungen. Sie hatten die Gefahren der Nazidiktatur schon früh erkannt und arbeiteten in Deutschland im Untergrund. Bis zum Kriegsausbruch hatten sie Kontakte in Paris und London.

Reinhold Niebuhr, der Leiter des »Union Theological Seminary« in New York, war der Chairman der »American Friends of German Freedom« und half bei allen Schwierigkeiten. Auch Mary Fox und Norman Thomas waren beteiligt. In Deutschland gehörte Willy Brandt zu »Neu Beginnen«, er floh nach Norwegen und nahm von dort aus am Widerstandskampf teil. Er war einer der ersten, der die Bedeutung Adam von Trotts für den deutschen Widerstand richtig einzuschätzen wußte. Ich habe ihn erst nach dem Krieg in Schweden kennengelernt. Ich war entsetzt, daß Willy Brandt nach dem Krieg von manchen Deutschen das Recht abgesprochen wurde, für Deutschland zu sprechen.

Unsere Arbeit bestand vor allem darin, Menschen, die aufgrund ihrer aktiven Opposition gegen das Hitlerregime in Gefängnissen oder Konzentrationslagern gewesen waren, aus Deutschland herauszuhelfen und sie, wenn möglich, nach Amerika zu bringen. Es gab eine kleine Zeitung der »American Friends«, die sich »Inside Germany« nannte und die jahrelang Nachrichten über die deutsche Untergrundbewegung an einen Kreis liberaler Freunde schickte. Außerdem arbeiteten wir mit Hilfe von Vorträgen für die Information der Öffentlichkeit, damit auch während des Krieges das Bewußtsein wachgehalten wurde, daß es in Deutschland nicht nur Nazis gab und daß der Krieg, den die Amerikaner gegen die Deutschen führten, kein chauvinistischer, sondern ein antifaschistischer Krieg sein sollte. Ich lernte fast alle Mitglieder von »Neu Beginnen« kennen, die damals herüberkamen. Einige von ihnen arbeiteten im »Office of War Information« und konnten von England und Amerika aus geheime Sendungen nach Deutschland schicken. Auch Joseph Buttinger, der Auslandsvertreter der »Revolutionären Sozialisten Österreichs«, wie sich die Sozialdemokratie in Österreich nannte, war seit seiner Ankunft in New York 1939 mit seiner Frau Muriel Gardiner dabei. Die in Deutschland und Österreich operierenden Widerstandsgruppen waren nach den Plänen Otto Bauers konspirativ organisiert, das heißt, in Fünfergruppen, von denen immer nur einer ein Mitglied aus einer anderen Gruppe kannte.

Karl Frank machte mich damals systematisch mit der Geschichte der Sozialistischen Arbeiterparteien bekannt und führte mich nebenbei in die Psychoanalyse ein. Ein Mitglied von »Neu Beginnen«, Edith Jacobson, war Psychoanalytikerin. Sie kam direkt aus dem KZ nach New York, ihr Kopf war rasiert. Sie hatte im Lager schwer gelitten und dort trotzdem vielen Frauen als Analytikerin geholfen. Auf Franks Anraten entschloß ich mich, zu Edith Jacobson in eine Kurzanalyse zu gehen. Sie war eine phantastische Frau, sehr gütig und klug. Bei jedem Aufenthalt in Amerika habe ich sie besucht, sie nahm viel Anteil an meinen Kindern und meinem Wohlergehen. Meine Arbeit für die »American Friends of German Freedom« bestand vor allem darin, Geld zu beschaffen und den einzelnen Mitgliedern, die aus Europa kamen, beim Aufbau einer neuen Existenz zu helfen.

Als Frankreich Mitte Juni 1940 vor Deutschland kapitulierte und die Wochenschaubilder von den deutschen Truppenaufmärschen auf den Champs Elysées nicht nur der liberalen Intelligenz, sondern vielen Amerikanern einen Schock versetzten, begannen die Hilfsorganisationen unverzüglich zu handeln. Das Ende der Dritten Republik und die von Pétain unterzeichneten Waffenstillstandsbedingungen bedeuteten, daß zehntausende von Nazigegnern, Sozialisten, Gewerkschaftlern, Künstlern und Intellektuellen, die in Frankreich Asyl gefunden hatten, nun in unmittelbarer Lebensgefahr schwebten. Dazu kamen nach Mussolinis militärischer Allianz mit Hitler viele Italiener, aber auch Österreicher, Polen, Holländer und Belgier in den von Hitler besetzten Ländern.

Einige Tage nach der Niederlage Frankreichs veranstalteten die »American Friends of German Freedom« im New Yorker Commodore Hotel ein »fund raising dinner« für etwa 200 Personen. Harold Oram organisierte den Abend, Frank Kingdon, ein berühmter Methodistenführer, war Hauptredner. Unterstützt von Karl Frank, der fast alle seine Freunde in Südfrankreich wußte, schilderte ein bekannter Radiosprecher den Gästen die dramatische Situation der Flüchtlinge im besetzten Frankreich. Reinhold Niebuhr, der als erster zu unverzüglichem Handeln aufgerufen hatte, bat die Anwesenden um Spenden. Auf jedem Platz waren Blankoschecks ausgelegt worden. Während die Schecks eingesammelt wurden, erhoben sich immer wieder Einzelne, um zu sprechen und ihre Hilfe anzubieten. Darunter war Louis Fischer, ein berühmter Korrespondent, der in den 20er Jahren in Moskau gewesen war. Erika und Klaus Mann erklärten, daß ihr Vater in Kalifornien schon viele Hilferufe von Schriftstellern und Freunden aus Südfrankreich erhalten habe, daß er täglich von neuen Fällen höre, und daß er bereit sei, uns mit allen seinen Kräften zu helfen. Bei dem Dinner wurden mehr als 3.400 Dollar gesammelt, 1940 eine große Summe, die etwa zehn Personen die Ausreise ermöglichte. Einige Anwesende machten Vorschläge, Organisationen zu gründen, mit deren Hilfe Faschismusgegner aller Nationalitäten gerettet werden konnten. Einige Vertreter der »American Friends of German Freedom« griffen diese Ideen dankbar auf: wenige Tage später trafen sich interessierte Teilnehmer des Dinners in meiner Wohnung, und das »Emergency Rescue Committee« wurde gegründet. Frank Kingdon nahm den Vorsitz an. Unter der Leitung Karl Franks stellten sich sämtliche Mitglieder der »American Friends of German Freedom« dem neuen Komitee zur Verfügung. Im Chanin Building in der 42. Straße gegenüber vom Zentralbahnhof New Yorks, wurde ein Büro eröffnet. Schon nach drei Wochen war es funktionsfähig. Harold Oram, der das so erfolgreiche und entscheidende »fund raising dinner« organisiert hatte, übernahm die Suche nach Geldmitteln. Durch seine Mitarbeit im »American Committee to Aid Spanish Democracy« hatte er bereits wertvolle Erfahrungen im »fund raising« gesammelt. Er brachte großen Enthusiasmus und vor allem eine lange Namensliste mit, die für uns von unschätzbarem Wert wurde: Es waren die Namen hilfsbereiter, vermögender Amerikaner, die bereits für das republikanische Spanien und für spanische Flüchtlinge gespendet hatten. Ich selber wurde »assistant to the president«, Sekretärin des Komitees und kümmerte mich außerdem um das weitere Erschließen möglicher Geldquellen. Karl Franks Frau Anna sorgte, als die ersten Flüchtlinge in New York ankamen, für deren unmittelbares Wohlergehen.

Das erste und dringendste Problem, das wir lösen mußten, waren die nötigen Einreisevisa für Amerika. Außerdem brauchten wir einige sogenannte »affidavit«, das ist die Erklärung eines angesehenen amerikanischen Bürgers, mit der er garantiert, daß der Emigrant nicht der Wohlfahrt zur Last fallen wird. Diese Garantien und politischen Unbedenklichkeitsbescheinigungen konnte das Komitee besorgen. Das eigentliche Problem aber waren die Einreisequoten, die die Anzahl von Amerika-Einwanderern verschiedener Nationalitäten festlegen und die bei einigen Ländern bereits für mehrere Jahre im voraus ausgeschöpft waren. Es ging darum, Washington zu überzeugen, daß statt der üblichen zeitraubenden bürokratischen Visabewilligung sofort einige hundert sogenannte »Emergency-Visa« bereitgestellt werden mußten, um Menschen aus Lebensgefahr zu retten. Bisher hatte Roosevelt sich mit Hinweis auf den Widerstand des Kongresses geweigert, entsprechende Anordnungen zu treffen. In diesem Moment wurde Mrs. Roosevelts Einsatz für uns von entscheidender Bedeutung. Sie war natürlich schon mit Visagesuchen überhäuft worden. Einstein hatte ihr von der »Mauer aus bürokratischen Maßnahmen zwischen den Opfern faschistischer Grausamkeit und der Sicherheit in den USA« berichtet. Sofort nach der Gründung des »Emergency Rescue Committee« baten Karl Frank und Joseph Buttinger Mrs. Roosevelt um eine dringende Unterredung. Sie lud die beiden in ihre New Yorker Wohnung ein. In seinen Erinnerungen an diese Zeit schreibt Joseph Buttinger: *»Nach einer kurzen Aussprache beschloß Frau Roosevelt, ihren Mann im Weißen Haus in Washington anzurufen, was sie in unserer Anwesenheit tat. Karl Frank* *und ich waren äußerst erstaunt und tief beeindruckt, als Frau Roosevelt, nachdem sie sich zwanzig Minuten lang vergeblich bemüht hatte, mit menschlichen Argumenten ihren Gatten zu überreden, ihr Gespräch mit folgender Drohung beendete: »Falls Washington sich weigert, diese Visa sofort zu bewilligen, werden die deutschen und österreichischen Emigrantenführer mit amerikanischer Hilfe ein Schiff mieten, mit diesem Schiff möglichst viele der in Frankreich gefährdeten Flüchtlinge über den Atlantischen Ozean bringen und, wenn nötig, entlang der amerikanischen Ostküste so lange kreuzen, bis das amerikanische Volk, beschämt und verärgert, den Präsidenten und den Kongreß mit Demonstrationen zwingt, diesen Opfern politischer Verfolgung zu erlauben, in Amerika zu landen«.«* Mrs. Roosevelt schickte die vom Komitee zusammengestellte Namensliste dann eigenhändig an das State Department und übte Druck auf Sumner Welles, den stellvertretenden Innenminister, aus. Als sie später einmal von Verzögerungen hörte, schrieb sie ihm: »*Gibt es denn wirklich keine Möglichkeit, unseren Konsul in Marseille dazu zu bringen, ein paar von diesen Menschen herauszuhelfen? Wenn nicht, erbitte ich einen sofortigen Bericht über das Warum!*« Diesem energischen Drängen von Mrs. Roosevelt ist es zu verdanken, daß das State Department die bestehende Regelung umging und den Antifaschisten Besuchervisa ausstellte. Später schrieb ihr Karl Frank: »*Durch Ihren persönlichen Einsatz sind viele hundert Menschen gerettet worden!*«

In den ersten Wochen fertigten wir Listen mit den Namen der dringlichsten Fälle an. Jedes Land hatte einen Verantwortlichen, der für die Zusammenstellung sorgte. Die Diskussionen fanden oft in meiner Wohnung statt. Die Namen der deutschen Flüchtlinge wurden, was die politischen Emigranten betraf, von Karl Frank ausgesucht, für die Intellektuellen und Künstler waren Thomas Mann und Hermann Kesten zuständig, Buttinger nannte die verfolgten Österreicher, Max Ascoli stellte die Listen der Italiener zusammen. Für die Franzosen waren Jacques Maritain und Jules Romains zuständig. In vielen Fällen aber war es äußerst schwierig, etwas über den Aufenthaltsort der Flüchtlinge in Südfrankreich zu erfahren. Entweder befanden sie sich in den bereits mit spanischen Antifaschisten gefüllten Internierungslagern, in denen grauenhafte Zustände herrschten, oder sie hielten sich versteckt. Viele waren, schon im Besitz gültiger Visa, an der französischen Grenze am Übertritt nach Spanien gehindert worden, für den zusätzlich Durchreisevisa erforderlich waren, um nach Portugal zu gelangen. Wir hatten sehr wenige Kontaktadressen. Auf einer wichtigen Sitzung des »Emergency Rescue Committee« und der »American Friends of German Freedom« in meiner Wohnung Mitte Juli 1940 wurde daher beschlossen, einen eigenen Mann nach Marseille zu schicken, der vor Ort praktische legale und illegale Hilfe leisten sollte. Es handelte sich natürlich um eine gefährliche und schwierige Aufgabe: Mut, diplomatisches Geschick, Sprachkenntnisse, Geldmittel und politisches Gespür waren nötig. Nachdem wir an diesem Abend, ohne zu einem Ergebnis zu gelangen, eine Reihe möglicher Kandidaten — Gewerkschaftler, Korrespondenten und Professoren — diskutiert hatten, rief am nächsten Morgen ein junger Mann an, den diese Sitzung tief beeindruckt hatte. Varian Fry war ein sehr gebildeter, liberaler Amerikaner aus »guter Familie«, kein Unbekannter für Roger Baldwin, Norman Thomas und Karl Frank, die mit ihm gearbeitet hatten. Als Mitherausgeber fortschrittlicher Zeitschriften, wie »Common Sense«, »Living Age« und »New Republic« hatte Fry auch schon Artikel über die Behandlung der Juden durch die Gestapo geschrieben, was eine gewisse Gefahr bedeutete. Aber er war der ideale Kandidat und aus einer tiefen Liebe zu Freiheit und Menschenwürde bereit, für uns nach Frankreich zu gehen. Während Varian Fry nun seine persönlichen Vorbereitungen traf, vervollständigte das Komitee die Listen gefährdeter Personen. Das »Museum of Modern Art« und die »New School for Social Research« setzten einige Namen hinzu. Mit Mrs. Roosevelts Hilfe erhielt Varian Fry ein persönliches Empfehlungsschreiben des Unterstaatssekretärs im Innenministerium Sumner Welles, was fast einem diplomatischen Status gleichkam. In der Tasche hatte er ein paar tausend Dollar, mit dem Versprechen es würden bald mehr hinzukommen.

Anfang August 1940 flog er dann mit einem American Clipper nach Lissabon, wo er einige Tage blieb und ihn schon Briefe über das Schicksal einzelner in Marseille festsitzender Flüchtlinge erreichten.

In Marseille angekommen bestand sein erstes Problem darin, die Menschen, die auf seinen Listen verzeichnet waren, zu finden. Dann mußten in jedem einzelnen Fall Wege gefunden werden, amerikanische Visa und ein »affidavit« zu beschaffen, um mit diesen Dokumenten die französische Ausreise- und die spanische Durchreisegenehmigung zu beantragen. Die meisten Flüchtlinge waren nach ihren Erfahrungen in deutschen und französischen Lagern zu einem solchen Kampf mit der Bürokratie gar nicht mehr in der Lage und zudem am Ende ihrer finanziellen Möglichkeiten. Weiter mußten immer wieder neue Unterbringungsmöglichkeiten und Verstecke gefunden werden. Als sich die Spanier dann schon im August 1940 weigerten, weitere Durchreisevisa auszustellen, mußte Fry zusätzlich Fluchthelfer suchen, die kleine Gruppen von Flüchtlingen illegal zu Fuß über die Grenze nach Spanien brachten. Einen kleinen Ausschnitt dieser dramatischen Situation zeigen die von Hermann Kesten zusammengestellten Briefe vieler in Marseille oder Lissabon auf ihre Ausreise wartender Autoren.

Nachdem er monatelang vergeblich versucht hatte, mit uns in Kontakt zu treten, erhielten wir im »Emergency Rescue Committee« Anfang 1941 einen sehr ausführlichen Bericht Frys über seine Arbeit und über die vielen Schwierigkeiten, mit denen er zu kämpfen hatte. Eine seiner Hauptsorgen betraf leider die mangelnde Kooperationsbereitschaft der amerikanischen Botschaft, der er Apathie, Indifferenz und unberechtigtes Mißtrauen gegenüber den politisch Verfolgten vorwarf. Die langen Wartezeiten bei der Bewilligung amerikanischer Visa, das bürokratische Chaos bei den Genehmigungsverfahren der Durchreiseländer und die hohen Kosten für illegale Ausreisen mit dem Schiff über Nordafrika erschwerten die Arbeit seines Marseiller Büros sehr. Eindringlich bat er uns, in Amerika alles zu tun, was in unseren Kräften stehe, um unverzüglich so viele Einreisevisa wie möglich und vor allem mehr Geld zu bekommen, denn die Zahl gefährdeter Menschen übersteige bei weitem die auf unseren Listen vorgesehenen Personen. Darum müsse in den USA viel mehr über deren verzweifelte

Situation informiert werden. Der von mir wegen seiner Authentizität und seines dokumentarischen Wertes vollständig zitierte Bericht Frys spiegelt die vielfältigen Probleme der Rettungsarbeit im zu großen Teilen von den Nazis besetzten Europa wider.

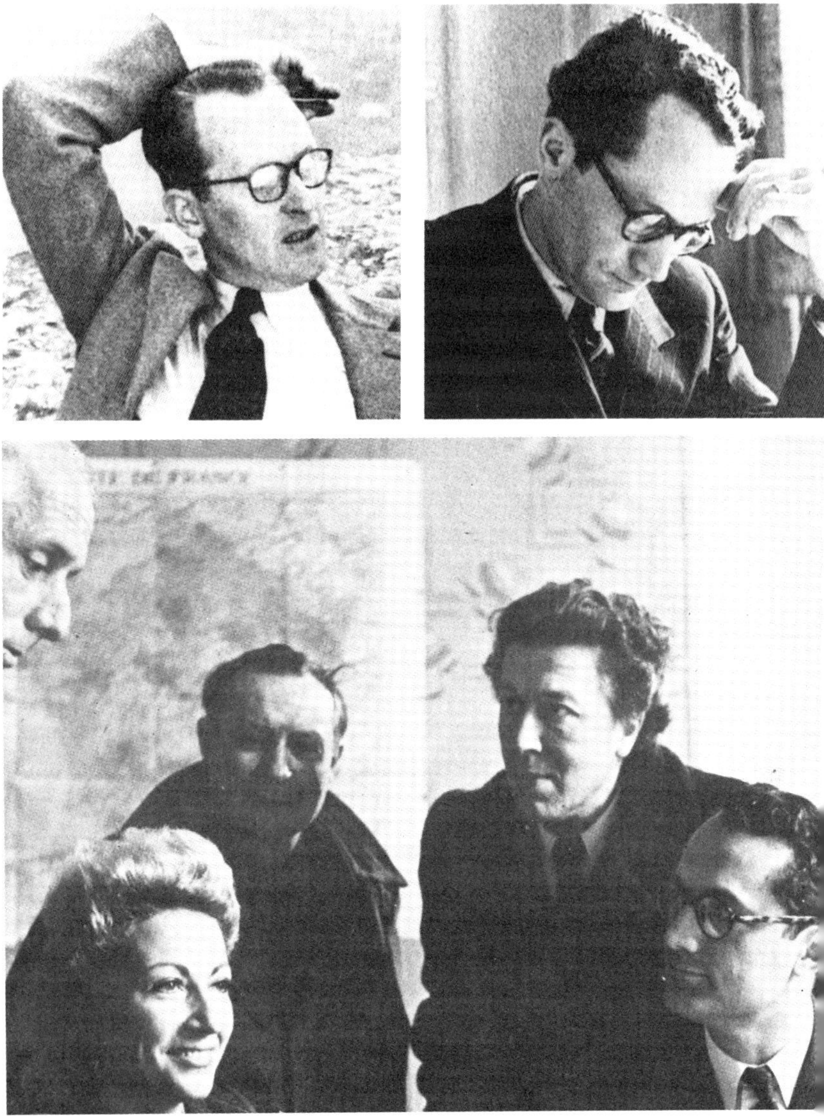

Max Ernst (links oben), Jacqueline Breton, André Masson, André Breton und Varian Fry

Bericht Varian Frys vom Januar 1941 an das Emergency Rescue Committee New York

[Marseille] 24. Januar 1941
»Ich bediene mich der Liebenswürdigkeit eines Freundes, der in die Schweiz abreist, um Euch einen vollständigen und offenen Bericht über die Situation hier zu geben und Euch zu sagen, was meiner Meinung nach getan werden muß, um die unvermeidbaren, durch die Distanz und die extremen Kommunikationsprobleme entstandenen Mißverständnisse zwischen uns zu bereinigen.

Wie Ihr wißt, hatte ich, bevor ich New York verließ, die Vorstellung, auf eine gefährliche und vielleicht sogar hoffnungslose Mission zu gehen. Unglücklicherweise unterlief mir anfänglich ein Schnitzer. In zwei Briefen an Mr. Sumner Welles erzählte ich ihm offen, was ich zu jener Zeit glaubte, in Frankreich zu tun zu haben und bat ihn um Protektion durch den Diplomatischen Dienst, falls ich Schwierigkeiten bekäme. Dies war ein Fehler beträchtlichen Ausmaßes, denn als ich in Frankreich ankam, entdeckte ich bald, daß meine anfänglichen Vorstellungen von der Situation, meiner Arbeit und Arbeitsweise hier romantisch und absurd waren. Weit davon entfernt ein faschistisches Land zu sein, ist Frankreich, was es immer war — ein Land, das den Ideen individueller Freiheit tief verbunden ist. Frankreich ist nicht faschistischer als Amerika, wahrscheinlich weniger. Unglücklicherweise hat Frankreich kürzlich die schlimmste militärische Niederlage seiner Geschichte erlebt und lebt nun unter der Knute des Eroberers. (Der andere »Sieger« zählt sehr wenig, vor allem nach den kürzlichen Ereignissen in Albanien und Nordafrika). Während

99% der französischen Beamten Sympathie für das Leid der Flüchtlinge hier hegen, wagen es nur sehr wenige, irgendwelche aktiven Hilfsmaßnahmen zu ergreifen, aus Angst, den Zorn der Nazis auf sich zu ziehen. Aber das läßt eine Situation entstehen, die völlig anders ist als die vor meiner Abreise erwartete. Das heißt zunächst, die Gefahr, in der die für uns interessanten Leute sich befinden, ist viel geringer als wir annahmen. Das bedeutet nicht, daß sie in keiner Gefahr sind. Sie leben alle unter der ständigen Bedrohung durch eine Okkupation des euphemistisch »Freies Frankreich« genannten Gebiets. Sogar wenn das »Freie Frankreich« nicht besetzt wird, könnten einige von ihnen noch verhaftet und an die Deutschen ausgeliefert werden. Den besten mir zugänglichen Informationen zufolge sind etwa 35 bis 40 Deutsche, die zur Zeit des Waffenstillstandsabkommens in Konzentrationslagern waren, ausgeliefert worden. Wir haben Anlaß zu glauben, daß auch einige der prominenten Spanier in Gefahr sind. Das beigefügte Memorandum belegt diese Tatsache klar [nicht vorhanden S.N.].

Nichtsdestotrotz ist die große Mehrheit der Flüchtlinge hier wahrscheinlich nicht in größerer Gefahr als der der Entbehrung und Internierung, solange die Deutschen nicht okkupieren. Es gibt keinen Terror. Es gibt keine systematischen Versuche, bekannte Gegner des Naziregimes, die nicht in Lagern sind, zu verhaften. Im Gegenteil kann ich Euch aus bester Quelle versichern, daß die Franzosen sich der Unehrenhaftigkeit eines solchen Vorgehens wohl bewußt sind. Sie wissen auch, daß solche Handlungen einen verheerenden Effekt auf ihre Beziehungen zu den Vereinigten Staaten und auf die Wertschätzung hätten, derer sie sich durch die Amerikaner erfreuen. Sie tun darum alles in ihrer Macht Stehende, sich Forderungen der deutschen Behörden nach Verhaftung und Auslieferung von Einzelpersonen, die nach Artikel 19 des Waffenstillstandsabkommens aufgestellt werden, zu widersetzen. (Merke, daß es keinen solchen Artikel im Waffenstillstandsabkommen mit Italien gibt).

Mir wurde von einem Kabinettsminister gesagt, daß die erbittertste Auseinandersetzung aller, die während der Verhandlungen zum Waffenstillstandsabkommen auftraten, jene über eben diese Klausel war und daß die französischen Verhandlungspartner entschieden und beharrlich ablehnten, den Waffenstillstand zu unterzeichnen, bis sie den Deutschen das feierliche Versprechen abgerungen hatten, daß die verlangten Personen nur sehr wenige sein würden. Ich habe Grund zu der Annahme, daß die Franzosen ebenfalls darauf bestanden, daß die geforderten Personen mit wenigen Ausnahmen aus Konzentrationslagern kommen müssen, so daß sie ohne Aufsehen ausgeliefert werden können. Soweit ich weiß, sind die einzigen von den Deutschen geforderten und nicht in Lagern befindlichen Personen bisher Prinz Starhemberg, Max Braun und Georg Bernhard. Ich nehme an, dies trifft auch auf Fritz Thyssen und seine Frau zu.

Diese Tatsachen zeigen, daß ich mich keinesfalls in einer feindlichen Umgebung hier befinde, daß ich auf Mitgefühl und Verständnis bei jedem französischen Beamten gestoßen bin, mit dem ich zu tun hatte, von Kabinettsministern bis zur örtlichen Polizei. Ich kann ohne die leichteste Übertreibung oder Verfälschung sagen, daß der einzige Ort in ganz Frankreich, an dem ich mit einer betonten Kühle welcher Art auch immer empfangen wurde, die amerikanische Botschaft ist.

Weiterhin mußte ich nicht die äußersten Mittel anwenden, die ich zur Erfüllung meines Auftrages vor meiner Abreise aus New York für notwendig hielt. Weit davon entfernt inkognito umherzureisen und wie Scarlet Pimpernel [englische Romanfigur, die während der französischen Revolution Aristokraten vor der Guillotine rettete S.N.] Leute zu retten, sitze ich hier ruhig Tag für Tag und betreibe ein gewöhnliches respektables amerikanisches Hilfsbüro, dessen sämtliche Aktivitäten völlig legal sind. Solche »Fluchtunternehmen«, wie sie vorgekommen sind, wurden von Anderen und gänzlich abseits der Aktivitäten meines Büros veranstaltet. Die Polizei ist hier jederzeit willkommen, um das Büro genauestens zu durchsuchen, tatsächlich haben sie das schon einmal getan. Sie haben nichts auch nur im entferntesten Verdächtiges gefunden und werden es auch nie, einfach weil es nicht notwendig ist, irgendetwas Verdächtiges hier zu haben. Der Teil unserer Arbeit, der geheimer Natur ist, geschieht außerhalb des Büros und meistenteils durch andere Leute.

Auf der anderen Seite werden wir natürlich scharf von der Gestapo beobachtet, die hier viele Agenten hat. Ich habe Anlaß zu glauben, daß die Gestapo mit den französischen Behörden über unsere Aktivitäten gesprochen hat, und es kann sogar sein, daß letztere sich bei der Botschaft beschwert haben. Wie Ihr wißt, liegt über jeden Ausländer ein Dossier bei der französischen Polizei. Ein sehr guter Freund von mir konnte sich meines ansehen — ein sehr großes, acht oder zehn Zentimeter dick. Aber von Anfang bis Ende enthält es kein einziges Beweisstück gegen mich. Dies nicht, weil ich so clever war — ich halte mich nicht für clever —, sondern weil ich sehr früh erkannt habe, daß meiner Mission besser damit gedient ist, daß ich selbst Unternehmungen vermeide, die mich in Schwierigkeiten bringen könnten. Andererseits gibt es in meinem Dossier ein sehr interessantes und bezeichnendes Dokument — ein Brief vom Innenministerium an den hiesigen Präfekten, der übersetzt wie folgt lautet: »Die Aktivitäten von Mr. Fry könnten sich unter den gegenwärtigen Umständen als peinlich für die französische Regierung erweisen, da er darauf besteht, sich nicht nur mit Personen zu beschäftigen, die vom französischen Standpunkt aus gesehenen unerwünscht sind, sondern auch vom amerikanischen und dem des Reiches. Andererseits ist Mr. Fry in den Vereinigten Staaten zu bekannt und hat zu viele wichtige Verbindungen, als daß man ihn zum Gegenstand einer Ausweisungsorder machen könnte. Vor allem darf er nicht zum Märtyrer gemacht werden, da dies zu einer sofortigen und eventuell heftigen Pressekampagne in den Vereinigten Staaten führen würde, was ernsthafte Konsequenzen für die Beziehungen zwischen den Vereinigten Staaten und Frankreich hätte. Wir schlagen daher vor, Mr. Fry zu ermutigen, Frankreich aus eigenem freien Willen zu verlassen.«

Ihr werdet die Bedeutung dieses Schreibens verstehen. Es heißt, glaube ich, die Gestapo hat geredet. Es heißt aber auch, daß nichts Konkretes gegen Mr. Fry vorliegt. Vor allem heißt es, daß ich bei richtiger, prompter und kräftiger Unterstützung durch alle zur Verfügung stehenden Organe und Institutionen, die die öffentliche Meinung in den Vereinigten Staaten beeinflussen, im »Freien Frankreich« bleiben kann, so lange es ein »Freies Frankreich« gibt. Und so lange ich bleibe, kann ich jede Stunde eines jeden Tages nützen.

Aus diesen Tatsachen läßt sich einiges schlußfolgern. Erstens kann und will ich für das, was mein Büro hier tut, geradestehen, aber ich kann keine Verantwortung für Euer Reden und Tun übernehmen. Darum habe ich dieses Büro als ein unabhängiges Komitee eingerichtet, das sich aus amerikanischen Bürgern zusammensetzt, die in Frankreich leben. Aus verschiedenen Gründen darf dieses Büro nicht als Ableger einer amerikanischen Organisation angesehen werden. An erster Stelle steht, daß es abgesehen von seltenen Ausnahmen keine sichtbaren Gelder von amerikanischen Organisationen erhält. Aber was noch wichtiger ist, es kann kein Ableger einer amerikanischen Organisation mit einem Namen wie dem Euren sein, der, so weit ich weiß, den Leuten verraten könnte, daß es Menschen illegal aus Frankreich holt.

Andererseits ist es, um unser Prestige zu erhöhen und unsere Position zu stärken, wichtig für uns, in Verbindung mit so vielen respektablen amerikanischen Organisationen zu stehen wie möglich. Darum habe ich z.B. Mr. Barr am 17. Dezember geschrieben. Interessant ist, daß ich Euch am gleichen Tag den gleichen Brief schrieb und Ihr ihn offensichtlich nie erhalten habt. Interessant und bezeichnend ist auch, daß Ihr keinen der mehr als 50 Briefe erhalten habt, die ich seit meiner Ankunft hier schrieb. Das bedeutet, wenn es denn irgendetwas bedeutet, daß die Zensur Instruktionen hat, alle an Euch adressierten Briefe zurückzuhalten. Ein weiterer Grund, warum wir es uns nicht leisten können, als Eure Zweigstelle aufzutreten.

Statt gegen jede meiner Anstrengungen zu sein um Verbindungen zu anderen Organisationen aufzunehmen, solltet Ihr sie bitte ermutigen. Versteht bitte, daß ich sie nicht mache, um Eure Position zu untergraben, sondern weil sie meiner Meinung nach notwendig für eine effektive Erfüllung meiner Aufgabe sind. Bitte stellt auch nicht mich oder dieses Büro irgendjemandem als Euren Repräsentanten vor. Denkt daran, daß alles von Euch in den Vereinigten Staaten Geäußerte an Vichy zurückgeht und Ärger verursachen kann. Andererseits helft mir, Kontakte zu anderen Organisationen zu knüpfen, indem Ihr sie einladet und darauf drängt, direkt mit mir zu korrespondieren. Vermeidet jedoch jede Organisation mit Rotstich.

Ihr könntet uns helfen unser Verhältnis zu den hiesigen amerikanischen Behörden zu verbessern. Unsere Beziehungen zum Konsulat sind eng und herzlich, aber die zur Botschaft extrem unterkühlt. Die beigefügte Photokopie eines Briefes von Mr. Matthews, Erster Botschaftssekretär, den ich vor ein paar Tagen erhielt, macht dies schmerzlich bewußt. [siehe Anhang unter »Emergency Rescue Committee«] Es kann sein — wie ich schon sagte —, daß die Einstellung der Botschaft durch eine »Demarche« der französischen Regierung zustandegekommen ist. Es kann aber auch sein, daß die Einstellung auf den falschen Eindruck zurückzuführen ist, den mein Brief an Sumner Welles vor meiner Abreise unglücklicherweise erweckte. In jedem Fall solltet Ihr versuchen, jemanden vom Rang Hamilton Fish Armstrongs zu bewegen, zum Ministerium zu gehen, dort zu erzählen, daß ich hier nichts tue, was gegen die französischen Gesetze oder Interessen verstößt, ihn dazu bringen, das Department zu fragen, warum die Botschaft ablehnt, mit mir zusammenzuarbeiten, und um Änderung ihrer Einstellung zu bitten. Er kann darauf hinweisen, daß der Präsident und Mrs. Roosevelt und viele Regierungsmitglieder ebenso wie viele prominente Amerikaner am Leid der Flüchtlinge hier teilnehmen und einige von ihnen so schnell wie möglich in die Vereinigten Staaten bringen wollen. Er kann auch sagen, daß mein Komitee das einzige in Frankreich ist, das einfach alles auch auf bescheidener Ebene tut, um diese Absicht zu erfüllen, er kann mit dem besten Gewissen der Welt fordern, daß die Botschaft voll mit uns kooperiert. Ich hoffe, Ihr bringt jemanden dazu, nicht weil es für mich persönlich wichtig wäre, sondern weil es eine Frage von Leben und Tod ist für die Menschen, denen wir zu helfen versuchen. Ich denke, die Einstellung unserer Botschaft grenzt an ein Verbrechen, und ich würde wünschen, irgendjemand von Rang und Namen würde dies den zuständigen Beamten in Washington sagen. Zweifellos könnte unsere Botschaft, nachdem unsere Regierung Sondervisa an speziell geeignete Leute ausgegeben hat, wenigstens aus ihrer nun genügend lange andauernden Apathie und Lethargie erwachen und zugunsten dieser Menschen bei der französischen Botschaft vorstellig werden. Worte können meine Bestürzung und Abscheu über die frömmlerische Gleichgültigkeit, die unsere Botschaft gegenüber dem Schicksal dieser Menschen zutage legt, weil es sich um »Ausländer« handelt, nicht ausdrücken. Mr. Matthews' Entschuldigung, daß die Botschaft schon alle Hände voll mit den Problemen amerikanischer Staatsbürger in Frankreich zu tun hat, ist offenkundig unzulänglich. Zuerst einmal sind nur, wie jeder weiß, sehr wenige amerikanische Bürger in Frankreich zurückgeblieben. Zweitens hat die Botschaft alles andere als viel zu tun, wie jeder, der in der Botschaft war, bezeugen kann. Die ganze Atmosphäre dort ist die eines Rauchzimmers im Herrenclub nach dem Mittagessen. Die Atmosphäre in unserem Büro hingegen ist eher wie in einem Börsenmaklerbüro an einem Spitzentag während des Booms. Ich sage das nicht um zu prahlen, sondern um der simplen Tatsache willen, daß wir die einzige Hoffnung für tausende armer Teufel im ganzen »Freien Frankreich« sind. Und doch behandelt uns die Botschaft als seien wir Diebe und Schurken. Was im September passiert ist, habe ich Euch schon erklärt. Wenn ich zu der Zeit hier gewesen wäre, hätte ich dementiert, daß es irgendeinen Grund für die Befürchtungen der Präfektur gab, und dann, denke ich, hätte es wohl keine Probleme gegeben. Unglücklicherweise war ich in Lissabon, und ohne auf meine Rückkehr zu warten oder mir eine Chance zur Gegendarstellung zu geben, übermittelte der Konsul der Botschaft und die Botschaft wiederum an Washington, was die Präfektur ihm mitgeteilt hatte — nämlich daß die »Prefecture« »inquiète« [beunruhigt] über die Aktivitäten Dr. Bohns und Mr. Frys sei. Wichtig ist, daß keine bestimmten Anschuldigungen erhoben wurden. Der Grund ist, daß nichts je gefunden wurde, und bis jetzt existiert nichts als ein vager Verdacht, daß meine Aktivitäten irgendwie mit der Abreise der Flüchtlinge ohne Ausreisevisa zusammenhängen. Diese Tatsache wurde mir letzte

Woche vom Polizeichef und dem Leiter des »Service des Etrangers« bestätigt. Es handelt sich um einen Verdacht, der natürlich irgendwie bei jedem, der sich mit dieser speziellen Gruppe von Flüchtlingen beschäftigt aufkommen muß, da diese größtenteils beabsichtigen, legal oder illegal so schnell wie möglich herauszukommen und ihr bevorzugtes Gesprächsthema, vor allem in vollen Cafés, die Möglichkeiten hierfür sind. Ich war immer bemüht, den Behörden zu verstehen zu geben, daß die Tatsache, daß viele meiner Klienten nach Fluchtwegen suchen, nicht Hilfeleistungen meinerseits dazu einschließt. In einer Unterhaltung, die ich mit einem der höchsten Beamten der Präfektur führte, bestätigte er dies und versicherte mir, daß es nichts Spezielles gegen mich gäbe. Er sagte, der einzige Grund für die offizielle Mißbilligung meines Verhaltens sei das Gefühl, ich würde mich mit Leuten beschäftigen, die ich besser gar nicht erst empfangen sollte — d.h. mit Personen, die nicht »en règle« sind, die aus Lagern geflüchtet sind oder irgendeine Absicht hegen, Frankreich illegal zu verlassen. Ich erklärte ihm, dies sei eine viel zu absolute Ansicht, daß er selbst erkennen müsse, daß mindestens die Hälfte aller Flüchtlinge beabsichtigen auszureisen, auf welchem Wege auch immer. Die Unterhaltung wurde in freundlichstem Ton weitergeführt.

Der andere Zwischenfall, meine Verhaftung, hatte absolut nichts mit dem Büro oder meinen Aktivitäten zu tun. So weit ich feststellen konnte, war es zum Teil das Resultat einer übereifrigen Aktion seitens der Polizei und wahrscheinlich teilweise auch, weil ich den Fehler gemacht hatte, im selben Haus wie Victor Serge leben zu wollen. Gerechterweise muß man bedenken, daß vor weniger als sieben Jahren König Alexander und Louis Barthou bei einem Attentat brutal mitten in Marseille ermordet wurden. Trotzdem ging die Polizei viel zu weit. Sie trieben insgesamt etwa 10.000 Leute zusammen, von denen einige auf Schiffe gesteckt wurden, andere in »casernes« eingesperrt und wieder andere in letzter Minute in Kinos und Cafés eingeschlossen wurden. Ich weiß, daß die Präfektur und die Polizei für ihr Vorgehen ernsthaft von Vichy zurechtgewiesen wurden. Ich weiß auch, daß die amerikanische, die griechische und die jugoslawische Regierung offiziellen Protest gegen die Behandlung einlegten, die ihren Bürgern zuteil wurde. Ich hörte, daß von diesen drei Protestbekundungen die heftigste von der griechischen Regierung kam und die schwächste aus den Vereinigten Staaten. Die Griechen waren wutentbrannt. Sie drohten, sofort sämtliche Franzosen auf griechischem Territorium einzukerkern, würden ihre Staatsbürger nicht sofort freigelassen. Unnötig zu sagen, daß die Griechen prompt freigelassen wurden. Unsere großartige Regierung jedoch trödelte endlos herum und schickte dann endlich, sehr spät, ein sehr schwaches Protestschreiben, trotz der Tatsache, daß mindestens vier, wenn nicht fünf Amerikaner aufs Geratewohl aufgegriffen wurden, dazwischen eine reiche und gänzlich respektable Dame [wahrscheinlich Mary Jayne Gold S.N.]. Seit diesem Zwischenfall bin ich gut mit dem Polizeichef befreundet, und er schickt mir jetzt seine Freunde, wann immer er ein amerikanisches Visum für sie wünscht. Da seht Ihr, als wie »ernst« sich die Sache herausgestellt hat.

Die Moral hiervon ist, daß man vollkommen ruhig bleiben, alle Anschuldigungen sofort und heftig leugnen und die eigene Unschuld ständig beteuern muß sowie es den Behörden überlassen sollte, ihre Verdächtigungen zu beweisen, was sie offenherzig zugeben, nicht zu können. Was Euch angeht, solltet Ihr anstatt aufgeregte Telegramme mit der Bitte um meine sofortige Rückkehr zu schicken, genau das Gegenteil tun. Erstens, telegraphiert mir überhaupt nicht. Statt dessen telegraphiert der Botschaft und dem Konsulat, am besten im Namen der prominentesten Bürger von höchstem Rang, die Ihr auftreiben könnt. Protestiert gegen das Geschehene und verlangt sofortige und entschiedene Maßnahmen. Anders gesagt, zieht mir nicht den Boden unter den Füßen weg, sondern kommt mir besser mit neuer Unterstützung zu Hilfe. Und vor allem macht Euch nicht Dr. Bohns verhängnisvolle Taktik zu eigen, Dinge zuzugeben, die er verschuldet und auch einige, die er nicht verschuldet hat.

Es tut mir leid, sagen zu müsen, daß Dr. Bohn, wie Katz schon warnte, eine sehr besitzergreifende Haltung einnimmt, und ich vermute, daß einiger Ärger, den ich hatte, auf seine Angewohnheit zurückzuführen ist, von mir als seinem »jungen Assistenten« zu sprechen. Dies, verbunden mit der Tatsache, daß er ein seltsames Vergnügen daran fand, allen Besuchern zu erzählen, er sei an dem »verzweifelten Unternehmen« beteiligt, »Kameraden« um der »Sache« willen zu retten, mag einigen Effekt auf meine Stellung hier gehabt haben. Mr. Fullerton erzählte mir einmal, daß Dr. Bohn ihm »gestanden« habe, ein »Krimineller« zu sein, der »alle Gesetze Frankreichs gebrochen habe«. Natürlich schmeichelte Dr. Bohn sich damit selbst, aber seine Taktik des »Bekennnens« hat riesigen Schaden angerichtet, nicht nur bei den amerikanischen Behörden, sondern zweifellos auch bei den französischen. Ich habe offen die gegenteilige Taktik verfolgt. Ich würde nie irgendetwas gestehen, sogar wenn ich irgend einer Sache schuldig wäre, und ich kann sagen, daß ich heute ein so reines Gewissen habe wie je zuvor in meinem Leben. Hoffentlich versteht ihr meine Grundsätze und übernehmt sie für Euch. Glaubt mir, es sind die einzig möglichen. Die Mitglieder unseres Auswärtigen Amtes, und es tut mir weh, das zu sagen, sind heimtückisch. Sie täuschen Liebenswürdigkeit vor in der Hoffnung, etwas aus dir herauszubekommen, und sobald sie es haben, knallen sie es in einen Bericht und schicken ihn ab nach Washington. Mit einigen wenigen ehrenhaften Ausnahmen haben sie an den Flüchtlingen nicht mehr Interesse als an einem chinesischen Kuli. Darüberhinaus sind einige von ihnen überzeugte Antisemiten. Beinahe alle sind Snobs und einige notorische Lügner. Das heißt sie sind unfähig, dir in die Augen zu sehen und ihre wahre Meinung zu sagen. Mr. MacArthur von der Botschaft z.B. stimmte bereitwillig zu, die Frage nach Ausreisevisa bei den französischen Behörden vorzulegen. Er sagte absolut nichts darüber, wie beschäftigt die Botschaft mit den Problemen der amerikanischen Bürger in Frankreich sei. Also lügt entweder er oder Mr. Matthews (Siehe Matthews' beiliegenden Brief).

Zusammenfassend heißt das, meine Situation hier ist nicht nur nicht gefährlich, sondern, wenn ich mich nicht schwer irre, sicher und gefestigt. Sie wäre sogar sicherer, wenn unser Komitee hier offenere und offensichtlichere Verbindungen zu Komitees und Organisationen in den Vereinigten Staaten hätte. Und sie wäre noch sicherer, wenn Ihr und sie und wen auch immer Ihr zu meiner Unterstützung auftreiben könnt sich voll und ganz hinter mich stellen könnte beim State Department, der französischen Botschaft und der Presse. Offen gesagt fürchten die Franzosen vor allem eine Störung ihrer Beziehungen zu den Vereinigten Staaten. Wenn Ihr sie glauben machen könntet, daß mich anzugreifen bedeutet, diese Beziehungen zu gefährden, kann man absolut sicher sein, daß sie mich in Ruhe lassen. In dieser Hinsicht war die Sache mit dem Schiff auf lange Sicht gesehen tatsächlich eine Hilfe. Ich vermute, daß ein Artikel in amerikanischen Blättern erschienen ist, ich weiß davon in englischen. Es gab z.B. eine halbe Spalte im Daily Telegraph. Dieser Umstand belegt natürlich sehr schön, was in der Mitteilung vom Innenministerium an die Präfektur gesagt wurde, nämlich daß Mr. Fry zu bekannt ist und zu viele gute Verbindungen hat, um Gegenstand einer Ausweisung zu sein oder zum Märtyrer gemacht zu werden. Es ist offenkundig wichtig, nicht nur für mich und meine persönliche Sicherheit, sondern auch für die Fortsetzung unserer Arbeit und das Wohlergehen unserer Schützlinge, daß diese Tatsache den französischen Behörden wieder und wieder in Erinnerung gebracht wird. Ihr könnt Euch auf mich verlassen, denke ich, daß ich Euch nicht enttäuschen und niemals etwas preisgeben werde.

Nun ein kurzer Bericht zu dem Thema, das Euch wohl am meisten interessiert, nämlich wie die Leute herauskommen. Einige reisen wie immer über Spanien aus. Es gibt verschiedene Organisationen hierfür, die recht gut arbeiten. Dies ist der billigste Weg. Für die, die keine spanischen Visa haben und auch keine erhalten können, gibt es Schiffe, und in letzter Zeit sind eine nicht unerhebliche Anzahl Leute nach Tunis, Algier und Oran gegangen. Einige sogar nach Casablanca. Das funktioniert ziemlich glatt dank einer sehr gut organisierten Gruppe in Marseille. Leider ist es sehr teuer, sonst würde dieser Weg wohl häufiger benutzt werden. Der augenblickliche Preis für einen blinden Passagier nach Tunis oder Algier beträgt 4 bis 4000 Francs [wohl ein Tippfehler Frys S.N.], nach Oran 5 bis 6000 Francs, und nach Casa direkt per Schiff 8 bis 10.000 Francs. Noch Andere kaufen ihre Visa, aber die Preise sind ziemlich hoch. Spanische Visa sind für 2500 bis 5000 Francs zu haben. Generell eher für letzteres. Ausreisevisa bewegen sich zwischen 7 und 10.000 Francs, und der aktuelle Marktpreis für alle drei Visa, portugiesisches, spanisches und Ausreise-, innerhalb eines Tages geliefert, liegt bei 100.000 Francs. Pässe kosten von 10 bis 25.000 Francs, je nach Nationalität und Qualität, d.h. die, die benutzt aussehen und unzählige Ein- und Ausreisestempel haben, kosten mehr als die neuen. Solche Pässe nützen jetzt jedoch wenig — es sei denn sehr reichen Leuten — weil der Erwerb einer Überfahrt und portugiesischer und spanischer Transitvisa mit ihnen schwierig ist. Früher, bevor die portugiesischen und spanischen Konsuln ihre Regierungen um Erlaubnis für die Ausstellung jedes Visums antelegraphieren mußten, war die Nachfrage nach solchen Pässen erheblich größer als jetzt. Ein Paß komplett mit gültigem portugiesischen, spanischen und Ausreisevisum liegt heute irgendwo bei 120.000 Francs. In Paris ist es angeblich billiger, aber ich weiß nichts Genaues darüber.

Die Geschichte der Ausreisevisa ist weiterhin traurig. Vichy ist sehr langsam, sogar nachdem sie die Dossiers erhalten haben, und in vielen Fällen bleiben die Dossiers einfach bei der Präfektur liegen, keiner scheint zu wissen warum. Wir erfuhren neulich z.B., daß Salomon Morgensterns Dossier noch hier ist. Er hat seine Eingabe am 7. Oktober 1940 gemacht. Aber sogar wenn sie nach Vichy weitergegangen wäre, würde er wahrscheinlich noch auf die Antwort warten. Alfred Neumann hat sein Ausreisevisum endlich im Januar erhalten, aber er hat seinen Antrag am 8. August 1940 gestellt. Natürlich ist das nichts Neues in Frankreich, das schon lange für seine Angewohnheit bekannt ist, die Chinesen in »Chinoiserien« zu übertreffen. Die Geschichte meiner Versuche, mein Ein- und Ausreise-Visum zu erneuern, ist typisch. Mein Visum lief am 3. November aus. Ich ging sofort zur Präfektur und bat um Erneuerung. Man sagte mir, daß ich eine Carte d'Identité vorlegen müsse. Ich erklärte, keine zu haben. Man wies mich an, in die Avenue du Prado 20 zu gehen und eine zu beantragen. Ich ging dorthin, und man schickte mich in den Boulevard de Louvain 2. Ich ging in den Boulevard de Louvain 2, und man schickte mich in einen Tabakladen, um dort ein »papier timbre« [abgestempeltes Formular] zu kaufen und einen Brief an den Präfekten zu schreiben, mit dem ich die Carte d'Identité beantragte, und dann mit dem Brief zum Boulevard de Louvain 2 zurückzukommen. Ich ging in den Tabakladen, kaufte das Formular, schrieb den Brief und ging zum Boulevard de Louvain 2 zurück. Dort fragte man mich über meine »Etat Civil« [Staatsbürgerschaft] aus. Dann sagte man mir, ich würde in Kürze in das lokale Polizeikommissariat für ein weiteres »enquête« [Verhör] gerufen. Zwei Wochen später erhielt ich diese Vorladung. Ich ging zur örtlichen Polizeistation, und man fragte nach meinem Paß. Da ich ihn nicht dabeihatte, wurde ich zurückgeschickt, um ihn zu holen. Am nächsten Tag kam ich mit ihm wieder und wurde ausführlich über meine Existenzgrundlage ausgefragt. (Um eine Carte d'Identité zu erlangen, muß man beweisen, daß man in Frankreich ohne zu arbeiten leben kann und somit nicht der öffentlichen Hand zur Last fällt.) Da ich nicht viel Geld dabei hatte und auch keinerlei Beweise dafür, daß ich viel Geld besitze, wies man mich an, so einen Beweis zu besorgen und zurückzukommen. Ich schrieb der Guaranty Trust Co. in Vichy und erhielt einen Kontoauszug von ihnen, natürlich mit einigen Wochen Verspätung, da er aus New York angefordert werden mußte. Mit dem Kontoauszug ging ich zum dritten Mal zur Polizeistation, wo die »enquête« über meine Existenzgrundlage zu Ende gebracht wurde und man mir sagte, daß meiner carte zugestimmt worden sei. Ich wartete dann einen Monat. Nichts passierte. Schließlich wurde ich ungeduldig und bat einen Freund, der auf sehr gutem Fuß mit dem zuständigen Präfekturbeamten steht, zu versuchen, die Sache etwas zu beschleunigen. Scheinbar braucht es normalerweise vier Monate. Der Beamte prüfte mein Dossier und sagte, er finde nichts, was einer Ausstellung meiner Carte d'Identité widerspräche. Er versprach, das sofort zu veranlassen. Zehn Tage später erhielt ich eine weitere Vorladung für den Boulevard de Louvain 2. Ich ging (zum 4. Mal) hin und wurde angewiesen, am nächsten Tag mit fünf Photographien im Profil und einer Photokopie meiner Schutzimpfungen wiederzukommen. Es dauerte mehrere Tage, die Photos, das Impfzertifikat und die Kopien des Impfzertifikats zu bekommen. Als ich sie endlich hatte, ging ich erneut zum Boulevard de Louvain 2 (zum fünften Mal) und wurde angewiesen, in ein Postamt zu gehen, dort eine Geldanweisung über 700 Francs zu kaufen und mit der Quittung wiederzukommen. Ich tat dies. Als ich im Boulevard de Louvain zum sechsten Mal vorstellig wurde, gab man mir nicht die Carte d'Identité, sondern statt dessen eine »Récipisse«. Damit ging ich zur Präfektur und bat wieder um die Erneuerung meines Ein- und Ausreisevisums. Man wies mich an, in einen Tabakladen zu gehen, ein papier timbré zu kaufen, einen Brief an den Präfekten zu schreiben, in dem ich um mein Ein- und Ausreisevisum bitte und den Grund, warum ich es brauche erkläre, zwei lange Formulare auszufüllen, ein blaues und ein rotes, und mit den Dokumenten wiederzukommen. All das hab ich heute getan, und man sagte mir, ich solle am Dienstag um 14.30 Uhr für eine »enquête« zur Zentralpolizeistation gehen. Nach dieser »enquête« geht mein Antrag, wie ich verstanden habe, nach Vichy, wo er den normalen Gepflogenheiten nach vier, fünf oder vielleicht sogar sechs Monate liegenbleibt. Mittlerweile ist mein Paß abgelaufen, wie ich schon vor langer Zeit vorausgesagt habe, bevor ich mein Visum erhielt, und heute habe ich die ersten Schritte eingeleitet, ihn zu verlängern. Glücklicherweise ist es zehnmal leichter, einen amerikanischen Paß zu verlängern als eine französisches Ein- und Ausreisevisum zu erhalten. (Irrtum! Das Konsulat hat meinen Paß aufgehoben! Während Vichy mir ein Ein-und Ausreisevisum zugesichert hat. Da seht Ihr, wie die Dinge hier laufen! Nur die Amerikaner machen Ärger. Was mache ich jetzt? Ich hab ein Ein- und Ausreisevisum, aber keinen Paß, es hineinzulegen!)

Ich erzähle Euch diese lange Geschichte, um anschaulich zu machen, mit welchem Behördenkrieg alle Emigrationsfragen hier verbunden sind. Ihr müßt bedenken, daß für die Flüchtlinge dieser nervenaufreibende Blödsinn sogar noch komplexer und die Situation weit dringender ist als für mich. Diese armen Teufel müssen den Blödsinn nicht nur bei den französischen Behörden, sondern auch im amerikanischen Konsulat und eine Menge von ihnen auch im spanischen und portugiesischen mitmachen. Sie müssen wieder und wieder in Schlangen und Korridoren warten, bis sie dadurch innerlich geradezu austrocknen und zusammenschrumpfen. Ich kenne nichts Quälenderes als anzustehen. Und doch scheint es keinen andren Weg für sie zu geben. Ich sprach heute morgen z.B. mit dem amerikanischen Konsul über die Möglichkeit, Einwanderungsvisa vor Genehmigung der Ausreisevisa zu erteilen. Der Grund ist nicht, daß wir den Leuten ermöglichen wollen, Frankreich illegal zu verlassen, sondern vielmehr, daß das Einwanderungsvisum ihnen drei bis vier Monate Wartezeit vom mühseligen, langen Prozeß der Visabeschaffung ersparen könnte. Das Ausreisevisum ist tatsächlich das einzige Visum, das sie beantragen können, ohne ein amerikanisches in Händen zu halten. Sie müssen einen vom Konsul unterschriebenen Brief vorlegen, der bestätigt, daß sie das amerikanische Einreisevisum gleich nach Genehmigung des Ausreisevisums erhalten. Haben sie dieses Papier, stellen sie den Antrag und warten irgendwo ein bis fünf oder sechs Monate auf Antwort. Ist sie positiv, können sie jetzt und nur jetzt mit Hilfe des amerikanischen Visums beginnen, das spanische und portugiesische Transitvisum zu beantragen. Wir wissen von Fällen, in denen das spanische Visum zwei und mehr Monate gebraucht hat. Einen Fall haben wir, in dem der Antrag Anfang November gestellt und im Dezember wiederholt wurde und der immer noch ohne Antwort ist. Ich erklärte dem Konsul, daß im Falle das Konsulat irgendwie die Einreisevisa vor den Ausreisevisa erteilen könnte, die Anträge für sämtliche Visa, Ausreise-, spanisches und portugiesisches, beinahe gleichzeitig gestellt werden könnten. So wären Wochen und vielleicht Monate des Wartens einzusparen. Ich sagte ihm, das Problem interessiere uns sehr, weil wir die Leute während der Wartezeit unterstützen müßten und unsere Auslagen mit der Wartezeit wüchsen. Er sagte, er verstehe die Situation, aber »der Fehler liegt nicht bei uns«. Das ist natürlich jedermanns Einstellung. Jede Nation macht ihre Bestimmungen ohne Rücksicht auf die der anderen. Folge ist, daß eine Emigration in der Praxis extrem schwierig geworden ist, aber »der Fehler liegt nicht bei uns«. Das Argument des amerikanischen Konsulats ist, daß die Quoten nicht für Leute wie Kracauer verschwendet werden dürften, die ihr Einreisevisum annehmen und dann verfallen lassen. Das ist ein ganz vernünftiges Argument. Trotzdem scheint es mir unter den gegebenen Umständen und weil die Gesamtzahl der Einwanderer in die Vereinigten Staaten wohl sehr beschränkt ist (über genaue Informationen hierüber wäre ich dankbar) besser, einige Quotenplätze zu verschenken als Monate und Jahre eines Menschenlebens zu vergeuden. Es wäre schön, würdet Ihr diese Frage beim State Department zur Sprache bringen und nach einer Lösung suchen.

Bitte bringt bei den portugiesischen Behörden den von mir schon einmal gemachten Vorschlag vor, daß sie statt Belegen für einzeln bezahlte Schiffreisen eine Art Kollektivgarantie für Leute, für die wir und bestimmte andere Organisationen wie HICEM [siehe Stichwort] die Verantwortung tragen, akzeptieren. Ihr könntet dies mit dem J.D.C. [siehe unter Stichwort Joint] und anderen an Emigrationsfragen interessierten Organisationen diskutieren.

Wenn die Spanier auch überredet werden könnten, sich ein wenig zu beeilen (ich vermute, das ist zu viel erwartet — Spanien ist immer noch Spanien), könnte das unser Budget erheblich schonen.

Und wenn Ihr es schließlich schaffen könntet, die öffentliche Meinung zu mobilisieren und ausreichend Krach zu schlagen, um die Franzosen zu zwingen, Ausreisevisa wenigstens an jene auszuteilen, bei denen es ihnen erlaubt ist, und dies nach einer angemessenen Verspätung und nicht wie jetzt nach einer wirklich unzumutbaren, könnten wir innerhalb weniger Wochen alle Intellektuellen, die emigrieren wollen, aus Frankreich schaffen, wonach wir uns vielleicht anderer Arbeit zuwenden oder den Laden dichtmachen und nach Hause fahren könnten. So wie es jetzt aussieht, wird, wenn die momentane Generation ihre Ausreisevisa bekommt, schon eine völlig neue danach schreien, und wir werden alle schon unter der Erde sein, bevor sie sie erhalten.

Das bringt mich, durch einer dieser leichten Überleitungen, die in Handbüchern über englische Aufsätze empfohlen werden, zum Thema Publicity. Ich stimme ganz und gar nicht Eurer »keine

Publicity«-Taktik zu. Natürlich sollte es keinerlei Publicity zu bestimmten Anlässen geben. Die Namen einzelner Flüchtlinge sollten nie erwähnt werden. Nichts sollte je schriftlich oder mündlich über eine »Flucht« gesagt werden. Euer Komitee sollte nie mit dem unseren zusammengenannt werden. Aber allgemeine Publicity ist nicht nur wünschenswert, sondern absolut notwendig für den Erfolg unserer Arbeit. Ohne als Verfasser aufzutreten, solltet Ihr bei der Abfassung von Artikeln zu folgenden Themen helfen: Zustände in den Lagern, Chinoiserien und Probleme bei der Ausreisevisabeschaffung, die wachsende Armut und Verzweiflung bei den Flüchtlingen in Frankreich, die teilweise Gleichgültigkeit der Behörden ihrem Leid gegenüber, der Hunger hier, das Fehlen von Kleidung und medizinischer Versorgung, die Auswirkung erzwungener Passivität auf die körperliche und geistige Gesundheit, ihre Demoralisierung und die Tatsache, daß eine verschlechterte Ernährungslage unweigerlich zuerst und am stärksten die Ausländer trifft. Betont auch die Tatsache, daß die Flüchtlinge in permanenter Angst vor einer Besetzung leben, daß, so weit sie wissen, keinerlei Schritte eingeleitet wurden, sie in einem solchen Fall zu evakuieren oder zu schützen. Stellt sie dar, als was sie sind, menschliche Wesen, die durch halb Europa getrieben wurden und jetzt mit dem Rücken zum Meer stehen. Betont auch, daß Personen bestimmter Wesensart in Frankreich der Flüchtlingsbevölkerung überaus feindselig gegenüberstehen (siehe eines der beigefügten Memorandi) [nicht vorhanden S.N.], und weist darauf hin, wie die sich verbreitende Kenntnis dieser Bewegung die ohnehin schon überreizte Stimmung dieser armen Leute verstärkt. Versucht so viele Artikel wie möglich über diese Themen wo auch immer zu plazieren. Dies kann die Zustände in den Lagern verbessern und auch die Ausreisevisa beschleunigen. Ihr mögt es vielleicht nicht glauben, aber die jetzige französische Regierung hat besonders Angst vor Kritik, vor allem von der Schweiz und den Vereinigten Staaten. Es scheint mehr als wahrscheinlich, daß die kürzliche Räumung und Zerstörung dieses Pestlochs, des Lagers St. Cyprien, größtenteils auf die Artikel in der Schweizer Presse zurückzuführen sind. Das sagte mir ein hoher Beamter aus dem

Innenministerium. Außerdem würden Artikel zum Problem der Ausreisevisa fast mit Sicherheit prompte Resultate, wenn auch nicht für jeden, so doch zumindest für die Masse der Flüchtlinge bringen. Setzt den Druck auf die französische Botschaft weiterhin fort und verdoppelt ihn noch. Eine Briefaktion durch Einzelpersonen sowie auch durch Organisationen kann hier effektiv sein, aber das Wirksamste wäre sicher, Artikel aus der amerikanischen Presse auszuschneiden, die die Bedingungen, unter denen die Flüchtlinge hier in Frankreich zu leben gezwungen sind, mißbilligen. Da die französische Regierung und die französische Bevölkerung weder schlecht noch gleichgültig über die öffentliche Meinung in den Vereinigten Staaten denken. Sie sind hauptsächlich mit anderen, sehr dringenden Problemen beschäftigt und neigen überhaupt dazu, »den Armen« ziemlich träge und leichtfertig zu begegnen. Wie Ihr wißt, fühlen sie sich der Wohltätigkeit nicht so verpflichtet wie wir. Was sie brauchen, ist ständige mahnende Erinnerung, und wenn diese aus der richtigen Ecke kommt, wird sie auch Folgen haben. Ich denke, Ihr solltet diese Mahner mit der notwendigen Information versorgen, denn wenn Ihr meinen Brief erhalten habt, seid Ihr wahrscheinlich die bestinformierteste Quelle der Welt.

Ein anderer Punkt, bei dem ich aufgetretene Mißverständnisse beseitigen möchte, ist die Transferfrage. Ich habe wiederholt versucht, Euch per Telegramm zu verstehen zu geben, daß wir nicht »dem und dem 25 zahlen« oder »Dingsda 100 geben« können. Nicht weil wir willkürlich entscheiden wollen (Ihr könnt sicher sein, daß dies nie der Grund für irgendeine unserer Handlungen ist), sondern, weil wir aus Erfahrung gelernt haben, daß, was man für irgendjemanden tut, er seinen Freunden erzählt und daß diese Freunde es wiederum den ihren erzählen, so daß bald jeder in der Gegend davon wüßte. Ich habe keine Angst vor dem Gefängnis, genausowenig meine Mitarbeiter, aber wir wollen nicht unbedingt wegen illegalen Geldtransfers ins Gefängnis. Darum lehnt bitte immer ab, Geld für den Transfer an Verwandte oder Freunde hier anzunehmen; akzeptiert Spenden, wenn Ihr wollt, aber ohne daran geknüpfte Bedingungen, die über unser Versprechen hinausgehen, daß wir hier für die Personen, für die das Geld bestimmt ist, alles uns Mögliche tun. Wenn Ihr uns ihre Namen kabelt, werden wir sie auf die Liste für regelmäßige wöchentliche Unterstützung setzen. Wir können kein Büro für den schwarzen Geldtausch sein.

Noch ein sehr wichtiger Punkt — den ich wiederholt, aber ohne Erfolg, versucht habe, Euch klarzumachen, was zweifellos auf die Kommunikationsschwierigkeiten zurückzuführen ist — ist die Lizenzfrage. Wir müssen jederzeit einen Bericht über unsere Einkommensquellen bereithalten. Es wäre sehr hilfreich, wenn Ihr eine Transfergenehmigung erhalten könntet, auch wenn sie sich nur auf $ 1000 im Monat erstreckt. Ich weiß, daß es Euch schmerzt, nach offiziellem Wechselkurs tauschen zu müssen, vor allem wenn der Franc so schnell wie im Moment fällt. Trotzdem halte ich es für wichtig, und Ihr könnt die Differenz auf die Versicherung abwälzen.

Wie ich Euch in meinem langen Telegramm vor ein paar Tagen mitteilte, liegt der Grund für die geringeren Emigrationszahlen als Ihr sie wünschen würdet, vor allem darin, daß weniger amerikanische Visa, als wir es wünschten, da sind. Wie gesagt, warten 86% der Personen, deren Namen wir Euch gekabelt haben, noch auf eine Antwort. Ich weiß, daß die Schuld nicht bei Euch liegt. Und doch wünschte ich, Ihr könntet jemanden mit den Verbindungen eines Hamilton Fish Armstrong und seinem upperclass background auftun, der das State Department an Genick und Hosenboden packt und so lange schüttelt, bis ihnen alle Visa aus den Taschen fallen. Wir sind nicht weit davon entfernt zu verzweifeln, weil wir sehr viele Leute, in der Hoffnung, daß sie in Kürze ausreisen würden, auf unseren Etat gesetzt haben. Statt dessen warten sie Woche um Woche und Monat um Monat auf Visa, die nie ankommen. Wenn die Gefahr wirklich so groß wäre, wie wir sie uns vor meiner Abreise aus New York vorgestellt haben, wären viele dieser Leute längst in Konzentrationslagern, in Deutschland oder unter der Axt des Scharfrichters gestorben. Aber ebenso wie dies eine übertriebene Befürchtung war, laufen wir jetzt Gefahr, zu optimistisch zu sein. Ich möchte nicht der Mann sein, der die

Verantwortung dafür trägt, ihre Visa zurückzuhalten. Ich bin der Situation viel näher als er, wer immer (Warren?) er ist, und doch kann ich weder Euch noch irgendjemand anderem die Versicherung geben, daß nicht eines Tages einer dieser Menschen verhaftet und nach Deutschland geschickt wird oder daß nicht eines Tages ganz Frankreich besetzt wird. Darum hetzen wir von Zeit zu Zeit herum, schreien uns an, reißen uns die Haare büschelweise aus, weil offen gesagt die Belastung des Wartens auch unsere Nerven angreift. Meistens sitzt Ihr, wie ich annehme, in ruhigen Büros und beschäftigt Euch mit Akten. Das mag langweilig sein, wahrscheinlich fürchterlich langweilig, aber es reißt Euch nicht das Herz aus dem Leib, es greift nicht Eure Seele und wringt sie wie ein Handtuch, bis die Fasern ächzen. Wir sind hier jeden Tag von nervösen, überreizten und geschundenen Flüchtlingen umgeben, die jeden Tag herkommen, die uns fragen, wann, wann, wann ihr Visum kommen wird, und alles, was wir ihnen sagen können, ist, wir wissen nicht. Wenn Ihr an die Männer im State Department herantreten könntet, die die Visa zurückhalten, und versuchen könntet, ihnen einen Eindruck von den Folgen ihres Tuns — oder ist es ihr Nichtstun? — hinsichtlich der Belastung und des menschlichen Leids zu vermitteln, vielleicht bringt Ihr sie dann etwas in Bewegung. Erzählt ihnen von den Selbstmorden — wir haben schon sieben hier erlebt. Erzählt ihnen von den Nervenzusammenbrüchen. Einer der bekanntesten Anwälte der Deutschen Republik brach gestern in meinem Büro zusammen und weinte wie ein Kind. Erzählt ihnen von der wachsenden Armut dieser Leute, die nicht nur von ihren Geldmitteln abgeschnitten sind, sondern keinerlei Chance haben, ihren Lebensunterhalt zu verdienen. Erzählt ihnen von den entsetzlichen Zuständen in den Lagern, der hohen Sterberate, der Tuberkulose, den Läusen, Flöhen, der Ruhr, dem Typhus, und erzählt ihnen, daß ihr Tun oder Nichtstun die Elite Europas hierzu verurteilt. Ich bin mir bewußt, daß sie sicher gehen wollen, keine Vertreter der Fünften Kolonne hereinzulassen, aber sicher können sie jemanden finden, dessen Urteil sie in dieser Frage trauen können, so wie das Konsulat hier dem meinen traut. Und die Angst vor der Fünften Kolonne ist bestimmt keine Entschuldigung dafür, den Visaantrag eines Mannes wie Herzog, der in der ganzen Welt als einer der berühmtesten Antinazis bekannt ist und für den Mann selbst ohne Zweifel bürgt, monatelang zu verzögern.

Übrigens wäre es sehr schön, wenn Ihr mir einen Brief über die Visasituation schreiben würdet. Wir wissen absolut nichts darüber. Eigentlich wissen wir sowieso gar nichts, was in der Welt so vorgeht. Wir sind sicher erheblich schlechter informiert als Ihr mit Eurem Exemplar der New York Times auf dem Frühstückstisch jeden Morgen. Vielleicht beneiden wir Euch der Times wegen noch mehr als wegen des Kaffees und der Butter. Wenn Ihr uns die erste Seite per Luftpost jeden Tag zuschicken könntet, wären wir sehr dankbar. Es wäre nicht nur interessant, sondern auch ernorm hilfreich bei unserer Arbeit. Schickt uns auch Artikel, die irgendwas mit unserer Arbeit zu tun haben, Ausschnitte über Pläne wie die der New School [for Social Research], Intellektuelle nach Amerika zu bringen. Wir haben einen aus purem Zufall erhalten. Einer unser Klienten hat ihn mitgebracht. Aber schreibt vor allem Briefe und haltet uns über die Visasituation auf dem laufenden. Telegramme sind so wahnsinnig unangemessen, wißt Ihr. Sie sind auch immer so kurz. Sie sagen so wenig. Es bleibt so viel zurück, was man nur erraten und vermuten kann. Also schreibt uns Briefe und haltet uns auf dem laufenden. Denkt daran, daß wir Euch fünfzig Briefe geschickt haben, inzwischen beinahe 60, und daß sie Euch nicht erreicht haben, ist nicht unsere Schuld. Eure können in einfache Umschläge gesteckt und auf normalem Papier geschrieben werden. Sie werden uns wahrscheinlich erreichen, da es viel weniger Ärger mit ankommender als mit abgehender Post gibt. Wir müssen auf dem laufenden gehalten werden, und wenn es nur ist, um die drängenden Fragen unserer Schützlinge zu beantworten.

Nun zum Schluß ein Wort zu meinen eigenen Plänen. Jetzt wo ich keinen Job habe, zu dem ich zurückmuß, möchte ich und bin sogar erpicht darauf, hier bleiben. Nicht weil das Leben hier so bequem ist oder weil ich einen Winter an der Riviera genießen möchte. Das Leben hier ist verd... ungemütlich. Unsere Zimmer sind schlecht geheizt, wenn überhaupt. Wir haben wenig oder gar kein heißes Wasser. Seife ist rar. Es gibt keine Milch, Butter, Schokolade, Kartoffeln, keinen Kaffee und Tee, sehr wenig Fleisch und Käse. Sogar frisches Gemüse ist kaum vorhanden. Olivenöl ist eine Seltenheit. Alle werden dünn aus Mangel an »matières grasses« [Fett]. Kinder schwinden praktisch dahin, und wenn das noch lange so weiter geht, wird die Sterberate unter den Kindern anwachsen. Ihre Widerstandskräfte sind durch die unzureichende Ernährung geschwächt. Die Leute fallen Grippen und Erkältungen viel häufiger zum Opfer, als es bei ordentlicher Ernährung und Kleidung der Fall wäre. Was mich angeht, so arbeite ich härter als je zuvor in meinem Leben, und ich war nie ein Freund des Müßiggangs. Ich bin beinahe monomanisch geworden, was meine Arbeit angeht. Ich denke an nichts anderes, träume nichts anderes, spreche von nichts anderem. Seit August habe ich nur einmal Zeit gefunden, ins Kino zu gehen. Sehr selten, wenn ich das Gefühl hatte, es muß sein, habe ich mir ein Wochenende freigenommen und mich ausgeruht, um die folgende Woche umso härter arbeiten zu können. Trotzdem will ich bleiben, weil ich nicht nur glaube, sondern weiß, daß ich etwas Gutes in der Welt tue, und ich ziehe daraus eine Art innere Befriedigung, wie ich sie nie vorher gekannt habe. Tatsächlich habe ich entdeckt, daß ich zu einer unbeirrbaren Hingabe an eine Tätigkeit fähig bin, die es wert ist, was ich früher nie für möglich hielt. Das bringt mich dazu zu glauben, daß wohl doch etwas von dem Blut meiner — aus einer Nebenlinie stammenden — geachteten Vorfahrin, Elisabeth Fry, in meinen Adern fließen muß. Vielleicht irre ich mich auch. Vielleicht wißt Ihr — was ich nicht wissen kann — daß es besser wäre, ich reiste ab. Aber wenn das so ist, dann nur darum, weil das State Department völlig falsch informiert ist über das, was ich tue, und weil die Botschaft fest entschlossen ist, mir ein Gespräch zu verweigern, und über meinen Fall im voraus zu urteilen. Was meine Beziehungen zu den Franzosen angeht, glaube ich ehrlich, daß es keinen irgendwie gearteten Grund für meine Abreise gibt. Ihr könnt sicher sein, daß ich selbst erkennen werde, wenn ich nicht mehr nützlich bin, und abreisen werde, gern abreisen werde, mit gutem

Gewissen und in dem Bewußtsein, alles mir Mögliche getan zu haben. Wenn ich jetzt ginge, würde und könnte ich das jedoch nicht mit gutem Gewissen, weil ich von der großen Menge unbeendeter Arbeit und unversorgter Flüchtlinge wüßte. Darum will ich bleiben, bis ich nicht mehr nützlich sein kann. In der Minute, in der ich mehr Schlimmes als Gutes anrichte, reise ich ab.

Bis dahin brauchen wir viel und schnell Geld. Alles kostet sehr viel, aber vor allem die Leute, die nicht durch Spanien reisen können. Es bedarf noch mehr Geld, die Spanier und Italiener herauszubringen als bei den Deutschen und ihren Nachbarn. Außerdem wird das Geld eilig gebraucht, da ich befürchte, im Frühjahr könnte es zu spät sein. Jetzt, da der Boot-Plan der Unitarier gescheitert ist, arbeiten wir einen eigenen aus. Wenn wir genügend Leute mit Ausreisevisa zusammenbekommen, mieten wir ein Boot, vorausgesetzt natürlich, daß wir alle nötigen Genehmigungen, vor allem die britische, bekommen. Wenn möglich wollen wir auch eine Option auf ein Schiff anmelden, für einen Massentransport von Flüchtlingen im Falle einer Besetzung. Wir sprechen jetzt mit den zuständigen Behörden darüber. Wenn die Sache durchkommt, wird das eine Menge Geld kosten, aber es scheint absolut notwendig angesichts der heiklen Lage hier. Vor allem die Abfahrten nach Nordafrika kosten eine Riesensumme. Also treibt so viel Geld wie Ihr könnt und so schnell Ihr könnt auf und stellt es uns zur Verfügung. Übrigens denke ich, wir sollten den Code hierfür verändern. Benutzt nicht das Wort »transmitting« [überweisen], wenn Ihr nicht wirklich Geld überweist. Sagt besser »haben im Januar soundsoviel gemacht«. Wir verstehen dann, daß uns diese Summe zur Verfügung steht. Es interessiert uns nicht unbedingt, wieviel Ihr für andere Zwecke zusammengebracht habt.

Zum Schluß möchte ich Euch auf die Flüchtlinge aus dem Elsaß und Lothringen aufmerksam machen, für die meiner Meinung nach etwas getan werden müßte. Die jüdischen Organisationen helfen den Juden dieser neuesten erzwungenen Abwanderung, und die Franzosen ernähren alle. Aber Kleidung und medizinische Versorgung werden dringend benötigt. Wenn Ihr entweder direkt aus New York oder aus Lissabon zwei oder mehrere Autoladungen Lebensmittel und Medikamente schicken könntet, die uns zur Verteilung an diese Menschen anvertraut wurden, würdet Ihr nicht nur eine gute Tat vollbringen, sondern absolut sicherstellen, daß wir hier in einem ruhigen, sogar glückseligen Frieden leben könnten! Es gibt nichts, was unsere Position effektiver festigen und erhärten könnte, da uns als dem amerikanischen Komitee, das den Flüchtlingen aus dem Elsaß und Lothringen geholfen hat, kein Beamter, nicht einmal der Maréchal selbst, etwas anhaben könnte. Ich möchte Euch darum nachdrücklich bitten, auf diesen Vorschlag einzugehen und schnell zu handeln. Dr. Sharp kann Euch sagen, wie Ihr die Lieferungen via Spanien per Zug schicken könnt. Es gibt keinen besseren Weg, $ 10.000 auszugeben. Wenn Ihr einen speziellen Fond zu diesem Zweck einrichten wollt, denkt daran, daß die elsässischen und lothringischen Flüchtlinge zu den jüngsten Opfern des Naziregimes gehören.«

Die Künstler im New Yorker Exil im Februar 1942:, oben von links: André Breton, Piet Mondrian, André Masson; Amédée Ozenfant, Jacques Lipchitz, Pavlik Tchelitchev, Kurt Seligman, Eugène Berman; unten von links: Matta, Ossip Zadkine, Yves Tanguy, Max Ernst, Marc Chagall, Fernand Léger

35

Emergency Rescue Committee - EB 73/21

THE OPEN ROAD
INCORPORATED
8 WEST 40TH STREET, NEW YORK

Officers
WILLIAM ALLAN NEILSON
President
EDMUND DE S. BRUNNER
Vice-President
FRASIER W. McCANN
Secretary
SHERMAN PRATT
Treasurer
JOHN ROTHSCHILD
Executive Director

Directors
EDMUND DE S. BRUNNER
STUART CHASE
STEPHEN DUGGAN
MARGARET GAGE
FRASIER W. McCANN
LEWIS MUMFORD
WILLIAM ALLAN NEILSON
CLARENCE E. PICKETT
SHERMAN PRATT
MRS. FRANKLIN D. ROOSEVELT
JOHN ROTHSCHILD
DONALD SLESINGER
RALPH I. STRAUS

August 5, 1941

Telephone:
WISCONSIN 7-7484

Cable: OPENROAD

Emergency Rescue Committee
122 East 42nd Street
New York, N. Y.

Re. Dr. Alfred Doeblin
and Family

Gentlemen:

Enclosed is check for $173.25 from the Greek Steamship Line representing refund of fares due the Committee on the amount paid to The Open Road for the Doeblin family. You will recall that on or about August 16, 1940 you paid The Open Road $957 for three First Class passages on the American Export Line for this family. The amount was made up as follows:

3 passages @ $300	. . . . .	$900.00
Head tax for 2 @ $8	. . . .	16.00
Lisbon port tax for 3 @ $12		36.00
Cable charge	. . . .	5.00
Total	. . . .	$957.00

Subsequently Dr. Doeblin changed his passage to Tourist Class on the Greek Line's NEA HELLAS on which the family actually travelled from Lisbon to New York, leaving Lisbon September 3. The Greek Line accordingly refunds as follows:

Ocean fares per Amer. Export tickets	. . .	$900.00
Less ocean fares on NEA HELLAS	. . .	750.00
		150.00
Less 8½% commission deducted by Amer. Export Line	. . .	12.75
		137.25
Plus port tax	. . .	36.00
Refund herewith	. . .	$173.25

The money paid for the two head taxes and cable fee was, of course, spent.

We are very sorry it has taken such a long time to secure refund, the delay having been caused by confusion of records in the offices of the two steamship lines, and loss of mail in transit.

Sincerely yours,
Catherine Woodruff
Catherine Woodruff, for
THE OPEN ROAD

CW:K

(3)

Rückvergütung durch das Reisebüro für die vom ERC bezahlte Überfahrt Alfred Döblins von Lissabon nach New York mit der berühmten »NEA HELLAS«

Politische Arbeit in Amerika 1940—1942

Die aktivste Zeit des »Emergency Rescue Committee« waren die Jahre 1940 bis 1942. Mit Hilfe von Dinners und Vorträgen, zum Beispiel in Hollywood, versuchten wir, die Amerikaner für die Situation der »Refugees« zu sensibilisieren und zum Spenden zu bewegen. Unzählige Briefe gingen in dieser Zeit zwischen unserem Büro und dem Weißen Haus hin und her: jeder einzelne Fall mußte mit entsprechenden Dokumentationen begründet werden. Von vielen weiteren Schicksalen erfuhren wir dann durch die bereits geretteten Emigranten. Unter anderem schrieben mir Walter Mehring, Franz Werfel und Marc Chagall und baten mich um Hilfe für gefährdete Freunde.

Im Juli 1941 verfaßten Frank Kingdon und ich einen Arbeitsbericht an Mrs. Roosevelt. Zu diesem Zeitpunkt hatten wir 366 Visa erhalten, 217 Personen waren mit Hilfe dieser Visa bereits in Amerika angekommen. Das »President´s Advisory Committee« hatte aber Fälle abgelehnt, und neue Bestimmungen erschwerten denjenigen die Ausreise, die noch Verwandte in Deutschland hatten.*

Zwar konnten wir insgesamt viel mehr Menschen retten als Visa bewilligt wurden, aber es gab leider auch tragische Mißerfolge. Dazu gehörten Rudolf Breitscheid und Rudolf Hilferding, beide Minister der Weimarer Republik. Beide waren für ihre antifaschistische Tätigkeit bekannt. Sie wurden in Südfrankreich ver-

* Dieser Arbeitsbericht findet sich im Anhang unter dem Stichwort »Emergency Rescue Committee«

haftet, Hilferding wurde 1941 in Paris von der Gestapo ermordet, Breitscheid kam 1944 im KZ Buchenwald um. Eine unserer schrecklichsten Niederlagen betraf Walter Benjamin. Er war im Besitz eines amerikanischen »affidavit«, hatte aber kein spanisches Durchreisevisum und wurde an der Grenze aufgehalten. In jener Nacht beging er Selbstmord. Die anderen Flüchtlinge seiner Gruppe durften am nächsten Morgen nach einer Diskussion mit den Grenzbeamten weiterreisen und kamen heil in den USA an.

Besonders dramatisch verlief die Rettung von Franz Werfel und seiner Frau Alma Mahler. Als sie sich entschließen mußten, Paris zu verlassen, war das für sie wie ein Schock: Sie hatten sich nicht wie so viele andere verfolgte Intellektuelle in schmutzigen, kleinen Hotels verstecken müssen, sondern in Paris im Kreise vieler berühmter Freunde, ein bequemes, gutbürgerliches Leben geführt. Im Gegensatz zu anderen »VIP-Flüchtlingen«, die staatenlos geworden waren wie zum Beispiel das Ehepaar Feuchtwanger, besaßen die Werfels echte tschechische Pässe. Werfel hatte außerdem einen Brief des katholischen Außenministers Hull an einige spanische Prälaten bei sich, der ihn als einen der wichtigsten katholischen Schriftsteller Europas vorstellte. Das »affidavit« erhielten die Werfels jedoch erst — und zwar nur auf direktes Einwirken von Thomas Mann hin — auf der Reise nach Marseille, wo sie mit 12 Gepäckstücken und einem kleinen Hund ankamen. Sie faßten neuen Mut und feierten mit Champagner. Franz Werfel schwor, daß er, sollte er glücklich in Amerika ankommen, sich dort taufen lassen wolle. Taufen ließ er sich zwar nicht, aber er beendete seine Geschichte der Bernadette, die nicht nur der erste große Erfolg der Exilliteratur, sondern auch weltberühmt wurde.

Für den Fall daß die Werfels an der Ausreise aus Frankreich gehindert würden, was leider wahrscheinlich war, hatte Varian Fry für einen Führer gesorgt, der sie auf einem schmalen Bergweg über die spanische Grenze bringen würde. Zu der Gruppe kamen Heinrich Mann, seine Frau Nelly und Golo Mann hinzu, auch sie im Besitz tschechischer Pässe und eines »affidavit« auf falsche Namen. Es war verabredet, daß Fry mit den Koffern regulär im Zug nach Spanien reisen würde. Alma Mahler-Werfel behielt eine Tasche in der Hand, in der sich die Originalmanuskripte der Mahler-Symphonien und der erste Entwurf des »Lied der Bernadette« befanden. Die beiden Frauen waren vor allem um ihre Männer besorgt: Heinrich Mann war siebzig und Franz Werfel schwer herzkrank, außerdem recht beleibt. Alma Mahler trug ein weißes Kleid und dünne Sandalen, aus denen sie auf dem Weg immer wieder Steinchen schütteln mußte. Den kleinen Hund hatte sie auf dem Arm. Der Marsch über den Berg war zwar beschwerlich, aber alles ging gut. Die spanischen Grenzbeamten — viele von ihnen waren Republikaner gewesen — schienen freundlich, die gefürchtete Paßkontrolle verlief reibungslos. Man verkaufte übrigens auch Zigaretten. Kurze Zeit später war der Übertritt nach Spanien nicht mehr so einfach. Barcelona und Katalonien wimmelten von deutschen Agenten. Walter Benjamin nahm sich nur zwei Wochen später hier das Leben. In New York wurden sie dann alle zusammen von Frank Kingdon und Thomas Mann abgeholt.

Einige Wochen später war ich bei meiner Tante Nina Warburg zum Mittagessen eingeladen und traf dort zu meinem Erstaunen auch Alma und Franz Werfel. Es fiel mir schwer, ernst zu bleiben, als ich die Geschichte ihrer Flucht aus dem Munde von Alma Mahler hörte. Es schien, als ob sie ganz Spanien zu Fuß durchquert hatten.

Neben den vielen erwarteten Schwierigkeiten hatten wir auch eine Reihe ganz unerwarteter Probleme. So waren viele der sozialdemokratischen, sozialistischen und kommunistischen Flüchtlinge schon seit Jahren mit ihren Frauen zusammen, ohne verheiratet zu sein. Da aber das freie Amerika, was man manchmal vergißt, in seiner Gesetzgebung noch sehr puritanisch war, durften die Paare nur dann in die USA einreisen, wenn sie verheiratet waren. Wir mußten also die Kapitäne der Schiffe, die sie in das gelobte Land bringen sollten, bitten, diese Paare an Bord zu vermählen. Ich erinnere mich an Jakob Walcher von der Sozialistischen Arbeiterpartei, der schon seit vierzig Jahren mit seiner Gefährtin zusammenlebte und über diese puritanische Seite Amerikas erstaunt und etwas entsetzt war. Wenn es schon schwierig war, unverheiratete Paare nach Amerika zu bringen, so tauchte bei einigen Intellektuellen und vor allem bei den Künstlern ein noch viel schwerer lösbares Problem auf: Einige weigerte sich nämlich, ohne ihren Freund und Lebensgefährten gerettet zu werden. Wir mußten — und auch dabei war uns Mrs. Roosevelt eine sehr große Hilfe — dem State Department erklären, daß nicht nur der berühmte Künstler X sehr wichtig und sehr gefährdet war, sondern auch Herr Y, sein Freund.

Unter den Leuten, um die wir uns kümmerten, befanden sich auch eine Reihe von modernen Malern, um deren Rettung das »Museum of Modern Arts« gebeten hatte. In Marseille hat Peggy Guggenheim sehr viel Mut und Einsatz gezeigt: Sie gab nicht nur viel Geld, sondern ermöglichte es auch einer Gruppe von Malern, aus französischer Internierung und dann aus Frankreich zu entkommen. Zu ihnen gehörten Max Ernst, den sie später heiratete, Marc Chagall, André Breton und andere. Nie werde ich vergessen, wie ich eine Gruppe dieser Maler in New York am Hafen abholte: Die Frauen trugen Sandalen und hatten grün lackierte Fußnägel, um den Hals die aufsehenerregenden surrealistischen Ketten ihrer Männer. Die Gruppe zog natürlich beträchtliche Aufmerksamkeit auf sich, aber es entstand noch ein anderes Problem: Einige hatten ihre abstrakten Gemälde mitgebracht, und die amerikanischen Zollbeamten wollten durchaus nicht einsehen, daß es sich bei dem Bild, das etwa aus zwei Metallstücken bestand, um Kunst handelte. Wir mußten Leute von Kunstgalerien anrufen und sie bitten, als Sachverständige ihr Urteil abzugeben. Erst dann war der Zoll überzeugt, daß niemand irgendwelche mysteriösen Geheimwaffen nach Amerika schmuggeln wollte.

Ich erinnere mich an einen Abend bei Adolph und Dorothy Oko und Marc Chagall in New York. Marc Chagall, ein reizender, lebhafter kleiner Jude, erzählte von Rußland und dem jüdischen »Städtele«. Über dem Sofa, auf dem er saß, hing eines seiner berühmtesten Bilder, das mit dem Geigenspieler, der über den Dächern des Dorfes schwebt. Er war sehr böse auf Amerika, weil seine Frau krank geworden war. Er fand, daß sie in den amerikanischen Krankenhäusern nicht richtig gepflegt wurde. Dorothy Oko unterrichtete an der Universität die Geschichte der Arbeiterbewegung. Nachdem ihr Mann gestorben war, wohnte sie in einer kleinen Wohnung in der West Side. Mit meinem Sohn Oliviero habe ich sie später noch oft besucht. Er war immer wieder erstaunt darüber, in einer so kleinen, bescheidenen Wohnung lauter Originale von Chagall hängen zu sehen.

Für die meisten der emigrierten Schriftsteller und Künstler ist das Exil eine schmerzliche, harte Zeit gewesen. Durch die Unterstützung, die das »Emergency Rescue Committee« ihnen auch in den USA monatlich zukommen ließ, hatte ich Einblick in die miserablen Lebensbedingungen vieler Emigranten. Ich konnte auch unmittelbar erleben, wie furchtbar alle von den Selbstmorden Tollers und Stefan Zweigs, dem Tod Joseph Roths in Paris und dem tragischen Ende Walter Benjamins mitgenommen wurden. Auch Klaus Mann, mit dem ich damals für die Schriftsteller eng zusammenarbeitete, erholte sich nicht mehr von den Enttäuschungen und Erschütterungen der Exil- und Nachkriegszeit.

Das letzte Komitee, in dem ich in Amerika gearbeitet habe, war für mich bereits ein Vorgriff auf mein Leben in Italien und vermittelte mir ein recht genaues Bild der schwierigen Situation im Italien der Nachkriegszeit. Zum »Emergency Relief for the Children of Italy« gehörten fast alle italienischen Emigranten, die ich durch meinen Mann kennengelernt hatte, außerdem Albert Einstein und Reinhold Niebuhr. Die Zielsetzung des Komitees war:

»Den bedürftigsten Kindern in Italien ohne Ansehen ihres Glaubens oder ihrer Nationalität die bestmöglichste materielle und erzieherische Unterstützung zukommen zu lassen, mit besonderer Berücksichtigung der Kinder, deren Eltern durch die Nazis und Faschisten ermordet wurden, der Kindern von Partisanen und Kriegsopfern.«

Im August 1945 informierte uns ein Brief aus Italien über die Zustände dort. Er enthielt Ausschnitte aus dem Bericht von Ralph Franz vom »Office of War Information« über die Schul- und Ausbildungssituation vor allem in Sizilien. Nach den Bombardierungen fehlten Klassenräume, es gab kaum Bücher und Schreibmaterial. Viele Kinder hatten ihre Eltern verloren, fast alle Kinder wurden für den Schwarzhandel eingesetzt und besuchten keine Schule mehr. Eine Schulspeisung war natürlich undenkbar, obwohl das viele Eltern veranlaßt hätte, ihre Kinder in die Schule zu schicken. Das Komitee mußte also in erster Linie finanziell helfen.

Eine falsch verstandene Form von Hilfeleistung für solche Kinder erlebte ich im »Save the Children's Fund«, der von der auch nach Amerika emigrierten Elsa Brandström gegründet worden war. Hier konnte man für 40 Dollar im Monat ein italienisches Pflegekind »adoptieren«. Die reichen Damen der New Yorker Gesellschaft waren begeistert und packten ihre unmodern gewordenen Abendkleider in die Pakete nach Italien. Dort tauchten diese Kleider sofort auf dem schwarzen Markt in Neapel auf. Manche dieser Sachen aus den dreißiger Jahren sieht man heute in den Second-Hand-Läden in Rom wieder.

Ingrid und Elena

Veniero und Oliviero

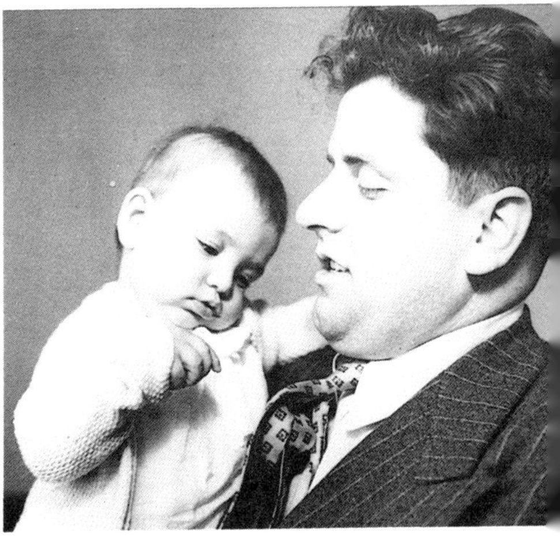

Ingrid mit Elena, Oliviero und dem Mädchen aus der Haftanstalt

Die letzten Jahre in New York 1944—1945

Während der Jahre aktiver Arbeit für das »Emergency Rescue Committee« gab es in meiner Wohnung in der New York, die direkt vor dem »Museum of Modern Arts« lag, ein ständiges, lebhaftes Kommen und Gehen. Wichtig war vor allem der Eisschrank, stets gut gefüllt, stand er allen Neuankömmlingen zur Verfügung. Im Erdgeschoß des Hauses befand sich nämlich ein besonders gutes Delikatessengeschäft, in dem ich richtiges Gulasch bekommen konnte. Der Besitzer war ein dicker, gemütlicher Hamburger, und wenn ich Gäste hatte, brauchte ich nur das warme Essen bei ihm zu bestellen, und er schickte es mir dann herauf.

Eines Tages, als ich in einer Sitzung des Komitees saß, klopfte Nicola Chiaromonte, ein italienischer Freund, an die Tür und sagte: »Ingrid, heute bringen wir dir einen wirklichen Antifaschisten.« Veniero Spinelli stand zwar auf unseren Listen der gefährdeten italienischen Antifaschisten, aber er war ohne unsere Hilfe auf einem Bananendampfer aus Martinique in New York angekommen. Er trug noch die Uniform der Fremdenlegion und hatte ein großes Loch in der Hose. Ich sagte zu ihm: »Wenn Sie Christ sind, gehen Sie zum christlichen Komitee und lassen sich etwas Geld geben, und danach gehen Sie in das jüdische Komitee und lassen sich dort auch etwas Geld geben.« Veniero behauptete später, er hätte damals sofort beschlossen, daß ich seine zukünftige Frau sei. Ich fragte ihn: »Wo essen Sie heute abend?«, und er sagte: »Sie sind die erste, die mich das fragt.« Ich sagte ihm, es kämen am Abend einige Freunde von »Neu Beginnen« zu mir und daß ich mich freuen würde, wenn er auch käme. Veniero sprach französsisch, spanisch und italienisch, ich sprach deutsch, englisch und die skandinavischen Sprachen. Damals kam mir das Französisch, das ich bei meiner Mademoiselle in Hamburg gelernt hatte, sehr zugute, denn unsere ersten Gespräche wurden alle in Französisch geführt — tatsächlich sprachen wir französisch miteinander, bis ich nach Italien ging.

An jenem Abend erzählte Veniero von seinen Erlebnissen als Flieger im Spanischen Bürgerkrieg, dann von seinem Kampf gegen die Deutschen in Frankreich, wo, wie er sagte, die einzigen, die wirklich kämpften, die Emigranten waren. Er sei dann in die Fremdenlegion gegangen, um nicht von den Faschisten verhaftet zu werden. Da man aber aus der Fremdenlegion offiziell nicht wieder entlassen wird, sei er, als Araber verkleidet von Marseille aus nach Martinique geflohen. In Martinique, und davon erzählte er an diesem ersten Abend vor allem, habe sich eine bildschöne Mulattin namens Belita in ihn verliebt. Er beschrieb die Schönheiten von Martinique, die Liebe und die Abenteuer mit Belita, die damit endeten, daß eines Tages ihre Mutter auf einem kleinen Esel angeritten kam, um ihm mitzuteilen, daß sie und Belita beschlossen hätten, die beiden sollten heiraten. Trotz Belitas Schönheit konnte Veniero sich nicht entschließen, denn er dachte an seine Mutter in Rom, der er unmöglich farbige Enkelkinder vorstellen konnte. So entschied er sich, nach New York zu gehen. Bei seiner Ankunft beeindruckten ihn die Freiheitsstatue und die großen Plakate »Welcome to New York«. Er ging zu Fuß die Fifth Avenue hinunter, und alle Leute, die ihm begegneten, sagten zu ihm: »Shave!« Da er weder Geld hatte, noch Englisch sprach, ließ er sich von einem Taxi zum Hotel Astor bringen. Dort fragte er nach dem Koch, denn er wußte, daß die Köche fast aller New Yorker Restaurants Italiener sind. So war es auch. Er erklärte dem Koch, er habe für ein freies Italien gekämpft. Der Koch verstand und half ihm über die ersten, schweren Tage in New York.

Einige Tage nach diesem Abend klingelte es bei mir, und vor der Tür standen Giorgio de Santillana, der damals am »Massachusetts Institute of Technology« Wissenschaftsgeschichte unterrichtete, Nicola Chiaromonte und Veniero Spinelli. Sie sagten, Veniero bräuchte unbedingt ein wenig frische Luft, denn er habe mit Ezio Taddei, einem Anarcho-Syndikalisten, einen kleinen Anschlag auf das Büro der Kommunistischen Partei Italiens verübt und werde jetzt von der Polizei gesucht. Ich war gerade im Aufbruch, denn ich sollte in der Nähe von Vermont sprechen und wollte die Zuckmayers auf ihrer Farm besuchen, um dort Micky abzuholen. Sie hatte ihre Ferien in Vermont verbracht und mußte zurück in die Schule. Ich packte also alle drei in meinen kleinen Wagen, und wir fuhren los. Es war eine lange Fahrt, und die drei sprachen die ganze Zeit nur italienisch. In Vermont angekommen, machten wir einen Spaziergang durch die wunderschöne Landschaft, die mich mit ihren Hügeln und Tälern an den Schwarzwald erinnerte. Mitten im Wald lag ein kleiner See, wie der Titisee. Veniero beschloß zu baden. Wir nahmen ein Boot und ruderten auf den See hinaus, wo Veniero sich dann bis auf die Unterhosen auszog und ins Wasser sprang. Nach dem Essen las er mir aus den Teeblättern meine Zukunft: »Sie haben einen schwachen Punkt, und da werde ich Sie treffen: Ihr Herz!«

Auf dem Rückweg nach New York saßen Chiaromonte und Santillana hinten, während Micky vorne zwischen mir und Veniero saß. Während der ganzen dreizehn Stunden Fahrt sangen Micky und Veniero deutsche, englische, französische und spanische Lieder. Kurz vor New York, auf der Autobahn, als mich die Lichter der entgegenkommenden Autos sehr blendeten, zog Veniero plötzlich die Handbremse an, um zu sehen, wie ich reagieren würde. Ich sagte nichts, löste ganz einfach die Bremse und fuhr weiter. Da rief Veniero aus: »Das ist meine Frau!«

In New York wohnte Veniero mit einigen italienischen Freunden zusammen. Ezio Taddei, mit dem er schon in Italien sehr befreundet war, hatte ein Buch über seine Eindrücke in Süditalien geschrieben. Veniero war überzeugt, daß es ungeheuer wichtig war, dieses Buch sofort in Amerika zu veröffentlichen. Alle Mitglieder der italienischen Gemeinschaft wurden herangezogen, und eines Abends, nach einer besonders lebhaften Diskussion, überredete man Lamberto Borghi, der in »Harvard« Pädagogik unterrichtete und Veniero sehr gerne mochte, vielleicht aber auch aufgrund seiner zarten Statur einen gewissen physischen Respekt vor Venieros zupackender Art hatte, sofort, noch in derselben Nacht, nach »Harvard« zu fahren, um das nötige Geld für diese Publikation aufzutreiben. Das Buch ist tatsächlich erschienen, später auch in Italien. Ezio Taddei ist nach seiner Rückkehr nach Italien in die PCI eingetreten.

Im Januar 1941 sagte Veniero zu mir: »Entweder du heiratest mich noch in diesem Monat oder ich heirate dich nicht mehr!« Vor lauter Schreck beschloß ich, am 31. Januar zivil zu heiraten und meine Familie erst allmählich vorzubereiten. Am Morgen des 31. Januar erschien Taddei, der mit Franz Höllering, einem österreichischen Schriftsteller, unser Trauzeuge war, wie immer in Hosen, die mit einer Schnur zusammengehalten wurden. Er brachte Veniero als Hochzeitsgeschenk eine Tüte Erdnüsse und eine Flasche mit einem scheußlich riechenden Veilchenparfüm mit. Auf dem Standesamt fiel mir im letzten Moment ein, daß wir noch gar keine Ringe hatten. Ich lief also noch einmal herunter und kaufte schnell zwei Platinringe. Wie überall in New York mußten wir auch hier Schlange stehen, um zum Standesbeamten vorgelassen zu werden. Vor uns stand ein Buckeliger. Veniero war begeistert und sagte: »Faß' ihn an, das bringt Glück!« Zwischen Veniero und dem Standesbeamten spielte sich dann folgender Dialog ab:

Beamter: »Ihren Paß bitte.«

Veniero: »Ich habe keinen Paß.«

Beamter: »Sie haben keinen Paß? Wie sind Sie nach Amerika hereingekommen?«

Veniero: »Ich bin Antifaschist und wurde in Italien wegen meiner Überzeugung verhaftet. Sie nahmen mir den Paß weg. Ich bin ausgebrochen und über die Schweizer Grenze nach Frankreich geflüchtet. Dann bin ich nach Spanien und bin dort für die republikanischen Kräfte gegen Franco geflogen.«

Beamter: »Ohne einen Paß?«

Veniero: »Natürlich. So etwas kam damals vor.«

Beamter: »Wann genau sind Sie in Spanien angekommen?«

Veniero: »Das weiß ich nicht.«

Beamter: »Was haben Sie danach gemacht?«

Veniero: »Nach der Niederlage der Loyalisten bin ich nach Frankreich zurückgegangen und habe dort gearbeitet. Als die Deutschen in Frankreich einmarschiert sind, ging ich zur Fremdenlegion. Später bin ich in arabischer Verkleidung geflohen und auf einem Dampfer als blinder Passagier untergekrochen.«

Beamter: »Immer noch ohne Paß?«

Veniero: »Natürlich. Und dann bin ich nach New York City gekommen.«

Beamter: »Wie haben Sie das geschafft?«

Veniero (lächelnd): »Ich bin hereingeschwommen.«

Da fielen dem Beamten keine weiteren Fragen mehr ein, er gab auf und verheiratete uns.

Nach der Trauung gingen wir in meine Wohnung zurück, wo ich naiverweise einige meiner besten Freunde, die eingeweiht waren, hingebeten hatte. Nachdem wir alle miteinander angestoßen hatten und uns viel Glück gewünscht wurde, warf Veniero die Leute zu meinem großen Erstaunen alle miteinander zur Tür hinaus: Ich wäre jetzt seine Frau, und jetzt wäre Schluß mit den Komitees und den anderen Tätigkeiten. Die Frau von Höllering, mit der ich sehr befreundet war, war darüber so entsetzt, daß sie anfing zu weinen.

Nachdem ich meine Familie dann so schonend wie möglich von meiner Heirat unterrichtet hatte, versuchten sie verzweifelt, etwas über diesen Veniero Spinelli zu erfahren. Der einzige, der Auskunft geben konnte, war Max Ascoli, ein italienischer Professor, der mit mir im »Emergency Rescue Committee« zusammengearbeitet hatte. Er heiratete später eine Rosenwald. Ascoli sagte: *»Er ist ein außerordentlich intelligenter und mutiger Mann. Die Familie ist ursprünglich adelig, aber schon der Vater hat auf den Titel verzichtet. Veniero war Kommunist, ist aber aus der Partei ausgetreten. Nach dem verlorenen Krieg in Spanien hat er sich aus Solidarität mit Italien taufen lassen, ist aber ein Gegner der Kirche.«* Zum Schluß sagte Ascoli zusammenfassend über eine Ehe mit Veniero: *»It's a fulltime job.«*

Die Tatsache, daß Venieros Vater zum alten borbonischen Adel gehörte und eigentlich ein Anrecht auf den Titel »Marchese« hatte, machte auf meine Tante Frieda großen Eindruck. Sie sagte mir mehrmals: »But darling, why doesn't Veniero use his title? You know, it is important, even here.« Es war zwecklos, ihr zu erklären, daß der Vater als Anarchist und Sozialist und aus familiären Gründen schon in seiner Jugend auf den Titel verzichtet hatte und daß seine Söhne als überzeugte Antifaschisten und Kommunisten in den italienischen Gefängnissen und mein Mann im Spanischen Bürgerkrieg und in der Fremdenlegion ihre Identität sicher nicht im borbonischen Adel, sondern eher in der Tradition des mütterlichen Großvaters erkannt hatten, der als Junge aus einem Priesterseminar weggelaufen war, um mit Garibaldi zu kämpfen.

Beim offiziellen Empfang der Familie Warburg nach unserer Trauung fragte Veniero mich, ob er eine Rede halten dürfe, und ich sagte ihm leise: »Bitte lieber nicht.« Meine Tante Nina, die Frau von Onkel Paul, zog Veniero in eine Ecke und fragte ihn: »Veniero, bitte sag' mir, auf welcher Seite du in Spanien gekämpft hast. Mir kannst du es sagen, den anderen lieber nicht!« Max Warburg hielt eine liebevolle Rede, in der er vom gemeinsamen Traum eines friedlichen, vereinten Europa und von der Niederlage Hitlers sprach. Zum Schluß gab er mir einen Kuß und Veniero die Hand und sagte zu ihm: »Schluß mit der Revolution!«

Nach unserer Hochzeit zogen wir dann in eine größere Wohnung im selben Gebäude 25 West 54. Straße. Tante Nina, die Veniero sehr mochte, brachte ihm einen Sessel für sein Arbeitszimmer und sagte, dieser Sessel würde ihm Glück bringen, denn Paul Warburg hätte in diesem Sessel das »Federal Reserve System« ausgearbeitet. Wir waren oft bei Tante Nina zum Essen. Sie hatte eine sehr schöne Wohnung, 1107 Fifth Avenue, zwei Häuser von Tante Frieda entfernt. Nina Warburg war eine zarte, sehr kultivierte und musikalische Frau. Im Gegensatz zu Nr. 1109 war das Leben bei ihr viel ruhiger, weniger aktiv. Sie interessierte sich vor allem für Musik und hatte einen Kreis kulturell engagierter Freunde. Durch italienische Bekannte hatte sie Eleonora Duse kennengelernt, und sie versuchte, mir einzuschärfen, daß D'Annunzio ein böser und gefährlicher Mann war, weil er die Duse schlecht behandelt und ihre Beziehung literarisch zu offen ausgenutzt habe. Diese Erinnerung bereitete mir später einige Probleme, denn mein Mann war ein großer Bewunderer von D'Annunzio und hatte wie viele Italiener, die politisch überzeugte Antifaschisten waren, einen großen Respekt für ihn als Kämpfer, besonders weil Veniero im spanischen Krieg Pilot war.

Unsere neue Wohnung war ein Penthouse, und von der Dachterrasse hatte man eine herrliche Aussicht auf New York. Hier sang Veniero mir italienische Lieder. »Cielo d'Italia, cielo color del mare, portami in sogno verso il mio casolare« war ein Lied, das die anarchistischen Bergarbeiter in der Fremde sangen. Er erzählte mir von Italien, von seiner Jugend, von den Jahren der Arbeit in der Kommunistischen Bewegung; er erzählte mir von seinen Brüdern, vor allem von Altiero, der damals noch die 16 Jahre Verbannung, die er vom Tribunale Speciale bekommen hatte, auf der Insel Ventotene absaß. Veniero selber hatte nur zwei Jahre im faschistischen Italien im Gefängnis gesessen, weil er in Turin bei der Verteilung antifaschistischer Flugblätter verhaftet worden war. Dann ist er in die Emigration gegangen.

Beim illegalen Grenzübertritt in die Schweiz hatte er einen Führer. Nachdem er ihm den Weg gezeigt hatte und Veniero allein den Berg herabstieg, machte dieser Führer aus dem Geld, das Veniero ihm gezahlt hatte, ein Paket, warf es Veniero nach und rief: »Buona fortuna! Viva l'Italia!«

Nach einer Diskussion mit Emilio Sereni, dessen Bruder Enzo ich in Amerika kenngelernt hatte, über die Agrarpolitik der Kommunistischen Partei trat Veniero in Frankreich aus der Partei aus. Die folgenden Jahre ohne die Hilfe der Partei und ohne Arbeitserlaubnis waren ungeheuer schwer für ihn wie für alle Emigranten dieser Zeit in Paris. Den Mitgliedern gab die Kommunistische Partei ein Minimum für den Lebensunterhalt, und die Französische Kommunistische Partei half bei der Arbeitssuche. Für alle anderen war es ein täglicher Überlebenskampf und ständige Auseinandersetzung mit der Bürokratie. Veniero lernte in Paris Trotzkij und viele andere internationale Emigranten kennen. Darunter auch Angelica Balabanoff, die ich später in New York in ihrer kleinen Wohnung im »Village« kennengelernt habe.

In Paris wurde Veniero ein Freund von Carlo Levi, der gerade aus Italien kam, nachdem er von den Faschisten nach Lukanien verbannt worden war. Veniero erzählte mir, er hätte Levi überzeugt, seine Erlebnisse während der Verbannung zu beschreiben, und Levi schrieb »Cristo si è fermato a Eboli«. Als Carlo Levi einmal für kurze Zeit verreisen mußte, überließ er Veniero seine Wohnung. Veniero fand in den Schränken von Carlo Levi einen Anzug, einen Schlips und andere Dinge, die er dringend brauchte. Bei seiner Rückkehr erkannte Levi seine Sachen an ihm und fragte: »Ich das nicht mein Schlips?«, worauf Veniero antwortete: »Ich habe gesehen, wieviele Anzüge und Schlipse du hast, und darum habe ich mir genommen, was ich brauchte.«

In dieser Zeit hatte Veniero auch Kontakt mit »Giustizia e Libertà«, der 1929 gegründeten, sozialistisch-antifaschistischen Bewegung Rossellis, aber er hatte oft Auseinandersetzungen mit den führenden Intellektuellen. Sie waren zum Beispiel ganz gegen seinen Plan, ein Attentat auf Mussolini zu unternehmen. 1936 ging Veniero als einer der ersten nach Spanien. Nenni und andere Genossen brachten ihn an die Bahn. In der »Squadriglia Malraux« kämpften 1936 außer einigen Berufssoldaten auch einige überzeugte Antifaschisten. Zu ihnen gehörten Giordano Viezzoli, De Rosa, Veniero und andere. Veniero flog in einer Maschine mit Viezzoli, der in Spanien umgekommen ist. Die Flugzeuge waren äußerst primitiv, und es fehlte vor allem an Instrumenten, um die Ziele für die Bombardierungen genau zu orten. Ich erinnere mich noch gut, wie Veniero mir damals von einem kleinen Dorf erzählte, das er mit Viezzoli bombardiert hatte, weil sich dort angeblich eine Gruppe von Francofaschisten aufhalten sollte. Als sie kurz darauf notlanden mußten, kamen sie in dieses Dorf und hörten zu ihrem Entsetzen, wie die Einwohner von diesem schrecklichen Bombenangriff erzählten. Es war ein großer Schock für Veniero, als er begriff, daß er es gewesen war, der die Zivilbevölkerung in einen solchen Terror versetzt hatte. Diese Einsich führte zu langen Diskussionen über die Zweckmäßigkeit gewalttätiger Maßnahmen, ohne daß sich jedoch eine andere Lösung fand für den Kampf gegen die Faschisten. Veniero erzählte mir auch die Episode von einem italienischen Kriegsgefangenen, einem Faschisten, den die Republikaner gefangengenommen hatten und zu De Rosa brachten, der wie Veniero als Antifaschist in Spanien kämpfte. De Rosa sprach mit dem Jungen und kam zu der Überzeugung, daß er, wie viele Italiener in diesem Krieg, nur ein Mitläufer war und nicht wußte, warum er kämpfte. Nachdem er ihm zugesagt hatte, daß er ihn in ein Lager zu bringen, gab De Rosa ihm seine Pistole zurück und ging dann sogar vor ihm her. Seine Meinung war: »Wenn er wirklich ein Faschist ist, wird er auf mich schießen, wenn nicht, bringe ich ihn ins Lager.« Durch den engen Kontakt, den Veniero in Spanien mit Anarchisten gehabt hatte, ergaben sich auch in New York Beziehungen zu den italienischen Anarchisten in Amerika. Einmal sind wir nach Patterson, N. Y. gefahren sind, um mit einem kleinen Kreis älterer Italiener zu sprechen. Ich hatte noch nie in meinem Leben Anarchisten kennengelernt und war höchst erstaunt und beeindruckt von diesen friedlichen alten Arbeitern, die sich besonders freuten, Venieros Erzählungen über den Spanischen Bürgerkrieg zu hören. Er war wirklich einer der wenigen Italiener, die in Spanien nicht nur als Flieger gekämpft hatten, sondern auch mit der spanischen Bevölkerung und vor allem mit dem spanischen Anarchismus Kontakt gehabt hatten. Statt sich, wie ich erwartet hatte, über Bomben oder ähnliche Mittel zur Beseitigung des Kapitalismus zu unterhalten, ging das Gespräch vor allem darum, wie wirkliche Brüderlichkeit in der Welt zu realisieren wäre. Veniero bewunderte den Idealismus dieser Männer, aber in der Diskussion über den zukünftigen sozialistische Staat bestand er immer wieder auf der Notwendigkeit von Autorität.

Mit einem anderen Anarchisten, Carlo Tresca, spielte sich eines Abends, es war 1943, eine dramatische Geschichte ab: Taddei, Veniero, Tresca und andere saßen zusammen, und Veniero las Tresca aus den Karten. Er sagt: »Ich verstehe nicht, aber ich sehe überhaupt keine Zukunft in den Karten!« Am nächsten Morgen rief Taddei an und fragte Veniero, ob er Tresca in der Nacht ermordet hätte. Der mysteriöse Tod Trescas, einer sehr populären aber auch umstrittenen Integrations- und Symbolfigur der ganzen italienischen Emigration mit all ihren verschiedenen politischen

Ausrichtungen, wurde nie aufgeklärt. Gerade zu jener Zeit gab es Bestrebungen, in einem gemeinsamen Komitee über das Schicksal Italiens nach dem — sich abzeichnenden — Sieg der Amerikaner über Italien zu entscheiden. Tresca, der politisch eine wichtige Rolle gespielt hätte, denn er kannte wirklich alle entscheidenden Leute, ist wahrscheinlich von Leuten der italo-amerikanischen Mafia umgebracht worden, aber den Auftraggeber hat man nie gefunden.

Eines Tages, während unserer ersten Zeit, geschah eine kleine Geschichte, die für Veniero sehr wichtig gewesen ist. Veniero kam nach Hause und sagte: »Ich brauche sofort tausend Dollar, weil ich ein Pamphlet über die »Autonomie« veröffentlichen muß.« Der Begriff der Autonomie ist für Veniero sein ganzes Leben lang von Bedeutung gewesen. Autonomie hieß für ihn, sich selbst Gesetze zu geben als Kern einer demokratischen Gesellschaftsform. Er hat den Begriff später in seiner Gewerkschaftsarbeit benutzt und damit auch seine Vorstellung von einer europäischen oder Weltföderation charakterisiert, in der autonome Staaten zusammengeschlossen sind.

Veniero konnte sich absolut nicht vorstellen, daß ich dieses Geld nicht hatte. Trotz all meiner Erfahrungen als Geldbeschafferin fiel mir niemand ein, den ich für einen solchen Zweck zum Spenden hätte bringen können. Ich nahm also ein Armband mit Rubinen und Brillanten, das mir Tante Frieda geschenkt hatte und das wahrscheinlich sehr viel mehr wert war, verkaufte es für 800 Dollar und überreichte Veniero abends glücklich und zufrieden das Geld. Zu meinem Erstaunen war er nicht nur dankbar, sondern völlig erschüttert. Das habe bisher keine Frau für ihn getan. Er sagte: »Es ist das erste Mal, daß ich einer Frau sage, ich liebe dich mehr als meine Mutter.« Die Intensität, mit der Veniero politisch dachte und handelte, kommt auch in dieser Bemerkung zum Ausdruck: Als er mehr oder weniger formell um meine Hand anhielt, sagte er zu mir: »Du hast aber eine große Konkurrentin, das mußt du wissen.« Ich dachte schon an ein schönes, blondes Mädchen, aber seine Antwort war und blieb sein ganzes Leben lang: die Politik.

Oft waren seine Freunde Nicola Chiaromonte, Ignazio Silone, Paolo Milano und Lamberto Borghi bei uns. Sie führten endlose Diskussionen auf italienisch, von denen ich kein Wort verstand. Mit einigen dieser Freunde nahmen wir später, in Italien, wieder Kontakt auf. Bei Silone und seiner netten englischen Frau waren wir oft eingeladen. Er hat mit Chiaromonte die Zeitschrift »Tempi Nuovi« herausgegeben. Chiaromonte war dann in der PCI für die Kultur verantwortlich, er schrieb Theaterkritiken. Paolo Milano wurde Journalist beim »Espresso«. Silone hat mit Veniero eine Zeitlang politisch zusammengearbeitet.

Ein guter Freund Venieros war Onorio Ruotolo, ein italienischer Bildhauer, der die ganze italienische Gemeinde in New York kannte. Ruotolo hatte ein sehr schönes Basrelief von Beethoven gemacht, und er bat Veniero und mich, es Einstein und Toscanini zu überbringen, um sie für die Teilnahme an einem antifaschistischen Benefizkonzert zu gewinnen.

In Princeton empfing uns Einsteins Schwester, die ihm auch den Haushalt führte, sehr freundlich. Zu unserem großen Erstaunen sprach Einstein fließend Italienisch mit Veniero. Er hatte einige Jahre in Mailand gelebt. Mich beeindruckte sein phantastischer Kopf mit den langen weißen Haaren und dem Gesicht, das bei aller Weisheit irgendwie kindlich wirkte. Zwar hatte Einstein das Angebot Weizmanns, in seinem wissenschaftlichen Institut in Rechwot zu lehren, abgelehnt, und er wollte auch später, als Weizmann gestorben war, nicht die Nachfolge Ben-Gurions antreten, aber er war doch sein ganzes Leben lang überzeugter Zionist und Pazifist. Einstein hatte einen sehr netten und besonders intelligenten Sekretär, der Otto Nathan hieß und den ich in den letzten Jahren einige Male in New York gesehen habe. Otto Nathan ist immer noch im Komitee gegen Atomwaffen und für den Frieden in den Vereinten Nationen tätig. In unserem letzten Gespräch sagte Nathan, daß die Russen seiner Meinung nach den Krieg weniger als die Amerikaner wollten.

Unser Besuch bei Toscanini wurde dagegen ein ziemlicher Mißerfolg. Wir wollten vorschlagen, das Basrelief Beethovens in der Carnegie Hall aufzustellen. Aber wir drangen nur bis zu Walter Toscanini, dem Sohn Arturos, vor. Er hielt uns höflich aber bestimmt auf, indem er uns sagte, daß der Meister, trotz seiner antifaschistischen Überzeugungen, in einer Konzertpause niemanden empfange. So zogen wir, etwas enttäuscht, mit unserem Beethoven wieder nach Hause.

Eine der eindrucksvollsten Begegnungen, die ich gemeinsam mit Veniero hatte, war zweifellos ein Besuch bei Angelica Balabanoff. Sie wohnte in einer winzigen Wohnung im »Greenwich Village« und war eine kleine, etwas rundliche Dame. Sie schien Veniero sehr gern zu haben. Um ihre Persönlichkeit besser zu verstehen, las ich eine Biographie, die beschreibt, wie sie erst mit Mussolini und später mit Lenin befreundet war. Eine kleine Geschichte machte mir besonderen Eindruck: Angelica Balabanoff kam zu Lenin und sagte ihm: »Ich glaube, ich brauche eine Brille, ich sehe nicht sehr gut. Aber weißt du, es ist neulich ein Genosse gekommen, der hat eine Reservebrille, die könnte er mir vielleicht geben.« Daraufhin sagte Lenin: »Angela, du hast ganz recht, daß man versuchen soll, so wenig eigenen Besitz zu haben wie möglich. Aber die Brille muß man sich persönlich machen lassen, weil alle Augen verschieden sind!« Ich habe Angelica Balabanoff später auf einer der ersten großen Versammlungen der Sozialistischen Partei in Rom wiedergesehen. Es war ein riesiger Raum, vollgestopft mit Menschen, die alle redeten, rauchten und glücklich waren, wieder zusammen zu sein. Auf dem Podium saß neben Nenni unsere Freundin aus Amerika, klein, aber sehr lebhaft und beeindruckend.

Kurz vor der Geburt meines ersten Kindes zogen wir in die 730 Fort Washington Avenue. Es war eine sehr schöne Wohnung über dem Hudson River, vom Fenster aus sah man über den Fluß auf das andere Ufer. Die ganze Gegend der Upper West Side wurde »das Vierte Reich« genannt, weil hier so viele deutsche und italienische Emigranten lebten. Nachdem wir eingezogen waren, ließ das Kind auf sich warten. Ich machte viele Spaziergänge und einige Fahrten mit dem Fifth-Avenue-Bus, um es etwas schneller in die Welt zu locken. Eines Abends sagte Veniero, wenn das Kind jetzt nicht käme, würde er es herausziehen, denn seine Mutter habe auch einmal ein Kind »übertragen«, das dann tot zur Welt gekommen sei. Ich bekam einen solchen Schrecken, daß in der Nacht tatsächlich die Wehen einsetzten. Wir riefen die Ärztin an, und sie holte uns mit ihrem Wagen ab. Sehr zum Entsetzen meiner Tanten hatte ich mir während meiner Schwangerschaft zwei deutsche Ärztinnen ausgesucht, die ihre Patientinnen nur in kleinen, nicht sehr renommierten Krankenhäusern unterbringen konnten. Es waren Nora Gottschalk, eine Freundin von Edith Jacobson, meiner Analytikerin, und eine Wiener Gynäkologin. Als wir in der Klinik ankamen, hatte ich schon sehr starke Wehen, aber wir mußten erst einmal sämtliche Formulare ausfüllen, was Veniero sehr wütend machte. Außer sich schrie er: »Sehen Sie denn nicht, in welchem Zustand meine Frau ist?« Es wurde eine sehr schwere Geburt, eine Zangengeburt. Als ich aus der Narkose erwachte und erfuhr, daß es ein Mädchen war, kamen mir Bedenken, weil ich überzeugt war, daß Veniero als Italiener lieber einen Sohn gewollt hätte. »Chéri, c'est terrible que c'est une femme!« war das erste, was ich zu ihm sagte. Aber Veniero meinte, er wäre sehr glücklich über seine Tochter und vor allem darüber, daß es mir gut ginge. Das Mädchen wurde auf seinen Wunsch Elena Maria genannt: Elena als Symbol der Schönheit und Maria nach seiner Mutter. Veniero hatte sich gewünscht, daß das Kind an einem historischen Datum zur Welt kommen möge. Während er auf dem Korridor gewartet hatte, hatte ein freundlichen Polizist ihn zu beruhigen versucht, er wäre auch Vater und alles würde schon gut gehen. Er hatte ihm einen Kaffee und die Zeitung gebracht, und, siehe da, es war der 6. November: die Alliierten waren in Dakar gelandet.

Im Krankenhaus bekam ich aufgrund einer nicht sterilen Spritze eine Infektion im Arm, so daß sich die Tanten, Veniero und eine Nurse in der ersten Zeit um das Kind kümmern mußten. Als Veniero das erste Mal ihre Windeln wechseln mußte, wurde ihm fast schlecht. Er gab Elena auch die Flasche und brachte ihr sehr schnell bei, sie selbst mit den Füßen zu halten. Oft nahm er Elena auf den Arm und sang ihr italienische und französische Wiegenlieder, worüber die Nurse, eine robuste Person, entsetzt war, weil sie meinte, das Kind würde auf diese Weise nie wieder ohne Wiegenlieder einschlafen. Aus Dankbarkeit für Elena war ich schon zwei Monate nach ihrer Geburt wieder schwanger.

Kurz danach wurde Veniero, obwohl er sich weigerte, Amerikaner zu werden, in die US-Army eingezogen. Er war in Virginia, Camp Lee, stationiert, und ich fuhr ihn besuchen, so oft ich konnte. Ich erinnere mich an einen freundlichen, schwarzen Schlafwagenschaffner, der mir sein Reservebett zur Verfügung stellte. Die Besuche im Lager waren für mich sehr lehrreich. Ich sah, daß diese Soldaten jede Verantwortung für ihr tägliches Leben der Armee überlassen konnten, man gab ihnen zu essen, zu trinken und zu rauchen, auf Wunsch wurden ihnen sogar Mädchen zur Verfügung gestellt. Mir schien, daß sie dadurch für das Leben nach dem Krieg unfähig gemacht wurden. Einmal übernachteten wir in einem kleinen Hotel in der Nähe des Camps, und mitten in der Nacht erschienen die Militärpolizisten. Es stellte sich heraus, daß nur wir und ein anderes Paar regulär verheiratet waren. Alle anderen wurden in das Lager zurückbegleitet. An einem Nachmittag sahen wir im Lagerkino den Film »Das siebte Kreuz« nach dem Roman von Anna Seghers. Am Ausgang hörte ich die Kommentare der amerikanischen Soldaten. Sie fragten sich, warum sie eigentlich diesen Krieg gegen Deutschland führten, da die Deutschen ihre Probleme doch nur durch ein verändertes Bewußtsein lösen könnten. Es bestand ein großer Gegensatz zwischen der chauvinistischen Kriegspropaganda und den viel zu knappen Nachrichten über den Kampf der Antifaschisten in Europa. Die amerikanischen Soldaten wußten zu wenig von dem, was in Deutschland vor sich ging. Anna Seghers mußte wegen ihrer Zugehörigkeit zur Kommunistischen Partei übrigens nach Mexiko emigrieren. Nordamerika hatte ihr die Einreise verweigert.

Mein nächstes Kind sollte am 18. September, an Venieros Geburtstag, zur Welt kommen. Veniero nahm sich zehn Tage Urlaub. Als er mit einigen Kameraden aus dem Camp herauskam, hielt vor ihnen ein Auto, und ein Herr fragte, ob er sie ein Stück bis Washington mitnehmen könnte. Auf der Fahrt fragte sie dieser Herr über die Verhältnisse in der Armee aus, und die drei beklagten sich in ihrem besten G.I.-Englisch über Essen, Offiziere und dergleichen. Als sie sich in Washington voneinander verabschiedeten, stellten sie sich gegenseitig vor: Veniero Spinelli und der Herr General George C. Marshall. Dies ist eine typisch amerikanische Geschichte und wäre wohl in Deutschland oder Italien unvorstellbar.

Während der zehn Tage war Elena glücklich, ihren Vater zu Hause zu haben und kletterte ständig auf ihm herum. Veniero fuhr nach Camp Lee zurück, und erst am 28. September wurde Oliviero, diesmal im New York Hospital, geboren. Ich rief im Camp Lee an, es war 6 Uhr morgens, und sagte: »Your son is born.« Am nächsten Tag schrieb ich ihm noch aus dem Krankenhaus:

»Lennox Hill Hospital 29. Sept. 1943

Carissimo Veniero! Ich gratuliere Dir mit meiner ganzen Liebe! Ich bin sehr glücklich, daß Gott mir geholfen hat, Dir einen starken und guten Jungen zu geben. Ich bin sicher, daß mein Wunsch in Erfüllung gehen wird und daß Oliviero Dein Freund, Dein Kamerad und Dein zärtlicher Sohn für immer und ewig werden wird. Ich liebe Dich immer, deine Frau Ingrid«

Eine Woche später erschien Veniero mit seinem Sack an unserer Wohnungstür — dieses Mal allerdings ohne Urlaub zu haben — und sagte, er wolle seinen Sohn sehen und dann nach Italien gehen, denn sein Bruder Altiero war aus der Verbannung in Ventotene entlassen worden. Ich sagte, wenn er gehen müsse, solle er gehen, ich würde mit den Kindern nachkommen. Zwei Tage später bekam ich ein Telegramm aus einem Gefängnis in San Diego, wo Veniero an der Grenze festgenommen worden war. Das Telegramm lautete: »Unworried and unconcerned, love, Veniero.« Ich telefonierte mit einem alten Juwelier, den ich durch die Arbeit mit dem »Joint« kannte, und lieh mir 2000 Dollar. Dann nahm ich mir einen Anwalt, dem ich sagte, ein italienischer Emigrant sei an der Grenze in Schwierigkeiten. Ich verschwieg, daß er mein Mann und desertiert war. Dem Anwalt gelang es, Veniero mit der Kaution von 2000 Dollar freizubekommen.

Wir sprachen am Telefon miteinander, und ich sagte Veniero, er sei frei, über Mexiko nach Italien zu fahren. In Tihuana, der Stadt an der Grenze zwischen Mexiko und Kalifornien, ging Veniero in eine Kirche und dachte dort über seinen Lebensweg und seine Familie nach. Er kam zu dem Ergebnis, daß er seinen Sohn nicht zurücklasssen konnte und fuhr nach New York zurück. Zuhause sagte er mir, er würde in die Armee zurückgehen, aber wahrscheinlich würden sie ihn als Deserteur erschießen. Ich beruhigte ihn, daß es in Amerika seit dem Bürgerkrieg die schöne Einrichtung des »absent without leave« gab, denn schon damals seien viele Soldaten aus Sehnsucht nach ihrer Familie nach Hause geflohen. Wenn sie dann wiederkamen, wurden sie nach einer geringen Strafe wieder in die Armee aufgenommen.

Veniero ging nach Camp Lee zurück und bekam sechs Monate Strafarbeit, »hard labour«. Ich habe ihn während dieser Zeit besucht, und wir durften in einer kleinen Zelle miteinander sprechen. Er hatte sich einen Schnurrbart wachsen lassen und sah wirklich etwas gefährlich aus. Über der Zelle befand sich ein Gitter zu einem Raum, in dem ein Soldat unsere Unterhaltung kontrollierte. Wir machten ihm seine Arbeit nicht leicht, denn wir sprachen Französisch und Italienisch und ein wenig Spanisch, so daß die Kontrolle dauernd neue Dolmetscher rufen mußte.

Als Veniero die Zeit seiner Zwangsarbeit beendet hatte, stellte sich das Problem, wohin man ihn nun schicken würde. Ein Teil seiner Kompanie war nach Salerno gegangen und nahm an der Landung in Italien teil. Er sollte in den Pazifik geschickt werden, aber ich versuchte alles, was in meinen Kräften stand, um das zu verhindern. Veniero bestand mit Recht darauf, in Italien zu kämpfen. Ich ging also zu Mrs. Roosevelt und erklärte ihr, daß es absurd wäre, einen Antifaschisten wie Veniero nicht in Italien einzusetzen. Mein alter Freund, der Rabbi Philip Bernstein, der mit dem Justizminister in Washington Kontakt hatte, war mir bei diesen Bemühungen sehr hilfreich. Veniero wurde an die Westküste geschickt, in ein Camp in der Nähe von San Francisco. Eines Tages wurde er zum Kommandanten gerufen. Ihm wurde mitgeteilt, daß er nach Italien gehen würde. Er sollte noch in derselben Nacht mit dem Schlafwagen von der Westküste nach Portsmouth, Virginia, fahren. Am Hafen, wo er sich einschiffen sollte, versteckte er sich in einem Lastwagen, der schmutzige Wäsche aus dem Camp brachte, und fuhr damit in die Stadt. Hier rief er mich an, was natürlich strengstens verboten war. Er sagte: »Ich danke dir für alles, was du für mich getan hast. Wir sehen uns in Rom.« Mehr konnte er nicht sagen. Tatsächlich war dies das Letzte, was ich für lange Zeit von Veniero hörte. Fast zwei Jahre lang kamen die Briefe, die ich ihm täglich schrieb, mit der Aufschrift zurück: »Left without leaving forwarding address.« Später erfuhr ich, daß Veniero, der sich natürlich nicht unbedingt mit den Alliierten identifizieren konnte und darum auch die Formel des »unconditional surrender« ablehnte, nach Amerika, zu seiner Frau und seinen Kindern zurückgeschickt werden sollte. Er wollte Italien aber nicht mehr verlassen, nachdem er so lange von seiner Rückkehr und einer Teilnahme am Kampf für ein neues, antifaschistisches Italien geträumt hatte. Da er Rom gut kannte, verließ er eines Tages einfach das Camp, ließ sich von einem Auto mitnehmen und fuhr zu seiner Mutter in die Via Chiana. Bis Kriegsende lebte er dann mehr oder weniger illegal.

Inzwischen hatte ich für die beiden Kinder ein nettes, 16jähriges Mädchen gefunden. Es ging sehr gut, bis eines Tages die Polizei kam und sie mitnahm, da sie aus einem Institut für minderjährige Kriminelle weggelaufen war. Ich war eine sehr gewissenhafte Mutter, achtete auf richtige Ernährung, badete die Kinder täglich und fuhr sie viel spazieren. Bevor ich in den Fort Washington Park ging, telefonierte ich, und man brachte mir das Essen während meiner Abwesenheit ins Haus. Ich ließ einfach die Haustür auf. Im heutigen New York ist das undenkbar. Oft besuchten mich die Tanten und eine junge Freundin, Maria Löwe, die im Refugee-Komitee arbeitete. Jedes Mal mußte sie mir aus den Karten lesen. Ich wollte vor allem wissen, wo Veniero war und wie es ihm ging. Ich glaubte, daß es wichtig war, immer intensiv an ihn zu denken, um ihm geistig nahe zu sein. Durch Eva Hirschmann, die Schwägerin Altieros, die ich mit den Kindern oft besuchte, hörte ich von Altieros Briefen und erfuhr auch etwas von Veniero. Oft kam mich auch Micky, die Tochter Karl Franks, besuchen, sie spielte mit den Kindern und half mir, sie zu baden. Auch mit Julie und Hertha Vogelstein hielt ich weiterhin Kontakt. Sie hatten meinen Eltern über Veniero geschrieben.

Während dieser Jahre ohne Veniero half mir eine Büste, die der Bildhauer Ruotolo von ihm gemacht hatte, die Kinder an ihren Vater zu erinnern. Bis zu unserer Abfahrt aus New York stand sie auf dem Bücherbrett, und jeden Abend hob ich Elena und Oliviero nach dem Bad in ihren hellblauen Schlafanzügen zu dieser Büste hinauf, damit sie ihrem Vater einen Gute-Nacht-Kuß gaben. Diese Szene hat großen Eindruck auf meine Kusine Lola gemacht, die eines Tages mit dem Auftrag von der Familie erschienen war, mich von einer Scheidung zu überzeugen, weil Veniero in Italien desertiert war, und ich seit zwei Jahren praktisch keine Nachricht mehr von ihm hatte. Als sie dann aber dieses allabendliche Zeremoniell sah, meinte sie: »Hier bin ich wohl auf einer falschen Mission.«

Ich lernte Tino Nivola kennen, einen antifaschistischen Bildhauer, die Eltern seiner Frau waren deutsche Juden. Sie lebten im »Village«, und seine Frau zog sich an wie eine Italienerin aus Sardinien, mit langen, bunten Röcken. Sie kauften alles in »Little Italy« ein, und bei ihnen habe ich zum ersten Mal Mozzarella und Ricotta gegessen. Später erhielt ich dann endlich Briefe von Veniero und konnte ihm schreiben:

»Fort Washington Ave, 16. Jan. 1944

Carissimo Veniero, I am trying so hard to hear from you and somehow I think maybe it would be quickier if I write to you in English. It's a dark and dismal winter day and the children could not go out at all because it was half snowing and half raining. They had a very good time in the house though. Yesterday morning they went out though and Elena brought in a big bag of snow. She was very excited about it. Today we read books, her beloved Peter Rabbit and then the Christmas story; after I had told it to her, I heard how she told it to the boy and showed him the pictures. You should have heard her tone, it was the same as mine and she told about the little baby and the animals that came to help Maria and Joseph. She likes it very much. I went into town and had lunch with Maria Löwe and I bought some things for Anemone and your mother and I am going to send more tomorrow. I wish I knew how big they are. Tonight Mrs. Löwe, she worked with us in the Emergency Rescue Committee, was here and we had a very peaceful evening. She is going to find out what is happening to my citizenship. I had a long letter from my mother and she told me that they have taken a three year old Finnish refugee child for a few months, but she says that she would rather have Oliviero and Elena there. She read your letter that I sent them very carefully and that she agrees with you very much. She has alway felt that there should be one religion and she said that in the twenty-five years between the wars she always felt and longed for many of the things that you expressed. She always suffered when she felt nationalism come up and she says she prays the time for love and peace has at last come, when people and nations learn to live with and for each other. She sends you her very best love and hopes we will meet soon. Good night my dearest. I kiss you good night. Lots of love, Ingrid.«

Und Veniero antwortete. Dies ist ein Brief, den Veniero mir am 25. März 1944 schickte:

»*Meine süße Ingrid. Auch ich sehe dem kommenden Schicksal ruhig und ergeben entgegen. Ich bin ruhig, weil das erste Mädchen in meinen Träumen bei den ersten Anzeichen dieses Frühlings bist Du. Ich bin gefaßt, weil ich mit Dir alle kommenden Widrigkeiten herausfordern und besiegen kann. Erinnere Dich, Ingrid, erinnere Dich immer an diese heilige Wahrheit, die ich Dir gesagt habe: von Deiner Treue wird mein Sieg abhängen. Du bist für mich der lebendige Beweis für eine Welt der Güte und der Liebe, die ich seit meiner Kindheit erträumt habe. Ich weiß, daß ich mich nie von Dir trennen werde. Ich fürchte noch nicht einmal Deinen Tod, weil ich sicher bin, daß die Engel wenn sie Dich entführen werden, wird es nur für einen Augenblick sein, daß sie Dich zu mir zurückbringen müssen, denn in meinem Fleisch hast Du Dir die Nachkommenschaft gewählt und in meinem Geist hast Du Dir Deinen Königspalast errichtet. Ich arbeite ohne Unterlaß. Ich bin mir des Erfolges sicher. Danke, Ingrid. Dein Veniero*«

Im Jahre 1945 habe ich dann Amerika verlassen. Ich wollte das erste Schiff nehmen, das Zivilpersonen mitfahren ließ, um mit den beiden Kindern nach Stockholm, zu meinen Eltern zu fahren. Am Abend vor der Abfahrt, es war ein Freitag, hatte ich noch immer keinen Paß, denn während des Krieges waren ausländische Flüchtlinge nicht mehr »amerikanisiert« worden. Ich rief Tante Frieda an und sagte ihr, ich würde abreisen. »Darling, you are crazy«, sagte sie, »you have no passport.« Um elf Uhr abends klingelte es dann an der Haustür, und ich erhielt meinen Paß, den mir Mrs. Perkins, die Ministerin für Arbeit und Soziales, auf Einwirken von Mrs. Roosevelt persönlich ausgestellt hatte.

Es ist sicher von symbolischer Bedeutung, daß ich diesen ersten amerikanischen Paß nicht benutzte, um in den USA zu bleiben, sondern daß er mir nur dazu diente, wieder nach Europa zu gehen. Ich habe schon davon gesprochen, daß ich das Amerika des »unconditional surrender« nicht akzeptieren konnte. Ich packte die ganze Nacht, rief Eva Hirschmann, die Schwägerin Altieros, an, und sie versprach mir, sich um die Möbel und die Bücher zu kümmern. Sie wurden zwar geschickt, sind aber nie angekommen. Harold Oram versprach mir, mich ans Schiff zu bringen. Er war damals Offizier in der amerikanischen Armee. Statt um neun kam ich um elf Uhr am Hafen an. Harold ging mit einem Kind auf jeder Schulter vor, und ich setzte mich völlig erschöpft auf die Koffer. Er rief: »Lassen Sie diese Frau schnell durch! Sie ist allein mit zwei kleinen Kindern und erwartet ein drittes!« Das war allerdings nicht wahr. Tante Alice, die Frau von Max Warburg, kam ans Schiff, um beim Abschied die Familie zu vertreten. Endlich waren wir auf dem Schiff und fanden unsere Kabine. Ich hatte zwei kleine, mexikanische Kinderstühle für die Reise gekauft. Als das Schiff dann langsam aus dem Hafen fuhr, hob ich die Kinder hoch und ließ sie New York Aufwiedersehen sagen, vor allem der Freiheitsstatue, und ich versprach ihnen, sie würden sie wiedersehen. Elena und Oliviero waren damals drei und zwei Jahre alt, ich zog sie immer gleich an, damals trugen sie blaue Mäntel und Mützen. An Bord hielt ich sie wie kleine Pferdchen an einer Leine fest, weil ich Angst hatte, sie könnten ins Wasser fallen. Es war eine lange Reise, weil wir wegen der Minengefahr den nördlichen Kurs nehmen mußten. Wir legten erst in Norwegen an, und dort sahen wir die ersten europäischen Kinder, die uns zuwinkten. Wir warfen Orangen, Schokolade und Kekse herunter. In Göteborg holten uns meine Eltern und meine Schwestern ab. Die Eltern waren sehr glücklich, endlich ihre Enkelkinder zu sehen.

Ingrid und Veniero in Italien

»Autonomia!«

»Votate Veniero Spinelli!«

»L'Italia Europea«

»Un uomo d'azione«

Ingrid mit ihren Kindern in der Villa Glinici

Ingrid auf dem Flug nach London (Zeitungsbild)

Veniero

Rom und Italien 1945 — 1969

In Stockholm wohnte ich mit den Kindern in der schönen Wohnung der Eltern am Strandvägen am Fluß Malärn. Wir hatten zwei Zimmer, in meinem Schlafzimmer spielten die Kinder. Hier sah ich unsere gute Klara wieder, das Mädchen, das seit meinem fünfzehnten Lebensjahr bei uns auf dem Kösterberg gewesen war. Außer den Eltern kümmerten sich auch meine Tanten Elsa und Ingrid um die Kinder. Elena und Oliviero sprachen nur Englisch, aber meine Tanten und die Eltern sprachen natürlich auf Deutsch mit ihnen. Die Kinder gewöhnten sich an das neue Leben und gingen in den Parks in der Nähe der Wohnung spazieren. Mein Vater hatte durch Altiero, der mit seiner Frau in der Schweiz war, die Bestätigung erhalten, daß Veniero in Rom war. Anfang November kam mein Vater nach Hause und sagte, daß die ersten Flugzeuge nach Rom gingen. Ich solle nach Rom fliegen und meinen Mann suchen. Ich hatte natürlich die Adresse der Familie Spinelli, auch wegen der vielen Pakete, die ich aus Amerika nach Italien geschickt hatte, unter anderem mit Insulin für die Mutter, das man in Italien damals noch schwer bekommen konnte.

Ich entschloß mich also, die beiden Kinder bei den Eltern zu lassen und flog mit einem der ersten Flugzeuge, das Zivile mitnahm, nach Rom. Es war ein Militärflugzeug, in dem man auf der Erde sitzen mußte, denn die Sitze waren noch nicht eingebaut. Wir flogen von Stockholm über Deutschland, wo wir nicht landen durften, nach Nizza und dann weiter nach Rom.

Auf dem Ciampino-Flughafen von Rom fand ich eine riesige Menschenmenge vor, es waren vor allem amerikanische Soldaten.

Ich sprach kein Italienisch, und als ich Veniero nicht finden konnte, weil das Telegramm mit der Nachricht meiner Ankunft länger gedauert hatte als die Flugreise, sprach ich den ersten G.I. an und bat ihn, mir zu helfen. Ich wollte Veniero in der Via Chiana anrufen. Ich war überzeugt, daß die Bürokratie der US-Army nichts mit einem einfachen amerikanischen G.I. zu tun hatte. Und außerdem der Krieg war beendet, und obwohl mein Mann Deserteur war, wohnte er zuhause.

Nach einiger Zeit kam Veniero endlich in Begleitung seines Vaters, der inzwischen aus Asmara zurückgekommen war. Carlo Spinelli sah aus wie ein Wikinger, mit blauen Augen und blonden Haaren und einem blonden Bart.

In Rom habe ich also zuallererst einmal Amerika wiedergetroffen. Die GIs waren mir durch meine Besuche im Camp Lee in Virginia und in den anderen Stationierungen vertraut. Aber Veniero gehörte nicht mehr zu ihnen, weil er nach fünfzehn Jahren Emigration und Kampf gegen den Faschismus nicht als Amerikaner, sondern als Italiener für die Befreiung Italiens hatte kämpfen wollen. Hier in Rom wie überall wurden die G.I.s als Befreier behandelt, und so fühlten sie sich auch. Ich sah in ihnen einfach nur junge, mir vertraute Amerikaner, die froh waren, daß der Krieg aus war, und daß sie selber heil mit dem Leben davon gekommen waren.

In der Familie Venieros war ich inzwischen wie aus dem Tagebuch der Mutter hervorgeht auch schon präsent:

»Eines Morgens präsentierte sich in unserem Haus ein Offizier der US-Army in Begleitung einer italienischen Dolmetscherin. Er teilte mir mit, daß er von Ingrid Warburg, der Gattin Venieros geschickt worden war. Sie habe ihn beauftragt, vom amerikanischen Gesundheitsamt Insulin für meine und Asterias Diabetis zu besorgen. Er fragte nach uns und erzählte mir von Ingrid und den beiden Kindern Elena und Oliviero. Er kannte Veniero nicht. Dann versprach er, Ingrid direkt zu benachrichtigen, denn als Amerikaner konnte er mit seinem Land korrespondieren, was uns Italienern nicht erlaubt war.

Ein Arzt der amerikanischen Armee kam, machte eine Blutanalyse und ließ uns ein Rezept da, mit dem wir die monatlich nötige Menge an

Insulin erhalten konnten. Für Asteria und mich war diese unerwartete Hilfe sehr wohltuend, denn in Rom war es damals sehr schwer, sich das Insulin zu beschaffen. Der amerikanische Offizier kam noch zwei Mal, um sich zu vergewissern, daß das Insulin regelmäßig gegeben wurde, und bei jedem Besuch überreichte er uns 5000 Lire von Ingrid, die sich unsere ökonomischen Schwierigkeiten wahrscheinlich vorstellen konnte. Eine Freundlickeit, für die ich dieser entfernten Schwiegertochter, die sich so für uns interessierte, noch ehe sie uns kannte, sehr dankbar war.«

Venieros Ankunft in Italien war sehr dramatisch. Aus reinem Zufall war er erst am 18. September 1943 und nicht mit dem Gros der Fünften Armee am 9. September in Salerno gelandet, von denen die meisten in einer Schlacht gefallen sind. Später kam er in einem Trainingslager in der Provinz Salerno und sah überall zu seinem Entsetzen Zerstörung, Hunger und moralischen Verfall. Eines Nachts beschloß er, der hungernden Bevölkerung etwas von dem Überfluß an Lebensmitteln in der amerikanischen Armee abzugeben. Mit Hilfe eines Japaners, der amerikanischer Soldat war, räumte er in der Nacht die Speisekammer seines Batallions leer und verteilte Kaffee, Zucker, Salami und Seife an die Bevölkerung der Umgebung.

In dem Tagebuch seiner Mutter heißt es dazu weiter:

»An einem warmen Nachmittag im Oktober klopfte ein Soldat der Fünften Armee an unsere Tür — es war Veniero! Der junge, schlanke Mann, der uns vor dreizehn Jahren verlassen hatte, kam als Mann zurück. Stark und unbeugsam und Herr einer tiefen historischen, philosophischen und religiösen Kultur. Er sprach ohne Schwierigkeiten verschiedene Sprachen und war Gründer und Agitator einer Bewegung für die Autonomie. Er glaubte, uns alle zuhause zu finden, aber er erfuhr, daß Vater noch in Afrika, Altiero und Fiorella in der Schweiz, Cerilo und Gigliola mit den Partisanen in Norditalien, Azalea leidend in ihrem Haus allein und Anemone und Guido ohne die Kinder waren, die bei den Großeltern im Piemonte waren. Er sprach von seiner Frau, einer jungen, deutschen Jüdin. Er blieb drei Tage bei uns, sah die Schwestern, die Onkel und Kusinen und erzählte die ganze Geschichte von den dreizehn Jahren seines Exils. Dann fuhr er ab mit dem Versprechen, Weihnachten zurückzukommen. Ich durfte mit ihm nicht in Kontakt treten, weil er amerika-

nischer Soldat war, aber er durfte an seine Frau und seine Freunde in Amerika schreiben, was auch richtig war ...«

Als Veniero dann am 23. Dezember wiederkam, erzählte er, er sei desertiert. »Warum?« fragte die Mutter. »Weil sie mich nach Amerika zurückschicken wollten. Ich hätte heute vom Flugplatz in Neapel abfliegen sollen, aber ich habe das Gitter übersprungen und ein Auto angehalten, das nach Rom fuhr.« Veniero erklärte seiner Mutter, daß er Amerika gegenüber keine Verpflichtungen habe und daß er nur in die Armee gegangen sei, um endlich nach Italien zurückzukommen. Das Weihnachtsfest wurde unruhig. Veniero bezog eine kleine Wohnung am Corso Trieste, in der Cerilo, sein Bruder und einer der führenden Männer des römischen Untergrundes, sich während der deutschen Besatzung versteckt hatte. Einige Tage später kam ein amerikanischer Offizier in Begleitung zweier Soldaten zur Mutter, fragte nach Veniero und holte Anemone und Guido auf das Polizeirevier, wo sie verhört wurden. Sie waren von der Freundlichkeit der Amerikaner angenehm überrascht. Aber alle Verhöre der Familienmitglieder endeten ergebnislos, und Ostern gaben die Amerikaner die Suche auf.

Mein Empfang in der Via Chiana wurde sehr herzlich. In der Wohnung wohnten damals außer den Eltern, die ein Zimmer voller Jaguar- und Löwenfellen und anderer Erinnerungen an Afrika hatten, Fiorella, die Medizin studierte, Altiero und seine Frau Ursula und Cerilo. Wir beide hatten ein eigenes Zimmer. Im Eßzimmer aß die ganze Familie zusammen. Ich saß rechts von Carlo Spinelli, der ein sehr intelligenter und unterhaltsamer Mann war, und am anderen Ende der Tafel saß Venieros Mutter, die jahrelang für alle Antifaschisten nur »Zia Maria« gewesen war. Bei der ersten Mahlzeit konnte ich mein Erstaunen über die riesigen Teller mit Spaghetti, die alle, auch die Mutter, in Blitzesschnelle aßen, kaum verbergen. Bei Tisch wurde lebhaft und heftig diskutiert, manchmal gab es Zusammenstöße zwischen dem Vater und den Kindern, vor allem mit Veniero. Eine Tochter Gigliola, die eine passionierte Partisanin gewesen war, hielt sich mit ihrem Mann, Franco Venturi, noch in Norditalien auf. Ich kannte den Vater Franco Venturis, den Kunsthistoriker Lionello Venturi, aus New

York. Das »Emergency Rescue Committee« hatte versucht Franco Venturi mit seiner damaligen Freundin aus Südfrankreich zu retten. Er ist dann aber an der französischen Grenze von den Spaniern festgenommen und nach Ventotene geschickt worden. Dann nahm er am Kampf der Partisanen teil und lernte in Norditalien Gigliola Spinelli kennen. Ich bekam in New York von Veniero den etwas schwierigen Auftrag, Lionello Venturi beizubringen, daß sein Sohn Franco nicht das Mädchen, das der Vater sehr schätzte, sondern Gigliola Spinelli heiraten würde. Bei der Gelegenheit mußte ich auch, ohne viel zu wissen, erklären, wer diese Familie Spinelli war. Später war Gigliola mit Franco Venturi, der Kulturattaché in der italienischen Botschaft in Moskau war, in der Sowjetunion und wurde eine der besten Übersetzerinnen aus dem Russischen.

Zu Beginn waren mir die Menschen und die Atmosphäre des Hauses noch sehr fremd, vor allem konnte ich, da ich noch kein Italienisch verstand, den heftigen Diskussionen nicht richtig folgen. Nach Stockholm, das als neutrale Stadt den Krieg nicht erlebt hatte und nachts besonders schön beleuchtet war, kam mir Rom in diesen ersten Novemberwochen sehr dunkel vor. Die Gegend um die Via Chiana, Via Po und den Corso Trieste bedrückte mich etwas. Aber Veniero begann, mir die Schönheiten der Stadt zu zeigen. Er liebte Rom, in den elf Jahren seiner Abwesenheit hatte er jede Straße und jedes Gebäude geträumt. Am besten gefiel mir der Tiber mit seinen Brücken und das Castel Sant Angelo. Auf den Spaziergängen mit Veniero erschloß sich mir langsam die Faszination der Altstadt. Ich empfand den Gegensatz zu New York gleich sehr stark: Rom und die Römer hatten eine so überwältigende Vergangenheit, daß man sich nur schwer vorstellen konnte, hier würde sich jemals etwas ändern. Man hatte das Gefühl, die Römer hätten schon alles erlebt und alles gesehen. In New York dagegen ist einem ständig bewußt, daß die Stadt ganz neu geschaffen ist, sich ständig wandelt und daß der eigene Beitrag dazu fühlbar wird. Was auch immer man in Rom tut, hier verändert sich nichts. . In Rom ist man bewundernder Zuschauer einer großen Geschichte, die aber vorüber ist. Es war dies eine Geschichte, von der ich nicht viel wußte und in der ich lernen mußte, mich einzurichten. Der Kösterberg und auch Hamburg kamen mir im Vergleich nach außen hin so bescheiden vor, während die Größe des Römischen Reiches, die katholische Kirche, die Renaissance und später auch Mussolini in Rom deutliche Spuren hinterlassen hatten.

Während meiner ersten Zeit in Rom wurde fast alles, Pasta, Zucker, Zigaretten, noch von Frauen, die an den Straßenecken saßen, auf dem schwarzen Markt verkauft. An der Ecke von San Silvestro zum Beispiel saß eine Gruppe von alten, schwarzgekleideten Frauen, die offiziell Blumen anboten, in Wirklichkeit aber amerikanische Zigaretten verkauften. Wenn ein Polizist kam, verschwanden die Zigaretten in ihrem Riesenbusen. Als ich das erste Mal wirklich Blumen kaufen wollte und nebenbei fragte, ob sie Zigaretten hätten, taten diese Frauen ganz erstaunt, denn jetzt verkauften sie wirklich nur noch Blumen. Die Zigaretten bekam man nur im Vatikan. Auf der Piazza San Cosimato in Trastevere gab es ähnliche Frauen, sie verkauften offiziell Nüsse und Süßigkeiten, heimlich aber ebenfalls geschmuggelte Zigaretten. Später verlegten auch sie sich auf Gemüse, das war lohnender.

Dieser erste Romaufenthalt war nur kurz. Ich fuhr nach Stockholm zurück, und war wieder schwanger.

Die drei Monate in Stockholm, bis Veniero uns im März abholte, wurden eine schöne Zeit. Wir lebten in der Wohnung am Strandvägen 41 mit Blick auf den Fluß und den Park. Meine Mutter sorgte sehr liebevoll für die Kinder. Ich hatte lange Gespräche mit meinem Vater und schrieb für ihn in dieser Zeit die Berichte über meine Arbeit in Amerika auf. Als Veniero dann kam, mußte er seine Kinder erst wieder kennenlernen. Oliviero fragte mich: »Who is that man sleeping with you?« Veniero ging mit den Kindern spazieren, sie bauten zusammen Schneemänner im Park und machten Schneeballschlachten. Mein Vater und meine Mutter versuchten ernsthaft, sich ein Bild von Veniero zu machen. Mein Vater schlug ihm sogar vor, später vielleicht in der Bank mitzuarbeiten, und -- jedenfalls für den Anfang -- erklärte er sich bereit, uns beim Lebensunterhalt zu unterstützen. Als ich dann später mit Elena und Oliviero aus Stockholm kam, sagte Nonna Maria, es wäre besser, wenn ich jetzt unabhängig von ihnen für meine eigene Familie einkaufte und kochte. Es war 1946, und die einzige Fahrgelegenheit in Rom waren die Camionetta, kleine Lastwagen, die hinten offen waren und Holzbänke zum Sitzen hatten. Sie waren immer überfüllt. Ich ging mit Elena und Oliviero auf den kleinen Markt in der Via Chiana und half mir dort mit der Zeichensprache, viel Italienisch hatte ich noch nicht gelernt. Natürlich wurde der Preis der Waren auf diese Weise sehr viel höher.

Zuhause war die Küche ziemlich klein, und das Kochen mit Nonna Maria und ihrer Hausgehilfin Erminia nicht gerade leicht. Ich hatte nie wirklich kochen gelernt, weil wir als Kinder nicht in die Küche gehen durften. In New York hatte mir mein Freund, der Hamburger Delikatessenhändler, das Essen warm in die Wohnung gebracht. Bis Veniero mir die ersten Kochstunden gab, habe ich nur Salat anmachen und Dosen aufmachen können. Veniero zeigte mir sogar, wie man Fischsuppe kocht.

Mit den Kindern ging ich in einem kleinen Park in der Nähe der Via Chiana spazieren. Dort gab es einen Esel, den wir liebten und der die Kinder an Stockholm und den Tierpark Skansen erinnerte.

Im Mai 1946 war Rom sehr heiß. Veniero schickte mich und die Kinder ans Meer. Wir fanden ein kleines Haus in Fano, das einem ehemaligen Carabiniere und seiner Frau gehörte, die mir auch helfen sollte. Die Kinder spielten am Meer, und ich lag in der Sonne auf den Steinen, trotz meiner fortgeschrittenen Schwangerschaft. Das Meer war an dieser Stelle recht einsam. Die erste, die Italienisch lernte, war Elena, die der Frau des Carabiniere in der Küche half. Sie lernte Brotbacken und fuhr das Brot dann mit einer Karre zum Bäcker. Das alte Paar hatte die Kinder gern, so entstand der erste wirkliche Kontakt mit Italienern. Wir lebten von Mai bis September in Fano, während Veniero in dieser Zeit mit seinem Vater in Rom zusammenarbeitete. Ende Mai rief Carlo Spinelli an und sagte: »Abbiamo una Repubblica.« Veniero sagte, ich solle mit den Kindern nach Rom kommen, um Umberto von Savoyen ein letztes Mal zu sehen, beim Referendum habe die Republik gewonnen. Die königliche Familie Italiens bedeutete mir nicht viel, ich wußte, daß sie Mussolini unterstützt hatte. Jimmy Warburg hatte seine leitende Stellung beim »Office of War Information« verloren, weil er während einer Sendung gegen den italienischen Faschismus vom König als »the moron little king« gesprochen hatte. Es war der 2.6.1946, und Veniero nahm ein Kind auf jede Schulter, damit sie auf dem Balkon des Quirinalspalastes den König und seine Familie zum ersten und zum letzten Mal sähen. Ich erinnere mich an die Tausende von Römern, die mit Tränen in den Augen grüßten und jene, die rote Fahnen jubelnd schwenkten. Es war auch ein Sieg.

Zurück in der Via Chiana setzten eines Abends, nach einer sehr lebhaften Diskussion über den Namen des Babys mit der ganzen Familie, die Wehen ein. Veniero brachte mich sofort in die Klinik Glinici in der Via Nomentana, aber der Arzt war unauffindbar. Veniero sagte: »Die Frau schreit nicht, aber das Kind wird gleich geboren.« Als die Hebamme zu langsam war, brachte Veniero mich in den Operationssaal und half mir, Gioconda zu gebären. Die Hebamme sagte: »Für die Nachgeburt habe ich keine Erlaubnis.« Da der italienische Ausdruck für die Nachgeburt »la seconda« ist und mein Italienisch noch schlecht war, fragte ich Veniero: »Aber Liebling, kommt noch ein zweites?« Mein Vater war ein Zwilling, ich war auf eine Zwillingsgeburt vollkommen gefaßt. Wir hatten ein großes Zimmer mit zwei Betten, so daß Veniero bei mir schlafen konnte. Die katholischen Schwestern waren beängstigend, sie kamen um fünf Uhr morgens und sagten: »Dieses arme Kind wird verhungern, denn die Frau ist Amerikanerin und kann es sicher nicht nähren. Das arme Kinder verhungert!« Sie nahmen Gioconda und brachten sie einer Italienerin, die ihrer Meinung nach genug Milch für zwei hatte. Als Veniero aufwachte, war er außer sich und drohte der Klinik mit einem Prozeß. Am nächsten Tag kam die ganze Familie Spinelli, um sich das Kind anzusehen.

Kurz nach Giocondas Geburt zogen wir in die neue Wohnung in der Via Nicola Fabrizi ein. Hier habe ich mich wohl gefühlt. Die Wohnung war klein, aber sie hatte einen Balkon, auf dem Gioconda in ihrem Kinderwagen die ersten Lebensmonate verbracht hat. Bei schönem Wetter haben wir auf dem Balkon gefrühstückt. Ich liebte die Gegend, in der zwei der schönsten Parks von Rom liegen, die Villa Sciarra und der Gianicolo. In der Villa Sciarra schlossen die Kinder ihre ersten Freundschaften. Wir gingen mit Veniero auf dem Gianicolo spazieren und genossen die wunderbare Aussicht auf Rom, den Fluß, die Kirchen, aber auch auf das Gefängnis Regina Coeli, in dem mehrere Mitglieder der Familie Spinelli als aktive Antifaschisten gesessen hatten. Die Büsten der Garibaldiner im Gianicolo erinnerten mich ein wenig an die Siegesallee in Berlin.

In dieser Zeit hatte ich den ersten Kontakt mit einfachen italienischen Frauen, die mir im Haus halfen und meine ersten Freundinnen wurden. Zu meinem großen Erstaunen mußte ich feststellen, daß diese lieben und intelligenten Frauen, die über dreißig waren und vom Lande kamen, zumeist noch Analphabetinnen waren. Die Portiersfrau Peppa genierte sich sehr, wenn der Briefträger kam und sie die Briefe schriftlich bestätigen mußte. Die Kinder liebten sie. Leonida kam aus Kalabrien, aus einer kleinbürgerlichen Familie, und sie durfte nicht heiraten, bis die ältere Schwester sich verheiratet hatte. Sie wohnte bei einer Tante, die den Hausschlüssel unter dem Kissen hatte. Eines Tages gingen Veniero, Elena, Oliviero, Gioconda auf Leonidas Arm und ich zu einer Audienz bei Papst Pius XII. Es herrschte ein ungeheures Gedränge, und beim Verlassen der Kirche verlor Gioconda einen Schuh auf der großen Treppe, den wir nur mit großer Mühe wiederfanden. Dann war plötzlich Leonida verschwunden, wir warteten lange, bis sie endlich zurückkam mit strahlendem Gesicht. Sie erzählte, der Papst habe ihr den Schwur gelöst, so daß sie jetzt heiraten könne, ja, der Papst habe ihr versprochen, sie persönlich zu trauen. Für mich war dieser Besuch etwas problematisch, denn man mußte den päpstlichen Ring küssen, wenn man dem Papst vorgestellt wurde. Ich konnte mich nicht dazu entschließen, war doch Papst Pius XII. derselbe Pacelli, der trotz seines Wissens um die Verbrechen der Nazis nur wenig getan hatte, um die Greuel zu verhindern. Ich habe dem Papst dann als Jüdin und als Amerikanerin, die Hand geschüttelt und den Handkuß vermieden.

Schon in Amerika hatte ich Diskussionen über die Rolle der

katholischen Kirche und die Konflikte zwischen Religion und Politik in Italien erlebt. Es war Ignazio Silone, den ich durch Dorothy Norman und den Kreis der Autoren um »Twice a year« kennengelernt hatte, der mich als erster mit diesen Fragen konfrontierte. Seine Romane »Fontamara« und »Pane e Vino« hatten mich tief berührt. Die beiden Bücher sind weltberühmt, aber in Italien sind sie erst nach der Befreiung veröffentlicht worden und auch nicht so bekannt geworden wie im Ausland. Die Schilderungen vom Charakter, vom Leiden und der Religiosität der Bauern sind Venieros Vorstellungen sehr nahe gewesen. Veniero kannte Silone. Sie waren vor allem während Venieros Zeit in Spanien in Kontakt miteinander, und Silone hat Veniero von der Schweiz aus geholfen, Geld zu sammeln. Seine Romane hat Silone während dieses Aufenthaltes in der Schweiz geschrieben, als er krank, einsam und von den Schweizern interniert war und aufgrund seiner Stellung als Emigrant keiner politischen Arbeit nachgehen durfte. In vielen Ländern hat man die Bücher direkt auf die dortige Situation bezogen, daher ist »Fontamara« in Polen, Jugoslawien und Ägypten nicht übersetzt. Mein Sohn Italo hat später eine ähnliche Erfahrung gemacht: Als er in Turin den »Woyzeck« von Büchner aufführte, waren die Proben für die Arbeiter der Fabriken offen, und die Süditaliener, die in Turin arbeiteten, kamen alle, weil sie spürten, daß »Woyzeck« etwas darstellte, mit dem sie sich identifizieren konnten.

Veniero und Silone hatten viele Gemeinsamkeiten: Sie fühlten sich der Region Abruzzen sehr verbunden, waren beide nach einer Phase aktiver Mitarbeit als Antistalinisten aus der Kommunistischen Partei ausgetreten und maßen beide — im Gegensatz zu einem Großteil der italienischen Antifaschisten — der Rolle der katholischen Kirche größere Bedeutung zu als die marxistische Orthodoxie. Ähnlich wie Silone verstand Veniero die Mystik des italienischen Volkes: In »Il seme sotto la neve« sagt Silone: *»Man weiß, daß die Mystik nicht nur ein verkürzter Weg zur Theologie ist. Sie entspringt dem mysteriösen Wesen der nationalen Seele. Nicht durch die trockenen Gefühle des Gedankens, sondern direkt, ich würde sagen, schlagartig, durch »gefühlsmäßiges Erleben«.«*

Venieros Position gegenüber der Kirche war natürlich keineswegs eindeutig. Schon in seinem Elternhaus bestanden unterschiedliche Einschätzungen. Die orthodoxe Mutter wandte sich nach einer Krankheit ihrer Mutter, für deren Heilung sie vergeblich gebetet hatte, gegen die Kirche. Der Vater, Carlo Spinelli, war eindeutiger, aus rationalistischen und politischen Gründen Atheist und antiklerikal. Er erzog auch seine Kinder im streng marxistischen Sinne zu Atheisten. Für Veniero wurden die Erfahrungen im Spanischen Bürgerkrieg entscheidend. Nach der Niederlage der Republikaner, dem Sieg der Francofaschisten und den Grausamkeiten eines Bürgerkrieges, die Veniero tief erschüttert hatten, wollte er ein »Zeichen« für seine Bindung an die mütterliche Herkunft, an die bäuerliche Kultur, an Italien und seine Religiosität setzen, indem er sich taufen ließ. Es empfing mit 33 Jahren die Taufe in Paris, nahm aber zur offiziellen Kirche keinerlei Kontakt auf, weil er überzeugt war, daß die organisierten Kirchen mit den Faschisten unter einer Decke steckten. Seine sehr persönliche Religiosität inspirierte sich vor allem an bestimmten Heiligenfiguren, besonders an Frauen wie zum Beispiel Santa Teresa di Avila, und er las die Mystiker. Als wir einmal, kurz nach meiner Ankunft in Rom, in der Kirche Ara Coeli vor der mit Juwelen und Gold bedeckten Statue des Jesuskindes standen, fragte ich ihn, warum in einem so armen Land, wie es Italien damals war, eine Statue so überreich geschmückt wurde, statt das Geld der hungernden Bevölkerung zu geben. Veniero erklärte mir, daß das Haus Gottes für das italienische Volk das Haus Aller symbolisiere, und daß diese Tatsache für die leidende Bevölkerung tröstlich sei. Ein anderes Mal gingen wir in eine Kirche in Scanno in den Abruzzen, und ich erinnere mich, wie die Bäuerinnen ihre Körbe vor der Kirche abstellten und hineingingen, um dann jede vor ihrem Heiligen schnell ein Gebet für die Kinder in der Fremde zu sprechen. Der Priester sagte zu Veniero: »Sehen Sie, ich habe hier kaum eine Funktion, weil die Frauen ihren Trost auch ohne mich finden.«

Mein Vater verstand diese Beziehung Venieros zum italienischen Volk und dem Trost, den es in der Kirche fand. Beide lehnten den dogmatischen Teil der Religion ab, ihre Religiosität war eine

Liebe zur Tradition und ein Mitempfinden des Leidens ihres Volkes. Sie verstanden bestimmte religiöse Riten und Figuren als Symbole der Hoffnung und bewunderten die Kraft gläubiger Menschen, in schweren Prüfungen ihren Glauben nicht zu verlieren. Diese Stellung zum Judentum hat mein Vater mir vererbt: keine Bindung an die Orthodoxie, sondern der Glaube an Gott und die Überzeugung, daß der Sinn der Welt und der Geschichte letztlich positiv ist. Eng damit verbunden ist das Bewußtsein der eigenen Verpflichtung, die Menschen zu verstehen und leidenden Mitmenschen zu helfen. Ich habe darum, auch als ich mich mit dem Widerstand und dem Sozialismus identifizierte, niemals etwas Anderes als den einzelnen Menschen mit seinem Gewissen und seinem Mut sehen können.

Diese Gemeinsamkeiten zwischen der Haltung Venieros und meines Vaters zur Religion, ihre Toleranz, das Bewußtsein, an einer bestimmten kulturellen Tradition teilzuhaben und die daraus folgende Anteilnahme an der Geschichte dieser Gruppe brachten sie einander näher. Mein Vater war einverstanden mit Venieros Entscheidung, die Kinder katholisch zu erziehen, er sah darin eine gewisse Ordnung und Sicherheit und erklärte sich bereit, ihre Schulen zu bezahlen und die Erziehung in jeder Weise zu unterstützen. Veniero hielt den Unterricht an katholischen Privatschulen für qualitativ besser als an staatlichen Institutionen und hatte damit zweifellos recht in der damaligen Situation Italiens. Außerdem vermittelten ihnen diese Schulen eine bessere Einführung in die italienische Realität als zum Beispiel eine moderne, amerikanische Schule, die Elena und Oliviero für kurze Zeit besuchten. Elena und Gioconda kam die Kenntnis der Organisationen der offiziellen katholischen Kirche, die sie durch ihre Schulzeit gewannen, für ihre spätere Sozialarbeit in staatlichen Institutionen wirklich zugute. Natürlich waren diese Schulen nicht unbedingt antifaschistisch und außerdem sehr snobistisch, und es muß für die Kinder nicht immer leicht gewesen sein, daß Veniero, wenn sie mittags nach Hause kamen, die katholische Kirche sehr kritisierte, besonders natürlich, wenn sie politischen Einfluß ausübte. Ich überließ Veniero die religiöse und intellektuelle Erziehung der

Kinder, denn ich war überzeugt, daß ich in bezug auf die italienische Realität, die Kirche, die Politik, aber auch in bezug auf Venieros Vorstellungen von der zukünftigen Stellung Italiens in der Welt noch alles zu lernen hatte. Zu Hause befolgte ich die Regeln religiöser Erziehung so ernst, wie ich es bei der Praxis der jüdischen Glaubensgebote gesehen hatte. Es gab bei uns immer noch freitags Fisch, als die Kirche diese Regel schon längst gelockert hatte. Die Kinder gingen zur Kommunion und wurden gefirmt. Wenn wir in den Schwarzwald fuhren, wo ich mit den Kindern im Sommer die Eltern traf, ließ ich Elena und Gioconda sonntags morgens um sieben mit den Frauen des Dorfes in ihren schönen Trachten zur Messe gehen. In Stockholm war es schon schwieriger, in der Nähe der Wohnung meiner Eltern eine katholische Kirche zu finden. Aber dieser Respekt vor religösen Praktiken verband sich bei mir mit einer grundsätzlichen Kritik an religiösen Dogmen. Ich war überzeugt, daß die Idee des auserwählten Volkes ein Irrtum war, das heißt, daß mit dem Volk Gottes alle Menschen gemeint waren. Ich glaube, daß die Orthodoxie den Zugang zu einer lebendigen und wirklichen Religion verstellt und finde viele Dinge im Neuen Testament und vor allem in den Gleichnissen viel einleuchtender. Darum wollte ich auch nicht, daß die Kinder Christentum immer nur mit der katholischen Kirche identifizierten. Als wir in der Via Cola di Rienzo wohnten, lag ganz in der Nähe die Waldenserkirche, die vielleicht am intensivsten gelebte protestantische Gemeinschaft. Ich erklärte den Kindern also, daß es nicht nur die katholische, sondern auch viele protestantische Kirchen gab. Ich erzählte ihnen vom Leben und vom Werk Albert Schweitzers, den ich schon in Salem kennengelernt hatte. Seine Weise, Christentum zu verwirklichen, hat den Kindern großen Eindruck gemacht. Auf Elenas Schreibtisch stand jahrelang ein Bild von Albert Schweitzer.

Soweit ich mich erinnern kann, sind wir nur Weihnachten und Neujahr mit den Kindern in die Kirche gegangen. Ich liebte die Weihnachtsgeschichte sehr, und wir haben viele Jahre lang zu Hause eine Krippe gebaut, nachdem wir die Figuren auf der Piazza Navona gekauft hatten. Ein paar Jahre lang haben wir sogar den

Adventskranz aus Deutschland übernommen. Ich erzählte den Kindern vom schwedischen Advent, bei dem eine Tochter am Morgen mit einem Lichterkranz auf dem Kopf das Frühstück bringt und das Lied von Santa Lucia gesungen wird. Eine besondere Weihnachtsfeier habe ich kürzlich mit meinem Sohn Francesco, seiner Frau Pamela, ihrer Tochter Ariah und Dodo von Haeften, der Tochter von Hans Bernd von Haeften, einem Freund vom Adam, der auch am 20. Juli getötet worden ist, gefeiert. Ihr Mann Steinhardt, ein berühmter russisch-jüdischer Geiger, war auch dabei. Es gab einen Weihnachtsbaum mit Lichtern und Geschenken und einen Chanukkaleuchter. Die Großen lasen aus Büchern mit Geschichten über Weihnachten und Chanukka vor. Die Weihnachtsgeschichte erschien mir selbst immer als die Geschichte einer jüdischen Familie auf der Flucht.

Viele Jahre später war ich sehr erstaunt, als mein Sohn Oliviero mir in einem Gespräch sagte, das Wichtigste, das ich ihm vermittelte habe, sei vielleicht ein religiöses Gefühl gewesen. Er erinnerte sich zum Beispiel, daß ich auch in den schwierigsten Zeiten am Tisch immer einen Platz mehr gedeckt habe, für den Messias.

Veniero hatte seit langem schon den Wunsch, daß wir kirchlich heirateten. Ein Grund war wohl auch der Gedanke an die Kinder. Er wollte nicht, daß sie sich in diesem katholischen Land »anders« fühlten. Eine Gelegenheit, die katholische Kirche besser kennenzulernen, ergab sich für mich durch Klaus Dohrn, dem Korrespondenten von »Time« und »Life« im Vatikan, den das »Emergency Rescue Committee« aus Deutschland gerettet hatte. Veniero und ich hatten ihn mit Pietro Nenni bekannt gemacht, um ihn dazu zu bringen, etwas andere Artikel über Italien zu schreiben, als er es üblicherweise tat. Als Gegenleistung stellte er mich Pater Leiber vor, einem deutschen Jesuiten, der der Beichtvater Papst Pius XII. gewesen war und die Enzyklika »Mit brennender Sorge« mitverfaßt hatte. Pater Leiber, ein sehr lieber und intelligenter Mensch, war in Stuttgart geboren, und er kannte die Geschichte der Warburgs. Er wurde einer meiner besten Freunde in Italien. Unsere Beziehung begann gegen Ende der fünfziger Jahre, ungefähr zu der Zeit, als Papst Pacelli starb.

Ich fuhr von unserer Wohnung in der Via Nicola Fabrizi in die Gregoriana, und in der großen Eingangshalle, wo viele deutsche Seminaristen in ihren roten Gewändern herumliefen, kam mir der kleine, zarte Pater Leiber entgegen und empfing mich überaus freundlich. Zwischen uns begann dann eine für mich zunächst sehr erstaunliche Diskussion: Nachdem ich ihm erklärt hatte, daß ich wissen wollte, was eine christliche Heirat bedeutet, sagte Pater Leiber, daß eine kirchliche Heirat durchaus auch möglich sei, wenn einer der beiden Eheleute nicht getauft sei. Dann fragte er mich ganz rundheraus: »Warum wollt ihr überhaupt kirchlich heiraten?« Ich erklärte ihm, daß die Institution der Ehe für mich eine sehr wichtige Einrichtung sei und daß ich nichts von der Scheidung halte. Leiber bestand nicht auf meiner Konversion zum katholischen Glauben. Sehr erstaunte ihn das Kreuzzeichen, das Veniero mir beigebracht hatte: »Im Namen des Vaters, des Sohnes und der Mutter.«

Die Kinder hatten ebenfalls zu einer kirchlichen, katholischen Heirat gedrängt. Ich erinnere mich, daß Oliviero sich große Sorgen machte, als in der Presse über den Bischof von Florenz gesprochen wurde, der die »Mischehe« eines nur standesamtlich getrauten Paares für ein Konkubinat erklärt hatte. Oliviero war sehr besorgt, daß ich nun nach meinem Tod nicht in den Himmel kommen würde. Ich schickte ihn zu Pater Leiber, der ihm erzählte, die wunderbarste Frau, die er je getroffen habe, habe den Sonnengott angebetet.

Ich sah Pater Leiber dann noch weiter regelmäßig, bis er starb. Wir haben viel über ethisch gelebte Religiosität und über Literatur gesprochen. Es ist sicher charakteristisch für die Offenheit Pater Leibers, daß er mir ein Neues Testament der Protestantischen Kirchen geschenkt hat. Er hat mir auch geholfen, mit der Schuldfrage, die mich damals besonders quälte, zurechtzukommen. Ich konnte die Schuld aller Deutschen nicht anerkennen, weil ich wußte, daß es Deutsche gab, die gegen den Nationalsozialismus gekämpft hatten. In diesem Sinne konnte ich Veniero gut verstehen, der bei seiner Rückkehr nach Italien meinte, daß die alte Unterscheidung zwischen Faschisten und Antifaschisten hinfällig sei, wenn es darum ging, ein neues Italien aufzubauen. Wichtiger war für mich der einzelne Mensch als unverwechselbarer Mensch mit seinen Stärken und Schwächen. Große Bedeutung hatte für mich deshalb auch der Begriff der Gnade, das heißt, der Dynamik des menschlichen Lebens, in dessen Verlauf ein Mensch zwar sündigen kann, aber sich doch auch ändern und wachsen kann. Wenn es den Begriff der Gnade gibt, dann gibt es auch Vergebung, und in diesem Sinne war ich wenigstens theoretisch dem Christentum näher als dem strafenden Gott der Juden, der Sünden bis in die siebte Generation verfolgt. Der Begriff der Gnade ist auch für meinen Onkel Aby M. Warburg entscheidend geworden, als er sich nach dem 1. Weltkrieg in der Klinik von Ludwig Binswanger aus eigener Kraft aus tiefer Depression befreit hat.

Schließlich hat die katholische Kirche mich und meine Verantwortung für die religiöse Erziehung meiner Kinder anerkannt. Die Kinder wurden tatsächlich katholisch erzogen. Aber trotzdem konnten wir uns aufgrund der nicht an der Kirche orientierten Religiosität Venieros nicht kirchlich trauen lassen. Veniero mußte sich damit abfinden, unsere Eheschließung in Amerika lediglich in die offiziellen italienischen Akten eintragen zu lassen.

Die Familie Venieros hat seine Taufe, sein Christentum und seine Einschätzung der Rolle von Religion und Kirche in Italien niemals verstehen können. Im Gegensatz zu seinem Bruder Altiero, der in der langen Verbannungszeit sehr viel studiert hatte und ein eher intellektuelles Verhältnis zur Revolution hatte, war Veniero nicht nur durch und durch ein »uomo d'azione«, ein Tatmensch, sondern auch viel inniger mit seinen regionalen kulturellen Wurzeln verbunden. Daher sein Verständnis und seine Liebe für die volkstümliche Religiosität seiner Heimat. Ein anderer grundsätzlicher Unterschied der beiden Brüder betraf ihre Einschätzung der politischen Aufgaben im Italien der Nachkriegszeit. Zwar sahen beide das zukünftige Italien im Kontext Europas, aber während Altiero dieses Europa mit Hilfe der Amerikaner schaffen wollte, bestand Veniero auf einem eigenen Weg für ein antifaschistisches Italien, auf einer Revolution »von unten«, aus dem Volk, mit Berücksichtigung all seiner regionalen Besonderheiten.

Entsprechend war auch die Entscheidung Venieros, nicht auf der Seite der Amerikaner für die Befreiung Italiens zu kämpfen, auf Unverständnis in der Familie gestoßen. Ich selber sah in der Politik der Alliierten, die in Italien und vor allem in Deutschland nicht mit dem sozialistischen und kommunistischen Widerstand, sondern mit den bürgerlichen Kräften Kontakt aufgenommen hatten und ihnen die politische Führung anvertrauten, eine Fortsetzung meiner Erfahrungen in Deutschland und in Amerika.

Zwar arbeiteten Altiero und Veniero eine Zeitlang in der »Federazione Europea« zusammen, einem Zusammenschluß antifaschistischer Kräfte in der Nähe zur »Partito d'azione«, die von Altiero mitgegründet worden war, aber sie hatten unterschiedliche Positionen. Auf einem Kongreß in Montreux im August 1947 vertraten Veniero und ich das »Movimento Europeo per una Federazione Mondiale« und Altiero die »Federazione Europea«, die Churchills Unterstützung hatte. Veniero wollte die Teilung Europas in zwei Blöcke verhindern, er verteidigte die Vision eines vereinigten Europa, das die Balkanstaaten und Rußland bis zum Ural einschloß. Hier berührten sich seine politischen Ideen mit denjenigen Adam von Trotts, der ja auch die Besetzung und Teilung Deutschlands und Europas nie akzeptiert hätte.

Am Abend des Versammlungstages in Montreux war ein großes Essen vorgesehen, auf dem Ignazio Silone als Ehrengast eine Rede halten sollte. Silone aber beschloß, lieber mit uns allein in einem französischen Restaurant essen zu gehen, um auf diese Weise auch öffentlich seine Parteinahme für Venieros Position zu bekunden. Silone und Veniero setzten ihre Hoffnungen auf eine neue Entwicklung, aber ihrer Meinung nach mußte sie wirklich aus dem Volk kommen. Beide liebten die Figur des »cafone«, des süditalienischen Bauern. Außerdem waren sich beide einig in der Notwendigkeit einer strengen Trennung von Staat und Kirche. Veniero hielt nichts von der fortgesetzten Unterscheidung zwischen Faschisten und Antifaschisten auch im Nachkriegsitalien, er sprach von christlicher Vergebung und hat damit seine Schwester Gigliola, die gekommen war, ihm einige Partisanen vorzustellen, einmal sehr brüskiert.

Was Veniero theoretisch vertrat, lebte er auch praktisch: Unmittelbar nach dem Krieg half er vor allem den Soldaten, die verwundet zurückkamen und vergeblich auf staatliche Hilfe rechneten. Sie waren Heimkehrer aus dem Krieg, den sie selber nicht gewollt oder nicht so gewollt hatten. Sie kamen aus den Lagern, den Gefängnissen und aus der Emigration. Für alle war es schwer, sich wieder zu Hause zu fühlen, aber vor allem für den größten Teil Italiens, der freiwillig oder unfreiwillig in der faschistischen Armee gekämpft hatte, gab es keinen Empfang, der die Menschen, die ihr Leben riskiert hatten, anerkannte.

Veniero aber machte wirklich keinen Unterschied zwischen »Siegern« und »Verlierern«. Seine eigene Geschichte, das Gefängnis nach der illegalen Arbeit in der verbotenen Kommunistischen Partei, der Parteiaustritt, die Kämpfe als Flieger gegen Franco, der Krieg in Frankreich gegen Hitler unter den Anfeindungen früherer Genossen, die Fremdenlegion und der Zweite Weltkrieg als Soldat der amerikanischen Armee — das alles befähigte ihn besonders, das Schicksal der Heimkehrer in all seinen Schattierungen zu verstehen. Letzten Endes hatten sie alle davon geträumt, wieder nach Hause zu kommen.

Eines Tages, es war in dem sehr kalten Winter 1944, sah Veniero auf der Ponte Cavour einen zerlumpten jungen Mann, der um Almosen bettelte. Auf Venieros Frage, was ihm denn geschehen sei, antwortete dieser Mann, er habe als Soldat in der Schlacht bei El Alamein gegen die Engländer einen verwundeten Kameraden retten wollen und sei von einer Mine getroffen worden. Er hatte noch unzählige Splitter im Körper. Veniero legte dem Mann seinen Mantel um und brachte ihn nach Hause zum Essen. Später erwirkte Veniero bei dem damaligen Verteidigungsminister Randolfo Pacciardi, den er aus Spanien persönlich kannte, daß dieser junge Mann, Leandro Franchi, die Goldmedaille wiederbekam, die Mussolini ihm für seine Tapferkeit in El Alamein verliehen hatte, die er aber nie erhalten hatte. Mit Hilfe dieser und anderer Auszeichnungen konnte Franchi dann eine Existenz aufbauen. Veniero und Franchi wurden gute Freunde und gründeten gemeinsam die »Unione Europea Combattenti«, die sich um in Not geratene einfache Soldaten kümmerte. Manche dieser teilweise psychisch schwer erschütterten und körperlich verstümmelten Kämpfer kamen regelmäßig zu uns nach Hause zum Essen oder wohnten eine Zeitlang bei uns. Veniero half ihnen auf seine Art, indem er zum Beispiel einem Blinden ein Radio schenkte.

Einmal fand in unserer Wohnung ein berühmtes Essen statt, das Venieros Überzeugung entsprach, man müsse über alle ideologischen Differenzen hinweg gemeinsam für ein neues Italien arbeiten. Außer Kommunisten, Sozialisten, Sozialdemokraten und Liberalen war Teodorani da, ein Faschist, der Mussolinis Nichte geheiratet hatte. Man setzte sich zu Tisch und plauderte. Später stellte Veniero die Leute einander vor, und nachdem sie erfahren hatten, daß ihr Gegenüber auf der gegnerischen Seite gekämpft hatte, begannen sie, einander auszufragen: Der Kommunist fragte den Faschisten, wie der und der Genosse, als er erschossen werden sollte, denn gestorben sei, und der Faschist antwortete: »Oh, er ist heldenhaft gefallen, mit dem Ruf: »Es lebe das freie Italien! Nieder mit Mussolini!« Dann fragte der Faschist die versammelten Antifaschisten nach gefallenen Kämpfern aus den eigenen Reihen, und auch sie bestätigten deren mutiges Sterben mit den Worten: »Evvia il fascismo! Evviva Mussolini!« Nachher haben die Anwesenden dann alle über das zukünftige Italien diskutiert und waren sich einig in ihrem Wunsch nach einer besseren Welt.

Ich habe mir damals gesagt, daß unbedingt etwas Konkretes geschehen müßte, um Veniero die Realisierung seiner politischen Ideen zu ermöglichen. Es war nicht leicht, das nötige Kapital dafür zu finden. Eine große Hilfe kam dann von Raffaele Mattioli, dem Präsidenten der Banca Commerciale. Er hatte seine Volontärszeit bei den Warburgs in Hamburg gemacht und war als Bankier in manchem mit Sir Siegmund Warburg vergleichbar: Beide interessierten sich sehr für klassische Literatur und Kunst. Mattioli, der zu sagen pflegte: »Eine gute Bilanz ist wie ein Gedicht«, ist ein guter Freund geworden. Die schwierige Situation, in der wir uns finanziell befanden, war ihm sofort klar, und er half. Das war dann der Beginn der Zeitung »Italia Europea«, deren verantwortlicher Direktor Veniero war. Die Zeitung wurde 1947 gegründet, und sie war für Veniero in den ersten, schwierigen Zeiten sehr wichtig. Ich kümmerte mich hauptsächlich um die Finanzen, wobei mich auch einige Freunde in Amerika unterstützten, und schrieb mitunter Artikel über kulturelle Themen. Es waren immer Gegenstände, die mich besonders interessierten. In einem Artikel über Käthe Kollwitz heißt es:

»Käthe Kollwitz beobachtete das Leben als Frau und als Mutter, und sie war vielleicht die erste Frau, deren dramatische Kunst einen authentischen Beitrag zum Ausdruck der Gefühle der Ehefrau und Mutter darstellt ... Das Leben und das Werk der Käthe Kollwitz bieten ein einzigartiges Beispiel vollkommener Übereinstimmung. Sie war Mensch und Künstler im vollständigsten Sinn dieser beiden Begriffe. Sie hatte etwas zu sagen, und sie sagte es mit bemerkenswerter Ausdruckskraft, wobei sie sich selbst und ihrer Zeit treu blieb. Sie lebte ein einfaches und würdiges Leben, das von moralischen Prinzipien geleitet und inspiriert wurde. Niemals hat sie aus opportunistischen Gründen oder aus Eigennutz Abstriche an ihren Idealen gemacht. Sie war kein politisches Temperament. Oft sagte sie, sie kenne keine Parteien, sondern nur Brüder. Sie beobachtete mit großem Mitgefühl, und in ihr bebte ein feuriger Sinn für Gerechtigkeit und Solidarität. Wie Millet das Symbol des Bauern, so hat Käthe das Symbol des Arbeiters geschaffen.«

Meine besondere Aufgabe bei der Zeitung bestand darin, zu den verschiedenen ausländischen Kulturakademien in Rom Kontakt aufzunehmen und über ihre Arbeit zu berichten. Wir versuchten damit, schon ein kleines Stück »Europa« zu realisieren, denn diese Akademien arbeiteten zum Teil sehr isoliert.

Die Zeitung berichtete auch regelmäßig und ausführlich über Kultur und Politik in den verschiedenen Besatzungszonen Deutschlands. Dabei machte ich mir meine Kontakte in Deutschland zunutze, außerdem hatten wir mit einigen deutschen Zeitungen Kontakt, vor allem mit der »Frankfurter Rundschau«.

Ein anderes großes Thema der Zeitung war die Stellung der Frau in der Gesellschaft in Italien, Europa und Amerika. Das lag an Veniero, dem die Sorge um die Würde der Frau als Ehefrau und Mutter in der neuen Ordnung der Welt, von der er träumte, sehr am Herzen lag. Ich hatte in Amerika durch die enge Zusammenarbeit mit aktiven Frauen erfahren, wie intensiv Frauen sich für den Frieden einsetzen können, darum war ich überzeugt, daß die Frau eine wichtige Rolle bei der Verhinderung zukünftiger Kriege spielen würde. Wir veröffentlichten einen Aufruf unter dem Titel

»Das Ministerium des Friedens: Frauen Europas!

Wir wollen Frieden und Gerechtigkeit! Wir Frauen müssen dafür kämpfen, in jedem Land, in dem wir leben, die Kriegsminister abzusetzen und sie zu ersetzen durch ein Ministerium des Friedens mit einer Frau an der Spitze. Nur so können wir sicher sein, daß die Kriegsindustrie unterdrückt wird und eine Industrie des Friedens geschaffen wird. Frauen Europas, wir laden Euch ein, an der Gründung eines Komitees der Frauen Europas für den Frieden teilzunehmen, in dem wir die großen Traditionen der weiblichen Emanzipation erneuern, welche alle zu einer neuen Ordnung führt. In dem neuen Europa werden die Rechte der Frau neben den Rechten des Mannes anerkannt, gegründet von einer Mission der Liebe, die ihren Ursprung in der Familie hat.«

Im August 1947 brachten wir anläßlich des Kongresses in Montreux als einzige eine Zeitung in vier Sprachen heraus: Italienisch, Englisch, Deutsch und Französisch. In ihr gab es einen kleinen englischen Artikel von mir, er hieß »Peace with justice«:

»We want peace with justice. The last war was not only fought on the battlefields but also in cities, in the homes, where women, the aged and children were tragic privations. Therefore we women have something to say now and to revenge the defence of our children and protect our men. ... Why shouldn't every human being in peacetime have a home, clothing and food? Each government which is not able to guarantee this minimum required for existence be banished from civilization and must not have the right to speak in the name of its people.

Today we see that the majority of governments are not able to do this and therefore war is mentioned and an attempt is made to provoke another world war. Still more catastrophic than the last one, because it would be based on the atomic bomb. The vision of death cannot be accepted by the younger generation which has the duty of creating and procreating and regenerating Europe ...«

Im März 1948 flog ich, inzwischen hochschwanger mit Francesco, als Korrespondentin der Zeitung nach London zu einer internationalen Gewerkschaftskonferenz. Im Rahmen des Marshall-Plans sollte die italienische Gewerkschaft, die noch vom Faschismus her eine Einheitsgewerkschaft war, geteilt werden. Aus Amerika kamen Gewerkschaftsführer, die ich kannte, Reuther und Goldman. Veniero schickte mich mit zwei Mitarbeitern, Postillione und Modugno, der ein Anarcho-Syndikalist war, nach London, um die Amerikaner von dieser Teilung abzubringen. Die Reise war abenteuerlich, weil wir wie immer nur wenig Geld hatten. Wir gingen jeden Abend im Restaurant essen, und da die beiden Italiener auf ihren Rotwein nicht verzichten konnten, der in England sehr teuer war, fehlte uns am Ende das Geld für die Rückfahrt. Da ging ich zu Paul Felix Warburg, einem Vetter von mir, einem Sohn von Felix Warburg, der in der amerikanischen Botschaft arbeitete. Ich sagte ihm, wenn er mir das Geld für den Rückflug nicht gäbe, würde ich in London bleiben. »Um Gottes Willen, Dopey«, sagte er und gab mir das Geld. Er hat mich immer nach dem schläfrigen Zwerg aus Walt Disneys »Schneewittchen« genannt. Die italienische Gewerkschaft wurde dann natürlich doch geteilt, Veniero arbeitete bei der Gründung der »Unione Italiano dei Lavoratori« mit.

Später wurde meine Mitarbeit bei »Italia Europea« schwieriger, denn es war damals noch recht ungewöhnlich, wenn eine Frau regelmäßig in politischen oder Gewerkschaftsorganisationen auftauchte. Außerdem ließen mir die Kinder zunehmend weniger Zeit für andere Tätigkeiten, und mir fehlte eine richtige Hilfe im Haus.

Meine Eltern sind einige Male nach Rom gekommen, um uns zu besuchen. Meinem Vater gefiel vor allem die Piazza Navona. Einmal lud er uns zum Essen in ein sehr schönes Restaurant auf der Via Appia ein, von dem aus man die Castelli Romani sah. Wir genossen das gute Essen, und am Schluß bot er Veniero und mir eine Zigarette an. Wir hatten aber auf Venieros Wunsch bereits seit einem Jahr nicht mehr geraucht. Er sagte: »Nach einem solchen Essen muß man eine Zigarette rauchen.« Damit endete natürlich unser Versuch, tugendhaft zu werden. Mein Vater liebte Italien. Schon durch Onkel Aby, der sich als einen Italiener im Geiste bezeichnete, war er in die Schönheit der Kunstwerke und Gebäude eingeführt worden. Vielleicht waren die Eltern dieses Mal freier, auf ihre Weise die Monumente zu bewundern, als auf ihrer ersten Italienreise, ihrer Hochzeitsreise, als Onkel Aby sie in Florenz durch die Museen führte. Für meine Mutter war damals alles neu und überwältigend gewesen. Die beiden hatten sich manchmal versteckt, um hinter Onkel Abys Rücken die Zärtlichkeit eines jungen Paares auszutauschen.

Im Vatikan war meine Mutter entsetzt über den Mangel an Andacht. Im Gegensatz zur Stille und Feierlichkeit der gotischen Dome wird im Petersdom herumgegangen und gesprochen. Überall liefen bettelnde Kinder herum. Mein Vater währenddessen war durch seine Kenntnis des Judentums mit dieser besonderen Intimität zwischen Gott und den Menschen vertraut, denn auch der fromme Jude, und vielleicht besonders die Chassidim haben ihre persönlichen Gespräche mit Gott in Liebe und Ehrfurcht, aber auch im Hader. Dem entsprach die besondere Atmosphäre im Italien der Nachkriegszeit, in der der Priester und der Kommunist, Don Camillo und Peppone, in dauernder Auseinandersetzung, in Liebe und Streit, versuchen, Italien in Ordnung zu bringen. Bei aller Verschiedenheit der Weltanschauung verband sie doch vor allem die Liebe zum Volk. Ich erlebte einmal gerade auf dem Petersplatz ein Beispiel für diese Haltung. Unsere Zeitung »Italia Europea« erschien schon, und Veniero war mit vielen der Zeitungsverkäufer befreundet, vor allem mit einem, der den »Paese Sera«, eine kommunistische Zeitung, verkaufte. Am Tag, als der neue Papst gewählt worden war, verkaufte er brav seine Zeitung, hatte aber dahinter schon das Photo des neuen Papstes anzubieten, es war Johannes XXIII. Natürlich hat er an diesem Tag an den Photos viel mehr verdient als an der Zeitung.

Dieser erste Besuch meiner Eltern stand noch im Zeichen der Freude des Wiedersehens und der Gemeinsamkeiten. Veniero und meine Eltern verband die Erleichterung über die Erlösung Europas vom Faschismus und vom Nationalsozialismus, und mein Vater war dankbar wie Veniero für all die Menschen, die unter Einsatz ihres Lebens für diese Befreiung gekämpft hatten. Gemeinsam fühlten sie sich als Europäer und träumten von einem vereinigten Europa. Mein Vater war durch sein geistig-kulturelles Leben und die Arbeit in der Bank Europäer, und vor allem hatte er die Hoffnung, daß Deutschland nun wieder einen Platz in der Völkergemeinschaft haben würde. Veniero hatte in anderer Weise dieselben Hoffnungen. Er hatte in Frankreich, Spanien und in Amerika Menschen aus Europa getroffen, die mit ihm kämpften, und er war überzeugt, daß nur ein vereinigtes Europa innerhalb einer Weltföderation der Nationen Frieden und Gerechtigkeit bringen konnte.

In den fünfziger Jahren fuhr ich dann im Sommer mit den Kindern meistens nach Schweden oder nach Süddeutschland, um meine Eltern zu treffen. Einmal war ich neun Monate lang in Hinterzarten, dann in Breitenau. Die Kinder genossen das Leben auf dem Bauernhof und im Gasthaus »Zum Löwen«, weil sie den Bauernkindern bei der Landarbeit helfen durften. Italo und Fancesco wohnten in einer Kammer über dem Kuhstall. Eines Tages waren die Bauern alle beim Heuen, und Italo, der damals fünf war, hörte die Schweine im Stall unter sich quietschen. Sie taten ihm leid, und er tat zum ersten Mal etwas, was dann für sein ganzes Leben charakteristisch sein sollte: Er sperrte die Stalltür auf und schenkte den Schweinen die Freiheit. Die Bauern waren natürlich weniger begeistert, weil sie mitten in der Ernte die Schweine wieder einfangen mußten. Von Breitenau, nicht weit hinter dem Gasthaus »Zum Löwen«, von wo aus wir lange Spaziergänge in das Dorf machten, hatte man eine wunderbare Aussicht auf das Tal und die Wälder des Schwarzwaldes. Die Balkone und Fenster waren geschmückt mit roten Geranien. Am Sonntag gingen die Mädchen mit den Frauen des Dorfes in ihren schönen Schwarzwälder Trachten in die Kirche. Auf dem Rückweg brachten sie den Langschläfern dann heiße Semmeln mit. Ich glaube, die Kirchenglocken hatten für die Kinder etwas Feierliches und Beruhigendes, was dem Sonntag erst seine wahren Klänge gab. Ein anderer Klang, der die Erinnerung an jene Zeit birgt, sind die Kuckucksuhren. Er scheint die Kinder noch über Generationen hinweg zu faszinieren. Als ich vor einiger Zeit mit meinen Enkelkindern im »Adler« in der Jägerstube gegessen hatte und zu jeder Stunde und halben Stunde der Kuckuck aus der großen Schwarzwälder Kuckucksuhr an der Wand heraussprang, stellten die Kinder sich jedesmal mit großen Jubel vor die Uhr.

Meine Eltern wohnten damals im »Adler« und kamen uns besuchen. Ich selber fand mich in Hinterzarten und Breitenau nach so vielen neuen Erfahrungen plötzlich wieder zu Hause. Die Landschaft, die Sprache und sogar viele Menschen, die ich von früher kannte, waren wieder um mich. Freunde aus Salem kamen vorbei, auch unser alter Freund Alexander Kreßling, der in Freiburg den russischen Chor leitete, kam uns besuchen. Seine sehr hübsche Tochter Beruta wurde Olivieros erste Liebe. Auch Veniero kam uns manchmal für kurze Zeit besuchen. Diese langen, nicht ganz freiwilligen, auf permanenten finanziellen Schwierigkeiten beruhenden Trennungen waren nicht leicht für uns.

Eine der glücklichsten Zeiten für die ganze Familie war dagegen unser Aufenthalt in Pescara. Wir haben einmal ein ganzes Jahr dort gelebt und sind später oft im Sommer hingefahren. Für die Kinder war dieses Jahr nach den neun Monaten Hinterzarten eine besondere glückliche Erfahrung: Sie hatten das Meer und endlich einen engen Kontakt mit ihrem Vater.

1950, als ich noch mit Italo, meinem jüngsten Sohn, schwanger war, sind wir zum ersten Mal nach Pescara gefahren. Als der Zug die Grenze zwischen dem Latium und der Region Abruzzen passierte, öffnete Veniero das Fenster und schrie so laut: »Mamma mia!«, daß alle sich umdrehten. Mehr noch als in Rom fühlte Veniero sich in den Abruzzen endlich in seiner Heimat angekommen. Die Abruzzen waren die Gegend seiner Mutter, seines geliebten Großvaters, der mit Garibaldi gekämpft hatte. Wir haben später in Chieti das Haus besucht, wo dieser Großvater gelebte hatte, und wo er frühmorgens, statt wie die Mutter in die Messe zu gehen, einen Frühschoppen auf das Wohl der »Maiella« trank.

Dieser Gebirgszug hatte für Veniero und später auch für mich und die Kinder eine fast mythische Bedeutung. Wir haben hier unzählige Wanderungen gemacht.. Als wir dann zum ersten Mal in Pescara ankamen, mußten wir eine Kutsche nehmen, weil ich nicht mehr gehen konnte. Zu Venieros großer Begeisterung stellte sich heraus, daß der Kutscher der persönliche Kutscher D'Annunzios gewesen war. Er hat uns viel erzählt und eine wunderbare Wohnung in Pescara für uns gefunden. Später haben wir mit den Kindern oft D'Annunzios Haus im alten Teil von Pescara besucht. Es ist ein hübsches kleines Haus mit einem Springbrunnen im Innenhof. D'Annunzios alte Haushälterin zeigte uns alles und erzählte von den Zeiten, als er noch hier gewohnt hatte. Auf dem Marktplatz von Pescara gab es einen Bücherstand, bei dem ich immer wieder Bücher von D'Annunzio für Veniero gekauft habe.

Im Gegensatz zu Hinterzarten mußte ich mich nun in Pescara erstmal wieder daran gewöhnen, eine gute italienische Hausfrau zu sein. Während die Kinder mit Veniero am Meer waren, fuhr ich mit dem Rad auf den Markt und kaufte ein. Ich kochte mittags Spaghetti und Fisch. Die Kinder lernten Schwimmen, und wir machten lange Spaziergänge am Meer vor der untergehenden Sonne. Die Intensität und die Schönheit der Landschaft machten mich glücklich. In Pescara lernte ich auch zum ersten Mal einen für mich durch Veniero verständlichen Menschentyp kennen: Sie waren wirklich »forti e gentili«. Für Veniero gab es eine Reihe neuer Freunde. Er unterhielt sich mit den Fischern und versuchte ihnen demokratische Ideale beizubringen. Eines Tages tauchte die Idee auf, ein Fischerboot zu kaufen, um uns auf dieser Existenzgrundlage hier endgültig niederzulassen. Ich legte meinem Vater den ökonomischen Teil dieses Planes vor, aber der Anwalt, den er einschaltete, fand heraus, daß das vorgesehene Schiff untauglich war.

Veniero lernte außer den Fischern auch eine Reihe von Künstlern und Intellektuellen kennen. Der sympathischste war ein Bildhauer scherzhaft Verrocchio genannt, der sein Atelier über dem Palace Hotel hatte, das ihm gehörte. Er stellte vor allem Reiterfiguren her, die auch in Pescara aufgestellt wurden. Außerdem kam Veniero mit Intellektuellen und Schriftstellern zusammen, die sich mit D'Annunzio beschäftigten. Den Kindern las er die »Geschichten aus Pescara« vor, und wir sahen einige Stücke im Theater. Das Wichtigste an dieser Zeit war, daß wir hier eine wirklich gemischte italienische Gesellschaft genossen: Intellektuelle und einfache Handwerker, Bauern und Fischer. Venieros Träume aus der Emigrationszeit schienen hier realisierbar, und auch für mich war es damals leichter, an die Verwirklichung eines neuen, sozialistischen Italien zu glauben. Veniero beschäftigte sich mit der Gewerkschaftsarbeit, und auch unsere Beziehung war unbelasteter.

Es gab in den sechziger Jahren immer wieder schwierige Momente, in denen wir nicht wußten, wovon wir leben sollten. Veniero, der jede Parteizugehörigkeit ablehnte, aber auf unmittelbaren menschlichen Kontakt mit Gleichgesinnten angewiesen war, fühlte sich in der veränderten politischen Situation in Italien zunehmend isoliert. Ich habe immer alles versucht, was in meinen Kräften stand, um ihm zu helfen, denn ich war zutiefst davon überzeugt, daß seine Ideen richtig waren und daß er sie realisieren mußte, weil er darin seinem Gewissen folgte.

Obwohl Veniero überzeugt war, daß er nach mir sterben würde, ist er nach einem langen Leben, in dem es sicher auch Momente des Glücks und vor allem seine große Liebe zu den Kindern gab, vor mir gestorben. Ignazio Silone, Nicola Chiaromonte und Cerilo Spinelli kamen an sein Totenbett und sprachen mit den Kindern lange über ihn. Ich schrieb aus Rom an Hertha Vogelstein:

»Liebste Hertha!

Wir haben alle so viel an Dich gedacht. Du wirst inzwischen von Anita gehört haben, daß Veniero am 29.10.1969 gestorben ist. Irgendwie, liebe Hertha, gerade an die Nächsten, wie Dich, konnte ich noch nicht schreiben, so unwahrscheinlich schien es mir. Das Einzige war, die Kinder so intensiv um mich zu haben. Weißt Du, daß er an seinem 60. Geburtstag am 18. September gesagt hat: »Ich glaubte, man könnte nie dazu kommen, zufrieden zu sein.« Aber dann, schon sterbend im Krankenhaus, sagte er: »Heute bin ich glücklich — sono felice!« Ein Leben so voll von unendlichen Leiden hat am Schluß das gefühlt, was ich versucht habe, ihm in 25 Jahren zu zeigen: Liebe und Freude sind der Kreis, der dem Leben Bedeutung gibt. Erst in dem Augenblick hat er verstanden, daß ich ihm immer treu war. Du hast uns in den letzten und schwersten Stunden mit Deiner Nähe geholfen. Wie Adam waren es die Menschen, die starben, damit ihr Land lebte.«

Auf Venieros Grab steht: »*Una coscienza che ha il coraggio di affermarsi è una forza.*« »*Ein Gewissen, das den Mut hat sich zu behaupten, ist eine Kraft.*«

Die Jahre nach Venieros Tod galten meinen Kindern. Es war ein nicht immer einfache Situation für uns, aber wir haben es dank der Kraft und Einfühlung meiner Kinder überstanden.

›n links nach rechts: Anna Beata, Francesco, Elena, Oliviero, Ingrid, Italo, Gio-
nda und Fritz Warburg

Ingrid

Reisen nach Deutschland 1980—1988

Im August 1980 habe ich mit meinem Sohn Oliviero eine lange Reise durch Deutschland unternommen, auf der ich versucht habe, die Orte zu finden, an denen ich ein Heimatrecht besitze. Ich versuchte, gemeinsam mit Oliviero zu entdecken, wo und wie weit Deutschland noch ein Teil meiner Identität ist.

Wir fuhren mit dem Auto nach Freiburg. Oliviero fand den Weg nach Hinterzarten ohne Schwierigkeiten. Der Schwarzwald mit seinen waldbedeckten Bergen und schönen Tälern hatte sich wenig verändert. Oliviero meinte, wir sollten im »Adler« wohnen, aber ich zögerte etwas, denn man hatte uns gesagt, daß das Hotel voller Ex-Naziführer wäre. Wir kamen also in Hinterzarten an. Das Hotel ist immer noch recht elegant, aber statt alter Nazis war es voller älterer Herrschaften, die meistens auf der Kaffeeterrasse saßen und das Schwimmbad und die Sauna weniger benutzten. Beim Empfang hörte ich, wie eine Dame nach dem Porto für Israel fragte. Ich stellte mich vor, und sie erzählte mir, daß sie als Anwältin für die Wiedergutmachungsleistungen an Israel arbeitete. Später stellte sie mir noch eine Freundin vor, die in Tel Aviv lebt und in Hinterzarten ein Haus hat. Wir saßen gemeinsam auf der Wiese mit Aussicht auf die Kirche mit dem Spiegelturm. Dies war also der »Adler«: weniger elegant, als ich gedacht hatte, und voller älterer, wohlhabender Deutscher, die sich zu alt fühlten, ins Ausland zu reisen. Es war sieben Uhr, und wir beschlossen, lieber sofort nach Breitenau zu fahren. Im Gasthaus »Zum Löwen« angekommen, wo ich so oft mit allen fünf Kindern gegessen hatte, stellten wir fest, daß es sich überhaupt nicht verändert hatte. Ich ging durch das Eßzimmer in die Stube, und es gab ein großes Wiedersehen mit Franz, dem Wirt, der jetzt Großvater ist, Emma, seiner Frau, die immer noch so aussah wie vor zwanzig Jahren, und Ermine, der unverheirateten Schwester, die die Verwaltung besorgte. Im Nebenzimmer saßen immer noch dieselben Männer aus dem Dorf wie damals, tranken ihr Bier und spielten Karten. »Ach, Frau Spinelli! Sie sind hier! Wie geht es Ihnen?« Wir bekamen ein kleines, kaltes Abendbrot, und Ermine setzte sich zu uns: »Ach, es ist alles nicht mehr so wie früher! Viel weniger Gäste. Die Leute gehen nach Hinterzarten, aber vor allem gehen sie ins Ausland.« Dann beklagte sie sich über die Steuern und über die Schwierigkeiten, gutes Personal zu kriegen. Der Traum der fünfziger Jahre, immer weiter aufzubauen und sich zu vergrößern, war deutlich geschwunden. Die Angst vor der DDR war groß, und Ermine sagte: »Frau Schmidt hat gesagt, ihr Mann, Helmut Schmidt sei ein braver Mann, nur habe er leider die falsche Partei gewählt.«

Am nächsten Tag fuhren wir nach Tübingen, um meine Salemer Schulfreundin Veronika Meier-Wiedemann zu besuchen. Es war wie immer: »Ingrid! Wie schön, Dich wiederzusehen!« Sie wohnt jetzt in einer kleinen, modernen Wohnung auf dem Berg, in der Nähe des riesigen, neuen Universitätsgebäudes. Sie war die Besitzerin des Feldberghofes, den sie während des Krieges und während der französischen Besatzung geleitet hat. Ich erinnere mich noch an ihre Großmutter, eine fabelhafte, tüchtige Frau. Deren Gäste waren vor allem norddeutsche Kaufleute. Einmal kam auch Bismarck. Während des Ersten Weltkrieges war Schlachtverbot. Die alte Frau Meier legte einem Kalb einen Strick um den Hals, rief den Bürgermeister an und fragte: »Ich wollte nur fragen, ob ich ein Kalb aufziehen darf?« Und er: »Selbstverständlich, Frau Meier!« Sie zog am Strick, und dann war das arme Kalb bereit, den feinen Gästen als Kalbsbraten vorgesetzt zu werden. In den ersten Jahren nach dem Krieg, als ich Veronika zum ersten Mal besuchte, hatte sie große Schwierigkeiten mit der französischen Besatzung. Man wollte dem Feldberghof eine große Radaranlage vor die Tür stellen, und es gelang mir mit Hilfe von

Erich Warburg und dem französischen Botschafter, diese Radarstation zu verlegen, worüber Veronika sich sehr freute. Während der Besatzung aßen die französischen Offiziere im Gegensatz zu den Deutschen Weißbrot. Veronika verkaufte eine Sau, und als der Käufer sich bei ihr beschwerte: »Die Sau frißt nicht!«, sagte sie: »Versuchen Sie es mit Weißbrot.«

Veronika ist uns in all den schweren Jahren treu geblieben. Meine Mutter und Eva waren 1936 und 1937 bei ihr auf dem Feldberg, was schon damals für sie ein Risiko bedeutete. Sie ist seit vielen Jahren Anthroposophin und hat auch ihre Kinder so erzogen. Ihre sehr sympathische Tochter, die Russisch studierte, saß auf dem kleinen Balkon und fütterte ihre beiden kleinen Kinder. Seit wir in Salem zusammen dem Tennisspiel der Jungen zugeschaut hatten, war Veronika schmaler geworden. Den größten Eindruck hat mir gemacht, daß sie sich in ein Altersheim eingekauft hat. Sie zeichnete mir den Plan auf und die Zimmer, die sie dort bekommen würde. Sie muß sich selber immer noch um ihre 97 Jahre alte Mutter kümmern und will ihren eigenen Kindern nicht zur Last fallen. Trotz vieler Bekannter, trotz Vorträgen und Konzerten kam sie mir sehr einsam vor. Diese Angst der Frauen in meinem Alter, allein und ohne Hilfe zu sein, hat mich sehr berührt. Nach einem langen Leben als Besitzerin eines der größten Hotels, das jetzt abgerissen wurde — auf dem Feldberg werden Motels gebaut —, fühlt sie, daß sich in dieser Gesellschaft für jemanden wie sie kein Mensch wirklich interessiert und ihr Anteilnahme und Hilfe gibt.

Veronika zeigte uns den schönen alten Teil der Tübinger Universität. Oliviero war sehr beeindruckt, ich erinnerte ihn, daß Tübingen auch die Universität von Hegel, Schelling und Hölderlin war. Vielleicht liegt es an meinen Erfahrungen während der letzten Universitätsjahre in Deutschland, daß es mir hier an der alten Universität Tübingen so vorkam, als wäre durch die nationalsozialistische Gleichschaltung der Universitäten Deutschlands die Tradition dieser schönen alten Universitätsstadt unterbrochen und gebrochen worden. Die Studenten, die in den riesigen Neubauten arbeiten, können die Altstadt nur noch als Geschichte empfinden. Natürlich hat es an allen deutschen Universitäten Professoren, vor allem gläubige Professoren gegeben, die mit ihren Studenten dem Nationalsozialismus mutig entgegengetreten sind. Man denke nur an die Weiße Rose in München, an die Rote Kapelle, an die Haubach-Mierendorf-Gruppe und an viele andere. Jeder, der sich zum Widerstand entschloß, riskierte seine berufliche Zukunft, und es gab die verschiedensten Formen der Verweigerung: Die einen traten nicht in die NS-Organisationen ein, andere verteilten Flugblätter und setzten damit ihr Leben aufs Spiel, und wieder andere, wie mein Professor Emil Wolff in Hamburg, lasen während des Krieges, während der Bombenangriffe, trotzig ihre Vorlesungen über Shakespeare weiter. Auch diese besonderen Formen von Gruppenresistenz versuchten, sich in der inneren Emigration ihre ethischen Werte zu erhalten.

Von Tübingen aus sind wir dann nach Hinterzarten zurückgefahren, und dort hatte ich ein Wiedersehen mit Doktor Uhlmann, der während vieler Jahre für mich und meine Kinder gesorgt hat. »Ich kann es nicht glauben!«, rief er am Telefon, »Frau Warburg Spinelli! Ich habe so viel an Sie gedacht, wie es Ihnen und Ihren Kindern wohl geht!« Dann kam er, ein noch sehr rüstiger, fast unveränderter Mann, und nach einer großen Umarmung, bei der ihm die Tränen in die Augen kamen, sagte er: »Sie haben mein Leben verändert, als Sie mir das Buch von Peter Bamm, »Die unsichtbare Flagge« geschenkt haben!« Dieses Buch beschreibt die Rolle des Arztes, der im Krieg über den feindlichen Nationen steht.

Dann haben wir noch den Bauernhof besucht, in dem ich mit den Kindern gewohnt habe, und sind in unsere Lieblingstäler in der Umgebung gefahren. Den Bauernhof trafen wir völlig unverändert wieder. Über dem Kamin hingen immer noch im Sommer die frischgewaschenen Socken. Es war schön alle wiederzusehen, aber mir schien, daß sie hier wie im »Löwen« vor allem damit beschäftigt sind aufzupassen, daß sich ja nichts verändert. Die Bauern, die wir hier im Schwarzwald wiedergesehen haben, haben sich sicherlich kaum je mit der Frage konfrontiert, was in den Jahren 1933 — 1945 eigentlich geschehen ist. Sie leben ihr Leben jetzt lediglich in größerer Sicherheit weiter. Es wird nur geschimpft, daß die Deutschen, die Geld haben, in Gruppen nach Indien oder Jamaika fahren statt in den schönen Schwarzwald. In der Nähe des »Löwen« befand sich ein kleiner Teich, in dem die Kinder immer baden gingen und in dem es Forellen gab. Diese Forellenzucht, die meine Kinder mit großer Leidenschaft mitgemacht haben, weil sie angeln durften, lohnt sich jetzt nicht mehr, weil zu wenig Fremde kommen. Man fischt nur noch in den kleinen Gebirgsbächern.

Dieses Deutschland, das ich so gut kannte, war landschaftlich so schön wie früher. Aber war es noch dasselbe Deutschland, von dem ich Adam in meinem letzten Brief aus Deutschland geschrieben hatte? Schon die Bauernhäuser im Schwarzwald mit ihren Blumenkästen mit blühenden Geranien vor den Fenstern machten mir jetzt einen anderen Eindruck. Ich mußte an die Geschichte denken, in der der SS-Mann, der das Vernichtungslager Treblinka leitete, vorschlug, vor die Fenster ein paar Töpfe mit Geranien zu stellen, das sähe doch nett aus. Ich glaube nicht, daß die Menschen, die ich hier im Schwarzwald sah, die Bauern und kleinen Geschäftsleute, »durch die Hölle der Identifikation mit den Deutschen« gegangen sind, wie Heinrich Böll über Werner von Trott geschrieben hat. Adenauer, der mit Hilfe des Marshall-Plans und der Währungsreform ein Deutschland des Konsumismus aufgebaut hat, hat diesen Menschen das Nachdenken erspart. Sie dachten an ihre persönliche Sicherheit, an das Weiterkommen und an Ordnung. 1970, als ich einmal mit meiner Tochter Elena im »Löwen« war, sagte Franz, der Besitzer, daß Brandt nicht das Recht gehabt hätte, in Polen vor dem Denkmal des Warschauer Gettos niederzuknien, weil er während des Krieges in der Norwegischen Armee war und darum nicht das Recht hätte, Deutschland zu vertreten. Der deutsche Widerstand ist weder von den Alliierten, von England und Amerika, noch von einem großen Teil des deutschen Volkes selber anerkannt worden. Vielen reicht es, daß sie, wenn es ihnen nützte, einigen Juden geholfen haben. Die meisten Deutschen haben die Grauen des Krieges und den Hunger der Nachkriegszeit viel lebendiger als die Schuld des Nationalsozialismus empfunden. Die Älteren erlebten zum zweiten

Mal einen schrecklichen Krieg, und die Weimarer Jahre sind ihnen eher als eine Zeit der Unruhen und Straßenkämpfe in Erinnerung denn als eine Zeit wichtiger kultureller Leistungen. Als Hitler den Arbeitern dann mit Hilfe der Aufrüstung Arbeitsplätze schuf und ihnen vielfältige Freizeitmöglichkeiten anbot, verteidigten sie diese Errungenschaften im Krieg. Erst als der Krieg durch Stalingrad, Hitlers Kriegserklärung an Amerika und die Forderung nach der bedingungslosen Kapitulation — in Deutschland der »Totale Krieg« — zu einem Krieg gegen das deutsche Volk selbst wurde, fingen Manche an zu überlegen. Aber nur die Menschen, die in Gruppen oder einzeln in den Widerstand gingen, verstanden, was ein totalitärer Staat bedeutet. Während der täglichen Lebensgefahr mußte täglich neu die eigene Position bedacht und überprüft werden.

Hier im Schwarzwald erinnerte ich mich wieder an eine Reise mit den Kindern, auf der schon damals wunderbarerweise viele Menschen aus meiner Vergangenheit aufgetaucht waren, wodurch ich Gelegenheit bekam, den Kindern diesen Abschnitt meines Lebens ein wenig näherzubringen. Es war während eines unserer Sommeraufenthalte in Hinterzarten, als eines Tages Fritz Schumacher, der alte Freund aus Hamburg und Oxford, auftauchte und mich mit den Kindern nach Salem gefahren hat. Meinen Kindern den Ort einer so glücklichen und intensiven Zeit zeigen zu können, war für mich ein ganz außerordentliches und aufregendes Erlebnis. Wir fuhren auf den Hermannsberg und besuchten Hahn, der dort gerade Ferien machte. Als erstes trafen wir Fräulein Köppen, die sich immer noch um die jüngeren Kinder kümmert. Sie war gerade dabei, Nachmittagsbrötchen zu verteilen. Dann tranken wir mit Hahn Kaffee, und die Kinder waren tief beeindruckt, als Hahn Oliviero von seiner großen Bewunderung für Garibaldi erzählte. Was werden die Kinder wohl gedacht haben, als sie Hahn und Georg Wilhelm Herzog von Hannover, dem Enkel der Königin Victoria, der damals gerade Schulleiter war, die Hand schüttelten, als sie meine alten Lehrerinnen kennenlernten und diese so völlig von unserer alltäglichen italienischen Realität verschiedene Welt sahen? Merkten sie, wie groß der

Sprung war, den ich über Amerika, die Arbeit für den Widerstand, in mein neues Leben gemacht hatte? Ich mußte daran denken, daß ich ihnen das Gefühl des Andersseins hatte ersparen wollen. Ich habe immer gewollt, daß sie Italienisch lernen und Italiener sind, im Sinne unserer Träume. Ich wollte den Kindern meine Erfahrungen ersparen, vor allem jenes erste Mal in meinem Leben, als ich mich so fremd wie später nie wieder gefühlt habe, damals, als wir aus dem neutralen, friedlichen, reichen Schweden in das Deutschland nach dem Ersten Weltkrieg zurückkamen.

Es war jedenfalls eine schöne Reise in die Vergangenheit. Später tauchten dann auch noch die Schwestern von Fritz Schumacher auf. Die eine hat später den deutschen Physiker Heisenberg geheiratet, die andere den Schriftsteller Erich Kuby. Von der Familie hat uns damals Anita Warburg in Hinterzarten besucht. Sie hat wohl am besten verstanden, wie schwer die unfreiwillige Trennung von meinem Mann während dieser Sommer für mich war, und sie hat den Sprung, den ich trotz allem gewagt habe, ihr ganzes Leben lang respektiert und bewundert. So hat sie auch für alle meine Kinder immer besondere Güte und Anhänglichkeit gezeigt.

Von Freiburg aus sind Oliviero und ich dann in acht Stunden über die Autobahn nach Berlin gefahren. In Berlin-Zehlendorf besuchten wir Friedrich Sieveking, der Richter für Nationales Recht war und am Lastenausgleich mitgearbeitet hat. Sievekings Frau ist eine geborene Mönckeberg, eine Tochter von Mathilde Wolff-Mönckeberg. Zu Oliviero sagte Sieveking: »Die Aristokratie braucht ihre Titel. Für uns Hamburger genügen der Name und die Adresse.«

Am nächsten Morgen fuhren wir nach Dahlem zu Clarita von Trott, der Witwe Adams. Sie wohnt in der Nähe der Bekenntniskirche, in der sich der Kreis um Niemöller und dann viele 68er getroffen haben. Auf dem Friedhof liegt Rudi Dutschke begraben, und auf einer anderen Berlinreise haben mein Sohn Italo und ich einmal rote Nelken auf sein Grab gelegt. Während Oliviero sich das schöne Dahlemer Museum ansah, unterhielten Clarita und ich uns. Wir haben gemeinsam meinen Briefwechsel mit Adam gelesen, und ich habe ihr die Originale seiner Briefe dagelassen. Clarita ist eine zarte, sehr intelligente Frau und hat ein schweres Leben hinter sich. Als Adam umgebracht wurde, war sie erst 27. Sie kam dann mit ihren beiden Kindern in Sippenhaft, und später wurden die kleinen Töchter in ein Heim gebracht, dort sollten sie eine nationalsozialistische Erziehung bekommen. Nach dem Krieg hat sie mit den Kindern in Immshausen bei der Familie Trott gelebt, und mit 42 hat sie ihren Doktor in Medizin gemacht. Heute ist sie eine der angesehensten Psychoanalytikerinnen. Sie hat fünf Patienten am Tag und ihre Arbeit und die Beziehung zu den Kindern und Enkeln füllen sie ganz aus. Die beiden Töchter sind politisch sehr engagiert. Die eine ist mit einem Professor für Südamerikafragen verheiratet, mit dem sie in Chile gelebt hat. Nach dem Tod Allendes war er sehr aktiv in der Hilfe für die südamerikanische Opposition. Clarita sieht nur wenig Menschen. Wie Veronika Meier-Wiedemann muß sie sich noch um ihre alten Eltern in Hamburg kümmern, auch sie hat ein wenig Angst vor dem Altern und der Einsamkeit. In ihrem Leben war sie zu sehr nur die Witwe von Adam von Trott, den sie erst 1941 geheiratet hat, um dann nur die schwersten Jahre in Berlin mit ihm zu erleben. Sie fragt mich immer: »Konnte er eigentlich auch richtig fröhlich sein?« Es muß schwer für sie gewesen sein, die alten Freundinnen von Adam zu treffen. Die zwei Tage mit Clarita waren sehr schön, und auch Oliviero war sehr beeindruckt von ihr. Als ich Clarita von meinen Eindrücken in Deutschland erzählte, sagte sie: »Vergiß nicht, daß wir nur Inseln sind. Daneben gibt es immer noch dieselben Menschen, ganz in unserer Nähe in Immshausen gibt es Franz Joseph Strauß.« Clarita hat ein ganzes Archiv über Adam und ist jetzt auch das Zentrum für die vielen, die über Adam und über den Widerstand in Deutschland schreiben.

Am folgenden Montag haben wir uns Westberlin angesehen. Um auf dem Kurfürstendamm zu spazieren, mußten wir den Wagen in einem Parkhochhaus parken, und es ist nicht leicht, sich zu erinnern, wo man ihn abgestellt hat. Diese Parkhäuser sind fast immer Teil eines Warenhauses, und wenn man hinausgeht, ist man schon mitten im Gewühl zwischen Büchern und Bluejeans. Wir waren im »Kaufhaus des Westens«. Dann am Bahnhof Zoo vorbei, um auf der Terasse bei »Kranzler« Kaffee zu trinken. Ich fragte die Kellnerin, ob das das alte »Kranzler« sei, und sie sagte: »Nein, das ist ausgebombt und liegt in Ostberlin.« Ich sah den Turm der Gedächtniskirche, die Wolkenkratzer der Banken und Versicherungen, das Brandenburger Tor und die Siegessäule und das schöne Museum von Mies van der Rohe. Vom Berlin, das ich mit meinem Vater besucht hatte, war nichts mehr zu erkennen. Dann sind wir an der Bendlerstraße vorbeigefahren, dem Gestapohauptquartier, und haben uns im Hof das Denkmal des »20. Juli« angesehen.

Am Dienstag sahen wir Nancy Lukans, eine junge Amerikanerin, die Deutsch studiert hat, um es dann in Amerika an der Universität zu unterrichten. Weil sie an der Freien Universität Berlin im Adam-von-Trott-Haus gewohnt hat, ist sie zu einem Studium über Adam und über die religiösen Hintergründe des Widerstands gekommen. Sie hat viele Verbindungen mit den Kirchen und den protestantischen Gruppen in Ostberlin. Wir fuhren also nach Ostberlin, und der Grenzübertritt machte großen Eindruck auf mich. Die Polizisten, die Kontrollen der Papiere, des Autos, die zehn Minuten, die man ohne seinen Paß dasitzt — das alles erinnerte mich ein wenig an die Polizei der Nazizeit. In Ostberlin staunten wir über die riesigen Plätze und breiten Straßen. Oliviero freute sich: »Sieh mal, Rosa Luxemburg Straße, Karl Liebknecht Straße!« Dann sind wir in den riesigen »Internationalen Buchladen« gegangen, in dem es viele Bücher gibt, die man nur in der DDR bekommt. Durch Nancy, die Ostberlin gut kennt, wurde alles leichter. Ich fand ein interessantes Buch von Jürgen Rennert, »Ungereimte Prosa, Skizzen, Predigten und Traktate«. Besonders beeindruckte mich eine Erzählung von der imaginären Freundschaft zwischen einem Juden und Heinrich von Kleist. Die Predigten gefielen mir sehr, weil sie das Neue Testament ungewohnt neu und modern auslegten. Es hieß dort, der Marxismus sei als rationale Verwirklichung eines neues Christentums notwendig.

Dann sind wir über die neue Autobahn nach Hamburg gefahren. So schön und so vertraut lag die Binnenalster da, an der wir auf dem Weg zu Warburg-Bank vorbeifuhren. Erich Warburg empfing uns im Keller in der Garage. Er ist jetzt über achtzig und begrüßte uns sehr herzlich. Er schlug vor, daß ich mit ihm im Auto zum Kösterberg vorfahren und Oliviero mit unserem Wagen hinterherfahren sollte. Auf dem Weg zeigte er auf all das, was ich noch so gut kannte: den Weg durch St. Pauli, das nicht mehr der geheimnisvolle Ort ist, wo die Matrosen sich im Hippodrom und in den Bordellen amüsierten, sondern ein modernes Vergnügungsviertel mit Spielhallen und Pornoshops. Dann die Elbchaussee mit den bekannten Villen und Parks, der Elbe, dem anderen Ufer und dem schönen alten Restaurant Jacobs, das Liebermann gemalt hat. Blankenese ist kein Dorf mehr, sondern ein Städtchen, und ich sah den Bahnhof wieder, wo wir damals von der Schule ankamen und von dem Kutscher mit dem Pferdewagen abgeholt wurden, den wir manchmal kutschieren durften. Dann der Weg vom Bahnhof Blankenese zum Kösterberg, wo ich meine ersten Fahrversuche gemacht habe und einmal mit meinem Vater gegen einen Baum gefahren bin. Die Einfahrt mit den großen Rhododendronsträuchern, das alte Haus, in dem ich meine frühe Jugend verbracht habe. Die Aufteilung der Zimmer ist noch dieselbe. Die Küche ist genauso geblieben, wie damals als der Kösterberg ein Gasthof war. Man geht von der Küche ein paar Schritte herunter in einen Raum, in dem die Tische standen, um die Gäste zu bewirten. Es war wunderschönes Wetter, und wir haben auf der Terrasse Abendbrot gegessen. Von hier aus sieht man über den Rasen auf die großen Buchen und auf die Elbe. Am Telefon hatte Erich gesagt: »Ich habe noch viele Fragen«, und ich habe gesagt: »Ich habe keine mehr.« Erika, seine Tochter, und der Sohn Max kamen vorbei. Nach dem Essen hat Oliviero mit Erich eine Art Interview gemacht: Vorkriegszeit, Krieg und Auswanderung, Rückkehr nach Deutschland. Erich erzählte, wie Onkel Max ihn in das Judentum eingeführt hat. Nachdem Erich acht Jahre alt war und auf dem hamburgischen Gymnasium jeden Tag mit Freude die christlichen Lieder gesungen hatte, sagte Onkel Max eines Tages: »So Erich, heute kommst du mit mir.« Sie gingen einen Weg, den Erich gar nicht kannte, und kurz vor der Synagoge sagte Onkel Max: »Erich, mein Junge, wir sind nämlich Juden, und heute kommst du mit mir in die Synagoge.« Erich betrachtete all die fremden Männer in ihren Tales und sagte mit seiner Jungenstimme: »Sind das alles Araber?« Sie saßen in der ersten Reihe in der Synagoge, und Erich fragte weiter: »Vater, glauben die denn auch an Jesus Christus?« Noch nie ist er so schnell mit seinem Vater aus einem Gebäude herausgegangen.

Was zwischen uns damals zur Diskussion stand, war Erichs und meine Stellung zu unserer jüdischen und deutschen Identität und unsere Position in der deutschen Gesellschaft. Man kann mit seinem Judentum nur zu einer neuen Stellung kommen, wenn man das Jude-Sein als solches nicht in Frage stellt. So habe ich mein Judentum nie in Frage gestellt sondern versucht, es ab 1933 neu zu verstehen und den Platz zu finden, der mir entsprach. Das bedeutete selbstverständlich, den Nationalsozialismus schon sehr früh als einen gefährlichen Feind zu erkennen, andererseits aber die Solidarität mit den Juden möglichst so zu vollziehen, daß sie auch schon meiner besonderen Einstellung zu den sozialen Problemen entsprach. Das heißt: Über die reine Wohltätigkeit hinaus für die Hilfsarbeit eine Form finden, die sich mit den Hoffnungen der Menschen, die in Israel neue Gemeinschaftsmodelle realisieren wollen, identifiziert und ihren Weg zum Sozialismus unterstützt. Sicher hat es eine Zeit gegeben, in der ich mich schon als Mitglied eines Kibbuz sah. Ich las sehr viel jüdische Literatur, Scholem Asch, Achat Ha'am und vor allem Martin Buber, der den Haschomer Hazair, einer Gruppe deutscher Chaluzim, den Weg zum Chassidismus leichter gemacht hat. Der wirkliche Bruch mit dem orthodoxen Judentum kam dann in Amerika durch meine Enttäuschung über die freiwillige Gettoisierung der amerikanischen Juden und durch die Erfahrungen auf meiner Polenreise. 1937 habe ich meinen Onkel Felix auf einen der letzten zionistischen Kongresse vor Ausbruch des Krieges begleitet. Onkel Felix war ein Vertreter der jüdisch-amerikanischen Palästina-Anhänger in der Jewish Agency, das heißt, er gehörte zu den Juden, die beim Aufbau Israels und bei der Emigration halfen. Auf dem Kongreß in Zürich sagte ihm Ben-Gurion: »Wir sind an den Leuten, die sich für eine Emigration nach Palästina einsetzen, ohne selber daran teilzunehmen, jetzt nicht mehr interessiert. Die Zeit der Pro-Palästinenser ist vorbei. Wir wollen nur noch solche Menschen, die wirklich nach Israel gehen.« Diese Kritik Ben-Gurions brach Onkel Felix fast das Herz.

Ich saß auf dem Kongreß neben Berl Katznelson, einem der Führer der palästinensischen Arbeiterbewegung, und ich erinnere mich, daß ich ihn fragte: »Was bedeutet für Dich der israelische Staat?« Er antwortete: »Er bedeutet eine Botschaft in jedem Land, die angegriffene Juden schützen und verteidigen kann. Er bedeutet die Möglichkeit, die jüdische Kultur aus der Diaspora zu retten.«

Ich hatte große Bewunderung für Berl Katznelson. Meine Position entsprach aber vielleicht mehr einer alten Legende, nach der der Rabbi oder ein Frommer der Gemeinde immer oben auf einem Turm stehen muß, um Ausschau zu halten, ob der Messias kommt. Aber einige junge Menschen haben die Geduld verloren und haben die Bibel so ausgelegt, daß man sich auf den Messias vorbereiten muß, das heißt, eine messianische Vorbereitung. Sie stiegen also von dem Turm herunter und wurden Mitglieder der sozialistischen oder kommunistischen Parteien in Polen und in Rußland. In Amerika habe ich mit den Frauen vom »Bund jüdischer Sozialisten« als eine der wenigen deutschen Jüdinnen Geld für die Hagana, die Verteidigung Israels vor der Staatsbildung, gesammelt.

Auch Erich ist seinem Judentum sicher immer treu geblieben. Er zeigte mir das Israelitische Krankenhaus Hamburgs zeigen, in dessen Vorstand er jetzt ist und den jüdischen Friedhof. Erich war eine Zeitlang in Amerika und ist dann an seinen vorbestimmten Platz in die Bank in Hamburg zurückgekehrt. Im Zweiten Weltkrieg war Erich beim »Office of Strategic Services« und hat Göring persönlich als erster verhört. Bei seiner Rückkehr hat er vielen Freunden geholfen. Ich fragte ihn: »Kanntest du eigentlich Adam?« und er sagte: »Er hat mich einmal im Büro in New York besucht, und da habe ich ihm gesagt: »Herr von Trott, man muß etwas mit Deutschland machen«, worauf Adam sagte: »Sie, Herr Warburg, tun es hier, und ich werde es in Deutschland tun.«« Erich lebt heute noch mit seinen fast neunzig Jahren den Rhythmus und die Disziplin seines Vaters. Zu Olivieros Erstaunen klopfte er morgens um sieben Uhr an seine Tür und fragte, ob er mit ihm schwimmen gehen wolle. Um halb acht Frühstück und um Punkt halb neun in der Bank. Wir kamen ihn in der Bank besuchen, und er hat uns all die alten Bilder der früheren Direktoren gezeigt und auch die alten Modelle, der ersten Segelschiffen, die den Atlantik überquert haben.

Nach dem Frühstück schickte er uns mit seinem Chauffeur zu einer Rundfahrt durch Hamburg. Wir sahen unser Elternhaus am Mittelweg 17. Es ist jetzt gelb angestrichen, aber noch genauso wie früher. Nachdem erst die Großeltern und dann wir dort gewohnt hatten, war es bis 1941 das Max Moses Warburg und Fritz Moses Warburg-Sekretariat. Jetzt sitzt dort eine Versicherungsgesellschaft. Wir fuhren am Harvestehuder Weg vorbei und um die Binnenalster herum, und der Hamburger Chauffeur erzählte uns von den schrecklichen Bombenangriffen auf die Stadt. Rothenburgsort wurde in zwei Nächten vollständig zerstört, und man mußte das Viertel zumauern, weil die vielen Leichen eine Seuchengefahr darstellten und nicht alle begraben werden konnten. Die Alliierten haben Napalm auf die Alster geworfen, und es wurde so heiß, daß im November die Bäume geblüht haben. Dann fuhren wir durch ein Arbeiterviertel, und der Fahrer erzählte uns, daß hier jetzt fast nur noch Türken wohnten. Mit einiger Bitterkeit erklärte er uns, daß die Gastarbeiter nicht nur voll versichert wären, sondern auch eine Altersversicherung bekämen, und sich so, in die Türkei zurückgekehrt, ihr Häuschen bauen könnten. Uns schien das alles etwas übertrieben und auf Resentiments zu beruhen. Auf dem Rückweg sind wir noch einmal über die Lombardsbrücke gefahren und haben die in der Sonne glitzernde Binnen- und Außenalster und die Kirchtürme bewundert.

Zurück auf dem Kösterberg kam es zu einer aufregenden Begegnung. Im Wohnzimmer stand Wolfgang Rittmeister, einer der engsten Freunde von Erich. Ich küßte ihn und sagte: »Wolfi!«, weil ich plötzlich merkte, daß er fast blind geworden war. Er lud uns in seine Wohnung ein, die frühere Chauffeurswohnung über der

Garage. Wir trafen seine nette Frau, die aus Ostdeutschland kommt, und nachdem ich ihnen einige meiner Briefe an Adam gezeigt hatte, erzählten sie mir, daß sie die Geschichte des Bruders von Wolfgang, des Arztes John Rittmeister, schreiben wollten, der Mitglied der der Roten Kapelle war und in Plötzensee hingerichtet wurde. Wolfgang Rittmeister schenkte mir einige sehr schöne Bücher über den Widerstand, die er jetzt nicht mehr lesen konnte. Seine Bibliothek ist voll von Büchern aus der DDR. Diese Begegnung war für mich erstaunlich, weil ich sie nicht auf dem Kösterberg erwartet hatte. Wolfgang Rittmeister und seine Frau gehören jetzt zu den neuerworbenen alten Freunden. Auf dem Weg zu unserem Haus zeigte Erich uns im Garten unsere geliebte Buche, für die er einen Baumspezialisten hatte kommen lassen. Der stellte dann fest, daß das Regenwasser in dem großen Stamm schädlich war und brachte ein Rohr an, durch das das Wasser ablaufen kann. Erich war auch sehr stolz, daß es ihm gelungen war, die blühenden Rhododendronbüsche zu verpflanzen. Seine Sorge um den Garten berührte mich ganz besonders.

Erfreulich war für mich auch die Begegnung mit der Gräfin von der Golz, die die Leiterin des »Weißen Hauses« ist. Das Haus ist sehr gut erhalten, es heißt jetzt nach dem Wunsch meiner Eltern »Elsa-Brandström-Haus« und beherbergt zwei Einrichtungen des Deutschen Roten Kreuzes: Eine Einrichtung für das sogenannte »Freiwillige Soziale Jahr« für junge Menschen, die sich auf die Sozialarbeit vorbereiten wollen, und ein Kurheim für Mutter und Kind des Müttergenesungswerks. Elsa Brandström hat sich in den zwanziger Jahren um deutsche Kriegsgefangene in Rußland und Sibirien gekümmert. In den dreißiger Jahren half sie den vom Faschismus verfolgten Menschen und lebte bis zu ihrer Auswanderung 1934 in die USA mit ihrem Mann, einem Sozialisten, in Dresden. 1950 haben meine Eltern das Haus für seine jetzige Bestimmung zur Verfügung gestellt. Es ist auch eine Tagungsstätte für Seminare. Ich ging mit der Gräfin von der Golz zum »Weißen Haus« und sah, wie junge Menschen in unserem großen Wohnzimmer mit der Aussicht auf die Elbe im Kreis herumgingen und sich berührten. Es wurde ein Kurs in Gestaltpsychologie gehalten.

Direkt neben dem »Weißen Haus« wurde ein Heim für Studenten aus aller Welt gebaut. Im »Roten Haus«, dem früheren Haus von Max Warburg, ist das Müttergenesungsheim untergebracht. Die Mütter können ihre kleinen Kinder zu der vierwöchigen Kur mitnehmen, und während die Kinder betreut werden, nehmen die Mütter an Kursen in Pädagogik, Diät und Familientherapie teil. Außerdem sollen sie sich ausruhen. Wir gingen in das große Wohnzimmer, in dem eine neue Gruppe gerade ihre erste Ansprache hatte. Frau von der Golz stellte mich den jungen Müttern vor: »Dies ist Frau Ingrid Warburg, die hier ihre Jugend verlebt hat.« Ich sagte: »Ich kann mir gut vorstellen, wie Ihr Euch fühlt, denn auch ich habe fünf Kinder großgezogen und weiß, daß man sich manchmal ausruhen muß. Ich wünsche Euch eine schöne Zeit und würde mich freuen, wenn Ihr mich mal in Rom besuchen kommt.« Zu Frau von der Golz sagte ich, wie sehr ich mich über die Arbeit freue, die in unserem Haus geleistet wird, und die so ganz in meinem Sinne wäre. Am Schluß gingen wir noch in den ersten Stock, um mein Zimmer zu sehen. Auf dem Korridor über der Treppe hatte meine Mutter einen großen Tisch einbauen lassen, damit wir dort Schularbeiten machen konnten. Hier saß jetzt eine Gruppe von Arbeitern, die ein Gewerkschaftsseminar abhielten. Auf der Veranda, auf der ich gearbeitet und die vielen Briefe an Adam geschrieben, ließ sich Frau von der Golz meinen Lieblingsplatz zeigen.

Was bedeutet der Kösterberg? Er ist immer noch fast schmerzlich schön. Das Gefühl der Zeitlosigkeit, der Insel, die aber jetzt kein Getto und kein Gefängnis mehr ist. Dieser Besuch war für mich eine Bestätigung, daß alles wirklich so war, wie ich es erlebt und erinnert habe, aber ich spürte auch, daß mein Leben und meine Entscheidungen heute nicht mehr hier verankert sind.

Es ist sehr schön, daß in unserem Haus so viele junge Menschen sind, die ganz in der Gegenwart stehen, mit sozialem Bewußtsein erfüllt sind und in unserem Sinn für die Zukunft arbeiten. Erich hütet die Vergangenheit und die Tradition. Wir haben unsere Gemeinsamkeiten entdeckt. Wir sind beide deutsche Juden: Er ist nach Deutschland zurückgekehrt, und ich habe mein

Deutschsein mitgenommen und bin dann in Amerika über die »American Friends of German Freedom« zum deutschen Widerstand gekommen. Es gab also auf dem Kösterberg ein Heimatrecht, aber ohne Bitterkeit und ohne das Gefühl, ich hätte dableiben müssen. Man darf aber Sehnsucht haben nach den Momenten des »Denkraums der Besonnenheit« ohne Gegenwart und ohne Zukunft. Auf dem Kösterberg waren das die Momente, in denen ich mit einem Buch auf das Dach unseres Hauses ging oder in den Park, von wo man von Hamburg bis nach Schulau sehen konnte, um dort zu träumen.

Vom Kösterberg sind wir dann nach Nottuln-Schapdetten in der Nähe von Münster gefahren, zu dem Ehepaar Zwirner, die alte Freunde von Hertha Vogelstein sind. Sie haben ein schönes Haus mitten in Westfalen, einer Gegend, die ich noch nicht kannte. In unserem Gespräch über die NS-Zeit sagte Frau Zwirner, sie hätte vor ihrer Ehe nur einen Juden gekannt, der einen Laden in Münster hatte. Herr Zwirner dagegen, der Wissenschaftler ist, hat in der Zeit, in der er in Berlin am Max-Planck-Institut gearbeitet hat, viele Juden kennengelernt, die er sehr bewunderte. Er ist auch seinem jüdischen Professor treu geblieben. Er ist nicht nur naturwissenschaftlich, sondern auch literarisch und philosophisch interessiert und besitzt unter anderem eine Sammlung von Originalbriefen von Hugo von Hofmannsthal. Sehr erstaunt war ich, von Frau Zwirner, die ich nur als intelligente Freundin von Hertha kannte, zu erfahren, daß sie tief in einer neuen ökumenischen Bewegung steckt. Sie selber ist Protestantin und hat mit vierzig protestantischen Frauen ein Altartuch für die katholischen Schwestern gestickt, das zwischen Aschermittwoch und Ostern den Altar der katholischen Kirche bedeckt. Zu unserem großen Erstaunen wurde vor den Mahlzeiten gebetet, und als auch Oliviero und ich die Hände falten wollten, versicherte Frau Zwirner uns, daß sie das Gebet so ausgesucht habe, daß es Juden nicht beleidigen würde.

Wir fuhren nach Münster und sahen uns den herrlichen Dom an. Auf dem Domplatz fand ein Kirchenfest statt. Frauen boten an verschiedenen Tischen die Sachen an, die sie nicht mehr gebrauchen konnten. Außerdem gab es selbstgebackenen Kuchen, einfache Spielsachen und Luftballons. Natürlich spielte auch die lokale Musikkapelle. Wir machten einen sehr schönen Ausflug, um uns einige der alten Wasserburgen anzusehen. In manchen dieser Burgen aus dem Mittelalter leben noch die Nachkommen der ursprünglichen Besitzer, adelige Familien, die die Instandhaltung der Burgen mit Restaurants und Cafés für die Besucher ermöglichen. Vor allem hier in Westfalen, dieser schönen und reichen Gegend, mußte ich über die heutige Realität in Westdeutschland nachdenken. Hier geht es den Menschen gut. Die Bauern haben ein, wenn nicht zwei Autos, die Industrie prosperiert. Die meisten sind vor allem daran interessiert, daß es weiter so gut geht. Es gibt zwar Katholiken und Protestanten, aber keine Probleme zwischen den beiden Konfessionen, sondern eher Zusammenarbeit. Wenn man bedenkt, wie sich die organisierte katholische und evangelische Kirche während des Nationalsozialismus verhalten haben, kann man nicht umhin, dieser neuen religiösen Erweckung skeptisch gegenüberzutreten. Sie scheint vor allem das Nachdenken über die Vergangenheit zu ersparen. Hier wird gearbeitet, man ist sauber und anständig und im übrigen ganz damit ausgefüllt, ein gutes Mitglied der jeweiligen Kirche zu sein. Der Priester oder der Pfarrer übernimmt das Gewissen und die Abrechnung mit dem lieben Gott und erspart die tägliche, persönliche Gewissensprüfung. Hauptsache ist, daß jetzt alles und es allen gut geht und keine Gefahr aus dem Osten, der DDR kommt.

Von Münster aus sind wir nach Warburg gefahren. Erich hatte darauf bestanden, weil er meinte, man müsse doch seine Wurzeln kennen. Warburg ist eine kleine Stadt mit Fachwerkhäusern und fast noch ganz so erhalten, wie sie vor neunhundert Jahren gegründet wurde. Die Altstadt liegt sehr schön im hügeligen Waldland. Ich muß allerdings zugeben, daß die Tatsache, daß unser Vorfahr Simon von Kassel, der sich eine Zeitlang Simon von Warburg nannte und im 17. Jahrhundert aus Warburg auswanderte, mir im Gegensatz zu Erich und James P. Warburg, die schon einmal hier waren, keinen besonderen Eindruck gemacht hat. Wir gingen in einen Buchladen, um Ansichtskarten zu kaufen, und ich zeigte der Kassiererin meinen Paß, worauf sie ganz aufgeregt wurde und fragte, ob sie nicht den Bürgermeister rufen sollte. Dann aßen wir im Rathauskeller, und auf dem Tisch standen Aschenbecher mit der Aufschrift »Warburg«, und auf den Bierdeckeln stand geschrieben: »Ein Schluck Warburger aus guter Zeit für unsere Zeit«. Als ich wiederum meinen Paß herauszog, schenkte der Wirt mir Aschenbecher und Bierdeckel und zeigte mir das Foto eines alten Feuerwehrwagens, den Max Warburg vor dem Ersten Weltkrieg der Stadt Warburg gestiftet hatte, woraufhin er Ehrenmitglied der Freiwilligen Feuerwehr von Warburg wurde. Er zeigte mir auch ein großes Bild von einem Tisch, auf dem Knechte saßen, und erklärte mir, es wäre eine Tradition gewesen, das neu gebraute Warburger Bier auf dem Tisch auszuschütten und dann die Knechte draufzusetzen. Wenn das Bier gut war, blieben sie mit den Hosen hängen, wenn sie rutschten, war zu viel Wasser im Bier. Es freute mich, diese schöne alte Stadt zu sehen, aber abgesehen von den amüsanten Zwischenfällen spürte ich keinerlei gefühlsmäßige Verbindung zu ihrer Vergangenheit.

Das wichtigste Erlebnis dieser Reise waren dann Immshausen und Pochmühle, das heißt, die Begegnung mit Heinrich von Trott, seiner Familie und Vera von Trott. Wir kamen durch den Wald an dem schönen Haus von Heinrich von Trott an. Der alte Teil des Hauses besteht ganz aus Holz. Heinrich, seine Frau und seine beiden Söhne Clemens und Levin kamen uns entgegen. Heinrich, der jüngere Bruder Adams, sieht Adam sehr ähnlich, er ist sehr groß, wahrscheinlich fast zwei Meter, er hat Adams hohe Stirn und seinen Mund. Als ich ihn begrüßte, waren wir beide sehr aufgeregt. Ich sagte ihm: »Ich freue mich so, Dich endlich kennenzulernen. Ich kann dich nicht siezen.« Heinrich sagte: »Ich suche immer Menschen, die Adam gekannt haben und habe oft gedacht, wer wohl diese Ingrid Warburg ist. Darum ist für mich diese Begegnung besonders wichtig.« Heinrich von Trott ist zehn Jahre jünger als Adam und hat daher eine andere Lebensgeschichte. Er kam ganz jung nach Rußland und dann nach Frankreich in das sogenannte Indien-Korps. Als er am 20. Juli von dem mißlungenen Anschlag hörte, desertierte er mit einigen indischen Offizieren und wurde dann in englische Kriegsgefangenschaft genommen. Als Heinrich aus der Gefangenschaft kam, kam der wichtigste Einfluß in seinem Leben von Werner von Trott, seinem ältesten Bruder. Werner ist 1959 Heinrich Böll begegnet, und beide verband intensive Freundschaft und Zusammenarbeit. In seinem Nachruf auf Werner von Trott schrieb Böll 1965: »*Ein Deutscher aus der Tradition deutscher Verzweiflung, der die Hoffnung nicht aufgeben konnte. Es ist nicht Pathos, wenn ich sage, Werner von Trott war für mich ein letzter Deutscher. Ich weiß nicht, wieviel letzte Deutsche dazu gehören, das Wort Deutsch noch aussprechbar zu machen. Dieses Wort, das am wenigsten von allen Worten dieser Erde nationalistisch ist.*« 1947 hat Werner von Trott versucht, die Besatzungsmächte von der Notwendigkeit einer selbstverantwortlichen Regierung für ganz Deutschland zu überzeugen. Er hatte Männer verschiedener politischer und kultureller Ausrichtungen aller vier Besatzungszonen zu einer Art gesamtdeutschem Parlament des Geistes zusammengeholt, das er »Gesellschaft Immshausen« nannte. Ungeachtet seiner bescheidenen Ausmaße war dieses Parlament durchaus als Gegenmodell zum gesamtdeutschen Parlament der bestehenden Parteien gedacht, das unter der Führung Konrad Adenauers den Besatzungsmächten der drei westlichen Zonen abgehandelt worden war und das dann die Teilung Deutschlands letztlich besiegelte. Böll sagte, er hätte Werner von Trott immer als den absoluten Gegenpol zu Konrad Adenauer betrachtet. Später mußte Werner von Trott erfahren, daß der Kalte Krieg selbst in seinen Zusammenschluß hineinwirkte und sich die Repräsentanten der westlichen und östlichen Zonen zunehmend in der Sprache der jeweiligen Besatzungsmächte bekämpften. Es gab kaum noch Verständigungsmöglichkeiten, und Werner von Trott sah sich gezwungen, die Gesellschaft aufzulösen.

Heinrich von Trott führte uns durch einen großen Raum auf die Terrasse, wo wir Tee bekamen und selbstgebackenen Kuchen. Von der Terrasse aus sah man den wunderschönen Tannenwald, den Adam so geliebt hat. Heinrich erzählte mir, daß er besonderen Gästen einen Baum widmete. Um eine große Tanne hatte er eine Bank machen anlassen, und dies war Hertha Vogelsteins Lieblingsplatz gewesen. Aber seit ihrem Tod war der Baum sehr gewachsen, so daß die Bank jetzt in der Luft stand und abmontiert werden mußte. Hertha Vogelstein war, solange sie konnte, jedes Jahr nach Europa gekommen und hatte bei Heinrich von Trott gewohnt.

Zwei Jahre nach dieser Deutschlandreise bin ich wieder zu den Trotts gefahren. Es war im Sommer 1982, und ich hatten einen arbeitsreichen Winter hinter mir: Ich hatte meinem jüngsten Sohn Italo bei seinem Studium Rilkes geholfen und ihm mit Hilfe meiner italienischen Freundin Katja Tenenbaum das Theaterstück »Das tägliche Leben« von Rilke übersetzt. Er hat es dann auf die Bühne gebracht und Regie geführt. Es war für mich eindrucksvoll, daß all die jungen Freunde Italos plötzlich über den »Cornett« und die Briefe Rilkes sprachen.

Dann flog ich nach Basel, wo mich meine Schwester Noni und ihr Mann Seef am Flugplatz abholten. Wir fuhren nach Friedenweiler und verlebten einige sehr schöne und problemlose Tage. Sie genossen den Schwarzwald, und weil wir in vielen Momenten Schwedisch miteinander sprachen, begleitete ein vergnügtes »Weißt-du-noch?« unsere Begegnung. Von Friedenweiler aus fuhr ich dann nach Frankfurt. Dort empfing mich mein langer blonder Freund, der Rote Baron Jan Adam von Trott, Heinrichs Sohn. Schon die Fahrt mit ihm im Auto bis nach Pochmühle war sehr schön. Als ich dann auf der großen Terrasse vor den Tannen in dieser unbeschreiblichen Ruhe saß und das Gefühl hatte, wirklich unter Freunden zu sein, sagte ich zu Heinrich von Trott, wenn es noch einen Platz gäbe, an dem ich mich beheimatet fühle, dann wäre es hier. Am 20. Juli bin ich mit Levin von Trott, dem jüngeren Sohn Heinrichs, zu Vera von Trott gefahren, die eine ökumenische Gemeinde leitet. Über dem Tannenhof ist ein Kreuz für Adam errichtet, das wir besucht haben. Abends sprach im Fernsehen die Gräfin Yorck von Wartenburg. Sie erzählte, wie sie nach der Nachricht von der Hinrichtung ihres Mannes ganz alleine, ruhig in ihrem Zimmer sitzen blieb. Später hat sie ein langes, aktives Leben als Richterin geführt. In der gleichen Sendung wurden dann auch ehemalige Mitglieder der deutschen Wehrmacht gefragt, was der

20. Juli für sie bedeutete. Von halb zwölf bis ein Uhr hörten Heinrich und ich einen Vortrag von Christa Wolf aus der DDR über die Friedensbewegung und die Rolle der Frau darin.

Ein paar Tage danach kamen Adda von Haeften mit ihrem Mann, dem Sohn von Caesar von Hofacker und ihre Tochter Christine in Pochmühle an. Beide sind Kinder von Vätern, die am 20. Juli umgekommen sind. Während einer Diskussion über aktuelle politische Fragen zwischen Jan und Levin von Trott, die Heinrich sehr souverän moderierte, sah ich plötzlich, wie der Tochter von Adda, die gerade aus Bethel kam, die Tränen herunterliefen, bis es zu einer wirklichen Krise bei ihr kam. Sie war in Bethel, einer streng protestantischen Gemeinde, sehr glücklich gewesen. Sie sagte: »So kann man nicht diskutieren! Man muß mit Liebe diskutieren!« Heinrich und Elisabeth von Trott haben dann versucht, Adda, ihrem Mann und ihrer Tochter zu erklären, daß man entscheidende politische Probleme diskutieren muß und kann, ohne daß das bedeutet, daß man sich nicht liebt. Für mich war dieses Erlebnis wichtig, weil es mir zeigte, wie sich ein Teil der jüngeren Generation, die mit der Vergangenheit ihrer Eltern und der Auseinandersetzung über Probleme der Gegenwart, mit dem Nationalsozialismus und dem Zionismus, nicht fertig wird und sich daher einige wie in einen Elfenbeinturm in geschlossene, mystisch-religiöse Gemeinschaften zurückziehen, die sie mit ihrer Dogmatik davor schützen, sich mit der Gegenwart wirklich auseinanderzusetzen. Denselben Schritt hat seltsamerweise auch David, der Sohn von Noni, getan, als er sich entschloß, orthodox zu werden und in eine Jeschiwah zu gehen, weil er mit den Problemen Israels nicht fertig wurde. Scheinbar fühlte er sich nur dort vor einer Auseinandersetzung mit den Schwierigkeiten des täglichen Lebens in Israel wirklich geschützt. Diese Fluchtbewegungen in die Vergangenheit oder in religiöse Orthodoxie läßt nur einen kleinen Platz im Herzen für eine begrenzte Beziehung zu den Eltern. Bei meiner Schwester Noni und ihrem Mann Seef hat mir vor allem ihre bewundernswerte Ruhe und Überlegenheit und Nonis Geduld Eindruck gemacht.

Einer meiner wichtigsten Eindrücke auf dieser Reise nach

Pochmühle war, daß mir plötzlich deutlich wurde, daß in dem Deutschland, das sich bewußt mit dem Problem des Nationalsozialismus auseinandergesetzt hat und dies seinen Kindern in lebendigem Bewußtsein mitgeteilt hat, das Problem der Beziehung zwischen einem Deutschen und einem deutschen Juden, wie ich es noch in meinen Erinnerungen über Adam zu beschreiben versucht habe, in einer neuen Weise existiert. Das menschliche Miteinander wird selbstverständlich gelebt. In meinen Gesprächen mit Levin von Trott tauchte dann aber immer wieder die Frage auf, was Widerstand bedeutet. Und darum glaube ich, daß Erinnerung wichtig ist, weil sie zeigt, daß Widerstand in bestimmten historischen Situationen — wie in jeder Situation bedeutet —, sich ständig mit seinem Gewissen auseinanderzusetzen und täglich neu Entscheidungen zu fällen, die das Handeln bestimmen. Es bedeutet, sein Ziel im Auge zu behalten, auch wenn der Weg immer allein gegangen werden muß. Es bedeutete für Adam und in gewisser Weise auch für mich, zu akzeptieren, daß Menschen, die man liebt, nicht verstehen und nicht folgen können.

In diesen und anderen Zusammentreffen mit alten Freunden, zum Beispiel aus Salem, erfuhr ich, daß es positive menschliche Verbindungen gibt, die bleiben, und außerdem, daß es in Deutschland inzwischen leichter ist, sich mit politischen Problemen auseinanderzusetzen. In allen Begegnungen, die ich hatte, war das lebendige Bewußtsein der Schrecken des Nationalsozialismus so wach, daß es selbstverständlich von der Frage, was es heißt, Jude zu sein und von der Einstellung zur Politik des heutigen Israel getrennt werden konnte. Ich spreche hierbei aber nur von den Inseln in Deutschland, die heute für mich noch Heimat sind.

Als ich einige Zeit später wieder einmal bei Heinrich war, erzählte er mir von einer großen Ausstellung über den deutschen Widerstand in Berlin, die ihn zufriedengestellt hatte. Im Fernsehen sah ich eine Diskussion anläßlich dieser Ausstellung. Es sprachen der Sänger Wolf Biermann und Simon Wiesenthal. Biermann sagte, er betrachte sich weiterhin als Kommunist, aber er könnte nicht mehr in der DDR leben, weil es dort keine Freiheit gäbe. Mir kam er unendlich traurig vor, während Wiesenthal seltsamerweise mehr Hoffnung machte, als er sagte, im Grunde seien von den anderthalb Millionen Nazis bereits ein gut Teil gestorben und in Deutschland wachse eine neue, ganz andere Generation heran. Typisch für die Probleme, die Deutschland mit sich hat, ist auch, daß Kreisau, das heute in Polen liegt, den »20. Juli« für sich reklamiert. Die DDR hat einen Film über den »20. Juli« gemacht, und die Kreisauer haben mit großem Einsatz dazu beigetragen. Dieser Streit um die deutsche Geschichte ist müßig. Mir scheint, es gibt weniger intellektuellen Ernst in den politischen Diskussionen als früher, auch wenn es um die Frage der Wiedervereinigung geht. Vielleicht gibt es in der DDR etwas mehr ernsthaftes Bemühen um den Frieden.

»Zu wenige und zu spät«, hat der Rabbi Friedlander anläßlich der Berliner Ausstellung über den Widerstand gesagt. Auch Heinrich meinte: Im Angesicht der gigantischen Übermacht der staatlichen, polizeilichen Gewalten und der Zustimmung der Masse mußte der innere Widerstand immer damit rechnen, daß die Aussichten auf ein Gelingen des Umsturzes von innen denkbar gering waren. Umso deutlicher tritt die Tapferkeit und die innere Kraft all derer hervor, die es dennoch wagten. Ihre zahlenmäßige Stärke ist nicht das Entscheidende. Dennoch waren es nicht Wenige aus allen Lagern, die von Anfang an den Kampf auf sich genommen haben, viele um den Preis ihrer eigenen Freiheit, ihres eigenen Lebens.

1983 sah ich Isaiah Berlin in London wieder. Er brachte einen Freund mit, den ich schon aus Oxford kannte, Stephen Spender. Trotz seiner 78 Jahre hat Spender noch einen dichten Schopf blonder Haare. Mir fielen zwei Bücher von Spender ein, die ich Jahre zuvor gelesen hatte. Das eine heißt »Learning laughter« und beschreibt die Reise einer Gruppe jüdischer Kinder von Spanien nach Israel. Auch Berlin war auf dem Weg nach Israel. Im Auftrag der englischen Familie Rothschild, mit der er befreundet ist, sollte er acht junge Israeli interviewen, um zu erfahren, was die neue Generation von Palästina dachte. An Berlin hat mich immer sein Bewußtsein von der ganzen Welt, seine Teilnahme am ganzen Weltgeschehen fasziniert. Seine Intellektualität und seine Lebendigkeit haben mir immer den größten Respekt eingeflößt. Das andere Buch von Spender, das mir bei Spenders Anblick einfiel, war »The Thirties«, in dem ein junger Deutscher in Oxford nach einer intensiven Diskussion in einem kleinen Zimmer der Universität plötzlich niederkniet und sagt: »Wir müssen eine Gedenkminute für diesen Ort einlegen, weil wir nie wieder eine Zeit wie diese erleben werden.« Seitdem ich dieses Buch gelesen habe, das die dreißiger Jahre in Oxford beschreibt, in die auch mein Aufenthalt in Oxford fiel, habe ich Spender immer fragen wollen, ob dieser junge Deutsche, dessen internationale Freundschaften durch die aufziehenden Wolken des Nationalsozialismus in Gefahr gerieten, nicht unser gemeinsamer Freund Adam von Trott ist. »Überhaupt nicht«, war Spenders etwas betretene Antwort. Daran schloß sich eine kleine Diskussion zwischen uns über Adams Charakter an. Berlin ist Adam immer treu geblieben und hat ihn in England verteidigt.

Eines Tages bekam ich eine Einladung aus Oxford vom »Balliol College«: *»The Dean and the masters would like to invite you to a lecture-tour in memory of Adam von Trott, financed by David Astor.«*

Am 20. Januar 198 bin ich nach London geflogen. Am Donnerstag fuhren wir zu David Astor, wo ich Clarita, ihre beiden Töchter Atti und Verena und den Mann Attis traf. Clarita, David Astors Frau und ich fuhren dann nach Oxford vor. Clarita war sehr aufgeregt und anscheinend sehr glücklich, daß ich dabei war, um sie zu beruhigen. Wir fuhren durch die wunderbare englische Landschaft, und da lag Oxford mit seinen schönen alten Colleges, seinen Kirchen und Gärten. Waren wir damals auch so jung, wie mir diese Studenten auf den immer gleichen Fahrrädern jetzt erschienen? Ich war damals 22, Adam 23 Jahre alt. Dann der Empfang im Hause des Deans. »You come from Rome?« »Yes, purtroppo.« »I spent seven years at the Gregoriana. You know, I come from a very poor family in Liverpool, I had to become a priest. Then I changed my mind, went back, married, had children and here I am, a Dean at Oxford.« »Balliol College« hat eine lange Tradition englischer Katholiken. Wir tranken Port und Wein. Es waren viele ehemalige Mitstudenten da. Der Dean stellte David Astor und

Klemens von Klemperer vor. Klemperer zitierte während seines Vortrages aus einer Beschreibung meiner Deutschlandreise von 1982, den Abschnitt aus der Diskussion zwischen mir und Levin von Trott über die Frage: »Was ist Widerstand?« Klemperer versuchte dann, den deutschen Widerstand in den Kontext des europäischen Widerstands gegen den Nationalsozialismus zu stellen. Aber die französische Resistance und die italienische Resistenza waren natürlich etwas anderes als der deutsche Widerstand. De Gaulle war immer sehr »chic« in den USA.

Adams Töchter fragten mich: »War Adam eigentlich antikapitalistisch?« Ich erinnerte sie an Adams Zeit in Berlin und seine Mitarbeit an den »Sozialistischen Blättern« und erzählte ihnen von dem jungen Kommunisten Hans Siebert, den Adam freigekämpft und mit dem er mich in Hamburg besucht hatte. Ein alter Herr mit weißen Haaren kam dazu und sagte: »Erinnern Sie sich an mich? Ich war mit Adam im »October-Club«, dort wurden Marx, Engels und Hegel studiert. Ich unterrichte jetzt Mittelalterliche Geschichte. Neulich sah ich einen alten Freund aus dem »October-Club«. Er ging an der Spitze eines langen Demonstrationszuges mit einem Plakat: »Vote for me. Vote for the Communist Party.'« Atti und Verena freuten sich. Den zweiten Vortrag leitete Isaiah Berlin ein. David Astor sprach phantastisch, eben wie einer, der durch die »Hölle der Identifikation« mit seinem Land gegangen ist: gegen die damalige englische Politik und für den Widerstand in Deutschland, für Adam von Trott.

Inzwischen waren auch Chris und Peter Bielenberg auf dem Weg nach Irland in Oxford angekommen. Peter, braungebrannt vom Skilaufen, der immer noch gutaussehende Hamburger. Abends saßen wir bei David Astor in seinem schönen Landhaus in der Nähe von Oxford zusammen. Am nächsten Morgen gingen Peter und ich im Garten spazieren und bewunderten die Krokusse und Maiglöckchen, die schon aus der Erde kamen. Peter sagte: »Du bist gewachsen, Ingrid, seit wir uns das letzte Mal gesehen haben.« Wann war das? 1931.

Chris ist sehr aktiv in der Friedensbewegung zwischen Nord- und Südirland. Sie erzählte von einem Treffen der Frauen aus beiden Regionen an einem kleinen Grenzfluß zwischen Nordirland und Irland. Die Frauen hatten sich auf beiden Seiten des Flusses zu einer Friedensdemonstration verabredet. Es lag dichter Nebel über dem Fluß. Keine wußte, wieviele Frauen den Mut gehabt hatten, zu kommen. Plötzlich lichtete sich der Nebel, und auf beiden Seiten waren es Tausende von Frauen. Sie jubelten, umarmten sich und schworen, gemeinsam für den Frieden zu arbeiten. Sie gründeten zum Beispiel Schulen für protestantische und katholische Kinder. Es sollte der Anfang einer neuen Zukunft sein.

Am nächsten Tag verabschiedeten wir uns alle auf dem Flughafen von London. Clarita fuhr nach Berlin, Chris und Peter nach Irland und ich nach Hause, nach Rom.

Anhang

Nach der ersten Lektüre des Manuskriptes von Ingrid Warburgs Erinnerungen hatten wir tausend Fragen. Sie betrafen sowohl Personen und Organisationen wie auch politische und zeitgeschichtliche Zusammenhänge. Nicht bei allen Fragen konnte uns Ingrid weiterhelfen, und so recherchierten wir und forschten selbst nach.

Es entstand ein Anhang aus kommentiertem und bebildertem biographischen Personen- und Stichwortverzeichnis, das gleichzeitig auch alphabetisches Personen- und Sachregister ist. Diese Lösung brachte den zusätzlichen Vorteil, daß die Dokumente aus Ingrids Besitz ihre eigene Geschichte erzählen können. Wir mußten sie nur zum Sprechen bringen. Nicht in allen Fällen ließen sich die vollständigen Lebensdaten und Lebenswege ermitteln, da es sich bei den betreffenden Personen zum Teil um die unbekannten Menschen aus Exil und Widerstand handelt, um jene, die in der gängigen Literatur nur wenig Beachtung finden.

Die Struktur des Anhangs ist einheitlich folgendermaßen:

— wichtige Dokumente stehen in Kästen
— längere Zitate sind kursiv abgesetzt
— die Seitenzahlen am Schluß jedes Stichworts verweisen auf die entsprechenden Textstellen; Stichworte ohne Seitenzahl verweisen auf Artikel innerhalb des Anhangs
— fett gedruckte Namen oder Sachbegriffe verweisen auf ein eigenes Stichwort
— längere Stichworte sind namentlich gekennzeichnet:

P.D. steht für Peter Dölling, der sich mit der Familiengeschichte der Warburgs und dem italienischen Antifaschismus und Widerstand vertraut machte und den persönlichen Kontakt zu Ingrid Warburg hält.

R.G. steht für Robert Galitz, der die Adam von Trott und den deutschen Widerstand betreffenden Kapitel bearbeitete und dessen Interesse sich auf Einzelkämpferschicksale wie das Adam von Trotts und Wilfrid Israels richtete.

S.N. steht für Sabine Niemann, die die Amerikakapitel bearbeitete und auch die Dokumente aus dem Amerikanischen übersetzte. Ihrer Arbeit ist es zu danken, daß der Anhang einen Einblick in Themen wie das amerikanische Exil, die dortige offizielle Flüchtlingspolitik und die jüdischen und nicht-jüdischen Rettungsorganisationen und ihre Helfer bietet.

Wir danken Herrn Dr. Jonathan Steinberg, Trinity College, Cambridge, für die Durchsicht der England und die USA betreffenden Artikel im Anhang.

A

Achat Ha'am (Asher Zvi Ginzberg)
(1856—1927), jüdischer Esssayist und Gegner des politischen Zionismus. [S. 281]

Adenauer, Konrad
(1876—1967), 1949—1963 deutscher Bundeskanzler. [S. 289]

Alexander I.
(1888—1934), König von Jugoslawien, kam am 9.10.1934 in Marseille bei einem Attentat kroatischer Nationalisten zusammen mit dem französischen Außenminister **Barthou** ums Leben. [S. 188]

Alijah (Aliyah)
Jugend Alijah

Allende, Salvador
(1908 — 1973), chilenischer sozialistischer Staatspräsident und Reformer. [S. 278]

All Souls College
Eines der kleinsten, ältesten und exklusivsten Oxforder Colleges.
Seine Mitglieder sind sämtlich »Fellows«, die das Recht zu lehren oder zu studieren besitzen, aber dazu nicht verpflichtet sind. Jährlich werden in einem Examen ein oder zwei neue »Fellows« dazugewählt. [S. 84]

American Friends of German Freedom
Amerikanisches Hilfskomitee zur Unterstützung des deutschen Widerstands gegen den Nationalsozialismus mit Sitz in New York.
Gegründet 1939 unter Vorsitz des amerikanischen Theologen **Reinhold Niebuhr**. Weitere Mitglieder waren **Norman Thomas**, **Karl Frank**, **Anna Caples** und zahlreiche führende Persönlichkeiten aus Kirche, Kultur und der Arbeiterbewegung. Enge Beziehungen bestanden zur Gruppe »**Neu Beginnen**« und zum »**Emergency Rescue Committee**«. Die »Friends« hatten Kontakte zum innerdeutschen Untergrund und zu vielen nach Frankreich geflohenen Antifaschisten. [S. 171f., 174, 177, 285]S.N.

American Jewish Joint Distribution Committee
Joint

Amerikanische Flüchtlingspolitik zwischen 1933 und 1945
Die Politik der **Roosevelt**-Administration gegenüber Deutschland und den europäischen Flüchtlingen während der 30er Jahre war weniger eindeutig als der Roosevelt-Kult unter der Emigrantenschaft hätte ver-

muten lassen. Bis nach 1938 hüllte Roosevelt sich über eine mögliche amerikanische Intervention in Europa in Schweigen, trat deutlich für eine »Appeasement«-Politik ein und war nicht zu einer öffentlichen Stellungnahme gegen NS-Deutschland zu bewegen. Damit kam er der isolationistischen Stimmung im Lande entgegen, die unter Konservativen wie Linken verbreitet war; bei ersteren nationalistisch und christlich untermauert, bei letzteren marxistisch-pazifistisch, verspürte man doch eine gewisse Scham über die Art, wie man sich von der Kriegsstimmung 1917 hatte hinreißen lassen. Mit dem Slogan »America for Americans« stellten sich weite Kreise der amerikanischen Bevölkerung vehement gegen eine Intervention in Europa und gegen gesetzlich verankerte Einwanderungserleichterungen.

Die Roosevelt-Administration lavierte sich ohne wesentliche Gesetzesänderungen zwischen diesem innenpolitischen Druck und dem Flüchtlingselend hindurch: Das Einwanderungsgesetz von 1924 (»Johnson Act«) mit seinen festgelegten Einwanderungsquoten galt weiterhin. Die jährliche Quote von 153.714 aus dem Jahr 1929 wurde der quantitativen Zusammensetzung der amerikanischen Bevölkerung entsprechend auf die ausländischen Nationen verteilt: direkte Folge war, daß die Ursprungsländer der USA: England, Deutschland, Irland und Skandinavien über den Löwenanteil von 120.000 Einwanderungsplätzen verfügten. Zwischen 1939 und 1946 hätten nach dieser Regelung insgesamt 2.616.000 Personen einreisen dürfen, es kamen aber nur 560.000 Emigranten an, weil die Nordwesteuropa-Quote bei weitem nicht ausgenutzt wurde.

Die 1930 noch von Präsident Hoover eingebrachte »LPC«-Klausel (»likely to become a public charge«), die mittellosen Immigranten ohne ausreichende Bürgschaften ein Visum verweigerte, blieb in Kraft. Eine hochkomplizierte Bürokratie, »paper walls« (Wyman), erschwerte die Einwanderung, so daß viele Flüchtlinge, die ihre Papiere verloren hatten, praktisch ohne Chance für eine Einreise in die USA waren. Zu den unerläßlichen Papieren gehörten: ein gültiger Paß, ein polizeiliches Führungszeugnis, ein ärztliches Gesundheitszeugnis, doppelte Kopien aller sachdienlichen Daten (Geburt, Heirat etc.), eine ausführliche Offenlegung der finanziellen Situation und ein sogenanntes »affidavit«, d.h. die Bürgschaft einer in Amerika lebenden Person, die mit ihrem gesamten Privatvermögen für den Einreisenden haftete. Auf Empfehlung Roosevelts wurden diese Bestimmungen ab 1934 von den ausländischen Konsuln bei »persönlichem Risiko« des Antragstellers etwas lockerer gehandhabt.

Im März 1938, nach dem Anschluß Österreichs an Deutschland, setzte Roosevelt die Zusammenlegung der beiden Länderquoten durch; österreichische Flüchtlinge konnten jetzt über ungenutzte deutsche Quoten einreisen. Für Juli 1938 regte Roosevelt eine internationale Flüchtlingskonferenz im Schweizer Evian-les-Bains an, deren Resultat von amerikanischer Seite lediglich die Zusicherung war, von nun an die volle Einwanderungsquote von 27.370 deutsch-österreichischen Immigranten auszunutzen. Immerhin rückte das Flüchtlingsproblem durch die Konferenz mehr in das Weltinteresse. 1938 wurde außerdem »**The President's Advisory Committee on Political Refugees**« (PACPR) gegründet, das — zwischen den Interessen des visaverteilenden State Department und der privaten Rettungskomissionen stehend — nur wenig Einfluß auf die Flüchtlingspolitik hatte.

Die Kristallnacht im November 1938 und die darauffolgende Empörung im eigenen Land zwangen die amerikanische Regierung zu

verstärkter Aktivität. Roosevelt beschäftigte sich lange Zeit mit illusorischen Umsiedlungsplänen für jüdische Auswanderer nach Alaska, Afrika etc. — ein Vorgehen, mit dem er zugleich den amerikanischen Emigrantengegnern und der öffentlichen Forderung nach Hilfsaktionen gerecht werden konnte. Weniger Einsatz zeigte Roosevelt für die Idee einer Umsiedlung der Juden nach Palästina und die Schaffung eines dortigen jüdischen Staates. Er scheute die Auseinandersetzung mit den arabischen Ölstaaten und Großbritannien, das Palästina unter seiner Regierung hatte. Als die britische Regierung 1939 eine Einwanderungsbeschränkung für Palästina verhängte, protestierten die USA nur halbherzig.
1939 erlitten zwei bedeutende Rettungsprojekte Schiffbruch: 900 Passagieren an Bord der S.S. »St. Louis« der Hamburg-Amerika Linie wurde — nachdem sie zunächst vergeblich in Havanna auf Kuba um Exil gebeten hatten — auch vom State Department der Vereinigten Staaten die Einreise verboten. Das Schiff mußte nach Europa zurückkehren. Nur durch den intensiven Einsatz des **»Joint«** erklärten England, Belgien, Frankreich und die Niederlande sich bereit, die Flüchtlinge aufzunehmen. Zur gleichen Zeit wurde die »Wagner-Rogers«-Gesetzesvorlage, durch die 20.000 deutschen Kindern die Einwanderung ermöglicht werden sollte, von Roosevelt mit dem Vermerk »File: No Action. FDR« (Ablegen: keine Maßnahmen) versehen, und die Rettungsaktion verlief im Sande.
Prinzipiell überließ Roosevelt die Flüchtlingspolitik dem State Department in Person des Außenministers **Cordell Hull** und der Unterstaatssekretäre **Sumner Welles** und Breckinridge Long, der für seine Furcht vor Spionen der »Fünften Kolonne« bekannt war. Hierin sah Long sich einig mit den zahlreichen faschistisch und antisemitisch eingestellten Organisationen in Amerika wie dem »Deutsch-Amerikanischen Bund« oder der »Silver Shirt Legion«, die ca. 100.000 Mitglieder hatte. 1939 gab es etwa 135 dieser Verbände, die ihr bevorzugtes Angriffsziel in den »Red Jews« oder »Jewish-Bolshevists« sahen. Nach 1940 wurde der Druck auf die Roosevelt-Administration stärker. Täglich gingen Briefe von Flüchtlingen, Verfolgten, ihren Angehörigen und europäischen Informanten im State Department und bei den Hilfsorganisationen ein, die detaillierte Informationen über die Zustände in Europa lieferten und sich über mangelnde Hilfeleistungen beklagten. Erst 1942 verurteilte die amerikanische Regierung zusammen mit elf anderen Nationen öffentlich den Plan Hitlers, die europäischen Juden zu vernichten. In der Flüchtlingspolitik änderte sich jedoch nichts. 1943 war — abgesehen von 1933 — das Jahr mit der niedrigsten Einwanderungszahl (23.725) seit 110 Jahren.
Im April 1943 fand abgeschlossen von der Weltöffentlichkeit die als »no-news-conference« bekanntgewordene anglo-amerikanische Bermuda-Konferenz über Flüchtlingsfragen ohne jüdische Beteiligung statt. Fast zur gleichen Stunde erreichte London und Washington die Nachricht von der beginnenden Vernichtung des Warschauer Gettos.
Bis Kriegsende beschränkte Roosevelt sich darauf, die Flüchtlingshilfe auf zahlreiche, z.T. miteinander konkurrierende Ausschüsse zu übertragen. 1943 formierte sich die »United Nations Relief and Rehabilitation Agency« mit Vertretern aus 44 Nationen, die sich aber allein um die Hilfe für Flüchtlinge in schon befreiten Gebieten kümmerte. Getreu der 1943 auf der **Casablanca-Konferenz** getroffenen Zielsetzung der bedingungslosen Kapitulation Deutschlands, war es keinem der amerikanischen Ausschüsse gestattet, offiziell mit der deutschen Regierung über

die jüdischen Flüchtlinge zu verhandeln, obwohl seit 1943 ein regelmäßiger Austausch von zivilen Seeleuten, Kriegsversehrten, Rot-Kreuz-Schwestern u.a. mit Deutschland stattfand. (Friedman)
1944 trat Finanzminister **Henry Morgenthau, Jr.** mit einem Memorandum, betitelt »Report to the Secretary on the Acquiescence of This Government in the Murder of the Jews« (Bericht für das Ministerium über die Zustimmung dieser Regierung zum Mord an den Juden), an den Präsidenten heran. Roosevelt richtete daraufhin das »War Refugee Board« ein, das mit John Pehle, einem der Verfasser des Memorandums, an seiner Spitze innerhalb weniger Wochen die dringend benötigte finanzielle (20 Millionen Dollar, der weitaus größte Teil von jüdischen Hilfsorganisationen) und praktische Hilfe in Europa leistete und endlich auch in Verhandlungen mit der deutschen Regierung über die jüdische Bevölkerung trat.
Erst nach Kriegsende wurde den Insassen der Konzentrationslager Hilfe zuteil. Bis dahin gab es keinerlei militärische Einmischung in die Vernichtungsmaschinerie der Nazis. Eine leicht zu bewerkstelligende Bombardierung der Eisenbahnlinien zu den Lagern oder der Lagerkrematorien wurde 1944 von **Chaim Weizmann** vorgeschlagen, aber von den Alliierten abgelehnt. Saul Friedman sagt über die Flüchtlingspolitik der Roosevelt-Administration: *»Es war zunächst eine Politik der Angst — der Angst, die Situation auf dem heimischen Arbeitsmarkt zu verschlechtern, der Angst, Patrioten und Neo-Nazis aufzubringen, der Angst, ausländische Spione ins Land zu lassen, die die Absicht haben könnten, die industrielle Leistungskraft Amerikas zu zerstören. Nachdem die Vereinigten Staaten in den Zweiten Weltkrieg eingetreten waren, war die Politik gänzlich auf militärische Zweckdienlichkeit ausgerichtet.«* (Friedman, 225) **(Albert Einstein)** S.N.

Den folgenden Brief sandte Unterstaatssekretär Welles an **Eleanor Roosevelt**, die ihn wiederum in Kopie an Ingrid Warburg vom **»Emergency Rescue Committee«** schicken ließ. Welles bezieht sich offensichtlich auf eine Anfrage Ingrid Warburgs zur aktuellen Verfahrensweise bei der Visaerteilung durch die europäischen Konsuln:

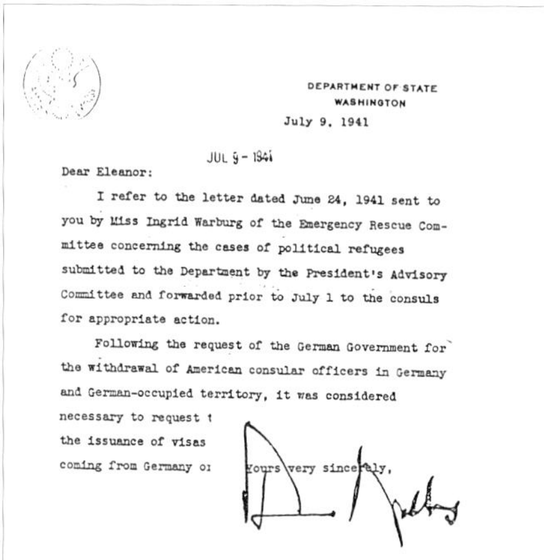

DEPARTMENT OF STATE
WASHINGTON
July 9, 1941

JUL 9 - 1941

Dear Eleanor:

I refer to the letter dated June 24, 1941 sent to you by Miss Ingrid Warburg of the Emergency Rescue Committee concerning the cases of political refugees submitted to the Department by the President's Advisory Committee and forwarded prior to July 1 to the consuls for appropriate action.

Following the request of the German Government for the withdrawal of American consular officers in Germany and German-occupied territory, it was considered necessary to request t
the issuance of visas
coming from Germany o

Yours very sincerely,

Außenministerium
Washington
9. Juli 1941

Liebe Eleanor:

Ich beziehe mich auf den Brief vom 24. Juni 1941, der von Miss Ingrid Warburg vom Emergency Rescue Committee an Dich gesandt wurde und die Fälle politischer Flüchtlinge betrifft, die dem Ministerium durch das President's Advisory Committee vorgelegt und vor dem 1. Juli an die Konsuln zwecks angemessener Maßnahmen weitergeleitet wurden.

Dem Ersuchen der deutschen Regierung nach Abziehen amerikanischer Konsularoffiziere aus Deutschland und deutschbesetzten Gebieten folgend, hielt man es für notwendig, die Konsuln in Europa vorläufig um Aussetzung der Visaerteilung für Personen aus Deutschland oder deutschbesetzten Gebieten sowie für nicht-gebürtige französische Bürger im unbesetzten Frankreich zu bitten, es sei denn, spezielle Bevollmächtigungen sollten in Einzelfällen erteilt werden. Eine Anzahl dringlicher Fälle wurden an das Ministerium durch die Konsuln weitergeleitet, und nach Erwägung der Sachlage in jedem Fall wurden die Konsuln autorisiert, mit der Ausstellung von Visa fortzufahren.

Nach dem neuen Visaverfahren, das seit 1. Juli gilt, müssen Visaanträge — mit bestimmten Ausnahmen, die auf dem beigefügten Informationsblatt erklärt werden — dem Ministerium vorgelegt werden. Bestimmte vorgeschriebene eidesstattliche Versicherungen [affidavits] über finanzielle Unterstützung und biographische Darstellungen müssen zur Begutachtung durch ein interministerielles Komitee beigefügt werden. Diese vorgeschriebenen Darstellungen sind umfassender als die vordem in Einzelfällen eingereichten. Während es wünschenswert ist, daß eine einheitliche Verfahrensweise eingehalten wird und die umfassenden Papiere von allen dem neuen Verfahren unterstellten Personen vorliegen, wird ein Abweichen vom üblichen Verfahren in den genehmigten und vom President's Advisory Committee vorgelegten Fällen von Ausländern für möglich gehalten.

Die Konsuln in Portugal, Spanien, dem unbesetzten Frankreich, der Schweiz, Schweden und Nordafrika sind unterrichtet worden, daß sie in vom President's Advisory Committee empfohlenen und vom interministeriellen Komitee genehmigten Fällen Maßnahmen ergreifen dürfen, wenn die Ausländer keine nahen Verwandten in Deutschland oder deutschbesetzten Gebieten haben.

Die Konsuln sind jedoch darüber informiert worden, daß sie sich in zuvor vom President's Advisory Committee genehmigten und vorgelegten Fällen, in denen die Ausländer nahe Verwandte in Deutschland oder deutschbesetzten Gebieten haben, an das Ministerium zwecks Überprüfung wenden können. Jeder Fall wird unter Berücksichtigung seiner besonderen Umstände erwogen, und der jeweilige Konsul wird unterrichtet, ob er ermächtigt ist, ein Visum auszustellen, vorausgesetzt, daß die Reisevorbereitungen abgeschlossen sind.

Aufrichtig
Dein ergebener
Sumner Welles

[Aus dem Amerikanischen]

Anderson, Marian

(geb. 1902), amerikanische Sängerin.
Sie trat als erste Negerin in der »Metropolitan Opera« in New York auf. 1939 wurde sie Anlaß einer nationalen Kontroverse: den »Daughters of the American Revolution« wurde nachgesagt, sie hätten ihr aufgrund ihrer Hautfarbe die Benutzung ihrer Veranstaltungshalle untersagt, woraufhin **Eleanor Roosevelt** aus der Vereinigung ausschied und ein neues Konzert von Marian Anderson sponserte. [S. 139] S.N.

Adam von Trott und David Astor in Oxford

D'Annunzio, Gabriele
(1863—1938), italienischer Dichter und Pilot. **(Giuseppe Borgese, Maiella)** [S. 220f., 264]

Armstrong, Hamilton Fish
Vorsitzender der »Foreign Policy Association«, Mitglied des **»President's Advisory Committee on Political Refugees«**. [S. 185, 197]

Asch, Scholem
(1880—1957), jüdischer Schriftsteller. [S. 96, 281]

Ascoli, Max
geboren 1882 in Ferrara, stammt aus einer wichtigen italienisch-jüdischen Familie, Jurist und Philosoph, aktiver Antifaschist.
Von 1926—1931 Universitätsprofessor für Rechtswissenschaften in Genua. Emigrierte schon in den Anfängen der **Mussolini**-Diktatur in die USA. Dozent an der **»New School for Social Research«**. Schrieb 1938 zusammen mit Arthur Feiler die vergleichende Faschismus-Studie »Fascism for Whom?«, in der er die italienische Gesellschaftsform als »faschistischen Kapitalismus« bezeichnet — im Gegensatz zu Feiler, der von Deutschland als einer deutschen Version des russischen Bolschewismus spricht. Zusammenarbeit mit Gaetano Salvemini, **Lionello Venturi**, **Giuseppe Antonio Borgese** und der Gruppe **»Giustizia e Libertà«**. Erster Präsident der **»Mazzini Society«**, die 1941 durch eine Abspaltung von der Gruppe »Giustizia e Libertà« gegründet wurde. Mitglieder waren Salvemini, Venturi, Cantarella, Sforza, Gaosci, **Pacciardi**, Cianca, Tarchiani.
Ascoli beteiligte sich an zahlreichen Kampagnen der Antifaschisten in den USA. Diese Kampagnen richteten sich an die nicht-politische italienische Emigration in den USA und die amerikanische Bevölkerung. Auseinan-

dersetzungen gab es mit »Giustizia e Libertà« über seine Versuche, die Amerikaner über eine mögliche »kommunistische« Gefahr in Italien zu beruhigen.
Nach Beginn des Zweiten Weltkriegs nahm Ascoli zusammen mir Sforza und Tarchiani Kontakt mit der **Roosevelt**-Regierung auf mit dem Ziel, auf die englische Regierung Druck auszuüben, dem italienischen Volk das Recht zuzugestehen, sich nach dem Ende des Faschismus zwischen Monarchie und Demokratie frei zu entscheiden.
Ascoli heiratete eine Rosenwald und wurde amerikanischer Staatsbürger. Er kümmerte sich um die Restaurierung im Kriege beschädigter Kunstdenkmäler und war von 1949 bis 1968 Herausgeber der amerikanischen Wochenzeitschrift »The Reporter«.
(**Italienische Emigration**) [S. 176, 219] P.D.

Astor, David

(geb. 1912), Journalist, Sohn des Unterhausabgeordneten Viscount Astor.
Studium in Eton und in Oxford.. Bekanntschaft mit **Adam von Trott**, **Isaiah Berlin**, **Stephen Spender**. Juli 1933 Reise mit Adam von Trott und Joseph Grimmond zu Fabriken und Arbeitersiedlungen in England. 1939 — 1945 Kriegsteilnehmer (1940 — 1945 bei den »Royal Marines«). 1946 — 1948 Auslandsredakteur beim »Observer«. 1948 — 1975 Herausgeber des »Observer«. 1976 — 1981 Direktor des »Observer«. Lebt in Oxford.
(**Halifax, Schumacher**) [S. 86, 294] P.D.

B

von Baeyer, Erich (Brüdi)

Arzt, lebt in den USA, Sohn von **Hans von Baeyer**. [S. 76]

von Baeyer, Hans Ritter

(1875—1941), Professor für Orthopädie an der Universität Heidelberg, 1934 aus rassischen Gründen pensioniert. [S. 76]

Balabanoff, Angelica

geboren 1870 in Tscherniko, gestorben 1965 in Rom, Politikerin.

Aus gutsituierter Familie kommend, emigrierte Angelica Balabanoff sehr jung aus dem zaristischen Rußland. Sie lebte in verschiedenen europäischen Ländern im engen Kontakt mit der russischen Emigration. Nach dem Studium in Brüssel Studium bei Labriola in Rom. 1902 Mitglied der sozialistischen Partei in Italien. Mitarbeit beim »Avanti«. 1912 beim Kongreß der Sozialisten in Reggio Emilia stand sie auf der Seite der Linken, damals von **Mussolini** geführt. Während des Ersten Weltkrieges in der Schweiz. Gründung der Bewegung »Pro Pace Socialista«, Teilnahme an der Konferenz von Zimmerwald. Sofort nach der russischen Revolution Rückkehr. Aufnahme in die bolschewistische Partei, einige Jahre im Sekretariat der III. Internationale. 1921 nach der Kronstadt-Revolte Bruch mit der Partei. Zurück nach Italien bis zu den Ausnahmegesetzen 1926. Flucht nach Paris, danach Emigration in die USA. Nach dem Zweiten Weltkrieg Rückkehr nach Italien. Mitglied der PSI. 1947 trat sie für die Abspaltung der Sozialdemokraten von den Sozialisten ein. In den letzten Jahren ihres Leben Rückzug von der aktiven Politik. Sie schrieb Erinnerungen unter dem Titel »Riccordi di una socialista« (1946). [S. 222, 226] P.D.

Balfour Deklaration

Erklärung des britischen Außenministers Balfour in einem Brief an den Zionistenführer Lord Rothschild von 1917, in dem britische Hilfe für die Gründung einer »nationalen Heimstätte« der Juden in Palästina zugesagt wurde. **(Jewish Agency)** [S. 87]

Baldwin, Roger Nash

geboren 1884 in Wellesley, Massachusetts, gestorben 1981 in Ridgewood, New Jersey, Sozialreformer und Pazifist.

Studium an der »Harvard University«. 1906 — 1909 Soziologiedozent an der »Washington University of St. Louis«. Beginn der Sozialarbeit. 1907 — 1910 leitender Bewährungshelfer am Jugendgerichtshof St. Louis. 1908 — 1910 Sekretär der »National Probation Association«. 1910 — 1917 Sekretär der »St. Louis Civil League«. 1917 — 1950 Direktor der »American Union Against Militarism« in New York und der daraus entstehenden »American Civil Liberties Union«, die sich für die juristische Gleichstellung und Meinungsfreiheit aller Menschen einsetzte. 1917 ein Jahr wegen Kriegsdienstverweigerung inhaftiert. 1922 Organisator des »American Fund for Public Service«. Seit 1925 Vorsitzender des »International Committee for Political Prisoners«. 1938 — 1942 Dozent an der **»New School for Social Research«**. Vorsitzender der »International League for the Rights of Man« (seit 1950 Ehrenpräsident). [S. 115, 146, 170f., 177] S.N.

Ballin, Albert

(1857 — Selbstmord 1918), Hamburger Reeder, Generaldirektor der Hamburg-Amerika Linie. [S. 54]

Balogh, Lord Thomas

geboren 1905 in Ungarn, Wirtschaftswissenschaftler.
1945 — 1973 »Fellow« und Tutor am »Balliol College« in Oxford. Wirtschaftsexperte in mehreren internationalen Kommissionen. 1964 — 1967 Berater in Wirtschaftsfragen bei der Labour-Regierung und 1968 — 1975 bei Premierminister **Harold Wilson**. 1968 zum »Life Peer« erhoben. Mitglied des Oberhauses. [S. 101] R.G.

Bamm, Peter

(1897 — 1975), deutscher Schriftsteller und Arzt. [S. 274]

Barthou, Louis

(1862 — 1934), französischer Advokat und Politiker. Mehrfacher französischer Ministerpräsident. Trat als Außenminister für eine Isolierung Nazi-Deutschlands ein. Opfer eines Attentats auf **Alexander I. von Jugoslawien**. [S. 188]

Bauer, Otto

geboren 1881 in Wien, gestorben 1938 in Paris, Führer der österreichischen Sozialdemokratie
Wirkungsvollster Vertreter des »Austromarxismus«. 1918 als Mitglied der »Sozialdemokratischen Arbeiterpartei Österreichs« Außenminister. Er vertrat das Konzept der Untergrundarbeit über illegale Kadergruppen, d.h. flexible Fünfergruppen, deren hochqualifizierte Mitglieder mittels illegaler Presse die Führung der »Masse« übernehmen sollten (Bauer: »Die illegale Partei« 1939). **(Joseph Buttinger, Karl Frank)** [S. 173] S.N.

Ben-Gurion, David

(1886 — 1973), erster israelischer Ministerpräsident, Mitgründer der israelischen Arbeiterpartei. [S. 225, 281]

Benjamin, Walter

geboren 1892 in Berlin, Selbstmord 1940 in Port-Bou, Schriftsteller und Übersetzer.
Emigrierte 1933 nach Frankreich, dort Mitglied der Pariser Außenstelle des **»Instituts für Sozialforschung«**. Bei Kriegsausbruch als feindlicher Ausländer interniert. Benjamin nahm sich am 27. September 1940 im spanischen Port-Bou mit einer Überdosis Morphium das Leben, nachdem er von Lisa Fittko, die mit **Varian Fry** für das **»Emergency Rescue Committee«** arbeitete, über die Pyrenäen geführt worden war. [S. 123, 208f., 211] S.N.

Berenberg-Goßler, Freiherr Cornelius von

geboren 1874 in Hamburg, Bankier.
Fritz Warburg war im Herbst 1938 aus Stockholm nach Hamburg zurückgekehrt, weil das **»Israelitische Krankenhaus«**, dessen Kuratoriumsvorsitzender Fritz Warburg war, in

große finanzielle und politische Bedrängnis geraten war. Daraufhin wurde er im November 1938 von der Gestapo in Schutzhaft genommen. Obwohl nicht die ganze Zeit bis zu seiner Ausreise in Haft ,wurde die Lage zunehmend kritischer für ihn, da man ihm die Ausreise bzw. die Pässe verweigerte.
(**Heinrich Himmler, Kurt Sieveking, Karl Wolff**) [S. 152] P.D.

Über Berenberg-Goßlers Einsatz für die Freilassung von Fritz Warburg existieren Berenberg-Goßlers Tagebuchaufzeichnungen:

1939
30. März *Besuch im Hause von Fritz Warburg, der in Berlin war. Seine Frau empfing mich. Sie werden als Juden mit der größten Härte von der Regierung behandelt, man scheint Gelder herauspressen zu wollen.*
31. März *Auf dem Weg nach Niendorf vergeblich bei Dr. Fritz Warburg vorgesprochen, der noch verreist ist.*
1. April *Besuch bei Dr. Fritz Warburg und im Anschluß daran bei Dr. Kurt Sieveking im Comptoir von Warburgs.*
3. April *Telephongespräch mit Dr. Sieveking, der nach Rücksprache mit einem Berliner Anwalt es für besser hält, vorläufig in der Angelegenheit Dr. Fritz Warburg nichts zu unternehmen.*
8. April *Mittags bei Dr. Fritz Warburg in seiner Wohnung. Zur Zeit ist eine Hilfe für eine Erlaubnis für ihn, aus Deutschland herauszukommen, nicht möglich.*
15. April *Abends ruft Dr. Warburg an, ich ersuche telegraphisch Wolff von der Gestapo in Berlin um eine Besprechung Montag oder Dienstag.*
16. April *Wolff antwortet auf meine gestrige Depesche: »Bitte zur Rücksprache 18. IV. 11 Uhr.« Also Dienstag! (Wolff ist Adjutant des Polizeichefs Himmler in Berlin, er soll sehr einflußreich sein und Dr. Warburg's Auswanderungs Angelegenheit bearbeiten.)*
18. April *Morgens um 7 Uhr nach Berlin gereist ... Dazwischen im Gebäude der Gestapo (Geheimes Staatspolizeiamt) Prinz Albrechtstr. 8, beim Gruppenführer Wolff, Adjutant des Polizeichefs Himmler wegen Dr. Fritz Warburg, der in Hamburg festgehalten wird. Sehr freundliche Aufnahme. Wolff spricht in meiner Gegenwart telephonisch mit seinem Vorgesetzten Heydrich (der in demselben Hause ist) in durchaus wohlwollender Weise über den Fall. Ich habe den Eindruck, daß man Warburg als prominenten Juden festhalten will, als Geisel für den Fall ausländischer Verwicklungen. Sollten solche Verwicklungen in absehbarer Zeit eintreten, besteht vielleicht eine Möglichkeit für Warburgs Freilassung über die Grenze, wenn er für seine Rechnung unbemittelte Juden mitnimmt. Um 8 1/2 Uhr Abreise von Berlin nach Hamburg mit Niemeyer, Syndicus der Firma Warburg. Ich machte in Berlin die Erfahrung, daß dort Knappheit an Butter ist.*
25. April *Niemeyer von der Firma Warburg sucht mich auf und fragt, ob eine Beschleunigung der Auswanderung von Dr. Fritz Warburg möglich sei, was ich bezweifele.*
27. April *Besuch von Niemeyer von der Firma Warburg, Hamburg, und von dem Holländer Heemskerk von der Amsterdamer Firma Warburg in Sachen Fritz Warburg. Ich schreibe nach Berlin an Wolff von der Geheimen Staatspolizei und biete an, daß Fritz Warburg 100 jüdischen Kindern und einigen unbemittelten Juden bei seiner Ausreise die Auswanderung finanziell ermöglichen wolle.*
4. Mai *In Ilsede — morgens nach Peine, wo wir bis 1 Uhr Besprechungen haben. S.S. Sturmbannführer Lischka von der Geheimen Staatspolizei, der in Folge meines Briefes an Gruppenführer Wolff in dessen Auftrag nach Hamburg gereist war, ruft an und wir verabreden um 4 Uhr eine Zusammenkunft in Hannover,*

Essen mittags in Ilsede, später im Auto nach Hannover, wo ich um 4 Uhr im Hotel Ernst August den SS Sturmbannführer Lischka treffe in der Angelegenheit der Auswanderung Dr. Fritz Warburgs. Die Angelegenheit scheint sehr günstig zu liegen und ich fahre sehr erfreut nach Ilsede zurück. (Warburg wird wohl den Paß erhalten und schleunigst ins Ausland fahren). Ich schreibe an Heinrich [?] auf seinen Brief vom 19. April aus Lissabon und Dankesschreiben an Gruppenführer Wolff.

6. Mai Mittags Besuch bei Dr. Fritz Warburg, bei dem ich Niemeyer (von der Firma Warburg) treffe. Warburg hatte vor einer Viertelstunde einen Anruf von der Gestapo (Geheimen Staatspolizei) erhalten, die ihn im Auftrage der Gestapo-Berlin (Lischka) mitteilt, er könne seinen Paß abholen. So kann er also mit seiner Frau ins Ausland reisen, was er, mir unverständlicherweise, — und ich sage ihm das — erst Mittwoch zu tun beabsichtigt.

8. Mai Ich telephoniere Niemeyer (von der Firma Warburg) er möge veranlassen, was ich bereits geraten, daß Dr. Fritz Warburg, nachdem er jetzt seinen Paß erhalten, schleunigst ins Ausland reist und seine Abreise nicht bis Mittwoch verschiebt (was er beabsichtigte).

9. Mai Abends telephoniert Niemeyer (von der Firma Warburg), daß Dr. Fritz Warburg (leichtsinniger Weise) erst morgen Mittag in das Ausland (Schweden) reisen wolle.

10. Mai Gott sei Dank ist Dr. Fritz Warburg mit seiner Frau heute mittag endlich ins Ausland gereist, also gerettet!

Bergsträsser, Arnolf

geboren 1896 in Darmstadt, gestorben 1964 in Freiburg/Br., Professor für Staatswissenschaften.

Kriegsdienst 1914 — 1918. Studium in Berlin, Tübingen, München, Heidelberg. 1924 Dr. phil. in Heidelberg. 1924 Assistent am »Institut für Sozial- und Staatswissenschaften« in Heidelberg. 1928 Habilitation. 1932 außerordentlicher Professor in Heidelberg. 1936 Entzug der Lehrbefugnis an der Universität Heidelberg aus rassischen Gründen. 1937 Emigration. 1937 — 1952 Professor an der »University of Chicago«. 1952 — 1953 Vertretung in Erlangen. 1954 ordentlicher Professor in Freiburg/Br. [S. 76f., 86] P.D.

Berle, Adolf Augustus, Jr.

geboren 1895 in Boston, gestorben 1971, Rechtsanwalt und Diplomat, von 1938 — 1944 Unterstaatssekretär im Außenministerium.

Teilnehmer am Ersten Weltkrieg. Mitarbeit im »Henry-Street-Settlement« (**Lillian Wald**). 1927 Professor für Jura an der »Columbia University«. Mitglied in **Roosevelts** »Brain Trust« und »New Deal«-Anhänger. 1938 — 1944 Unterstaatssekretär für lateinamerikanische Angelegenheiten im Außenministerium. Hatte relativ wenig Einfluß auf die Ministeriumspolitik. Berle war ein Verfechter der »Good Neighbor Policy« mit Südamerika. Er unterhielt enge Beziehungen zum italienischen Widerstand, z.B. zur **»Mazzini Society«**, um auf diese Weise die isolationistische Stimmung unter dem hohen italienischen Bevölkerungsanteil in den USA zu beeinflussen. 1943 bat **Thomas Mann** Berle um seine Meinung zur Gründung eines »Free Germany Committee«, für das man Mann gebeten hatte, seinen prominenten Namen zur Verfügung zu stellen. Berle gab den Rat: »*Ich sagte ihm auch, daß sein eigener Name sehr hoch angesehen wäre in deutschen Kreisen und daß ich vielmehr dachte, er sollte das schwierige und kontroverse Territorium besser nicht betreten, bis die Lage erheblich klarer geworden wäre.*« Obwohl Berle dies eher als persönlichen Ratschlag gemeint hatte — wie er gegenüber **Karl Frank** später äußerte — verstand Mann dies als Ablehnung einer demokratischen Erneuerungsbewegung für

Deutschland seitens des amerikanischen Außenministeriums und zog sich aus der Komiteeplanung zurück (»Exil in den USA«, 211). 1945 Botschafter in Brasilien. 1952 — 1956 Gründer und Vorsitzender der »Liberal Party«. 1961 von Präsident **Kennedy** zum Leiter einer interministeriellen Sondereinheit zur Koordination aller Amerika betreffenden politischen Fragen ernannt. (**Rudolf Breitscheid, Franco Venturi**) S.N.

Berlin, Sir Isaiah

geboren 1909 in Rußland, Diplomat und Professor für Philosophie.
Berlin kam mit seinen Eltern als Kind nach London. 1928 ging er nach Oxford. 1932 wurde Berlin »Fellow« am **»All Souls College«** und Tutor in Philosophie am »New College«. 1935 Abschluß. Während des Krieges arbeitete Berlin in der Britischen Botschaft in Washington, wobei ein regelmäßiger Austausch mit Winston Churchill begann. Zeitweiser Dienst in Moskau. Nach dem Krieg Lehre in Harvard und Oxford. 1956 erhielt Berlin die »Chichele«-Professur für Politik und Sozial-Theorie. 1957 — 1967 Präsident des »Wolfson College«, Oxford. 1974 — 1978 Präsident der »British Academy«.
Berlin war eine der Hauptfiguren im philosophischen Leben in Oxford, wo er wie an allen anderen Orten, die er später besuchte, den Ruf eines unerschöpflichen, mit Ideen verschwenderischen Gesprächspartners innehatte. Zu seinen Bekanntschaften in Oxford gehörten neben Ingrid Warburg **Adam von Trott**, **Sheila Grant Duff**, **Diana Hubback**, **Stephen Spender**, J. L. Austin, **Vera** und **Chaim Weizmann**.
Berlin trat mit einer Vielzahl von Werken hervor, unter anderen: »Karl Marx«, 1939; »The Hedgehog and the Fox«, 1953; »Historical Inevitability«, 1958; »The Age of Enlightenment«, 1956; »Moses Hess«, 1958; »Four Essays on Liberty«, 1969; »Vico and Herder«, 1976; »Russian Thinkers«, 1978; »Against the Current«, 1980. [S. 84f., 293, 295] R.G.

Bernhard, Georg

geboren 1875 in Berlin, gestorben 1944 in New York, deutscher Publizist und Wirtschaftspolitiker jüdischer Abstammung.
1909 — 1930 Chefredakteur der »Vossischen Zeitung«. 1928 — 1930 Reichstagsabgeordneter der Deutschen Demokratischen Partei. Exil über Kopenhagen nach Frankreich, dort Herausgeber der antinazistischen deutschsprachigen »Pariser Tageszeitung«. Mitarbeit im Pariser Volksfrontausschuß. Verbrachte nach dem Auslieferungsantrag der Gestapo einige Zeit in Marseille unter dem Schutz des **»Emergency Rescue Committee«**. Konnte 1941 zusammen mit seiner Frau zu Fuß über die Pyrenäen fliehen. In die USA emigriert, dort am »Institute of Jewish Affairs« des »American Jewish Congress«.
[S. 183] S.N.

Bernstein, Philip Sidney

(1901 — 1985), jüdischer Rabbi.
Von 1926 bis etwa 1975 Rabbi des B'rith Kodesh-Tempels in Rochester. Besuchte während des Zweiten Weltkriegs als Direktor des »Army and Navy Committee« des »National Jewish Welfare Board« jüdische Soldaten an der Front. 1946 zum Berater in jüdischen Angelegenheiten für US-Kommandeure in Europa. Trat für sofortige Immigration vertriebener Juden nach Israel, Amerika und andere Länder sowie die Unabhängigkeit des Staates Israel ein. Stand in den 50er Jahren der »Central Conference of American Rabbis« als Präsident vor. [S. 137, 230] S.N.

Berthold Markgraf von Baden

(gest. 1963), Sohn **Max von Badens**, nach dessen Tod Protektor der Schule Salem. [S. 187]

Walter Benjamin

Christabel Bielenberg

Isaiah Berlin

Beskow, Elsa
(geb. 1874), bekannte schwedische Kinderbuchautorin (»Hänschen im Blaubeerwald«, 1901; »Die Wichtelkinder«, 1910). [S. 56]

Bielenberg, Christabel
geboren 1909 in Irland, verheiratet mit **Peter Bielenberg**.
Aufgewachsen in England. 1932 Beginn der Freundschaft mit Peter Bielenberg. 1934 Heirat und Erwerb der deutschen Staatsbürgerschaft. 1939 bringt Christabel Bielenberg ihre zwei Kinder nach England zu den Großeltern. Anschließend Umzug nach Berlin. 1941 Rückkehr nach Berlin. 1943 Umzug nach Rohrbach im Schwarzwald. 1944 Verhaftung ihres Mannes Peter. 1947 Rückkehr nach Irland. Erhielt für ihr Buch »The Past is Myself« (»Als ich Deutsche war. Eine Engländerin erzählt«, München 1969) den »Richard Hillary Memorial Prize for Literature« 1968. [S. 98, 110, 120, 122, 295f.] R.G.

Bielenberg, Peter
Jurist, verheiratet mit **Christabel Bielenberg**.
1936 (?) Promotion zum Dr. jur. Verhaftung am 8. August 1944 im Zusammenhang mit dem »**20. Juli**«. Internierung im Konzentrationslager Ravensbrück. Frühjahr 1945 Freilassung. Lebt in Irland.
[S. 40, 80, 197f., 295f.]

Biermann, Wolf
(geb. 1936), Liedermacher. [S. 292]

Binswanger, Ludwig
(1881—1966), Psychoanalytiker, Leiter der Heilanstalt »Bellevue« in Bad Kreuzlingen, in der sich **Aby Warburg** von 1918 bis 1923 aufhielt. [S. 59, 254]

Bismarck, Otto von
(1815—1898), deutscher Reichskanzler.
[S. 272]

Bögler, Franz (Decknamen: Helmut Hertel, Robert Mandel)
geboren 1902 in Speyer, gestorben 1976 in Speyer, Parteifunktionär.
Bögler, schon früh SPD- und Gewerkschaftsmitglied, war 1926—1933 SPD-Stadtverordneter von Speyer. 1932—1933 in Haft wegen Waffenbeschaffung. Flucht nach Saarbrükken. Arbeit als »Sopade«-Grenzsekretär in der CSR zur Organisation der illegalen Verbindung nach Schlesien. Ab 1935 Fraktionsarbeit für **»Neu Beginnen«** innerhalb der SPD. 1938 Flucht nach Frankreich. Internierung in Paris und Internierungslager »Le Vernet«. Oktober 1941 gescheiterter Fluchtversuch aus Frankreich per Boot von Marseille. Erneute Internierung in »Le Vernet«. Das **»Emergency Rescue Committee«** (**Karl Frank, Frank Kingdon**, Ingrid Warburg) verwendet sich vergeblich für Bögler in New York. Oktober 1942 Flucht aus »Le Vernet« in die Schweiz wegen Landesverratsprozeß in Deutschland und drohender Auslieferung. Ein Jahr Internierung. Dort weiterhin politische Arbeit. 1943 Gründung der »Union deutscher Sozialisten« in der Schweiz. 1945 Generalsekretär bei »Das Demokratische Deutschland«. 1946 nur auf Intervention erlangte Rückkehrerlaubnis in die Bundesrepublik. Danach bundesrepublikanische schwierige und schillernde SPD-Karriere in Rheinland-Pfalz.
(**Varian Fry**, **Fritz Lamm**) S.N.

Der Fall Franz Bögler gehört zu den gescheiterten Rettungsversuchen des »Emergency Rescue Committee«.
Ingrid Warburg schrieb in dieser Sache einen Brief an die Präsidentengattin **Eleanor Roosevelt** mit einem angefügten Bericht über Franz Bögler, der am 21. Mai 1941 dort einging:

Sehr geehrte Mrs. Roosevelt:
Bezugnehmend auf unsere Unterhaltung gestern wenden wir uns an Sie mit einer sehr großen Bitte. Hier ist ein wirklich tragischer Fall, und wir wären überaus dankbar, wenn Sie ein Telegramm schicken könnten, das Ihr Interesse an der Sache bekundet.
Ihr ständiges Interesse und Ihre Hilfe schätzen wir hoch.

Hochachtungsvoll
Ingrid Warburg

PS: Ich lege ein kurzes Memorandum bei, das Ihr bisheriges Interesse und Ihre Hilfe in diesem Fall zeigt. MEMORANDUM IN RE: FRANZ BÖGLER

Sie waren so nett, Mr. Karl Frank letzten Juni zu empfangen und korrespondierten später mit ihm über den Fall (Seine Briefe sind vom 29. Juni bis 27. Juli datiert). Auf ihre Bitte veranlaßte Mr. Sumner Welles verschiedene Anfragen. (Am 21. August sandten Sie Mr. Frank eine Rechnung [einen Geldschein?] vom State Department für Telegrammauslagen.)
Durch Ihre Hilfe und das Gesuch der American Federation of Labor wurde dem Konsulat in Marseille telegraphisch die Ausstellung eines Notvisums für Bögler gestattet. Nach mehreren Monaten waren Böglers Freunde in der Lage, ihm zu ermöglichen, vom Lager Vernet, wo er interniert war, nach Marseille zu reisen. Er sicherte sich sein Visum.
Am 5. Oktober verließ Bögler mit drei anderen befreundeten Flüchtlingen Marseille in einem kleinen Boot mit französischen und belgischen Offizieren, die auf britisches Territorium fliehen wollten.

Unglücklicherweise wurde das Boot in einem heftigen Sturm nur ein paar Stunden von Marseille entfernt beschädigt, und sie mußten zum Hafen zurück, wo alle verhaftet wurden. Bögler und seine drei Freunde wurden erneut im Lager Vernet interniert. Weil Bögler seit seiner Internierung in Gefahr schwebt, an die Deutschen ausgeliefert zu werden, gab es unzählige Versuche, ihn ein zweites Mal zu befreien. Ich erwähne nur die Korrespondenz von Dr. Frank Kingdon vom Emergency Rescue Committee mit Minister Ickes [Innenminister Harold L. Ickes]. Mr. Ickes wandte sich an die Botschaft in Vichy und erhielt eine ablehnende Antwort. Die französische Polizei hatte erklärt, daß Bögler und seine drei Begleiter, für die Mr. Ickes ebenfalls intervenierte, in schlechtem Ruf ständen. Am 3. März sandte Dr. Kingdon auf Bitten Mr. Ickes ein sorgfältig erarbeitetes Memorandum an ihn, in dem er die französischen Anschuldigungen Punkt für Punkt bestreitet, indem er seine Aussagen durch eidesstattliche Versicherungen von Augenzeugen untermauert. In der Folge erhielten zwei der vier Flüchtlinge die Erlaubnis, Frankreich zu verlassen. Dies wurde Bögler und seinem Freund, Fritz Lamm, verweigert. Am 6. April schrieb Dr. Kingdon erneut an Mr. Ickes. Es scheint, als hätten Dr. Kingdon und Mr. Ickes die Botschaft in Vichy schließlich überzeugt, daß Bögler in Ordnung ist. Auf inoffiziellem Wege ließ man von erneutem Interesse wissen. Frys Telegramm deutet darauf hin, daß eine offizielle Anfrage des Weißen Hauses Bögler befreien könnte.
Wir hatten nicht gewagt, noch einmal mit diesem Fall an Sie heranzutreten, da wir hofften, sie frei zu bekommen. Nun scheint Ihre Hilfe die letzte Hoffnung zu sein. Böglers Frau und sein sechs Jahre alter Junge sind seit einem halben Jahr hier. Wir müssen Ihnen nicht sagen, was es für den Ehemann und Vater bedeuten würde. Der Mann hat mehr als irgendein anderer gelitten, die Freiheit schon vor Augen, um sie dann doch wieder zu verlieren. Wir müssen nicht sagen, daß Bögler im Falle, daß er nicht befreit wird, entweder in eine französische Sträflingskolonie nach Afrika geschickt wird oder, was wahrscheinlicher ist, nach Deutschland zurückgebracht wird, um dort der schärfsten Strafe für »Hochverrat« an den Nazis entgegenzusehen. [Aus dem Amerikanischen]

Dieses Schreiben ließ Mrs. Roosevelt am 23. Mai 1941 zur »Einsichtnahme und Einleitung welcher Maßnahme auch immer« an Unterstaatssekretär **Sumner Welles** weiterleiten. Dieser antwortete der Sekretärin Mrs. Roosevelts:

Department of State
Washington
betr.: VD 811.111 Bögler, Franz

6. Juni 1941

Meine liebe Miss Thompson:

Ich beziehe mich auf Ihre Notiz vom 23. Mai, mit der Sie den beigefügten Brief und das Memorandum von Miss Ingrid Warburg den Fall von Mr. Franz Bögler und die Schwierigkeiten mit seiner Freilassung aus der Internierung im unbesetzten Frankreich betreffend übermittelten.
Die Unterlagen des Departments bestätigen die Ausstellung von Visa durch den amerikanischen Konsulatsbeamten in Marseille für Mr. Böglers Frau und Kind

am 8. August 1940 und für Mr. Bögler am 30. September 1940. Von seiner Familie nehmen wir an, daß sie seit einigen Monaten in den Vereinigten Staaten lebt, und seine Sponsoren sind natürlich bestrebt, eine Zusammenführung mit seiner Frau und seinem Kind so schnell wie möglich zu bewerkstelligen.
Im Falle Mr. Böglers und drei anderer Personen hat sich unsere Botschaft in Vichy bei den französischen Behörden verwendet, und zwei der Ausländer wurde als Ergebnis die Abreise aus Frankreich gestattet. Leider haben die Behörden die Botschaft kürzlich informiert, daß Mr. Bögler und die vierte Person aus Gründen, die aus dem Waffenstillstandsabkommen resultieren, nicht ausreisen dürfen. In Anbetracht dieser Tatsachen, die dem Präsidenten in meinem Brief vom 14. Mai 1941 mitgeteilt wurden, bedaure ich, keinerlei hilfreiche Vorschläge für weitere Schritte zur Freilassung Mr. Böglers machen zu können.

Aufrichtig, Ihr ergebener
Sumner Welles

[Aus dem Amerikanischen]

Böll, Heinrich

(1917—1985), deutscher Schriftsteller.
[S. 275, 289]

Bohn, Frank

(1878 — 1975), amerikanischer Journalist. Beauftragter der amerikanischen Gewerkschaftsbewegung (»American Joint Labor Committee«) zur Rettung gefährdeter europäischer Gewerkschaftler. Arbeitete in Marseille eng mit **Varian Fry** vom **»Emergency Rescue Committee«** zusammen, verließ Frankreich aber auf Druck der französischen Behörden im Okt. 1940. [S. 187, 189] S.N.

Bondy, Curt W.

geboren 1894 in Hamburg, gestorben 1972 in Hamburg, Professor für Psychologie, Sozialarbeiter.
1914 Medizinstudium an der Universität Hamburg. 1915—1918 Militärdienst als Sanitäter, Studium der Pädagogik und Psychologie in Hamburg und Göttingen (bei William Stern und **Ernst Cassirer**). 1921 Mitglied im Sozialistischen Deutschen Studentenbund. 1921 — 1923 2. Gefängnisdirektor in der Jugendhaftanstalt Hamburg. 1923—1933 Gastvorlesungen, Sozialarbeit und Erwachsenenbildung. 1930—1933 Professur in Göttingen. 1928—1933 Jugendgefängnisdirektor in Eisenbach. 1933 Zusammenarbeit mit **Martin Buber** in der »Mittelstelle für jüdische Erwachsenenbildung«. 1936—1939 Leiter des jüdischen Emigrationsausbildungszentrums in Groß-Breesen bei Breslau. November 1939 Internierung (Konzentrationslager Buchenwald). 1939 Emigration in die USA, Rückkehr nach Europa (Arbeit in jüdischen Ausbildungszentren). 1940 kurzzeitige Internierung in Frankreich, Wiedereinreise in die USA über Spanien und Portugal, Gründung einer Farmschule in Hyde Farmlands, Virginia. 1934 — 1950 Dozent und Professor für Psychologie am »College William and Mary«, Richmond, Va. 1950 Rückkehr nach Deutschland, Professor für Psychologie und Sozialpädagogik in Hamburg, Direktor des Psychologischen Instituts. Aktiv in der Umsiedlung jüdischer Emigranten aus Deutschland. Forschungsgebiete: Jugenderziehung, straffällig gewordene Jugendliche, Sozial- und Kriminalpsychologie. [S. 136f.] S.N.

Borgese, Giuseppe Antonio

geboren 1882 in Polizzi Generosa/Sizilien, gestorben 1952 in Fiesole/Florenz, Universitätsprofessor, Schriftsteller.
Studierte Geisteswissenschaften in Palermo

und Florenz. Starke Einflüsse von Benedetto Croce und Giovanni Papini. Croce veranlaßte die Veröffentlichung seiner Dissertation über die »Geschichte der romantischen Kritik in Italien«. In den Jahren vor dem Ersten Weltkrieg überzeugter und aktiver Nationalist. Enge Kontakte mit **D'Annunzio**. Gründer und Herausgeber verschiedener Zeitschriften und führender Mitarbeiter bei »il Mattino« und »la Stampa«, insbesondere ab 1912 bis zu seiner Emigration beim »Corriere de la Sera«, dessen außenpolitische Ausrichtung er wesentlich mitbestimmte. 1907 Auslandskorrespondent in Deutschland. Ab 1909 Professor für Deutsche Literatur in Turin und Rom.

Seit seiner Tätigkeit (1912) für den »Corriere« Trennung von Croce, gegen den er die Fahne hißte, die später typisch wurde für die faschistische Demagogie, die der »giovinezza«.

Trat vehement für die Teilnahme Italiens am Ersten Weltkrieg ein. Nach dem Krieg schrieb er seine wichtigsten literarischen Arbeiten und war Professor für den eigens für ihn errichteten Lehrstuhl für Ästhetik und Geschichte der Kritik in Mailand (1925).

1931 fuhr er in die USA, um einem Lehrauftrag zu folgen. Aus einem kurzzeitigen Aufenthalt wurde ein langes Exil, da er sich weigerte, den faschistischen Eid abzuleisten.

Professor für Geschichte der Kritik an der Universität Berkeley, California. Von 1936 bis 1948 an der »University of Chicago«. 1938 wird Borgese amerikanischer Staatsbürger und heiratet nach der Trennung von seiner ersten Frau Elisabeth Mann, Tochter **Thomas Manns**.

Im Exil wandte sich Borgese stark der Politik zu. Er vertrat die Meinung, daß jeder Partikularismus sowohl auf den Gebieten der Literatur als auch der Politik, der Wirtschaft, der Religion, der Gesellschaft zu überwinden sei, um eine »universelle Republik« anzustreben.

1937 kam sein Werk »Goliath. The March of Fascism« in New York in englischer Sprache geschrieben heraus, eine Analyse der Wurzeln des italienischen Faschismus und ein Aufruf an die italienische Bevölkerung, sich von diesem Regime selbst zu befreien.

Borgese initiierte das »Committee on Europe«, das 1938 nach dem Münchner Abkommen gegründet wurde. 1945 konnte er viele prominente Intellektuelle für den Entwurf einer Weltverfassung interessieren.

Auch seine weiteren Werke beschäftigen sich mit einer neuen »Weltgesellschaft«, die auf den Ruinen der alten Gesellschaft errichtet werden sollte, so »The City of Man« (mit Thomas Mann und Lewis Mumford).

1949 kehrte Borgese an die Universität von Mailand zurück und wandte sich wieder stärker der Literatur zu. **(Max Ascoli, Europäischer Föderalismus** [S. 170] P.D.

Borghi, Lamberto

geboren 1907 in Livorno, Universitätsprofessor, Pädagoge, Antifaschist.

Promovierte in Philosophie. Gymnasiallehrer für Geschichte der Philosophie von 1931 bis 1938. Durch die Rassengesetze von seinem Beruf ausgeschlossen, emigrierte Borghi in die USA, wo er bis 1948 lebte. Borghi arbeitete eng mit Enzo Tagliacozzo und Gaetano Salvemini in »Harvard« zusammen. 1948 wurde er Professor an der **»New School for Social Research«**. 1952 erhielt er eine Professur an der Universität von Palermo. Zahlreiche Werke zu Problemen der Erziehungswissenschaft. [S. 217, 225] P.D.

Braden, Peter

geboren 1900 in Bingen, Ehemann von **Marietta Warburg**, Arzt in einer Mannheimer Klinik, 1936 wegen politischer Aktivitäten entlassen. [S. 81]

Brandström, Elsa
geboren 1888 in Petersburg als Tochter des schwedischen Botschafters, gestorben 1948 in Boston, USA, »Der Engel von Sibirien«.
Elsa Brandström ist berühmt geworden für ihren fünfjährigen Einsatz als Schwester des Roten Kreuzes für deutsche und österreichische Kriegsgefangene in Sibirien während des Ersten Weltkrieges. In Deutschland als der »Engel von Sibirien« gefeiert. Nach dem Ersten Weltkrieg Arbeit für die Kriegsheimkehrer und Kinder verstorbener Kriegsgefangener.
Vergebliche Bemühungen der Nazis, sie für ihre Propaganda zu mißbrauchen. Heiratet 1929 den Sozialisten und Professor für Geschichte der Pädagogik und Philosophie Robert Ulich. 1934 Emigration in die USA. Gründet dort die Organisation der »Window Shops«, um Flüchtlingen aus Nazi-Deutschland zu helfen. [S. 56, 212, 284] P.D.

Brandt, Willy
(geb. 1913), 1933 Exil, 1947 Rückkehr nach Deutschland, 1957 — 1966 Regierender Bürgermeister von Berlin, 1964 Vorsitzender der SPD, 1969 — 1974 Bundeskanzler. [S. 172, 295]

Brauer, Max
(1887 — 1973), Sozialdemokrat, 1924 — 1933 Bürgermeister von Altona, 1933 Schutzhaft, Exil in den USA, Bürgermeister Hamburgs von 1946 — 1953 und von 1957 — 1961. [S,. 161]

Braun, Max
geboren 1892 in Neuß, gestorben 1945 in London, sozialdemokratischer Politiker und Journalist.
Führer des Widerstands gegen **Hitler** im Saarland. 1935 nach dem Anschluß des Saarlandes Emigration nach Frankreich, 1940 nach England. Mitarbeit im Pariser Volksfrontausschuß.

Braun, Otto
(1897 — 1918), Sohn der Sozialistin Lilly Braun. [S. 116]

Braun-Vogelstein, Julie
geboren 1883 in Stettin, gestorben 1971 in New York, Kunsthistorikerin, Journalistin und Schriftstellerin.
Studium der Kunstgeschichte und Archäologie in Berlin. Abschluß mit Promotion. Heirat 1920 mit Heinrich Braun. Verfaßte u.a. die Biographien ihres Mannes und seiner früheren Frau, der Frauenrechtlerin Lily Braun. Dem Sohn von Lily und Heinrich Braun, **Otto Braun**, verhalf sie posthum durch Veröffentlichung seiner Schriften zur Bekanntheit: »Otto Braun, Aus den nachgelassenen Schriften eines Frühvollendeten«, Berlin 1920. Gemeinsame Wohnung mit ihrer Nichte, **Hertha Vogelstein**. 1935 Emigration nach den USA, dort im »Board« des »Leo Baeck Institute«. 1937 Besuch von **Adam von Trott**, der Julie Vogelstein mit Ingrid Warburg bekanntmachte. 1939 weiterer Besuch Adam von Trotts. Dezember 1941 Verhaftung in New York und Überführung nach Ellis Island, wo sie über den Kontakt mit Adam von Trott verhört wurde. Baldige Freilassung.
Julie Vogelstein und Adam von Trott hatten sich 1934 in Berlin durch den sozialistischen Buchhändler J. P. Mayer kennengelernt. Vom ersten Moment an herrschte volles Vertrauen. Trott wurde Zeuge, wie der Butler der Vogelsteins, der soeben SA-Mitglied geworden war, J. P. Mayer der Lieferung verbotener Literatur denunzierte und von der Gestapo verhaften ließ. **Hasso von Seebach**, ein enger Freund der Vogelsteins, warf den Butler aus dem Haus.

Elsa Brandström

Willy Brandt

Julie Braun-Vogelstein

Als auch noch das Hausmädchen eine Beschwerde gegen Hertha Vogelstein einreichte als Reaktion gegen ihre Entlassung wegen versuchter Erpressung, schritt Trott ein: Bei der Vernehmung brachte er das Mädchen durch hartnäckiges Befragen zur Zurücknahme ihrer Anzeige.
Weitaus gefährlicher war die darauffolgende Anzeige — deren Urheber nicht bekannt ist — daß ein Waffenlager versteckt sei. Trott, der davon erfahren hatte, fuhr sofort zu Julie Braun-Vogelstein hinaus, um sie vor einer Untersuchung zu warnen. Anschließend beredete er den Chef in seiner Anwaltskanzlei, zu der Untersuchung einen erfahrenen Kollegen als Beistand zu senden. Trott selbst übernachtete sicherheitshalber bei den Vogelsteins. Die Hausdurchsuchung wurde schließlich im Beisein von Trott, seinem Kollegen und einem Freund vorgenommen. Die Vogelsteins waren für dieses Mal gerettet.
Von nun an betrieben die Vogelsteins ihre Auswanderung aus Deutschland. Trott fuhr noch zweimal nach Berlin, um ihnen dabei zu helfen. Im Sommer 1935, noch rechtzeitig vor den Nürnberger Gesetzen, fuhren sie mit Hasso von Seebach nach New York. [S. 116, 119f., 149, 232] R.G.

Breitscheid, Rudolf

geboren 1874 in Köln, umgekommen 1944 im Konzentrationslager Buchenwald, sozialdemokratischer Politiker.
1918/19 preußischer Innenminister. Ab 1920 außenpolitischer Sprecher der SPD, ab 1931 Parteivorstandsmitglied. 1933 Emigration in die Schweiz und nach Frankreich (Paris, Arles, Marseille). 1941 Auslieferung an die Gestapo durch die Vichy-Regierung, 10-monatige Haft in Berlin, KZ Sachsenhausen und KZ Buchenwald, dort am 24.8.1944 bei alliiertem Luftangriff umgekommen.
Mit wachsenden Erfolgen des Nationalsozialismus in Europa entwickelte Breitscheid sich nach anfänglich strikter Ablehnung einer politischen Gruppenbildung im Exil linker

oder rechter Art zum Befürworter einer Volksfront durch KPD, SPD und linkssozialistische Gruppen. Mitte der 30er Jahre stand er nach Auseinandersetzungen mit der »Sopade« zunehmend politisch isoliert da. Durch Einsatz Léon Blums, des französischen Ministerpräsidenten der Volksfront, wurde Breitscheid bei Kriegsbeginn nicht als feindlicher Ausländer verhaftet.
(**Adolf Berle**, **Sumner Welles**) [S. 207f.]

S.N.

Nachdem der amerikanische Gewerkschaftsgesandte **Frank Bohn** aus Marseille abreisen mußte, wurde **Varian Fry** vom **»Emergency Rescue Committee«** auch für die Rettung der älteren Führer der Arbeiter- und Sozialistenorganisationen wie Breitscheid und **Rudolf Hilferding** verantwortlich. Probleme bei der Rettung entstanden auch durch Breitscheids und Hilferdings unbedingten Wunsch, legal mit Ausreisevisum aus Frankreich auszureisen. Ihr zunächst erfolgreicher Versuch, ein Visum durch die Vichy-Behörden zu erlangen, erwies sich dann als fatale Maßnahme. Folgender Bericht fand sich im Nachlaß des SPD-Parteivorstandsmitgliedes Friedrich Stampfer (ohne Datumsangabe, wahrscheinlich von Friedrich Heine, SPD-Funktionär und ebenfalls im Marseiller Exil bei Varian Fry, verfaßt; in »Mit dem Gesicht ...«):

»... Breitscheid und Hilferding erhielten Anfang August von der amerikanischen Regierung die Einreiseerlaubnis (Danger-Visen) ... Sie machten gemeinsam verschiedene Versuche, das Land zu verlassen. Sie scheiterten an der Unmöglichkeit, durch Spanien zu reisen, da beide sich im Kampf gegen die Franco-Regierung besonders hervorgetan [hatten] *und in Spanien sicher den ärgsten Verfolgungen ausgesetzt* [gewesen] *wären.*
Beide versuchten, ihre Ausreise via Oran-Casablanca vorzunehmen. Sämtliche Vorbereitungen waren getroffen, die Passagen belegt, die erforderlichen Visen beschafft. An dem gleichen Tage, an dem Hilferding sich einschiffen wollte ... ordnete der Präfekt von Bouches de Rhône an, daß sie sich innerhalb weniger Stunden nach Arles ... in Zwangsaufenthalt begeben sollten ...
Ihre Bemühungen um Ausreiseerlaubnis wurden fortgesetzt. Sie wandten sich an ihre persönlichen Freunde in Amerika und anderen Ländern und baten die ihnen bekannten offiziellen Persönlichkeiten Frankreichs um Unterstützung ...
Der Souspräfekt [von Arles] *... teilte in einem persönlichen Schreiben an Breitscheid mit, daß keinerlei Gefahr bestehe; daß sie den Antrag auf Ausreise unbesorgt stellen könnten ...*
Am 27. Januar [1941] *fuhren Breitscheid, Hilferding und Frau Biermann* [Sekretärin Breitscheids] *— versehen mit sauf-conduit — nach Marseille, holten sich von der Präfektur für alle vier Personen* [mit Frau Breitscheid] *die Ausreiseerlaubnis, die ihnen in das gleichzeitig wieder gültig gemachte Reisepapier (Titre de Voyage) gestempelt wurde ... Man gab ihnen Empfehlungen für Schiffahrtsgesellschaften mit, verbot ihnen, via Spanien zu reisen und bezeichnete als Reiseroute den Weg über Martinique ...*
Die nächste Möglichkeit, nach Martinique zu fahren, bot sich [am] *4. Februar. Das Schiff hatte nur noch Plätze im »Dortoir«* [Schlafsaal], *die Direktion riet dringlich ab, diese Schiffsgelegenheit zu benutzen, da sie für die älteren und kränklichen Personen ... völlig ungeeignet seien. Trotzdem entschloß sich Hilferding, von dieser Reisegelegenheit Gebrauch zu machen, während die Ausreise der anderen drei Personen für den 18. Februar in Aussicht genommen wurde ...*
Am 31. Januar wurde Breitscheid-Hilferding vom Souspräfekten mitgeteilt, daß die Ausreisevisen für die beiden Männer zurückgenommen seien ... Es sei Befehl von Vichy, das war alles, was zu erfahren war ... Er wiederholte seine früheren

Rudolf Breitscheid

Rudolf Breitscheid in Haft

Joseph Buttinger

Erklärungen, daß selbst im Falle einer Besetzung der freien Zone Vorsorge für sie getroffen und sie in Sicherheit gebracht würden. Er gab sein Wort darauf ...
Sonnabend, den 9. Februar, abends zwischen 11 und 11.30 Uhr erschienen zwei Polizeibeamte und ein Kommissar spezial im Hôtel du Forum in Arles, der Residenz von Breitscheid und Hilferding ... Die Polizisten erklärten: Die Deutschen haben die Adresse von Breitscheid und Hilferding erfahren; sie sind auf dem Wege nach hier und werden in einer Stunde eintreffen, um die beiden Männer abzuholen. Wir — die Polizisten — sind gekommen, um die beiden Männer zu retten ... Beide Männer mußten sofort einige wenige Habseligkeiten packen ...
Sie trafen Sonntag morgen ... gegen 11 Uhr ... in Vichy ein. Dort wurden sie von den Inspekteuren der Sûreté Nationale sehr schlecht behandelt. Die Bewachung war äußerst scharf. Sie wurden in gesonderten Räumen untergebracht. Man nahm ihnen alle Gegenstände ab, die sie hätten benutzen können, um sich zu töten. Um 7 Uhr abends wurde ihnen eröffnet, daß die beiden Männer ausgeliefert würden. Sie waren völlig überrascht, nahmen die Nachricht aber sehr mutig und gefaßt auf. Frau Breitscheid versuchte sofort, Verbindung mit der amerikanischen Gesandtschaft zu bekommen. Es ließ sich niemand sprechen ...
Die verschiedenen Interventionen, die bei der amerikanischen Gesandtschaft zugunsten von Breitscheid und Hilferding im Laufe des Montags unternommen wurden, blieben erfolglos. Die Gesandtschaft konnte sich nicht entschließen, bei der französischen Regierung vorstellig zu werden, da es sich nicht um amerikanische Staatsbürger handelt. Im Laufe des Montags erfolgte die Auslieferung der beiden.«

Die folgenden Briefe und Notizen von **Eleanor Roosevelts** Sekretärin Malvina Thompson und Ingrid Warburg beziehen sich auf das Problem einer Ausreise aus Südfrankreich über Spanien bzw. auf Breitscheid und

Hilferding, die zur gleichen Zeit in Südfrankreich festsaßen und am 9. Februar verhaftet wurden. Am 3. Februar 1941 schreibt Malvina Thompson an Ingrid Warburg:

> 3. Februar 1941
> Meine liebe Miss Warburg:
>
> Sumner Welles rief neulich an und berichtete das folgende:
> Bezüglich der Frage nach beschleunigter Ausreise der Flüchtlinge, die Visa für dieses Land besitzen, wurde die Zahl der Konsuln verstärkt, und Mr. Welles meint, daß dies die Visaausstellung beschleunigen wird. Jedoch besteht die große Schwierigkeit darin, sie herauszubekommen. Sie wollen sie nicht durch Spanien nach Portugal reisen lassen, weil die Deutschen ihnen [hier vergaß Miss Thompson offensichtlich ein »nicht«, wie der vorherigen Telefonnotiz zu entnehmen ist] erlauben, nach Portugal weiterzureisen. Das State Department versucht, die französische Regierung zu veranlassen, Schiffen zu ermöglichen, sie in Marseille aufzunehmen und nach Casablanca zu bringen. Sie versuchen auch, die United States-Linien dazu zu bringen, ein Schiff nach Casablanca zu schicken, wenn dort genügend Flüchtlinge sind. Mr. Welles besprach dies mit dem Präsidenten, der voll mit ihm übereinstimmt.
> Hochachtungsvoll
> Sekretärin von Mrs. Roosevelt
> [Aus dem Amerikanischen]

Am 7. Februar bedankt Ingrid Warburg sich für dieses Schreiben. Kurz danach, am 11. Februar 1941, dem Tag der Auslieferung Breitscheids und Hilferdings an die Gestapo, wendet sie sich erneut an das Weiße Haus. Sie spricht mit der Sekretärin Mrs. Roosevelts, Miss Thompson (Gesprächsnotiz für Eleanor Roosevelt, undatiert):

> The White House Washington
>
> Ingrid Warburg kam heute zu mir und ließ dieses Memo hier [unbekannt]. Sie möchte einen Termin von Ihnen für ein Dinner [«fund raising dinner« mit Damen der höheren Gesellschaft] in New York City, irgendwann vor dem 6. März.
> Sie sagte, daß Sie es ermöglichen würden.
> Sie ist sehr besorgt über die im unbesetzten Frankreich erfolgte Verhaftung von
> Breitscheid
> Helferding [Hilferding]
> Sie hatten amerikanische Visa — Ausreisevisa und wurden dann verhaftet, wahrscheinlich, weil Pétain den kleinen Ort besuchte, wo sie wohnten. Sie befürchtet, daß sie nach Deutschland zurückgeschickt werden. Sie hat versucht, sich mit Adolf Berle in Verbindung zu setzen. Möchte, daß Sie etwas unternehmen.
> [Aus dem Amerikanischen]

Der Teil über Breitscheid und Hilferding ist durchgestrichen und handschriftlich mit der Bemerkung »Memo to Sumner« versehen. Am 18. Februar schreibt Ingrid Warburg an Miss Thompson:

> 18. Februar 1941
>
> Liebe Miss Thompson:
>
> Dies um Ihnen sehr für die Kopie des Briefes zu danken, den Sumner Welles an Sie schickte und der uns sehr interessierte [unbekannt]. Vielen herzlichen Dank auch

für den Termin von Mrs. Roosevelt. Ich weiß, wir werden einen großen Erfolg aus diesem Abend machen.
Ich bedaure, Sie wegen Breitchard [Breitscheid] und Hilferding gestört zu haben, aber sie wurden tatsächlich genau an jenem Tag an Deutschland ausgeliefert, und wir hatten gehofft, irgendetwas tun zu können, um das zu vermeiden.
Nochmals vielen Dank
Mit vielen Grüßen
Ingrid Warburg/Julia Richardson, Sekretärin

[Aus dem Amerikanischen]

Breton, André

geboren 1896 in Tinchebray/Orne, gestorben 1966 in Paris, Schriftsteller und Nervenarzt. Seit 1919 Mitarbeit am Dada. 1920 Entdekkung der automatischen Schreibweise. 1921 bei Freud in Wien. 1924 »Manifest des Surrealismus«. 1927 Eintritt in die kommunistische Partei (PCF). 1930 »Zweites Manifest des Surrealismus«. 1933 Ausschluß aus der PCF, antifaschistisches Engagement. 1940 nach Marseille zum **»Emergency Rescue Committee«**: »*In der Villa Air-Bel legte er verschiedene Sammlungen an: Insekten, vom Seewasser polierte Porzellanscherben und alte Magazine. Er konnte großartig und immer unterhaltsam über alles und jeden reden. Sonntag nachmittags veranstaltete er Surrealisten-Treffen, zu denen die gesamte Deux-Magots-Meute erschien, verrückt wie eh und je. An seinem ersten Tag in der Villa fing Breton einen Skorpion in der Badewanne und stellte eine Flasche mit lebenden Gottesanbeterinnen auf den Eßzimmertisch — statt Blumen.*« (**Fry**, »Auslieferung auf Verlangen«, 140). Mit Hilfe des ERC emigrierte er über Martinique in die USA und war dort beim »Radio France libre« angestellt. Kehrte nach Kriegsende nach Frankreich zurück. (**Peggy Guggenheim**) [S. 210] S.N.

Brinckmann, Rudolf

geboren 1889 in Smyrna, gestorben 1974 in Hamburg, Bankier, Mitinhaber des Bankhauses Brinckmann, Wirtz & Co. [S. 153]

Buber, Martin

(1878—1965), jüdischer Philosoph. (**Curt W. Bondy**). [S. 96, 112, 120, 128, 281]

Bund jüdischer Sozialisten (The International Jewish Labor Bund)

Amerikanischer Ableger des »Bundes«, der Vereinigung sozialistischer Juden in Polen und Rußland.
Zu Beginn des Zweiten Weltkriegs formierte sich in den Vereinigten Staaten eine amerikanische Zweigstelle des »Bunds« durch polnische Emigranten, die größtenteils mit Hilfe des »Jewish Labor Committee« geflüchtet waren und vor allem gegen schlechte Arbeitsbedingungen in den USA kämpften. Der 1897 in Vilna gegründete sozialistische »Algemeiner Yidisher Arbeterbund fun Russland un Poilen«, kurz »Bund« genannt, war prinzipiell antizionistisch und nicht-orthodox eingestellt und konzentrierte seine Anstrengungen in Osteuropa insbesondere auf den Widerstand gegen den wachsenden Antisemitismus und für die Autonomie und Gleichberechtigung des Welt-Judentums. Die Palästina-Umsiedlung wurde nur im Sinne einer weiteren Zerstreuung der Juden über die Welt bejaht, abgelehnt wurde der auf ein einzelnes Land wie Palästina gerichtete Zionismus. Im Zentrum der sozialen Verbesserungen in Polen stand eine bessere Ausbildung der jüdischen Kinder, die über die »Central Yiddish Schools Organization« betrieben wurde. [S. 146, 155f., 282] S.N.

Buttinger, Joseph

geboren 1906 in Reichersbeuern/Obb., österreichisch-amerikanischer Politiker, Sozialist, verheiratet mit **Muriel Gardiner**.

Ausbildung zum Glasschleifer, danach autodidaktische Weiterbildung. Zunächst Mitglied der SDAP, dann der »Revolutionären Sozialisten Österreichs« (RSÖ), dort ZK-Obmann und Redakteur der Parteiorgane. Nach Vorbild der **»Neu Beginnen«**-Gruppe arbeitete er unter zahlreichen Decknamen in der Illegalität, Verhaftungen und Ausweisungen folgten. Mit **Otto Bauer** Auseinandersetzungen über die Schaffung einer Einheitsfront mit der »Kommunistischen Partei Österreichs«. Emigrierte 1938 ins Ausland (Belgien, Frankreich). 1939 nach Internierung in Frankreich in die USA. In New York Obmann der »Auslandsvertretung der österreichischen Sozialisten« (AVÖS). Selbst im Exil, bemühte er sich um die Rettung österreichischer Sozialisten. Eintreten für eine Politik der »Konzentration«, d.h. den Zusammenschluß aller deutschen und österreichischen sozialistischen Gruppen im Exil. Ab 1940 leitendes Mitglied der »International Relief Association« (später: »International Rescue Committe«, dem auch das **»Emergency Rescue Committee«** 1942 angeschlossen wurde). Er stand dem ERC als Ratgeber und Geldbeschaffer zur Verfügung und wandte sich erfolgreich zusammen mit **Karl Frank** an **Eleanor Roosevelt**, die ihren Mann von der Notwendigkeit zusätzlicher Visa überzeugen konnte.
Die von ihm aufgebaute »Buttinger-Library«, eine Bibliothek mit ca. 50.000 Bänden aus Gebieten politischer Wissenschaft, wurde 1971 der Universität Klagenfurt übereignet. Nach 1954 Spezialist für Vietnam-Fragen, Berater für die US-Vietnam-Politik. Er trat als Gegner des zunehmenden militärischen Engagements der USA hervor, war Vorstandsmitglied von »Amnesty International« und der »Phelps-Stroke-Funds«. 1978 erschien von Joseph Buttinger und seiner Frau Muriel Gardiner »Damit wir nicht vergessen: Unsere Jahre 1934 bis 1947, in Wien, Paris und New York«. [S. 118, 173, 175f.] S.N.

C

Caples, Anna

Mitglied der »**American Friends of German Freedom**« und Mitbegründerin des »**Emergency Rescue Committee**«, verheiratet mit **Karl Frank**. **(Varian Fry)** [S. 161, 171f.]

Casablanca-Konferenz

Auf der Konferenz vom 14. bis 24. Januar 1943 einigten sich Churchill und **Roosevelt** auf die »bedingungslose Kapitulation« Deutschlands, Italiens und Japans, »unconditional surrender« als Kriegsziel.
(Amerikanische Flüchtlingspolitik) [S. 121]

Cassirer, Ernst Alfred

geboren 1874 in Breslau, gestorben 1945 New York, Philosoph. Studium bei Hermann Cohen in Marburg. 1899 Dr. phil. 1906 Privatdozent in Berlin, dann in Hamburg. 1941 — 1933 Professor für Philosophie an der Universität Hamburg und von 1929 — 1939 deren Rektor. 1933 entlassen. 1933 emigriert Cassirer nach Oxford, dann 1935 — 1941 nach Schweden an die Universität von Göteborg. 1944 Gastprofessur an der »Yale University«, dann »Columbia University«. **(Curt Bondy)** [S. 81] P.D.

Chagall, Marc

geboren 1887 in Liozno bei Vitebsk, Rußland, gestorben 1985, französisch-russischer Maler jüdischer Abstammung.

1907 Kunststudium im damaligen St. Petersburg. 1910 — 1914 Studium in Paris. Rückkehr nach Rußland zu Beginn des Ersten Weltkriegs. Seit 1923 mit seiner Frau Bella und Tochter Ida in Paris, später in Südfrankreich. 1937 französische Staatsangehörigkeit. Winter 1941 Einladung des »Museum of Modern Art« nach New York, die von **Varian Fry** und dem amerikanischen Konsul in Marseille, Harry Bingham, überbracht wird. 7. Mai 1941 Chagall, der bis zum 7., seiner Glückszahl, gewartet hat, reist mit Hilfe des »**Emergency Rescue Committee**« nach Madrid, dann nach Lissabon. In Spanien bleiben 1600 Kilo Bilder zurück. 23. Juni 1941 Ankunft mit Bella in New York, zuerst in Hotels, dann auf dem Land in New Preston, Connecticut, in der Nähe **André Massons**. Seine Tochter Ida kann nach problematischen Verhandlungen in Frankreich mit den Bildern nachreisen. 1944 Tod Bellas in Amerika an einer nicht erkannten Virusinfektion. 1947 Rückkehr nach Frankreich.
(Joint, HICEM, Unitarian Service Committee) [S. 49, 207, 210f.] S.N.

Eine Notiz vom 4. Juni 1941, die wahrscheinlich von Fry für den ERC in New York verfaßt wurde, gibt Aufschluß über die Situation von Chagalls Tochter Ida in Frankreich, um die Chagall sich Sorgen machte:

Marc Chagall und seine Frau Bella

Ida Chagall: Das Problem der Chagall-Kinder betrifft die Ausreise-Visa. Wie viele andere Leute haben sie lange gebraucht sich zu entschließen, Ausreisevisa zu beantragen und sich nun in des Maréchals Netzen verfangen. Ausreisevisa werden Franzosen im Wehralter jetzt verweigert. Ida Chagall ist 17mal nach Vichy gereist, um noch weitere Beziehungen spielen zu lassen, aber es gibt nichts, was wir für sie tun könnten. Wir können bei Ausländern intervenieren, aber wir können uns nicht gut in eine Angelegenheit zwischen einem Franzosen und seiner Regierung einmischen. Wenn Ida sich also nicht selbst hilft, fürchte ich, müssen sie hier für die Dauer des Krieges bleiben. Trotzdem glaube ich, daß es eine gute Idee ist, ihre Schiffspassagen jetzt zu kaufen, da sie immer auf jemand anderen übertragen werden können, sollten die Chagalls nicht reisen. Garantien [für Reisekostenübernahmen] sind ja sehr nett, aber sie erinnern mich ein bißchen an die feinsinnige Bemerkung von Anita Loos' Heroin, die ungefähr so lautet ... »Ein Handkuß schmeichelt dir, aber ein Diamantarmband währt ewig.« Ich denke, daß die Garantie völlig wertlos ist. Sie wird weder von den amerikanischen Konsulaten noch von den portugiesischen akzeptiert. Das einzig Brauchbare ist Barzahlung auf die Hand und eine definitive Reservierung.

[Aus dem Amerikanischen]

Offensichtlich hat Ida sich selbst aus Frankreich geholfen, denn Chagall schreibt aus New York an Ingrid Warburg vom ERC den folgenden — nicht ganz fehlerfreien — Brief auf Deutsch:

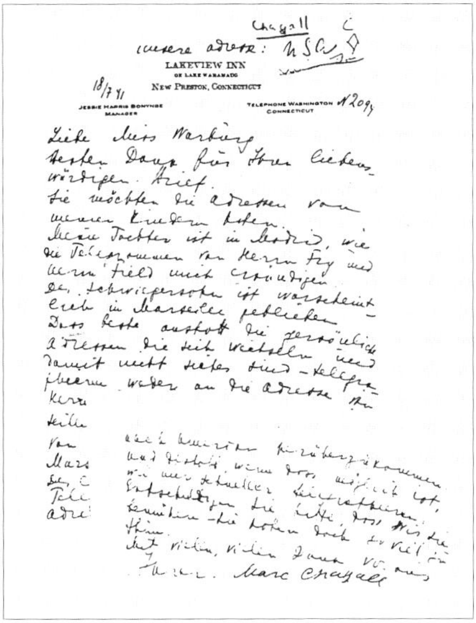
LAKEVIEW INN
New Preston, Connecticut
Marc Chagall

18/7 41

Liebe Miss Warburg

Werten Dank für Ihren liebenswürdigen Brief.
Sie möchten die Adressen von meinen Kindern haben.
Meine Tochter ist in Madrid, wie die Telegrammen von Herrn Fry und Herrn Field mich erkundigen.
Der Schwiegersohn ist wahrscheinlich in Marseille geblieben.
Dass beste anshrift? die persönliche Adressen die sich wechseln und damit nicht sicher sind — telegraphieren werden an die Adresse von Herrn Fry (Comité de secours, Marseille, 18 Bd Garibaldi), noch an die von Herrn Field (Unitarium-Comité Marseille).

Der letzter betet [Letzterer bittet?] sogar in seiner Telegramme dass man soll auf seine Adresse antwortet.
Wenn Sie nach Lisboa telegraphieren willen, gibt es dort auch eine Abteilung von dem Unitarium-Comité (?Dexter, 103 rua Rodrigues da Fonsea Lisboa) und noch besser an Herrn Tropez (Jointfound Lisboa), oder »Hicem« (12 rua Braancamp Lisboa). Die zwei letzen werden schon die Möglichkeit finden die Kindern wissen lassen.
Wenn Sie was thun können, dass die Kinder recht bald die beiden portuguesischen Visas und auch die spanischen Visa für dem Schwiegersohn kriegen können, werden wir Ihnen von ganzem Herzen dankbar sein. Die allgemeine Lage ist so angestrengt, dass ich überhäuft Angst habe, dass die Kindern werden keine zeit haben nach Amerika herüberzukommen. Und deshalb, wenn dass möglich ist, [?] telegraphieren.
Entschuldigen Sie bitte, dass wir Sie bemühen — Sie haben doch so viel zu thun.

Mit vielen, vielen Dank voraus
Ihrer Marc Chagall

Chaluz (Chaluzim)

»Pionier«, jüdischer Einwanderer nach Palästina, der dort z.B. bei der Erschließung neuer Gebiete Aufbauarbeit leistete.
(**Hechaluz**) [S. 96, 99, 104, 128, 137, 281]

Chamberlain, Neville

(1869 — 1940), 1937 — 1940 Premierminister Großbritanniens, ging 1938 mit **Hitler** das Münchner Abkommen ein und glaubte, damit »the peace in our times« gerettet zu haben. (**Halifax, Adam von Trott**) [S. 118]

Nicola Chiaromonte (rechts) und Veniero Spinelli (links)

Chanukka, Chanukkaleuchter

Der achtarmige Chanukkaleuchter, der in den jüdischen Familien während des achttägigen Chanukkafestes um die christliche Weihnachtszeit nach und nach angezündet wird, geht auf die Legende zurück, daß bei der Wiedereinweihung des zweiten Tempels 165 v. Christus nach dem Sieg der Makkabäer nur noch genug reines Öl für einen Tag vorhanden war, die heilige Lampe aber acht Tage brannte. Heute ist dieses Fest eine Gelegenheit für Feiern, bei denen die Kinder beschenkt werden. [S. 252]

Chassid (Chassidim)

Anhänger des Chassidismus, einer religiös-mystischen Bewegung des Judentums, Mitte des 18. Jahrhunderts in Osteuropa entstanden. Der Chassidismus geht davon aus, daß das ganze Universum eine Manifestation Gottes ist, in dem jeder Jude seine eigene Beziehung zu Gott unterhalten kann. Um dieses zu erreichen, muß der Chassid seine eigene Persönlichkeit überwinden, seine Sorgen und seine Verzweiflung. Freude und Enthusiasmus nicht nur im Gebet, sondern auch im Singen und Tanzen in der Gruppe sind seine Ausdrucksformen. [S. 261, 281]

Chiaromonte, Nicola

geboren 1905 in Rapolla / Basilicata, gestorben 1972 in Rom, Antifaschist, Theaterkritiker.

1926 — 1934 erste publizistische Arbeiten für »Italia letteraria« und »Solaria«. Sehr frühe strikte Ablehnung des Faschismus. 1934 Emigration nach Frankreich. Mitarbeit in der Bewegung »**Giustizia e Libertà**«. Opponiert zusammen mit M. Levi und R. Giua gegen eine national-parteipolitische Ausrichtung der Bewegung, tritt für eine antifaschistische europäische Bewegung ein.

Seine brillianten Analysen des deutschen und italienischen Faschismus in den »Quaderni di

Giustizia e Libertà«, die sehr früh die enorme Stabilität des Faschismus voraussahen, gehören zu dem Erhellendsten, was in dieser Zeit geschrieben wurde. Chiaromonte sieht den Faschismus als Ausdruck der Krise der europäischen Zivilisation. Daher auch seine Überlegung, daß der Faschismus die schwerste Krankheit sei, nicht das wahre und eigentliche Problem der gegenwärtigen Welt. Die wirklich ernsten Probleme sind seiner Meinung nach: Wie soll die Menschheit mit der Technik umgehen? Wie soll das ökonomische Leben organisiert werden, damit die Ökonomie nicht der Tyrann des sozialen Lebens wird? Wie schließlich kann die moderne Gesellschaft gerettet werden, das ausschließend, was diese Gesellschaft zu diesem erschütternden Rückfall in die Barbarei geführt hat? In seinen Analysen kommt Chiaromonte zu dem Schluß, daß diese Probleme vielleicht in einem im weitesten Sinne sozialistischen und libertären, nicht liberalen Geist gelöst werden könnten. Seine Kritik des militanten Antifaschismus ist: nur eine Negation der Negation zu sein, die zu einem sterilen Programm kategorischer Imperative führe.
Chiaromonte nimmt am Spanischen Bürgerkrieg als Maschinengewehrschütze in der **»Squadriglia Malraux«** teil. In **Malrauxs** Spanien-Roman »Espoir« ist er die Vorlage für die Figur des Scali. Die Erlebnisse in Spanien, aus denen er — wie **Silone** betont — als einer der wenigen kein publizistisches Kapital schlägt, verstärken seine antitotalitären Tendenzen. Der Widerspruch zwischen Kultur und Politik wird für ihn wie für viele seiner Zeit- und Weggenossen zum Problem. Zurückgekehrt nach Paris kann Chiaromonte vor seiner Verhaftung 1940 nach Algerien fliehen. In Algerien befreundet er sich mit Camus. Nach einem Jahr in Casablanca, wo er mit vielen italienischen Antifaschisten zusammentrifft, die nach Italien zurückkehren wollen, emigriert er 1941 in die USA, wo er bis 1948 bleibt.
In den USA arbeitet er in der Redaktion von »Italia Libera« und anderen links orientierten amerikanischen Zeitschriften. Er heiratet Miriam Rosenthal. Nach dem Krieg ist er zunächst für die UNESCO in Paris, läßt sich aber ab 1953 endgültig in Rom nieder. Er nimmt aktiv am italienischen intellektuellen Leben teil, immer auf eine Position intellektueller Autonomie pochend. Mit Silone gibt er von 1956 bis 1968 die Zeitschrift »Tempo presente« heraus.
Chiaromonte führt in Italien die bis dahin unbekannten Gedanken von Camus, Enzensberger, H. Arendt und Leo Strauss ein. Er gehört zu den Mitbegründern der »Partito Radicale«. Über zwanzig Jahre schreibt er regelmäßig Theaterkritiken für »Il Mondo« und später für den »Espresso«.
(**Italienische Emigration**) [S. 215ff. 225, 265]
P.D.

Cohn, Isidor

Organisator des **»Joint Distribution Committee«**. [S. 140]

Curtius, Ernst Robert

(1886 — 1956), Literaturwissenschaftler, Professor an der Heidelberger Universität. [S. 77]

D

Derenberg, Julius

(1873 — 1928), Arzt, verheiratet mit **Louise Warburg**. [S. 40]

De Rosa, Fernando

geboren 1908 in Mailand, gefallen 1936 bei Madrid, Student der Geisteswissenschaften und Antifaschist, Sohn eines süditalienischen Landarbeiters.

Der frühe Tod des Vaters und ein Unfall, bei dem er einen Freund versehentlich tötete, prägten De Rosas extremes moralisches Empfinden und sein tiefes und ernstes Verantwortungsbewußtsein dem menschlichen Leben gegenüber.

1922 schrieb er sich als Student in Turin kurzzeitig in die Faschistische Partei ein, von der er sich mit einem entrüsteten und bestimmten Brief trennte, nachdem er die faschistischen Gewalttaten gegen die Arbeiteropposition gesehen hatte. Daraufhin von den Faschisten verfolgt und mehrfach verprügelt, nahm De Rosa Kontakt zu **Nenni** und den Sozialisten auf und wurde einer der aktivsten Antifaschisten an der Turiner Universität.

De Rosa gründete die Zeitschrift »Umantita nuova« und begann die Zusammenarbeit mit nach Frankreich emigrierten Gruppen wie **»Giustizia e Libertà«**. Als passionierter Bergsteiger und Inspektor des »Club Alpino Italiano« organisierte er die Verbindung mit der italienischen Emigration in Frankreich und brachte regelmäßig antifaschistisches Material nach Italien.

1928 floh er über die Alpen nach Paris. Im gleichen Jahr machte er eine illegale Reise durch Italien zur Feststellung der inneren Lage des italienischen Widerstandes.

Um die europäische Öffentlichkeit für Italien zu sensibilisieren und als Antwort auf die Gewalt des Faschismus und die Komplizenschaft der Monarchie, plante De Rosa ein Attentat auf den Kronprinzen **Umberto von Savoyen** in Belgien.

Am 24.10.1929 feuerte De Rosa einen Schuß auf den Kronprinzen während dessen Bad in der Menge ab. Festgenommen und ein Jahr später angeklagt, wurde sein Prozeß zu einer der wichtigsten Kundgebungen gegen den Faschismus.

Die Verteidigung übernahm der sozialdemokratische Führer und spätere Außenminister Paul E. Spaak. Als Entlastungszeugen wider den Faschismus traten viele der prominentesten Emigrierten auf: Filippo Turati, Gaetano Salvemini, Francesco S. Nitti etc. Das Gericht ließ alle strafmildernden Umstände gelten und verurteilte De Rosa zu fünf Jahren Gefängnis mit der Möglichkeit zur vorzeitigen Entlassung. Im Prozeß überzeugte De Rosa durch seine Würde,, Haltung und seine Jugend: *»Ich glaubte,*

nicht lebend aus Brüssel zu kommen. Ich wollte keine unschuldigen Opfer. Es ist wahr, ich wollte töten. Ich wollte den Kronprinzen eines regierenden Hauses töten, das die Freiheit meines Landes getötet hat.«
Im Herbst 1932 vorzeitig entlassen, ging er zurück nach Frankreich und dann nach Spanien. Im Gefolge Largo Caballeros nahm er an der Arbeiterrevolte 1934 teil und wurde mit deren Niederlage zu 19 Jahren Gefängnis verurteilt. Nach dem Sieg der Republik aus dem Gefängnis befreit, organisierte er im Februar 1936 die sozialistische Jugend und bildete sie, die Gefahr, in der die Republik schwebte ahnend, zu einer paramilitärischen Organisation aus. So wurde er am Anfang des Bürgerkrieges 1936 schnell mit der Führung eines der schlagkräftigsten Battaglione der Volksmiliz beauftragt. Er fiel 1936 bei der Verteidigung Madrids. [S. 222f.] P.D.

De Santillana, Giorgio Diaz

geboren 1902 in Rom, gestorben 1974 in Cambridge, Massachusetts, Physiker, Philosoph und Antifaschist.
1925 Physikdiplom an der Universität von Rom, anschließend zwei Jahre Promotionsstipendium für Philosophie in Paris und zwei Jahre am Fachbereich für Physik in Mailand. Er wurde 1929 von dem Professor für Höhere Geometrie Federigo Enriques nach Rom zurückgerufen, um eine Schule für die Geschichte der (Natur)Wissenschaften zu organisieren. Als Enriques Assistent lehrte er Geschichte und Philosophie der Wissenschaften und arbeitete mit Enriques zusammen an einer Geschichte des wissenschaftlichen Denkens. 1935 ging De Santillana nach Paris und hielt dort Vorlesungen an der »Sorbonne«. 1936 ging er nach Amerika. Von 1937 bis 1938 war er Dozent für die Philosophie der Wissenschaften an der **»New School for Social Research«** und dann Gastdozent an der Harvard Universität. 1941 wechselte er an das »Massachusetts Institute of Technology«, in Cambridge, Massachusetts, zunächst als Dozent für Englisch und Geschichte, dann als Professor für die Geschichte und Philosophie der Wissenschaften. Sein wohl bekanntestes Werk ist »The Crime of Galileo«, 1955. [S. 216f.] P.D.

Dieterle, Charlotte

Schauspielerin, Frau des schon 1930 emigrierten Hollywood-Filmregisseurs und früheren **Reinhardt**-Schauspielers Wilhelm Dieterle.
Charlotte Dieterle war Mitbegründerin des Film-Funds. Dieser sah vor, daß erfolgreiche Emigranten einen Teil ihrer Gagen abführten. Mit diesem Geld wurden dann bedürftige emigrierte Schriftsteller, Schauspieler und Künstler unterstützt. **(Klaus Mann)** P.D.

Döblin, Alfred

geboren 1878 in Stettin, gestorben 1957 in Emmendingen bei Freiburg/Br., Nervenarzt, Schriftsteller.
Seit 1911 Nervenspezialist und Kassenarzt in Berlin. 1910 Mitarbeiter an der Expressionistenzeitschrift »Der Sturm«. 1914 Militärarzt. 1918 Sozialdemokrat. 1933 Flucht nach Paris über Zürich. 1936 französische Staatsbürgerschaft. 1939 beim französischen Informationsdienst. 1940 Flucht mit Hilfe des **»Emergency Rescue Committee«** über Südfrankreich (Konversion zum katholischen Glauben), Spanien und Portugal nach New York, später Los Angeles. Seit 1945 Chef des literarischen Büros der »Direction de l'Education« bei der französischen Militärregierung in Deutschland. 1949 Mitbegründer der »Mainzer Akademie«. 1951 Rückkehr nach Paris. Seit 1956 in Sanatorien bei Freiburg/Bg.
(**Bruno Walter, Leonhard Frank**)[S. 103]
S.N.

Giorgio de Santillana

Alfred Döblin

Max Reinhardt, der schon vor 1939 in die USA gekommen war, stellte Döblin im Juli 1940 eines der wichtigen »Affidavit for Sponsorship« aus, eine — in diesem Fall schon vorgedruckte — Bescheinigung über die moralische und politische Integrität des Antragstellers für das amerikanische Einreisevisum:

An den amerikanischen Konsul

Sehr geehrter Herr:

Der Unterzeichnende kennt den Schriftsteller, MR. ALFRED DÖBLIN (Adresse: Verlag Dr. Oprecht, Zürich, Schweiz) seit Jahren. Während dieser Zeit hatte der Unterzeichnende Gelegenheit, ihn als einen Menschen höchster moralischer Integrität kennenzulernen. Ich zögere nicht, Ihnen MR. ALFRED DÖBLIN als eine Person zu empfehlen, die Ihre Berücksichtigung verdient und die für die Vereinigten Staaten im Falle ihrer Aufnahme eine Bereicherung sein wird.
Er ist der Autor von »BERLIN, ALEXANDERPLATZ« »PARDON WIRD NICHT GEGEBEN« »INQUISITION« und vieler anderer Werke, ist weltbekannt und nimmt eine führende Stellung auf dem Gebiet der Literatur ein.

Hochachtungsvoll
Max Reinhardt

[Aus dem Amerikanischen]

Döblins Schiffsreise wurde von mehreren Seiten finanziell unterstützt. Eine großzügige Spenderin war **Erika Mann**, die schon seit 1936 in den Vereinigten Staaten lebte:

10. AUGUST 1940 PM 10.25
MISS MILDRED ADAMS
EMERGENCY RESCUE COMMITTEE 122
EAST 42 ST, NYC

SCHICKE $ 300 FÜR DÖBLIN TRANSPORT MONTAG STOP REST NEHMEN AUS BRUNO WALTER SCHECK GEMÄSS PERSÖNLICHEM WUNSCH BRUNO WALTERS STOP ERHIELT KABEL VON LEONARD FRANK DER VERZWEIFELT IN MARSEILLE KEIN VISUM ERHALTEN HAT WÄHREND VIELE WENIGER WICHTIGE EINES HABEN. BITTE BEHÖRDEN FREUNDLICH DRÄNGEN LEONARD FRANKS FALL BESCHLEUNIGEN GRÜSSE
ERIKA MANN

[Aus dem Amerikanischen]

Döblin konnte im Herbst 1940 von Lissabon aus mit der berühmten »Nea Hellas«, dem Schiff, auf dem auch **Heinrich Mann** und die **Werfels** ins Exil fuhren, in die USA reisen. 1940 erfolgte eine Rückvergütung für die vom ERC bezahlte Überfahrt:

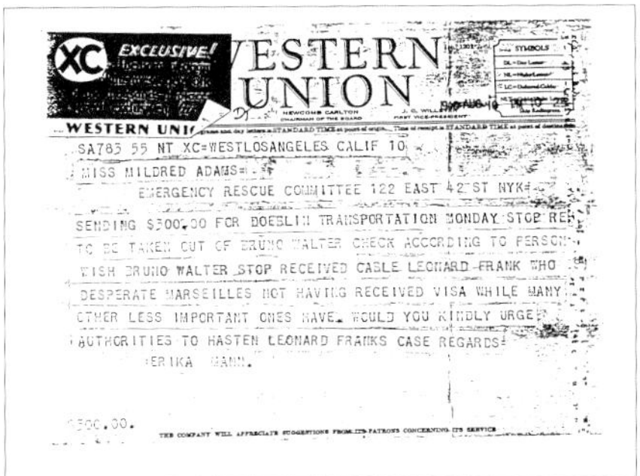
WESTERN UNION
SA783 55 NT XC=WESTLOSANGELES CALIF 10
MISS MILDRED ADAMS=
EMERGENCY RESCUE COMMITTEE 122 EAST 42 ST NYK=
SENDING $300.00 FOR DOEBLIN TRANSPORTATION MONDAY STOP RE[illegible]
TO BE TAKEN OUT OF BRUNO WALTER CHECK ACCORDING TO PERSON[illegible]
WISH BRUNO WALTER STOP RECEIVED CABLE LEONARD FRANK WHO
DESPERATE MARSEILLES NOT HAVING RECEIVED VISA WHILE MANY
OTHER LESS IMPORTANT ONES HAVE. WOULD YOU KINDLY URGE
AUTHORITIES TO HASTEN LEONARD FRANKS CASE REGARDS=
ERIKA MANN.
$300.00.
THE COMPANY WILL APPRECIATE SUGGESTIONS FROM ITS PATRONS CONCERNING ITS SERVICE

Dohrn, Klaus

geboren 1909 in Hellerau bei Dresden, Journalist, Katholik.
Studium in München und Innsbruck, enge Beziehung zu Paul Claudel. 1932—1933 Korrespondent der »Rheinisch-Mainischen Volkszeitung« in Rom, ab Ende 1933 Mitarbeiter an der Zeitung »Der Christliche Ständestaat«. Mitarbeit an zahlreichen katholischen und konservativen Bättern. Im österreichischen Exil bis 1938 Mitbegründer der katholisch-konservativen Bewegung »Deutsche Front gegen das Hitlerregime« mit Otto Strasser, die im Zusammenschluß der deutsch-konservativen Emigration, in Ablehnung der Volksfront eine »dritte Front« gegen Hitler zu gründen versuchte. 1938 nach Prag, von dort 1939 nach Paris. 1941 Flucht nach Frankreich, dort als Ausländer zur Zwangsarbeit verpflichtet. Ein Rettungsversuch des **»Emergency Rescue Committee«** per Schiff scheiterte. 1941 Flucht aus Südfrankreich nach Spanien, dort bei Durchreise inhaftiert, durch Intervention der Familie Habsburg freigelassen. Dezember 1942 über Lissabon in die USA. Nach 1945 europäischer Berater für »Time« und »Life«.
[S. 252] P.D.

Duse, Eleonora

(1859—1924), italienische Tragödin. [S. 220]

Dutschke, Rudi

(1940—1979), Führer der APO, der außerparlamentarischen Opposition. [S. 277]

E

Eckardt, Hans Felix von

geboren 1890 in Riga, gestorben 1957 in Heidelberg, Leiter des »Instituts für Zeitungswissenschaften« in Heidelberg.
Studium in Moskau und Berlin. Kriegsteilnehmer. Promotion 1919 in Heidelberg. 1920—1926 Referent für Osteuropafragen am Weltwirtschaftsarchiv in Hamburg. 1925 Habilitation in Hamburg. 1926—1933 Leiter des »Instituts für Zeitungswissenschaften« in Heidelberg. 1933 Entlassung aus der Universität Heidelberg, 1934 Entzug der Lehrbefugnis aus politischen Gründen. 1934 kaufmännischer Angestellter in Berlin. 1938—1942 kaufmännischer Angestellter beim BBC in Mannheim, später Frankfurt. 1945 Delegierter des bayrischen Ministerpräsidenten im Kultusministerium. 1946 Reaktivierung als Professor und Leiter des »Zeitungswissenschaftlichen Instituts« in Heidelberg. In zweiter Ehe verheiratet mit **Marianne Jaffé**. [S. 76, 78] P.D.

Einstein, Albert

(1879—1955), deutscher Physiker.
1914—1933 Leiter des »Kaiser-Wilhelm-Instituts für Physik« in Berlin. 1933 seines Amtes enthoben und in die USA, nach Princeton emigriert, dort Physikprofessur am »Institute of Advanced Study«. Einstein war in den Vereinigten Staaten stark in der Flüchtlingsarbeit engagiert. Ein Brief vom Juli 1941 an **Eleanor Roosevelt**, in dem er die Flüchtlingspolitik der **Roosevelt**-Administration angreift: »*Im Außenministerium wird zur Zeit eine Politik betrieben, die es so gut wie unmöglich macht, vielen verdienten und würdigen Personen, die in Europa Opfer faschistischer Grausamkeiten sind, in Amerika Zuflucht zu gewähren. Das wird natürlich von den Verantwortlichen nicht offen eingestanden. Die angewandte Methode zielt jedoch darauf ab, die Einwanderung unmöglich zu machen, indem man eine Mauer bürokratischer Vorschriften errichtet, die angeblich zum Schutz Amerikas gegen subversive, gefährliche Elemente nötig ist.*« (Franklin D. Roosevelt Library New York, Privatarchiv des Präsidenten, Akte 7177)
(**Otto Nathan, Felix Warburg, Chaim Weizmann**) [S. 87, 175, 211, 225]

Emergency Rescue Committee (ERC)

Amerikanisches Hilfskomitee für Frankreich mit Sitz in New York.
17. Juni 1940 Kapitulation Frankreichs
22. Juni 1940 deutsch-französisches Waffenstillstandsabkommen
22. Juni 1940 »fund raising dinner« im Hotel Commodore in New York, bei dem die Gründung eines Notrettungskomitees beschlossen wird

Juli 1940 Treffen der wichtigsten Mitglieder des inzwischen schon arbeitenden ERC in Ingrid Warburgs New Yorker Wohnung, bei dem beschlossen wird, einen Mitarbeiter nach Europa zu schicken

4. August 1940 **Varian Fry** reist im Auftrag des ERC über Lissabon nach Südfrankreich, Eröffnung des Marseiller Tarnbüros »Centre Américain de Secours«

Herbst 1940 Umzug des Büros in die Villa Air-Bel bei Marseille

August 1941 Verhaftung und Ausweisung Frys; neuer Büroleiter in Marseille: Daniel Bénédite

Dezember 1941 Eintritt der USA in den Krieg

März 1942 Zusammenschluß des ERC und der »International Relief Association« zum »International Rescue and Relief Committee« (Vorsitz: **Kingdon**; einer der Vizepräsidenten war Ingrid Warburg; heute arbeitet das Komitee unter dem Namen »International Rescue Committee«)

2. Juni 1942 Schließung des Marseiller Büros wegen »subversiver Tätigkeit«

Das »Emergency Rescue Committee« entstand praktisch mit dem deutsch-französischen Waffenstillstandsabkommen, in dem der Artikel 19 unter Mißachtung des Asylrechts die französische Regierung verpflichtete, Personen aus dem Bereich deutscher Besetzung auf Verlangen auszuliefern: »Surrender on Demand« (New York 1945, dt. »Auslieferung auf Verlangen« München/Wien 1986) heißt darum auch Varian Frys Bericht über seine Tätigkeit als »ERC«-Abgesandter in Südfrankreich. Ziel des »ERC« war die Rettung nach Frankreich geflohener europäischer Intellektueller (Künstler, Schriftsteller, Wissenschaftler, Politiker, Gewerkschaftler). Besonders gefährlich war die Lage für die deutschen Emigranten, die in französischen Lagern, sogenannten »camps de concentration«, inhaftiert waren wie z.B. **Feuchtwanger**.

Der New Yorker Exekutivausschuß setzte sich aus **L. Hollingsworth Wood**, David F. Seiferheld und Ingrid Warburg zusammen. Ingrid Warburg war daneben auch »assistant to the president« sowie Sekretärin des Komitees. **Harold Oram** betätigte sich vor allem als »fund raiser«, Geldeintreiber. Zum nationalen Komitee gehörten u.a. die prominenten Amerikaner: **Alvin Johnson** (Präsident der **»New School for Social Research«**), Charles Seymour (Präsident der »Yale University«), Robert Hutchins (Präsident der »University of Chicago«), Elmer Davis (Schriftsteller und Kommentator) und **Dorothy Thompson** (Journalistin). Große finanzielle und personelle Unterstützung erhielt das ERC durch die **»American Friends of German Freedom«** (**Reinhold Niebuhr**) bzw. die Gruppe **»Neu Beginnen«** (**Karl Frank, Anna Caples**).

In den USA bestand die Hauptaufgabe der ERC«-Mitglieder in der Beschaffung von Reisegeldern, amerikanischer Visa und »affidavits«, Bürgschaften über finanzielle Absicherung und politische Unbedenklichkeit. Informationen und Unterstützung lieferten prominente Amerika-Flüchtlinge wie **Thomas Mann**. Bei großen Dinners, bei denen beispielsweise die selbst vom ERC geretteten **Heinrich Mann** und **Franz Werfel** sprachen, wurden beträchtliche Summen gesammelt. Der »ERC« arbeitete in New York aber auch mit anderen Organisationen zusammen wie der von SPD-Mitgliedern gegründeten »German Labor Delegation«, die ebenfalls Namenslisten zusammengestellt hatte.

Zwischen den Organisationen gab es aber auch Uneinigkeit über die Finanzierung der Rettungsaktionen: »*Unsere Praxis, d.h. die Praxis der German Labour Delegation, ist dabei für zwei Kategorien ganz klar: Für die Mitglieder des Parteivorstandes und Familien zahlen wird die Billette ohne weiteres. Für die Mitglieder der Schriftsteller-, Journalisten- und Künstlergruppe, die nicht Parteimitglieder sind, zahlen wir auf keinen Fall, trotzdem sie auf unserer Visenliste gestanden haben. Für die dritte Gruppe, unsere Parteigenossen, bemühen wir uns augenblicklich, einen Kompromißvorschlag mit dem Rescue Committee zu erzielen, wonach dieses ebenso wie wir je 50% tragen. Hoffentlich gelingt uns das, da wir sonst in große finanzielle Schwierigkeiten kommen. Jedes Billett kostet uns, bei der griechischen Linie, 175 Dollar. Eine finanzielle Heranziehung des Rescue Committee ist deshalb gerechtfertigt, weil dieses ja seine finanzielle Grundlage aus größeren freiwilligen Beiträgen wohlhabender Kreise herführt.«* (**Rudolf Katz** am 21.9.1940 an PV-Mitglied Friedrich Stampfer; in »Mit dem Gesicht ...«).

Da es sich bei den aus Südfrankreich zu rettenden Personen größtenteils um dringende Fälle handelte, war eine Ausreise über die normale, zeitaufwendige Quotenregelung zu riskant; der ERC beantragte daher sogenannte »Special Emergency Visitor's Visa«, Notvisa, deren Bewilligung einen immer noch langen Weg über das **»President's Advisory Committee on Political Refugees«**, das Justizministerium und das Außenministerium nahm.

Da die USA sich noch nicht im Krieg mit Deutschland befanden, konnten die Verhandlungen des ERC noch über das amerikanische Konsulat in Marseille bzw. die Botschaft in Vichy laufen, über deren mangelnde Kooperationsbereitschaft sich Fry immer wieder beklagte.

Ein Brief aus der Vichy-Botschaft, der auch in Varian Frys Bericht an den ERC erwähnt wird, verdeutlicht Frys Probleme mit dieser Behörde:

Botschaft der Vereinigten Staaten von Amerika
Vichy, 9. Januar 1941

Sehr geehrter Mr. Fry:
Gerade habe ich Ihren Brief vom 27. Dezember erhalten, der eine Liste von Personen enthält, für die Sie die Botschaft bitten, Ausreisevisa zu besorgen und die alle Ausländer zu sein scheinen. Sie teilen weiter mit, daß Mr. MacArthur Ihnen versichert hat, die Botschaft wäre erfreut, die Fälle all jener Personen, die amerikanische Visa besitzen, aber Schwierigkeiten haben, französische Ausreisevisa zu erhalten, mit den zuständigen französischen Behörden zu besprechen.
Ich habe mit Mr. MacArthur gesprochen, und er ist der Ansicht, daß Sie einem Mißverständnis unterlegen sind, da er anläßlich Ihres ersten Anrufs Ihnen folgendes mitteilte: die Botschaft war immer erfreut, eine solche Zusammenarbeit, soweit diese im Kompetenzbereich regulär möglich ist, mit amerikanischen Hilfsorganisationen zu pflegen. Sie kann aus naheliegenden Gründen nicht einzelne Ausreisevisa für die vielen tausend Flüchtlinge beschaffen, die Frankreich verlassen wollen, so sehr wir auch Sympathien für den Wunsch dieser armen Unglücklichen nach einer Zuflucht in Übersee haben. Ich denke, er hat Ihnen damals deutlich gemacht, daß wir alle Hände voll zu tun haben, nur die Genehmigungen für die jetzt in Frankreich lebenden Amerikaner und ihre Familien zu erhalten.
Angesichts der herzlichen Beziehungen, die Sie zu einer Zahl hoher Beamter unterhalten, wie sie in Ihrem Brief vom 17. November 1940 andeuteten, und angesichts der Ermutigungen, die sie, wie Sie

sagen, Ihnen zukommen ließen, möchten Sie sie vielleicht bezüglich derer ansprechen, an denen Ihr Komitee interessiert ist.
Hochachtungsvoll
H. Freeman Matthews
Erster Botschaftssekretär

[Aus dem Amerikanischen]

Im Juni 1941 kabelte Fry aus der Schweiz einen Hilferuf an das New Yorker »Emergency Rescue Committee«, den Ingrid Warburg mit dem Vermerk »confidential« an **Eleanor Roosevelt** sandte:

ZÜRICH
ERHALTEN NEW YORK 5 JUNI 1941
EMERESCUE NEW YORK

PLANE GANG NACH VICHY FÜR KAMPF DER ZUKUNFT DES KOMITEES ENTSCHEIDET ABER BRAUCHE VOLLE BOTSCHAFTSUNTERSTÜTZUNG DORT UND BOTSCHAFT IST IMMER SEHR KALT GEWESEN STOP HABE GERADE NEUGEGRÜNDETEM INTERRELIEF-FUND MODERNART [Museum of Modern Art] JOHNSON [**Alvin Johnson**?] UND HUEBSCH [**Ben Huebsch**] WIE FOLGT GEKABELT ZITATANFANG BRAUCHE EURE SOFORTIGE HILFE WACHSENDEM DRUCK ZU WIDERSTEHEN STOP BITTE SOFORT AN VICHY BOTSCHAFT KABELN DASS ICH EUER REPRÄSENTANT BIN ODER MIT EUCH ZUSAMMENARBEITE UND BITTET BOTSCHAFT MIR VOLLE UNTERSTÜTZUNG ZU GEBEN UND JEDE MÖGLICHE HILFE FÜR MEINE AUFGABE STOP GLEICHZEITIG BITTE STATEDEPARTMENT BITTEN GLEICHES ZU TUN STOP SONST KANN DRUCK DURCH FEINDSELIGE ELEMENTE MICH SEHR BALD ZWINGEN MEINE AKTIVITÄTEN ZU BEENDEN UND SCHÜTZLINGE ZU VERLASSEN STOP BESTÄTIGT DEPESCHE DURCH KABEL DASS ICH GEKABELT HABE ZITATENDE BITTE TUT GLEICHES UND KONTAKTIERT ANDERE ERKLÄRT SITUATION DRÄNGT SIE ÄUSSERSTES TUN STOP ALLES ABHÄNGT NUN VON STÄRKE UND UNTERSTÜTZUNG IN STAATEN
FRY BERTHOLET

[Aus dem Amerikanischen]

Die Kommunikation zwischen »ERC«-Hauptquartier in New York und dem südfranzösischen Büro war problematisch: *»Auf 'unterirdischen' Wegen eine Verbindung zu einem Tausende von Kilometern entfernten Komitee herzustellen — über zwei internationale Grenzen und einen großen Ozean hinweg — dauert oft Monate ... Wann immer wir es wagen konnten, telegrafierten wir offen oder schrieben Briefe, die wir in Marseille aufgaben. Aber für alle vertraulichen Mitteilungen — zum Beispiel Listen von gefährdeten Flüchtlingen ... — waren wir auf die Hilfe der Flüchtlinge angewiesen, die abfuhren.«* (Fry, »Auslieferung auf Verlangen«, 118f.)
Nach etwa einjährigem Bestehen des ERC verfaßten der Vorsitzende Frank Kingdon und Ingrid Warburg für Mrs. Roosevelt einen Rechenschaftsbericht über die vom Komitee geleistete Arbeit, in dem sie auch auf das vom Außenministerium und dem »President's Advisory Committee« angewandte Verfahren der Personenüberprüfung und Visaerteilung eingingen:

Emergency Rescue Committee
Incorporated
122 EAST 42nd STREET, NEW YORK, N. Y.

MURRAY HILL 3-4590

July 2, 1941

Mrs. Franklin D. Roosevelt
The White House
Washington, D. C.

Dear Mrs. Roosevelt:

In view of the coming new instructions regarding procedure, the Emergency Rescue Committee deems it advisable to present a brief general review of its work up to this date, followed by three recommendations respectfully submitted.

We have received 366 visas since the inception of the Committee on July 1st, 1940. Of the people who received their visas about 217 have arrived in this country.

We have been extremely careful in checking the cases before accepting them. Our Checking Committee is composed of about ten people, part of whom have been working with our Committee since its early beginning. All these people are reliable, not only as far as their information is concerned, but also as to their own personal political background and viewpoint. Two
membe
regul
our Co
as the
others
a grou
evalua
holds

For th
known
whose
mely d
this c
detail

of suicides will increase greatly. Inasmuch as they are suicides of people who could still contribute a great deal to the world in general and American particularly, we recommend that the category of "political refugees" should be permitted to continue and some relaxation and flexability of the immigration regulations should be permitted in special cases.

Yours very sincerely,

Frank Kingdon
Frank Kingdon
I.W.

2. Juli 1941

Sehr geehrte Mrs. Roosevelt:

Angesichts der kommenden neuen Instruktionen zur Verfahrensweise hält es das Emergency Rescue Committee für ratsam, einen kurzen allgemeinen Rückblick auf seine Arbeit bis zum jetzigen Zeitpunkt vorzulegen, dem wir drei respektvoll geäußerte Empfehlungen folgen lassen.
Wir haben 366 Visa seit Beginn der Komiteearbeit am 1. Juli 1940 erhalten. Von den Personen, die ihr Visum erhielten, sind etwa 217 in diesem Land angekommen.
Wir haben die Fälle besonders sorgfältig geprüft, bevor sie akzeptiert wurden. Unsere Prüfkommission setzt sich aus etwa zehn Leuten zusammen, von denen ein Teil mit unserem Komitee seit seinen Anfängen zusammenarbeitet. Alle diese Personen sind zuverlässig, nicht nur was ihre Auskünfte angeht, sondern auch ihren eigenen politischen Hintergrund und Standpunkt betreffend. Zwei Mitglieder des Komitees sind Amerikaner. Angesichts der neuen Bestimmungen beabsichtigen wir, die Zahl der Amerikaner in unserem Komitee zu erhöhen. Alle diese Personen sind aus verschiedenen Gebieten: sie kommen aus der Filmwelt, sind Arbeiterführer, Intellektuelle, Künstler und anderes. Zusätzlich zu unserer regulären Prüfkommission haben wir eine Gruppe zuverlässiger Leute, auf die wir bei speziellen Beurteilungen zurückgreifen können. Letzteres trifft vor allem auf Fachleute zu. In den meisten Fällen sind die biographischen Skizzen von uns bekannten Leuten bestätigt, vielleicht mit der gelegentlichen Ausnahme von Verwandten, deren politischen Hintergrund wir nicht kennen. Es fällt uns sehr schwer, Amerikaner oder Leute, die schon eine lange Zeit in diesem Land leben, zu finden, die mit den Einzelheiten der Aktivitäten der Antragsteller der letzten Jahre vertraut sind. D.h. die Ereignisse, die zu ihrer Flucht aus den von Hitler besetzten Ländern führten, und ihre Aktivitäten im Exil sind in Einzelheiten nur denen bekannt, die in ähnlichen Situationen waren oder eine Position in einer Flüchtlingsorganisation oder anderen Gruppe für politische Flüchtlinge bekleidet haben. Wir glauben, daß durch unser Prüfverfahren die Fälle für das President's Advisory Committee genügend aufbereitet wurden, ohne daß man dort befürchten müßte, wir würden unerwünschte Personen empfehlen.
Wir sind uns unserer Verantwortung gegenüber unserer Regierung bewußt und bereit, in der Zukunft sogar noch größere Vorsicht walten zu lassen. Wir sind aufs äußerste bestrebt, unsere Arbeit fortzusetzen, bis für diese Menschen, deren Fälle vom President's Advisory Committee an uns zurückgegeben wurden, gesorgt ist und andere Verfahren in Frage kommen. Daher weisen wir mit Nachdruck auf die folgenden wichtigen drei Punkte hin:
1. Das President's Advisory Committee hat Fälle an uns zurückgegeben, die ihm schon im Oktober 1940 vorgelegt wurden. Wir wußten nicht, daß die Fälle nicht an das State Department weitergeleitet wurden. Wir fühlen uns nun besonders verantwortlich, weil diese Menschen in der Zwischenzeit sehr leicht ein Einwanderungsvisum hätten erhalten können, als die Quoten letzten Januar oder Februar nicht beschränkt waren. Alle Fälle, die wir vorgelegt hatten und noch einmal im Juni vorlegten, wurden uns zurückgesandt. Es sind

insgesamt 70 Fälle. Wir glauben, daß diese Fälle, die schon einmal vorgelegt wurden, dringend bevorzugt behandelt werden müssen, sobald sie in der vom State Department gewünschten Form nach Washington zurückgeschickt worden sind.
2. Wir hören, daß die Konsuln angewiesen wurden, bereits gewährte Visa zurückzuziehen. Dies bedeutet eine extreme Härte für einige unserer Leute, die in Lebensgefahr schweben, an die Deutschen ausgeliefert zu werden oder die jetzt einfach zusammenbrechen, nachdem sie monatelang auf ihr Visum gewartet haben. Diese Menschen haben definitive Abreisetermine und sollten diese auch nutzen dürfen, da sie ihr Geld dafür angelegt haben und ihre ganze Planung auf die Stärke der ihnen gewährten amerikanischen Visa abgestimmt haben. Die rückwirkende Anwendung der neuen Regelungen scheint für alle Betroffenen nicht gerecht und kann von diesen Neuankömmlingen nicht als repräsentative demokratische Methode angesehen werden.
3. Wir haben eine beträchtliche Zahl von Leuten im unbesetzten Frankreich, von denen einige nicht berechtigt sein werden, in die Vereinigten Staaten einzureisen, weil sie Verwandte in Deutschland haben. Diese Klausel trifft besonders die politischen Flüchtlinge, die sich aufgrund der großen Gefahr nicht die Zeit nehmen konnten, geordnete Vorbereitungen zur Emigration in ein anderes Land für sich und ihre Familie zu treffen, sondern die Hals über Kopf weg mußten. Deshalb und weil ihre Adresse preiszugeben bedeutet hätte, ihre eigene Sicherheit zu gefährden, waren sie nicht in der Lage, in direktem Kontakt mit ihren Verwandten zu bleiben. Angesichts der Tatsache, daß all diese Menschen ihre ganze Hoffnung auf die Notvisa gesetzt und monatelang gewartet haben — einige beinahe ein Jahr — scheint es ziemlich grausam, ihnen zum jetzigen Zeitpunkt mitzuteilen, daß wir ihnen nicht helfen können. Wir sind sicher, daß die Zahl der Selbstmorde bedeutend ansteigen wird. Da diese Selbstmorde Menschen betreffen, die noch viel für die Welt und besonders für Amerika tun könnten, empfehlen wir die Kategorie »politischer Flüchtling« aufrechtzuerhalten und in bestimmten Fällen einige Lockerungen und Flexibilität bei den Immigrationsbestimmungen zuzulassen.

Hochachtungsvoll
Frank Kingdon
I.W. [Ingrid Warburg]

[Aus dem Amerikanischen]

In Frankreich lief die Rettungsarbeit Frys weitgehend illegal ab. Zu diesem Zweck gründete er ein Tarnbüro, das »Centre Américain de Secours«, das eine Wohltätigkeitsorganisation zur Unterstützung notleidender Flüchtlinge zu sein vorgab. Fry arbeitete in Marseille mit einer Reihe französischer, deutscher und amerikanischer Helfer zusammen (**Frank Bohn** vom amerikanischen Gewerkschaftsverband, Albert Hirschmann genannt »Beamish« und »Spezialist für Fragen der Illegalität«, Lisa und Johannes Fittko, die eine Zeitlang von dem Küstenort Banyuls aus als Führer über die Pyrenäen fungierten und z.B. **Walter Benjamin** bis hinter die Grenze brachten, u.a.).
Da eine Ausreise nach Übersee aus Frankreich nicht möglich war, mußten die Flüchtlinge über Spanien in den freien Hafen Lissa-

bon gebracht werden. Fry und seine Mitarbeiter waren außer mit der Suche nach den häufig verschollenen Flüchtlingen daher in erster Linie mit der Beschaffung französischer Ausreise- und spanischer Durchreisevisa beschäftigt. Hatten die Flüchtlinge sich im Spanischen Bürgerkrieg für die Republik eingesetzt, kamen außerdem gefälschte Pässe und Visa für die Reise durch Franco-Spanien hinzu.

Ein weiteres Problem der Rettungsarbeit war der Umgang mit den Emigranten. Viele konnten sich zu einer endgültigen Abreise aus Europa nur zögernd oder gar nicht entschließen. Im Fall der ehemaligen deutschen Minister **Breitscheid** und **Hilferding** sollte dies fatale Folgen haben. Andere waren aufgrund ihrer körperlichen und seelischen Verfassung nicht mehr in der Lage, den anstrengenden Weg über die Pyrenäen zu bewältigen. Frys Bericht nach Amerika vermittelt hiervon eine Vorstellung.

Der Weg nach Spanien führte über die Pyrenäen. Über Perpignan fuhren die Flüchtlinge bis Cerbère, direkt an der spanischen Grenze; hier übernahm entweder ein ortskundiger Führer die Flüchtlinge oder sie machten sich alleine auf den beschwerlichen Fußmarsch über die Pyrenäen. Im spanischen Port-Bou angelangt ging es mit dem Zug weiter nach Portugal. In Lissabon mußten die Flüchtlinge dann oft noch Wochen auf eine Schiffspassage nach Übersee warten. Hilfe wurde ihnen dort vom amerikanischen »**Unitarian Service Committee**« zuteil.

Über die Zahlen der vom ERC geretteten Personen gibt es keine exakten Berichte. Mit Sicherheit waren es mindestens 2000 Personen, die aus Frankreich fliehen konnten, und ebenso viele, die finanzielle oder andere Unterstützung erhielten. Zu den von Fry und seinen Helfern Geretteten gehören: die Maler **Marc Chagall**, **Max Ernst** und **André Masson**, die Schriftsteller und Journalisten **Leonhard Frank**, Konrad Heiden (Hitler-Biograph), **Heinrich** und **Golo Mann**, **Franz Werfel**, Josef Wittlin, **Alfred Döblin**, **Lion Feuchtwanger**, Annette Kolb, **Walter Mehring**, **Anna Seghers**, Siegfried Kracauer, **Klaus Dohrn,** Friedrich Torberg, **André Breton**, Alfred Polgar, **Nicola Chiaromonte**, die Politiker Friedrich Stampfer und Otto Klepper.

(**Amerikanische Flüchtlingspolitik, Franz Bögler)** [S. 118, 135f., 171, 174ff., 207, 211, 215, 219, 233, 243, 252) S.N.

Engels, Friedrich

(1820—1895), Unternehmer, Philosoph, Journalist und Berufsrevolutionär.

Ernst, Max

geboren 1891 in Brühl, gestorben 1975 in Paris, Maler und Schriftsteller.

Gründete 1919 die Kölner Dada-Gruppe. 1922 Übersiedlung nach Paris. 1924—1938 Teilnahme an der surrealistischen Bewegung. 1939 Internierung als feindlicher Ausländer. Ernst lebte in der Marseiller Villa Air-Bel des »**Emergency Rescue Committee**«: *»Der weißhaarige Max Ernst kam aus St. Martin d'Ardèche nach Marseille. Er trug einen weißen Schafspelz-Mantel und brachte eine große Rolle Bilder mit, die er mit Heftzwecken im Wohnzimmer aufhängte. Auf diese Weise bekamen wir eine Ausstellung, zu deren Besichtigung sogar Leute aus Marseille kamen.«* (**Fry**, »Auslieferung auf Verlangen«, 217) Dort Bekanntschaft mit **Peggy Guggenheim**, die eine Einladung des New Yorker »Museum of Modern Art« in die USA überbrachte, Flucht mit Hilfe des ERC in die USA. 1946 nach Arizona. 1963 Rückkehr nach Südfrankreich. [S. 210] S.N.

Albert Einstein und Thomas Mann

Bobby Euler

Euler, Bobby

Freundin Ingrid Warburgs aus der Heidelberger Studienzeit, Schwester von **Fritz Euler**. Frankfurter Jüdin aus wohlhabendem Hause. Befreundet mit **Jaspers**, bei dem sie auch promovierte. Sehr jung an Krebs gestorben. [S. 41, 70f., 75f., 78, 85, 103]

Euler, Fritz

Mitschüler Ingrid Warburgs in Salem, stammt aus einer wohlhabenden, jüdischen Frankfurter Familie, Bruder von **Bobby Euler**. Lebt in den USA. [S. 69f.]

Europäischer Föderalismus

Der Europagedanke war unter den europäischen Emigranten und Antifaschisten sehr stark ausgeprägt. In Amerika wurde das »Committee on Europe« gegründet, in dem unter anderen auch **Borgese** eine führende Rolle spielte. **Klaus Mann** und Theodor W. Adorno nennen nach ihrer Staatsbürgerschaft gefragt Europa. Auch **Karl Frank** und **Paul Tillich** traten für die »Vereinigten Staaten von Europa« ein. Ein von **Morgenthau** herausgegebener Sammelband, in dem unter anderen führenden Emigranten auch **James P. Warburg** publizierte, trägt den Titel »Germany and the Future of Europe«.
In Italien entstand im Widerstand, in der Verbannung auf der Insel Ventotene, das europäische Manifest gleichen Namens, formuliert von **Altiero Spinelli**, Eugenio Colorni etc. **Ignazio Silone** gehörte zu den ganz frühen Anhängern des europäischen Gedankens und nahm auch an den Kongressen teil. Im Widerstand in Deutschland wurde der europäische Gedanke im »**Kreisauer Kreis**« diskutiert. [S. 224, 255, 258f., 262] P.D.

F

Fairbanks, Douglas

(1883—1939), amerikanischer Filmschauspieler. [S. 138]

Faulhaber, Michael von

geboren 1869 in Heidenfeld/Unterfranken, gestorben 1952 in München, Erzbischof von München Freising, Kardinal.
1892 zum Priester geweiht, 1903 Professor für alttestamentalische Exegese in Straßburg, 1911 Bischof von Speyer, 1917 Erzbischof von München und Freising, 1921 Kardinal.
Faulhaber gilt als Hauptautor der Enzyklika Pius XII. »Mit brennender Sorge« von 1937. Darin protestiert der Vatikan gegen zahlreiche Vertragsverletzungen der Nationalsozialisten und unterwirft den Nationalsozialismus einer scharfen Kritik. Vor allem lehnt die Kirche die Vergötterung von Rasse, Volk und Staat als unchristlich ab, ebenso wie alle germanisch-völkischen und deutsch-christlichen Glaubensvorstellungen. Die Nationalsozialisten lassen daraufhin sämtliche Personen, die sich mit der Verteilung dieser Schriften befassen, verhaften und schließen die Druckerei. Faulhaber bleibt von einer unmittelbaren Verfolgung verschont.
Der Kontakt zum »**Kreisauer Kreis**«, deren Mitglieder König und Delp von Faulhaber 1936 und 1937 zu Priestern geweiht werden, kommt jedoch erst im Januar 1943 zustande. Weitere Treffen folgen. Ermutigt durch die Kreisauer ging Faulhaber in seinen Protesten über kircheninterne Fragen hinaus und erhob seine Stimme auch für die Opfer in den Konzentrationslagern. [S. 113] R.G.

Federation of Jewish Charities

Jüdisch-amerikanischer Wohlfahrtsverbund.
Von **Felix Warburg** in New York gegründeter Zusammenschluß der 57 wichtigsten amerikanisch-jüdischen Wohlfahrtsorganisationen (Krankenhäuser, Waisenhäuser, Beratungsstellen u.a.) mit einem ungefähren Budget von 5 Millionen Dollar jährlich. **(Ost- und Westjuden)** [S. 127]

Feuchtwanger, Lion

geboren 1884 in München, gestorben 1958 in Los Angeles, Schriftsteller.
Studium in München und Berlin (Philologie und Philosophie). 1907 Promotion. Als Theaterkritiker viel im Ausland, v.a. Italien. 1914 bei Kriegsausbruch in Tunis interniert, Flucht nach Deutschland, dort kurzer Militärdienst. Teilnahme an der Revolution in Berlin. 1933 während seiner Abwesenheit in den USA Verbrennung seiner Bücher, Aberkennung des Doktortitels und Ausbürgerung. 1933—1940 Exil im südfranzösischen Sanary-sur-Mer. Frühjahr 1940 Internie-

rung und Flucht aus dem Lager »St. Nicolas« mit Hilfe des amerikanischen Vizekonsuls Harry Bingham. 1940 mit Unterstützung des **»Emergency Rescue Committee«** Flucht über Spanien und Portugal in die USA, Pacific Palisades, Kalifornien. Dort erfolgreicher Autor vor allem bei »Viking Press«. Über seine Zeit in Frankreich schrieb er den autobiographischen Bericht »Unholdes Frankreich« (1941 bei »Viking« als »The Devil in France« erstveröffentlicht).

Fry beschreibt Feuchtwangers Reaktion auf die Nachricht, daß der erste Plan, mit einem Schiff aus Marseille zu fliehen, gescheitert war (»Auslieferung auf Verlangen«, 73f.): *»Er nahm die Nachricht gelassen auf. Er hatte wochenlang auf dieses Schiff gewartet, das ihn in Sicherheit bringen sollte, und jetzt waren alle Hoffnungen auf Rettung zerstört.*

Während des Essens plauderte und witzelte er, als ginge es lediglich darum, daß eine geplante Ferienreise in letzter Sekunde verschoben worden war. Feuchtwanger war ein kleiner, verhutzelter Mann, aber er sprühte nur so vor Energie und Ideen. Er war es, der uns an diesem Abend bei Laune hielt, nicht wir ihn ... Noch an diesem Abend beschlossen wir, zusammen nach Lissabon zu fahren, sobald wir unsere Visa hatten. Er besaß ein amerikanisches 'affidavit in lieu of passport', das auf eines seiner Pseudonyme, James Wetche[e]*.k ausgestellt war.«*

Das Ehepaar Feuchtwanger fuhr später, kurz nachdem die Gruppe mit **Franz Werfel** und **Heinrich Mann** über die Pyrenäen gekommen war, mit dem Zug nach Lissabon und von da aus nach Amerika. [S. 208] S.N.

1109 Fifth Avenue, Ecke 92nd Street

Wohnhaus der Familie **Felix Warburg** in New York.

1907 erwarb Felix Warburg eine Bauparzelle gegenüber dem New York Central Park in der repräsentativen Fifth Avenue. Begeistert vom gotischen Baustil, beauftragte Felix den Architekten C. P. H. Gilbert mit dem Entwurf eines fünfstöckigen Prachtbaus, über den sein Schwiegervater **Jacob Schiff** in eine unerklärliche Rage geriet, besaß er doch selbst zwei Häuser in derselben Straße (Nummer 932 und 965). Ostentativ wendete er den Kopf, wenn er auf dem Weg in das von ihm gestiftete »Montefiore Hospital« an der Baustelle vorbei mußte. Stephen Birmingham (279) gibt eine anschauliche Beschreibung des Streitobjekts, das das Ehepaar Warburg mit seinen fünf Kindern im Herbst 1908 bezog: *»Im Erdgeschoß sah er (Gilbert) eine große Eingangshalle vor, ferner ein 'Kupferstichkabinett', in dem Felix seine Sammlung alter Stiche unterbringen konnte, sowie die Küche und die Speisekammern. Im ersten Stock gab es ein Musikzimmer, das um eine große elektrische Orgel herum angelegt war, ein 'Rotes Zimmer' für die italienischen Gemälde, unter denen sich Raffaels 'Madonna mit dem Kind' befand, einen großen Wintergarten mit bunten Glasfenstern und ein Speisezimmer. Im zweiten Stock sah Gilbert zwei nebeneinanderliegende Salons für Frieda und Felix vor, jeder mit einem Tisch, auf den man Familienfotos und die Sabbat-Kerzen stellen konnte, ferner ein Frühstückszimmer für die Familie, Friedas Boudoir und ein Badezimmer. Das dritte Stockwerk gehörte den Kindern, die dort ihre Schlafzimmer und Unterrichtszimmner hatten. Felix hatte eine elektrische Spielzeugeisenbahn entworfen, deren Geleise durch alle Türen in diesem Stockwerk führten. Im vierten Stock befanden sich ein Squashzimmer und die Gästezimmer (und später Edward Warburgs Kunstgalerie). Der fünfte Stock und das Kellergeschoß waren den Dienstboten vorbehalten.«*

1944, nach dem Tod Felix', schenkte **Frieda Warburg** das Haus dem »Jewish Theological Seminary of America«. 1947 wurde hier das »Jüdische Museum« eröffnet.

(Edward Warburg) [S. 126, 220] S.N.

Fink, William Mann

Leiter einer Farm-Schule in den USA, die jüdische Flüchtlingskinder aufnahm. [S. 133f]

Fischer, Louis

(geb. 1896), amerikanischer Journalist. Zunächst Volksschullehrer ging Fischer 1921 als Korrespondent der »New York Post« nach Berlin. Er verbrachte den größten Teil der nächsten fünfundzwanzig Jahre auf Reisen durch Europa und Asien. Er sympathisierte zunächst mit den Kommunisten. Befreundet mit **Gandhi**. Gab mit Koestler, **Silone**, **Stephen Spender** u.a. »The God who failed«, eine berühmte Abrechnung mit **Stalin**, heraus. [S. 170, 174]

Fontane, Theodor

(1819—1898), deutscher Schriftsteller. [S. 48]

Fox, Mary

Mitarbeiterin von **Norman Thomas**, in der »League for Industrial Democracy« und bei den »International Workers of the World«. [171f.]

Franchi, Leandro

Soldat im Zweiten Weltkrieg, **Veniero Spinelli** half ihm in Italien. [S. 256]

Frank, Karl (Decknamen: Paul Hagen, Willi Müller u.a.)

geboren 1893 in Wien, gestorben 1969 in New York, Psychologe und Publizist, in erster Ehe verheiratet mit Alice von Herdan, der späteren Frau **Carl Zuckmayers**, Tochter **Michaela**, zweite Ehe mit **Anna Caples**.
1909 — 1913 Kadettenschule. Nach Abitur Studium der Psychologie, Biologie und Philosophie an der Universität Wien, Mitglied der »Freien Vereinigung Sozialistischer Studenten«, entwirft das erste Anti-Kriegsflugblatt. 1914 Kriegsdienst. 1916 Kriegsdienstverweigerung. 1918 Vertreter der sozialdemokratischen Mittelschülerbewegung und der Universität im Wiener »Arbeiterrat«, einer der Führer der linksradikalen Gruppe Friedländer-Eisler. 1918 Promotion. 1919 Mitglied der »Kommunistischen Partei Österreichs« (KPÖ) und Gründungsmitglied des »Verbands der (kommunistischen) Proletarierjugend« (KJVÖ), als Redakteur kommunistischer Parteizeitungen tätig. 1920 Übersiedlung nach Berlin. 1923 von der Partei nach Bayern zur Organisation eines Aufstandes geschickt, dort bei illegaler Arbeit verhaftet, Hungerstreik, Abschiebung nach Österreich. 1928 Organisator der Entführung eines Berliner Journalisten als Protestaktion gegen den Bau des Panzerkreuzers »A«, vier Monate Haft, danach in der Opposition zum ZK, Parteiausschluß. 1929 Übertritt zur KPDO. 1932 mit KPDO-Minderheit Übertritt zur SAPD. 1932 Mitglied der »Leninistischen Organisation« (LO) um Walter Löwenheim und Eintritt in die SPD. Seit 1933 als Organisator der LO im Ausland, illegale Reisen und Arbeit in Deutschland, internationale Anerkennung der LO als »Inlandeinrichtung der deutschen Sozialdemokratie«, Frank übernimmt die Auslandsleitung der Gruppe **»Neu Beginnen«** (Sitz in Wien, dann in Prag und Paris). 1935 Trennung von Löwenheim, Frank wird führender Vertreter von »Neu Beginnen«, Reise in die USA, Annäherung an den Austromarxismus (**Otto Bauer**, **Joseph Buttinger** u.a.), Mitglied der »Union Franco-Allemande«. 1939 als Auslandssekretär von »Neu Beginnen« nach London, kritische Berichterstattung über die Lage in Deutschland (»Deutsche Inlandsberichte«, »Reports from Inside Germany«). Dezember 1939 Reise in die USA. 1939 Mitgründung der **»American**

Friends of German Freedom«, öffentliche Auseinandersetzungen mit dem SPD-Vorstand. 1941 Mitgründung des **»Emergency Rescue Committee«**. 1944 maßgebliche Beteiligung Franks an der Gründung des »Council for a Democratic Germany« (**Paul Tillich**). 1944 (?) Leitung des »Research Department« der »American Association for a Democratic Germany«. Bis 1969 als Psychoanalytiker in New York und Connecticut tätig. Wichtige Veröffentlichungen: »Will Germany Crack?«, 1942; »Germany after Hitler«, 1944; »Erobert, nicht befreit! Das deutsche Volk im ersten Besatzungsjahr«, 1946.

Karl Frank sprach sich von Beginn seiner Arbeit in der »Leninistischen Organisation« und bei »Neu Beginnen« für eine illegale und konspirative Widerstandsarbeit innerhalb Deutschlands aus, wie sie das Prinzip kommunistischer Schulung war. Der SPD-Parteivorstand, der im Prager Exil saß, war mit dieser Konzeption Franks bzw. der Gruppe »Neu Beginnen« nicht einverstanden. Frank bemühte sich um die Stärkung der Position von »Neu Beginnen«, indem er die zahlreichen oppositionellen Splittergruppen vereinigen wollte. Daraufhin stellte die »Sopade« die Unterstützung von »Neu Beginnen« ein. In Amerika kam es dann zu einer »Anti-Hagen-Kampagne« gegen Karl Frank, der dort seit Ende 1939 auf der Suche nach neuen Geldmitteln für »Neu Beginnen« war und sich — auf Wunsch des »Foreign Office« Großbritannien — auch mit **Adam von Trott** in Verbindung setzte, um dessen Glaubwürdigkeit als NS-Gegner zu überprüfen. Hauptorgan der Angriffe auf den seit 1935 unter dem Decknamen »Paul Hagen« arbeitenden Frank war die »Neue Volks-Zeitung«, in der auch Stampfer schrieb. Frank wurde der politischen Hochstapelei, kommunistischer Gesinnung und Konspiration sowie persönlicher Unehrenhaftigkeit beschuldigt. Wesentlicher Streitpunkt der Auseinandersetzung war der Wettlauf um neue Geldgeber, aus dem eine Art »Konkurrenzpsychose« erwuchs. **Rudolf Katz**, Redakteur der »NVZ« und Sekretär der 1939 in den USA von ihm und Stampfer gegründeten »German Labor Delegation«, schreibt in einem Brief an Erich Ollenhauer über Frank: *»Ich habe aus meinen persönlichen Berührungen mit Hagen während der Verhandlungen des Untersuchungsausschusses den Eindruck gewonnen, daß er nichts anderes ist als ein überzeugungsloser und gewissenloser Abenteurer, der bestrebt ist, sich, nach der alten kommunistischen Taktik, einen persönlichen Organisationsapparat aufzubauen. Da es in Amerika nicht so schwer ist, Geldzuwendungen zu erhalten, wenn man Amerikanern das vorschwindelt, was sie gerne hören wollen, und da Hagen das in völlig skrupelloser und sehr geschickter Weise tut, ist es ihm gelungen, sich hier einen gewissen Apparat aufzubauen ... Unserer Ansicht nach geht er nach wie vor entschlossen auf das Ziel zu, die exilierte alte Parteibewegung zu zersplittern.«* Ein von Frank beantragter Untersuchungsausschuß der Partei konnte zu keinem Ergebnis kommen. (»Mit dem Gesicht ... «, 511ff.)

Franks Zusammenarbeit mit Amerikanern erstreckte sich nicht nur auf führende Sozialisten wie **Norman Thomas**, sondern ebenfalls auf liberale Persönlichkeiten wie Elmer Davis (Leiter der Überseeabteilung des **»Office of War Information«**) und **Reinhold Niebuhr**, einem einflußreichen Theologen und Leiter der **»American Friends of German Freedom«**. *»Vielleicht ist Paul Hagen/Karl Frank ... unter den Emigranten das beste Beispiel für eine Verbindung, die man sonst meist vergeblich sucht: die Verbindung zwischen deutschen und amerikanischen Progressiven.«* (Radkau, 179). **(Adolf Berle, Franz Bögler, Europäischer Föderalismus)** [S. 118ff., 161f., 171ff., 232] S.N.

Frank, Leonhard

geboren 1882 in Würzburg, gestorben 1961 in München, Schriftsteller.
Schlosserlehre. 1904 nach München. 1910 nach Berlin, Journalist bei »Revolution« und »Die neue Kunst« in München. 1915 Emigration als Pazifist in die Schweiz. 1918 Rückkehr nach Berlin, freier Autor. 1929 Wahl in die »Preußische Akademie der Künste und Dichtung«. 1933 Bücherverbot, Emigration in die Schweiz. 1934 Mitunterzeichner der Saar-Proklamation, Aberkennung der deutschen Staatsbürgerschaft. 1935 Teilnehmer und Sprecher des »First International Writers' Congress for the Defense of Culture« in Paris. 1937 Emigration nach Paris. 1939 Verhaftung und Freilassung. 1940 Verhaftung, nach Marseille geflüchtet. 1940 mit Hilfe des **»Emergency Rescue Committee«** über Portugal in die USA. Dort bei den »Warner Brothers« in Hollywood unter Vertrag, vom »Writer's Fund« unterstützt. 1945 nach New York, Gehalt von der »Metro-Goldwyn-Mayer«. Journalist für den »Aufbau« und andere Exilzeitschriften.

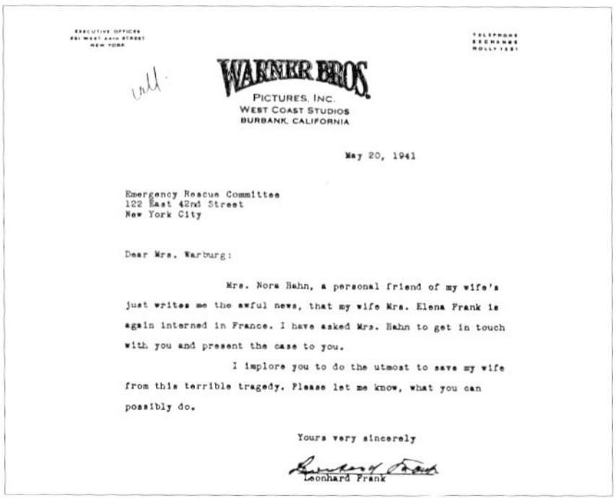
WARNER BROS.
PICTURES, INC.
WEST COAST STUDIOS
BURBANK, CALIFORNIA

May 20, 1941

Emergency Rescue Committee
122 East 42nd Street
New York City

Dear Mrs. Warburg:

Mrs. Nora Bahn, a personal friend of my wife's just writes me the awful news, that my wife Mrs. Elena Frank is again interned in France. I have asked Mrs. Bahn to get in touch with you and present the case to you.

I implore you to do the utmost to save my wife from this terrible tragedy. Please let me know, what you can possibly do.

Yours very sincerely

Leonhard Frank

1950 Rückkehr nach Deutschland, München. Seine Autobiographie »Links, wo das Herz ist« (1952) beschreibt auch die Exilerfahrung (140ff.): *»Außer zahllosen phantastischen Gerüchten entstand immer wieder das nicht unglaubwürdige Gerücht, daß die Deutschen schon im Anmarsch seien, um auch Südfrankreich und somit Marseille zu besetzen, und da steigerte sich auch die Angst der entnervten Emigranten ins ungemessene, da sie aus Frankreich nicht ausreisen durften. Jeder hatte sich das spanische und portugiesische Durchreisevisum und irgendein exotisches Endvisum verschafft. Aber die französische Behörde gab das Ausreisevisum nicht. Sie gab es nicht. Ein Grund dafür war nicht zu ermitteln, da es einen verständlichen Grund nicht gab ... Aus diesem Ring des Todes brach schließlich eine Anzahl Emigranten aus, auch Michael* [Leonhard Frank]. *Sie überquerten ohne Ausreisevisa zu Fuß die französisch-spanische Grenze in den Pyrenäen ... In Lissabon bekam Michael nach einigen Wochen das amerikanische Visum durch die Vermittlung des Emergency Rescue Committee, das Franklin Delano Roosevelt gegründet hatte zu dem Zweck, bekannte europäische Wissenschaftler und Künstler vor dem Zugriff der Nazis zu retten* [hier irrt Frank]. *Am 9. Oktober 1940 ging Michael an Bord, schweren Herzens. Was soll er, ein deutscher Schriftsteller, in Amerika ... Michael kam mit dreizehn Dollar und dem Manuskript eines unvollendeten Romans vollständig zerlumpt in Amerika an. Am Pier überreichte ihm ein Angestellter von Warner Brother's zweihundert Dollar Vorschuß. (Deutsche Filmleute in Hollywood hatten die Leiter der großen Studios überredet, einigen emigrierten deutschen Schriftstellern »Lebensrettungsverträge« zu geben, ein Jahr lang wöchentlich hundert Dollar.) ... Im Warner Brother's Studio bekam Michael ein Büro, eine Sekretärin, die Englisch und Deutsch sprach, und Schreibmaterial, genug für ein Dutzend Drehbücher. Wochenlang ereignete sich nichts ... Michael mußte pünktlich um neun Uhr früh ins Studio kommen. Die Angestellte hinter dem Schalterfenster notierte sein Erscheinen. Um fünf Uhr ging er, nachdem*

Karl Frank

Leonhard Frank

Varian Fry

er sich den ganzen Tag gelangweilt hatte, und dafür bekam er jeden Sonnabend einen Hundertdollarscheck ... Er nahm die Schecks dankbar entgegen und schrieb im Büro zwischendurch an seinem Roman. Heinrich Mann, dessen Büro gegenüber war, gestand Michael, daß auch er diesen Diebstahl begehe. Der große Romanschriftsteller, ein Grandseigneur des Geistes, der ein riesiges Lebenswerk geschrieben hatte, mußte ebenfalls um neun Uhr früh ins Studio kommen und um der hundert Dollar willen die Stunden absitzen, da er, gleich Michael, nichts mehr besaß als die Ehre, ein politischer Emigrant zu sein.« **(Alfred Döblin, Heinrich Mann, Franklin Roosevelt)** [S. 161] S.N.

Frankfurter, Felix

geboren 1882 in Wien, gestorben 1965 in Washington, D.C., jüdischer Abstammung, Richter des Obersten Gerichtshofs der USA und Freund und Berater Präsident **Roosevelts**. 1894 Auswanderung aus Österreich nach New York. 1906 Abschluß an der »Harvard Law School« mit Auszeichnung, Assistent des Justizministers in New York. 1918 Rechtsberater von Kriegsminister Baker. In weiteren beratenden Positionen bewies er seine liberale Einstellung bei Arbeiteraufständen (Tom Mooney, Bisbee-Deportationen). Mitgründung der »American Civil Liberties Union« **(Roger Baldwin)**. 1939 Ernennung zum beisitzenden Richter am Obersten Gerichtshof durch Franklin D. Roosevelt. Einsatz für Zurückhaltung und den sparsamen Einsatz des richterlichen Vetorechts bei Gerichtsverfahren. **(Adam von Trott)** [S. 120, 144] S.N.

Franz, Ralph

1945 Leiter des »**Office of War Information**« in Palermo/Sizilien. Schickte Berichte über die schwierige Situation an italienischen Schulen an die »Emergency Relief for the Children of Italy« in New York. [S. 211]

Franz Josef I.

(1830—1916), österreichischer Kaiser. [S. 139]

Franziska (Franziska Jahns)

Kindermädchen der »famous five«.
Max Warburg erinnert sich: »*Aus meiner frühesten Kindheit vor meiner Schulzeit ist mir besonders unsere Erzieherin Franziska Jahns in lebendigster Erinnerung geblieben. Sie war im Hamburger Waisenhaus erzogen und kam zu den Eltern ursprünglich als allgemeine Haushaltshilfe, übernahm aber bald auch die Besorgung der Kinder. Mit der Zeit nahm sie gewissermaßen die Stellung einer erwachsenen Schwester bei uns ein, wenn auch ihre Zurückhaltung und Bescheidenheit sie immer als Gouvernante erscheinen ließ. In ihrer liebevollen Weise war sie der gute Geist im Haus, der ausgleichend wirkte, der aber auch seinen Ordnungssinn auf uns zu übertragen verstand. Als wir dann später — sieben verheiratete Kinder, sowie einundzwanzig Enkelkinder — im Sommer bei den Eltern auf dem Kösterberg wohnten, lebte Franziska noch und blieb auch hier der unentbehrliche gute Geist.*« **(Kösterberg)** [S. 48, 158] P.D.

Freud, Siegmund

(1856 — 1939), Nervenarzt und Begründer der Psychoanalyse. [S. 77]

Friedlander, Albert

Rabbi. [S. 293]

Fry, Varian

geboren 1907 in New York, gestorben 1967 in Easton, Connecticut, wahrscheinlich durch Selbstmord, amerikanischer Journalist.
Studium an der »Harvard University« und der »Columbia University« (Politikwissenschaft mit Schwerpunkt »Außenpolitik«). Seit 1931 Redakteur bei verschiedenen liberalen Zeitschriften (»Consumer's Research«, »The Living Age«, »New Republic« u.a.), Herausgeber der »Headline Books« der »Foreign Policy Association«, Mitglied in der »American Civil Liberties Union« **(Roger Baldwin)**. 1935 Europareise. August 1940 Reise nach Südfrankreich für das **»Emergency Rescue Committee«**. August 1941 Verhaftung und Ausweisung aus Frankreich, Rückkehr nach Amerika, dort wechselnde Arbeitsstellen. 1945 Veröffentlichung von »Surrender on Demand« (dt. »Auslieferung auf Verlangen« 1986).
»*Bei einem Treffen der wichtigsten Mitglieder des Emergency Rescue Committee und der American Friends of German Freedom im Juli* [1940] *in der Wohnung Ingrid Warburgs in der West 54. Straße wurde beschlossen, daß jemand gefunden werden mußte, um nach Marseille zu gehen und dort die Rettungsaktionen zu leiten. Es war selbstverständlich ein Job für einen Supermann, der diplomatisches Geschick, politische Kenntnisse, Fremdsprachen, Findigkeit und vor allem Mut erforderte. Es war ein gefährliches Unterfangen.*« (**Anna Caples** »Notes for Mary Jayne Gold. The Foundation of Emergency Rescue Committee«, 2. Mai 1979. Der unveröffentlichte Bericht wurde für **Mary Gold** verfaßt, die ein Buch über ihre Zeit in Marseille plante; er befindet sich bei den privaten Unterlagen Ingrid Warburgs.)
Über Varian Frys Beweggründe, diesen riskanten Auftrag, gefährdete Personen illegal aus Frankreich herauszubringen, zu übernehmen, sagt er in seinem autobiographischen Bericht »Auslieferung auf Verlangen« (10f.): »*Ich hatte weder mit Fluchthilfe noch mit Untergrundarbeit Erfahrung, aber ich nahm den Auftrag an, weil ich, wie die übrigen Komiteemitglieder, von der Notwendigkeit demokratischer Solidarität überzeugt war ... Demokratisches Bewußtsein mußte ein internationales Bewußtsein werden, sollte die Demokratie überhaupt jemals Bestand haben. Freilich gab es auch starke*

gefühlsmäßige Beweggründe. Unter den Flüchtlingen, die in Frankreich festsaßen, waren viele Künstler und Schriftsteller, deren Werk ich bewunderte ... Jetzt, wo sie in Gefahr waren, fühlte ich mich verpflichtet, ihnen wenn irgend möglich zu helfen, so wie sie mir, ohne es zu wissen, in der Vergangenheit oft geholfen hatten. Vor allem aber war es meine Sympathie für die deutschen und österreichischen sozialistischen Parteien, die mich bewog, im Sommer 1940 nach Frankreich zu gehen, eine Sympathie, die aus der langen Beschäftigung mit den Prinzipien und der Arbeit dieser Parteien erwachsen war ... Und schließlich wußte ich aus eigener Anschauung, was eine Kapitulation vor Hitler bedeuten konnte: ... In Berlin wurde ich auf dem Kurfürstendamm Zeuge der ersten großen Judenverfolgungen, sah mit eigenen Augen, wie sich junge Nazischläger zusammenrotteten und jüdische Cafés demolierten, ... wie sie jüdische Caféhausbesucher von ihren Stühlen rissen, hysterisch schreiende Frauen die Straße hinuntertrieben, einen alten Mann zu Boden warfen und ihm ins Gesicht traten. Nachdem solche Zustände auch auf Frankreich übergegriffen hatten, konnte ich nicht untätig zusehen, solange es auch nur die kleinste Chance gab, wenigstens einige der Gefährdetsten zu retten.« Nach dem Krieg versuchte Fry, in verschiedenen Jobs Fuß zu fassen: er unterhielt einen Radio-Abhördienst, produzierte kommerzielle Fernsehfilme, war Lateinlehrer. In der McCarthy-Ära wurde er — ähnlich wie **Frank Kingdon**, der Vorsitzende des ERC — der Zusammenarbeit mit Kommunisten verdächtigt. Ob hierin Gründe für seinen Tod, der wahrscheinlich Selbstmord war, liegen, ist nicht bekannt.
(Marc Chagall, Franz Bögler, Rudolf Breitscheid, Lion Feuchtwanger, Walter Mehring) [S. 177ff., 208] S.N.

G

Gandhi, Mohandâs Karamchand (Mahatma)
(1869—1948), indischer religionspolitischer Führer. **(Louis Fischer)** [S. 147, 170]

Garbo, Greta
(geb. 1905), Filmschauspielerin. [S. 138]

Gardiner, Muriel
(geb. 1901) amerikanische Psychoanalytikerin, verheiratet mit **Joseph Buttinger,** den sie 1934 in Wien durch ihre antifaschistische Arbeit im Untergrund kennenlernte. Ihre Autobiographie über diese Zeit, »Code Name 'Mary'. Memoirs of an American Woman in the Austrian Underground«, erschien 1983.

Garibaldi, Giuseppe
(1807—1882), italienischer Revolutionär und Nationalheld. [S. 263, 276]

Gaulle, Charles de
(1890—1970), französischer General, nach dem Krieg Staatspräsident. **(Mazzini Society)** [S. 295]

Gelber, Lionel
geboren 1907 in Toronto, Studienkollege Ingrid Warburgs in Oxford. Der erste kanadische Jude, der ein »**Cecil Rhodes Scolarship**« erhielt. 1930 Bachelor of Arts. Danach »Rhodes Scolar« am »Balliol College«. Abschluß 1933. In Oxford Präsident des »Commonwealth Club«, später Historiker und Autor auf dem Gebiet der internationalen Beziehungen. Enger Freund **Adam von Trotts**. Auf stundenlangen gemeinsamen Spaziergängen auf dem Hof des »Balliol College« stritten sie über Themen wie: »*Die Starrheit des deutschen politischen Denkens im Vergleich zu der pragmatischen angloamerikanischen Einstellung*«. [S. 84] R.G.

Georg Wilhelm Prinz von Hannover
Leiter der Schule Salem von 1948 bis 1959. [S. 64, 276]

German-Jewish Children's Aid Committee (seit 1942: **European Jewish Children's Aid)**
Amerikanisch-jüdische Hilfsorganisation für Kinder.
1934 von dem »American Jewish Committee«-Mitglied Max James Kohler der Arbeitsministerin **Frances Perkins** vorgeschlagen und hauptsächlich von jüdischen Sozialarbeitern, insbesondere dem »National Council of Jewish Women« aufgebaut.

Bis 1939 gelang es dem Komitee, mehreren hundert alleinstehenden deutsch-jüdischen Kindern ein neues Zuhause zu geben. 1941 übernahm der »National Refugee Service« die Verantwortung für die Arbeit des Komitees, das 1952 aufgelöst wurde. [S. 129f.] S.N.

Giustizia e Libertà

Von **Carlo Rosselli** Ende 1929 in Paris gegründete antifaschistische Bewegung.
Unter den Gründungsmitgliedern waren weiterhin: Alberto Tarchiani, Emilio Lussu, Alberto Cianca, Fausto Nitti, **Franco Venturi**. Die Gründung von »Giustizia e Libertà« fand kurze Zeit nach der berühmt gewordenen Flucht von Rosselli, Lussu und Nitti aus dem Gefangenenlager von Lipari statt.
Man war sich in dieser aus Linkssozialisten, Republikanern, Liberalen, Regionalisten und Anarchisten zusammengewürfelten Bewegung einig, daß nur direkte Aktionen dem Faschismus schaden könnten. Vorbild war das italienische Risorgimento. Agiert wurde durch Untergrundkämpfer im Inland, aber auch durch spektakuläre Aktionen vom Ausland aus. Dazu gehörten das Attentat auf den Kronprinzen in Belgien durch **De Rosa**, das Abwerfen von Flugblättern aus einem Flugzeug über Mailand und Rom.
Die »Giellisti«, wie sie auch genannt werden, mißtrauten den klassischen bürgerlichen und den Linksparteien, denen sie Unfähigkeit angesichts des aufziehenden Faschismus vorwarfen. Zu ihnen gehörten neben den Gründern die fähigsten Köpfe der italienischen Emigration und die erbittertsten Gegner der Diktatur, so **Lionello Venturi**, **Nicola Chiaromonte**, **Carlo Levi** u.a. Das Programm von »Giustitia e Libertà« war geprägt von dem Begriff der »demokratischen Revolution« und von der Vorstellung eines republikanischen Staates mit einem Wirtschaftssystem zwischen sozialer Marktwirtschaft und staatlicher Kontrolle der Banken. Autonomie der Regionen und der lokalen »revolutionären Komitees« gehörte ebenso zu diesem Programm aus sozialistisch-liberalen-anarchistischen Elementen.
Für die »Giellisti« war der Spanische Bürgerkrieg die Probe aufs Exempel, ob ein bewaffneter Kampf aller antifaschistischen Kräfte zu einer solchen »demokratischen Revolution« und zur Errichtung einer republikanisch-sozialistischen Demokratie führen würde. Ihr Engagement in den Internationalen Brigaden war deshalb besonders aktiv.
Ihre Aktivitäten, einen schlagkräftigen antifaschistischen Block zu bilden, scheiterten am Veto der Kommunisten. Die aus eigenen Leuten gebildete »Kolonne Giustitia e Libertà« näherte sich den katalanischen Anarchisten und wurde nach großen Schwierigkeiten, eine italienische Kolonne aus allen politischen Gruppierungen zu bilden, aufgelöst.
Nach der Ermordung Rossellis und seines Bruders wurde »Giustizia e Libertà« von Emilio Lussu geführt. 1941 wurde in Tolosa die Einigung mit dem Kommunisten und Sozialisten für eine gemeinsame Volksfront erzielt. 1942 wurde aus Anhängern von »Giustitia e Libertà« die »Partito d'Azione« gegründet, die bei der Konstituierung des politischen Nachkriegsitaliens sehr einflußreich war, aber aufgrund einer fehlenden Massenbasis bald verschwand. **(Max Ascoli, Mazzini Society)** [S. 222f.) P.D.

Goethe, Johann Wolfgang von

(1749—1832), deutscher Dichter. [S. 47, 67, 76]

Göring, Hermann

(1893—Selbstmord 1946), Nationalsozialist im engsten Kreis um **Hitler** in verschiedenen Staats-, Militär-, Parteiämtern; Hauptangeklagter bei den Nürnberger Prozessen. [S. 282]

Gold, Mary Jayne

wohlhabende Amerikanerin, die in den 30er und 40er Jahren in Europa lebte.
Mary Jayne Gold schloß sich der »**Emergency-Rescue**«-Gruppe um **Varian Fry** in Marseille an, wohnte zeitweise mit ihm in der vom Komitee gemieteten Villa Air-Bel und half bei einigen schwierigen Aktionen. Varian Fry schreibt in »Auslieferung auf Verlangen« (108, 142):
»Sie war jung, blond und schön — eine jener legendären Amerikanerinnen, die in den guten alten Zeiten in Frankreich gelebt hatten. Sie besaß ein großes Apartment in Paris und eine 'Vega Gull', einen Eindecker, mit dem sie kreuz und quer durch Europa gondelte — in die Schweiz zum Skilaufen und an die Italienische Riviera zum Sonnen. Bei Kriegsbeginn hatte sie das Flugzeug der französischen Regierung zur Verfügung gestellt ... Mary Jayne Gold, die offensichtlich alles genoß, nicht zuletzt die Gefahr, in der wir uns alle befanden.«
1941 gehörte sie zu den 10.000 Menschen, die im Zuge der Sicherheitsmaßnahmen für Marshall Pétains Besuch in Marseille von der französischen Polizei verhaftet wurden. Da die Villa Air-Bel genau an der Fahrtroute Pétains lag, wurden zwei ihrer Bewohner verhaftet. Varian Fry spricht in seinem Bericht von einer »reichen und vollkommen respektablen« Amerikanerin, die wohl Mary Gold war. Sie wurde zusammen mit **Victor Serge**, der ebenfalls in der Villa wohnte, auf das Schiff »Sinaia« gebracht, weil die Gefängnisse der Stadt belegt waren. Nach zwei Tagen wurden sie wieder entlassen.
Sie selbst hat ihre Erlebnisse in Südfrankreich etwas reißerisch in »Crossroads Marseilles 1940« (New York, 1980) beschrieben. Daneben hat sie einen unveröffentlichten Bericht über das »Emergency Rescue Committee« geschrieben, »The ERC« (1966), der sich in Kopie in der Deutschen Bibliothek in Frankfurt befindet. [S. 136, 188] S.N.

Goldmann

amerikanischer Gewerkschaftsführer.
[S. 260]

Goldsmith, Clarissa

Studienfreundin Ingrid Warburgs aus Oxford, heiratete später **Nicholas Kaldor**. [S. 84, 100f.]

Golz, Gräfin von der

Leiterin des »**Elsa Brandström**-Hauses« des Deutschen Roten Kreuzes in Hamburg.
[S. 284f.]

Gottschalk, Nora

Ärztin und Freundin von **Edith Jacobson**.
Emigration in die USA. [S. 227]

Grant Duff, Sheila

geboren 1913 in High Elms, England.
Kam 1931 als Stipendiatin in Geschichte nach Oxford an die »**Lady Margaret Hall**«. Bekanntschaft mit **Adam von Trott**, Douglas Jay, **Stephen Spender**, W. H. Auden, Christopher Isherwood, **Diana Hubback** und Ingrid Warburg.
Reise mit **Goronwy Rees** und **Isaiah Berlin** durch die Karpato-Ukraine.
1932 weitere Reise nach Moskau mit Goronwy Rees und ihrem Bruder Neill, um sich gemäß der »Mode für britische Intellektuelle [...] in dem Lande umzusehen, das den Anspruch erhob, Wirtschaftkrisen und Arbeitslosigkeit als Problem beseitigt zu haben«. (Grant Duff, 35)
1934 Besuch bei Adam von Trott in Kassel.
1934/35 als Korrespondentin des »Observer« nach Saarbrücken. 1935 Rückkehr nach England. Durch Vermittlung von Eva Hubback, der Mutter Diana Hubbacks, Sekretärin der Labour-Politiker Hugh Dalton und Ellen Wilkinson. Zu Beginn des Jahres 1936 Sekretärin der »Indien-Liga«. Aus der Aufgabe, Jawa-

Mary J. Gold

Muriel Gardiner

Shiela Grant Duff

harlal Nehru bei seinem Besuch in London zu unterstützen, entstand eine langanhaltende Freundschaft mit dem späteren Ministerpräsidenten Indiens. Ende 1936 als »Observer«-Korrespondentin nach Prag. Besuch von Adam von Trott. Er sprach mit Otto Strasser, einen ehemaligen Nazi, der hoffte, daß der Krieg Hitlers zu einer Niederlage und damit zum Sturz **Hitlers** führen müsse. Außerdem traf Trott den tschechoslowakischen Politiker und Freund Grant Duffs Hubert Ripka. 1938 ging Grant Duff mit Hubert Ripka auf das großmütterliche Anwesen in High Elms, wo er sein Buch »Munich Before and After« schrieb. 1939 Mitarbeit in der Auslandsforschungs- und Presseabteilung des Auswärtigen Amtes. 1941 Übernahme der Redaktion der BBC-Sendungen für die Tschechoslowakei. [S. 84, 100]

R.G.

Grock (Adrien Wettach)

(1880—1959), Clown. [S. 59]

Grosz, George

(1893—1959), deutscher Maler und Grafiker. [S. 59]

Guggenheim, Peggy

geboren 1898 in New York City, gestorben 1979 in Campo San Piero bei Venedig, Kunstsammlerin, aus der einflußreichen jüdischen Bankiers- und Industriellenfamilie Meyer-Guggenheim/Seligman.

Durch den Vater frühe Beziehung zur bildenden Kunst. Linksliberale Einstellung. Nach dem Ersten Weltkrieg auf einem 21 Jahre dauernden Besuch in Europa, Mitglied der Pariser Bohème, zahlreiche Beziehungen zu modernen Künstlern und Schriftstellern (Samuel Beckett, Yves Tanguy, Jean Cocteau etc.). 1938 Eröffnung einer modernen Kunstgalerie (»Guggenheim Jeune«) in London. Jedem ihrer ausstellenden Künstler kauft sie wenigstens ein Bild ab. Bei Kriegsausbruch versteckt sie ihre Sammlung moderner Kunst in Grenoble, verschifft sie später als »Haushaltswaren« in die USA. Von Grenoble aus besucht sie die Villa Air-Bel des »**Emergency Rescue Committee**« in Marseille und übermittelt die Einladung des »Museum of Modern Art« in New York an einige surrealistische Maler, die sich im unbesetzten Südfrankreich aufhalten, so an **Max Ernst** und **André Breton**. Juli 1941 fährt sie zusammen mit den Malern per Schiff von Lissabon aus nach New York. 1942 Eröffnung der Galerie »Art of This Century« in New York. 1946 Schließung der Galerie, sie kehrt nach Europa, Venedig, zurück. In zwei — z.T. aufsehenerregenden — Autobiographien, »Out of This Century« (1946) und »Confessions of an Art Addict« (1960), beschreibt sie ihr Leben. [S. 210] S.N.

Gundolf, Friedrich Leopold

geboren 1880 in Darmstadt, gestorben 1931 in Heidelberg, Professor für Neuere Deutsche Literatur.

1929/1931 Dekan der Philosophischen Fakultät der Universität Heidelberg. Gundolf gehörte zum Kreis um den Schriftsteller Stephan George. Die von Gundolf stammende Inschrift über dem Neubau der Universität »Dem lebendigen Geiste« ersetzten die Nazis — weil von einem Juden — durch »Dem deutschen Geiste«. [S. 76] P.D.

Gustav Adolf IV.

(1882 — 1973), König von Schweden und Archäologe. [S. 55]

H

Haeften, Adda von

Tochter von **Hans-Bernd von Haeften.** [S. 291]

Haeften, Dodo von

Tochter von **Hans-Bernd von Haeften.** [S. 252]

Haeften, Hans-Bernd von

geboren 1905 in Berlin, hingerichtet 15.8.1944 in Berlin, Diplomat, Sohn des Präsidenten des Reichsarchivs und Mitglieds der Preußischen Akademie Hans von Haeften.
Erzogen im evangelisch-lutherischen Glauben. 1921 Konfirmation gemeinsam mit Dietrich Bonhoeffer. Studium der Rechtswissenschaften. Vorbereitung einer diplomatischen Karriere. 1930 Heirat mit Barbara Curtius, Tochter des Reichsaußenministers Julius Curtius (DVP). 1930 Teilnahme an einer deutsch-britischen Konferenz in Oxford. Beginn einer Freundschaft mit **Adam von Trott**. April 1933 Mitglied des Auswärtigen Amtes. Anschließend Kulturattaché in Kopenhagen. 1935 — 1937 Gesandter in Wien unter dem ehemaligen Reichskanzler Franz von Papen. 1937 Legationssekretär in Bukarest. 1940 Rückkehr ins Auswärtige Amt in Berlin unter dem Staatssekretär Ernst Freiherr von Weizsäcker.
Haeften schrieb harte, kritische Worte über die »Resignation des Luthertums«, das mit der Abwendung von der Welt schwere Schuld auf sich geladen habe. Zusammen mit Adam von Trott gehörte Haeften zu den wichtigsten Stützen des »**Kreisauer Kreises**« im Auswärtigen Amt. Nach dem »**20. Juli**« sollte Haeften die Neuordnung des Auswärtigen Amtes übernehmen. [S. 252]R.G.

Hahn, Kurt

geboren 1886 in Berlin, gestorben 1974 in Salem, Pädagoge.
Hahn studierte Klassische Philologie in Oxford, Berlin, Heidelberg, Freiburg und Göttingen. 1914 im Auswärtigen Amt in Oxford. 1917 Berater der Obersten Heeresleitung, Sekretär und Ratgeber des Prinzen **Max von Baden**. Teilnahme an den Verhandlungen von Versailles. Ab 1918 Sekretär der »Heidelberger Arbeitsgemeinschaft für Politik des Rechts« unter **Max Weber**. 1920 Gründung der Schule Schloß Salem, einem Landerziehungsheim mit Unterstützung des Prinzen Max von Baden, der der Schule einen Teil seines Besitzes überließ. Die Schule begann mit 9 Internatsschülern und 25 Tagesschülern und wuchs in kurzer Zeit, so daß 1924 schon 55 Jungen, 24 Mädchen und dazu 35 Tagesschüler unterrichtet wurden. 1923 plante die »Organisation Consul«, eine völkisch-national und antisemitische Organisation (die Mörder Erzber-

gers), ein Attentat auf Hahn, das vereitelt wurde.
Das von Hahn entwickelte pädagogische System zur Neuformierung einer Führungselite auf der Basis von Selbstkontrolle, Leibesübungen und gemeinschaftlichem sozialem Einsatz wurde von anderen Landerziehungsheimen übernommen.
Hahns während der Weimarer Republik bis ins Nationalistische tendierende Ideen, seine Verurteilung des Versailler Friedens brachten ihm aber auch Kritik von links. 1933 wurde er aus rassischen Gründen in Schutzhaft genommen, nach Intervention des englischen Premierministers **MacDonald** entlassen. Er ging zunächst nach Berlin und dann nach England.
1934 Gründung der Schule Gordonstoun in Schottland, in der u.a. auch Mitglieder der königlichen Familie ausgebildet werden. Ab 1941 Aufbau der »Outward-Bound-Kurzschulen« und im weiteren Gründung von 15 weiteren unabhängigen Schulen. 1961 Aufbau der »Atlantic Colleges« mit Hilfswerken und Rettungseinsätzen bei Katastrophen etc. [S. 63, 65ff., 70f., 83, 276] P.D.

Hahn, Rudolf

geboren 1897 in Berlin, gestorben 1964 in Birmingham, Industrieller, Mann von **Lola Hahn Warburg** und Bruder von **Kurt Hahn**. Gymnasium in Berlin und Kriegsteilnahme, Lehre im Bankhaus M.M. Warburg & Co.. Eintritt ins Familienunternehmen Hahn'sche Röhrenwerke. Bis 1938 Vorstandsmitglied der Hahn'schen Werke, unter politischem Druck Verkauf an Flick und Mannesmann. 1938 Emigration nach England. Gründer und Geschäftsführer einer Aluminiumfabrik in Birmingham. Nach dem Zweiten Weltkrieg Restitutionsverfahren, Hahn wird Aufsichtsratsvorsitzender der Hahn'schen Werke, Duisburg. [S.63] P.D.

Hahn Warburg, Lola

geboren 1901 in Hamburg, gestorben 1989 in England, verheiratet mit **Rudolf Hahn**, Schwester von **Erich**, **Gisela**, **Anita** und **Renate Warburg**.
Über Lola Hahn soll ihr Vater **Max Warburg** einmal gesagt haben: *»Das erste Mal, wenn Sie meine Tochter treffen, wird sie sich wie eine Dame benehmen, das nächste Mal geht sie Ihnen mit ihren sozialen edlen Angelegenheiten auf die Nerven.«*
Schon in den frühen 20er Jahren beginnt sie, von Berlin aus für die jüdische Kinderhilfe in Polen zu arbeiten. Sie wird zu einer wichtigen Mitarbeiterin **Weizmanns**. 1934 ist sie Mitgründerin der »Kinder und **Jugend Alijah**«. Sie lernt **Wilfried Israel** und **Adam von Trott** kennen. Nach ihrer Emigration nach England 1938 setzt sie ihre Arbeit dort fort. Sie leitet zusammen mit Eva Michaelis-Stern das Büro der »Jugend Alijah« in London. Sie gewinnt die Hilfe von Lady Astor, dem »Times«-Herausgeber Geoffrey Dawson und Norman Bentwich, dem ehemaligen Chefrechtsberater für das Britische Mandat in Palästina. Mit ihrer Hilfe wird sie im »House of Commons« vorstellig und kann tausenden von verfolgten Kindern das Leben retten.
Nach dem Krieg setzt sie sich erfolgreich für 700 tuberkulosekranke Kinder aus Konzentrationslagern ein, denen das englische Innenministerium die Einreisegenehmigung verweigert. Sie findet ein Hospital mit einem stillgelegten Flügel und kann die Behörden überzeugen.
Später arbeitet sie für die »Youth Clubs« des Sir Basil Henriques und die »Bridge«-Organisation, die den Austausch zwischen Israel und Großbritannien organisiert. 1971 organisiert sie zum Beispiel eine Auktion bei »Christies« für den »Save the Children Fund«, dem Nachfolger der »Jugend Alijah«. [S. 59, 63, 87f., 232] P.D.

Halifax, Edward Lord

geboren 1881 in Devonshire, gestorben 1959 in Yorkshire, Diplomat.
Sohn des Präsidenten der »English Church Union«. Ausbildung in Eliteschulen wie »Eton« und »Christ Church College« in Oxford. 1910 Unterhausabgeordneter. 1921 — 1922 parlamentarischer Unterstaatssekretär der Kolonien. 1922 — 1924 Präsident der Erziehungsbehörde, anschließend Landwirtschaftsminister. 1925 Vizekönig von Indien, Berufung ins Oberhaus. 1931 Rückkehr nach England. 1932 Präsident der Erziehungsbehörde. 1935 Wechsel ins Kriegsministerium, dann Führer des Oberhauses. 1938 Außenminister. Mehrfache Gespräche mit **Hitler**, **Göring** und Goebbels in dem Bestreben, den Frieden unter allen Umständen zu erhalten. 1938 Zustimmung zum Münchner Abkommen, das die Tschechoslowakei den Nazis preisgab. 1939 Beistandsabkommen mit Polen, um weiteren Angriffshandlungen Hitlers vorzubeugen. 1941 Botschafter in den USA. 1946 Rückkehr nach England. **(Neville Chamberlain)** [S. 118] R.G.

Haschomer Hazair

»Der junge Wächter«, chaluzischer Jugendbund, erzieht zur Einordnung in den Kibbuz »Arzi«. **(Chaluzim)** [S. 281]

Haubach, Theo

(1896 — hingerichtet am 23.1.1945), Journalist. [S. 81, 274]

Hechaluz

»Der Pionier«, zionistische Bewegung für den Aufbau Israels.
Der Hechaluz, ursprünglich eine zionistisch-sozialistische Organisation, rekrutierte in Europa und in der ganzen Welt junge Juden als Pioniere für Palästina. Diese jungen Menschen wurden nach dem hebräischen Wort für Pionier / Arbeiter »**Chaluzim**« genannt. Als ihr Vorbild gilt Josef Trumpeldor, der nach der Russischen Revolution mit einer »Arbeiterbrigade« nach Palästina auswanderte. Der stärkste Landesverband war Polen, und das Weltbüro des Hechaluz saß deshalb auch in Warschau. In Deutschland seit 1921 aktiv, hatte der Hechaluz zunächst nur wenige Mitglieder und wuchs nach 1933 auf bis zu 20.000 Pioniere an.
Der Hechaluz bildete in eigenen Schulen, Handwerkstätten und Kibbuzim junge Juden für ihr Leben in Palästina aus. Nach drei Jahren, in denen sie zusätzlich zur handwerklich-landwirtschaftlichen Arbeit die hebräische Sprache und Kultur erlernten, konnten sie Zertifikate für die Einwanderung nach Palästina bekommen.
Zunächst von den Nazis geduldet, verlegte der Hechaluz 1938 unter zunehmendem Druck sein Büro in die Schweiz. Die Leitung übernahm dort bis Kriegsende Nathan Schwalb. Unter seiner Leitung wurde der Hechaluz zu einem Netzwerk des Untergrunds ausgebaut. (Kroh, S. 34 ff.) Der Hechaluz hat vielen Juden das Leben gerettet und war wohl die erfolgreichste jüdische Untergrundorganisation in Deutschland. [S. 96, 128, 147, 151] P.D.

Hegel, Georg Wilhelm Friedrich

(1770 — 1831), deutscher Philosoph. **(Adam von Trott)** [S. 77, 109, 110, 273]

Heifetz, Jascha

(1901 — 1987), amerikanischer Violinist russischer Herkunft. [S. 127]

Heisenberg, Werner

(1901 — 1976), Atomphysiker. [S. 277]

Herder, Johann Gottfried

(1744 — 1803) deutscher Philosoph. [S. 47]

Hertz, Mary

(1866 — 1934), Bildhauerin, Tochter des Hamburger Reeders und Senators Adolph Ferdinand Hertz, Frau von **Aby M. Warburg**. [S. 46, 58f., 99]

Herzog, Wilhelm (Pseudonym: Julian Sorel)

geboren 1884 in Berlin, gestorben 1960 in München, Schriftsteller, Historiker und Biograph, parteiloser Pazifist.
Studierte in Berlin Politische Ökonomie und Deutsche Sprache, Literatur und Kunstgeschichte. 1910 — 1911 neben Paul Cassirer Mitherausgeber der Kunstzeitschrift »Pan«. 1912 — 1913 Herausgeber der Zeitschrift »März«, die 1914 — 1915 verboten ist. 1916 Herausgabe der Zeitschrift »Die Weltliteratur«. 1918 — 1926 Herausgabe der pazifistischen Zeitschrift »Das Forum«. Herausgabe der Werke **Kleists,** Lichtenbergs und Romain Rollands. Nach dem Ersten Weltkrieg zeitweise Chef vom Dienst der »Hamburger Volkszeitung«. 1919 Verleger der sozialistischen Tageszeitung »Die Republik«. 1920 ausgedehnte Reisen in die UdSSR. Treffen mit **Lenin** und **Trotzkij**. Zieht früh den Haß nationaler Zirkel auf sich. Flieht 1933 über Frankreich in die Schweiz. Gibt in der Schweiz die »Arbeiter Zeitung« heraus, arbeitet an anderen Zeitungen mit. Engagierter Antifaschist und herausragender Gegner des Nationalsozialismus. 1939 in »Les Milles« in Frankreich interniert, flieht er 1941 nach Trinidad, mit Hilfe des **»Emergency Rescue Committee«**, dort von 1941 — 1945 interniert, 1945 geht er nach New York. 1947 Rückkehr in die Schweiz. 1952 nach München. [S. 199]
P.D.

Heyman, David Mrs.

Amerikanische Sponsorin europäischer Emigranten. [S. 136]

HICEM

HIAS-ICA-Emigration Association. Amerikanisch-jüdische Hilfsorganisation.
1927 in Berlin gegründet aus einer Zusammenfassung der Dienste des HIAS (»Hebrew Sheltering and Immigrant Aid Society«), der ICA (»Jewish Colonization Association«) und Emig-Direct (ab 1934) zum Zwecke der Visabeschaffung und Fluchthilfe für Juden in Europa. Unterstützung durch das **»Joint Distribution Committee«**. 1928 nach Paris verlegt. Ab 1933 Eröffnung weiterer Büros in New York, Prag und in Belgien. 1940 Verlegung des Pariser Büros nach Bordeaux, nach der französischen Kapitulation nach Marseille und Lissabon. 1941 Hauptstelle von HICEM in New York. Nach 1945 aufgelöst. 1938 bis 1946 war Max Gottschalk Präsident von HICEM. [S. 194]
S.N.

Hilferding, Rudolf

geboren 1877 in Wien, umgekommen 1941 in Paris, wahrscheinlich durch Selbstmord, Arzt, Politiker und Journalist.
1920 — 1925 Mitglied des Reichswirtschaftsrats. Seit 1922 Parteivorstandsmitglied der SPD. 1923 und 1928/29 Reichsfinanzminister. 1933 Emigration in die Tschechoslowakei, Schweiz, Frankreich. Im Exil enger Mitarbeiter der »Sopade« und beim »Neuen Vorwärts«. 1941 Auslieferung an die Gestapo durch die Vichy-Regierung, beging im Pariser Gefängnis »La Santé« Selbstmord oder starb an Mißhandlungsfolgen. (**Rudolf Breitscheid, Walter Mehring**) [S. 207f.] S.N.

Himmler, Heinrich

(1900 — Selbstmord 1945), Gestapo-Chef und Reichsinnenminister. [S. 153]

Hirschmann, Eva

Schwester von **Ursula Hirschmann**. Exil in den USA. [S. 232, 234]

Chaluzim auf dem Weg nach Palästina

Hirschmann, Ursula
Europäerin und Antifaschistin, Frau von **Altiero Spinelli**.
Tochter eines jüdischen Arztes aus Berlin. Schon früh in der sozialistischen Arbeiterjugend engagiert. Flucht mit ihrem Bruder nach Frankreich. Exil in Paris. Dort Wiedersehen mit Eugenio Colorni, den sie schon aus Berlin kennt und später heiratet. Eugenio Colorni ist ein Cousin von **Enzo** und **Emilio Sereni** und Schüler von **G. A. Borgese**, der für die PSI im Untergrund arbeitet. 1938 zusammen mit Colorni, der 1944 von den Faschisten ermordet wird, nach Ventotene verbannt. Dort lernt sie ihren späteren Mann **Altiero Spinelli** kennen. Sie beteiligt sich am »Manifesto per l'Europa libera e unita«, das sie nach ihrer Haftentlassung im italienischen Untergrund verbreitet. Nach 1945 politische Arbeit mit ihrem Mann Altiero. 1975 Gründung der Bewegung »Femmes pour l'Europe«. **(Europäischer Föderalismus)** [S. 242] P.D.

Hitler, Adolf
(1889 — Selbstmord 1945), Reichskanzler und Diktator **(Amerikanische Flüchtlingspolitik, Kreisauer Kreis)** [S. 71, 96f., 110f., 118f., 121, 146f., 172f., 220, 256, 276]

Hölderlin, Friedrich
(1770 — 1843), deutscher Dichter. [S. 76]

Höllering, Franz
geboren 1896 in Baden bei Wien, gestorben 1968 in München, Journalist.
In Berlin Redakteur der »Arbeiter Illustrierte-Zeitung«. Emigrierte 1933 nach Prag, dort Chefredakteur des »Prager Mittag«, dann in die USA. Amerikanische Staatsangehörigkeit. Im Zweiten Weltkrieg Leiter der deutschen Abteilung der New Yorker Übersee-Abteilung des **»Office of War Information«** unter **James Warburg**. Redakteur bei »Esquire«, »Red Book«, »The Nation«. 1968 Rückkehr nach Deutschland. [S. 218f.] S.N.

von Hofacker
geboren 1893, hingerichtet am 20.12.1944, Jurist, Sohn von Dr. Caesar von Hofacker und Vetter **Stauffenbergs**. [S. 291]

von Hofacker, Bärbel
Tochter von **Adda von Haeften** und **von Hofacker**. [S. 291]

Hofmannsthal, Hugo von
(1874 — 1929), österreichischer Dichter und Dramatiker. [S. 76, 158, 286]

Hopkinson, Diana
Diana Hubback

Horkheimer, Max
geboren 1895 in Stuttgart, gestorben 1973 in Nürnberg, Philosoph und Soziologe, Direktor des **»Instituts für Sozialforschung«** und des »Institute for Social Research« in New York.
1931 Ernennung zum Direktor des »Instituts für Sozialforschung«. 1933 Amtsenthebung durch die Nazis, Flucht in die Schweiz. 1934 Emigration in die USA, Wiedereinrichtung des Instituts in New York. 1940 Übersiedlung nach Kalifornien. 1943 — 1949 Direktor der wissenschaftlichen Abteilung des »American Jewish Committee«. 1949 Rückkehr nach Deutschland, Ordinarius für Sozialphilosophie in Frankfurt a.M. [S. 168] S.N.

Hubback, Diana (Diana Hopkinson)
(geb. 1912), Studienfreundin von Ingrid Warburg in Oxford.

Kurt Hahn mit Queen Elisabeth II.

Diana Hubback

Schrieb eine Autobiographie »The Incense Tree« (1968), die ausführlich über ihre Oxford-Zeit und ihre Freundschaft mit **Adam von Trott** berichtet. Enge Freundin von **Shiela Grant Duff**. **(Isaiah Berlin)** [S. 48, 86, 100f., 111, 123]

Huebsch, Benjamin W.

(1876 —1964), Verleger, Herausgeber und Vizepräsident beim Verlag »Viking Press«. Mitglied in der »American Civil Liberties Union« **(Roger Baldwin)**. Unterstützte emigrierte Autoren und Flüchtlingsorganisationen wie das **»Emergency Rescue Committee«**.

Hull, Cordell

(1871 — 1955), Jurist und amerikanischer Außenminister unter **Roosevelt** von 1933 bis 1944. 1945 Friedensnobelpreis. **(Amerikanische Flüchtlingspolitik)**[S. 208]

Hutchinson, Lucy

(geb. 1619), Lukrezübersetzerin. [S. 100]

I

Ibsen, Henrik

(1828—1906), norwegischer Dramatiker.
[S. 51]

Institut für Sozialforschung (Horkheimer-Institut)

Forschungseinrichtung in Frankfurt a.M., als »Institute for Social Research« in New York. 1923 Gründung des Instituts in Frankfurt. Seit 1930 richtet **Max Horkheimer** Außenstellen des Instituts ein: in Genf beim »Bureau International du Travail«, in Paris bei der »École normale supérieure«. Die deutschsprachige Institutszeitung »Zeitschrift für Sozialforschung« erscheint jetzt in Paris. 1931 Ernennung Max Horkheimers zum Direktor. Mai 1934 Reise Horkheimers nach New York zwecks Aufbau einer Außenstelle in den USA, Ablehnung durch die »**New School for Social Research**«. Die »Columbia University« stellt ein Gebäude zur Verfügung, woraufhin das Frankfurter Institut praktisch mit all seinen Wissenschaftlern nach New York umsiedelt. 1940 Umbenennung der Institutszeitung in die englischsprachigen »Studies in Philosophy and Social Science«. Ende 1941 stellt die Zeitung ihr Erscheinen ein, zahlreiche europäische Dozenten verlassen das Institut. 1943 Beginn einer Untersuchung über den Antisemitismus, für die Emigranten aufgefordert werden, Erfahrungsberichte einzusenden. 1944—1947 Horkheimer wird vom Präsidenten des »American Jewish Committee«, Joseph Proskauer, zum Leiter der dort neueingerichteten Forschungsabteilung zur Bekämpfung des Antisemitismus ernannt, Verbindung der beiden Forschungsprojekte, Herausgabe der »Studies in Prejudice«.

Horkheimers »Institut für Sozialforschung« im amerikanischen Exil war in mehrfacher Hinsicht den Exilbedingungen gut angepaßt: es war durch die Stiftung des argentinischen Weizenexporteurs Felix Weil finanziell unabhängig; es stellte sich Forschungsaufgaben, die auch unter Exilbedingungen bearbeitet werden konnten (Familienstrukturen, Antisemitismus); die Verbindung von Psychoanalyse und Soziologie (Erich Fromm, Herbert Marcuse) entsprach der amerikanischen Soziologieentwicklung; die junge und größtenteils noch unbekannte Besetzung des Instituts erweckte vor allem durch ihre verstärkte Teamarbeit amerikanische Sympathien. Auf diese Umstände ist es zurückzuführen, daß das als »radikal links« verschrieene Institut trotzdem einflußreiche und sogar konservative Unterstützung in den USA gewinnen konnte wie die der »Columbia University« und des »American Jewish Committee«. Der marxistische Hintergrund der Institutsforschung blieb der amerikanischen Öffentlichkeit weitgehend verborgen, erschienen doch die wichtigsten Publikationen auf deutsch.

Neben den schon Genannten versammelte das »Institute for Social Research« eine »geradezu verblüffende Konzentration zukünftiger intellektueller Prominenz« (Radkau): Theodor W. Adorno, **Franz Neumann**, Karl A. Wittfogel, Leo Löwenthal und die mit dem Institut zusammenarbeitenden Paul Lazarsfeld und **Walter Benjamin**. [S. 127, 168] S.N.

Isolationismus

Franklin D. Roosevelt

Israel, Wilfrid

geboren 1899 in London, mit dem Flugzeug abgeschossen am 1. Juli 1943, Kaufhausunternehmer.

Aufgewachsen in Berlin. Nach Absolvierung einer Privatschule von 1921 bis 1939 Angestellter im Familienbetrieb »Kaufhaus N. Israel«, von 1922 bis 1935 dessen Geschäftsführer. 1925 Einrichtung einer betriebsinternen Schule für kaufmännische Lehrlinge. Israel verbot den Verkauf von militärischen Spielzeugen. 1920 bis 1940 Reisen nach Palästina, Polen, Litauen, Italien, Schweiz, Ostasien und in die UdSSR. Mitte 1933 zweimal in SA-Haft. 9. Februar Übergabe des Kaufhauses im Zuge der »Arisierung« an die »Emil Köster AG«. Anschließend Emigration nach London. 1939 — 1940 Verbindungsmann zwischen Regierungsstellen und jüdischen Unterstützungs- und Flüchtlingsorganisationen in Großbritannien. 1940 Besuch in Palästina. 1943 Reise im Auftrag der **»Jewish Agency«** nach Lissabon, um dort Fluchtmöglichkeiten für jüdische Kinder zu erkunden. Beim Rückflug Abschuß seiner Maschine durch die deutsche Luftwaffe.

Folgende Projekte wurden von Wilfrid Israel unterstützt: Unterstützung der jüdischen »Gesellschaft der Freunde«, Förderung der Öffentlichkeitsarbeit des Berliner Antikriegsmuseums, der Siedlungspolitik des »Agro-**Joints**« in der UdSSR und des Waisenhauses in Kaunas/Litauen (späteres Kinderdorf der **»Jugend Alijah«** in Ben-Schemen, Palästina), 1927 — 1928 Beteiligung an der Verlegung des Hebräischen Nationaltheaters nach Palästina, 1933 Mitbegründer der »Kinder- und Jugend Alijah«. Ab 1937 Direktor des Hilfsvereins der deutschen Juden. 1941 — 1943 Berater der deutschen und jüdischen Abteilung im ausländischen Forschungs- und Pressedienst des »Royal Institute of International Affairs« in Oxford. März — Juni 1943 im Auftrag der »Jewish Agency« nach Portugal und Spanien.

Über die Arbeit mit jüdischen Flüchtlingen wurde Wilfrid Israel mit **Lola Hahn Warburg** bekannt, die ihn ins Haus Warburg brachte. Dort traf er sich mit **Diana Hopkinson** und **Adam von Trott**. Israels Biographin Naomi Shephard beschreibt die beiden als »ein ungleiches Paar«: »Trott war in der Lage, seine Umgebung zu ignorieren, wärend Israel sich an die Eleganz wie an einen Rettungsring klammerte« (Shephard, 155). Sie trafen sich noch nach der Kristallnacht (Shephard, 156). Einig waren sie sich sicher in dem Punkt, daß »klar zu unterscheiden [sei] zwischen dem deutschen Volk und den nationalsozialistischen Machthabern« (Israel in: Shephard, 304). Skeptisch war Israel jedoch in der Frage, inwieweit die »christlichen Gruppen, die in Trotts wie in Rauschniggs Memoranden eine so prominente Rolle spielten, in der Lage waren, Hitler zu stürzen« (Shephard, 304). Außerdem glaubte Israel »daß nur eine totale Niederlage der Wehrmacht zum Frieden führen könnte«, denn »der Feind, sind die Generäle«, während Trott auf Elemente der Wehrmacht seine Hoffnung bei einem Umsturz setzte (Shepard, 295). Israel kämpfte *»für die Sammlung und Kräftigung, der wirklichen Unterstützung der demokratischen Kräfte ... Dies kommt auf Westeuropa an und auf die faktische Hilfe, die es den zersplitterten Kräften drinnen angedeien läßt. Voraussetzung wäre aber eine totale militärische Niederlage Hitlers. So kam es, daß Israel und Trott praktisch gegeneinander arbeiteten.«*

Wilfrid Israel ist noch in einer weiteren Hinsicht bemerkenswert: nicht nur als Kaufhausunternehmer, als »Führer des zweiten Exodus der Juden« (Diana Hopkinson), sondern zugleich als eine der schillerndsten Figuren der Berliner Szene. Er ist das Vorbild der Gestalt des blonden Jünglings Bernhard Landauer in dem Stück »Cabaret« nach dem Roman »Goodbye to Berlin« von Christopher Isherwood. Er beschreibt Bernhard so:

»Er hatte in meinen Augen etwas Weiches, Verneinendes, dabei aber auch etwas merkwürdig Mächtiges, etwas von der ruhigen Macht einer Elfenbeinschnitzerei in einem Heiligenschrein. Wieder fiel mir sein schönes Englisch auf und die scheue Gebärde seiner Hände, als er mir einen chinesischen Sand-Buddha aus dem zwölften Jahrhundert zeigte, der am Fußende seines Bettes stand — 'um meinen Schlaf zu bewachen'. Auf dem niedrigen, weißen Bücherregal standen kleine griechische, siamesische und indochinesische Steinbüsten, die Bernhard fast alle von seinen Reisen mitgebracht hatte. Zwischen Kunstgeschichtsbüchern, photographischen Wiedergaben und Monographien über Plastik und Altertümer sah ich Vachells »Hügel« und Lenins »Was sollen wir tun?«.« [S. 117] R.G.

Israelitisches Krankenhaus

1839 durch eine Stiftung Salomon Heines, des Onkels Heinrich Heines, gegründetes jüdisches Krankenhaus in Hamburg. Erbaut 1841 in Hamburg-St.Pauli.

Die **Familie Warburg** war eng mit der Geschichte des »Israelitischen Krankenhauses« verbunden. Es waren verschiedene Warburgs Vorsitzende des Kuratoriums, so Dr. **Fritz Warburg** in der schwierigen Zeiten von 1918 — 1939 und **Erich Warburg** nach dem Zweiten Weltkrieg. Das Krankenhaus wurde 1939 geschlossen, die Insassen und das Pflegepersonal wurden nach mehreren Zwangsumsiedlungen nach Theresienstadt deportiert. [S. 43, 151, 160f., 282] P.D.

Das neue Israelitische Hospital in Hamburg

Ein Hospital für arme, kranke Juden,
Für Menschenkinder, welche dreifach elend,
Behaftet mit den bösen drei Gebresten:
Mit Armut, Körperschmerz und Judentum!

Das schlimmste von den dreien ist das letzte,
Das tausendjährige Familienübel,
Die aus dem Niltal mitgeschleppte Plage,
Der altägyptisch ungesunde Glauben.

Unheilbar tiefes Leid! Dagegen helfen
Nicht Dampfbad, Dusche, nicht die Apparate
Der Chirurgie, noch all die Arzneien,
Die dieses Haus den sieben Gästen bietet.

Wird einst die Zeit, die ew'ge Göttin, tilgen
Das dunkle Weh, das sich vererbt vom Vater
Herunter auf den Sohn, — wird einst der Enkel
Genesen und vernünftig sein und glücklich?

Ich weiß es nicht! Doch mittlerweile wollen
Wir preisen jenes Herz, das klug und liebreich
Zu lindern suchte, was der Lind'rung fähig,
Zeitlichen Balsam träufelnd in die Wunden.

Der treue Mann! Er baute hier ein Obdach
Für Leiden, welche heilbar durch die Künste
Des Arztes (oder auch des Todes!) sorgte
Für Polster, Labetrank, Wartung und Pflege

Ein Mann der Tat, tat er, was eben tunlich;
Für gute Werke gab er hin den Taglohn
Am Abend seines Lebens menschen-freundlich,
Durch Wohltun sich erholend von der Arbeit.

Er gab mit reicher Hand - doch reich're Spende
Entrollte manchmal seinem Aug' die Träne,
Die kostbar schöne Träne, die er weinte
Ob der unheilbar großen Brüderkrankheit.

Heinrich Heine, 1841

Italienische Emigration in den USA

Die politische italienische Emigration in die USA war mit den gleichen Schwierigkeiten wie die deutsche Emigration verbunden. Der übliche Fluchtweg ging über Frankreich oder die Schweiz und nach der deutschen Besetzung Frankreichs über Algerien oder Marokko und von dort in die USA.

Nicht wenigen gelang die Einreise nur mit Hilfe des »**Emergency Rescue Committee**«, so **Randolfo Pacciardi, Nicola Chiaromonte**, Emilio Lussu, Alberto Cianca, Giuseppe Gareto, **Lionello Venturi**, Aurelio Natoli etc. Andere wie **Borgese, Ascoli, De Santillana** und Salvemini nutzten ihren Ruf an amerikanische Universitäten, um in den USA zu bleiben.

In den USA trafen sie auf Landsleute, die teilweise schon im 19. Jahrhundert in die USA emigriert waren und dort in großen Teilen mit den italienischen Faschisten sympathisierten, und auf die kleinere aktive Kolonie derer, die in den Arbeiterbewegungen der USA aktiv waren. Besonders aktiv waren die italienischen Anarchisten, die die ersten direkten Streiks um die Jahrhundertwende organisiert hatten. Führende Köpfe der Anarchisten waren **Carlo Tresca** mit seiner Monatsschrift in italienischer Sprache »Il martello« und Luigi Galleani, der die »Cronaca sovversiva« herausgab.

1924 wurde von den Anarchisten, Sozialisten und Kommunisten die »Antifascist Alliance of North America« gegründet. Erster Sekretär war der Anarchist Pietro Allegra. Neben der Hilfe für Verfolgte des Faschismus und Demonstrationen war die Hauptzielrichtung gegen die pro-faschistischen Strömungen unter den Italienern in den USA gerichtet. Mit massiver Hilfe der italienischen Botschaft hatten sich faschistische Zirkel und Organisationen wie die »Grande Loggia d'Oriente Figli d'Italia« gebildet. Einflußreich waren auch die von **Generoso Pope** herausgegebenen Zeitungen »Il progresso italo-americano« und »Corriere d'America«. Es kam zu blutigen Zusammenstößen zwischen italienischen Faschisten und Antifaschisten, und die amerikanische Regierung war gezwungen, die faschistischen Organisationen aufzulösen.

Große Kampagnen der Allianz waren die zur Befreiung von Filippo Greco und Carillo, die unter der Anklage, zwei Faschisten ermordet zu haben, in Gefahr waren, auf dem elektrischen Stuhl zu landen, und die Kampagne zur Rettung der später unschuldig hingerichteten Anarchisten Sacco und Vanzetti 1927.

1931 brach die Allianz wegen der Uneinigkeit der verschiedenen Strömungen auseinander, um sich 1936 während des Spanischen Bürgerkrieges, an dem auch eine Brigade Italo-Amerikaner teilnahm, kurzzeitig unter der Leitung des Anarchisten Pietro Allegra und des Kommunisten Antonio Cattonar wieder zu vereinen.

Die demokratisch-liberalen Kräfte der italienischen Emigration in den USA gründeten 1941 die »**Mazzini Society**«, mit **Max Ascoli** als erstem Präsidenten. [S. 145, 223ff.] P.D.

J

Jacobson, Edith

geboren 1897 in Chojnów, Polen, gestorben 1978 in Rochester, New York, Psychoanalytikerin jüdischer Abstammung.
Medizinstudium in Jena, Heidelberg, München. 1925 — 1928 »Neurologische Klinik Oppenheim« und an der Psychiatrischen Abteilung des »Charité Hospitals« Berlin, daneben psychoanalytische Ausbildung am Berliner »Psychiatrischen Institut«. 1928 Mitglied der »Deutschen Psychoanalytiker-Gesellschaft«. 1928 — 1937 selbständige psychiatrische und psychoanalytische Tätigkeit. 1937 (?) wegen Auskunftsverweigerung über Patienten verhaftet und in ein KZ überführt. 1938 (?) in die USA emigriert. 1940 — 1977 als Psychologin und Psychoanalytikerin selbständig in New York tätig. 1942 Mitglied des »Education Committee« und Lehrerin am »New York Psychoanalytic Institute«. 1943 amerikanische Staatsbürgerschaft. 1954 — 1956 Präsidentin der »New York Psychoanalytic Society«. 1965 — 1977 Gastprofessuren. Forschungsgebiete: »ego psychology«, Psychoanalyse bei Depressionen. **(Nora Gottschalk)** [S. 173, 227] S.N.

Jaffé, Marianne

(geb. 1905), Tochter des Professors für politische Ökonomie in Heidelberg und späteren bayerischen Finanzministers Edgar Jaffé (1904 — 1910) und der Dr. phil. Elisabeth von Richthofen (1874 — 1973), eine der berühmten »Richthofen-Sisters«, enge Freundin von **Max** und Alfred **Weber**. [S. 78]

Jaspers, Karl Theodor

geboren 1883 in Oldenburg, gestorben 1969 in Basel, Universitätsprofessor und Philosoph.
1901/1902 Studium der Rechtswissenschaften, dann Medizin in Heidelberg, München, Berlin, Göttingen. 1908 Medizinisches Staatsexamen in Heidelberg, Medizinalpraktikant an der Inneren Klinik, 1908 Dr. med. 1909 an der psychiatrischen Klinik Heidelberg, 1913 Habilitation für Psychologie, 1916 außerordentlicher Professor für Psychologie in Heidelberg, lehnt mehrere Rufe an andere Universitäten ab. Ab 1921 Professor für Philosophie in Heidelberg. Ab 1933 von der Teilnahme an der Universitätsverwaltung ausgeschlossen. Am 19. Juni 1937 Zwangsemeritierung durch die Nationalsozialisten. Privatgelehrter in Heidelberg. Große Sorgen wegen der drohenden Deportation seiner jüdischen Frau. 1945 Wiedereinsetzung durch die Amerikaner. 1947 — 1961 Professor in Basel. [S. 71, 75f., 78f., 159] P.D.

Jay, John

(1745 — 1829), Oberster Richter der Vereinigten Staaten und einflußreicher Politiker, Gouverneur von New York, Urgroßvater von Eleonore Trott, der Mutter **Adam von Trotts**. [S. 110, 116]

Jeschiwah

»Sitzung«, Bezeichnung für Schulen der orthodoxen Juden, in denen nur die Bibel und der Talmud unterrichtet werden. [S. 291]

Jewish Agency for Palestine

Der von Theodor Herzl geschaffenen Organisation blieb bis zur »Balfour-Erklärung« die öffentliche Anerkennung der Weltmächte versagt. Erst als mit der Balfour-Erklärung vom 2.11.1917 Großbritannien seine Bereitschaft erklärte, die Errichtung einer nationalen Heimstätte für das jüdische Volk in Palästina zu fördern, und als der Inhalt der Balfour-Deklaration vom Völkerbundsrat am 24. Juli 1922 bestätigt und in der Mandatssatzung für Palästina wiederholt wurde, konnte die zionistische Organisation als eine politisch anerkannte öffentlich-rechtliche Körperschaft angesehen werden.
Der Artikel 4 der Mandatserklärung vom 24. Juli 1922 sah die Anerkennung einer geeigneten »Jewish Agency« vor, der die Aufgabe zugewiesen wurde, als öffentliche Körperschaft mit der Verwaltung Palästinas in allen Angelegenheiten zusammenzuwirken, die die Errichtung der jüdischen nationalen Heimstätte berührten. 1929 wurde die erweiterte »Jewish Agency« gegründet, die die Mitarbeit auch von Nichtzionisten für Palästina ermöglichte. Einer der führenden Köpfe der Nichtzionisten war **Felix Warburg**. **(Wilfrid Israel, Jugend Alijah)** [S. 281] P.D.

Johannes XXIII.

(1881 — 1963), Papst von 1958 — 1963. [S. 151, 261]

Johnson, Alvin Saunders

geboren 1874 bei Homer, Nebraska, gestorben 1971, Wirtschafts- und Sozialwissenschaftler, Direktor der **»New School for Social Research«** in New York.
1917 — 1923 Herausgeber der liberalen Wochenzeitschrift »New Republic«. 1906 — 1916 Professor für Wirtschaftswissenschaften an verschiedenen Universitäten (»Columbia«, »Yale« etc.). 1919 Gründung der »New School for Social Research«. 1923 — 1945 Direktor der »New School«. 1933 Einrichtung der »University in Exile« zur Rettung europäischer Wissenschaftler. **(Frieda Warburg)** [S. 168] S.N.

Joint

American Jewish Joint Distribution Committee, Inc. (JDC). Amerikanisch-jüdische Hilfsorganisation für Europa, Hauptsitz in New York.
Oktober 1914 Konferenz der vierzig wichtigsten jüdischen Hilfsorganisationen einschließlich des »American Jewish Congress« durch Initiative **Jacob Schiffs**; die Gründung des »American Jewish Relief Committee« aus einhundert führenden amerikanischen Juden wird geplant (Vorsitz: Louis Marshall, Schatzmeister auf Bitten Schiffs: **Felix Warburg**)
27. 11. 1914 Verbindung des »American Jewish Relief Committee« und des »(Orthodox) Central Relief Committee« zum »Joint Distribution Committee of American Funds for Jewish War Sufferers« unter Vorsitz von Felix Warburg (Direktor für Europa: Bernhard Kahn)
1915 Eintritt des »People's Relief Committee« in den JDC. Während des Ersten Weltkriegs Verteilung amerikanischer Spendengelder an lokale Hilfskomitees in Berlin, Wien, Moskau und St. Petersburg für osteuropäische Juden

Nach 1918 weitere Hilfe für die osteuropäischen Juden; Zusammenarbeit mit zahlreichen anderen Hilfsorganisationen wie dem Roten Kreuz und dem »YMCA«
1919—1923 Einsatz amerikanischer Helfer, Ärzte, Krankenschwestern, Sozialarbeiter u.a. vor Ort in Europa
1924 weitgehender Rückzug aus den betroffenen Ländern, um den dort ansässigen Hilfsorganisationen die Spenden- und Sozialarbeit zu überlassen
1924 Gründung der »American Jewish Joint Agricultural Corporation« (Agro-Joint) mit einem Startkapital von 400.000 Dollar, um Niederlassungen jüdischer Farmer in Rußland zu ermöglichen (bis 1938 unter Mithilfe weiterer Siedlungsorganisationen ca. 250.000 Neuansiedler, Gesamtbudget: 40.000.000 Dollar, davon 16.000.000 Dollar aus Amerika, der Rest von der sowjetischen Regierung)
1928 Gründung der »American Society for Jewish Farm Settlement in Russia, Inc.« (Ehrenpräsident: Felix Warburg)
1938 der »Agro-Joint« muß Rußland im Zuge der Stalin-Diktatur verlassen
1933 Unterstützung lokaler jüdischer Hilfskomitees in Deutschland
1937 Präsident des JDC nach Warburgs Tod: Paul Baerwald
1938 nach der »Reichskristallnacht« intensiviert der JDC seine Anstrengungen in Deutschland und Europa
1939 **Edward Warburg** teilt sich mit Baerwald den Vorsitz im JDC
1939 nach mehrfach gescheiterten Versuchen Fusion des JDC und des »United Palestine Appeal« zum »United Jewish Appeal«
1940 erfolgreicher Einsatz des JDC für die Einwanderungserlaubnis nach England, Frankreich, Holland und Belgien für 930 jüdische Flüchtlinge an Bord der S.S. »St. Louis« der Hamburg-Amerika Linie, der die Einfahrt nach Havanna verweigert wird und die auch nicht in Amerika anlanden darf
1941 Präsident des JDC: Edward Warburg
Bis Dez. 1941 Hilfe für Juden in polnischen Gettos
1939—1944 über das Lissaboner Büro Emigrationshilfe für mehrere tausend durch den Faschismus verfolgte Europäer
1944 Hilfssendungen an zentraleuropäische Lager für verschleppte Personen (»displaced persons«)
Seit 1945 massive Unterstützung der Bevölkerung durch Lebensmittel- und Hilfsgütersendungen sowie den Einsatz freiwilliger Helfer in Europa
Nach 1947 Emigrationshilfe für ca. 600.000 Menschen, davon etwa 500.000 nach Israel
1948—1950 Unterstützung der Israeleinwanderer und Hilfe in osteuropäischen Staaten bis zur jeweiligen Ausweisung durch die dortigen Regierungen

Der »Joint« entstand ursprünglich durch Initiative Jacob H. Schiffs, der Mitglied des »American Jewish Committee« (AJC) war, einer 1906 gegründeten, elitären jüdischen Wohlfahrtsorganisation. 1914, mit Ausweitung des Krieges erkannte Schiff die Notwendigkeit, die weitverzweigten jüdischen Hilfsinstitutionen zu vereinen und lud zu einer Konferenz der vierzig wichtigsten mit dem AJC ein. Ergebnis dieser Besprechung war das »American Jewish Relief Committee«, dessen Präsident Louis Marshall und dessen Schatzmeister auf Bitten Schiffs Felix Warburg wurden. Warburg wollte als Schatzmeister eine funktionsfähige Geldverteilungsstelle schaffen und berief deshalb im Herbst 1914 die erste Sitzung des »Joint Distribution Committee of American Funds for the Relief

Auf dem Kösterberg, 1945: Vom »Joint« betreute Kinder aus Konzentrationslagern

of Jewish War Sufferers« ein, aus dem sich der spätere weltweit arbeitende »Joint« entwickelte.
Die Linie des »Joint« wurde von Beginn an durch seine nicht-orthodoxen, liberal denkenden jüdischen Mitglieder wie Felix Warburg bestimmt, die die zersplitterten politischen, religiösen und sozialen Gruppen der amerikanischen Juden-Gemeinde zu einer gemeinschaftlichen Anstrengung führen wollten. Seine Zielsetzung bestand zunächst nur darin, den durch den Ersten Weltkrieg notleidenden Juden in Osteuropa zu helfen. Infolge der russischen Revolution, der Auflösung der österreich-ungarischen Monarchie und der anhaltenden Kriegsfolgen nahm die Hilfsbedürftigkeit der jüdischen Bevölkerung nach 1918 weiter zu. Der JDC half der zu großen Teilen heimatlos gewordenen und unter Hunger, Krankheit sowie wachsendem Antisemitismus leidenden jüdischen Bevölkerung Polens, Rußlands, der Tschechoslowakei, Rumäniens,Ungarns. Zwischen 1914 und 1929 wurden 78,7 Millionen Dollar in der amerikanisch-jüdischen Gemeinde gesammelt.
Nach der Machtübernahme der Nazis in Deutschland arbeitete der JDC mit dortigen jüdischen Hilfskomitees zusammen: bis 1939 in Deutschland mit dem »Zentralausschuß für Hilfe und Aufbau« (ZA), ab 1939 mit der »Reichsvereinigung der deutschen Juden« (RVE); in Österreich mit der »Israelitischen Kultusgemeinde« (IKG). Seine Hauptaufgabe sah der JDC nach 1933 darin, die Flucht der Juden aus Deutschland, Österreich und der Tschechoslowakei auf legale Weise zu organisieren, die jüdischen Gemeinden in Zentraleuropa weiterhin aufrechtzuerhalten und den osteuropäischen Juden aus ihrer verheerenden wirtschaftlichen und sozialen Notlage zu helfen. 1939 war der JDC in über 50 Ländern aktiv. Nach 1939 organisierten die z.T. im Untergrund arbeitenden Helfer des »Joint« die Flucht von etwa 200.000 Menschen durch finanzielle Unterstützung, das Anmieten von Schiffen und durch den Transport in neutrale Länder, von wo aus die Fahrt nach Übersee möglich war.
In Polen hatte der JDC ein Büro eingerichtet, das von Warschau aus die Verteilung der Mittel an die hungernden Juden überwachen sollte. Eine solche eigene JDC-Einrichtung im Zielland war im allgemeinen unüblich, und in Warschau entwickelte sich erstaunlicherweise eine pro-zionistische Führung, die die 3,3 Millionen polnischen Juden aktiv und engagiert betreute. Eine breite Emigration nach Palästina konnte jedoch auch aufgrund der britischen Einwanderungsbeschränkungen nicht durchgeführt werden. Finanzielle Hilfe wurde vor allem durch ein Netzwerk von Kreditanstalten (Kassas) gegeben, die zinsfrei Geld verliehen. Nach dem 1. September 1939 wurde die Bevölkerung mit Lebensmitteln und ärztlicher Fürsorge unterstützt. Im Jahr 1941 wurden 174.000 Dollar über das Warschauer Büro verteilt. Ingrid Warburg beschreibt die Zustände in Polen, wie sie sie im Sommer 1939 erlebt hat. Ihre Kritik an der vom »Joint« geleisteten Hilfe wirft ein zwiespältiges Licht auf diese amerikanischen Wohlfahrtsunternehmung.
Von 1929 bis 1939 brachte der »Joint« eine Summe von 24,4 Millionen Dollar auf, wovon 8,5 Millionen auf das Jahr 1939 entfielen. Obwohl das Komitee sich auf intensive Weise um Gelder bemühte, kam Ende der 20er Jahre eine Spendenmüdigkeit unter der jüdisch-amerikanischen Bevölkerung auf. Die große Depression von 1929 und die in ihrer Folge sich entwickelnde Arbeitslosigkeit führten auch in der noch immer wohlhabenden jüdischen Gesellschaft zu einer nationalistisch gefärbten Einstellung: Man spendete als amerikanischer Bürger zunächst einmal

für die Bedürftigen im eigenen Land. Verstärkt wurde diese Haltung durch in den Vereinigten Staaten erwachende antisemitische und fremdenfeindliche Strömungen, die sich z.T. auch gegen die reichen jüdischen Bankiers richteten. Vereinzelt wurde von **isolationistischen** und nationalistischen Kreisen sogar eine Deportation der schon aufgenommenen Immigranten gefordert. Als Folge wurde in der jüdisch-amerikanischen Gemeinde die Forderung nach mehr Loyalität des »Joint« Amerika gegenüber laut.

Den enormen Anstrengungen der Mitglieder des JDC, die wie Ingrid Warburg durch ganz Nordamerika reisten, um dort über die verheerenden Verhältnisse in Europa zu berichten, ist es zu verdanken, daß zwischen 1939 und 1943 noch 38.000.000 Dollar an Hilfsmitteln zur Verfügung standen. Zwischen 1945 und 1948 stiegen die Spendenleistungen für die sogenannten »displaced persons« sogar wieder auf 194.000.000 Dollar an.

(**Amerikanische Flüchtlingspolitik**) [S. 127, 136f., 140, 154f., 194, 229] S.N.

Jolles, André

(1874 — 1946), Kunsthistoriker. [S. 99]

Familie Josephson

Schwedische jüdische Familie, die im späten 18. Jahrhundert von Preußen nach Schweden emigrierte. Familie von **Ellen Josephson**, aus der viele bekannte Künstler auf allen Gebieten der schönen Künste hervorgingen:

Jacob Axel Josephson (1818 — 1880) Komponist und Dirigent, studierte an der Universität von Uppsala und trat 1841 zum christlichen Glauben über. Nach mehreren Dirigenten- und Musiklehrerstellen konnte er durch Zuwendungen der berühmten Sängerin Jenny Lind von 1844 bis 1847 auf dem Kontinent studieren. Nach der Leitung der »Stockholm Harmonic Society« für zwei Jahre ging er 1849 als Musikdirektor an die Universität von Uppsala. Im selben Jahr gründet er die »Philharmonische Gesellschaft« von Uppsala, der er für 30 Jahre vorstand. Er lehrte Musikwissenschaft an der Universität von Uppsala, komponierte, schrieb musikwissenschaftliche Werke und leitete den Chor der Kathedrale von Uppsala. Josephson brachte sowohl das Orchester als auch den Chor von Uppsala auf europäisches Niveau. Er schrieb eine der schwedischen Nationalhymnen.

Sein Bruder Ludwig Oscar Josephson (1832 — 1899) war Bühnendirektor und ist durch seine Ibsen- und Strindbergaufführungen berühmt geworden. Er begann als Schauspieler, wurde dann Direktor der »Nationalen Bühnen«, später Direktor des »Schwedischen Theaters« in Stockholm.

Ludwig Josephsons Neffe Ernst Abraham Josephson (1851 — 1906) war ein berühmter schwedischer Maler. Geboren in Stockholm war er schon früh anerkannt sowohl bei der schwedischen Akademie als auch im »Pariser Salon«. Schwierigkeiten begannen erst, als er unter dem Einfluß Courbets und Manets vitale nicht gestellte Porträts zu malen begann. In Paris wurde Josephson zur führenden Figur der Opposition gegen den schwedischen Konservativismus und die ästhetische Rückwärtsgewandtheit seines Heimatlandes. In dieser Eigenschaft schrieb er auch einen Brief an den schwedischen König, mit dem er aber nur erreichte, daß sich sein Gönner, ein Bankier, von ihm zurückzog; ebenso die Opposition, die lieber nicht ganz so stark opponieren wollte. Ohne Gönner, das Erbe verbraucht, zog er sich mit einem Malerfreund auf eine Insel vor der Bretagne zurück. Die beiden experimentierten dort mit Spiritualismus, und Josephson bekam Halluzinationen. Er glaubte, er sei Holbein, Velazquez und Rembrandt und signierte seine Bilder mit den Namen der Großen, die er gerade

war. Sein Freund, der merkte, daß er ernsthaft erkrankt war, brachte ihn nach Schweden ins Irrenhaus. Nach den ersten Besserungsanzeichen wurde er entlassen und lebte in Stockholm. Was er nach dem Beginn seiner Krankheit malte, waren Bilder von äußerster Originalität und expressionistisch 20 Jahre bevor der Begriff erfunden wurde.
Gunnar Josephson (1889 — 1972), geboren in Stockholm, Buchhändler, Gemeindedirektor. Von 1936 bis 1962 war er der Vorsitzende des Verwaltungsrates der Jüdischen Gemeinde Stockholms und Mitglied des schwedischen »State Committee for Refugees« während der Nazizeit. Josephson war maßgeblich an den Verhandlungen mit der schwedischen Regierung, jüdische Flüchtlinge aufzunehmen, beteiligt.
Ragnar Josephson (1891 — 1966), Gunnars Bruder, war Professor für Kunstgeschichte und Autor vieler kunstgeschichtlicher Werke besonders über den Barock. Mitglied der »Schwedischen Akademie«.
Erland Josephson (geb. 1923), Schauspieler, Theaterdirektor und Autor. Zunächst bei den Stadttheatern in Haelsingborg 1945 — 1956 und Gothenburg 1949 — 1956, führte er ab 1966 das »Nationaltheater« in Stockholm. Seine Romane und Stücke setzen sich mit dem Problem des Antisemitismus auseinander. Als Schauspieler wurde er mit Stücken von Peter Weiss bekannt. P.D.

Josephson, Ellen

geboren 1857 in Stockholm, gestorben 1929 in Stockholm, Großmutter von Ingrid Warburg, verheiratet mit **Siegfried S. Warburg**. [S. 50, 55, 157]

Jugend Alijah

»Alijah« meint wörtlich »Aufstieg«, Auswanderung nach Israel.
Die »Jugend Alijah« ist eine Idee der Lehrerin, Künstlerin und Dichterin Recha Freier (1892 — 1984). Sie sah schon 1932 keine Zukunft für jüdische Jugendliche in Deutschland, sah aber die Möglichkeit, daß diese in Deutschland arbeitslosen und diskriminierten Jugendlichen in Palästina am Aufbau des Landes beteiligt werden könnten. Für Jugendliche gab es damals fast keine Möglichkeit, ohne Familienangehörige einzuwandern. Das Kinderdorf Ben-Schemen durfte allerdings als landwirtschaftliche Schule Schülerzertifikate ins Ausland schicken. Siegfried Lehmann (1892 — 1958), ein jüdischer Arzt aus Berlin, war schon 1926 mit einer Gruppe von Waisenkindern nach Palästina übergesiedelt und hatte dieses Kinderdorf gegründet. 1932 reiste die erste Gruppe Jugendlicher nach Palästina ab. Es gab bald nicht genug Zertifikate, und es war nicht klar, wie die Entscheidung, wer nun ein Zertifikat erhalten sollte, zu fällen sei. Es setzte sich die Meinung durch, daß nicht die soziale Lage des Anwärters, sondern sein Einsatz, seine Zuverlässigkeit und sein Fleiß für die Auswanderung entscheidend seien. Die Jugendlichen sollten zusammen wohnen, arbeiten, Hebräisch lernen und sich auf Palästina vorbereiten, dann sollte die Entscheidung von der Gruppe selber gefällt werden. Die ersten Anwärter kamen fast ausschließlich aus den sozialistischen Jugendbünden und der Jüdischen Jugendhilfe. Im Jahr 1933 kam es zu dem Zusammenschluß verschiedener Organisationen zur international arbeitenden »Jugend Alijah«. »*Unter Jugend Alijah wird die Alijah derjenigen jüdischen Jugendlichen aus Deutschland verstanden, die das 16. Lebensjahr noch nicht vollendet haben und deren Erziehung und Ausbildung bis zur Berufsreife in den Händen einer von der Palästina-Regierung anerkannten Organisation liegt. Anerkannte Träger der Jugend Alijah sind zur Zeit:*

1. Das Kinderheim Ahawah (Beth Jeladim, Haifa) [Ein jüdisches Kinderheim, das aus Berlin emigrierte]
2. Das Kinder- und Jugenddorf Ben Schemen
3. Die Jüdische Jugendhilfe«
(aus einer Broschüre der **»Jewish Agency«** für Palästina-Auswanderer, 1936)
Die Arbeit und Vorbereitung in Palästina übernahm **Henrietta Szold.** In Deutschland arbeiteten u.a. Recha Freier, Prof. Dr. Otto Warburg, Eva Michaelis-Stern, **Lola Hahn** und **Wilfrid Israel** für diese Organisation. 1935 fand der erste internationale »Jugend Alijah«-Kongreß in Holland statt. Es kam zu Diskussionen zwischen Zionisten und Nicht-Zionisten, außerdem waren die verschiedenen politisch-religiösen Ausrichtungen der jüdischen Jugendbünde ein Grundproblem der »Jugend Alijah«. Die Jugendlichen und ihre Erzieher wollten nur in ein Kibbuz, das ihrer ideologischen Ausrichtung entsprach. Ab 1935 verschärften sich die Angriffe und Maßnahmen gegen die »Jugend Alijah« von Seiten der Nazis. Seit 1935 wurde die Finanzierung der »Jugend Alijah« von der »Hadassah«, einer zionistischen Frauenorganisation, in den USA unterstützt. 1937 fand der zweite internationale Kongreß der »Jugend Alijah« im Anschluß an den XX. Zionistischen Kongreß in Zürich statt, an dem auch deutsche Deliegierte teilnahmen. Im Anschluß kam es zu Verhaftungen.
Nach den Pogromen 1938 wurde die Arbeit in Deutschland unmöglich. Das Büro wurde von Berlin nach London verlegt und dort von Eva Michaelis-Stern und Lola Hahn Warburg geleitet. In Schweden wurde das Büro von **Eva Warburg** übernommen, in Amerika von **Gisela Warburg**. In Dänemark, Schweden und England gelang es, unzähligen Kindern das Leben zu retten. In Holland teilten die Jugendlichen das Schicksal der holländischen Juden. Heute ist die immer noch funktionierende »Jugend Alijah« eine Hilfsorganisation für Kinder aus zerstörten Familien und Kinder mit Lernschwierigkeiten. [S. 151f.]P.D.

K

Kafka, Franz
(1883 — 1924), Dichter. [S. 170]

Kaldor, Nicholas
(geb. 1908), Professor für Wirtschaftswissenschaftenin England.
1932 — 1947 Dozent der Wirtschaftswissenschaften an der »London School of Economics«.1945 Leiter des »Econ. Planning Staff« im »US Strategic Bombing Survey«. Seit 1949 Mitglied am »King's College«, Cambridge. 1949 Mitglied in der »UN Group of experts on international measures for full employment«. 1951 — 1955 Mitglied in der »Royal Commission on Taxation of Profits and Income«. 1952 — 1966 Dozent an der Universität von Cambridge. 1956 Berater bei der Steuerreform in Indien. Seit 1958 Finanzberater verschiedener Regierungen: Ceylon (1958), Mexiko (1960), Ghana (1961), Guayana (1961), Türkei (1961), Iran (1966). Seit 1966 Professor für Wirtschaftswissenschaften an der Universität Cambridge.
(Clarissa Goldsmith) [S. 101] R.G.

Kaliski, Lotte
deutsche Erzieherin und Schulleiterin.
Leitete bis 1938 eine Waldschule in Berlin-Dahlem, in der sie jüdische Kinder auf die Auswanderung vorbereitete. Da ihr von den Nationalsozialisten die Erteilung des Abiturs verboten war, stellte sie einen englischen Pädagogen ein, der das englische Schulexamen abhielt, wodurch die Schüler eine Zugangsberechtigung für dortige Universitäten erwarben. 1938 Emigration nach New York. Weiterbildung am »Teacher's College« der »Columbia University« in Pädagogik für lernbehinderte Kinder. 1947 Gründung ihrer »Kaliski School« zusammen mit dem Nervenarzt Dr. Samuel T. Orton für Kinder mit Lernschwierigkeiten. Lotte Kaliski gilt in Fachkreisen als Expertin für Lernbehindertenpädagogik. [S.134] S.N.

Katz, Rudolf
geboren 1895 in Falkenberg/Pommern, gestorben 1961 in Baden-Baden, Jurist und sozialdemokratischer Politiker.
1929 — 1933 sozialdemokratischer Stadtverordneter in Hamburg-Altona. 1934 — 1946 Lektor an der »Columbia University« in New York, Redakteur bei der »Neuen Volkszeitung«, Sekretär der »German Labor Delegation«. 1947 — 1950 Justizminister in Schleswig-Holstein und im Parlamentarischen Rat. 1951 — 1961 Vizepräsident des Bundesverfassungsgerichts.
(**Emergency Rescue Committee**, **Karl Frank**) [S. 189] S.N.

Katznelson, Berl
geboren 1887 in Bobruisk, Rußland, gestor-

ben 1944 in Jerusalem, Führer der Arbeiterbewegung Palästinas.
Lebte seit 1909 in Israel, unterstützte den **»Hechaluz«**, war aktiver Zionist und Verfechter eines jüdischen Staates. [S. 282]

Kennedy, John F.
(1917 — ermordet 1963), 1961 — 1963 amerikanischer Präsident. **(Adolf Berle)** [S. 167]

Kesten, Hermann
geboren 1900 in Nürnberg, gestorben 1977, Schriftsteller und Lektor, mehrfacher Präsident des bundesdeutschen PEN-Zentrums.
War bis 1933 erst Lektor, dann literarischer Leiter des »Kiepenheuer-Verlags« in Berlin. 1933 Emigration nach Paris, Brüssel, Nizza, London, Amsterdam, dort bis 1940 Leiter des »Allert de Lange-Verlags« für Emigrantenliteratur. 1940 nach New York. Ab 1949 erster Wohnsitz in Rom. Das von Ingrid Warburg Spinelli erwähnte Buch, »Deutsche Literatur im Exil. Briefe europäischer Autoren 1933 — 1949«, herausgegeben von Hermann Kesten, erschien 1964. **(Klaus Mann)** [S. 177f.]S.N.

Kierkegaard, Sören
(1813 — 1855), dänischer Philosoph. [S. 111]

King, Martin Luther
(1929 — ermordet 1968), schwarzer Bürgerrechtler und Friedensnobelpreisträger.

Kingdon, Frank
geboren 1894 in London, gestorben 1972, englisch-amerikanischer Radio- und Zeitungskommentator, Theologe und Autor.
In England Ausbildung zum Geistlichen. 1912 Auswanderung in die USA, dort Methodistenpfarrer, Besuch der »Boston University« und der »Harvard University« (Philosophie und Religion). 1918 amerikanische Staatsangehörigkeit. 1934 Präsident des »Dana College« in New Jersey. 1936 — 1940 Präsident der »University of Newark« (heute »Rutgers University«). 1943 Beginn seiner Radiotätigkeit, die ihn als »one of the foremost liberal political commentators« (»Current Biography«) ausweist, Direktor des »Citizenship Educational Service«, Vorsitzender der New York-Abteilung des »Committee To Defend America by Aiding the Allies«. Er sprach sich für den Eintritt Amerikas in den Krieg aus: *»I do with all my heart believe that democracy is not going to be preserved by the world if it merely adopts a defensive attitude behind barricades«* (»Current Biography«). Mitbegründer und Vorsitzender des **»Emergency Rescue Committee«**, Vorsitzender der Folgeorganisation »International Rescue and Relief Committee«, Mitglied des »US Committee for the Care of European Children« ,. Kingdon war ein überzeugter Anhänger **Roosevelts**, dessen vierte Präsidentschaftskandidatur er mit dem Buch »That Man in the White House« (1944) erfolgreich unterstützte. In den 50er Jahren wurde er auf die Schwarze Liste der Kommunismusverdächtigen gesetzt und mußte dadurch eine eigene Zeitungskolumne und Radiosendung abgeben. **(Franz Bögler, Varian Fry, Adam von Trott)** [S. 118, 174, 207, 209] S.N.

Kleist, Heinrich von
(1777 — 1811), deutscher Dichter. **(Wilhelm Herzog, Adam von Trott)**

Klemperer, Klemens von
(geb. 1916), deutscher Historiker und Widerstandsforscher.
1941 — 1949 »Harvard teaching fellow«, »assistant professor« am »Smith College«, 1949 — 1960 Professor in Stanford. 1960 — 1963 Professor in Bonn, dann Cambridge, Oxford, Berlin. Heute am »Smith College«, Massachusetts, als Geschichtsprofessor. [S. 295]

Fräulein Köppen
Leiterin der Juniorenschule in Salem seit 1925. [S. 276]

Kösterberg
Besitz der Warburgs bei Hamburg.
Dieser außerhalb Hamburgs beim Vorort Blankenese an der Elbe gelegene Parkbesitz wird seit 1794 nach dem Hamburger Auktionarius Hinrich Jürgen Köster »Kösterberg« genannt. Das dort von ihm erbaute Haus wurde nach seinem Tod eine vielbesuchte Gastwirtschaft. Nach vielfachem Besitzerwechsel kam der Kösterberg in den Besitz der **Familie Warburg**, in dem es sich auch noch heute befindetr
Moritz Warburg, Ingrids Großvater, erwarb den Landsitz 1897. Er bewohnte zunächst das dort stehende alte Haus, die »Arche«. Später ließ er sich von dem Architekten Haller unterhalb des ursprünglichen Gebäudes ein repräsentatives Herrenhaus mit freier Elbsicht errichten. Vor dem neuen Haus wurden Rasenflächen angelegt. Mit der Durchführung der Gartenarbeiten wurde der in England ausgebildete Gartenarchitekt Jürgens beauftragt. Das neue Haus war auf Wunsch von **Charlotte Warburg** im Stil des Hauses auf der Bost (ein von einem englischen Architekten erbauter Landsitz an der Elbe) gebaut. Moritz Warburg gestaltete den Kösterberg mit viel Sorgfalt und Liebe, er ließ Treibhäuser anlegen und neue Promenadenwege schaffen. Als Moritz Warburg mit seiner Frau in das neue Haus gezogen war, bewohnte zunächst **Paul Warburg** das alte Haus. Dann baute er sich im östlichen Teil des Kösterberges eine eigene Villa, und sein Nachfolger im alten Haus wurde **Max Warburg**. Er erweiterte den Landsitz beträchtlich und ließ durch die Architekten Puls & Richter nach Plänen des Architekten Mewes (Köln) einen imposanten Ziegelrohbau errichten. Im Sommer wohnte auch die Familie von **Fritz Warburg** auf dem Kösterberg. Tennisplätze und ein Schwimmbassin wurden angelegt und auf einer Terrasse der sogenannte römische Garten geschaffen. Ein Freilufttheater wurde eingerichtet. Auf diesem fanden mehrere Sommer hindurch Liebhaberaufführungen statt, zu denen die Familie Warburg ihre Freunde aus Wirtschaft und Kultur einlud.
1933 war auch für den Kösterberg eine Zäsur. Das Grundstück mußte 1939 an die Stadt Hamburg »verkauft« werden. Das alte Kösterberghaus blieb im Besitz von **Erich Warburg**. Das große Haus mit den umgebenden Anlagen unterstand weiter als Eigentum Fritz Warburg. Der Parkabhang dieses Grundstücks wurde im Zug der sogenannten Elbufergestaltung der Stadt Hamburg überlassen. Vor dem Krieg hatten Max und Fritz in einem der drei Häuser »**Joint**-Kinder« untergebracht, die auf ihre Ausreisechance warteten. Während des Zweiten Weltkrieges waren die Landsitze für militärische Zwecke beschlagnamt, sie »beherbergten« eine Luftabwehrbatterie, auf dem höheren der beiden Wassertürme waren Geschütze aufgestellt, sie dienten zuletzt als Lazarett. Ab 1945 wurde der Kösterberg wieder zu einem jüdischen Flüchtlingszentrum. Überlebende der Konzentrationslager und Patienten des »**Israelitischen Krankenhauses**« in Hamburg, aber auch polnische und deutsche Kinder der »**Jugend Alijah**« fanden dort Aufnahme, um sich für die Auswanderung nach Palästina vorzubereiten.
Nach dem Krieg kehrte Erich Warburg zunächst vorläufig, ab 1950 für immer auf den Kösterberg zurück.
Das sogenannte »Holländische Haus«, das er bewohnt, ist das schon 1796 von Köster erbaute. Im »roten« und im »weißen« Haus von Fritz und Max Warburg befindet sich seit 1950 das »Elsa Brandström Haus« des Deut-

schen Roten Kreuzes, benannt nach **Elsa Brandström**, einer guten Freundin der Familie Fritz Warburgs, die hier ihre letzten Wochen vor der Emigration nach Amerika verbrachte. Dazu gehören ein Müttergenesungsheim für werktätige und erholungsbedürftige Frauen, eine Vorschule für soziale und pflegerische Berufe und ein Tagungszentrum der evangelischen Akademie.

Eine sehr schöne Schilderung des Lebens auf dem Kösterberg findet sich in den Aufzeichnungen von Max Warburg (16): *»Wir alle haben auf dem Kösterberg die schönsten Jahre unseres Lebens verbracht. Der Grund weshalb Vater sich zu so einer bedeutenden Erwerbung verstanden hatte, war folgender: er hoffte, daß er dort alljährlich seine weit verstreute Familie für ein paar Monate versammelt sehen würde. Es kam von nun an tatsächlich vor, daß sämtliche Kinder und die 21 Enkelkinder dazu für einige Zeit zusammen bei den Eltern auf dem Kösterberg wohnten.*

Der Charme des Kösterbergs bestand in seiner Vielseitigkeit. Hoch über der Elbe lag das Haus, aus den Fenstern hatte man einen weiten Blick über den Fluß und auf das gegenüberliegende Ufer. Alle Dampfer, die in den Hamburger Hafen einliefen oder ausfuhren, kamen an unserem Besitz vorüber; an diesem Bild haben wir uns nie satt gesehen. Die Kinder kannten jede Dampferlinie und wußten den Ton jedes Dampferhornes zu unterscheiden. Wilde, alte Kiefern-, Birken-, Eichen- und Buchenwälder zogen sich bis zur Elbe hinunter. Weiter englischer Rasen breitete sich bis zu den Waldwegen und einem großen Heidefeld. Daran schloß sich ein Hügel mit Obstbäumen. Gegen die Elbe stand eine alte, hohe, in Bogen ausgeschnittene Taxushecke. Sie begrenzte ein Rasenplateau. Anschließend legten wir einen Rosengarten an, und von ihm führte eine Treppe zu einem Naturtheater, wo alljährlich unsere Kinder und Freunde Amateuraufführungen veranstalteten. Die Gäste saßen auf Rasenbänken, und nach der Vorstellung gab es auf der großen Rasenfläche Tanz bei Fackelschein.

Wir hatten auf dem Grundstück zwei hervorragend schöne alte Fachwerk-Häuser vorgefunden, zum Teil noch mit den alten Fensterscheiben, in die so mancher Handwerksbursche seinen Namen eingeritzt hatte, manche bis aufs Jahr 1795 zurückreichend. Neue Häuser wurden von den Eltern wie von den Geschwisterpaaren errichtet, aber auch Treibhäuser, ein Schwimmbad, Tennisplätze.« [S. 39ff, 53, 56, 79, 80f, 83, 151, 169, 244, 280, 283ff.] P.D.

Kollwitz, Käthe

(1867 — 1945), deutsche Malerin und Graphkerin. [S. 59, 77, 258]

Kreisauer Kreis

Antifaschistische Gruppe um Helmuth von Moltke und Peter Yorck von Wartenburg, in der Sozialisten und Kirchenvertreter zusammentrafen, um das Modell einer Gegenregierung zu entwickeln.

Mitte 1938 Bildung von Gruppen um Moltke und Yorck. Auslandssondierungen. Mitte 1940 Grundlagendiskussionen. Erste Wochenendbesprechung in Kreisau (heutiges Polen). Ende 1940 — 1941 Kontaktaufnahme mit Kirchenvertretern wie Preysing, Rösch und Poelchau. Ende 1941 — 1943 Programmbesprechung zwischen Kirchenvertretern und Sozialdemokraten. Moltke und **Adam von Trott** versuchten, die Alliierten von der Möglichkeit einer antifaschistischen Gegenregierung zu überzeugen und warben um politische und militärische Unterstützung. Ende 1943 organisatorische Phase. Nach der Verhaftung Moltkes im Januar 1944 Auseinanderfallen des Kreises; einige Kreisauer nähern sich den Kommunisten an, andere an **von Stauffenberg**. Verhaftungswelle nach dem **»20. Juli«** 1944.

Dem inneren Kreis sind folgende Personen zuzurechnen:
Freundesgruppe: Helmuth von Moltke (1907 — 1945), Jurist und Landwirt, Peter Yorck von Wartenburg (1904 — 1944), Jurist und Landwirt, Adam von Trott (1909 — 1944), Jurist, Horst von Einsiedel (1905 — 1947), Volkswirtschaftler, Carl Dietrich von Trotha (1907 — 1952), Volkswirtschaftler, **Hans-Bernd von Haeften** (1905 — 1944), Diplomat.
Sozialistische Gruppe: Adolf Reichwein (1898 — 1944), Pädagoge, Carlo Mierendorff (1897 — 1943), Schriftsteller und sozialdemokratischer Politiker, **Theo Haubach** (1896 — 1945), Journalist und sozialdemokratischer Politiker, Julius Leber (1891 — 1945), Journalist und sozialdemokratischer Politiker.
Evangelische Gruppe: Harald Poelchau (1903 — 1972), Gefängnispfarrer, Eugen Gerstenmaier (geb. 1906), Theologe, Theodor Steltzer (1885 — 1967), Offizier, Landrat und Kontaktmann zum norwegischen Widerstand in Oslo, Otto Heinrich v. der Gablentz (1898 — 1972), Volkswirtschaftler.
Katholische Gruppe: August Rösch (1893 — 1961), Theologe, Jesuit, Alfred Delp (1907 — 1945), Theologe, Jesuit, Lothar König (1906 — 1946), Theologe, Jesuit, Hans Peters (1896 — 1966), Jurist, Hans Lukaschek (1885 — 1960), Jurist und Politiker, Paulus van Husen (1891 — 1971), Jurist.
Weiterer Umkreis: Kardinal **von Faulhaber**, Bischof Preysing.
Politische Ziele des »Kreisauer Kreises«:
Die politische Lage in Deutschland wurde 1942 von Moltke so eingeschätzt: »*Wir können nur dann erwarten, unser Volk dazu zu bringen, diese Herrschaft von Furcht und Schrecken zu stürzen, wenn wir imstande sind, ihm ein Bild zu zeigen jenseits der schrecklichen und hoffnungslosen nächsten Zukunft.*« (An Lionel Curtis im April 1942) Weiter schrieb er in einem Brief vom 25. März 1943 an Curtis: »*Man kann eine Regierung nur beseitigen, wenn man eine andere Regierung anzubieten hat.*« Moltkes Ansicht trifft sich mit der von Trott. »*Für Trott hatten die Leute mit Einfluß die Pflicht, die Folgen des Faschismus zu mildern, bereitzustehen, wenn er zusammenbricht, und alles für seinen Zusammenbruch zu tun.*« (Malone, 160)
Daraus ergaben sich zwei zentrale Ziele des »Kreisauer Kreises«: »*Eine neue rechtsstaatliche Ordnung zu entwerfen, die Deutschland im Geist des Christentums und der sozialen Gerechtigkeit wiederaufbauen soll und das Werben um Unterstützung des deutschen Widerstands bei den Alliierten. Mit diesen Zielen reiste auch Trott zu den Alliierten, um ihnen im Falle des Sturzes von Hitler das Versprechen abzuringen, Deutschland in den Grenzen vor dem Versailler Vertrag zu belassen und nicht pauschal zu bestrafen. Ein Versuch, der allerdings auf Seiten der Alliierten Mißtrauen erregte.*«
Ein drittes Ziel, die Tötung Hitlers, wurde zunächst abgelehnt. Vor allem Moltke mißtraute einem dafür nötigen Bündnis mit den Militärs mit den Argumenten: »*Die französischen Generale konnten Napoleon nicht beseitigen*« und »*man bräuchte ein Revolution, nicht einen Staatsstreich; und eine solche Revolution würde den Generälen niemals denselben Spielraum und dieselbe Stellung geben, wie sie ihnen von den Nazis eingeräumt worden sind.*« Außerdem sah er die Gefahr einer neuen Dolchstoßlegende. Dementsprechend locker waren zunächst die Kontakte zu dem späteren Attentäter Claus von Stauffenberg. Mit dessen älterem Bruder Berthold waren Yorck und Moltke hingegen schon länger befreundet. Als Claus von Stauffenberg als Oberst und Stabschef zum Ersatzheer kam und die Führung der Vorschwörung übernahm, intensivierten sich die Kontakte, und Stauffenberg nahm an mehreren Besprechungen der Kreisauer teil. Moltke schätzte Stauffenberg als »fähigen Mann«, stimmte aber gegen ein

Attentat. Nach der Verhaftung Moltkes im Januar 1944 arbeitete der Kreis zwar weiter, aber Leute wie Adam von Trott stimmten nun unbedingt für ein Attentat. Ein Warten auf einen Zusammenbruch des Hilterregimes bis zu einer Überwältigung durch die Alliierten und die Sowjetunion war illusorisch geworden. Nach dem Mißlingen des Attentats vom 20. Juli 1944 sind fast alle Kreisauer, außer den Kirchenvertretern, Opfer des Racheakts Hitlers geworden. [S. 81, 98, 117ff.293]R.G.

Aus den Kreisauer Tagungen hervorgegangene Beschlußtexte vom 18. Oktober 1942:

»*Staatsaufbau* *Das Reich ist die oberste Führungsmacht des deutschen Volkes. In seiner politischen Gestalt müssen sich echte Autorität und echte Mitarbeit und Mitverantwortung des Volkes verwirklichen. Sie steht für die natürliche Gliederung des Volkes: Familie, Gemeinde, Landschaft. Der Reichsaufbau folgt den Grundsätzen der Selbstverwaltung. In ihr vereinigen sich die sittlichen Werte der Freiheit und persönlichen Verantwortung mit den Erfordernissen von Ordnung und Führung.*
Dieser Aufbau will die Einheit und die zusammengefaßte Führung des Reiches sichern und seine Einliederung in die Lebensgemeinschaft der europäischen Völker ermöglichen ...

Das Land *Der Landtag der Länder und die Stadtversammlung der Reichsstädte wird von den Vertretern der Kreise und kreisfreien Städte bzw. von den Ländern gewählt. Wählbar ist jeder männliche Landes- oder Staatsbürger, der das 27ste Lebensjahr vollendet hat. Nicht wählbar sind politische Beamte und Waffenträger ...*

Das Reich *Der Reichstag wird von den Landtagen gewählt. Dem Reichstag obliegen folgende Aufgaben: Beschlußfassung über den Reichshaushalt, die Reichssteuern und Reichsgesetze ...*

Wirtschaft *I. Die Wirtschaft dient der Gemeinschaft und dem Einzelnen ... Die nach Ländern gegliederte Selbstverwaltung der Wirtschaft soll den in den Betrieben Tätigen die Möglichkeit geben, an der Verwirklichung dieser gesellschaftlichen Zielsetzungen der Wirtschaft zu arbeiten. Die wirtschaftliche Führung des Reiches hat über die Einflußnahme auf Märkte und Großindustrien die Wirtschaftspolitik der Länder zu fördern und für einen möglichst reibungslosen Ablauf zu sorgen.*
II. Grundsätze des Wirtschaftens: 1. Das Grundprinzip der Wirtschaft ist der geordnete Leistungswettbewerb, der sich im Rahmen staatlicher Wirtschaftsführung vollzieht und hinsichtlich seiner Methoden ständiger staatlicher Aufsicht unterliegt. 2. Wo die vorhandenen Bindungen und Verflechtungen der Wirtschaft (Monopole, Kartelle, Konzerne) einen Leistungswettbewerb ausschließen, ist es Aufgabe der Wirtschaftsführung, die Grundsätze des Leistungswettbewerbes zur Geltung zu bringen und die Interessen der Gesamtheit zu wahren. 3. Das Gemeinschaftsinteresse der Wirtschaft an den Grundindustrien erfordert im besonderen Maße bei diesen Industriezweigen eine straffe Wirtschaftsführung des Staates. Schlüsselunternehmen des Bergbaues, der eisen- und metallschaffenden Industrie, der Grundchemie und der Energiewirtschaft sind in das Eigentum der öffentlichen Hand zu überführen ...

Die deutsche Gewerkschaft *1. Die Deutsche Gewerkschaft ist ein Mittel zur Durchsetzung des in I. — V. dargestellten wirtschaftpolitischen Programms* [hier nur bis II. wiedergegeben] *und des in diesem vorausgesetzten Staatsaufbaus. Sie findet ihre Erfüllung in der Durchsetzung dieses Programms und der Überleitung der von ihr wahrgenommenen Aufgaben auf die Organe des Staates und der wirtschaftlichen Selbstverwaltung. 2. Sollten die Aufgaben, die die Deutsche Gewerkschaft wahrzunehmen hat, ihr Weiterbestehen erfordern, so ist ihr Aufbau dem Staats- und Wirtschaftsaufbau anzupassen.*

Grundlagen einer Außenpolitik für die Nachkriegszeit (3. Kreisauer Tagung, 14. 6. 1943):
Ein gerechter und dauerhafter Friede kann nicht auf Gewalt gestellt werden. Er kann nur durch die verpflichtende Besinnung des Menschen auf die göttliche Ordnung gefunden werden, die sein inneres und äußeres Dasein trägt. Erst wenn es gelingt, diese Ordnung zum Maßstab der Beziehungen zwischen Menschen und Völkern zu machen, kann die sittliche und materielle Zerrüttung unserer Zeit überwunden und ein echter Friedenszustand erreicht werden.
In Zusammenbruch bindungslos gewordener, ausschließlich auf die Herrschaft der Technik gegründeter Machtgestaltung steht vor allem die europäische Menschheit vor dieser Aufgabe. Der Weg zu ihrer Lösung liegt offen in der entschlossenen und tatkräftigen Verwirklichung christlichen Lebensgutes. Die so gegründete Verantwortung für unseren eigenen Kulturkreis schließt wegen ihrer entschiedenen Abkehr von jeder Gewaltpolitik den Versuch aus, machtmäßig in andere Kulturregionen einzugreifen. — Daraus ergeben sich folgende nach innen und außen unverzichtbare Forderungen:
1. Brechung des totalitären Zugriffs auf die freie Gewissensentscheidung und Anerkennung der unverletzlichen Würde der menschlichen Person
2. Die Grundeinheit friedlichen Zusammenlebens ist die Familie. Sie steht unter öffentlichem Schutz, der neben der Erziehung auch die äußeren Lebensgüter: Nahrung, Kleidung, Wohnung, Garten und Gesundheit sichert.
3. Die Arbeit muß so gestaltet werden, daß sie die persönliche Verantwortungsfreudigkeit fördert und sichert. Neben der Gestaltung der materiellen Arbeitsbedingungen und fortbildenden Berufsschulen gehört dazu eine wirksame Mitverantwortung eines Jeden an dem Betrieb und darüberhinaus an dem allgemeinen Wirtschaftszusammenhang.
4. Die persönliche politische Verantwortung eines Jeden erfordert seine mitbestimmende Beteiligung an der neu zu belebenden Selbstverwaltung der kleinen und überschaubaren Gemeinschaften.

Bestrafung von Rechtsschändern (Entwurf von 23. Juli 1943):
Als Rechtsschänder ist zu bestrafen, wer wesentliche Grundsätze des göttlichen oder natürlichen Rechts, des Völkerrechts oder des in der Gemeinschaft der Völker überwiegend übereinstimmenden positiven Rechts in einer Art bricht, die erkennen läßt, daß er die bindende Kraft dieser Rechtssätze freventlich mißachtet.
Rechtsschänder ist auch, wer den Befehl zu einer rechtsschändenden Handlung gibt, in verantwortlicher Stellung dazu auffordert oder allgemeine Lehren oder Weisungen rechtsschändender Art erteilt.
Mittäterschaft, Beihilfe und Anstiftung beurteilen sich nach dem allgemeinen Strafrecht.
Bei einer auf Befehl begangenen Rechtsschändung ist der Befehl kein Strafausschließungsgrund, es sein denn, daß es sich um eine unmittelbare Bedrohung von Leib oder Leben des Täters handelt oder ein sonstiger Zwang vorliegt, der nach näheren Umständen die Befolgung des Befehls nicht als offenkundig unsittlich erscheinen läßt. Insbesondere ist der Befehl kein Strafausschließungsgrund, wenn der Täter durch sein Verhalten vor, bei oder nach der Tat erwiesen hat, daß er den Befehl billigt ...«

Kreßling, Alexander

aus Petersburg stammender Chorleiter.
Er kam 1921 aus Petersburg nach Freiburg. Dort war er im städtischen Orchester tätig. 1927 Dozent für Russisch an der Universität Freiburg. 1930 Gründung des russischen Chores, der außerhalb Rußlands als einer der besten Chöre für russische Volksmusik galt.
[S. 79f., 263]

Frank Kingdon

Kulturwissenschaftliche Bibliothek

Kuby, Erich

(geb. 1910), streitbarer Journalist und Schriftsteller. [S. 277]

Kulturwissenschaftliche Bibliothek Aby Warburg

Obwohl **Aby Warburg** schon seit seinem zwanzigsten Lebensjahr 1886 regelmäßig über seine Buchneuerwerbungen Buch führte, kam es erst fünf Jahre später zur eigentlichen Gründung der Warburg Bibliothek aus Anlaß der Anschaffung zweier kostspieliger Reihenwerke. 1904 war die Bibliothek bereits so groß, daß Aby Warburg begann, Vorkehrungen für den Fall seines Todes zu treffen. Er wollte sich und seinen Studenten ein wissenschaftliches Instrumentarium an die Hand geben, das *»all die verschiedenen Gebiete der menschlichen Kulturgeschichte umfaßte und in* [dem] *man unbehindert von Regal zu Regal wandern könnte.«* (Gombrich, 433) 1911 umfaßte die Bibliothek bereits 15.000 Bände. *»Klein wie die Sammlung war, war sie doch ungeheuer lebendig, und Warburg hörte nie auf, sie umzuformen.«* (Gombrich, 435)

Bis 1909 befand sich dieses Sammelsurium in seinem Privathaus, dem Haus Heilwigstraße 114 in Hamburg, und 1914 ging er daran, die Bibliothek in ein öffentliches Institut umzuformen. 1926 entstand auf dem inzwischen erworbenen Nachbargrundstück die endgültige »Kulturwissenschaftliche Bibliothek Warburg«, und das Billardzimmer und die Speisekammer des Privathauses wurden entlastet. Eine der best organisierten, originellsten und individuellsten wissenschaftlichen Bibliotheken Deutschlands entstand. 1933 mußte sie in 600 Bücherkisten ins Exil gehen. Ihr heutiger Sitz ist London. [S. 46] P.D.

L

Lachmann, Vera Regina

geboren 1904 in Berlin, gestorben 1985 in New York, Professorin für Altphilologie und Dichterin jüdischer Abstammung.
Studium in Berlin und Basel. 1933 — 1939 Direktorin einer Tagesschule in Berlin. 1939 Lehrverbot, Emigration über Schweden in die USA mit Sondervisum. Arbeit als Putzfrau, Bibliothekssekretärin und Farmarbeiterin. Seit 1940 Dozentin für Deutsch und Griechisch an verschiedenen amerikanischen Universitäten. 1946 amerikanische Staatsbürgerschaft. 1972 Professorin für Altphilologie in New York. Daneben Lyriklesungen im Radio und Veröffentlichungen von Gedichten in Zeitschriften. Bücher: »Golden tanzt das Licht im Glas« 1969, »Namen werden Inseln« 1975. [S. 169] S.N.

Lady Margaret Hall

College für weibliche Studenten in Oxford. Die Aufnahme fand durch spezielle Prüfungen statt. Einige der meist 17jährigen Gewinnerinnen erhielten Stipendien erster und zweiter Klasse, sogenannte »Sholarships« und »Exhibitions«.

Lamm, Fritz

geboren 1911 in Stettin, lebte 1975 in Stuttgart, Partei- und Gewerkschaftsfunktionär.
Buchhändlerlehre. 1929 Mitglied der »Sozialistischen Arbeiterjugend« und der SPD. 1931 Leiter des SAJ Stettin. 1933 Schutzhaft. 1934 verurteilt zu zwei Jahren Gefängnis. 1936 Flucht in die Schweiz, von dort abgeschoben. 1936 über Österreich in die CSR. Aktiv für die SAPD. 1938 Flucht nach Paris. Mitarbeiter der Zeitung »Neue Front«. Oktober 1939 bis Dezember 1941 in »Le Vernet« interniert. 1942 nach Kuba, Arbeit als Diamantschleifer. 1948 Rückkehr nach Deutschland, nach Stuttgart. Verlagsangestellter der »Stuttgarter Zeitung«. Gewerkschafter der »IG Druck und Papier«. 1963 aus der SPD ausgetreten.
(**Franz Bögler**) P.D.

Lash, Joseph P.

geboren 1909 in New York City, gestorben 1987, Autor und Journalist, Sohn russisch-jüdischer Einwanderer, in zweiter Ehe verheiratet mit **Trude Pratt**.
Studium der englischen Literatur an der »Columbia University«. Chairman des Vereins arbeitsloser Studienabgänger und Wissenschaftler. Seit 1929 Mitglied der sozialistischen Partei. Seit 1932 Sekretär der militanten »Student League for Industrial Democracy«, die er 1935 in die »American Student Union« einbrachte und für die er bis 1939 nationaler Sekretär war. Berichterstatter im Spanischen Bürgerkrieg, dann aktiv bei den spanischen Antifaschisten. 1937

Joseph Lash

John Lewis

Carlo Levi

Austritt aus der sozialistischen Partei. Distanzierte sich nach dem Hitler-Stalin-Pakt auch von der KP und wurde zum **Roosevelt**-Unterstützer. 1939 als »American Youth Congress«-Mitglied Vorladung nach Washington, um in Gerichtsverfahren gegen Jugendgruppen, die des Kommunismus verdächtigt wurden, auszusagen. Dort moralische Unterstützung durch **Eleanor Roosevelt**, die den »Congress« sponserte. 1940 Ausscheiden aus der »Student Union« und Auseinandersetzungen mit dem »Congress« über dessen antiliberale New-Deal-feindliche Haltung. Unterstützung Roosevelts bei dessen 3. Präsidentschaftskandidatur. 1940—1942 Sekretär des »International Student Service«, der ausländischen Studenten den Besuch der USA ermöglichte. 1942 freiwilliger Eintritt in die US-Army, abkommandiert in den Südpazifik auf eine Wetterstation. 1944 Heirat mit Trude Pratt, die er bei seiner Arbeit mit dem »Congress« kennengelernt hatte. Nach dem Krieg Mitarbeit bei der »Union for Democratic Action« **Reinhold Niebuhrs**, deren Nachfolgeorganisation »Americans for Democratic Action« er 1946 zusammen mit Mrs. Roosevelt u.a. gründete. 1950—1960 UN-Korrespondent und Auslandsspezialist für die »New York Post«, später deren Mitherausgeber.

Durch die 23 Jahre dauernde Freundschaft mit **Eleanor Roosevelt** von ihrem Sohn, Franklin D. Roosevelt Jr., zum offiziellen Biographen seiner Eltern ausgewählt (»Eleanor and Franklin« 1971), erhielt für das Buch den Pulitzer-Preis, den »National Book Award« und den »Francis Parkman Prize«. Weitere Bücher Lashs über die Roosevelts: »Eleanor: The Years Alone« 1972, Herausgeber von: »A World of Love: Eleanor Roosevelt and her Friends. 1943 — 1962« (Briefwechsel) New York u.a. 1985, »Life was meant to be lived. A centenary portrait of Eleanor Roosevelt« New York 1984. [S. 146f., 166, 168, 170] S.N.

Lawrence, D. H.

(1885 — 1930) Schriftsteller. [S. 101]

Leiber, Robert

geboren 1887 in Oberhomberg, gestorben 1967 in Rom, Jesuit, Berater von **Pius XII.**, Kirchenhistoriker.

Gymnasium in Freiburg, Studium der Theologie, tritt 1906 in die Gesellschaft Jesu ein, Studium der Philosophie in den Niederlanden, Lehrer am »Andreaskolleg« in Dänemark, Studium der Geschichte, Kriegsdienst als Krankenpfleger, Priesterweihe 1917. Profiliert sich zunehmend auf dem Gebiet der Kirchengeschichte. Lehre und Forschung in Paderborn, Berlin, Holland, Florenz, Rom. Ab 1923 Mitarbeit an Ludwig von Pastors Monumentalwerk »Die Geschichte der Päpste«. Seit 1924 regelmäßige Zusammenarbeit mit Eugenio Pacelli; siedelt auf dessen Veranlassung nach Rom über, wo Pacelli 1939 Papst Pius XII. wird.

Leiber wird maßgeblicher Anteil an den Konkordatsverhandlungen mit dem Deutschen Reich nachgesagt. Über ihn sollen auch die Kontakte mit dem katholischen Widerstand gegen den Nationalsozialismus in Deutschland gelaufen sein. Wegen des privat-persönlichen Hintergrunds des Dienstes von Leiber für Pius XII. kam es zu Anfeindungen, Gerüchten und Nachreden. Leiber stellte sich nach dem Tod Pius XII. der Diskussion anläßlich des Erscheinens 1963 des Theaterstüces »Der Stellvertreter« von Rolf Hochhuth. [S. 252] P.D.

Lenin (Wladimir Iljitsch Uljanow)

(1870 — 1924), russischer Bolschewistenführer. **(Neu Beginnen)** [S. 87, 226]

Lerner, Max

geboren 1902 in Minsk, Rußland, amerikanischer Autor, Journalist und Professor.

1907 Auswanderung in die USA. Studierte Jura an der »Yale University«. War von 1936 bis 1938 Redakteur der liberalen Zeitschrift »The Nation«. Von 1943 bis 1948 Chefredakteur von »PM«, danach Kolumnist für »Star« und »New York Post«, daneben Professor an verschiedenen Hochschulen. Zu seinen breitgefächerten Schriften gehören: »Ideas for the Ice Age« 1941, »The Age of Overkill« 1962. **(Reinhold Niebuhr)** [S. 170] S.N.

Levi, Carlo

geboren 1902 in Turin, gestorben 1975 in Rom, Schriftsteller.

Studium der Medizin in Turin. Arzt und erfolgreicher Maler. Als überzeugter Antifaschist in ein völlig abgelegenes Dorf in Lukanien verbannt; später in Paris in der Widerstandsbewegung. Kontakte zu **»Giustitia e Libertà«**. Berühmt geworden durch sein Buch »Christo si e fermato a Eboli«. [S. 222] P.D.

Lewis, John Llewellyn

geboren 1880 in Lucas, Iowa, gestorben 1969 in Washington, D.C., bedeutender amerikanischer Arbeiterführer.

Präsident und Gründer des »Congress of Industrial Organizations« (Industriegewerkschaften), Präsident der »United Mine Workers of America« UMWA (Bergarbeiter) von 1920 bis 1960. Organisierte z.T. erfolgreiche Streiks der Bergarbeiter. Als seine Position als Bergarbeiterführer in den 20er Jahren gefährdet war, startete er eine politische Diffamierungskampagne gegen kommunistische UMWA-Mitglieder. Präsident **Roosevelt**, den er jahrzehntelang unterstützt hatte, kündigte er die Freundschaft, nachdem dieser während eines von Lewis organisierten Streiks 1937 den streikenden Betrieben »die Pest« an den Hals gewünscht hatte. [S. 145] S.N.

Lewis, Sinclair
(1885—1951), amerikanischer Romanautor und 1930 erster amerikanischer Nobelpreisträger für Literatur.
(**Dorothy Thompson**) [S. 162]

Liebermann, Max
(1847—1935), deutscher Maler. [S. 280]

Loeb, Nina Jenny
geboren 1870 in New York, Tochter des amerikanischen jüdischen Bankiers Salomon Loeb, Ehefrau von **Paul Warburg**. [S. 209, 220]

Löwe, Maria
Sozialarbeiterin, tätig in der Flüchtlingshilfe in Amerika. [S. 231, 233]

Lukans, Nancy
Studentin, arbeitet über **Adam von Trott**. [S. 279]

M

MacDonald, Sheila

Tochter von James Ramsay MacDonald, britischer Premierminister unter der Labour-Regierung 1924, 1929—1931 und der Koalitionsregierung 1931 —1935, Freundin Ingrid Warburgs aus Oxford. [S. 84]

Mahler-Werfel, Alma

(1879—1964), in erster Ehe verheiratet mit Gustav Mahler, in dritter mit **Franz Werfel**. [S. 208f.]

Maiella

Die Maiella (2795 m) bildet zusammen mit dem Gran Sasso (2912 m) die wichtigste und höchste Bergruppe der Zentralen Apenninen in den Abruzzen.

Die Maiella, die in ihrer Form an eine weibliche Brust erinnert wie der Gran Sasso an einen schlafenden Riesen **(D'Annunzio)**, soll einer alten Legende nach zu dem Gran Sasso in Liebe entbrannt sein. Aus dieser monumentalen Kopulation entstand ein Volk »forte e gentile« (stark und sanft), die Abruzzesen. Hauptstadt der Region ist Pescara, der Geburtsort D'Annunzios. Neben der **Familie Spinelli** gehören auch Croce, **Carlo Tresca** und **Ignazio Silone** zu den freundlichen Riesen. [S. 263] P.D.

Malagodi, Giovanni Francesco

geboren 1904 in London, einflußreicher italienischer Politiker, Wirtschafts- und Finanzexperte, Sohn des Schriftstellers und Journalisten Olindo Malagòdi.

1931 —1947 Bankdirektor in Italien und im Ausland. 1947—1952 Wirtschafts- und Finanzberater des Außenministeriums und mehrfach italienischer Delegierter bei der OECD. Seit 1953 Abgeordneter der Liberalen Partei Italiens, ab 1954 deren Generalsekretär und wichtigster Mann. [S. 101] P.D.

Malraux, André

(1901 —1976), französischer Schriftsteller und Politiker.

Im Spanischen Bürgerkrieg leitete und organisierte er die Fliegerstaffel der Internationalen Brigaden, die nach ihm benannte »**Squadriglia Malraux**«. [S. 170]

Mann, Erika

geboren 1905 in München, gestorben 1969 in Zürich, Journalistin, Tochter **Thomas Manns**.

1933 in die Schweiz emigriert. 1936 zusammen mit ihrem Bruder **Klaus Mann** in die USA, dort Journalistin und Assistentin ihres Vaters in Pacific Palisades, Kalifornien. Setzte sich finanziell und organisatorisch für die Belange der europäischen Flüchtlinge ein. Später in der Schweiz.

(**Alfred Döblin**) [S. 138, 174] S.N.

Mann, Golo

geboren 1909 in München, Sohn von **Thomas** und Katja **Mann**, Historiker, Schriftsteller.
1923—1926 Schule in Salem, danach Studium in München, Berlin und Heidelberg. 1932 Promotion bei **Jaspers** in Heidelberg, 1933 Emigration in die Schweiz, dann nach Frankreich, dort Dozent für deutsche Literatur. 1937—1940 Mitherausgeber der Zeitschrift »Maß und Wert«, schreibt für die Exilzeitschriften »Die neue Weltbühne« (Prag) und »Die Sammlung« (Amsterdam), letztere herausgegeben von seinem Bruder **Klaus Mann**. 1940 Flucht aus Frankreich über Spanien in die USA, 1942—1943 Dozent für Geschichte, 1943—1946 Leutnant in der US-Armee, 1947—1949 Assistenzprofessor, dann ordentlicher Professor für Geschichte in Kalifornien. 1958 Rückkehr nach Deutschland. Bis zu seiner Emeritierung Geschichtsprofessor an verschiedenen deutschen Universitäten. [S. 65, 75f., 208] P.D.

Mann, Heinrich

geboren 1871 in Lübeck, gestorben 1950 in Santa Monica, Kalifornien, deutscher Schriftsteller.
1933 Schriftenverbot, Emigration in die Tschechoslowakei und nach Frankreich (Paris, Nizza), führend in der Volksfront-Bewegung. 1940 mit Hilfe **Varian Frys** über Spanien und Portugal in die USA, Kalifornien, dort Vertrag mit der Filmbranche (»Warner Brothers«). Sein Roman »Professor Unrat« (1905) wurde in Hollywood mit Marlene Dietrich als »Der blaue Engel« verfilmt und zum Kassenschlager. Mann hingegen lebte in den USA — im Unterschied zu seinem Bruder **Thomas Mann** — in ärmlichen Verhältnissen. Er beschreibt seine Pyrenäenüberquerung in der Autobiographie »Ein Zeitalter wird besichtigt« (1946).
(**Leonhard Frank**) [S. 208f.] S.N.

Mann, Klaus

geboren 1906 in München, Selbstmord 1949 in Cannes, Journalist, Schriftsteller, Sohn **Thomas Manns**.
1933 Emigration über Paris nach Amsterdam, dort Herausgeber der Emigrantenzeitschrift »Die Sammlung« (bis 1935). 1934 Aberkennung der deutschen Staatsbürgerschaft. Bis 1936 Kabarettist in Zürich, Paris, Budapest, Salzburg und Prag. September 1936 in die USA gereist, dort Journalist und auf Vortragstournee. 1937 tschechoslowakische Staatsbürgerschaft. September 1937 — Februar 1938 in den USA auf Vortragstournee. Juni — Juli 1938 als Beobachter im Spanischen Bürgerkrieg. September 1938 endgültige Emigration in die USA. Januar 1941 Herausgeber der Zeitschrift »Decision« (bis Februar 1942).

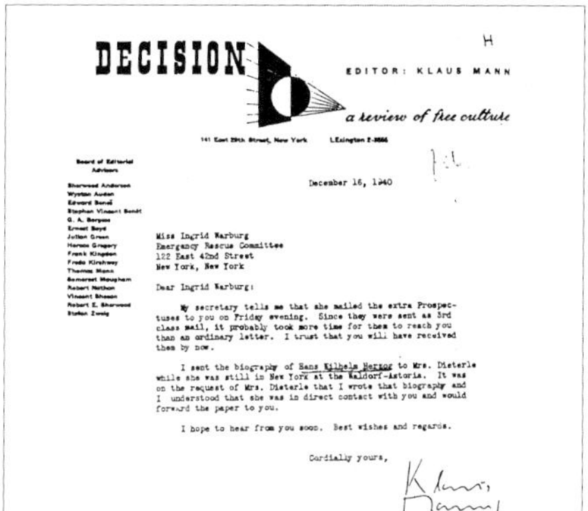
DECISION
EDITOR: KLAUS MANN
a review of free culture
141 East 29th Street, New York

Board of Editorial Advisors
Sherwood Anderson
Wystan Auden
Edward Beneš
Stephen Vincent Benét
G. A. Borgese
Ernest Boyd
Julian Green
Horace Gregory
Frank Kingdon
Freda Kirchwey
Thomas Mann
Somerset Maugham
Robert Nathan
Vincent Sheean
Robert E. Sherwood
Stefan Zweig

December 16, 1940

Miss Ingrid Warburg
Emergency Rescue Committee
122 East 42nd Street
New York, New York

Dear Ingrid Warburg:

My secretary tells me that she mailed the extra Prospectuses to you on Friday evening. Since they were sent as 3rd class mail, it probably took more time for them to reach you than an ordinary letter. I trust that you will have received them by now.

I sent the biography of Hans Wilhelm Herzog to Mrs. Dieterle while she was still in New York at the Waldorf-Astoria. It was on the request of Mrs. Dieterle that I wrote that biography and I understood that she was in direct contact with you and would forward the paper to you.

I hope to hear from you soon. Best wishes and regards.

Cordially yours,
Klaus Mann

1942 Autobiographie »The Turning Point« (Der Wendepunkt). Dezember 1942 Einberufung in die amerikanische Armee. 1943 amerikanische Staatsbürgerschaft. 1944 Teilnahme am alliierten Feldzug in Italien in der Abteilung »Psychological Warfare«. 1945 Korrespondent in Österreich und Deutschland, Entlassung aus der Army. Nach dem Krieg wechselnde Aufenthalte in Rom, Am-

sterdam, New York, Kalifornien; nur zu kurzen Besuchen in Deutschland. 1948 Selbstmordversuch in Kalifornien, Halbtagsstellung als Lektor im »Bermann-Fischer/Querido-Verlag« in Amsterdam. 21. Mai 1949 Selbstmord in Cannes mit einer Überdosis Schlaftabletten.
Hermann Kesten schrieb nach seinem Tode über ihn (»Klaus Mann zum Gedächtnis«, 1950): *»Bei all seiner verbindlichen Grazie im Werk und im Leben, ward dieser leise Spötter über philiströse Moralschranken ein lauter Ankläger vor dem eigentlichen Geschäft der Welt, der Regelung des öffentlichen Lebens und der Gesellschaft. Zum Spaß war er ein Spötter, und wenn es ernster wurde, ein Idealist. Er bewies es, als ihn der Umschwung der Zeit aus einem Ästheten zu einem Moralisten machte; er bewies es im Exil.«*
Die Zeitschrift »Decision« (Entscheidung), die Mann im amerikanischen Exil herausgab, *»war laut Untertitel 'A Review of Free Culture', eine kritische Rundschau für freie Kultur. In der Struktur ähnelte die neue Monatsschrift durchaus der 'Sammlung': politische und kulturelle Aufsätze im ersten Teil jedes Heftes; dann literarische Arbeiten, vor allem Prosa und Lyrik; und ein ausführlicher, aktueller Teil mit Kritiken zu Büchern, Theater, Musik, Film und bildender Kunst. Dazwischen gab es Reproduktionen von Zeichnungen und Gemälden.«* (Naumann, 110) *»Diese Zeitschrift soll kein Sprachrohr für europäische Flüchtlinge sein; sie soll wirksam wreden als ein Instrument, um die Beziehungen zwischen amerikanischer und europäischer Geisteswelt zu intensivieren.«* (Editorial, Januar 1941)
(Europäischer Föderalismus) [S. 138, 174, 211] S.N.

Mann, Thomas

geboren 1875 in Lübeck, gestorben 1955 in Kilchberg bei Zürich, Schriftsteller.
Emigrierte 1933 in die Schweiz und von dort aus 1939 in die USA. Zuerst Gastprofessor an der »Princeton University« in New Jersey. Lebte dann in Pacific Palisades in Kalifornien. 1944 amerikanische Staatsbürgerschaft. 1952 Rückkehr in die Schweiz. **(Adolf Berle)** [S. 138, 170, 176, 199, 208f.]

Maritain, Jacques

(geb. 1882), französischer, katholischer Philosoph.
1906 Übertritt zum Katholizismus. 1914 Professor am »Institut Catholique«, Paris. 1945—1948 war Maritain Botschafter Frankreichs im Vatikan. Nach dem Exil in die USA, Professor in Princeton. Er fühlte sich »der Linken näher in dem, was des Kaisers ist, der Rechten aber in dem, was Gottes ist«. Im **»Emergency Rescue Committee«** zuständig für die Liste der zu rettenden französischen Intellektuellen. **(Jules Romains)** [S. 176] P.D.

Marley, Lord und Lady

Labourlords, arbeiteten für den **»Joint«**. [S. 154]

Marshall, George Catlett

(1880—1959), General der US-Armee, Stabschef (1938—1945), Außenminister (1946) und Verteidigungsminister (1950), Friedensnobelpreisträger (1953).
1947 Urheber des sogenannten »Marshall-Plans«, der die nach dem Zweiten Weltkrieg zusammengebrochene europäische Wirtschaft mit amerikanischen Mitteln entscheidend förderte. [S. 229, 259]

Marx, Karl

(1818—1883), Philosoph, Revolutionär.

Masson, André

geboren 1896 in Balagny/Oise, gestorben 1987 in Paris, Maler.

Klaus Mann

Walter Mehring

André Masson

1914 eingezogen und schwer verwundet, danach kurze Zeit in einer psychiatrischen Klinik. 1924 — 1929 bei der surrealistischen Bewegung mit **Breton**. 1940 in Marseille beim »**Emergency Rescue Committee**«, April 1941 Flucht mit Hilfe des ERC über Martinique in die USA. 1945 Rückkehr nach Frankreich. (**Marc Chagall**) S.N.

Ingrid Warburg bemühte sich Ende 1940 bei **George Warren** um ein amerikanisches Einreisevisum für Masson:

14. November 1940
Sehr geehrter Mr. Warren:

Ich sende Ihnen hiermit »affidavits of support and sponsorship« im Fall:
ANDRE MASSON
geboren— 1896
Normandie

Die momentane Adresse von Mr. Masson ist:
Freluc, par Drugeac (Cantal)
France

André Masson ist einer der führenden modernen Maler aus der Pariser Schule, aus einer Generation, die jünger als die Picassos ist. Sein Werk wurde regelmäßig im Ausland ausgestellt und in Kunstzeitschriften wie »Cahiers d'Art«, »Minotaure«, »Verve« etc. veröffentlicht. In Amerika war ihm eine Einzelausstellung in der Pierre Matisse Gallery gewidmet.
Mr. Masson ist politisch nicht fest gebunden, aber er hat sich immer gegen den Faschismus in all seinen Formen eingesetzt.
Da Mr. André Masson ein Künstler von höchster Bedeutung ist, kann er der amerikanischen Kunstwelt als Ratgeber dienen und ihr Prestige verleihen.
Aufgrund seines mutigen Widerstands

gegen den Faschismus besteht kein Zweifel über seine Gefährdung, sollte er von den Nazis verhaftet werden. Darum hoffe ich, daß Mr. Masson ein VISITOR'S VISA [Notvisum] so schnell wie möglich genehmigt wird.
Hochachtungsvoll
EMERGENCY RESCUE
COMMITTEE

Ingrid Warburg
Executive Assistant

Anlagen
Biographischer Skizze — Julien Levy
Affidavit of Sponsorship — Kay Sage Tanguy
Affidavit of Support — Mrs. Laetitiae McDonald Irwin
1 unterstützendes Dokument
[Aus dem Amerikanischen]

Marcuse, Lotte

Sozialarbeiterin.

Mattioli, Raffaele

geboren 1895 in Vasto/Abruzzen, Finanzier und Wirtschaftswissenschaftler.
Aufsichtsratsvorsitzender der »Banca Commerciale Italiana«; war an vielen offiziellen Wirtschafts- und Finanzmissionen im Ausland beteiligt. Präsident des »Instituts für Geschichtswissenschaft« in Neapel. Zusammen mit A. Schiaffini und P. Pancrazi Förderer und Herausgeber der verlegerisch und kulturell bedeutenden geschichtlich-literarischen Reihe »La Letteratura Italiana: storia e testi«, 1954 ff. [S. 101, 257] P.D.

Max Prinz von Baden

(1867 — 1929), übernahm 1918 das Reichskanzleramt und verkündete die Abdankung Kaiser **Wilhelms II.** Mitgründer der Schule Salem, für die er sein Schloß zur Verfügung stellte. **(Kurt Hahn)** [S. 63]

Mazzini Society

Die bürgerlich demokratischen Antifaschisten gründeten 1941 die »Mazzini Society« durch eine Abspaltung der New Yorker Gruppe von **»Giustizia e Libertà«**. Die »Mazzini Society« zeichnete sich durch einen scharfen antikommunistischen Kurs aus. Sie lehnte jede Zusammenarbeit mit den Kommunisten ab, namentlich das in Tolosa geschlossene Bündnis zwischen Kommunisten, Sozialisten und »Giustizia e Libertà«.
Auf dem Höhepunkt der Auseinandersetzungen zwischen Isolationisten und Interventionisten gegründet, sollte die »Mazzini Society« ein wirksames Gegengewicht zu dem noch immer recht erfolgreich operierenden **Generoso Pope** bilden. Die **Roosevelt-**Administration, die Angst um die Wählerstimmen der profaschistisch eingestellten Italoamerikaner hatte, stand ihr zunächst — wie auch dem Versuch Sforzas, eine Bewegung »Italia Libera« nach dem Vorbild **De Gaulles** zu initiieren — skeptisch gegenüber.
Größter Erfolg von »Italia Libera« und der »Mazzini Society« war der »Antifaschistische Kongreß« der beiden Amerika in Montevideo im August 1932 mit 1500 Delegierten, auf dem **Pacciardi** und Sforza einen Antrag durchbrachten, der, die Kommunisten apriori ausschließend, sich nicht nur für den Kampf gegen den Faschismus, sondern auch für die Wahl einer verfassungsgebenden Versammlung aussprach, um Italien eine demokratische Verfassung zu geben. Weitere Forderungen waren die Abschaffung der Monarchie, die Errichtung einer Republik und die sofortige Bildung eines Nationalen Rates, der den Kampf gegen den Faschismus koordinie-

ren und die »freien Italiener« bei der Versammlung der freien Völker repräsentieren sollte. Weiter war an die Aufstellung einer Italienischen Legion an der Seite der Alliierten gedacht.
Vorbild dieser Pläne waren wohl De Gaulle und sein »Nationalkomitee freier Franzosen«. Sforza und Pacciardi erreichten mit diesem Programm die Unterstützung der Roosevelt-Administration, namentlich des Unterstaatssekretärs im State Department **Adolf Berle**. Hintergrund dieser Unterstützung war der Versuch Roosevelts, Einfluß auf die Südamerikaner italienischen Ursprungs und damit auf große Teile der Bevölkerung zu gewinnen.
Den südamerikanischen Länder war die Wende vom **Isolationismus** zum Interventionismus nur schwer beizubringen; viele Staaten Süd- und Mittelamerikas waren profaschistisch eingestellt.
Weniger erfolgreich kamen diese Pläne allerdings bei den italienischen Antifaschisten an. Zunächst wurde immer deutlicher, daß die Amerikaner mit ihrer Unterstützung der »Mazzini Society« die Führung innerhalb der Gesellschaft übernommen hatten. Durch die Ablehnung der Kommunisten, der Volksfrontidee überhaupt, mit lediglich einer Statistenrolle für die Sozialisten, geriet die »Mazzini Society« schnell in die Isolation. Lussu und Salvemini verließen sie. Überhaupt ging es in dieser Phase des Zweiten Weltkrieges nicht mehr nur um den Sieg über den Faschismus, die Frage der Befreiung von innen oder von außen mit ihren jeweiligen machtpolitischen Implikationen, sondern es ging auch schon wesentlich um das Danach. Sforza und seine Anhänger konnten sich eine Erhebung des italienischen Volkes, ohne daß diese Revolution in eine von den Kommunisten dominierte Hegemonie entartete, nicht vorstellen. Deshalb traten sie für vorsorgliche Verhandlungen mit den Amerikanern ein. England spielte zu diesem Zeitpunkt die monarchistische Karte aus. Was mit anderen Worten nichts anderes hieß als: lieber mit dem König und einigen gemilderten Faschisten als mit der Volksfront.
Nach Beginn des Zweiten Weltkriegs nahm **Max Ascoli** zusammen mit Sforza und Tarchiani Kontakt mit der Roosevelt-Regierung auf mit dem Ziel, auf die englische Regierung Druck auszuüben, dem italienischen Volk das Recht zuzugestehen, sich nach dem Ende des Faschismus zwischen Monarchie und Demokratie frei zu entscheiden. Auf die weitere Entwicklung Italiens nach dem Krieg hatte die »Mazzini Society« keinen bestimmenden Einfluß, wohl aber ihre führenden Figuren.
(**Italienische Emigration**) P.D.

Meier Wiedemann, Veronika

Schulfreundin von Ingrid Warburg. [S. 272, 278]

Mehring, Walter

geboren 1896 in Berlin, gestorben 1981 in Zürich, Schriftsteller und Kabarettdichter jüdischer Abstammung.
Studierte Kunstgeschichte, Mitbegründer des Berliner »Dada«. Teilnahme am Ersten Weltkrieg. 1915—1917 Mitglied des »Sturm«-Kreises. 1920 Gründer des linksradikalen »Politischen Kabaretts«. Seit 1921 Korrespondent in Paris. 1928—1933 wieder in Berlin, dann in Wien. 1938 an der Schweizer Grenze von der Gestapo verhaftet, aber geflohen. 1939 in Frankreich als feindlicher Ausländer interniert. 1940 wurde er während der von **Varian Fry** organisierten Flucht nach Spanien in Südfrankreich verhaftet und im berüchtigten Lager »Saint Cyprien«, der »Pestbeule Frankreichs« interniert, aber durch Intervention Frys entlassen. Mit Hilfe eines gefälsch-

ten »eindrucksvollen« Attestes konnte er sich dem Zugriff der Vichy-Behörden entziehen. Er verbrachte einige Monate »im Bett« im Büro des **»Emergency Rescue Committee«**, bis er 1941 — nach einem weiteren gescheiterten Fluchtversuch — endgültig per Schiff nach Martinique und von dort in die USA fliehen konnte. Sein Platz an Bord des Schiffes war ursprünglich für **Rudolf Hilferding** reserviert, dessen Ausreisevisum aber im letzten Moment für ungültig erklärt wurde. In Hollywood schloß er einen der üblichen Verträge mit »Metro-Goldwyn-Mayer Pictures« ab, danach war er Zeitungskritiker. 1946 erwarb er die amerikanische Staatsbürgerschaft, kehrte aber 1953 nach Europa zurück (Deutschland, Schweiz). 1952 (1964 erweitert) erschien Mehrings Autobiographie »Die verlorene Bibliothek«.
(**Frank Bohn**, **Klaus Dohrn**, **Franco Venturi**)

S.N.

Von seiner ersten Fluchtetappe in Casablanca schrieb Mehring einen kurzen Lagebericht an Varian Fry in Marseille:

CENTRE AMERICAIN
DE SECOURS
EINGEGANGEN 15/2

11. Februar 41
Dienstag

Lieber Mr. Fry,
heute morgen sind wir in Casa blanca gelandet, auf unserer ganzen Reise gab es keine Abenteuer ... überhaupt keine! Und ich weiß nicht, wann wir genau nach Martinique abreisen; vielleicht sogar schon heute abend. In diesem Fall hoffe ich, daß mein Ticket bei meiner Ankunft in Martinique da ist.

Auf jeden Fall bin ich in Afrika, aber bis jetzt habe ich noch nicht mal einen Löwenschwanz gesehen ...
Gott segne Marseille ... meine Verehrung für Mr. Chaminade [Mitarbeiter Frys], Klaus [Dohrn?], Mr. und Mrs. Bohn und die anderen Leute.

Mit freundlichen Grüßen
WM
Mehring

[Aus dem Amerikanischen]

Kurze Zeit nach seiner Rettung schrieb Mehring an den ERC:

CRestview 5-9644
Transient and Permanent Weekly Rates
HOTEL DEL FLORES
DR. E. A. MESERVEY, Prop.
409 North Crescent Drive
Opposite M. C. A. Square
BEVERLY HILLS, CALIFORNIA

Mrs. Ingrid Warburg
Emergency Rescue Committee
New York
Sehr geehrtes gnädiges Fräulein,
Ich empfange Ihren Brief und beeile
mich, Ihnen
zu sagen, daß
einmal etwas
unmöglich,
drei mal bis
vor Abfahrt
bin ich Ihr
ergebener
Walter Mehring
Beverly Hills
Hollywood April 17th 41

Mrs. Ingrid Warburg
Emergency Rescue Committee,
New York

Sehr geehrtes gnädiges Fräulein,

Ich empfange Ihren Brief und beeile mich, Ihnen meine Entschuldigung zu sagen, daß ich mich nicht noch einmal verabschiedete — es war mir unmöglich, da mich das Rei-

se-Office drei mal bestellte, das letzte Mal kurz vor Abfahrt des Zuges. Darum hatte ich mich in Ihrem Office telephonisch zum Abschied gemeldet.
Was jene Schulden von $ 1000 ausmacht, so weiß ich nicht die Faktoren, aus denen sie sich zusammensetzen. Ich muß nochmals auf Angaben zurückgreifen, die ich an das Emergency Committee aus Miami gerichtet, dann in New York wiederholt hatte.
Von Mr. Fry hatte ich ganz im Anfang jene 20 Dollars Reisespesen erhalten, die allen Emigranten bewilligt worden waren — ich hatte sie bis zuletzt nicht angerührt.
Dann beglich Mr. Fry die Zimmerkosten in jenem Hotel, in dem ich zwei Monate lang von der Sûreté festgehalten wurde — es wurde mir daraufhin bis zur Abreise eine Rente für das Lebensminimum ausgesetzt, wie das für eine große Reihe von Emigranten geschah.
Ich erwähne hier beiläufig, daß ich, auf Wunsch von Mr. Fry, zwei Monate — natürlich besoldet — in seinem Office arbeitete, die Karthotek der Intellektuellen einrichtete und die Lebensläufe aufschrieb, außerdem Memoranden über die Lager anfertigte usw. als eine von Mr. Fry gewünschte, kleine Gegenleistung.
Im November 40 wurde ich von American Express Co. benachrichtigt, daß für mich die Tickets: Lisbonne-New York, New York-Vera Cruz durch die American Writers eingezahlt worden wären; diese Tikkets, die ich ja nicht ausnützte, habe ich Mr. Fry auf dessen Wunsch zediert (das Schreiben der Am. Exp. Co gab ich seinem office.) Hierauf gewährte mir sein Office die Reisekosten nach Martinique und 5000 Fr., die die Transatlantique als Kaution für den Aufenthalt dort forderte — diese Summe (von 5000 Fr.) sandte ich an das Fry-Office zurück, da ich sie nicht verwerten durfte.
In New York wurde ich von Ihrem Office benachrichtigt, daß, dank Ihrer Fürsprache, Mr. John Golden die Summe für die Reise Martinique-Miami gespendet hatte. (Sie sandten mir dann in freundlicher Weise zwei Mal je 70 Dollars nach Miami — für meinen dortigen Aufenthalt wird die PAN AMERICAN zwei Dollars pro Tag an Sie überweisen, so wie ich es mit dem Jewish-Women-Committee vereinbart hatte.)
Nun muß ich weiter anmerken:
Am kommenden Sonnabend empfange ich zum ersten Mal mein Honorar. $ 200 Vorschuß habe ich abzuarbeiten — ich hatte die Hôtelunkosten in New York und hier zu begleichen, notwendigste Kleidungsstücke anzuschaffen, da ich ohne Koffer in Miami landete, nichts mit mir führte und an einem Schwächezustand litt, den ich bis heute noch nicht überwunden habe. Ich bin genötigt, hier meine Immigration zu betreiben, einen car anzuschaffen —den[n] ich habe keine Transportmöglichkeit zur M.G.M [Metro-Goldwyn-Mayer] — außerdem die aller dringlichsten Anschaffungen nachzuholen und meinen englischen Unterricht zu zahlen. Von meiner Wochengage werden mir 16 Dollars Steuern abgezogen. Und da ich so wenig wie irgend ein anderer meiner, unter den gleichen Bedingungen verpflichteten Kollegen vorläufig mit einem Assignment [berufliche Neuverpflichtung] rechnen kann, so sehe ich nicht, wie ich $ 1000 an Sie nun abzahlen könnte. Es ist selbstverständlich, daß ich, so wie ich Geld erübrigen kann, für die Rettung bedrohter Kollegen dies Geld zur Verfügung stellen werde.
Doch ich bin hier erschöpft eingetroffen — und habe mich seit meiner Ankunft noch nicht einrichten können — denn ich mußte

mich, außer zur Erledigung der Formalitäten, sofort an die vorbereitenden Arbeiten machen, die zudem noch nun durch meine Immigrationsreise einen Aufschub erfahren werden.
Hätte ich nur im September 40 ein wenig Geld besessen, ich würde mich haben retten können und würde nur einen geringen Bruchteil von dem benötigt haben, was mir meine bedrohte Situation aufzwang. Lange Monate des Hungers, der Unterernährung haben leider meine Arbeitsfähigkeit herabgemindert und Manuskripte, die ich hätte verwerten können, sind mir im Umsturz verloren gegangen.
Seien Sie versichert, daß ich genau ermesse, wie sehr mir das Emergency Rescue Committee geholfen hat.
Ich bin überzeugt, daß der Vorstand des Emergency Rescue Committee den Folgen meiner Flucht-Reise Rechnung tragen wird — wie auch der zweimaligen Inhaftierungen, denen ich im Frankreich nach der Katastrophe ausgesetzt war — wie Sie wohl wissen: auf Grund meiner Tätigkeit, der ich bis zuletzt mich gewidmet hatte. Das hat mir immerhin acht Jahre direkter Verfolgungen eingetragen.
In dem ich nochmals meiner Dankbarkeit Ausdruck gebe, bin ich Ihr

ergebener

Walter Mehring
Beverly Hills
Hollywood April 17th 41

Ingrid Warburg antwortete:

26. April 1941

Sehr geehrter Mr. Mehring:
Aus Krankheitsgründen konnte ich Ihren Brief nicht eher beantworten.
Es tut mir sehr leid, daß Sie meinen Brief mißverstanden haben. Es lag nicht in meiner Absicht, Ihnen zu verstehen zu geben, Sie möchten das Geld sofort zurückzahlen, sondern nur, Sie nach einem bestimmten Zeitpunkt zu fragen, an dem sie regelmäßige Zahlungen leisten werden können.
Wir bitten nochmals um einen Bericht von Mr. Fry, so daß wir die Endsumme, die Ihnen zur Unterstützung und andere Zwecke wie das Ticket Lissabon-New York gewährt wurde, bestimmen können ...
Mit den besten Wünschen und Grüßen

Hochachtungsvoll
Ingrid Warburg
Executive Assistant

Meier-Graefe, Annemarie
Witwe des PAN-Herausgebers und Schriftstellers Julius Meier-Graefe, lebte 1987 in St. Cyr, Freundin von **Alma Mahler-Werfel**, die ihr bei der Flucht nach Frankreich behilflich war.

Menuhin, Yehudi
(geb. 1917), Violinist. [S. 127]

Meyenburg, Harald von
Mitschüler in Salem. [S. 69]

Michelangelo
(1475 — 1564), italienischer Bildhauer, Maler, Architekt und Dichter. [S. 68]

Mies van der Rohe, Ludwig
(1886—1969), Architekt. [S. 279]

Milano, Paolo
Journalist, stammt aus italienisch-jüdischer Familie.
Exil in Paris, Mitglied von »**Giustitia e Libertà**«, Exil in den USA, Rückkehr nach Italien, Literaturkritiker des »Espresso«. [S. 225]

Millet, Jean François
(1814—1875), französischer Maler. [S. 258]

Modugno
italienischer Anarcho-Syndikalist, Mitarbeiter von **Veniero Spinelli**. [S. 260]

Morgenthau, Henry, Jr.
geboren 1891 in New York City, gestorben 1967 in Poughkeepsie, New York, Finanzminister zwischen 1933 und 1945 unter **Roosevelt**.
Studium an der »Cornell University«. Erwerbung einer Farm in Dutchess County, Freundschaft mit Roosevelt. Im Ersten Weltkrieg als Landwirtschaftsexperte in Frankreich. 1933 Ernennung durch Roosevelt zum Vorsitzenden des »Federal Farm Board«. Als überzeugter Anhänger des »New Deal« half er dessen agrarwirtschaftliche Maßnahmen durchführen. 1934 Ernennung zum Finanzminister. Einer der ersten Befürworter von Unterstützung der Alliierten und amerikanischer Kriegsbereitschaft sowie direkter Verhandlungen mit den Nazis über die Rettung europäischer Juden. Sein Vorschlag, Deutschland in einen Agrarstaat zu verwandeln (Morgenthau-Plan), wurde von Roosevelt und Truman abgelehnt, woraufhin er zurücktrat. Erfolgreicher Einsatz für Weltbank und den »International Monetary Fund«. 1947 — 1953 Vorsitzender bzw. Ehrenvorsitzender des »United Jewish Appeal«.
(**Amerikanische Flüchtlingspolitik, Europäischer Föderalismus**) [S. 120, 144] S.N.

Mussolini, Benito
(1883—1945), italienischer Diktator. [S. 173, 222, 226, 244, 246, 256]

Myrdal, Alva
geboren 1902 in Uppsala, Schweden, Sozialreformerin und sozialdemokratische Politikerin.
1936—1948 Direktorin des »Sozialpädagogischen Seminars« in Stockholm. 1940—1942 Präsidentin der »International Federation of Business and Professional Women«. 1956—1961 Botschafterin in Indien, Birma und Ceylon. Seit 1962 Chefdelegierte und als einzige Frau bei der Abrüstungskonferenz der 18 Nationen in Genf. Erhielt 1970 zusammen mit ihrem Mann **Gunnar Myrdal** den Friedenspreis des Börsenvereins des Deutschen Buchhandels. Ministerin für Friedensfragen. [S. 154]

Myrdal, Karl Gunnar
geboren 1898 in Gustafs, Schweden, Nationalökonom und Politiker, verheiratet mit **Alva Myrdal**.
Einflußreicher Wirtschaftsberater der schwedischen Sozialdemokraten. 1945—1947 Handelsminister. 1947—1957 Leiter der »Europäischen Wirtschaftskommissio«n. Vorsitzender des »Instituts für Friedensforschung« in Stockholm. Verfaßte umfassende Studien über das amerikanische Negerproblem und die Armut in der Welt. 1974 Nobelpreisträger für Wirtschaftswissenschaften. [S. 154]

N

Nathan, Otto

geboren 1893 in Bingen, lebte 1987 in New York, Nationalökonom jüdischer Abstammung.
War bis 1933 im deutschen Wirtschaftsministerium als Oberregierungsrat und als Dozent an Universitäten tätig. 1933 Emigration in die USA, Dozent an der »Princeton University«. 1939 amerikanische Staatsbürgerschaft. 1944 als Spezialist für deutsche Reparationsmöglichkeiten in das amerikanische Finanzministerium geholt. Nach dem Krieg Professor an verschiedenen amerikanischen Universitäten. 1955 Nachlaßverwalter **Albert Einsteins**. Aktiver Einsatz für die Bürgerrechtsbewegung und gegen den Krieg. Er wurde später als kommunistischer »fellow traveller« beschuldigt. [S. 225] S.N.

Nenni, Pietro

(1891 — 1979), Journalist und wichtiger führender Politiker der italienischen Sozialisten. **(Fernando De Rosa)** [S. 222, 226, 252]

Neu Beginnen (»Miles-Gruppe«)

deutsche linkssozialistische Organisation.
1929 Die geheime »Leninistische Organisation« (LO) unter Walter Löwenheim bildet sich in Berlin und Frankfurt a.M. April 1933 Kontakt der LO über Friedrich Adler mit dem Prager Exilvorstand der SPD, Einrichtung eines Auslandssekretariats in Prag (Leitung: **Karl Frank**). September 1933 Veröffentlichung der Programmschrift »Neu beginnen!« (Verfasser: Löwenheim unter Pseudonym Miles) durch die »Sopade«, illegale Verbreitung in Deutschland, die LO nennt sich von nun an Gruppe »Neu Beginnen«. 1934 Übersetzungen in England, Frankreich und USA. Herbst 1934 Bildung einer Opposition innerhalb der Gruppe unter Richard Löwenthal, Werner Peuke und Karl Frank. Ende 1934 Streichung aller finanziellen Zuschüsse durch die »Sopade«. Sommer 1935 Auflösung der alten »Neu Beginnen«-Gruppe, Löwenheim scheidet aus, die Oppositionsmehrheit um Löwenthal entscheidet sich zur Fortsetzung der illegalen Gruppenarbeit, Versuch der Auslandsvertretung, die Beziehungen zur »Sopade« zu verbessern (z.B. durch eine Revision der »Miles«-Programmschrift). 1936 (1938 bei Radkau) Zerschlagung der Restgruppe durch die Gestapo in Berlin, Inlandsarbeit größtenteils blockiert. Sommer 1939 Verlegung des Auslandssekretariats nach London. 1939 Reise des Auslandssekretärs Karl Frank in die USA zur Propagierung der »Neu Beginnen«-Ideen und Beschaffung von Geldmitteln, dort Kontakt zur Widerstandsgruppe **»20. Juli«** (**Adam von Trott**), Zusammenarbeit mit den **»American**

Friends of German Freedom« (**Reinhold Niebuhr**). 1941 Eintritt in die »Union deutscher sozialistischer Organisationen in Großbritannien«.
Die Gruppe »Neu Beginnen«, wie sie von Löwenheim Ende der 20er Jahre noch als »Leninistische Organisation« geplant war, sollte ursprünglich einen neuen Weg zwischen der »ultralinken Sektierertaktik der Kommunisten (und dem) selbstzufriedenen Reformismus der Sozialdemokratie« beschreiten und die Spaltung der Arbeiterbewegung überwinden helfen. Ihre Mitglieder — fast ausnahmslos ehemalige, vor allem junge Kommunisten — unterwarfen sich den strikten Grundsätzen **Lenins**: straffer Zentralismus, uneingeschränkte Weisungsbefugnis der Führungsgremien, unbedingter Gehorsam gegenüber Anordnungen der Zentrale, konspirative Abdichtung nach außen. Dementsprechend klein wurde die Mitgliederzahl gehalten: zwischen 300 und 1000. Frühzeitig war sich die Führung der Gruppe der Festigkeit und der tiefgreifenden Folgen des NS-Regimes bewußt und arbeitete vollständig in der Illegalität. »*'Neu Beginnen' zeichnete sich nicht nur durch intellektuelle Brillanz aus, sondern in den ersten Jahren auch durch eine relativ zuverlässige illegale Organisation ..., in die die Gestapo keinen Spitzel einschleusen konnte, obwohl sie ein Sonderdezernat Neu Beginnen einrichtete.*« (Radkau, 176)
In der 1933 erscheinenden Programmschrift »Neu beginnen!« forderte Löwenheim eine sozialistische Sammlungspolitik unter Schirmherrschaft der »Sozialistischen Arbeiter-Internationale« sowie einen parteipolitischen Erneuerungsprozeß unter Führung der Gruppe »Neu Beginnen«. Damit begann eine lange und z.T. erbittert geführte Auseinandersetzung mit der SPD im Prager Exil (»Sopade«), die zunächst noch mit der Gruppe kooperierte. Die Streichung aller Zuschüsse durch die »Sopade« und die nur wenig beachtete Untergrundarbeit in Deutschland führten zu einer Spaltung der Gruppe, deren oppositioneller Teil nach Löwenheims Ausscheiden von Richard Löwenthal und Werner Peuke, im Ausland (Prag, Paris, London) von Karl Frank geleitet wurde. Zeitweise versuchte man eine Wiederannäherung an die SPD, indem von alten Führungsansprüchen Abstand genommen wurde. Im amerikanischen Exil setzte sich der Streit jedoch fort. Aufhänger wurde hier Karl Frank, der sich bei der Geldbeschaffung als überaus geschickt erwies und bei den Sozialdemokraten »Futterneid« aufkommen ließ. Im allgemeinen hatte »Neu Beginnen« einen weiten Kreis von Sympathisanten, zu denen amerikanische Liberale (Reinhold Niebuhr), deutsche, amerikanische (**Norman Thomas**) und österreichische Sozialisten (**Joseph Buttinger**) und auch vereinzelte Vertreter sozialdemokratischer Exilorgane (wie NVZ und »German Labor Delegation«) gehörten.
Nach 1939, nachdem Karl Frank als Auslandssekretär von »Neu Beginnen« von London aus in die USA gereist war, entfaltete sich ein großer Teil der Aktivitäten der Gruppe in Amerika. Mit der Gründung der »American Friends of German Freedom« zusammen mit Niebuhr konnte Frank einerseits einen zahlungskräftigen Sponsor an »Neu Beginnen« binden und andererseits die Beziehungen zur amerikanischen Linken verstärken. In Amerika erfuhr die Gruppe z.T. eine enthusiastische Aufnahme, man sah in ihr »den lebenden Embryo im sterbenden Körper der deutschen Arbeiterbewegung« (»New Republic« 15.8.1934). Die illegale Untergrundarbeit der jungen »Neu Beginnen«-Mitglieder war mit einem Nimbus umgeben, der in krassem Gegensatz zur weniger riskanten Arbeit der alten SPD-Funktionäre stand. Auch der Kontakt zu Adam von Trott — der einzige bekann-

te zwischen dem »20.Juli« und einer exilsozialistischen Gruppierung — deutet auf eine längere Zeit bestehende Verbindung zum deutschen Untergrund hin.
Nach Kriegsende konnte »Neu Beginnen« sich als Einzelgruppe nicht weiter halten, waren ihre Erfolge doch vor allem durch die Ausnahmesituation des Exils bedingt gewesen. Ohne Verständigung mit der SPD, die allein im englischen Exil in der »Union deutscher sozialistischer Organisationen« gelang, konnte die Gruppe sich nur auflösen. Einige ihrer Mitglieder wie Waldemar von Knoeringen, Fritz Erler und Richard Löwenthal hatten nach 1945 maßgeblichen Anteil an der Entstehung der neuen SPD. **(Franz Bögler)**
[S. 118ff., 168f., 172f., 215] S.N.

Neumann, Alfred

geboren 1895 in Lautschin, Westpreußen, gestorben 1952 in Lugano, Schweiz, Schriftsteller.
Teilnahme am Ersten Weltkrieg. 1918 — 1920 Dramaturg an den »Kammerspielen« München und Fiesole, Italien. 1933 — 1938 Fiesole. 1938 Emigration nach Südfrankreich (Nizza). 1941 Flucht mit Hilfe des **»Emergency Rescue Committee«** in die USA (Beverly Hills, Kalifornien). Amerikanische Staatsangehörigkeit. 1949 Rückkehr nach Florenz und zuletzt Lugano. [S. 191] S.N.

Neumann, Franz Leopold

geboren 1900 in Kattowitz/Schlesien, verunglückt 1954 in der Schweiz, Jurist und Wissenschaftler für Soziologie und Politik.
Jurastudium in Breslau und Leipzig, SPD-Mitglied. 1928 — 1933 liest an der »Hochschule für Politik« in Berlin über Arbeitsrecht. 1933 nach Verhaftung Emigration nach Großbritannien, Promotion an der »London School of Economics«. 1936 Emigration in die USA. Bis 1942 am dortigen **»Institut für Sozialforschung«**. 1942 Veröffentlichung seines wohl bekanntesten Buches: »Behemoth: The Structure and Practice of National Socialism«, das erst 1976 ins Deutsche übersetzt wird. Der »Behemoth« gilt als wichtigste Studie über den Nationalsozialismus aus sozialistischer Sicht, in dem die Ansicht vertreten wird, Machtgruppen könnten ohne notwendige Einmischung seitens des Staates eine direkte Gewalt über das Volk haben. 1948 — 1954 als Professor für Öffentliches Recht an der »Columbia University«, nimmt interessiert an der sozialen und politischen Entwicklung der Bundesrepublik teil; er gilt als geistiger Vater der »Freien Universität Berlin«. [S. 168] S.N.

New Deal

Franklin D. Roosevelt

New School for Social Research (»University in Exile«)

amerikanisches Forschungsinstitut mit Sitz in New York.
1919 Gründung durch eine Gruppe von Liberalen um die Zeitschrift »New Republic«, für ein Jahr Zentrum der amerikanischen Progressiven (u.a. mit Thorstein Veblen, dem »amerikanischen Marx« und Historiker Charles A. Beard). 1923 Ernennung **Alvin Johnsons** zum Direktor, der die Schule zu einer regulären Institution der Erwachsenenbildung umgestaltet, Trennung von avantgardistischen Wissenschaftlern und vom »New Republic«-Stab. Nach 1933 werden aus Europa emigrierte Wissenschaftler von Johnson an die Schule geholt (1940: 60 emigrierte Dozenten); Angliederung der von ihnen gebildeten Forschungsgemeinschaft als »University in Exile« an die »New School«. 1934 Gründung der rein englischsprachigen Zeitschrift »Social Research«

durch Johnson, ein Forum für die Auseinandersetzung mit dem Faschismus und der Emigrationsproblematik. 1938 Übersetzung von Hitlers »Mein Kampf« ins Amerikanische durch die »New School«.
Die »New School for Social Research« war nach 1923 ein deutlich von Direktor Alvin Johnson geprägtes Institut. Johnson, der sich nach und nach von der avantgardistischen Linie der Schulgründer getrennt hatte, stellte sich mehr auf die durchschnittlichen Bedürfnisse der amerikanischen Studenten ein. Die an die Schule berufenen emigrierten Wissenschaftler aus Deutschland, Italien und später den übrigen Ländern nazistischer Besetzung wurden von der Rockefeller-Stiftung finanziert. Auf wissenschaftlichem Gebiet setzten die Emigranten die herkömmliche Sichtweise einer disziplinübergreifenden Sozialwissenschaft (Soziologie, Politologie, Psychologie, Geschichte, Philosophie) fort, wodurch auch eine Beschäftigung mit politischen Themen möglich wurde. Johnsons Auswahlkriterien bei der Aufnahme zufolge herrschte unter den Emigranten ein »im Grunde konservativer Geist«. Dem progressiven **»Horkheimer-**Kreis«, der sich um die Aufnahme in die von Johnson »University in Exile« getauften Schule bewarb, wurde die Aufnahme verweigert. (Radkau, 35ff.) **(Max Ascoli, Roger Baldwin)** [S. 127, 168f., 177, 199] S.N.

Niebuhr, Reinhold

geboren 1892 in Wright City / Missouri, gestorben 1971 in Stockbridge / Massachusetts, evangelischer Theologe und Professor.
Studium der Theologie. 1915 — 1928 Pastor in Detroit. 1928 —1960 Professor am »Union Theological Seminary« in New York. 1930 Kandidatur für den Kongreß für die Sozialistische Partei. 1931 Gründer der »Fellowship of Socialist Christians« (Herausgeber von »Radical Religion«, später »Christianity and Society«), Vorsitzender der pazifistischen »Fellowship of Reconciliation«. Etwa 1936 Austritt aus der Sozialistischen Partei und der »Fellowship of Reconciliation«. 1939 Gründung und Vorsitz der **»American Friends of German Freedom«** (ab 1944 »Association for a Democratic Germany«) mit **Karl Frank** zusammen. 1941 erster nationaler Vorsitzender der »Union for Democratic Action«, Gründer der Zeitschrift »Christianity and Crisis«. Nach Kriegsende Vorsitz der »Resettlement Campaign for Exiled Professionals« und der »Americans for Democratic Action«.
Niebuhr hatte sich bis Mitte der 30er Jahre der linksradikalen Seite zugehörig gefühlt. Seine Zeit als Pastor in Detroit endete mit scharfen Angriffen auf die Unmenschlichkeit des Kapitalisten Henry Ford, der in Detroit die Ford-Werke betrieb. Seine Trennung von der Sozialistischen Partei verlief im Unterschied zu **Paul Tillich** langsamer, wenn auch am Ende nicht weniger entschieden. Tillichs Begriff der »Tragik« auf politisches Verhalten anwendend, löste Niebuhr sich auch von seiner pazifistischen Einstellung. Als Vorsitzender der »American Friends of German Freedom« (Mitglieder des »Writers and Educators Committee« waren u.a.: **Frank Kingdon**, **Max Lerner**, **Thomas Mann**, Vincent Sheehan, Paul Tillich) hatte er engen Kontakt zu Karl Frank und der Gruppe **»Neu Beginnen«** sowie zum **»Emergency Rescue Committee«**, die beide finanziell und organisatorisch durch die »Friends« unterstützt wurden. Er gehörte zu den einflußreichsten Theologen und Vertretern der nicht-kommunistischen Linken Amerikas. [S. 171f., 174, 211] S.N.

Niemöller, Martin

(1892 — 1984), U-Boot-Kapitän, Pastor und Mitglied der bekennenden Kirche. [S. 277]

Nin, Anaïs

(geb. 1914), amerikanische Schriftstellerin. [S. 170]

Nivola, Constantino (Tino)

geboren 1911 in Sardinien, Bildhauer.
Nach dem Studium der Kunst in Monza graphischer Direktor bei »Olivetti«. 1938 Emigration in die USA, wo er heute noch lebt. Seine monumentalen Plastiken stehen zum Beispiel vor »Olivetti«, New York, McCormick Place, Chicago, Washington und in »Yale University«. [S. 232] P.D.

Noll, Annie und Renate

Freundinnen Ingrid Warburgs aus der Heidelberger Zeit. [S. 75, 103]

Norman, Dorothy Stecker

geboren 1905 in Philadelphia, Schriftstellerin, Journalistin und Photogphafin.
1922 — 1923 »Smith College«. 1923 — 1925 »University of Pennsylvania«. 1925 heiratet sie Edward Albert Norman. Verschiedene Ausstellungen ihrer Photographien, so am »Museum of Modern Art«, New York, »Limelight Gallery«, New York, »George Eastman House«, Rochester, New York, »Los Angeles Museum of Art«, »San Francisco Museum« u.a.
Aktiv in einer Vielzahl von politischen und sozialen Vereinigungen: »New York League of Woman Voters«, »National Urban League«, »Hamilton House«, »United Neighborhood Houses«, »City-Wide Citizens Committee«, Harlem, »New York City Committee against Discrimination Employment«, »India League«. 1951 — 1953 Gründerin und Vorsitzende des »American Emergency Food Committee for India«, 1953 — 1954 »American Citizens Committee Economic Aid Abroad«, 1955 — 1956 »Citizens Committee Support US Economic Aid for India«. 1937 — 1948 Herausgeberin der Zeitschrift »Twice a Year«, 1942 — 1949 Kolumnistin der »New York Post«. [S. 116, 170, 248] P.D.

O

Oakes, George (Ochs)

geboren 1909 in Philadelphia, gestorben 1965, Journalist und Autor.

Oakes stammt aus der jüdischen Verleger-Familie Ochs, die ursprünglich aus Bayern kommt. Sein Onkel **Adolph S. Ochs** war der Herausgeber der »New York Times«. Er studierte zunächst an der »Princeton University«, machte dann aber 1930—1932 seine Abschlüsse am »Queen's College« in Oxford, dem er auch später verbunden blieb. Er richtete ein nach ihm benanntes Stipendium für amerikanische Studenten in Oxford ein. Später einflußreicher Journalist und Sachbuchautor. [S. 84]

P.D.

Ochs, Adolph S.

geboren 1858 in Cincinnatti, gestorben 1935, Journalist deutscher Abstammung.

Seit 1896 Besitzer und Herausgeber der »New York Times«, der er mit dem Konzept der überparteilichen »clinical news« zum Erfolg verhalf.

(**George Oakes**) [S. 84, 146, 167] S.N.

Office of Strategic Services (OSS)

Vorläufer des CIA (Central Intelligence Agency).

Zum Zwecke der Einholung von Nachrichten über die Entwicklung in Deutschland hatte die amerikanische Regierung im Herbst 1942 in Bern eine Zweigstelle ihres politisch-militärischen Geheimdienstes OSS errichtet, die Kontakte zu führenden Vertretern des deutschen Widerstandes herstellen sollte. Aus den Reihen des »**Kreisauer Kreises**« sind Moltke, **Trott**, Steltzer, Gerstenmaier und Schönfeld nach Bern gereist.

Adam von Trott führte im Frühjahr 1944 verschiedene Gespräche mit OSS-Mitarbeitern in Bern. Am 6. März 1944 sandte das OSS-Büro einen Bericht nach Washington mit Mitteilungen über Aktivitäten Trotts, die Verhaftung Moltkes und anderer Entwicklungen des deutschen Widerstands. Noch im Juni 1944 hatte Trott mit dem OSS-Mitarbeiter Schultze-Gaevernitz eine lange Unterredung, in der er die Amerikaner über die konkreten Vorbereitungen für das Attentat am **20. Juli** in Kenntnis setzte.

(**Erich Warburg**) [S. 282] R.G.

Office of War Information (OWI)

amerikanisches Institut für Kriegspropaganda im Zweiten Weltkrieg.

1942 eingerichtet. Zahlreiche Überseeabteilungen, in denen auch ausländische Emigranten Anstellung fanden. Leiter des OWI war der deutschstämmige Elmer Davis, der auch dem »**Emergency Rescue Committee**« angehörte. Die New Yorker Überseeabteilung leitete zeitweise **James Warburg**, auch **Franz Höllering** arbeitete im OWI. Zu den Aufgaben des OWI gehörten das Abhören der feindlichen Radiosender und das Ausstrahlen eigener Sendungen. 1945 aufgelöst. **(Karl Frank, Ralph Franz)** [S. 211] S.N.

Oko, Adolph S.

geboren 1883 in Rußland, gestorben in Connecticut. Bibliothekar und Autor.
Ausbildung in Deutschland, Übersiedlung nach New York City, dort Bibliothekar bei der »Astor Library«. 1906—1933 Bibliothekar der »Hebrew Union College Library« in Cincinnati, die er mit aufbaute. Unter Pseudonym (S. Baruch) Verfasser mehrerer Artikel über jüdische Philosophie. Einer der Gründer und amerikanischer Sekretär der »Societas Spinozana«. [S. 210] S.N.

Oram, Harold L.

amerikanischer Jurist und »fund raiser« für zahlreiche soziale und politische Zwecke.
Mitglied im »American Committee to Aid Spanish Democracy«. Er trennte sich von diesem Komitee, weil er mit der Verteilung der Spendengelder für kommunistische Zwecke in Spanien nicht einverstanden war, und gründete später zusammen mit James Loeb die pro-demokratische »Spanish Refugee Relief Campaign«, über die dem **»Emergency Rescue Committee«** wichtige Namenslisten zur Verfügung gestellt werden konnten. Organisierte im Juni 1940 das für die Gründung des ERC bedeutende »fund raising dinner« im Hotel Commodore. Durch sein außergewöhnliches Talent bei der Geldbeschaffung wurde er wichtigster »fund raiser« für den ERC. Nach dem Krieg gründete er die »Oram group of companies« in New York City, eine große Public-Relations- und Fund-Raising-Organisation für gemeinnützige Institutionen, die als »Oram International Corporation« auch auf internationaler Ebene arbeitete. [S. 174, 234] S.N.

Ost- und Westjuden

Im Jahr 1870 gab es in New York etwa 80.000 Juden, d.h. weniger als 9 Prozent der Gesamtbevölkerung. Ab 1907 kamen jährlich um die 90.000 Juden aus osteuropäischen Ländern, vor allem Polen und Rußland, in die Stadt. Der Anteil jüdischer Bewohner stieg bis 1915 auf 1,5 Millionen oder 28 Prozent.
»Im zaristischen Rußland der siebziger und achtziger Jahre war das Leben für die Juden unerträglich geworden. In dem riesigen Getto des sogenannten 'Ansiedlungsrayons', der die Ukraine, Weißrußland, Litauen und einen großen Teil Polens umfaßte, herrschten Armut und Elend ... In den achtziger Jahren wurde die Unterdrükkung der Juden durch die Maigesetze legalisiert, die den Juden den Kauf oder die Pacht von Land außerhalb der Städte untersagten ... Der zunehmende wirtschaftliche Druck löste die 'spontanen' Ausschreitungen von 1881, das Massaker von Kischinew von 1903 und die nachfolgenden Pogrome aus. Im Jahr 1891 wurden Tausende von Juden ohne vorherige Warnung aus Moskau, Petersburg und Kiew vertrieben ... In den ersten Jahren des 20. Jahrhunderts wurden Tausende aus politischen Gründen verhaftet ... Im Jahre 1904 wurde von den 30.000 gewerkschaftlich organisierten jüdischen Arbeitern beinahe ein Sechstel eingekerkert ... Der einzige Ausweg war die Flucht nach Amerika, dem Land der Freien. Zwischen 1870 und 1905 verließ gut ein Drittel aller osteuropäischen Juden seine Heimat. Mehr als 90 Prozent davon kamen in die Vereinigten Staaten, und die meisten ließen sich in der Stadt New York nieder.«
Zwischen den früh eingewanderten, größtenteils deutschstämmigen Juden, die in der »uptown« lebten, und den sozialistisch eingestellten sogenannten »Russen« »downtown« in der Lower East Side entstand eine tiefe Kluft:
»Die vielen 'ungehobelten, ungewaschenen' Russen, die die Kühnheit hatten, sich Juden und

somit Brüder zu nennen, brachten die Deutschen, die bereits die Patina der Achtbarkeit und der guten Manieren angenommen hatten, in Verlegenheit ... Die deutschen Juden machten die Russen für den in New York spürbaren Antisemitismus verantwortlich und nahmen damit selbst eine antisemitische Haltung ein.«

Die »Crowd«, die jüdische Elite New Yorks, bemühte sich, *»diese armseligen Einwanderer nach ihren Begriffen umzumodeln, sie gewissermaßen zu säubern und abzustauben und ihnen nach Möglichkeit das Aussehen und Benehmen von Amerikanern beizubringen«* (Birmingham, 282ff.).

Erste Bedingung war, statt jiddisch amerikanisch zu sprechen und die »pejess«, die Schläfenlocken, abzuschneiden. Neben solch gönnerhaftem Benimmunterricht sorgten die jüdischen Wohlfahrtsorganisationen der **»Federation of Jewish Charities«** aber auch für Unterkünfte, Kleidung, Verpflegung und ärztliche Betreuung in der East Side. Die herablassende Art vieler Westjuden, mit der sie ihre Spenden zur Verfügung stellten, veranlaßte die Ostjuden jedoch dazu, sich bald an ihre eigenen Hilfsstellen zu wenden und sich von ihren ehemaligen »Gönnern« abzuwenden. Daraus entwickelte sich in Amerika eine für die zukünftigen Hilfsaktionen äußerst schädliche Spaltung der jüdischen Gemeinde in Orthodoxe und Nicht-Orthodoxe, in Zionisten und Nicht-Zionisten, in Konservative und Sozialisten, deren Folgen auch Ingrid Warburg in Amerika und auf ihrer Polenreise begegnete.

[S. 139, 140ff., 154ff.] S.N.

P

Pacciardi, Randolfo

geboren 1899 in der Nähe von Grosseto/Toskana, Rechtsanwalt, Journalist, Politiker.
Pacciardi war schon sehr jung Mitglied der republikanischen Partei, nahm »hochdekoriert« am Ersten Weltkrieg teil. Nach dem Krieg Jurastudium in Rom. Mitbegründer der antifaschistischen Bewegung »L'Italia Libera«, die nach der Ermordung Matteottis aufgelöst wurde. Von der Polizei verfolgt, floh er 1926 nach Österreich und später in die Schweiz. Dort nahm er seine antifaschistischen Aktivitäten wieder auf und wurde 1933 auf Veranlassung und durch Denunziation der italienischen Regierung aus der Schweiz ausgewiesen. Flucht nach Frankreich. 1936 ging er nach Spanien, um dort an der Verteidigung der Republik teilzunehmen. Er organisierte und kommandierte das italienische Bataillon »Garibaldi«, das später — größer geworden — zur Internationalen Brigade wurde. 1937 erschien in der Schweiz sein Buch über den Spanischen Bürgerkrieg »Il Battaglione Garibaldi«. Nach dem Sieg der Francisten floh er über Frankreich, Algerien und Marokko in die Vereinigten Staaten. Pacciardi nahm dort seine antifaschistischen Tätigkeiten in der »**Mazzini Society**« wieder auf.
1944, nach der Befreiung, Rückkehr nach Italien. Sekretär der Republikanischen Partei. 1946 zum Delegierten der verfassungsgebenden Versammlung in Pisa gewählt. Nach dem Ausschluß der Linken aus der Regierung, Vizepräsident des Ministerrates unter De Gasperi und Präsident des interministeriellen Ausschusses für die Verteidigung der republikanischen Institutionen. Seit 1948 Abgeordneter des ersten italienischen Parlaments und Verteidigungsminister des neuen Kabinetts. Bekannt für seine Amerikafreundlichkeit und Repressionen gegenüber den Angestellten und Arbeitnehmern seines Ministeriums. Bis 1964 Abgeordneter der Republikaner. Wegen rechter Umtriebe aus der Partei ausgeschlossen, gründete er die Bewegung »La nuova Repubblica«, in der er eine rechte Sammlungsbewegung mit dem Ziel einer präsidialen Demokratie mit fester Einbindung in den Nordatlantischen Pakt sah. Seine ehrgeizigen Pläne wurden weitgehend nicht angenommen, und er zog sich enttäuscht aus der Politik zurück. [S. 256] P.D.

Panofsky, Erwin

geboren 1892 in Hannover, gestorben 1968 in Princeton, USA, Kunsthistoriker.
Studierte Kunstgeschichte in Freiburg/Br., München und Berlin. 1914 Dr. phil. Wissenschaftlicher Assistent an der Universität Hamburg. Habilitation 1920. 1920 — 1926 als Privatdozent an der Universität Ham-

burg. 1926 ordentlicher Professor für Kunstgeschichte. 1931 — 1933 Lehrtätigkeit in New York und Hamburg. 1933 aus rassischen Gründen Ausschluß aus der Universität Hamburg. 1934 Emigration in die USA. 1934 — 1935 Gastvorlesungen in Princeton. 1935 — 1963 Professor für Kunstgeschichte in Princeton. Nach Emeritierung 1963 — 1968 am »Institute of Fine Arts«, New York. [S. 81]
P.D.

Perkins, Frances
geboren 1880 in Boston, gestorben 1965 in New York City, erstes weibliches Kabinettsmitglied in der Geschichte Amerikas, Arbeitsministerin von 1933 — 1945.
Frances Perkins galt in **Roosevelts** Kabinett wegen ihrer guten Beziehungen zu den Gewerkschaften, ihrer uneingeschränkten Verfechtung der **»New-Deal«**-Gedanken und ihres gewaltigen Reformwerkes, was Arbeitszeiten, Arbeitssicherheit, Frauen- und Kinderarbeit angeht, als »linksaußen«. Sie wurde immer wieder vehement als Frau und »Linke« angegriffen. Dennoch überstand sie fast als einziges Kabinettsmitglied alle drei Kabinette Roosevelts. Ihre Antwort auf die Frage, ob sie das Frausein im Leben schon behindert habe, war: »Beim auf den Baum klettern«. Laut Radkau (»Die deutsche Emigration in die USA«) war sie eines der wenigen, wenn nicht das einzige Mitglied im Kabinett Roosevelts, das sich für die Verfolgten des Faschismus einsetzte. **(German Jewish Children´s Aid Committee)** [S. 234] P.D.

Pessach-Fest (Passah)
Achttägiges Fest zur Erinnerung an den Auszug der Juden aus Ägypten. Das feierlichste und wichtigste Fest im jüdischen Jahr, das im Frühjahr gefeiert wird und außer seiner religiösen Bedeutung den Beginn des landwirtschaftlichen Jahres anzeigt. Auch das »Fest der ungesäuerten Brote« genannt. [S. 43]

Pétain, Henri-Philippe
(1856 — 1951), französischer Ministerpräsident während des Zweiten Weltkriegs, schloß den Waffenstillstand mit Deutschland.
[S. 173, 202]

Petersen, Rudolf
(1878 — 1962), 1945 Hamburgs erster durch die britische Besatzung eingesetzter Nachkriegsbürgermeister, Schwiegervater von **E. F. Schumacher**. [S. 80, 86, 160]

Pius XII. (Eugenio Pacelli)
(1876 — 1958), 1939 — 1958 Papst. [S. 247, 252]

Platen, Alice von
Mitschülerin von Ingrid Warburg in Salem, als psychologische Beraterin beim Nürnberger Prozeß, lebt als Psychoanalytikerin in Italien. [63f.]

Pope, Generoso
Vertreter der amerikanischen Philofaschisten. Herausgeber von »Il progresso italoamericano«. (**Italienische Emigration**, **Mazzini Society**) [S. 146]

Postillione
italienischer Gewerkschaftler und Mitarbeiter **Veniero Spinellis.** [S. 260]

Pourtalès, Manfred Graf von
Mitschüler Ingrid Warburgs in Salem. [S. 72]

Pratt, Eliott
geboren 1903 in New York City, gestorben 1969 in Danbury, Philanthrop und Verleger, erster Mann von **Trude Pratt**-Lash.
Von 1947 bis 1953 leitete Pratt unter anderen das »United Nations World Magazine«. Später gründete er dann seine eigene Zeitung,

das »Current Magazine«, das sich mit allen wichtigen sozialen Fragen der Zeit beschäftigte. Er gründete den »Migrant Children's Fund«, der später mit dem »Child Labor Committee« zu dem »Committee on the Education of Migrant Children« zusammengeschlossen wurde. Auch nach seiner Scheidung von Trude 1943 war Pratt sehr geschäftig in allen sozialen und erzieherischen Fragen und in unzähligen philanthropischen Komitees tätig. [S. 134] P.D.

Pratt, Trude

geboren 1909 am Bodensee, lebt in New York, Philanthropin, in zweiter Ehe verheiratet mit **Joseph Lash**.

Trude Pratt, geborene Wenzel, verläßt 1931 Deutschland mit einer hölzernen Madonna aus dem 14. Jahrhundert unter dem Arm und emigriert in die USA. Zu der Zeit ist sie Privatdozentin an der Universität von Freiburg. Sie heiratet 1933 den Verleger **Eliott Pratt**, von dem sie 1943 geschieden wird. 1944 heiratet sie Joseph Lash. Sie ist an zahlreichen Wohltätigkeits-Komitees beteiligt, so an dem »Migrant Children's Fund« und dem »Citizens Committee for Children«, dem sie 26 Jahre mit ihrem Mann vorsteht. Enge Freundin von **Eleanor Roosevelt**. [S. 116, 134ff., 168, 171] P.D.

President's Advisory Committee on Political Refugees (PACPR)

In Flüchtlingsfragen vermittelndes Organ zwischen US-Präsident, Außenministerium und privaten Rettungsorganisationen.

April 1938 Einladung einer Gruppe prominenter Amerikaner verschiedener Glaubensrichtungen durch Präsident **Roosevelt** (Zielsetzung: Vorbereitung des internationalen Komitees zur Koordinierung der Rettungsarbeit für deutsche und österreichische Flüchtlinge, das als Ergebnis am Ende der Evian-Konferenz im Juni 1938 stehen sollte). Formierung des PACPR zu diesem Zweck (protestantische Mitglieder: **Hamilton Fish Armstrong**, James G. McDonald (Vorsitz), Samuel Cavert, J. M. Speers; katholische Mitglieder: B. Harris, Louis Kennedy, J. F. Rummel; jüdische Mitglieder: Paul Baerwald, Rabbi Stephen Wise). 1940 Einsatz für die Ausstellung von »Emergency Visas« zur Rettung besonders gefährdeter Flüchtlinge in Europa. 1941 erfolgreicher Einsatz für die Abschaffung der »close relative«-Klausel. 1942 (?) Stillegung des PACPR, um bei Bedarf wieder in Kraft zu treten. Sommer 1945 endgültige Auflösung.

Das PACPR war von Roosevelt als zwischen den Parteien der Rettungsaktionen vermittelnde Institution, als Ausgleichsorgan zwischen der Angst vieler Amerikaner vor zu vielen bzw. den falschen Flüchtlingen und der offensichtlichen Notlage in Europa konzipiert. Um von der fast rein jüdischen Problematik abzulenken und antisemitischen Tendenzen vorzubeugen, wurde die irreführende Zuständigkeitsbezeichnung »political refugees« sowie die konfessionell gemischte Zusammensetzung des Komitees gewählt.

Etat — der allein über jüdische Hilfsorganisationen wie das **»Joint Distribution Committee«** aufgebracht wurde — und Kompetenz waren von Anfang an gering: Zunächst unterlag es den Mitgliedern, Umsiedlungspläne für Juden auszuarbeiten, die größtenteils völlig illusorischer Art waren, wie z.B. die von Roosevelt geplanten »United States of Africa«.

Erst ab 1940 wurde dem PACPR die Aufgabe zuteil, von Hilfsorganisationen wie dem **»Emergency Rescue Committee«** eingesandte Listen mit Namen gefährdeter Personen in Europa zu überprüfen und bei Zustimmung an das Justizministerium weiterzuleiten. Von hier aus gingen die Listen zwecks

Erteilung von Notvisa an das State Department.
Mit der letzten Instanz traten jedoch sofort Probleme auf, da Unterstaatssekretär Brekkinridge Long aus Angst vor Spionen und politischer Unterwanderung gegen jede Einwanderungserleichterung war. So sprach sich Long 1940 z.B. für die Anwendung der »close relative«-Klausel aus, die »im Interesse der öffentlichen Sicherheit« keinem Flüchtling die Einreise gestattete, der im besetzten Europa »enge Verwandte« oder Bekannte hatte. Dies traf natürlich auf beinahe jeden Europäer zu, der emigrieren mußte. Hintergrund für die Klausel war Longs Befürchtung, die deutsche oder die russische Regierung könnte in ihren Gebieten Geiseln festhalten, deren nach Amerika ausgewanderte Verwandte dann zu gegen die USA gerichteten Diensten erpreßt werden könnten.
Durch den engagierten Einsatz der meisten seiner Mitglieder und vor allem des Vorsitzenden McDonald, der in **Eleanor Roosevelt** eine Fürsprecherin beim Präsidenten hatte, konnten in den Jahren 1940 und 1941 von den 2975 vom PACPR als gefährdet angesehenen Personen 2000 wohlbehalten in die USA einreisen. (**Amerikanische Flüchtlingspolitik**) [S. 207] S.N.

Purim-Fest

Das Purim-Fest ist das fröhlichste Fest im jüdischen Jahr. Es wird im Frühjahr gefeiert. In einer karnevalsartigen Atmosphäre mit Volkstanz, Purim-Theaterstücken und verkleideten Kindern wird der schönen persischen Königin Esther (ca. 486 — 465 v. Chr.) gedacht, die ein durch den bösen Minister Haman geplantes Massaker an den Juden verhinderte. [S. 150]

R

Raabe, Wilhelm
(1831 — 1910), deutscher Schriftsteller. [S. 48]

Rathenau, Walter
(1867 — ermordet 1922), Industrieller, Reichsminister für Wiederaufbau und Reichsaußenminister. [S. 44, 57]

Rees, Morgan Goronwy
geboren 1909 in Wales, gestorben 1979, Journalist, Übersetzer, Schriftsteller.
Goronwy Rees war Stipendiat am »New College« in Oxford und wurde 1931 / 32 zum »Fellow« vom **»All Souls College«** gewählt. In diesem Jahr erschien auch sein erster Roman »The Summer Flood«. Zu seinen Oxforder Freunden zählten Ingrid Warburg, **Adam von Trott**, mit dem er auch nach dem Studium in Kontakt blieb, **Stephen Spender**, Neill und dessen Schwester **Shiela Grant Duff**. Mit den Grant-Duff-Geschwistern reiste er 1932 nach Moskau, um den real existierenden Sozialismus zu studieren. 1932 leitender Redakteur von »The Manchester Guardian«. 1935 planten Rees und Shiela Grant Duff zu heiraten. 1936 stellvertretender Redakteur von »The Spectator«. 1939 — 1945 Kriegsdienst als Kanonier. 1940 Direktor einer Maschinenfabrik. 1946 Schatzmeister am »All Souls College«. 1953 — 1957 Rektor am »University College of Wales«. [S. 84] R.G.

Reinhardt, Max
(1873 — 1943), Regisseur und Schauspieler. (**Alfred Döblin**) [S. 59]

Rennert, Jürgen
(geb. 1943), deutscher Schriftsteller. [S. 279]

Reuther
amerikanischer Gewerkschaftsführer. [S. 260]

Rheinhardt, Emil Alphons
geboren 1889 in Wien, gestorben Februar 1945 in Dachau (als ärztlicher Helfer im KZ an Flecktyphus), Lyriker, Erzähler, Biograph.
Studierte Medizin, lebte lange im Ausland (Italien, seit 1928 Frankreich) als freier Schriftsteller. Herausgeber einer Sammlung klassischer Romane der Weltliteratur. (**Franz Werfel**) P.D.

Cecil-Rhodes-Stipendien
Gegründet um die Jahrhundertwende von dem südafrikanischen Politiker Cecil Rhodes für Studenten aus England, inklusive der Britischen Kolonien, der Vereinigten Staaten von Amerika und Deutschland. Die Einbeziehung deutscher Studenten sollte der Erhaltung des Friedens dienen. Die

Auswahl der Studenten erfolgte durch einen Rat ehemaliger Stipendiaten. Die Anforderungen waren sehr hoch. **Adam von Trott**, der Vorsitzender war, konnte nicht einmal durch das Angebot einer einflußreichen Stelle dazu gebracht werden, den unbegabten Sohn eines Fabrikanten zu wählen. Jährlich werden aus allen beteiligten Ländern etwa 30 bis 40 Studenten gewählt. [S. 84] R.G.

Rilke, Rainer Maria

(1875—1926), Dichter.
[S. 41, 87, 112, 120, 170, 290]

Rittmeister, John

Hamburger Arzt und Mitglied der »Roten Kapelle«. Hingerichtet in Plötzensee. Bruder von **Wolfgang Rittmeister**.

Rittmeister, Wolfgang

Freund **Erich Warburgs** und Bruder von **John Rittmeister**. [S. 283f.]

Romains, Jules (Louis Farigoul)

(1885—1972), französischer Romanschriftsteller. Exil in den USA. Zusammen mit dem Philosophen **Jacques Maritain** verantwortlich für die Zusammenstellung der Listen der zu rettenden französischen Intellektuellen für das »**Emergency Rescue Committee**«.
[S. 176]

Roosevelt, Eleanor

geboren 1884 in New York City, gestorben 1962 in New York City, »The country's most active First Lady«, Ehefrau von Präsident **Franklin D. Roosevelt**, Nichte von Präsident Theodore Roosevelt.

1900 Schulbesuch in London. 1902 Rückkehr nach New York, Sozialarbeit mit Armen. 1905 Heirat mit ihrem entfernten Cousin Franklin D. Roosevelt. 1910 Wahl Roosevelts zum Senator im Oberhaus des New York State, Eleanor Roosevelt übernimmt die Rolle der »Politikergattin«. Während des Ersten Weltkriegs Arbeit für das Rote Kreuz. 1919 private Krise. 1921 Engagement für die »League of Women Voters«, die »Women's Trade Union League« und die Frauengruppe der Demokratischen Partei; sie übernimmt nach Roosevelts Erkrankung an Kinderlähmung zunehmend öffentliche Repräsentationsaufgaben. 1926 Mitgründung einer Möbelfabrik für Arbeitslose. 1927 Vizepräsidentin und Lehrerin für Geschichte an der »Todhunter School« in New York. 1932 Roosevelt Präsident der Vereinigten Staaten, Eleanor regt wöchentliche Pressekonferenzen mit weiblichen Journalisten an, hält Vorträge im ganzen Land, hat eine eigene Radiosendung und tägliche Zeitungskolumne (»My Day«). 1940 Ehrenpräsidentin des »United States Committee for the Care of European Children«. 1941 Kodirektorin des »Office of Civilian Defense«. Während des Zweiten Weltkriegs Truppenbesuche in England, im Südpazifik und der Karibik. 1945 Tod Roosevelts, Eleanor wird Mitglied der amerikanischen Delegation der Vereinten Nationen und Vorsitzende der »Kommission für Menschenrechte«. 1952 und 1956 Wahlhelfer für den Demokraten Adlai Stevenson. Autobiographische Bücher u.a.: »This Is My Story«, 1937; »On My Own«, 1958.

Eleanor Roosevelt, die wie ihr Biograph **Joseph P. Lash** sagt, durch ihre unglückliche Kindheit und Jugend bedingt, zeitlebens ein »Gefühl von Unsicherheit und Unzulänglichkeit und ein Bedürfnis nach Lob und Zuneigung« verspürte, konnte über ihre Rolle als »First Lady« hinaus ihr eigenes Leben verwirklichen. Sie setzte sich vielfältig für unterprivilegierte Minderheiten ein. Den amerikanischen Hilfsorganisationen für jüdische und europäische Flüchtlinge war sie ab 1940 eine

Art »mother hen« (Feingold, 160). Nicht selten fungierte sie als Sprachrohr der Rettungskomitees beim Präsidenten oder beim Außenministerium. So unterstützte sie vor allem die Rettung von europäischen Flüchtlingskindern aus Deutschland (»Wagner-Rogers-Bill«), England und aus Internierungslagern in Vichy-Frankreich und stellte sich damit gegen die Linie des State Department in Person des stellvertretenden Außenministers Breckinridge Long. Ihre Zusammenarbeit mit dem **»Emergency Rescue Committee«** war insbesondere für die Visaausstellung wichtig. Als sie sich für eine kulantere Handhabung der Ausreisegenehmigung und -bewerkstelligung durch die amerikanischen Konsuln in Frankreich einsetzte, erklärte Long ihre Einstellung zur dortigen Flüchtlingslage für »zu sentimental«. **(Amerikanische Flüchtlingspolitik, Franz Bögler, Rudolf Breitscheid, Albert Einstein)** [S. 116, 135f., 144, 166, 168, 171, 175, 186, 207] S.N.

Roosevelt, Franklin Delano

geboren 1882 in Hyde Park, New York, gestorben 1945 in Warm Springs, Georgia, 32. Präsident der USA (1932—1945).
Ausbildung in »Groton School«, Massachusetts, an der »Harvard University« und »Columbia Law School«. 1905 Heirat mit seiner entfernten Cousine **Eleanor Roosevelt**. 1912 demokratischer Senator von New York State. 1913 Assistent des Marineministers Daniels. 1920 Kandidatur als Vizepräsident der Demokraten. 1921 Kinderlähmung. 1928 Gouverneur von New York als Demokrat unter republikanischer Landesregierung. 1932 Wahlsieg über Hoover mit deutlicher Mehrheit, 32. Präsident der Vereinigten Staaten, Einsetzung eines staatlichen Wirtschaftsnothilfeprogramms (»New Deal«). 1936 Wiederwahl zum Präsidenten. 1935—1937 Neutralitätsgesetze. Seit 1937 zunehmender Widerstand des Kongresses gegen Roosevelts Vorschläge, Stärkung des konservativen Flügels im Kongreß. 5. September 1939 Neutralitätserklärung der USA. 1940 Wiederwahl zum Präsidenten. 1941 »Lend-Lease-Act«. 11. Dezember 1941 Kriegserklärung Deutschlands und Italiens an die USA. Januar 1943 **Casablanca-Konferenz** mit Churchill, als Kriegsziel wird »unconditional surrender« (bedingungslose Kapitulation) vereinbart. 1944 Wiederwahl zum Präsidenten.

Franklin D. Roosevelt gehört zu den umstrittensten amerikanischen Präsidenten. Seine ungewöhnlich lange Amtszeit fiel in die Jahre der großen Depression, und Roosevelt konnte nur begrenzte Erfolge bei der wirtschaftlichen Wiederbelebung seines Landes verzeichnen. Die Maßnahmen des sogenannten »New Deal« (= Neuverteilen beim Kartenspiel), der von ihm propagierten Wirtschaftspolitik, die dem Staat erheblichen Einfluß auf die Wirtschaft gestattete, halfen den schlimmsten Mißständen jedoch ab und konnten den weiteren Zusammenbruch aufhalten. Durch staatliche Sparprogramme, Unterstützung von verschuldeten Unternehmern, Anregung zu Wettbewerb und effektiverer Preispolitik sowie durch erste Schritte in Richtung eines Wohlfahrtsstaates und durch Arbeitsbeschaffungsmaßnahmen — etwa 15 Millionen Amerikaner waren arbeitslos — gewann die Bevölkerung ihr Vertrauen zur Regierung zurück. Die anfänglich verhältnismäßig konservative Linie der Roosevelt-Politik mit Programmen über Banken, Landwirtschaft, Industrie und Arbeitsbeschaffung konzentrierte sich in einer zweiten Phase des »New Deal« ab 1935 stärker auf soziale Reformen. Bei seiner zweiten Antrittsrede 1937 beschreibt Roosevelt in später vielzitierten Worten die Angriffspunkte dieser Politik: »I see one-third of a nation ill-housed, ill-clad, ill-nourished«. Mit soge-

Eleanor Roosevelt

Franklin D. Roosevelt und Cordell Hull

nannten »fireside chats« (Kaminplaudereien) führte Roosevelt eine neue politische Strategie ein: »am Kamin sitzend« sprach er zur amerikanischen Bevölkerung per Radio über anstehende Probleme und Maßnahmen.
Während Roosevelt im Laufe seiner gesamten Regierungszeit von progressiver und konservativer Seite im Kongreß wachsender Kritik ausgesetzt war, fühlten sich die amerikanische Bevölkerung und unter ihnen vor allem die Emigranten und die Juden dem »Vater der Emigranten« Roosevelt (Radkau, 74) tief verbunden. Die »love affair« (Feingold, 8) zwischen »F.D.R.« und seinen jüdischen Wählern hatte auch in den Jahren der demonstrativen amerikanischen Neutralität und der zurückhaltenden Rettungsaktionen Bestand: *»Roosevelt, der den 'forgotten man' zum Schlagwort und Schutzbefohlenen der öffentlichen Hand erhob und der eine Kunst darin entwickelte, den durch die Wirtschaftskrise Getroffenen neue Hoffnung und ein Gefühl der Geborgenheit zu vermitteln, führte eine Sprache, die auch den psychologischen Bedürfnissen der Emigranten gut angepaßt war.«* (Radkau, 79)
Was die jüdische Wählerschaft angeht, mag ihre Zustimmung auch darauf zurückzuführen sein, daß Roosevelt einer der ersten amerikanischen Präsidenten war, der zahlreiche jüdische Amerikaner auf führende politische Positionen setzte: **Felix Frankfurter** und Louis Brandeis (Richter am Obersten Gerichtshof), Benjamin Cohen (politischer Vertrauter), Samuel Rosenman (Redenverfasser für Roosevelt), **Henry Morgenthau, Jr.** (Finanzminister) u.a.
Roosevelts außenpolitische Linie war lange Zeit dem amerikanischen Isolationismus verpflichtet. Der Isolationismus bezeichnet eine in den USA bis 1917 vorherrschende und nach dem Ersten Weltkrieg erneut auflebende Tendenz der Nicht-Einmischung in die Streitigkeiten fremder, insbesondere europäischer Länder. Im Gegenzug sollte eine europäische Einmischung in amerikanische Angelegenheiten nicht geduldet werden. Folge

dieser Isolationspolitik war die Verabschiedung verschiedener Neutralitätsgesetze, die die USA aus dem Krieg heraushalten sollten. Seit 1938 ersuchte Roosevelt den Kongreß um Bewilligung höherer Rüstungsausgaben und die Aufhebung des Waffenembargos von 1935, gab aber noch im September 1939 eine Neutralitätserklärung der USA ab. Gleichzeitig begann eine militärische Zusammenarbeit mit Großbritannien. Der »Lend-Lease-Act« (Leih-Pacht-Gesetz) vom März 1941 gestattete Nationen, deren Verteidigung für Amerika lebenswichtig war, Waffen durch Kauf, Überlassung, Tausch oder Pacht zu erwerben. In den folgenden Monaten verschlechterten sich die Beziehungen zu Deutschland, Mitte 1941 stand man praktisch in einem »nichterklärten Krieg« miteinander. Am 11. Dezember, drei Tage nach dem japanischen Angriff auf Pearl Harbour, waren die Vereinigten Staaten offiziell im Krieg mit Japan, Italien und Deutschland.
(Amerikanische Flüchtlingspolitik, Adolf Berle, Leonhard Frank, Frank Kingdon, Joseph Lash, John Lewis, Mazzini Society)
[S. 117, 120, 144f., 146, 165f., 168f., 175f., 186]
S.N.

Rosenwald, Julius

geboren 1862 in Springfield, Illinois, gestorben 1932 in Chicago, Inhaber des Versandhauses »Sears, Roebuck & Co«.
Unter Rosenwalds Führung konnte »Sears, Roebuck & Co.« sich zum größten Versandhaus der Welt mit einem jährlichen Umsatz von bis zu 400.000.000 Dollar entwickeln. Julius Rosenwald war wie die meisten wohlhabenden deutsch-jüdischen Einwanderer stark im sozialen Bereich engagiert. Er richtete für seine Angestellten eine Kranken- und Hinterbliebenenversicherung und eine Sparkasse ein, zahlte Pensionen, sorgte für kostenlose medizinische Behandlung u.v.a. mehr. Sein besonderes Interesse galt den amerikanischen Negern. Mit seiner Hilfe entstanden 28 YMCA- und YWCA-Häuser für Schwarze; etwa 5000 Schulen, Lehrerunterkünfte und Läden wurden durch den »Julius Rosenwald Fund« erbaut, der 1929 über ein Budget von 34 Millionen Dollar verfügte.
[S. 127] S.N.

Rosenzweig, Franz

(1886 — 1929), jüdischer Religionswissenschaftler. [S. 96]

Rosselli, Carlo

geboren 1899 in Rom, ermordet am 9.6.1937 in Bagnoles-sur-l'Orne/Normandie, Berufsrevolutionär.
Rosselli kommt aus einer jüdisch-italienischen Familie. Er wächst mit seinen drei Brüdern bei der Mutter, einer Schriftstellerin und Bühnenautorin, in Florenz auf. Rosselli nimmt am Ersten Weltkrieg teil, in dem der älteste Bruder fällt. Wie für viele seiner national eingestellten Generation war das Erlebnis des Ersten Weltkriegs der große Schock. Rosselli schreibt sich zunächst für Wirtschafts- und Gesellschaftswissenschaften ein, in denen er mit einer Arbeit über den Syndikalismus dieses Studium abschließt, und schließt dann ein Jurastudium an, das er 1923 beendet. Seit 1921 sympathisiert er mit der PSI. Seit 1923 Universitätsdozent an verschiedenen Universitäten. Mit dem Fall Matteotti beginnt sein offen antifaschistischer Widerstandskampf — zunächst mit der Gründung der Zeitung »Non mollare«, die für einen harten antifaschistischen Kurs der Opposition eintritt. 1925 landet er nach einer Kampagne in Erinnerung des ersten Jahrestages der Ermordung Matteottis im Gefängnis.
Nach kurzer Zeit freigelassen, beginnt für ihn eine lange Zeit der Verfolgung durch die Faschisten und der Beginn seiner Kritik an

der Politik der PSI. Nach dem Attentatsversuch auf **Mussolini** von 1926 bringen die Brüder Carlo und Nello die Führer der PSI Turati, Parri und Pertini nach Frankreich.
Bei ihrer Rückkehr 1926/27 nach Italien werden sie verhaftet und in mehreren Prozessen verurteilt. 1929 gelingt Rosselli zusammen mit Emilio Lussu und Fausto Nitti die Flucht von einer Gefangeneninsel nach Tunesien und später Frankreich. Die Ankunft Rossellis in Paris ist auch der Beginn seiner Arbeit für die mit seinem Namen verbundene Bewegung »**Giustitia e Libertà**«, die er gründet und der er vorsteht.
Seine Arbeit dreht sich von nun an um die Organisation der Bewegung. Rosselli erkennt sehr früh, daß die eigentliche Machtübernahme der Faschisten in Europa ausgefochten wird und gehört mit seinen Leuten zu den ersten Freiwilligen im Spanischen Bürgerkrieg. Seine vielzitierte Parole aus zahlreichen Radioansprachen ist »Heute in Spanien, morgen in Italien«.
Mussolini, der Rosselli mit persönlichem Haß verfolgt und dem der Erfolg der italienischen Freiwilligen im Spanischen Bürgerkrieg und bei ihren Propagandaaktionen in Italien schon lange ein Dorn im Auge ist, beschließt aktiv zu werden. Am 9. Juni werden Carlo Rosselli und sein Bruder Nello in Bagnoles-sur-l'Orne, wohin sich Rosselli aus gesundheitlichen Gründen kurzzeitig zurückgezogen hat, von französischen »Cagoulards« (französische faschistische Organisation) ermordet. Die Befehlskette für die Ermordung läßt sich bis zu Mussolinis Schwiegersohn Graf Ciano zurückverfolgen. 200.000 Menschen nehmen an der Beerdigung Rossellis in Paris teil. Seine Person und politische Haltung sind Vorbild für die in Italien kämpfenden »Giustitia e Libertà«-Untergrundkämpfer. [S. 222] P.D.

Roth, Joseph

(1894 — 1939), österreichischer Schriftsteller und Journalist. [S. 211]

Rothschild, Betsabe de

amerikanische Sponsorin europäischer Emigranten. [S. 136]

Ruotolo, Onorio

(geb. 1888), italienischer Bildhauer, Antifaschist, emigrierte schon früh in die USA, viele öffentliche Aufträge. [S. 225, 232]

S

Schacht, Hjalmar
geboren 1877 in Tingleff/Schleswig, gestorben 1970 in München, Bankier, Reichswirtschaftsminister, Reichsbankpräsident.
1886 — 1995 Besuch der Gelehrtenschule des »Johanneum«s in Hamburg. Studium in München, Leipzig, Berlin und Kiel. 1899 Promotion zum Dr. phil. in Kiel. 1908 stellvertretender Direktor der »Dresdner Bank«. 1916 Direktor der »Nationalbank« in Deutschland. 1922 Geschäftsinhaber der »Vereinigten Darmstädter und Nationalbank«. 1923 Reichswährungskommissar. 1923 — 1930 und 1933 — 1939 Reichsbankpräsident. Mitglied des »Ehrenausschusses der deutschen Kunst« in München. Senator der »Kaiser-Wilhelm-Gesellschaft«. 1934 — 1937 Reichswirtschaftsminister. 1944 — 1948 Konzentrationslager und Untersuchungshaft. Freispruch in den Nürnberger Kriegsverbrecherprozessen. 1953 Mitinhaber der Außenhandelsbank »Schacht & Co.«, Düsseldorf. [S. 96] R.G.

Schaliach (Schlichim)
hebräisch für »Delegierter, Botschafter, Kurier« für Juden aus Israel, die Jugendliche und Kinder auf die Auswanderung und die Anforderungen ihrer neuen Heimat vorbereiten sollten. Mitarbeiter des **Hechaluz** und der **»Jugend Alijah«**. [S. 96]

Schelling, Friedrich Wilhelm
(1755 — 1854), Philosoph. [S. 273]

Schiff, Jacob H.
Frieda Warburg [S. 127]

Schiller, Friedrich von
(1759 — 1805), Dichter. [S. 67, 76]

Schleiermacher, Friedrich
(1768 — 1834), Philosoph. [S. 78]

Schleppegrell, Adolf
Studium in Hamburg und Freiburg, ging im vierten Semester als **Cecil-Rhodes-Stipendiat** nach Oxford. [S. 84]

Schmidt, Helmut
(geb. 1918), Ökonom und 1974 — 1982 Bundeskanzler. [S. 272]

Scholem, Gerschom
(1897 — 1982), Philosoph.

Schumacher, Ernst Friedrich (Fritz)
geboren 1911 in Bonn, gestorben 1977, Wirtschaftswissenschaftler, Sohn des Ökonomie-Professors, Neffe des Architektur-Pro-

fessors und Städteplaners Fritz Schumacher. 1917 Umzug nach Berlin. 1929 Studium der Rechts- und Wirtschaftswissenschaft in Bonn und in England an der »London School of Economics«. Als **Cecil-Rhodes-Stipendiat** der Jahre 1930/32 im vierten Semester nach Oxford. 1932 als Gasthörer nach New York an die »Columbia University«. 1933 erste Erfahrungen als Dozent an der »School of Banking at Columbia University«, wo Schumacher die Lehren Keynes vertrat. In den folgenden Jahren Arbeit in mehreren Banken, nach der Rückkehr nach Berlin 1934 auch im Bankhaus M.M. Warburg. 1936 Heirat mit Anna Maria Petersen. Noch im gleichen Jahr Umzug nach London als Investmentberater bei »Unilever.« 1940 Internierung in Großbritannien als feindlicher Ausländer. Während des Zweiten Weltkriegs Mitverfasser eines Berichts über Wohlfahrtsstaatsplanung. 1946 — 1950 Wirtschaftsberater in der britischen Sektion der Kontrollkommission für Deutschland. 1950 Wirtschaftsberater von »National Coal Board«. 1963 Direktor für Statistik. 1966 Gründer und bis 1977 Vorsitzender der »Intermediate Technology Dev. Group«, gleichzeitig 1970 — 1977 Direktor von »Scott Bader Co. Ltd.« und Präsident von »The Soil Association.«. 1973 erschien sein aufsehenerregendes Buch »Small is Beautiful«, ein Plädoyer für eine einfachere, kleinräumigere Technologie, das zahlreiche Politiker beeinflußte.

Über Schumachers Bekanntschaft mit Ingrid Warburg schreibt Barbara Wood, die Tochter Schumachers, in ihren Erinnerungen:

»Oxford schien für Fritz eine Männerwelt gewesen zu sein. Er zog viele Frauen an, als er Amerika erreichte, und er hatte viele Freundinnen, bevor er nach Oxford ging, aber seine einzige ernsthafte Beziehung in seiner Oxford-Zeit hatte er mit einem deutschen Mädchen, Ingrid Warburg, einer Tochter der Bankiers Warburg in Hamburg. Das Treffen mit Ingrid, einer dunklen und schönen Jüdin, war eines der glücklichsten Erlebnisse seiner Ferien in Hamburg. Sie blieben in Verbindung während seines zweiten Jahres in Oxford wobei sie sich in den Ferien trafen, ihre Beziehung erreichte einen Höhepunkt im folgenden Sommer 1932 in Hamburg, wo Fritz seine letzten Tage verbrachte, bevor er nach Amerika ging. Vielleicht war das einer der Gründe, warum England zu dieser Zeit bei ihm keinen Anklang fand.« (Wood, 38)

In Oxford hatte Schumacher auch **Adam von Trott** kennengelernt und sich mit ihm über die Frage gestritten, wie Hitler bekämpft werden könne. Barbara Wood beschreibt eine solche Auseinandersetzung aus dem Jahre 1938:

»Von Trott glaubte, daß Hitler von innen bekämpft werden müsse. Er plante, sich in der deutschen Regierung hochzuarbeiten, die Stärken und Schwächen des Regimes herauszufinden und diejenigen, die es stützen, und, wenn die Zeit reif ist, einen entscheidenden Schlag auszuführen.

Fritz war völlig anderer Ansicht als von Trott. Er war schon lange zu dem Schluß gelangt, daß die Wirkung der Nazis viel tiefgehender war als die Rohheit und Grausamkeit, die in der Natur des Regimes liegt. Deutschland, sagte er später, war wie ein Glas Wasser mit einem Bodensatz von Dreck, die Nazis hätten den Schlamm aufgewirbelt und das ganze Glas getrübt. Es würde mehr bedürfen als einen Wechsel der Führerschaft, um es zu reinigen. Er versuchte mit aller Kraft, diesen Punkt von Trott zu vermitteln und ihn von seinem Plan abzubringen, den er nicht als heroisch ansah, sondern als wahnwitzig. Von Trott versuchte mehr zu tun, als von irgend jemand erwartet werden könnte zu tun. Er würde seinen Hals sinnlos opfern. Fritz schaffte es nicht, von Trott zu überzeugen, dessen Bindung an seinen gewählten Weg ziemlich fanatisch war. Er war bereit, für seine Sache zu sterben und tragischerweise tat er es, als er grausam hingerichtet wurde für seine Teilnahme an der unglücklichen Verschwörung, Hitler zu töten am 20. Juli, 1944.« (Wood, 96) [S. 84, 86, 276] R.G.

Schwartz, Abba

Absolvent der »Harvard Law School«. Teilnahme am Zweiten Weltkrieg bei der Navy in Murmansk. Gegen Ende des Kriegs Repräsentant beim »Intergovernmental Committee on Refugees«. Unter Präsident **Kennedy** Unterstaatssekretär im Aussen-Ministerium für Sicherheit und konsularische Angelegenheiten. Guter Freund von **Eleanor Roosevelt**. [S. 167]

Schweitzer, Albert

(1875 — 1965), Arzt, Theologe, Musiker, Nobelpreisträger. [S. 66, 68, 251]

Seebach, Hasso von

,1934 Journalist im Berliner Büro der »United Press«. Befreundet mit **Adam von Trott**, den er Anfang Mai 1934 auf der Durchreise nach England in Hanau besuchte. Half zusammen mit Trott den jüdischen Intellektuellen **Julie** und **Hertha Braun-Vogelstein** in Berlin. In ihrer Autobiographie gibt Julie Braun-Vogelstein den Satz wieder, mit dem Seebach 1935 den nationalsozialistischen Butler davonjagte: »Sie haben Frau Dr. Braun bedroht. Wir können Sie nicht länger hier dulden. Ich werde Sie zum Gartentor hinaus begleiten.« Die darauf folgende Bedrohung durch die SA konnte eine Zeit lang abgewehrt werden. Sommer 1935 Emigration nach New York mit Julie und Hertha Vogelstein. Treffen mit Adam von Trott, bei dem sich Seebach gegen den Versuch aussprach, den Nationalsozialismus von innen her zu überwinden, da man sich an deren Untaten mitschuldig machen würde. 1937 als Assistent Julie Braun-Vogelsteins, die an einem Kunstbuch arbeitete, nach Magna Graecia, Italien. In New York Arbeit im »Institute for Pacific Relations«. 1939 Besuch von Adam von Trott. Dezember 1941 Verhaftung von Seebach und Julie Vogelstein und Überführung nach Ellis Island, wo sie über den Kontakt mit Adam von Trott verhört wurden. 1947 Rückkehr nach Deutschland. [S. 149] R.G.

Seghers, Anna

(1900 — 1983), deutsche Schriftstellerin, emigrierte 1933 über Frankreich und Spanien nach Mexiko, 1947 Rückkehr nach Ost-Berlin. [S. 228]

Sereni, Emilio

geboren 1907 in Rom, gestorben 1977 in Rom, Agrarwissenschaftler, Kommunist und Antifaschist, Bruder von **Enzo Sereni**.

Aus einer jüdischen Intellektuellenfamilie stammend, studiert Sereni Landwirtschaft, Russisch und Marxismus in Portici / Neapel, heiratet 1928 die russische Revolutionärin Xenia Silberberg. Schon seit 1927 aktiv im kommunistischen Untergrund. Lernt Benedetto Croce kennen, der ihn seine Bibliothek nutzen läßt. Befreundet mit Giorgio Amendola und Giustino Fortunato. Auf einer Studienreise lernt er in Paris Palmiro Togliatti kennen.

1930 verhaftet und von einem Sondergericht zu 15 Jahren Gefängnis verurteilt. 1935 durch eine Amnestie freigekommen, flieht er mit seiner Frau nach Frankreich. Er übernimmt die Leitung der Zeitung »Stato Operaio«. Er publiziert viel, vor allem über die italienische Agrarfrage. 1937 wird Sereni von den Stalinisten in Moskau verhaftet und wegen »spekulativer«, »trotzkistischer« und »zionistischer« Tendenzen angeklagt. Seine Frau wird aus der Partei ausgeschlossen, weil sie die Nichte des Anarchisten Boris Savinkov ist. Sereni kann mit Mühe und Selbstkritik seinen Kopf retten, und 1939 ist er wieder in Frank-

reich. Er schreibt sein klassisches historisch-ökonomisches Werk »La questione agraria nella rinascita nazionale«. Er nimmt an der Gründung des »Comitato d'ázione per l'únione del popolo italiano« (C.L.N.) in Toulouse teil, dem historischen Bündnis zwischen Kommunisten, Sozialisten und »**Giustizia e Libertà**«.
1943 wird er von italienischen Okkupationstruppen entführt, gefoltert und zu 18 Jahren Gefängnis verurteilt. 1944 befreit, nimmt er sofort wieder am Widerstand teil. Nach dem Krieg wird Sereni Regierungspräsident der Lombardei. Er wird Minister in zwei Kabinetten und ist aktiv und führend an der Umgestaltung und Entstalinisierung der Partei beteiligt. Nach dem Krieg beginnt seine umfangreiche wissenschaftliche Arbeit zu den Themen Marxismus und Agrarfrage. [S. 221]
P.D.

Sereni, Enzo

geboren 1905 in Rom, gestorben 1944 in Dachau, aktiver Zionist.
Wichtiger italienischer Befürworter des Zionismus und der jüdischen Besiedlung Palästinas. Nach dem XII. Zionistischen Kongreß in Karlsbad 1921 wandte er sich dem Zionismus zu, den er als authentischen Ausdruck des nationalen Willens des jüdischen Volkes verstand. Daher sein konstanter Einsatz für die zionistische Bewegung, im Unterschied zu seinem Bruder **Emilio Sereni**, der aktives und später führendes Mitglied der italienischen Kommunistischen Partei war. 1926 emigrierte Sereni nach Palästina, wo er seine sozialistischen Ideen in der kollektivistischen Ausrichtung der Kibbuzim konkretisierte. Er sah die kollektivistische Bewegung als Dreh- und Angelpunkt eines zukünftigen jüdischen Staates. Einer der Gründer des Kibbuz »Givat Brenner«. Mitglied der MAPAI, der sozialistischen Partei Israels.
1930 begann für Sereni eine Reihe von Auslandsmissionen in der ganzen Welt, unter anderem auch in Deutschland, um für die zionistische Bewegung und für den Schutz der jüdischen Bevölkerung zu werben.
Während des Krieges erreichte er von den Alliierten die Erlaubnis zur Ausbildung von Fallschirmjägern, die hinter der Front und in den besetzten Ländern eingesetzt wurden: zum Kriegseinsatz und zur Rettung verfolgter Juden. Während eines dieser Einsätze landete Sereni zwischen den deutschen Linien. Nach einer traurigen Odyssee durch mehrere KZ in Dachau ermordet / verschollen. [S. 221] P.D.

Serge, Victor (Victor Lwowitsch Kibaltschisch)

(1890 — 1947), Anarchist und Berufsrevolutionär russischer Abstammung.
1912 wegen anarchistischer Betätigung in Paris verurteilt. 1917 Mitarbeiter der »Nord-Kommune« in der Sowjetunion. 1922 Westeuropa-Redakteur der »InPreKorr«. 1928 Ausschluß aus der KP und Komintern wegen Zugehörigkeit zur linken Opposition. 1933 in der Sowjetunion verhaftet. 1936 nach internationalen Protesten Ausreise nach Belgien (später Frankreich) genehmigt. 1941 Mexiko. Ein amerikanisches Einreisevisum wurde ihm mehrfach verwehrt. 1967 erschien seine Autobiographie »Beruf: Revolutionär«.
(**Mary Jayne Gold**) [S. 188] S.N.

Shakespeare, William

(1564 — 1616), Dichter. [S. 67, 97, 100]

Siebert, Hans

geboren 1910 in Niedervellmar bei Kassel, Lehrer und Professor.
Aufgewachsen in einer Bauernfamilie. Mitglied der Kommunistischen Partei Hessen

und der »Vereinigung sozialistischer Geistesarbeiter«. 1933 politischer Gefangener im Gefängnis Kassel-Wehlheiden. 1934 »Schutzhaft« im Konzentrationslager Lichtenburg. Ende 1935 Entlassung auf Initiative **Adam von Trotts**. 1937 Emigration nach England. 1947 ging Siebert in die DDR und wurde Hauptreferent im Zentralsekreteriat der SED. Später bis 1959 Direktor des »Pädagogischen Instituts Karl Friedrich Wilhelm Wander« in Dresden. Seit 1960 Professor für Geschichte und Theorie der sozialen Pädagogik an der »Technischen Universität Dresden«.

Adam von Trott lernte Siebert im Gefängnis von Kassel-Wehlheiden kennen, in dem Trott einen Teil seines Juristen-Referendariats absolvierte. Trott, der den Auftrag bekam, sich des Falles Siebert anzunehmen, schloß mit ihm eine enge Freundschaft. Trott schmuggelte ihm eine Ausgabe von **Lenins** Kommentar zu **Hegel** in die Zelle. Ausgiebig diskutierten sie den Marxismus und die Chancen des Aufbaus einer Volksfront zum Sturz der Nazis.

Trott war mutig genug, sich nicht nur mit dem Kommunisten Siebert anzufreunden, sondern in seinem Bericht über den Strafgefangenen Siebert auch noch eindringlich für dessen Freilassung zu plädieren, mit dem Argument, Siebert sei ein Idealist, der aus moralischen Gründen zur Kommunistischen Partei gegangen sei, weil er dort aktiv etwas für die Arbeiter tun wollte.

Siebert wurde tatsächlich im April 1934 freigelassen, aber sofort anschließend in »Schutzhaft« genommen und in das Konzentrationslager Lichtenburg transportiert. Ende August 1935 gelang es Adam von Trott als Sieberts Verteidiger, die vom Staatsanwalt geforderten 1 1/2 Jahre Zuchthaus auf ein 1/2 Jahr Gefängnis zu mildern. Da Siebert bereits sechs Monate inhaftiert war, wurde er bald entlassen. Trott versuchte nun, Siebert aus dem Kreis seiner Kasseler Kommunistenfreunde herauszulösen.

Ende September 1935 besuchte Siebert mit Adam von Trott Ingrid Warburg in Hamburg. Bald hatte Siebert jedoch wieder Kontakt zur KP aufgenommen. Als Sieberts Situation unhaltbar wurde, verhalf Trott ihm zur Emigration nach England, wo **Diana Hubback** und die Mutter von **Shiela Grant Duff** ihm eine Bleibe besorgten. [S. 102, 295] R.G.

Sieveking, Friedrich

(geb. 1907), Jurist und Senatspräsident a.D. beim Bundesverwaltungsgericht. [S. 277]

Sieveking, Kurt

(1897 — 1986), Rechtsanwalt, Sekretär von Carl Melchior, 1936 Syndikus bei »Brinckmann, Wirtz & Co.«, Botschafter in Stockholm, 1953 — 1957 Bürgermeister von Hamburg. [S. 161]

Silone, Ignazio (Secondino Tranquili)

geboren 1900 in Pescina dei Marsi in der Region Aquila / Abruzzen, gestorben 1976 in Genf, Schriftsteller, »Sozialist ohne Partei und Christ ohne Kirche«.

Sohn einer Weberin und eines kleinen Landbesitzers, wird Silone 1915 wie in vielen süditalienischen Familien als einziger von vielen Kindern zum Studieren ins Seminar geschickt, muß aber, als ein Erdbeben die Marsica (Gegend um Aquila und Avezzano) verwüstet und fünf seiner Brüder und viele Verwandte tötet, die Studien abbrechen. Schon mit 17 Jahren schreibt er seine ersten Artikel für das sozialistische Blatt »Avanti«, in denen er die Unterschlagungen von Geldern für den Wiederaufbau der zerstörten Region anklagt. Im selben Jahr 1917 übernimmt Silone den Posten des Regional-Sekretärs für die Abruz-

zen der »Federazione dei Lavori de la Terra«, einer Art Gewerkschaft für Landarbeiter. Er wird wegen seiner politischen Haltung das erste Mal inhaftiert.
Silone zieht nach Rom und wird dort Sekretär der »Sozialistischen Jugend Italiens«, die eine sehr linke Position einnimmt.
1921 nimmt er an denrGründung der Kommunistischen Partei Italiens teil. Er redigiert zahlreiche politische Zeitungen, ab 1918 die »Avanguardia« in Rom und später ab 1923 »Il Lavoratore« in Triest. Er wird ein »Parteisoldat« mit Aufträgen in Italien, aber auch im Ausland. 1924, im Gefängnis von Barcelona, unterschreibt er zum ersten Mal einen Artikel mit »Ignazio Silone«. Unter den erschwerten Bedingungen für die kommunistische Partei nach dem Sieg der Faschisten 1922 übernimmt Silone unter der Führung von Antonio Gramsci zunächst die Organisation der Presse, später ist er für Innenpolitik zuständig, während Togliatti die Außenpolitik leitet. Er wird von der Polizei verfolgt, muß in den Untergrund gehen und wird in das Zentralkomitee der Kommunistischen Partei aufgenommen. Nach mehreren verdeckten Aus- und Einreisen nach Frankreich und in die Schweiz und Arbeit für die Presse und Propagandaabteilung der Partei in Italien geht Silone endgültig 1927 in die Schweiz, zunächst nach Lugano und dann nach Basel.
1927 nimmt Silone mit Togliatti am VIII. Plenum der Kommunistischen Internationale teil, auf der **Stalin** seine antitrotzkistische Linie verkündet. Silone ist unter den wenigen offenen Gegnern dieser Entwicklung und nimmt gegen die repressiven Methoden des Stalinismus Stellung.
Diese Auseinandersetzungen führen ihn zu dem Entschluß, sich von der Partei zu trennen. Als 1930, während er schwerkrank in einer Schweizer Klinik liegt, drei führende Mitglieder und Gründer der Partei wegen »trotzkistischer Abweichungen« aus der Partei ausgeschlossen werden, endet für Silone dieser »schmerzlichste und traurigste Kampf meiner Jugend« mit dem Austritt aus der Partei. Währenddessen stirbt sein Bruder in den faschistischen Gefängnissen. Nach 1945 beginnt bei Erscheinen seiner im Schweizer Exil entstandenen Bücher in Italien eine traurige Polemik gegen ihn, die auch den Tod des Bruders gegen ihn verwendet.
Silone arbeitet im Exil dennoch weiterhin politisch — jetzt für die sozialistische Partei, die ihn bittet, die Auslandsleitung zu übernehmen. Silone wird sofort von der Schweizer Polizei wegen Übertretung des Verbotes der politischen Betätigung verhaftet und ins Gefängnis von Zürich überführt. Nach einigen Wochen Haft wird er in Davos und dann in Baden interniert. Heftige Auslieferungsbegehren der italienischen Faschisten werden aber von den Schweizer Behörden abgelehnt.
Im Schweizer Exil entstehen auch seine wichtigsten, später weltberühmten literarischen und politischen Arbeiten: »Fontamara« 1933; »Der Faschismus« 1934; »Brot und Wein«, 1936; »Die Schule der Diktatoren«, 1938; »Der Samen unter dem Schnee«, 1942. Thema seiner Romane ist das Leben der armen Landbevölkerung, der verschuldeten Kleinbauern, Landarbeiter und Tagelöhner in den Abruzzen, der »Cafoni«. Thema ist die Zusammenarbeit von Großgrundbesitz, Faschismus und Kirche, die in einem Klima der Unterdrückung dem Volk nur noch den Weg in den offenen Widerstand lassen, der brutal niedergeschlagen wird. Am Ende steht die Hoffnungslosigkeit, die auch eine harte Kritik an der Unfähigkeit der Kommunistischen Partei ist, sich in die Mentalität und die Gegebenheiten des Südens hineinzudenken.
Nach dem Krieg kehrt Silone nach Italien zurück. In der Sozialistischen Partei kämpft er an der Seite von Sandro Pertini und Giu-

seppe Saragat gegen die von **Nenni** vertretene Linie der Annäherung an die Kommunisten. Kurze Zeit Direktor des »Avanti« zieht sich Silone 1949 von der aktiven Politik zurück und wird Präsident des italienischen PEN-Clubs und der proamerikanischen Gesellschaft »Libertà de la cultura«. Außerdem ist er an der ‚den **europäischen Föderalismus** fördernden Bewegung beteiligt mit der Zeitschrift »Europa socialista«. Von 1956 bis 1968 gibt er zusammen mit **N. Chiaromonte** die Zeitschrift »Tempo presente« heraus. Seine politische Position ist geprägt vom Kampf gegen Ungerechtigkeit, für wahre Brüderlichkeit und ein ursprüngliches »armes« Christentum wie das der süditalienischen »Cafoni«. Sein Eintreten gegen jede Diktatur hat ihn trotz seiner internationalen Berühmtheit in Italien isoliert. **(Louis Fischer)** [S. 170, 225, 247f., 255, 265] P.D.

Singer, Isaac Bashevis

(geb. 1904), jüdisch-amerikanischer Schriftsteller, Nobelpreisträger. [S. 49]

Solf, Hans Heinrich

Mitschüler Ingrid Warburgs in Salem, Sohn des deutschen Botschafters in Tokio von 1920 — 1928, Wilhelm Solf. Seine Mutter Hanna Solf wurde 1943 als Mitglied der sogenannten »Teegesellschaft« von der Gestapo verhaftet. [S. 64]

Spender, Stephen

geboren 1909 in London, Dichter, Journalist. Sohn eines liberalen Journalisten und einer Mutter deutscher Abstammung. Studium in Oxford. Gründete mit W. H. Auden und anderen eine Gruppe poetischer Propagandisten des Marxismus. Kämpfte im Spanischen Bürgerkrieg auf Seiten der Kommunisten. Sagte sich zusammen mit **Silone**, **Louis Fischer,** Gide, Koestler u.a. mit dem Werk »The god who failed« vom stalinistischen Kommunismus los. 1939 Mitherausgeber der Zeitschrift »Horizon«, seit 1953 des »Encounters« in London. Verschiedene Lehrtätigkeiten: 1948 »Sarah Lawrence College«, USA, 1963 »University of California«, 1963 »Northwestern University of Illinois«, 1968 »University of Connecticut«, 1970 »University of London«. Zeitweise Mitglied der UNESCO. Übersetzte Toller, **Rilke**, Garcia Lorca, Schiller und Wedekind ins Englische.
Stephen Spender war zusammen mit W. H. Auden und Christopher Isherwood eine der literarischen Begabungen in Oxford. Spender wurde einmal »Die Stimme des Zeitalters der Angst« genannt.
Stephen Spender spielte eine tragische Rolle beim Scheitern der Versuche von **Adam von Trott**, die amerikanische Regierung zur Unterstützung des deutschen Widerstands zu bewegen. Anfang 1940 veröffentlichte er im »Horizon Magazine« einen Bericht über sein Treffen mit Trott 1933, in dem Trott der Sympathie mit dem Nationalsozialismus verdächtigt wird (**Diana Hopkinson**, in: Malone, 93). **(Isaiah Berlin)** [S. 84, 293] R.G.

Familie Spinelli

Die Eltern **Venieros**, Carlo und Maria Spinelli, stammen aus dem Süden Italiens, mütterlicherseits aus den Abruzzen und väterlicherseits aus altem bourbonischen Adel.
Sie haben acht Kinder: **Altiero**, Veniero, **Cerilo**, Anemone, Asteria, **Gigliola**, Azalea, Fiorella. [S. 219, 233, 240ff., 246f., 249, 263]

Spinelli, Altiero

geboren 1907 in Rom, gestorben 1986 in Rom, Politiker und politischer Publizist, Bruder von **Veniero Spinelli**.
Altiero wurde von den aus Süditalien stammenden Eltern wie die Geschwister in streng laizistischem Sinn erzogen. Er kam schon

sehr früh mit dem Sozialismus in Berührung. Er besuchte das Gymnasium und Lyzeum, studierte aber nebenbei quasi autodidaktisch marxistische Schriften und fühlte sich mit 17 Jahren als »fertiger Kommunist«. 1924 schrieb er sich an der Rechtswissenschaftlichen Fakultät in Rom ein und trat gleichzeitig in die Jugendorganisation der italienischen Kommunisten, die »Federazione giovanile del Partito Communista d'Italia« ein. Sein Berufswunsch: Revolutionär.

Zum Leiter der Jungkommunisten für Zentralitalien geworden, trennte sich Altiero von den Eltern und dem Universitätsstudium und widmete sich ausschließlich der Parteiarbeit. Von der römischen Polizei gesucht, wurde er von der Partei nach Mailand geschickt, um dort die Jugendorganisationen der Lombardei, Piemonts und Liguriens zu organisieren. Dort wurde er zusammen mit einigen Genossen am 27.6.1927 verhaftet und vom Sondergericht zu 16 Jahren und 8 Monaten Gefängnis verurteilt.

Fast ein Jahrzehnt dauerte die Odyssee durch Strafanstalten und Gefängnisse in Lucca, Viterbo, Civitavecchia. Durch Straferlaß und Amnestien verringerte sich seine Strafe, aber just in dem Augenblick, in dem er entlassen werden sollte, wurde er für fünf Jahre in ein Zwangslager eingewiesen und auf die Insel Ponza geschickt.

Hier trennte er sich von der Kommunistischen Partei mit dem oft zitierten und auch gegen ihn gebrauchten Geständnis: *»Ich begann zu begreifen, daß es zwischen Himmel und Erde mehr Dinge gibt, als die kommunistische Philosophie vermutet, und daß nicht wenig von dem, was mir als gesicherte und vernünftige Wahrheit erschien, der Kritik nicht standhielt ... In dem geheimen Vertrag, den ich mit der Partei geschlossen hatte, war nicht der Verzicht auf die Autonomie und die absolute Freiheit meiner Gedanken eingeschlossen.«*

Schon 1933 war Spinelli in Opposition zur Politik der III. Internationale und der kommunistischen Bewegung geraten, diese Haltung verstärkte sich mit der Volksfrontpolitik und den Moskauer Prozessen. Im Sommer 1937 wurde er aus der Kommunistischen Partei ausgeschlossen.

1939 nach Ventotene — einer Gefangeneninsel — verbannt, wo er bis zum Ende des Faschismus blieb, lernte er Ernesto Rossi, Eugenio Colorni und seine spätere Frau **Ursula Hirschmann** kennen: die Geburtsstunde des Föderalismus.

Im Juni 1941 verfaßten Spinelli und Rossi das »Manifest von Ventotene«, ein politisches Programm, das jenseits von Parteipolitik auf internationaler Ebene eine demokratische **Föderation** der **europäischen** Staaten vorschlug, als einzige Lösungsmöglichkeit, um den Widersprüchen zwischen den Nationalstaaten zu entgehen, die verantwortlich seien für ideologische, ökonomische und militärische Konflikte. Mit Hilfe von Ursula Hirschmann begann das Manifest, sich in kleinen intellektuellen Zirkeln in Italien und der Emigration zu verbreiten.

1943 wurde Spinelli freigelassen und kehrte nach Rom zurück. Von dort ging er nach Mailand, wo sich Ursula Hirschmann inzwischen niedergelassen hatte. Dort wurde das »Movimento federalista italiano« gegründet. Bis Ende des Krieges arbeitete Spinelli als Sekretär der »Partito d'Azione«, einer kleinen aber sehr wirkungsvollen Gruppierung in der Resistenza, die sozialistische, republikanische, liberale, föderalistische und radikaldemokratische Elemente und Personen in sich vereinigte, 1946 wegen mangelnder Massenbasis aber aufgelöst wurde.

Spinelli war dann von 1946 bis 1963 Sekretär des »Movimento federalista italiano« und Chefdelegierter der »Unione europea dei federalisti«. 1965 — 1970 Gründer und Direktor des »Istituto affari internazionali« in Rom. 1976 als unabhängiger Kandidat auf der Liste der Kommunisten ins Europäische Parlament gewählt, gehörte Spinelli zu den aktivsten und einflußreichsten Europapolitikern, z.B. als Präsident der Kommission für Verfassungsfragen. Zu seinen letzten Taten gehörte die Gründung des »Club Coccodrillo«, einer Gruppierung aus Abgeordneten aller Länder und Fraktionen, die sich für eine Europäische Union einsetzte. [S. 221, 229, 232, 234, 239, 254] P.D.

Spinelli, Cerilo

geboren 1914 in Rom, Bruder von **Veniero** und **Altiero Spinelli**.

Noch nicht zwanzig, beteiligt sich Cerilo an dem Untergrundkampf der Kommunisten in Rom. 1935 — 1936 wird er wegen Verteilens von Flugblättern gegen den Abessinischen Krieg verhaftet und 1936 zu fünf Jahren Haft verurteilt.

Er verläßt die Kommunistische Partei, bleibt aber militanter Antifaschist, wird 1941 erneut verhaftet und 1942 verurteilt. Ab 1943 ist er in der Sozialistischen Partei, und zusammen mit der Schwester **Gigliola** nimmt er am Befreiungskampf der Resistenza in der Brigade »Matteotti« in Rom und später in Umbrien und der Lombardei teil. Spinelli ist einer der wichtigsten Vertreter des italienischen Untergrunds. 1944 begleitet er Alessandro Pertini. Er gehört zu den ersten Mitgliedern der europäischen Bewegung. Nach dem Krieg ist er als Manager beim staatlichen Konzern »Montedison« tätig. P.D.

Spinelli, Gigliola

bekannte Übersetzerin aus dem Russischen, lebte nach dem Zweiten Weltkrieg mit **Franco Venturi** zusammen in Moskau, heute in Turin. [S. 241ff., 255]

Spinelli, Veniero

geboren 1909 in Rom, gestorben 1969 in Rom, Berufsrevolutionär.

Nach einer turbulenten Jugend in Rom geht Veniero nach Turin, wo er bei der FIAT angestellt wird und sich an der Untergrundarbeit der Kommunistischen Partei beteiligt. 1931 wird er verhaftet und am 25.1.1932 zu sechs Jahren Gefängnis verurteilt. Ende 1932 kommt er durch eine Amnestie frei und flieht kurz darauf nach Frankreich. Er verläßt die Kommunistische Partei und lebt im Kreis der italienischen Emigranten in Paris. 1936 geht er nach Spanien und wird Pilot in der Staffel, die von André **Malraux** aufgestellt wird, der **»Squadriglia Malraux«.** Nach Frankreich zurückgekehrt, kämpft er gegen die deutsche Besatzung und flieht vor erneuter Verhaftung von Marseille nach Martinique. Von dort geht er nach New York, wo er 1941 Ingrid Warburg heiratet. 1942 wird er amerikanischer Soldat und nimmt Ende 1942 an der amerikanischen Invasion in Italien teil. Zusammen mit Ingrid Warburg hat Venierio fünf Kinder. [S. 58, 121, 125, 215, 239]

Spinelli, Elena

geboren am 6. November 1942 in New York, Sozialarbeiterin. [S. 77, 227, 232, 239, 244, 250, 275]

Spinelli, Oliviero

geboren am 28. September 19423in New York, Journalist. [S. 136, 211, 229, 232, 240, 244, 250, 252, 271, 276]

Spinelli, Gioconda

geboren 2. September 1946 in Rom, Sozialarbeiterin und Psychoanalytikerin. [S. 246, 250]

Spinelli, Francesco

geboren am 25. November 1948 in Rom, Bankier. [S. 252, 259]

Spinelli, Italo

geboren am 19. Januar 1951 in Rom, Schauspieler und Regisseur. [S. 248, 277, 290]

P.D.

Veniero Spinelli (rechts) im Spanischen Bürgerkrieg

André Malraux

Squadriglia Malraux (De Rosa, Nenni u.a.)

Pietro Nenni

Squadriglia Malraux
republikanische Fliegerstaffel im Spanischen Bürgerkrieg.
Als am 18. Juli 1937 der Spanische Bürgerkrieg ausbrach, war der französische Schriftsteller **André Malraux** einer der ersten, die begriffen, daß in Spanien ein Stellvertreterkrieg ausgefochten wurde, der die politische Landschaft ganz Europas verändern würde. Malraux, zu diesem Zeitpunkt ein überzeugter Fürsprecher der Volksfrontregierung Léon Blums, erwartete von diesem deshalb auch eine militärische Intervention Frankreichs. Blum versprach aber lediglich Waffenhilfe und diese auch nur inoffiziell. Malraux verhandelte darüber in Madrid und kaufte dann in Frankreich alte Flugzeuge auf. Auch wenn diese einem Piloten »wie Knatterbüxen vom Flohmarkt« erschienen, so gibt es auch Stimmen wie die von **Pietro Nenni**, der auch in Spanien kämpfte, daß Malraux eine »behelfsmäßige Luftwaffe von unschätzbaren Diensten« aufgestellt habe. Oberst Hidalgo Cisneros, späterer Chef der spanischen Luftwaffe, behauptet dagegen: *»Malraux wollte bei uns eine Rolle spielen, die Lord Byron in Griechenland spielte. Seine Bedeutung als selbsternannter Kommandant der von ihm zusammengewürfelten Escuadrilla España war gleich Null.«* (FR, 9.4.1983) Dieses Urteil ist durch viele Augenzeugen und die zahlreichen Einsätze, die diese Staffel im Kampf um Medelin, Toledo und Teruel flog, widerlegt. Malraux, der selbst keine Ahnung von der Fliegerei hatte, wurde dennoch von seinen Piloten respektiert, auch wenn der »Bockmist seiner idiotischen Befehle« 1937 zu einer Bruchlandung in den aragonischen Bergen führte und man ihn lieber auf eine Propagandatour durch die USA schickte. Malraux hat über diese Zeit sein wohl berühmtestes Buch »L'Éspoir« (1948) geschrieben. **(Nicola Chiaromonte)** [S. 222] P.D.

Stalin, Joseph
(1879 — 1953), sowjetischer Diktator. [S. 221]

Starhemberg, Ernst R. Prinz von
(1899 — 1956), Führer der österreichischen (faschistischen) Heimwehren.
1923 Beteiligung am Hitler-Putsch. 1930 Verhandlungen mit **Mussolini** über Staatsstreich in Österreich. 1934 — 1936 österreichischer Vizekanzler. 1938 ins Exil (vermutlich Frankreich, dann England), 1942 Südamerika. 1955 Rückkehr nach Österreich. 1942 erschien seine Autobiographie »Between Hitler and Mussolini«. [S. 183] S.N.

Stauffenberg, Claus Graf Schenk von
(1907 — erschossen 20.7.1944), Soldat. [S. 121]

Steinhardt
russischer Violinist, verheiratet mit **Dodo von Haeften.** [S. 252]

Strauß, Franz Josef
(1915 — 1988), deutscher Politiker. [S. 278]

Szold, Henrietta
geboren 1860 in Baltimore, Maryland, gestorben 1945 in Jerusalem, amerikanische Erzieherin und Sozialarbeiterin jüdischer Abstammung.
Aktiv für den Zionismus. 1912 Mitbegründerin der »Hadassah«, der zionistischen Frauenorganisation. Sie zog 1920 nach Palästina und wurde dort das erste weibliche Mitglied des Exekutivausschusses der »World Zionist Organization«. 1934 übernahm sie die **»Jugend Alijah«**-Organisation, die sich unter ihrer Führung weiterentwickelte und zehntausende von jungen Juden vor dem Faschismus nach Palästina retten konnte. [S. 151]
S.N.

T

Taddei, Ezio

geboren 1895 in Livorno, gestorben 1956 in Rom, Anarchist, Kommunist, Schriftsteller.
Taddei kommt aus einer Familie von Kaufleuten und Beamten. Nach dem von ihm mitorganisierten Streik der Krankenschwestern 1913 in Rom wird er vom Vater hinausgeworfen. Es folgen für ihn Jahre der »menschlichen und gesellschaftlichen« Erfahrung. Er arbeitet als Tagelöhner und lernt das Proletariat und Subproletariat kennen. Hier bildet sich auch seine anarchistische Position gegen jede Unterdrükkung und alle Unterdrücker heraus. 1915 nimmt er am Krieg teil und wird 1921 während einer Demonstration für die Befreiung von Armando Borghi und Enrico Malatesta verhaftet und zu 8 Jahren Gefängnis verurteilt, die dann wegen weiterer Vergehen, so einem Fluchtversuch, zunächst um 5 und dann um 2 Jahre verlängert werden. Diese Jahre sind für ihn »seine Schule«. 1936 gelingt ihm die Flucht in die Schweiz, dann nach Paris. Er beginnt seine Arbeit an der anarchistischen Zeitschrift »Adunata dei refrattari« und geht schwarz in die USA. Die soziale Situation in den USA ist eine Herausforderung für seine politische Reflexion und seine Position als Publizist und Schriftsteller. Obwohl er von der kommunistischen Presse wegen »seines Verrats an Antonio Gramsci« angegriffen wird, nähert sich Taddei während des »Falles Tresca« den Kommunisten, die für die Ermordung von **Carlo Tresca** verantwortlich gemacht werden. Er veröffentlicht 1943 »Il caso Tresca« in New York und wird kurz darauf wegen seiner schwarzen Einreise aus den USA ausgewiesen. In Italien wird er Mitglied der kommunistischen Partei und veröffentlicht mehrere Bücher. [S. 217f., 223] P.D.

Tagore, Rabindranaht

(1861 — 1941), indischer Dichter und Philosoph, Nobelpreisträger.

Tenenbaum, Katia

Professorin für Philosophie in Rom, Freundin Ingrid Warburgs. [S. 290]

Thalhimer, William

(gest. 1961), Besitzer eines großen Warenhauses in Richmond, Virginia, Mitarbeiter des **»Joint«** und engagiert in der Kinderflüchtlingsarbeit. [S. 136f.]

Thomas, Norman

geboren 1884 in Marion, Ohio, gestorben 1968 in Huntington, New York, amerikanischer Sozialistenführer, sechsfacher Kandidat der Sozialistischen Partei für das Präsidentenamt.
Thomas war Pazifist und vertrat das Recht auf Kriegsdienstverweigerung und Mei-

nungsfreiheit. Er kämpfte gegen rassistische Organisationen wie den Ku-Klux-Clan. 1917 gründete er das »National Civil Liberties Bureau«, aus dem die »American Civil Liberties Union« **(Roger Baldwin)** entstand. 1922 half er bei der Entstehung der »League for Industrial Democracy«. Er war Gründer und Redakteur von »The World Today«, Redakteur von »The Nation« und »New Leader«. Seine Einstellung zur Außenpolitik der USA im faschistischen Europa war lange gegen jede Einmischung, änderte sich jedoch nach dem Angriff der Japaner auf Pearl Harbour. Er unterstützte **Karl Franks** Gruppe **»Neu Beginnen«**, die er als Vertretung der jüngeren Generation Deutschlands anerkannte.
(**Carlo Tresca, Mary Fox**) [S. 171f., 177] S.N.

Thompson, Dorothy

geboren 1894 in Lancaster, New York, gestorben 1961 in Lissabon, amerikanische Journalistin, in zweiter Ehe verheiratet mit **Sinclair Lewis**.
Dorothy Thompson war eine der prominentesten Journalistinnen ihrer Zeit. In den 20er Jahren berichtete sie als Korrespondentin aus Wien und Berlin. Sie gehörte zu den ersten Kritikern des Hitler-Regimes. 1934 wurde sie wegen ihres Buches »I saw Hitler« aus Deutschland ausgewiesen und avancierte dadurch in den Medien zur Berühmtheit. Dorothy Thompson gehörte zum konservativen Teil der Interventionsverfechter: sie war eine »New Deal«-Gegnerin und langjährige **Roosevelt**-Feindin, wechselte aber kurz vor der Wahl zu Roosevelts dritter Amtsperiode 1940 aus dem Lager der Wendell-Willkie-Wahlhelfer zu den Demokraten über, was ihr als »Verrat« angerechnet wurde.
Als sprichwörtliches »Orakel« warnte sie vor allem in ihrer Kolumne »On the Record« in der »Herald Tribune« vor Hitler und rief zum amerikanischen Engagement in Europa auf. Ihr Artikel »Refugees — Anarchy or Organization?«, in dem sie Vorschläge zur Behandlung des Flüchtlingproblems machte, hatte maßgeblichen Anteil an der Entscheidung Roosevelts, die »Evian-Konferenz« im Juli 1938 einzuberufen. Ihre Aktivitäten erstreckten sich auch auf Spektakuläres: im Februar 1939 störte sie eine Massenversammlung des nazistischen »Deutsch-Amerikanischen Bundes« im New Yorker Madison Square Garden durch ständige Zwischenrufe und lautes Lachen, bis ihr die Polizei zu Hilfe eilen mußte. Unter den Emigranten in Amerika hatte sie zahlreiche Freunde, die sie noch aus Deutschland kannte: **Carl Zuckmayer**, der mit Hilfe eines von ihr ausgestellten »Affidavits« in die USA einreisen konnte, **Feuchtwanger**, Fritz Kortner, **Erika** und **Klaus Mann** u.a. Sie war Mitglied im **»Emergency Rescue Committee«** und bei den **»American Friends of German Freedom«**. Klaus Mann schreibt in »Der Wendepunkt« über die »formidable Kämpferin« und »begabte Schimpferin« Thompson: *»Das weiblich emotionelle Pathos und die intelligente Fundiertheit ihres Hasses* [auf Hitler] *trugen wesentlich dazu bei, der amerikanischen Öffentlichkeit den Ernst der Nazi-Gefahr bewußt zu machen.«* [S. 162] S.N.

Thyssen, Fritz

(1873—1951), deutscher Industrieller.
Unterstützte die NSDAP seit 1923 mit hohen Zuwendungen. 1931 Partei- und Reichstagsmitglied. 1939 Bruch mit Hitler, Exil in Frankreich (Cannes). Ende 1940 an die Gestapo ausgeliefert. 1945 von den US-Besetzern interniert. 1948 Emigration nach Argentinien. Seine Autobiographie erschien unter dem Titel »I paid Hitler«. [S. 183] S.N.

Tillich, Paul

geboren 1886 in Starzeddel, Preußen, gestorben 1965 in Chicago, deutsch-amerikani-

Dorothy Thompson

Paul Tillich

Norman Thomas

scher evangelischer Theologe, Philosoph und Hochschullehrer.
Studium der Theologie in Berlin, Tübingen, Halle, Promotion in Breslau. Vikariat in Berlin. 1914 — 1918 Feldgeistlicher an der Westfront (EK I). Seit 1924 Professor für Theologie und Philosophie in Marburg, Dresden, Leipzig, Frankfurt. 1918 Gründung des »Tillich-Kreises« innerhalb der religiös-sozialistischen Bewegung in Berlin. Seit 1926 Verbindung des »Tillich-Kreises« mit den »Jungsozialisten«, Herausgeber der »Neuen Blätter für den Sozialismus«. 1929 SPD-Mitglied, zunehmendes Interesse für Anthropologie. 1933 als einer der ersten politisch nicht genehmen Hochschullehrer entlassen, Emigration in die USA, Professor am »Union Theological Seminary« durch **Reinhold Niebuhr** und an der »Columbia University«. Seit 1935 zahlreiche Gastprofessuren in den USA, Großbritannien; nach dem Krieg auch in Deutschland und Japan. 1936 Gründer und Vorsitzender der »Selfhelp of German Refugees«. 1940 amerikanische Staatsbürgerschaft. 1942 Präsident der »Immigrants' Conference«. Ab 1942 Rundfunkansprachen nach Deutschland über »Voice of America«. März 1944 Gründung des »Council for a Democratic Germany« (CDG)mit Reinhold Niebuhr, Tillich wird Präsident. 1945 inoffizielle Auflösung des CDG. 1955 — 1962 Professor an der »Harvard University«. 1962 — 1965 Professor an der »University of Chicago«. 1965 Berufung an die »**New School for Social Research**«.
Tillichs Einfluß auf die jüngere amerikanische Theologen-Generation, zu der auch Niebuhr gehörte, und die amerikanische Emigrantenschaft war bedeutend. Nachdem er sich im Exil definitiv von der Idee des religiösen Sozialismus und des von ihm entwickelten »kairos«(= der günstige Augenblick)-Konzeptes — einer Verbindung revolutionärer und religiöser Zielsetzungen — gelöst

hatte, wandte Tillich sich der Anthropologie zu. »Tragik« und »Schicksal« wurden zu Schlüsselbegriffen seiner neuen Denkweise, mit denen er auch das politische Leben kennzeichnete. Die Emigration — die »Wanderschaft« oder »Migration«, wie er sie etwas beschönigend nannte — bedeutete für ihn eine »Grenzsituation«, aus der heraus der Blick und die Einflußnahme auf den Gesamtzustand der Gesellschaft möglich wären.
Obwohl Tillich sich hiermit mehr auf eine individuelle Wandlung und nicht mehr auf eine politische Umwälzung bezog, sah er mit Optimismus auf die Exilpolitik. Seine Überlegungen zur Exilsituation verbreitete er in Emigrantenkreisen, auch in der »New School for Social Research« und im Kreis um **Horkheimer**, der sein persönlicher Freund war. Mit Tillichs Ziel einer Zusammenfassung der deutschen Emigranten kam es 1944 zur Einsetzung des »Council for a Democratic Germany«, der als repräsentatives Organ dieser Exilgruppe gedacht war. Neben prominenten Exilgrößen wie Bertolt Brecht und **Heinrich Mann** waren auch **Jakob Walcher** von der SAP und **Karl Frank** von **»Neu Beginnen«** mit dabei. Der »Council« arbeitet mittels Fachausschüssen (Wirtschaft, Gewerkschaft, Erziehung und Wissenschaft, Fürsorge, Kunst etc.). Grundsätzlich war der CDG gegen eine politische und wirtschaftliche Aufteilung Deutschlands nach dem Krieg. Man forderte eine Erziehung des deutschen Volkes zur Demokratie durch deutsche Staatsbürger selbst. Diese Ideen und seine politisch heterogene Zusammensetzung setzten Tillichs Gremium starker Kritik durch antikommunistische, auch sozialdemokratische Kreise aus. Einer Bedeutung als »Exilregierung« konnte der CDG auch durch die Tatsache, daß der größte Teil seiner führenden Mitglieder wie Tillich selbst nicht an eine Rückkehr nach Deutschland dachte, nicht gerecht werden. Über der Konferenz von Jalta 1945 kam es dann zu einer letzten inneren Auseinandersetzung, als der »Council« seinen ursprünglichen Grundsätzen völlig widersprechend, zu keiner einstimmigen Resolution gegen die Teilungspläne für Deutschland kam. (**Europäischer Föderalismus**) [S. 59, 170] S.N.

Toller, Ernst

(1883 — Selbstmord 1939), deutscher Dramatiker und Revolutionär. [S. 211]

Toscanini, Arturo

(1867 — 1957), italienischer Dirigent. [S. 225]

Toscanini, Walter

Sohn und Sekretär von **Arturo Toscanini**. [S. 226]

Tresca, Carlo

geboren 1879 in Sulmona, Provinz Aquila in den Abruzzen, ermordet 1943 in New York, Anarchist und Berufsrevolutionär.
Tresca kommt aus einer reichen und kinderreichen Familie von Landbesitzern. Spekulationen des Vaters führen zum Bankrott der Familie. Tresca lehnt sich früh gegen die Bigotterie seiner Mutter auf und verbringt, schließlich von seinem Vater erzogen, eine rebellische Jugend. Er interessiert sich früh für Politik, lehnt aber den Marxismus und Parteipolitik ab. Er wird Gewerkschaftssekretär der Eisenbahner und findet seine Berufung als ein »Mann der Tat«. Als Direktor und Gründer der Zeitung »Il Germe« greift er wiederholt und wütend die Klerikalen und die katholische Gesellschaft von Sulmona an. Er wird wegen Beleidigung zu einem Jahr und sechs Monaten Gefängnis verurteilt und geht in die USA, wenig später von seiner Braut gefolgt. Er läßt sich in Philadelphia nieder, wo Leser seiner Zeitung für seine

Emigration Geld gesammelt hatten. Er übernimmt die Redaktion einer sozialistischen Zeitung, die er nach zwei Jahren wieder verläßt, weil er keine Lust zu den innerparteilichen Diskussionen hat. Immer mehr vom Anarchokommunismus von Enrico Malatesta angezogen, gibt er die Wochenzeitung »Il Plebe« heraus. Um der Verhaftung zu entgehen, weil er den Konsul von Philadelphia angegriffen hatte, geht Tresca nach Pittsburgh, wo er sich in Streiks und Arbeitskonflikte stürzt. Wieder verurteilt wegen massiver antiklerikaler Aktionen und nach dem Verbot seiner Zeitung geht Tresca nach Pennsylvania, wo ihm ein Freund zu einer neuen Zeitung, »L'Avvenire«, verhilft.

Mit seinen Angriffen gegen die Menschenmakler, Banker, Konsulatsfunktionäre und Priester, die er für die Lage der italienischen Emigranten verantwortlich macht, wird Tresca zum Sprecher für diese Minderheit. Seine Tätigkeiten weiten sich aus, und er wird führendes Mitglied der »Industrial Workers of the World«. Es folgen eine Welle von Streiks und Demonstrationen für die Freiheit des Wortes. Als aktiver Wortführer wird Tresca Opfer mehrerer Attentate auf ihn. Er wird mehrfach verhaftet, einmal wegen der Ermordung eines Polizisten, aber alle Anschuldigungen gegen ihn müssen fallengelassen werden. Er erwirbt sich den Ruf einer der fanatischsten Kämpfer des IWW zu sein. 1917 wieder verhaftet wegen Spionage, gibt Tresca seine Zeitung auf und gründet eine neue: »Il Martello«.

Nach dem Ersten Weltkrieg von den Gewerkschaften als zu extremistisch ausgeschlossen, beginnt er seine antistalinistischen Aktionen. Er nimmt an dem Tribunal zur Verteidigung Trotzkijs teil und wird wegen seiner eindeutigen Haltung zu einem Held der nicht-kommunistischen Linken in Amerika. Der geschätzteste und respektierteste Revolutionär Amerikas zu sein, bescheinigt ihm immerhin die »New York Times« 1934.

Wegen seiner Angriffe gegen die Faschisten in Italien und den USA gibt es mehrere Versuche, ihn mundtot zu machen. Er wird denunziert, obszönes Material mit der Post verteilt zu haben. Das bringt ihm die Verurteilung zu einem Jahr Gefängnis (später aufgehoben zu vier Monaten), obwohl es sich um einen Artikel zur Geburtenkontrolle handelt.

Während des Zweiten Weltkrieges arbeitet Tresca mit dem »**Office of War Information**« und der »**Mazzini Society**« zusammen. Als harter Gegner der Kommunisten und der Exfaschisten hat er viele Feinde und wird 1943 auf offener Straße erschossen. Sein Tod führt zu einer Untersuchungskommission unter der Leitung von **Norman Thomas**, die diesen Mord nie aufklären konnte. 1987 erschien in Amerika ein Buch über Trescas Leben: »All the right enemies«. [S. 223f.] P.D.

Trott zu Solz, Adam von

geboren 1909 in Berlin, hingerichtet am 26.8. 1944 in Berlin. Jurist und Diplomat, Sohn des preußischen Kultusministersund Oberpräsidenten der Provinz Hessen-Nassau.

Juli 1933 Promotion in Heidelberg zum Dr. jur. über **Hegels** Theorie des Völkerrechts. Herbst 1931 bis 1933 als **Cecil-Rhodes-Stipendiat** der Rechtswissenschaft nach Oxford an die »**Lady Margaret Hall**«. Auf der Hinfahrt lernt er **Diana Hubback** kennen, in Oxford **Shiela Grant Duff**, **Isaiah Berlin, Hans-Bernd von Haeften** und Ingrid Warburg. In Cornwall besucht Trott Bertrand Russell. Trott versucht, im »**All Souls College**« Professor zu werden, um dem Staatsdienst unter den Nazis zu entgehen. Im Juni »Honour-School-Examen«. Im Juli Reise zu Fabriken und Arbeitersiedlungen mit **David Astor** und Joseph Grimmond.

Als Trott seine Professorenpläne scheitern

sieht, kehrt er 1933 nach Deutschland zurück. Am 5. August 1933 besucht Trott Ingrid Warburg in Hamburg. Er versucht, **Fritz Warburg** von der Gefährlichkeit der Nazis zu überzeugen. Ab Oktober Gerichtsreferendar in Rothenburg an der Fulda bei Kassel. Endgültige Entscheidung, nicht Rechtsanwalt zu werden: »Diesem Kindergarten trete ich nicht bei«. In einem Brief von Ingrid Warburg wird Trott aufgefordert, »ganze Anworten zu geben«, das heißt, nicht in die NSDAP einzutreten. Besuch in Berlin, wo Trott den Sozialisten Carl Bley kennenlernt. Trott verfaßt mehrere Artikel in den »Neuen Blättern für den Sozialismus«. 1934 Referendariat im Landgericht in Hanau bei Kassel. Unheilvoller Leserbrief an den »Manchester Guardian«, in dem Trott die gerichtliche Diskriminierung der Juden bestreitet und um eine positivere Berichterstattung über deutsche Gerichte bittet. Dieser Leserbrief wirkt »wie eine Bombe« auf Leute wie Isaiah Berlin. Nie mehr wird Trott den Makel an seiner Glaubwürdigkeit als Widerstandskämpfer los. Mai 1934 Berufsfindungskämpfe zwischen Professor und Journalist. Konzept einer Ausgabe der politischen Schriften **Kleists**. Indirekter Kontakt über den marxistischen Buchhändler J. Peter Mayer zu von Schleicher. Im August kehrt Trott nach Kassel zurück. Shiela Grant Duff, Diana Hubback und Ingrid Warburg kommen ihn besuchen. September 1934 verteidigt Trott erfolgreich den Kommunisten **Hans Siebert**. Dezember 1934 Anwalts-Praktikum in Berlin. Anfang 1935 wird Siebert in ein KZ in »Schutzhaft« genommen. August 1935 kämpft Trott Siebert endgültig frei. 1935 bringt Trott Siebert nach Hamburg. Über Ingrid Warburg lernt Trott den Juristen **Peter Bielenberg** kennen. 1936 Assessorexamen.

1937 China-Reise im Rahmen des Rhodes-Stipendiums. Auf der Zwischenstation New York besucht er Ingrid Warburg. Sie vermittelt den Kontakt zu **Eleanor Roosevelt, Trude Pratt, Dorothy Norman** und **Roger Baldwin**. Trott besucht seinen Oxford-Freund Isaiah Berlin, trifft **Julie Braun-Vogelstein** wieder. Außerdem Kontakt mit **Lord Halifax** und **Reinhold Niebuhr**. In New York lernt Trott auch Helmuth Graf von Moltke kennen, den Mittelpunkt des **»Kreisauer Kreises«**.

1938 Legationsrat im deutschen Auswärtigen Amt. Beginn der Widerstandsarbeit im »Kreisauer Kreis«.

Anfang Juni Reise nach England, wo Trott über die Vermittlung von David Astor mit dem Außenminister Lord Halifax, Stafford Cripps und **Neville Chamberlain** zusammentrifft. Trott versucht sie vergeblich, »von der Notwendigkeit einer sofortigen Regelung zum status quo« zu überzeugen, um so **Hitlers** Aggressionspolitik zu diskreditieren und einen Umsturz möglich zu machen. 1939 in New York: offiziell als Vertreter des Auswärtigen Amtes, inoffiziell versucht Trott für den Widerstand des »Kreisauer Kreises« gegen Hitler und die Unterstützung eines Attentats zu werben. Ingrid Warburg vermittelt den Kontakt zu **Karl Frank** von der Gruppe **»Neu Beginnen«**. Außerdem trifft Trott **Morgenthau, Eleanor Roosevelt** und **Felix Frankfurter**. Frankfurter, der aus England vor Trott gewarnt worden ist, verhindert jedoch ein Gespräch mit **Franklin Roosevelt**. Trott wird zusammen mit Ingrid Warburg vom FBI beschattet (Siehe Dokument S. 431).

Januar 1940 Rückreise nach Berlin. Am 8. Juni 1940 Heirat mit Clarita Tiefenbacher in Reinbek bei Hamburg. Zugleich intensiviert Trott seine Mitarbeit im »Kreisauer Kreis«. Die Wohnung von Trott und seiner Frau Clarita wird zum Treffpunkt für Freunde aus dem »Kreisauer Kreis«. Mehrmalige Appelle an die Alliierten, den deutschen Widerstand zu unterstützen. Endgültiges Scheitern dieser Bemühungen mit der **Casablanca-Konfe-**

renz, in der die bedingungslose Kapitulation Deutschlands zum Kriegsziel erklärt wird. Treffen mit **Willy Brandt** in Schweden. Ab Oktober 1943 intensiver Kontakt zu **Claus von Stauffenberg**, zuletzt am 19. Juli 1944, dem Vorabend des mißglückten Attentats auf Hitler. Stauffenberg wird im Hof der Bendlerstraße erschossen. Trott flieht nicht. Fünf Tage nach dem Attentat wird er in seinem Büro verhaftet. Stauffenbergs Fahrer hatte Trotts Adresse in sein Fahrtenbuch eingetragen. Peter Bielenberg versucht vergeblich, Trott aus dem Gefängnis zu befreien. Am 26. August 1944 wird Trott in Berlin-Plötzensee an einem Eisenhaken erhängt.
Das Scheitern von Adam von Trotts Werben um Unterstützung des deutschen Widerstands offenbart das grundsätzliche Problem derer, die gegen Hitler kämpften, ohne Deutschland den Rücken zu kehren. Trotts Biograph Malone schreibt, daß viele Alliierte sich einen Antifaschisten, der sich in Deutschland frei bewegen konnte, überhaupt nicht vorstellen konnten. Bereits die China-Reise erschien den Allierten als ein Indiz für die Anbindung Trotts an das nationalsozialistische Regime. Es gab nur »Emigranten«, und die, die in Deutschland blieben, waren Nationalsozialisten oder bestenfalls »innere Emigranten«. Daß es noch eine dritte Gruppe gab, die weder zur äußeren noch inneren Emigration zählte, sondern den Widerstand von innen aufzubauen suchte, war den Alliierten schwer vorstellbar.
Zudem schien für Trotts Unglaubwürdigkeit eine scheinbar lückenlose Kette von Beweisen zu bestehen: Seit der »Manchester Guardian-Affaire« war Trott verdächtig geworden. Bereits sein China-Aufenthalt wurde vom Britischen Geheimdienst überwacht. Als Trott einem englischen Freund (Bowre) von seinen Reiseplänen nach New York erzählte, wo er Roosevelt um Unterstützung bitten wollte, sandte der Freund, der überzeugt war, daß Trott ein doppeltes Spiel spielte, einen Brief an Felix Frankfurter, er möge jeden Einfluß Trotts auf Roosevelt verhindern.
Am 16.10.1939 sandte der FBI-Agent Foxworth folgenden Bericht an den FBI-Direktor Edgar Hoover:

FBI, New York City 16.10.1939

Direktor

Adam von Tropp alias von Trott Spionage. Person registriert am elften Oktober Appartement vier des Shoreham Hotels dreiunddreißigste West fünfundfünfzigste Straße New York City und gegenwärtig unter Überwachung des New York Office. Person sagte, das Institute of Pacific Relations als Geschäftsraum nutzen zu wollen. Zweimal Kontakt mit Miss Ingrid Warburg, Appartement zehn A, fünfzwanzigste West vierundvierzigste Straße NYC am fünfzehnten Oktober, wahrscheinlich Nichte von Felix M. Warburg, prominenter New Yorker jüdischer Philanthrop und Bankier, wohnhaft Elf Null Neun Fifth Avenue NYC, geboren Hamburg Deutschland, Biographie im Who is Who in Amerika Neunzehnhundertsechsunddreißig siebenunddreißig. Miss Warburg hinterließ Botschaft im Hotel der Person »—— Möchte Dich sehen wegen eines Telegramms aus Europa.« Versuchen eine Kopie dieses Telegramms zu sichern und der Rechnung gemacht im Barbizon Plaza. Person aß gestern zu Mittag mit Mr. und Mrs. W. J. Schiefflin Sechsundzwanzig Park Avenue und besuchte danach Konzert in Town Hall. Telefon-Überwachung der Person im Hotel wurde durchgeführt in Zusammenarbeit mit [geschwärzt] und Begutachtung wurde gemacht im Institute of Pacific Relations um die Möglichkeiten für die Installation der Abhöranlage festzulegen und [geschwärzt] im Institut. [geschwärzt] Gespräch aufgezeichnet und registriert in dem Person behauptet aus Deutschland mit Dr. Gaspari* gekommen zu sein, jetzt am Scripps College Piermont Cal. Empfehlen Überprüfung der Einwanderungsbehörde Los Angeles für Informationen über den Hintergrund dieser Gruppe, Grund des Besuches etc. Da möglicherweise auf gleicher Mission. Informieren täglich mit Fernschreiben über Entwicklungen.

Foxworth

[Handschriftlicher Vermerk zum »*« bei Dr. Gaspari: »*wenn dieses Wort ein »N« am Ende hätte, wäre ...«, Rest unleserlich]
[Wörtlich übersetzt aus dem Amerikanischen, R.G.]

Zwei Tage später telegraphierte Edgar Hoover den Inhalt dieses Telegramms an das FBI-Büro in San Francisco. Am 16.1.1940 sandte Edgar Hoover seinen Abschlußbericht über Adam von Trott an Präsident Roosevelt. Der schreibt am nächsten Tag an Felix Frankfurter, seinen persönlichen Vertrauten: »*For Heaven's sake! Surely you did not let your Trott friend get trotted out of the country without having him searched by Edgar Hoover. Think of the battleship plans and other secrets he may be carrying back. This is the height of indiscretion and carelessness on your part.*« (Roosevelt and Frankfurter. Their Correspondence)
Aber auch dort, wo man an die Existenz eines deutschen Widerstands glaubte, wie im »Foreign Office«, sah man sich in einem Dilemma: »*Das erste bestehe darin, daß man jene Gruppen, die in der Lage wären, das Regime zu stürzen, ausreichend ermutigt, ohne selbst irgendwelche Verpflichtungen einzugehen. [...] Das andere Problem sei, sie, falls sie wirklich handeln würden, wieder loszuwerden, nachdem sie ihre Schuldigkeit getan hätten.*« (Shephard, 291) Darüberhinaus bestand eine grundsätzliche Skepsis, selbst oder gerade bei Freunden wie **Wilfrid Israel**, »*ob die christlichen Gruppen, die in Trotts wie in Rauschniggs Memoranden eine so prominente Rolle spielten, in der Lage waren, Hitler zu stürzen.*« (292)
Trott selbst verwandte ein schönes Bild, um sein Vorgehen zu beschreiben: »*Wenn ein Mann eine hölzerne Axt benutzt, um etwas aus dem Feuer zu retten, und jemand anders (ohne ein anderes Werkzeug anzubieten), erklärt, die hölzerne Axt sei nicht gut genug -- dann hat dieser in der Tat nicht das Recht gehört zu werden*«. (Aus Diana Hopkinson, unveröffentlichte Memoiren, Brief von Trott 1937. In: Malone, 73)
(**Hans-Bernd von Haeften, John Jay, OSS Office of Stratetic Services**) [S. 76, 84ff., 97, 100ff., 104, 109, 159, 170, 172, 252, 255, 265, 275, 277, 282ff., 292, 294, 288, 290] R.G.

Trott zu Solz, Atti von

Tochter von **Adam von Trott**. [S. 277f., 294, 296]

Trott zu Solz, Clarita von

geb. Tiefenbacher, Ehefrau von **Adam von Trott**. [S. 277f., 294, 296]

Trott zu Solz, Clemens von

Sohn **Heinrich von Trotts.** [S. 288]

Trott zu Solz, Elisabeth von

Frau **Heinrich von Trotts**. [S. 291]

Trott zu Solz, Heinrich von

geboren 1918 in Kassel als Sohn des ehemaligen Kultusministers von Preußen und Ober-

präsidenten der Provinz Hessen-Nassau, Bruder **Adam von Trotts**.
Kindheit in Imshausen bei Bebra. 1936—1940 Abitur, Arbeitsdienst. Studium der Forstwissenschaften, um nicht als Beamter oder Offizier in die Fangstricke des NS-Regimes zu geraten. 1940 Einzug zum Militär, Kasernen, Rußland, Frankreich. 1944 desertiert zu den französischen Maquis. Gefangenschaft in Frankreich ,dann in England, dort Mitarbeiter beim BBC. 1946 Entlassung aus der Gefangenschaft. 1948 Heirat, Familiengründung und Aufbau einer selbständigen Existenz als Forstwirt. Lebt in Imshausen im Wald in der Pochmühle. [S. 288f., 293]

Trott zu Solz, Jan Adam von
Sohn **Heinrich von Trotts**. [S. 290f.] geboren 1955, Dipom-Soziologe

Trott zu Solz, Levin von
Sohn **Heinrich von Trotts**. [S. 288, 290]

Trott zu Solz, Vera von
Schwester **Adam von Trotts**. [S. 288, 290]

Trott zu Solz, Verena von
Tochter von **Adam** und **Clarita von Trott**. [S. 278, 294f.]

Trott zu Solz, Werner von
gestorben 1963 Bruder **Adam von Trotts**. Setzte sich schriftstellerisch für ein Verständnis des deutschen Widerstandes ein. Autor des Buches »Widerstand heute«. [S. 275, 289]

Trotzkij, Leo
(1879—ermordet 1940), russischer Berufsrevolutionär. [S. 221]

UV

Ullmann, Ludwig

geboren 1887 in Wien, gestorben 1959 in New York, Journalist und Autor.
War Theaterkritiker für die »Wiener Allgemeine Zeitung«, Kolumnist der »Mittagszeitung«, Theaterkritiker bei »Der Morgen«, Dramaturg, Herausgeber der Theaterzeitung »Die Fledermaus«. Drehbuchautor und Dramatiker, alles in Wien. 1938 nach Frankreich geflohen. 1942 mit Hilfe des **»Emergency Rescue Committee«** in die USA, dort Bühnenautor am Broadway und Mitarbeiter an den Exil-Blättern.
(**Franz Werfel**) [S.] P.D.

Umberto Prinz von Savoyen

(1904—1983), 1946 für einen Monat König von Italien, dann im portugiesischen Exil.
(**Fernando de Rosa**) [S. 245]

Unger, Naphtali

Ehemann von **Eva Warburg**. [S. 96]

Unitarian Service Committee

Hilfsorganisation der Unitarier—einer religiösen Gemeinschaft, die an die Einheit Gottes glaubt — mit einem Büro in Lissabon, wo Flüchtlinge, die vom **»Emergency Rescue Committee«** über die Grenze geschafft worden waren, erste Unterstützung fanden.
(**Marc Chagall**) [S. 201]

Venturi, Franco

geboren 1912 in Rom, Historiker und Antifaschist, verheiratet mit **Gigliola Spinelli**.
Franco Venturi studiert in Turin. Mehrfach arretiert als Antifaschist, emigriert er nach Paris. Er studiert dort an der »Sorbonne« und tritt der Bewegung **»Giustizia e Libertà«** bei. Nach der Kapitulation Frankreichs flieht er nach Spanien und wird dort erneut arretiert. 1942 nach Italien abgeschoben. Aktives Mitglied der Resistenza und nach der Befreiung Direktor der Tageszeitung der »Partita D'Azione«: »GL«. Kulturattaché der italienischen Botschaft in Moskau. Universitätsprofessor für Geschichte in Genua und Turin. Seit 1957 Lehrstuhlinhaber in Turin. Herausgeber der Zeitschrift »Rivista storica italiano«. Seine Studien über das 18. Jahrhundert in Italien und Frankreich und des 19. Jahrhunderts in Rußland heben besonders die bis dahin in der historischen Wissenschaft ignorierte Wichtigkeit des »gemeinen Volkes« für die Verbreitung und den Erfolg von Revolutionen hervor. [S. 242] P.D.

Im folgenden dokumentieren wir den Versuch, Franco Venturi durch Einwirkung des amerikanischen Präsidenten **Roosevelt** und seiner Frau aus spanischer Haft zu befreien.

23. Dezember 1940

betr.: FRANCO VENTURI
WALTER MEHRING

Sehr geehrter Mr. Seckle:
Ich bin sehr dankbar für Ihre wundervolle Mitarbeit, uns zu helfen, die Menschen über Spanien herauszuholen. Die beiden Fälle, die am dringendsten sind, sind die von Franco Venturi und Walter Mehring. Franco Venturi hatte alle notwendigen Transitpapiere für Spanien, sein Visum für dieses Land und eine bei Cooke's bezahlte Passage. Er war interniert und kurz davor entlassen zu werden, als man sich erneut entschied, ihn zu internieren. Sein Vater, Professor Venturi, ist schrecklich um ihn besorgt, und ich wäre äußerst dankbar, wenn irgendetwas für ihn getan werden könnte. Walter Mehring ist ein deutscher Dichter, der die nötigen Visa seit längerer Zeit beieinander hat und nun in Frankreich in großer Gefahr schwebt. Wir befürchten, er ist selbstmordgefährdet wie Hasenclever und einige andere prominente Leute. Das einzige, was er braucht, ist ein spanisches Transitvisum. Ich wäre sehr dankbar, wenn Sie etwas in diesen beiden Fällen erreichen könnten.
Mit herzlichen Grüßen

Ingrid Warburg

Von Ingrid Warburgs Brief an **Eleanor Roosevelt** in Sachen Franco Venturi sind leider nur noch die Anlagen erhalten:
1. Von Max Ascoli, 26. Februar 1941
2. An Charles Burlingham, 21. Februar 1941
3. Aus Barcelona, 24. Februar 1941

(**Max Ascoli**), (Charles Burlingham: berühmter Anwalt in New York, Freund von **Felix Frankfurter**)

26. Februar 1941

Liebe Ingrid,

ich weiß, daß Du heute abend Frau Roosevelt sehen wirst, und ich bin hoch erfreut über diese Gelegenheit, mich wieder einmal direkt an sie wenden zu können. Dieses Mal geht es um einen der tragischsten Fälle, mit denen ich bisher in meinen Bemühungen, italienische Liberale aus Europa zu retten, befaßt bin.
Franco Venturi, ein junger italienischer Wissenschaftler Mitte zwanzig, ist letzten Oktober bei dem Versuch, Spanien zu durchqueren in Figuerra [Figueras] verhaftet worden. Er ist seitdem in Haft ,und jetzt, den Nachrichten nach zu urteilen, die uns aus Madrid und Lissabon erreichen, ist er in unmittelbarer Gefahr, an Italien ausgeliefert zu werden.
Dies ist fast unglaublich, weil Franco Venturi nie so etwas war, was man einen politischen Führer nennen könnte. Er war in erster Linie an wissenschaftlicher Arbeit interessiert, promovierte an der Sorbonne und arbeitete ein wenig politisch nur als sehr junges Mitglied der Gruppe »Giustizia e Libertà« in Paris. Aber auch in der politischen Arbeit mit dieser Gruppe war er fast ausschließlich an kulturellen und literarischen Dingen interessiert.
Er mußte Italien verlassen, nur weil sein Vater, ein sehr bekannter Kunsthistoriker, Lionello Venturi, es vorzog, eher das Land zu verlassen, als den Treueeid auf das faschistische Regime zu schwören. Deshalb ist er kein Exilierter, sondern der Sohn eines Exilierten. Unglücklicherweise wird Lionello Venturi sehr von den Faschisten in Italien gehaßt, die nun versuchen sich zu rächen, indem sie seinen Sohn in die Hände bekommen. Wir können uns alle vorstel-

len, was diesem Jungen passieren wird, wenn er jemals ins faschistische Italien zurückgebracht wird.
Das State Department hat in den letzten Wochen durch verschiedene Freunde von Venturi und mir (wie Charlie Burlingham und Felix Frankfurter) schon etwas zugunsten Venturis getan. Ich glaube, die US-Botschaft in Madrid hat seinetwegen bei den spanischen Behörden nachgefragt. Und wir erfuhren gestern auch direkt vom State Department, daß Venturi zur Zeit vor dem Auslieferungsgesuch der italienischen Behörden zurückgehalten wird. Aber ich denke, daß im gegenwärtigen Augenblick, in dem [General] Franco so begierig darauf ist, amerikanische Lebensmittel zu bekommen, man einen größeren Druck auf seine Regierung ausüben können müßte, damit Franco Venturi erlaubt wird, Lissabon zu erreichen und in die Vereinigten Staaten zu fahren.
Unnötig zu sagen, aber er hat ein amerikanisches Visum, und sein Vater, der ziemlich wohlhabend ist, wird sich um ihn kümmern. Beide Eltern bekommen bald ihre 2. Papiere für die amerikanische Staatsbürgerschaft. Ich muß Dir nicht sagen, Ingrid, wie es um ihre seelische Verfassung heute bestellt ist, da ich ihnen die Nachrichten bringen mußte. Ich habe bisher schon viele Menschen leiden gesehen, weil sie von einer politischen Maschinerie gehaßt wurden, aber ich habe bisher noch keinen Vater gesehen, der von der unmittelbaren Aussicht getroffen wird, daß die Männer, die ihn hassen, bald seinen Sohn bekommen, um sich ihre Rache zu erfüllen. Versichere bitte Frau Roosevelt meiner aufrichtigen Ergebenheit.
Mit freundlichen Grüßen

Max Ascoli

Liebe Ingrid,

hier noch ein Postscriptum, weil ich gerade ein Telegramm sehe von Cordell Hull an Charles Burlingham vom 21. dieses Monats. Es lautet, daß Franco Venturi für angebliche Verbrechen in Italien im Madrider Gefängnis festgehalten wird. Das ist eine dreiste, typisch faschistische Lüge. Franco verließ Italien, als er achtzehn war, nie ist er dort drüben irgendwelchen politischen Aktivitäten nachgegangen, und, es tut mir leid, das sagen zu müssen, wie jeder junge Mann in seinem Alter gehörte er der faschistischen Studentenorganisation an. Natürlich war er im Herzen nie ein Faschist, aber er hat sich nie irgend einer Untergrundbewegung angeschlossen.
Übrigens könnten die amerikanischen Behörden in Madrid auch den Punkt betonen, daß Franco Venturi hier drüben von mehreren Universitäten gewünscht wird. In Anbetracht seines Alters ist er einer der brillantesten Wissenschaftler auf seinem Gebiet, und was mich selbst angeht, wäre ich wirklich erfreut, ihn an meiner Fakultät zu haben.

Mit freundlichen Grüßen

Max Ascoli

[Alle Briefe aus dem Amerikanischen]

Im Anhang befindet sich eine Abschrift des angesprochenen Telegramms von dem amerikanischen Außenminister **Cordell Hull** an Charles C. Burlingham.

Western Union

WASHINGTON DC

21. Februar 1941 18.52 Uhr

CHARLES C BURLINGHAM

27 WILLIAM ST NYK

BETREFF VORAUSGEGANGENE KORRESPONDENZ VENTURI UND CAHN. ICH ERFAHRE JETZT SIE WURDEN AM 15TEN IN GETRENNTE GEFÄNGNISSE IN MADRID ÜBERFÜHRT. SIE WURDEN AM SELBEN TAG MIT DECKEN? ESSEN UND GELD AUS DEM FUNDUS DER FRAU UNSERES BOTSCHAFTERS VERSORGT. AUSSENMINISTERIUM SAGT CAHN KANN AUSREISEN IN DIE UNITED STATES ABER VENTURI WIRD ZURÜCKGEHALTEN AUF BITTE DER ITALIENISCHEN BEHÖRDEN WEGEN ANGEBLICHER VERGEHEN BEGANGEN IN ITALIEN. ICH HÖRE DASS PÄPSTLICHER GESANDTER? IN MADRID SICH FÜR DEN FALL INTERESSIERT. WERDE SIE AUF DEM LAUFENDEN HALTEN ÜBER JEDE ZUSÄTZLICHE INFORMATION.

CORDELL HULL AUSSENMINISTER

Einem Telegramm aus Barcelona zufolge, das am 24. Februar 1941 um 11 Uhr 26 in New York empfangen wird, wurde von der Madrider Regierung die Freilassung Venturis beschlossen, zu der es dann aber nicht kommt. Die darauffolgende Bitte Ingrid Warburgs an Mrs. Roosevelt, sich des Falles Franco Venturi anzunehmen, hat einen kurzen, aber sehr interessanten Briefwechsel mit dem Außenministerium zur Folge. Zunächst folgt eine Notiz vom 3. März 1941 von Mrs. Roosevelts Sekretärin Miss Thompson, die einen uns nicht zugänglichen Brief an Mrs. Roosevelt von **Adolf Berle**, Unterstaatssekretär im Außenministerium, betrifft mit der Bitte um Weiterleitung an Ingrid Warburg:

5/3/41

An Miss Ingrid Warburg abgeschickt

Mr. Berles Brief vom 3. März, betr. Franco Venturi

[Berle] hat der Botschaft telegraphiert, daß der Präsident interssiert ist, nachdem jede andere Art des Vorstelligwerdens ausgeschöpft ist.
Barcelona ist so mit deutschen Agenten infiltriert, daß Madrid keine Befehle geben kann mit der Garantie, daß sie auch ausgeführt werden.

Ingrid Warburg muß diesen Brief am 6. März erhalten haben. Am 7. März 1941 schreibt sie an Eleanor Roosevelt:

Liebe Mrs. Roosevelt,

vielen Dank für die Kopie von Berles Brief. Gestern bekamen wir eine Nachricht, daß der Auslieferungsbefehl zurückgenommen wurde, was wirklich wunderbar ist. Ich kann Ihnen nicht sagen, wie wunderbar es wäre, wenn dieser Junge wirklich freigelassen und in die USA gebracht würde. Ich bin Ihnen wirklich sehr dankbar für Ihre Hilfe, und ich weiß, daß der Junge und seine Eltern Ihnen danken ...

Ich lege Ihnen eine ungekürzte Kopie von Mr. Frys letztem Brief bei, der, glaube ich, wirklich ein Dokument ist. [siehe Kapitel »Bericht Varian Frys ...«] Der Präsident könnte sich dafür interessieren, und, wenn Sie es klug finden, könnte auch Sumner Welles Teile daraus interessant finden.

Mit freundlichen Grüßen

Ingrid Warburg

Am 7. April 1941 leitet die Sekretärin von Eleanor Roosevelt einen erneuten Brief von Berle an Ingrid weiter:

THE WHITE HOUSE

WASHINGTON 7. April 1941

Meine liebe Miss Warburg,

Mrs. Roosevelt bittet mich, Ihnen den beiliegenden Brief vom Außenministerium den Fall Franco Venturi betreffend zu senden. Wissen Sie noch irgend etwas, womit wir helfen könnten.

Malvina Thompson
Sekretärin von Mrs. Roosevelt

Der anliegende Brief von Adolf Berle läßt darauf schließen, daß Franco Venturi doch nach Italien ausgeliefert wurde:

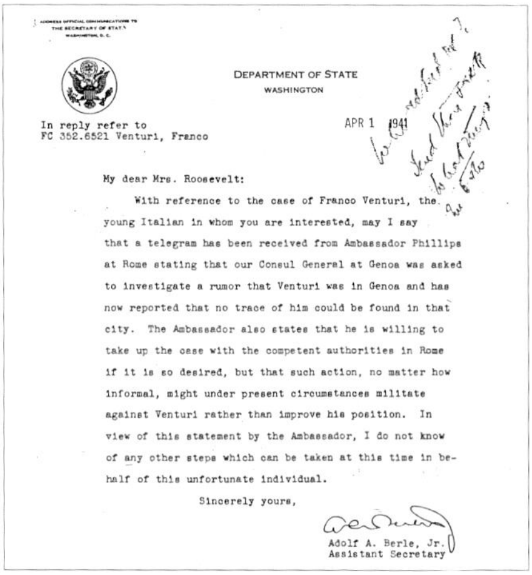

ADDRESS OFFICIAL COMMUNICATIONS TO THE SECRETARY OF STATE WASHINGTON, D. C.

DEPARTMENT OF STATE
WASHINGTON

In reply refer to
FC 352.6521 Venturi, Franco

APR 1 1941

My dear Mrs. Roosevelt:

With reference to the case of Franco Venturi, the young Italian in whom you are interested, may I say that a telegram has been received from Ambassador Phillips at Rome stating that our Consul General at Genoa was asked to investigate a rumor that Venturi was in Genoa and has now reported that no trace of him could be found in that city. The Ambassador also states that he is willing to take up the case with the competent authorities in Rome if it is so desired, but that such action, no matter how informal, might under present circumstances militate against Venturi rather than improve his position. In view of this statement by the Ambassador, I do not know of any other steps which can be taken at this time in behalf of this unfortunate individual.

Sincerely yours,

Adolf A. Berle, Jr.
Assistant Secretary

DEPARTMENT OF STATE

WASHINGTON

Bei Antwort bitte angeben
FC352.6521 Venturi, Franco 1. April 1941

Meine liebe Mrs. Roosevelt,

mit Bezug auf den Fall Franco Venturi, den jungen Italiener, für den Sie sich interessieren, kann ich Ihnen sagen, daß von Botschafter Phillips in Rom ein Telegramm eingegangen ist, in dem es heißt, daß unser Generalkonsul in Genua darum gebeten wurde, einem Gerücht nachzugehen, daß Venturi in Genua sei. Er hat nun mitgeteilt, daß keine Spur von ihm in dieser Stadt gefunden werden konnte. Der Botschafter teilt weiterhin mit, daß er bereit sei, diesen Fall mit den zuständigen Behörden in Rom aufzunehmen, wenn das so gewünscht werde, daß aber eine solche Aktion, egal wie informell, unter den gegenwärtigen

Umständen gegen Venturi spräche, anstatt seine Position zu verbessern. Angesichts dieses Statements unseres Botschafters weiß ich keine anderen Schritte, die derzeit zugunsten dieses unglücklichen Menschens unternommen werden könnten.

Mit freundlichen Grüßen Ihr

Adolf A. Berle, Jr.
Unterstaatssekretär

Am 19. März muß Miss Thompson einen weiteren Brief an Ingrid weitergeleitet haben, der leider nicht erhalten ist. Wir besitzen lediglich Miss Thompsons Notiz dieses Vorgangs:

19. Mai 1941

An Miss Warburg abgeschickt

Sumner Welles, 2. Mai — Franco Venturi ist nach Italien zurückgeschickt worden. — Habe alles Mögliche getan, um ihn frei zu bekommen und habe Mister Phillips darum gebeten die Sache weiter zu verfolgen. — Dies alles ist informell geschehen, um nicht die faschistischen Behörden voreinzunehmen.

Am Schluß dieses Vorgangs findet sich eine handschriftliche Notiz Eleanor Roosevelts:

Dies bitte abheften! Ich glaube Miss Warburg hat mir erzählt, er wurde hingerichtet!

Franco Venturi wurde an Italien ausgeliefert und nach Ventotene, der italienischen Gefängnisinsel, verbannt.

Venturi, Lionello

geboren 1885 in Modena, gestorben 1961 in Rom, Kunsthistoriker.
Sohn des Kunsthistoriker Adolfo Venturi, der als der Gründer der modernen Kunstgeschichte Italiens angesehen werden kann. A. Venturi war Inspektor der Generaldirektion des Amtes für Altertum und die schönen Künste und reorganisierte in dieser Eigenschaft die Verwaltung der italienischen Kunstschätze.
Lionello Venturi promovierte 1907 und veröffentlichte im gleichen Jahr seine ersten Schriften zur Kunstgeschichte. Er beginnt seine Karriere als Inspektor für Schöne Künste in Urbino und nimmt 1915 eine Professur in Turin an. Freiwilliger im Ersten Weltkrieg. Beeinflußt von Croce, ist er nach dem Ersten Weltkrieg weiterhin Professor und nimmt maßgeblich und aktiv am italienischen kulturellen Leben teil. Immer wieder setzt er sich für die moderne und »primitive« Kunst ein. 1932 weigert er sich, den Treueeid auf den Faschismus abzulegen und emigriert nach Frankreich. Mitglied von **»Giustizia e Libertà«**. In Paris bis 1939, dann bis 1944 in den USA. Professor und militanter Antifaschist. Veröffentlichungen zu Cézanne und den Impressionisten. Nach 1945 wird er als Nachfolger seines Vaters Lehrstuhlinhaber für Kunstgeschichte in Rom. Venturi ist kein Traditionalist und außerhalb jedes Schematismus. Immer wieder plädiert er für die Moderne, die Autonomie und die Freiheit des Ausdrucks bis hin zur abstrakten und informellen Kunst. [S. 242] (**Max Ascoli**) P.D.

Vittorio Emanuele III.

(1869 — 1947), 1900 — 1944 König von Italien. Unterstützte 1922 Mussolini, dankte 1944 zugunsten seines Sohnes **Umberto von Savoyen ab,** ging nach Ägypten ins Exil. [S. 138]

Viertel, Peter

geboren 1920 in Dresden, amerikanischer Schriftsteller, Sohn Berthold u **Salka Viertels.** Reisen mit Ernest Hemingway, schrieb Drehbücher (z.B. »African Queen« von John Huston) und Romane. Seine Eltern waren Ende der 20er Jahre nach Hollywood gegangen, Salka Viertel verfaßte Drehbücher für Greta Garbos Filme. Sein Vater Berthold betätigte sich als Hollywood- und Theaterregisseur. In Santa Monica führten die Viertels ein offenes Haus, in dem zahlreiche emigrierte Schriftsteller ein- und ausgingen. Sie traten engagiert für ihre antifaschistischen Überzeugungen ein. [S. 138] S.N.

Viertel, Salka

Peter Viertel [S. 138]

Viezzoli, Giordano

Im September 1930 als Pilot der »**Squadriglia Malraux**« bei der Verteidigung von Madrid abgeschossen. Zusammen mit Elide Rossi und Ricardo Bauer 1931 zu zehn Jahren Gefängnis verurteilt. Mitglied von »**Giustizia e Libertà**«. [S. 222] P.D.

Vogelstein, Hertha

Julie Braun-Vogelsteins Nichte. [S. 116, 119, 232, 265, 286, 289f.]

W

Walcher, Jakob

(1887 — 1970), sozialistischer Partei- und Gewerkschaftsfunktionär.
Emigrierte 1941 in die USA, nach New York, war dort Mitglied in **Tillichs** »Council for a Democratic Germany«, kehrte 1946 nach Deutschland (Ost) zurück. »*Walcher war für mich einer der kernigsten Repräsentanten der alten deutschen Arbeiterbewegung: selbstsicher und kulturbewußt, kein blutleerer Intellektueller, sondern ein intelligenter und vitaler Facharbeiter.*« (Willy Brandt, 188) [S. 209]

Wald, Lillian

geboren 1867 in Cincinnati, Ohio, gestorben 1940 in Westport, Connecticut, Sozialarbeiterin.
Ausbildung zur Krankenschwester. 1893 Aufnahme des öffentlichen Pflegedienstes in der New Yorker Lower East Side mit Mary Brewster. 1895 Bankier **Jacob H. Schiff** erwirbt ein Haus in der Henry Street für den Pflegedienst, das »Henry Street Settlement« wird gegründet. 1898 Gründung der »Outdoor Recreation League« mit Errichtung von Spielplätzen unter freiem Himmel (Mitarbeit von **Felix Warburg**). 1902 Ausweitung des Pflegedienstes auf öffentliche Schulen. 1908 Anregung zum »Federal Children's Bureau«. 1924 **Frieda Warburg** stiftet 500.000 Dollar für das »Jacob H. Schiff Memorial« zur Unterstützung des »Visiting Nurse Service«, eines Henry-Street-Ablegers. Mitglied des New Yorker und des »National Child Labor Committee«, Anregung zum ersten staatlichen Büro für Schutz und Verteilung von Immigranten, erste Präsidentin der »National Organization for Public Health Nursing«, Vizepräsidentin der »Society of Friends of Russian Freedom« und zahlreiche andere Tätigkeiten im sozialen und humanitären Bereich. Bücher: »The House on Henry Street« (1915), »Windows on Henry Street« (1934). Das »Henry Street Settlement« war der erste nicht-staatliche Pflegedienst der Welt. Üblicherweise wurden solche Dienste von religiösen Vereinigungen oder Armenanstalten übernommen. Lillian Wald führte den ersten unabhängigen Gesundheitsdienst für Kranke in der Wohnung des Patienten ein. Eine Bezahlung — wenn sie den Betroffenen möglich war — erfolgte auf Stundenbasis. Ärztliche Behandlung fand nur unter Aufsicht eines Arztes statt; das Pflegepersonal übernahm vor allem die Aufgabe, Kranke zu pflegen, Müttern Kenntnisse in Gesundheitsvorsorge zu vermitteln und bei Anfragen von Ärzten und Sozialämtern einzuspringen. Mit zunehmender Bedeutung des Dienstes wurden kulturelle und Freizeiteinrichtungen durch das »Henry Street Settlement« geschaffen:

eine Musikschule, Kunst- und Tanzunterricht, Amateurtheater sowie das »Neighborhood Playhouse«. Später wurden Stipendien zur Berufsausbildung für Jugendliche vergeben. Das System der »visiting nurses« erlangte weltweit Berühmtheit und diente vielen anderen Pflegediensten als Vorbild. [S. 127] (**Adolf Berle**) S.N.

Walter, Bruno

geboren 1876 in Berlin, gestorben 1962 in Beverly Hills, Kalifornien, Dirigent.
1938 nach Frankreich emigriert. 1940 in die USA, an die »Metropolitan Opera New York«. (**Alfred Döblin**) S.N.

Walther von der Vogelweide

(um 1170 — um 1230), deutscher Lyriker.
[S. 97]

Familie Warburg

Wie so oft in Hamburg ist auch bei den Warburgs Familiengeschichte gleich Firmengeschichte, allerdings tritt bei dieser Familie noch ein weiteres Element hinzu: Familiengeschichte ist für sie immer auch die Geschichte der Juden in Hamburg.
Die Warburgs, wahrscheinlich als Delbancos aus Italien nach Deutschland einwandernd, siedeln sich zunächst in Kassel und dann in der Nachbargemeinde Warburg an. Der erste urkundlich nachweisbare Urahn ist Simon von Kassel. Im 16. Jahrhundert ist es den Juden nicht erlaubt, Nachnamen zu tragen, so daß sie die Namen der Städte annehmen, in denen sie wohnen. Aus Simon von Kassel wird 1559 Simon von Warburg. Er siedelt sich als Geldwechsler und Beleiher von Pfändern und Getreide an und bekommt einen Schutzbrief mit Niederlassungsrecht für zehn Jahre. Die Warburgs, und das ist nicht unwichtig für ihr Selbstbewußtsein, haben die Gettoerfahrung nicht gemacht. Bei ihrem Umzug 1668 ins liberale Altona fällt der Zwang, den Städtenamen anzunehmen weg, und so behält eine der wichtigsten Hamburger Familien den Namen einer Kleinstadt im Dreiländerdreieck Hessen, Niedersachsen, Westfalen.

Joseph, Sohn des Simon Warburg, dessen Name von 1675 an im Altonaer und Hamburger Memorbuch eingetragen ist, wird Ahnherr aller Hamburger Warburgs. Er steht unter dänischem Schutz und stirbt 1703 in hohem Alter. Sein Leben ist großer Wohltätigkeit gewidmet. Sein Sohn Samuel Jacob Warburg, der 1647 die Tochter des gelehrten Präsidenten der Hamburger jüdischen Gemeinde Samson Ruben Goldzieher heiratet, stirbt sehr früh. Deshalb zieht sein schon sehr bejahrter Vater nach Altona, um sich der Enkelkinder anzunehmen.
Von seinen Enkelsöhnen hat sich Samson Warburg während der schwedischen Belagerung Altonas im Jahre 1711 als Armenvorsteher der Kranken besonders angenommen. Er stirbt im selben Jahre infolge großer Aufregung. Ruben Warburg, Vorsteher der Gemeinde stirbt 1724. Seine Nachkommen gründen die ersten Seidenfabriken in Holstein. Moses Warburg, ein weiterer Enkel, ist der Ahnherr der Hamburger Familie Warburg. Er ist Kaufmann und Gelehrter und stirbt 1701.
Moses Warburgs Sohn Samuel Warburg ist der Ahn der Hamburger Familie M.M. Warburg. Er studiert wahrscheinlich in Frankfurt und wird später »der Frankfurter« genannt. Er übernimmt 1722 das Geschäft seines frühverstorbenen Vaters, ist der erste Bankier der Familie. Er stirbt 1759. Aus der Ehe seiner Tochter Esther Thamar mit Jehuda Levy Gerson stammt der Generaldirektor der Hapag, **Albert Ballin**.

Samuel Warburg hat fünf Söhne:
1. Moses Frankfurter Warburg (gestorben 1752), von dem die Altonaer und die Copenhagener Delbanco-Linie abstammt. Sein Sohn Salomon gründet das »Altonaer Bankhaus«, das bis 1905 besteht und dann mit der »Norddeutschen Bank« zu Hamburg fusioniert.
2. Simon Samuel Warburg, der Ahn des Londoner John C. Warburg
3. Elias Samuel Frankfurter Warburg (1725 — 1805) ist ein gelehrter Mann und als Bankier sehr angesehen. Sein Sohn Simon Elias (1760 — 1828) ist der Ahnherr der schwedischen Linie Warburg in Göteborg und Begründer der ersten jüdischen Gemeinde in Schweden. Dessen beiden Söhne Samuel und Michael sind die ersten Juden im schwedischen Staatsdienst. Frederik Elias Warburg, Sohn des Samuel (1832 — 1899), gründet die Londoner elektrische Straßenbahn. Ein anderer Sohn des Elias Samuel, Samuel Elias Warburg (1759 — 1826), übernimmt das Bankgeschäft seines Vaters. Er ist Gründer und Förderer der Hamburger »Talmud Torah Schule« und betätigt sich im Gemeindeleben. Er ist der Vater von Abraham (Aby) Warburg (1798 — 1826), der seine Cousine **Sara Warburg** (1805 — 1884) heiratet, um dem Bankhaus den Namen Warburg zu erhalten. Sara ist die Enkelin von
4. Gumprich Marcus Frankfurter Warburg (1727 — 1801) siedelt 1773 von Altona nach Hamburg über und führt dort sein Bankgeschäft weiter. Mit ihm beginnt die Geschichte der Hamburger Warburgs.
Seine Söhne Moses Marcus Warburg (1763 — 1831) und Gerson Warburg (1785 — 1825) führen das Bankhaus nun unter dem endgültigen Namen M.M. Warburg & Co. fort.
»In seinem Testament hatte Gumprich Marcus Samuel Warburg seine Söhne eindringlich zu Einigkeit und Frieden und zum Zusammenhalten gemahnt. Wirklich haben Moses Marcus und Gerson auch bis zum Tode von Gerson Warburg (1825) zusammengehalten, obgleich sie sehr verschiedene Auffassungen hatten und sich auch sehr häufig zankten. Moses Marcus Warburg war nach der Überlieferung ein sehr ruhiger und friedlicher Mensch und ein sehr religiöser Mann, während Gerson Warburg ein ziemlich lebensfroher Junggeselle war.« (Rosenbaum / Sherman)
Zu einem nicht ohne Unterton in der Familie erzählten Zwischenfall kommt es während der Franzosenzeit in Hamburg (1806 — 1814). Als im Juli 1813 die Besatzer eine »außerordentliche Contribution« erheben wollen, weigert sich das Bankhaus M.M. Warburg seinen Teil zu entrichten. Daraufhin wird Gerson Warburg verhaftet. Der Legende nach soll Moses Marcus sich geweigert haben, die Auslösesumme für den Bruder zu bezahlen und sich erst nach einer Ermahnung der Gemeinde zur Zahlung einer allerdings vielfach geringeren Summe bereit erklärt haben. (So die Darstellung bei Rosenbaum / Sherman. Nach der Darstellung von Attali ist dieser Vorfall Grund für den 1810 abgeschlossenen Teilhaber-Vertrag zwischen den Brüdern. Dazu muß er aber die Franzosenzeit in Hamburg schon 1804 beginnen lassen.)
Gerson bleibt kinderlos und Marcus hat »nur« eine Tochter, Sara. Also kommt es zu einer »politischen« Hochzeit. Marcus nimmt als neuen Partner seinen Neffen Aby Samuel Warburg (1798 — 1856) in die Firma auf *»und gab ihm seine Tochter Sara zur Frau, ein sehr schönes Mädchen von außerordentlicher Frömmigkeit und sehr viel energischer als der weiche und später auch kränkliche Gatte.«* (Rosenbaum / Sherman).
Sara und Aby haben zwei Söhne, **Siegmund** (1835 — 1889), **Moritz** (1838 — 1910), und mehrere Töchter, Rosa (1833 — 1908), die den Wiener Bankier Paul Schiff heiratet, Marianne (1830 —1881) und **Malchen** (1831 — 1911).

Marianne heiratet 1852 in London Samuel Zagury, einen Schwindler. Die Kosten der Trennung 1859 verursachen der Bank einen Verlust von 68.796 Marc Banco.
Siegmund heiratet 1862 die Tochter des russischen Bankiers aus Gitomier, Theophilie Rosenberg (1840 — 1905), deren Mutter aus der russischen Bankiersfamilie Günzburg stammt. Sie wohnen im Haus Alsterufer 18 (deshalb auch die Alster-Warburgs genannt). Siegmund und Theophilie haben sieben Kinder, zwei Söhne und fünf Töchter.
Sein Bruder Moritz heiratet 1864 **Charlotte Oppenheim**, Tochter des großen jüdischen Juweliers aus Frankfurt. Sie sind die Eltern der berühmten 5 Brüder, der »famous five« **Aby M., Max, Paul, Felix, Fritz** und der beiden Töchter **Olga** und **Louise**. Sie wohnen im Mittelweg 17 (Mittelweg-Warburgs). [S. 42, 44, 50, 52, 54, 95, 158, 220, 252, 257, 287] P.D.

Warburg, Aby M.

geboren 1866 in Hamburg, gestorben 1929 in Hamburg, Kunstwissenschaftler, ältester der berühmten fünf Brüder, heiratete 1897 die Bildhauerin **Mary Hertz**, Kinder: **Marietta**, **Max Adolf** und **Frede**.
1873 im Alter von sechs Jahren schwere Typhus-Erkrankung. 1884 Abitur in Hamburg, Auseinandersetzungen mit der Familie über die Aufnahme eines Kunstgeschichtsstudiums, weitere Jahre auf das »Johanneum«, um die für das Studium notwendige Griechischprüfung abzulegen. 1886 Studium in Bonn bei Justi, Usener und Lamprecht. 1888 Sommersemester in München, hört Vorlesungen bei Riehl, im Oktober nach Florenz zu Schmarsow, lernt dort Mary Hertz kennen. 1889 Studium bei Janitschek in Straßburg. 1891 Dissertation über Botticelli. 1892 Studium der Psychologie in Berlin, Musterung und Einberufung als Einjähriger beim reitenden Artillerieregiment. 1893 wieder nach Florenz, Depressionen, Untersuchungen zum Festwesen. 1895 zur Hochzeit des Bruders **Paul** nach Amerika, ethnologische Studien über nordamerikanische Indianer, später zusammengefaßt im Kreuzlinger Vortrag »Bilder aus dem Gebiet der Pueblo-Indianer in Nord Amerika«. Aby schreibt nach seiner Rückkehr zur Silvesterfeier 1896/97 ein Theaterstück »Hamburgische Kunstgespräche«, in dem er die Ablehnung beider Elternpaare seiner Verbindung mit Mary Hertz thematisiert. 1897 Reisen nach Paris und London. Im Juli Heirat mit Mary Hertz, sie lassen sich in Florenz nieder. 1897 — 1902 Wiederaufnahme der Florentiner Forschungen, Vorträge über Leonardo. Ab 1900 Überlegungen zur Gründung einer Warburg-Bibliothek für Kulturwissenschaft. 1901 Berliner Vortrag über die Kunst im Umkreis der Medici. 1903/1904 zeitweise in Hamburg. 1904 endgültige Rückkehr mit der Familie nach Hamburg. 1906 Ruf an die Universität Breslau. Warburg lehnt ab. Verschiedene Habilitationsvorhaben scheitern. 1908 endgültiger Entschluß, sich in Hamburg als Privatgelehrter niederzulassen. Erwerbung der Villa in der Heilwigstraße, um die Bibliothek besser unterbringen zu können. 1905 — 1914 zahlreiche Vorträge in Berlin, Hamburg, München, Göttingen. Vorbereitung wissenschaftlicher Kongresse. Aby Warburgs Arbeit nimmt immer mehr die Form eines offiziellen Sekretariats an, dazu gehört auch die Einstellung von wissenschaftlichen Mitarbeitern. 1912 Berufung nach Halle. Aby Warburg lehnt ab. Der Hamburger Senat, der Aby Warburg für die in Gründung befindliche Hamburger Universität nicht verlieren will, verleiht ihm den Professorentitel. 1912 Vortrag auf dem Kunsthistorikerkongreß in Rom über die geheimnisvollen Schifanoja-Fresken, der zu einem Höhepunkt seines öffentlichen Wirkens wird.

1914 — 1918 der Ausbruch des Ersten Weltkrieges stürzt Aby Warburg in eine tiefe Krise. Er arbeitet weiter, sammelt Zeitungsausschnitte aus aller Welt über die Kriegsereignisse, versucht durch die Gründung einer Zeitung auf das deutsch-italienische Verhältnis einzuwirken. Im Herbst 1917 hält er noch einmal einen Vortrag über die Ergebnisse seiner Forschungen. Mit der Niederlage Deutschlands 1918 verschlimmert sich Aby Warburgs Zustand. Er leidet unter Depressionen, Phobien, Zwangs- und Wahnvorstellungen. Er wird in verschiedene Nervenheilanstalten eingeliefert, bis er schließlich nach Bad Kreuzlingen in die Heilanstalt »Bellevue« zu Ludwig Binswanger kommt. 1923 beginnt er sich zu erholen. Er fragt seine Ärzte, ob man ihn entlassen könne, wenn er seine Selbstbeherrschung dadurch beweist, daß er den Patienten einen Vortrag hält. Dieser am 21. April 1923 vorgetragene sogenannte Kreuzlinger Vortrag, schildert seine Erlebnisse bei den nordamerikanischen Indianern.
1924 Rückkehr nach Hamburg. Hier hat Fritz Saxl, der seit 1912 mit ihm arbeitet, inzwischen aus der Privatbibliothek des Privatgelehrten ein öffentliches Forschungsinstitut gemacht. 1925 Grundsteinlegung für ein eigenes Bibliotheksgebäude, erste Vorträge und Seminare an der Hamburger Universität über Rembrandt. 1926/27 weitere Seminare über Burckhardt. 1928/29 Verhandlungen mit der Hansestadt über die Schenkung der »Bildersammlung von Sternglaube zu Sternkunde« für das Hamburger Planetarium. 1928/29 in Rom. Im letzten Lebensjahr Beginn des Bildatlas-Projektes. [S. 46, 49, 52, 81, 99, 151, 158, 254, 260] P.D.

Warburg, Aby S.

(1869 — 1930), Teilhaber bei M.M. Warburg & Co., Sohn von **Siegmund Warburg**. [S. 52]

Warburg, Alice, geb. Magnus

(1873 — 1969), Frau von **Max Warburg**. [S. 52, 234]

Warburg, Anita

geboren 1908 in Hamburg, lebt in New York, dritte Tochter von **Max Warburg**.
Anita emigrierte 1935 nach London und heiratete dort den Auslandskorrespondenten des »Manchester Guardian« Max Woolf. Sie half dort arbeitslosen Flüchtlingen und arbeitete im englischen Büro des roten Kreuzes für vermißte Menschen. Durch die Hilfe dieser Organisation gelang es, 30.000 Familien wieder zusammenzuführen. 1955 — 1969 Tätigkeit am »International Institute for Education« und in der Verwaltung der »Performance Arts Library«. Sie war sehr mit der »Juillard Musik Schule« und dem »Museum für moderne Kunst« in New York verbunden. Anita hat vielen Künstlern geholfen und ist selber musisch begabt. [S. 39, 63, 265, 277]
P.D.

Warburg, Anna Beata

geboren 1881 in Stockholm, gestorben 1966 in Nezer Sereni, Israel, Sozialreformerin, Tochter **Ellen Josephsons**, Mutter von Ingrid Warburg.
Anna Warburg entschied sich schon sehr früh für den Kindergärtnerinnenberuf. Sie besuchte entsprechende Kurse und ging als 16jährige 1897 nach Hamburg ins Fröbelseminar. Sie war entsetzt über die Zustände in den damaligen Warteschulen und schrieb über diese Kinderaufbewahrungsanstalten: *»Das große Haus hatte unten zwei große Räume mit großen Schiebetüren, damit eine Person auf ca. hundert Kinder aufpassen konnte. Und es waren nicht etwa irgendwie ausgebildete Personen, sondern z.B. eine alte Köchin, die jemand aus dem Vorstand loswerden wollte ... Und was taten die Kinder? Sie saßen in langen Reihen. Mittags*

bekamen sie eine Suppe ... Mal am nachmittag haben sie Kreisspiele gespielt ... Die Vorsteherin faßte das Kind auf der ersten Bank an der Hand, und das mußte das erste auf der zweiten Bank anfassen und mitziehen, und das mußte das nächste anfassen und mitziehen, und das letzte mußte das erste auf der zweiten Bank anfassen. So wurden sie wie eine große Schlange in einer Spirale aufgestellt. Es waren so viele, daß die äußeren Reihen weder hören noch sehen konnten, was in der Mitte gesungen und gespielt wurde.«

Nach siebeneinhalb Jahren Berufspraxis in einem Kindergarten in Stockholm und in der Familie **Aby S. Warburgs** in Hamburg, ging sie 1908 nach Berlin ins Pestalozzi-Fröbel Haus, wo es ihr sehr gut gefiel und sich ihre Vorstellungen von modernen Kindergärten festigten. 1908 heiratete sie **Fritz Warburg**. Sie wandte sich in Hamburg sofort der Reformarbeit des Fröbelseminars zu und ging 1909 in den Vorstand und wurde bald erste Vorsitzende. Sie nahm an vielen Tagungen teil, besuchte Kindergärten in anderen Städten und gründete die ersten Volkskindergärten als Übungsstätten für die Ausbildung am Fröbelseminar. Sie versuchte, in die alten Warteschulverbände hineinzukommen, deren Zustand sich noch nicht gebessert hatte und deren hygienische, personelle und räumliche Zustände eine Katastrophe waren. Erst während des Ersten Weltkrieges machte die Not ein Ende mit den verkrusteten Zuständen, und Anna Warburg gelang es, unter ihrer Leitung eine Beratungs- und Finanzierungsstelle für die Warteschulen einzurichten. Sie gründete und finanzierte das erste Kindertagesheim in Hamburg, das Vorbild wurde für die Umgestaltung der alten Warteschulen. 1916 — 1918 ging Anna Warburg mit ihrem Mann und ihren Kindern nach Stockholm. Dort gründete sie den schwedischen Fröbelverband und übernahm die Leitung der Fachzeitschrift.

Zurück in Hamburg war sie weiterhin täglich aktiv im »Ausschuß für Kinderanstalten«. 1929 — 1923 war sie erste Vorsitzende des Schulvereins am Fröbelseminar, aus dem sie 1933 als Jüdin ausgeschlossen wurde. Anna Warburg unterhielt ein jüdisches Kindergärtnerinnen-Seminar und versuchte zusammen mit ihren Töchtern zu retten, was noch zu retten war. 1938 emigrierte sie nach Schweden. Sie lebte 22 Jahre in Stockholm und die letzten beiden Jahre ihres Lebens in Israel, wo **Eva** und **Charlotte Esther** schon seit 1945 bzw. 1948 waren.

1949 stellten Anna und Fritz Warburg ihren Besitz auf dem **Kösterberg** für eine Erholungsstätte für Mütter und eine Vorschule für soziale und pflegerische Berufe zur Verfügung. In ihrem Wohnhaus entstand das **»Elsa Brandström-Haus«** des Deutschen Roten Kreuzes. [S 50, 55, 59, 63, 150, 152, 157, 159, 234, 260] P.D.

Warburg, Charlotte Esther

geboren 1842 in Frankfurt, gestorben 1921 in Hamburg, geborene Oppenheim, verheiratet mit **Moritz Warburg**, Mutter der »famous five« und Ingrid Warburgs Großmutter.

Charlotte Warburg kommt aus der Diamantenhändlerfamilie Oppenheim in Frankfurt. Von ihr existiert eine sehr schöne Schilderung ihrer Ankunft in Hamburg in dem Haus an der Moorweide (später zog man dann in den Mittelweg 17):

»Eines Nachmittags im Juli, 1864, kam ich in Hamburg an, das mein neues Zuhause sein würde. Bei meiner Ankunft war das Haus am Grindelhof über und über beleuchtet und mit bunten Fahnen geschmückt.

Als man uns in den eleganten und geschmackvollen Räumen des Erdgeschosses und den betörenden des ersten Stockwerks herumgeführt hatte und als ich schließlich den hübschen Koch und das Dienstmädchen in der hell erleuchteten Kü-

che sah, die funkelnagelneu war — war ich sprachlos. Dieses große Haus mit seinen vielen Räumen war für uns ganz allein gemeint! Es war wirklich ein wunderschönes Haus. Im Erdgeschoß war ein großes Eßzimmer mit einer Anrichte und daran anschließend ein Salon mit roten Damastmöbeln und ein anderer kleinerer türkisch gestalteter Salon. Marianne und Malchen [Moritz Schwestern] hatten für den letzteren die Decken bestickt.
Im ersten Stock war ein betörendes Wohnzimmer mit braunen Rips-Möbeln. Nahe dem Fenster stand ein vollständig ausgerüsteter Nähtisch, ein Bücherschrank und ein kleines Klavier. Der nächste Raum war ein Frühstückszimmer, seine größte Attraktion für mich war ein altes Schreibpult, das der Großmutter gehört hatte.
Als ich die Klappe aufmachte, fand ich ein kleines Haushaltsbuch, Schreibzeug aller Art, Tinte, Federhalter — kurz es fehlte an nichts. Es gab sogar ein kleines Schubfach für die Haushaltskasse. Ferner enthielt dieser Raum einen Schrank für die Teesachen. Das war etwas neues für mich. Hier fand ich Tassen, Untertassen, zwei Messingbüchsen, je eine für Kaffee und Zucker, eine Teekanne etc. Mir wurde gesagt, daß eine gute hamburgische Hausfrau den Tee und Kaffee in diesem Raum vorbereitet und nach dem Frühstück selber abwäscht und alle Dinge wieder in diesen Schrank räumt.
Zusätzlich enthielt dieses Stockwerk noch das Schlafzimmer in grauem Cretonne mit Rosenmuster. Daran anschließend kam ein Raum voller Mahagonyschränke, der zu dem außergewöhnlich hübschen Badezimmer führte. Unser eigenes Badezimmer. Von soetwas hätte ich in unserem Haus in Frankfurt nie zu träumen gewagt. Im zweiten Stock waren die Dachstuben und das Gästezimmer.
Das Haus lag sehr hübsch. Auf der einen Seite war ein Garten und auf der anderen kleine Häuser. Der Anblick der Hamburger Dienstmädchen in hellen bunten Baumwollkleidern, mit weißen Schürzen und weißen Hauben mit Tüll-Bändern, war entzückend.
Von morgens bis abends waren sie sauber angezogen, im großen Unterschied zu den schlampiger angezogenen Dienstmädchen in Süddeutschland.« (Farrer) [S. 39, 41, 43, 46, 50, 48, 55, 56, 125, 158, 290] P.D.

Warburg, Charlotte Esther (Noni)

geboren 1922 in Hamburg, Tochter von **Anna** und **Fritz Warburg**, Schwester von Ingrid Warburg, in erster Ehe verheiratet mit Sev Chalmon.
Ausbildung zur Kindergärtnerin. 1939 Auswanderung nach Schweden mit der Familie. 1948 nach Israel, dort Arbeit mit tauben und blinden Kindern.
[S. 56, 58, 151, 154, 235]

Warburg, Edward

geboren 1908 in White Plains, New York, jüngster Sohn von **Felix** und **Frieda Warburg**, Kunstwissenschaftler und Sozialarbeiter.
»Middlesex School« Massachusetts, »Harvard University«. 1931 —1933 Lehrer am »Bryn Mawr College«. Während des Zweiten Weltkriegs Dienst in der amerikanischen Armee, ausgedehnte Auslandsreisen, nennenswerte Kunstsammlungen, Gründungsmitglied und Schatzmeister des »Museum of Modern Art« in New York, Vorsitzender der »American Patrons of the Israel Museum«, Schatzmeister des »Institute of International Education«, Berater des Gouverneurs von New York für kulturelle Fragen. 1941 — 1966 Vorsitzender des **»Joint«**. 1950 — 1955 Vorsitzender und seit 1956 Ehrenvorsitzender des »United Jewish Appeal«. 1967 Präsident des »United Jewish Appeal of Greater New York«, Schatzmeister der »American-Israel Cultural Foundation«, Mitglied im Präsidialausschuß der »Hebrew University«, einziges jüdisches Mitglied im »Board of Regents of

the State of New York« (das Fragen der staatlichen Bildung beaufsichtigt), Vizedirektor für öffentliche Angelegenheiten des »Metropolitan Museum of Art«. [S. 126] S.N.

Warburg, Elsa Marianne

(1886 — 1953), Schwester von **Anna Beata Warburg**, schwedische Paläontologin und Hochschullehrerin. [S. 55, 239]

Warburg, Erich

geboren 1900 in Hamburg, Bankier, Sohn von **Max Warburg**.

Abitur in Hamburg, Banklehre in Berlin, London, New York. Im Ersten Weltkrieg Kriegsfreiwilliger bei der Preußischen Garde in Berlin. Ab 1927 Einzelprokurist und von 1929 — 1938 Teilhaber im Familienbankhaus M.M. Warburg & Co. 1938 Emigration in die USA. Im Zweiten Weltkrieg im Nachrichtendienst der US-Luftwaffe in Nordafrika und Europa. Als amerikanischer Offizier des **»Office of Strategic Services«.** 1945 Verhör Görings in Augsburg. Mitarbeit der »American Association for a Democratic Germany«. 1945 — 1948 mit Max Warburg Gründer und Präsident des Bankhauses E.M. Warburg & Co. in New York. Mitglied des Landesausschusses des amerikanischen Hilfskomitees für überlebende deutsche Widerstandskämpfer. Setzt sich 1949 erfolgreich für den Demontage-Stop der deutschen Industrie durch die Amerikaner ein. 1956 Rückkehr nach Deutschland. Ab 1956 Teilhaber von M.M. Warburg, Brinckmann, Wirtz & Co., Hamburg. Beteiligung am Wiederaufbau der jüdischen Gemeinde Hamburg, Präsident des Kuratoriums des **»Israelitischen Krankenhauses«**, Beiratsmitglied der jüdischen Gemeinde, der »Joseph Carlebach Loge«, des »B'nai B'rith« (»Söhne des Bundes«, jüdische Loge, gegründet 1843 in New York), Kuratoriumsmitglied des »Instituts für die Geschichte der deutschen Juden« in Hamburg, Mitglied der »Freunde der Hebräischen Universität«, des »Council on Foreign Relations«, New York, »Übersee-Club-Hamburg«. [S. 40, 154, 158, 161, 273, 279ff., 285, 287] P.D.

Warburg, Eva

geboren 1912 in Hamburg, Tochter von **Fritz** und **Anna Warburg**, Schwester von Ingrid Warburg, verheiratet mit **Naphtali Unger**.

Ausbildung zur Kindergärtnerin im Pestalozzi-Fröbel Haus. 1938 mit den Eltern nach Schweden, in Stockholm Vertreterin **Henrietta Szolds** in der **»Jugend Alijah«**, war zahllosen deutsch-jüdischen Kindern bei der Aussiedlung aus Deutschland über Schweden nach Israel behilflich. 1945 Auswanderung nach Israel. Lebte dort lange Zeit im Kibbuz Giwath Brenner. Ihr Mann, ein überzeugter Zionist, diente während des Kriegs in der Britischen Armee in Deutschland.[S. 50, 54, 56, 79, 80, 99, 150] S.N.

Den folgenden Brief sandte die »Jugend Alijah«-Vertreterin in England Eva Michaelis-Stern an Eva Warburg in Stockholm:

> 23. Mai 1939
>
> Sehr geehrte Miss Warburg:
>
> Wir erlauben uns, Sie dringend zu bitten, Repräsentantin des Jugend-Alijah-Zentrums in Schweden zu werden. Dies schließt die Überwachung der Emigration von Jugend-Alijah-Kindern von Schweden nach Palästina und ebenso ihre vorübergehende Unterbringung in Schweden vor der Auswanderung nach Palästina ein.

Wir sind davon überzeugt, daß ihre jahrelange Erfahrung in der Kindersozialarbeit sehr wertvoll für uns sein wird, vor allem bei der Auswahl der Jugend-Alijah-Kandidaten.
Wir möchten Sie bitten, als unsere Repräsentantin alles in Ihrer Macht stehende zu tun, so viele Kinder wie möglich von Deutschland für einen vorübergehenden Aufenthalt nach Schweden zu bringen, wo sie auf die Arbeit in der Landwirtschaft vorbereitet werden sollen. Unter diesen Umständen ist es unerläßlich, daß Sie die Gründung von Trainingszentren in Schweden vorantreiben.
Betrachten Sie bitte diesen Brief als formelle Bestätigung Ihres Status als unsere Repräsentantin, um sie bei Ihren Kontakten mit allen jüdischen und nicht-jüdischen Organisationen zu benutzen, die Ihre Dienste und unser Werk sicherlich von selbst in Anspruch nehmen werden, wie es bisher schon war.

Mit freundlichen Grüßen
Eva Michaelis-Stern.

[Aus dem Amerikanischen]

Warburg, Felix M.

geboren 1871 in Hamburg, gestorben 1937 in New York, Bankier und »philantropist«, verheiratet mit Frieda Schiff (**Frieda Warburg**).
Abitur in Hamburg, frühes Interesse an Kunst und Musik, erhält Sprach- und Geigenunterricht. 1888 als Volontär nach Frankfurt am Main zu seinem Großvater mütterlicherseits, Nathan Oppenheim, einem Juwelier. Ausgedehnte Geschäftsreisen durch Europa, reges Gesellschaftsleben in Frankfurt. 1894, auf einer Soirée bei den Dreyfus, Bekanntschaft mit Frieda Schiff, der Tochter **Jacob H. Schiffs,** der das New Yorker Bankhaus Kuhn, Loeb und Co. leitet. 1895 Heirat und Eintritt als Partner bei Kuhn, Loeb und Co., weiterhin Teilhaber bei M.M. Warburg & Co. in Hamburg. 1900 amerikanische Staatsbürgerschaft. 1923 Reise nach Palästina. Starkes finanzielles und persönliches Engagement auf sozialem und kulturellen Gebiet, insbesondere für Kinder und Jugendliche, Blinde, jüdische Einwanderer und Kriegsgeschädigte.
Kinder-, Jugend- und Krankenfürsorge:
Einrichtung und seit 1919 Präsidentschaft eines Pflegedienstes für Kranke, des »Henry Street Settlement« zusammen mit **Lillian Wald**, Errichtung der ersten Spielplätze unter freiem Himmel in der New Yorker East Side, Direktor der »Immigrant Educational Institution« zur Unterstützung von Einwanderern. 1899 — 1929 Direktor und später Schatzmeister des »Babies Hospital«, Einrichtung der ersten Klassen für geistig behinderte Kinder. Seit 1902 Einsatz für jugendliche Straftäter und das System einer Strafaussetzung auf Bewährung. 1907 — 1909 zusammen mit Homer Folks erster staatlicher Bevollmächtigter für Bewährungsfragen. 1907 — 1932 Direktor der »American Foundation for the Blind« und der »New York Association for the Blind«. 1909 — 1931 Gründer und Direktor des »Tuberculosis Preventorium for Children« in Farmingdale, N.J., Direktor der »American Child Health Association«. 1931 Präsident der »American Association for Adult Education«.
europäisches und amerikanisches Judentum:
1901 — 1937 Direktor des »Jewish Theological Seminary in America«. 1906 — 1916 Präsident der New Yorker »YMHA«, der »Young Men's Hebrew Association«. 1912 Mitglied und ab 1929 im Vorstand des »American Jewish Committee«. 1914 Organisation zusammen

mit Jacob Schiff, **Julius Rosenwald** u.a. des »American Jewish Relief Committee«. 1914 — 1932 Gründung und Präsidentschaft des **»American Jewish Joint Distribution Committee«**. 1917 Gründung mit Rosenwald, John D. Rockefeller, Jr. u.a., 1921 Vizepräsident des »National Jewish Welfare Board«. 1923 Unterstützung der Jerusalemer Universität mit 500.000 Dollar. 1925 Mitglied im »United Palestine Appeal«. 1926 — 1931 Vizepräsident (danach Ehrenpräsident) der »Palestine Economic Corp.«. 1928 Ehrenpräsidentschaft der »American Society for Jewish Farm Settlements in Russia, Inc.« (zum »Joint« zugehörig). 1929 mit Louis Marshall, dem Präsidenten des »American Jewish Committee«, Gründung des »Council of the Jewish Agency for Palestine« (Sprecher des nicht-zionistischen Flügels). 1930 Rücktritt aus dem Exekutivausschuß der **»Jewish Agency«**.

Kunst und Kultur:

1904 Gründung des »Institute of Musical Art« mit James Loeb. 1910 — 1937 Verwalter des »American Museum of Natural History«. 1925 — 1937 Verwalter, Schatzmeister bzw. Vizepräsident des »Museum of Science and Industry«. 1926 Direktor der »Juilliard School of Music«, Direktor der »New York Symphony Society«, Schatzmeister der »Caruso American Memorial Foundation«, Erwerb und Verleih von vier Stradivari-Instrumenten an das »Stradivari Quartett« (in dem sein Sohn Gerald zeitweise Mitglied war). 1927 — 1932 Mitglied der »New York City's Art Commission«.

Sonstige Organisationen:

»New York City Welfare Council«, »Children's Welfare Federation«, »Foreign Policy Association«, »Civil Service Reform Association«, »Metropolitan Opera and Schola Cantorum«, »Fogg Museum of Art« der »Harvard University« und zahllose andere.

Felix Warburg, der seiner späteren Frau Frieda Schiff als »der hübscheste Mann der Stadt« Frankfurt angekündigt wurde, war zeit seines Lebens ein ausgesprochen optimistischer und lebensfroher Charakter — ganz im Unterschied zu **Paul Warburg**, seinem älteren Bruder, der ebenfalls aus Herzensgründen nach New York ausgewandert war. *»Felix machte seinem Namen Ehre und trug immer eine glückliche Miene zur Schau. Seine Schnurrbartenden bogen sich nach oben. Sein Bruder Paul hatte ein trauriges Gesicht mit hängendem Schnurrbart.«* Felix sah sich und seine Geschwister am Himmel vertreten. Er unterschrieb Briefe hin und wieder mit dem »Großen Wagen«, in dem jeder Stern eines der sieben Kinder von **Moritz** und **Charlotte Warburg** darstellte (Birmingham, 190f.):

Die Heirat zwischen Felix und der Tochter des reichen Bankiers Jacob H. Schiff aus New York sollte sich kompliziert gestalten, denn der bärbeißige Schiff ist mit »Fizzie« — so der Spitzname des sprudelnden Felix — nicht einverstanden. Um dem jungen Paar die Idee einer Heirat auszutreiben, beschließen die Familienoberhäupter Schiff und Warburg auf einer Art Gipfelkonferenz in Ostende eine Verlobung auf Distanz: Felix darf einmal in der Woche einen Brief an den Vater der Braut schreiben, Frieda einen an Felix' Mutter. Ein versehentliches »Du«, das Jacob Schiff fast ein Jahr später in einem seiner Briefe an Felix verwendet und das Frieda hoch erfreut, wird von ihm kurzerhand mit dem Federmesser weggeschabt und durch das förmliche »Sie« ersetzt. Allen Hindernissen zum Trotz kommt die Heirat dann aber doch zustande, und eine »dynastische« Hochzeitsfeier mit sämtlichen Familienmitgliedern, Geschäfts-

partnern und entnervtem Zeremonienmeister bildet das gesellschaftliche Ereignis der Saison.
Während der folgenden Jahre entwickelt Felix sich vom Bonvivant mit eigenem Poloplatz, Jacht, Rennpferden und einem der ersten Autos Amerikas immer mehr zum engagierten Kämpfer für die sozialen Rechte Hilfsbedürftiger. Eines seiner Hauptanliegen wird die Unterstützung jüdischer Amerika-Immigranten und europäischer Juden seit dem Ersten Weltkrieg. Er betreibt den Zusammenschluß der bedeutendsten jüdisch-amerikanischen Hilfsorganisationen zu einer — erheblich effektiver arbeitenden — **»Federation of Jewish Charities«**. Zum Zweck einer besser organisierten Verteilung amerikanischer Spendengelder in Europa gründet er 1914 das »American Jewish Joint Distribution Committee«, mit dessen Hilfe tausende jüdischer Flüchtlinge gerettet und unterstützt werden können. Während seiner letzten fünfzehn Lebensjahre spendet er jüdischen Wohlfahrtsorganisationen über 13 Millionen Dollar und ist eine ihrer bedeutendsten Persönlichkeiten.
Nach anfänglicher Ablehnung wird sein Interesse an Palästina 1923 durch **Chaim Weizmann**, dem späteren Präsidenten Israels, geweckt, der ihn zu einer Reise nach Palästina überredet. Felix kommt voller Lob über Palästina zurück, kann sich aber nicht der zionistischen Bewegung anschließen. Er fühlt sich wie viele jüdische Deutsch-Amerikaner, die noch im 19. Jahrhundert einwanderten, mehr als Amerikaner und Weltbürger denn als Jude. Weizmann sagt darüber: »*Für uns Zionisten war die Bewegung eine nationale Wiedergeburt; für ihn, jedenfalls in dem ersten Stadium seiner Teilnahme, eine von den siebenundfünfzig Wohlfahrtseinrichtungen, die er unterstützte ... Seine ganze Erziehung ließ es nicht zu, daß er die Sache so ansah wie wir.*« (Chaim Weizmann. Memoiren. Hamburg 1951) Über dem Aufbau der Jerusalemer Universität, den Felix mit 500.000 Dollar unterstützt, kommt es zu einem Streit zwischen Weizmann, **Albert Einstein** und ihm. Warburg will im Unterschied zu Weizmann und Einstein kein politisches Institut des Zionismus, sondern eine Forschungsstätte des internationalen Judentums. Da er sich mit seinen Vorstellungen durchsetzen kann, gründen Weizmann und Einstein in Tel Aviv das Weizmann-Institut als Gegeneinrichtung.
In der »Jewish Agency«, dem offiziellen Organ der Palästinajuden, setzen sich die Meinungsverschiedenheiten zwischen Weizmann und Warburg, Zionisten und Nicht-Zionisten fort, als ersterer den Vorsitz übernimmt. Auf die britischen Einwanderungsbeschränkungen für Juden nach Israel nach den arabischen Unruhen 1929 reagieren aber beide einhellig mit dem Rücktritt vom Exekutivausschuß der »Agency«, in den sie erst nach Aufhebung der Beschränkungen wieder zurückkehren. 1937 reist der schon kranke Felix zusammen mit Frieda und Ingrid Warburg nach Zürich, um auf einer Plenarversammlung der »Jewish Agency« (XX. Zionistischer Weltkongreß) vehement gegen den Peel-Bericht zu sprechen, der eine Teilung Palästinas und damit die Schaffung eines jüdischen Staates vorsieht. Der Plan wird einige Tage später angenommen. [S. 87, 104, 137, 149, 158, 169, 281, 260] S.N.

Warburg, Frede Charlotte

geboren 1904 in Hamburg, Pädagogin, verheiratete Prag, Tochter von **Aby M. Warburg**, lebt in Oxford. [S. 99]

Warburg, Frieda

geboren 1876 in New York, gestorben 1958 in Hartsdale, New York, Ehefrau von **Felix Warburg**, Tochter von Bankier **Jacob H. Schiff**.

Ihr Vater, Jacob H. Schiff (1847 — 1920), wanderte 1864 als 17jähriger aus Frankfurt am Main nach New York aus und trat auf Anraten des Bankmitbegründers Abraham Kuhn in die Bank Salomon Loebs ein. Er entwickelte sich bei Kuhn, Loeb und Co. zum Experten für Eisenbahnfragen, der »jeden Meter Geleise im Kopf« hatte, wurde jüngster Teilhaber im Bankhaus und erfreute sich der Zuneigung Loebs Tochter aus erster Ehe, Therese, die er 1875 heiratete. Mit großen Finanztransaktionen wie der in Zusammenarbeit mit E. H. Harrimann und Sir Ernest Cassel, einem Jugendfreund aus Deutschland, erfolgten Sanierung der »Union Pacific«-Linie sowie durch Kriegsanleihen wurde Schiff zu einem der reichsten Bankiers Amerikas. Er war ein streng orthodoxer Mann, der gewissenhaft ein Zehntel seines Gewinns für humanitäre Zwecke wie z.B. die »Young Men's Hebrew Association« und das **»Joint Distribution Committee«** ausgab. Als Gründungsmitglied des »American Jewish Relief Committee«, des »Joint«-Vorgängers, wurde er zum Schatzmeister vorgeschlagen. Er bat jedoch, dieses Amt seinem Schwiegersohn Felix Warburg zu übertragen. Nicht immer war Jacob Schiff ein so großzügiger Mann; er regierte seine Familie mit strenger Hand und brachte es fertig, seinen erwachsenen Sohn Mortimer vor zweihundert versammelten Leuten seiner farblich unpassenden Kleidung wegen — Mortimer war farbenblind — zum Umziehen nach Hause zu schicken.
Frieda, die ein unvorsichtiger Gast einmal ihrer schon acht Monate nach der Heirat erfolgten Geburt wegen »Frühda« nannte und der damit den lebenslangen Zorn Jacob Schiffs auf sich zog, wurde zeitig von ihrem Vater in die Wohltätigkeitsarbeit eingeführt. Seit 1900 widmete Frieda Warburg sich zahlreichen, z.T. auch von ihrem Mann Felix Warburg unterstützten Organisationen: 1900 Direktorin der »Brightside Nursery« New York. 1922 — 1938 Präsidentin der »Young Women's Hebrew Association«. 1924 Einrichtung der »Jacob H. Schiff Memorial«-Stiftung über 500.000 Dollar zur Unterstützung des »Visiting Nurse Service« (**Lillian Wald**). 1930 Vorsitzende der Frauenabteilung der »Federation for the Support of Jewish Philanthropic Societies« New York. 1937 Ehrenvorsitzende der Frauenabteilung des »American Jewish Joint Distribution Committee« und des »United Jewish Appeal of Greater New York«. 1937 Vizepräsidentin des »National Jewish Welfare Board«. 1944 Schenkung ihres Wohnhauses in der **Fifth Avenue** New York an das »Jewish Theological Seminary of America« (heute das »Jewish Museum«). 1949 Ehrenpräsidentin der »American Friends of the Hebrew University«. 1951 Schenkung von 650.000 Dollar an den »United Jewish Appeal« für neue Immigranten in Israel. 1958 Schenkung eines Teils ihres Besitzes in Hartsdale, N.J. an die »Union Free School District No.8 of the Town of Greenburg« (heute der sog. »Warburg Campus«, auf dem ein Kinderhort, eine Grundschule und Highschool errichtet wurden). Außerdem widmete sie sich der **»Jugend Alijah«**-Abteilung der »Hadassah«, der zionistischen Frauenorganisation, obwohl sie wie ihr Mann keine Zionistin war. 1952 wurde sie von der »Palestine Economic Corporation« als eine der sechs amerikanischen Erbauer Israels genannt. Zahllose andere Institutionen haben von Frieda Schiff finanzielle und tätige Unterstützung erhalten. Ihre Spendenbeiträge werden auf mehrere Millionen Dollar geschätzt. Frieda Schiff schrieb unveröffentlichte Erinnerungen. S.N.

1946 spendete Frieda Schiff auch der **»New School for Social Research«** eine beträchtliche Summe:

1 East 88th Street, New York City
3. Februar 1946

Sehr geehrter Dr. Johnson:

Da ich nun das biblische Alter von siebzig Jahren erreicht habe, möchte ich meiner Dankbarkeit für ein langes und glückliches Leben Ausdruck verleihen, indem ich Spenden zu bestimmten Zwecken und an Institutionen, an denen ich besonders interessiert bin, verteile.
Also lege ich hiermit einen Scheck über $ 10.000 auf den Namen der New School bei, als spezielle Zuwendung von mir an die Schule.

Mit freundlichen Grüßen
Hochachtungsvoll
Frieda Schiff Warburg

(Aus dem Amerikanischen)

Der ehemalige Direktor der »New School«, **Alvin Johnson**, antwortet:

4. Februar 1946
Sehr geehrte Mrs. Warburg:

Ich kann meine Dankbarkeit, im Namen der New School und in meinem eigenen, für ihren großzügigen Brief und ihre großzügige Gabe nicht angemessen ausdrükken.
Auch ich, Mrs. Warburg, habe das biblische Alter von siebzig Jahren überschritten. Und weil man und vor allem die Unerfahreneren im Leben — aber das ist die Mehrheit — annimmt, dies bedeute ein Nachlassen in wichtigen Fragen und an Lebensenergie, habe ich mich von der Mühsal der Verwaltung der New School zurückgezogen, um von einem großen Mann, Dr. Bryn J. Hovde, ersetzt zu werden, der ein ebenso eifriger Liberaler ist wie ich und ein viel besserer Administrator dazu.
Ich sollte jetzt ein freier Mann sein, ein Präsident emeritus mit nichts zu tun. Die Wahrheit ist, daß ich für meinen Job früher fünf Tage im Büro zugebracht habe und heute sechs.
Denn, Mrs. Warburg, wir, die wir die siebzig überschritten haben, sind in einem eigentümlichen Sinne Wehrpflichtige für den Dienst an der Menschheit. All unser Ehrgeiz für uns selbst ist abgelegt und hat Platz gemacht für das ewige Anliegen, die Zukunft der Menschheit.
Sie haben aktiv teilgenommen am Aufstieg des Hauses Warburg, der Führer in der Finanzwelt, in öffentlichen Angelegenheiten, in Kultur und Humanität. Sie müssen persönlich viele aufregende Erlebnisse gehabt haben, als Ihr Haus von einem ruhmreichen Verdienst zum anderen schritt. Aber heute nach siebzig Jahren machen Sie sich wenig aus persönlicher Aufregung, nicht wahr? Sie kümmern sich statt dessen stärker als je zuvor um das, wofür das Haus Warburg steht: eine freie und gebildete und humane Welt.
Hochachtungsvoll
Alvin Johnson

[Aus dem Amerikanischen]

Warburg, Fritz

geboren 1879 in Hamburg, gestorben 1964 in Nezer Sereni, Israel, Jurist, Bankier, Vater von Ingrid Warburg.

Studium der Rechtswissenschaft in Berlin und Rostock, Referendar, Banklehre in Frankfurt a.M. und Paris, im Metallhandel in London bei »Brandeis, Goldschmidt & Co.« tätig. 1907 — 1938 Teilhaber im Bankhaus M.M. Warburg & Co. Hamburg, Leitung der Kredit- und Warenabteilung und der Personalabteilung; Präsident des »Vereins Deutscher Metallhändler«, Aufsichtsratsvorsitzender der Metallabteilung der Hamburger Börse. 1908 Heirat mit **Anna Beata Warburg**. 1914 Aufsichtsratsmitglied der »Kriegs-Metallgesellschaft zur Sicherstellung der Rohstoffversorgung und -verteilung«. 1915 — 1918 Sonderbevollmächtigter im Rang eines Handelsattachés bei der deutschen Gesandschaft in Stockholm. 1917 führte er die Unterredung mit dem russischen Duma-Abgeordneten Protopopoff mit dem Ziel, zwischen Rußland und Deutschland einen Separatfrieden herbeizuführen. Vorstandsmitglied der jüdischen Gemeinde Hamburgs, Vorsitzender des Ausschusses für Erwachsenenbildung und des »Israelitischen Krankenhauses«. Mai 1938 Arisierung des Bankhauses, anschließend nach Stockholm. November 1938 Rückkehr nach Hamburg, um Interessen des »Israelitischen Krankenhauses« zu vertreten, dabei verhaftet. Mai 1939 durch Intervention von **Baron Cornelius von Berenberg-Goßler** und Christian Niemeyer freigelassen. Rückkehr nach Schweden. 1957 Reise nach Israel, dort schwere Erkrankung.

Fritz Warburg, als der jüngste der berühmten Brüder, hatte es nicht immer leicht, sich neben seinen im internationalen Rampenlicht stehenden Brüdern zu behaupten. Dennoch und vielleicht gerade deshalb war er derjenige, der die Familie und das hieß natürlich auch immer das Bankhaus nach »innen« vertrat. Er kannte jeden Mitarbeiter und nahm sich auch die Zeit jeden anzuhören. Er war der Mann des Ausgleichs und der Geduld, der »Gemeindearbeiter«. Ein typisches Beispiel für seine Art ist wohl, daß er sich während seiner Verhaftung von einem wohlgesonnenen Schließer jeden Tag einen anderen »Zellengenossen« in die Zelle bringen ließ, um möglichst viele kennenzulernen. [S. 43, 45, 48ff., 70, 81, 95f., 103, 109, 113, 115, 125, 135, 141, 151ff., 157f., 160ff., 234, 146, 250, 260ff., 184.]

P.D.

Warburg, Gerda

geboren 1880 in Stockholm, Schwester von **Anna Beata Warburg**, lebte in England.

Warburg, Gisela

geboren 1912 in Hamburg, lebt in Cambridge, Mass., jüngste Tochter von **Max Warburg**.
1928 Begegnung mit **Chaim Weizmann**, der sie für den Zionismus begeisterte. Gisela lebte 1935 — 1938 in Berlin und half bei der **»Jugend Alijah«**. 1938 ging sie in die USA, um für die »Alijah« Geld zu sammeln. Sie schloß sich der »Hadassah« unter **Henriette Szold** an. Engagement für die »Fellowship in Israel for Arab-Jewish Youth«. Gisela Warburg heiratete den amerikanischen Richter Charles Wyzanski,aktiv in »Hadassah« und Flüchtlings- und Gemeindearbeit in Boston. [S. 39, 83f., 141]

P.D.

Warburg, Ingrid

geboren 1878 in Stockholm, Schwester von **Anna Beata Warburg**, Direktorin der »Whitloska Samskolam« in Stockholm. [S. 31, 55, 239]

Warburg, James Paul (Jimmy)

geboren 1896 in Hamburg, gestorben 1969 in New York, Bankier, Autor, Politiker, Antifaschist, Sohn von **Paul Warburg**.
Ging 1902 in die USA, 1916 Abschluß am »Harvard College«. Im Ersten Weltkrieg Leutnant im »Navy Flying Corps«, wo er den Kompaß für die amerikanischen Flugzeuge

entwickelte, der ihm 1918 patentiert wurde. Jimmy war Vorsitzender vieler Finanzkonzerne so der »International Acceptance Bank« und der »Manhattan Company«. Als Fachmann für Wirtschaft und Finanzen schrieb er zahlreiche Bücher zu diesen Themen, aber auch technische Bücher zum Beispiel über Textilfabrikation, Gedichtbände unter Pseudonym und zusammen mit seiner Frau Musicals, von denen »Let us be friends« mit großem Erfolg am Broadway lief.
Er gehörte zum »Brain-Trust« von Präsident **Roosevelt** und nahm in dieser Eigenschaft als Finanzberater an der Londoner Wirtschaftskonferenz von 1933 teil.
Sein Buch »The Money Muddle« von 1934 beschreibt seine Enttäuschung über den »New Deal« und Roosevelts Ablehnung einer stabilen Währung und eines verbesserten Goldstandards. Auch seine weiteren Werke eröffneten das Feuer auf Roosevelt und beschreiben den »New Deal« und seine Ideologie als eine moderne Diktatur.
Die Republikaner benutzten folgerichtig sein Buch »Hell Bent for Election« als Wahlkampfmaterial und vertrieben über 200.000 Exemplare in Amerika. Nichtsdestotrotz trat Warburg 1936 für eine Wiederwahl Roosevelts ein und bezeichnete ihn 1940 wegen seiner Außenpolitik als einen der größten Präsidenten, die Amerika je besaß.
Warburg galt wegen seiner intellektuellen und akademischen Fähigkeiten auf dem Finanzsektor als der »inoffizielle Sprecher der Wall Street«. Er sprach immer direkt aus, was er dachte und was seine Kollegen lieber hinter vorgehaltener Hand mitteilten. Er beteiligte sich aktiv am Wirtschaftsboykott gegen das Nazi-Regime, forderte die finanzielle Unterstützung des belagerten England und publizierte das erste Buch, das offen für ein Eingreifen Amerikas in Deutschland sprach: »Our War and our Peace« 1941. 1941 gründete er das »Fight for Freedom Committee«, das sich vehement für eine Unterstützung Englands einsetzte. Seine Angriffe gegen den »Ober-Isolationisten« und späteren Nationalhelden Charles A. Lindbergh 1941 »We of the Fight for Freedom Committee say it is not too late« sprechen Bände. 1941 wurde er special assistant des Informationsministeriums, und 1943 arbeitete er im »Office of War Information«, wo er mehrfach wegen seiner Kontakte zur Linken öffentlich angegriffen wurde.
1944 wurde der Rücktritt des »kommunistenfreundlichen Herrn James P. Warburg« als Direktor der New Yorker Abteilung der »Overseas Branch« des »Office of War Information« von dem rechten sozialdemokratischen Emigranten Seger so begrüßt: *»Warburg weigert sich zu begreifen, daß die psychologische Kriegsführung gegenüber Deutschland nur von Leuten betrieben werden konnte, die die politischen Strömungen innerhalb Deutschlands reflektierten; in andren Worten er hätte um sich einen Stab sammeln müssen, zu dem Konservative, katholische Zentrumsleute, Liberale, Sozialdemokraten und vielleicht auch einer oder der andere den Kommunisten Nahestehende gehörte ... Statt dessen ließ sich Warburg völlig von seiner Abneigung gegen die deutsche Sozialdemokratie beherrschen, und sein Stab setzte sich im wesentlichen aus Linksradikalen zusammen; ein Chef der deutschen Abteilung unter Warburg war der frühere Redakteur der kommunistischen »Arbeiter-Illustrierten« in Deutschland, Franz Höllering.«* (Radkau).
Höllering war, wie wir wissen, Trauzeuge Ingrid Warburgs. Der Rücktritt Warburgs hatte eine von Ingrid erwähnte »tiefere« Ursache: Jimmys vehementen Angriff im amerikanischen Radio auf König **Vittorio Emanuele III.** und Marschall Badoglio. Jimmy hatte vom **»Office of War Information«** freie Hand, auch die italienische Monarchie anzu-

greifen. Was er nicht wußte, war der Fakt, daß eben zu diesem Zeitpunkt Amerika in der Folge von Churchills Politik die monarchistische Karte auszuspielen begann. Besser ein Köng Umberto als der Kommunist Togliatti. In der »New York Times« wurden böse Angriffe gegen ihn geführt: Warburg *»hätte den Interessen der Kommunisten gedient und das Leben der amerikanischen Soldaten in Gefahr gebracht«*. In seiner Replik auf diese Angriffe an seine Vorgesetzten kommt seine durch und durch antifaschistische Haltung zum Ausdruck: *»Unsere gegenwärtige Haltung macht klar, daß wir keine antifaschistische oder antinazistische Revolution wollen, daß wir sie fürchten, nicht die Führung übernehmen wollen und dieser Haltung das Rückgrat unserer militärischen Stärke verpfänden. Wenn einmal dieser Gedanke unserer militärischen Ziele in Europa Wurzeln schlägt, werden sie uns nicht als Befreier, sondern als reaktionäre Unterdrückung empfinden. Und wenn das passiert, werden unsere Armeen feindliche Bevölkerungen vorfinden, die diesen Feind bekämpfen werden«*.
Jimmy Warburg wurde von Roosevelt wie eine heiße Kartoffel fallen gelassen. Enttäuscht und verbittert zog er sich aus der offiziellen Politik zurück. *»It remains my sole experience of being let down by a friend.«* (James Warburg, 205)
Im letzten Viertel seines Lebens blieb sich Jimmy Warburg treu und war einer der brillantesten und vehementesten Kämpfer gegen den Kalten Krieg und den McCarthyismus und immer wieder auch für ein souveränes Deutschland. 1964 schrieb er seine Autobiographie »The Long Road Home.« [S. 246, 287]
(**Europäischer Föderalismus**) P.D.

Warburg, Louise Martha

geboren 1879 in Hamburg, Zwillingsschwester von **Fritz Warburg**, verheiratet mit dem Arzt **Julius Derenberg**. [S. 40, 48, 58]

Warburg, Malchen

geboren 1831 in Hamburg, gestorben 1911. Schwester von **Moritz Warburg**. Tante Malchen, die als besonders fromm und orthodox galt, war ein bevorzugtes Neckobjekt der Familie. Zum geflügelten Wort wurde ihr Ausspruch »Herr Goldschmidt war kein ganz feiner Mann, aber dies hätte er auch nicht gesagt oder getan«, wenn sich ein Familienmitglied in irgendeiner Form danebenbenahm.

Warburg, Marietta

geboren 1899 in Florenz, heiratet 1928 den Dr. phil, Dr. med **Peter Braden**, Tochter von **Aby Warburg**. [S. 81]

Warburg, Max

geboren 1867 in Hamburg, gestorben 1946 in New York, Bankier und Politiker, Vater von **Erich**, **Lola**, Renate, **Anita** und **Gisela Warburg**.
Abitur in Hamburg, Banklehre in Frankfurt a.M. und Amsterdam. 1888 bis 1889 einjähriger Freiwilliger. 1889 bis 1890 Studium in München, 1890 an der »Banque Impériale Ottomane« in Paris, Studium an der »Sorbonne«; 1891 angestellt bei Bankhaus »N.M. Rothschild & Sons« in London. 1892 Prokurist und 1893—1938 Teilhaber des väterlichen Bankhauses M.M. Warburg & Co. in Hamburg. Erweiterung der Bankgeschäfte durch Anstellung hervorragender Fachleute wie Dr. Carl Melchior, Ernst Spiegelberg und Dr. **Rudolf Brinckmann** als Generalbevollmächtigten und Teilhaber sowie durch Herstellung enger persönlicher und geschäftlicher Beziehungen zu deutschen und ausländischen Unternehmen wie dem Hamburger Reeder **Albert Ballin** und dem englischen Bankier Sir Ernest Cassel sowie zum ausländischen Geld- und Kapitalmarkt, z.B. zum Bankhaus

Kuhn, Loeb und Co. New York, dem die Brüder **Paul** und **Felix Warburg** als Teilhaber angehörten. Sympathisierte mit der National-Liberalen-Partei, nach 1918 mit der Deutschen Volks-Partei. Berater und Vertrauter Wilhelms II., Absprachen mit dem deutschen Auswärtigem Amt über Auslandsanleihen und Investitionen in Ostasien und Afrika, ab 1905 Mitglied des Reichsanleihe-Konsortiums. 1897 — 1903 Handelsrichter, ab 1903 Mitglied der Handelskammer Hamburg, 1903 — 1919 Mitglied der Hamburger Bürgerschaft, seine Wahl in den Senat als erster nicht getaufter Jude wird 1917 von der Hamburger Bürgerschaft abgelehnt. Ab 1911 Aufsichtsratsmitglied der Wertpapierbörse Hamburg. Im Ersten Weltkrieg Beiratsmitglied im Kriegsernährungs- und Übergangswirtschaftsamt, zu Kriegsbeginn im Auftrag der Regierung in verschiedenen europäischen Staaaten, nahm jedoch angebotene Ämter, z.B. als Botschafter in den USA und Finanzminister unter Prinz **Max von Baden**, nicht an. »Für die Rechten bin ich verdächtig, weil ich Jude bin. Für die Linken bin ich verdächtig, weil ich Bankier bin.« 1919 Mitglied des Finanzausschusses der deutschen Abordnung bei den Friedensverhandlungen in Versailles. Stellvertretender Vorsitzender des Deutschen Bank- und Bankiergewerbes und der Gesellschaft zur Förderung des Instituts für Weltwirtschaft und Seeverkehr Kiel, 1924 — 1933 Mitglied des Generalrats der Reichsbank, Aufsichtsratsmitglied zahlreicher deutscher und mitteleuropäischer Firmen, vor allem Einfluß innerhalb der Hamburg-Amerika-Linie, HAPAG. Kuratoriumsmitglied der Talmud-Thora-Schule und des Deutsch-Israelischen Knaben-Waiseninstituts Hamburg; Mitgründer und Kuratoriumsmitglied der sozialen Frauenschule, aktiv im Roten Kreuz. 1929 Angehöriger des nichtzionistischen Flügels der erweiterten **»Jewish Agency«**, Unterstützung der Agency-Unterabteilungen: »Zentralausschuß für Hilfe und Aufbau« und der Reichsvertretung sowie des Hilfsvereins. Das Bankhaus Warburg unterstützte mit A. E. Wassermann und der »Anglo-Palestine Bank« die Paltreu beim Transfer des Kapitals der deutschen Juden nach Palästina. 1938 Ausschluß aus dem Reichsanleihe-Konsortium und Arisierung der Bank, Geschäftsübernahme durch die Hamburger Kaufleute Dr. Rudolf Brinckmann und Dr. Paul Wirtz, Umbenennung in »Brinckmann, Wirtz & Co.«. 1938 Emigration in die USA, Bankhaus »E.M. Warburg & Co.« in New York. 1941 — 1946 Mitgründer und Vorstehender Vorsitzender des »Help and Reconstruction Committee«, Förderung von Auswanderungsmöglichkeiten in verschiedene Länder, u.a. Unterstützung des im Anschluß an die Konferenz von Evian 1938 gegründeten »Intergovernmental Committee for Refugees«, London; Berichterstatter des von Präsident **Roosevelt** berufenenen **»President's Advisory Committee on Political Refugees«**. Ab 1939 Aufsichtsratsmitglied der »Refugee Economic Corporation« für Kredite an Flüchtlinge in Europa, Palästina und Übersee, Unterstützung des »American Jewish Committee« und des **»Joint«**, 1945 mit Bruder **Fritz** Übertragung des rückerstatteten Familienbesitzes in Blankenese an den »Joint«. [S. 39f., 44ff., 50, 52, 54, 57, 63, 83, 87, 95, 115, 121, 153f., 158, 161, 220, 280, 283, 285, 288] P.D.

Warburg, Max Adolph

geboren 1902 in Hamburg, gestorben 1974 in England, Maler und Kunsthistoriker, Sohn von **Aby M. Warburg**.
Max Adolph Warburg studierte Philosophie, Kunstgeschichte und war Lehrer und Dozent. 1934 emigrierte er an die Internationale Quäkerschule Eerde in Ommen/Holland,

wo auch jüdische Kinder aus Hamburg unterrichtet wurden, so auch Ingrids Schwester **Charlotte Esther**. Dorthin war schon seine spätere Frau Josepha Spiro mit ihren beiden Kindern aus erster Ehe ausgewandert. Während der deutschen Besatzungszeit in Holland lebte die Familie im Untergrund. Nachdem 1947 Pläne, nach Deutschland zurückzukehren scheiterten, gingen sie nach England. Dort war Max A. Warburg als Lehrer und Kunsthistoriker tätig. P.D.

Warburg, Moritz

geboren 1838 in Hamburg, gestorben 1910 in Hamburg, Vater der »famous five«.
Er bereitete sich frühzeitig auf den Bankberuf vor und wurde 1862 Teilhaber der Firma M.M. Warburg & Co., die er gemeinsam mit seinem Bruder **Siegmund** führte.
Aus den Aufzeichnungen von **Max Warburg**:
»Mein Vater, Moritz M. Warburg, war aus innigster Überzeugung fromm; dazu hatte ihn seine Mutter, Sara Warburg erzogen. Von uns Kindern erwartete er, daß wir alle Vorschriften der Religion streng beobachteten; er hat uns aber nie selbst darin unterwiesen. Er war ein liebenswürdiger, das Leben bejahender Mann. Die Ehe war mustergültig; ich kann mich nicht erinnern, auch nur eine einzige heftige Auseinandersetzung zwischen den Eltern erlebt zu haben. Seinem ungewöhnlichen Charme und seiner heiteren Lebensauffassung fiel es leicht, mit den Menschen umzugehen und sie zu gewinnen. Die Erziehung der Kinder überließ er ganz der Mutter ... Von den beiden Brüdern war Siegmund der unternehmende Geist. Zweifelsohne war hauptsächlich er es, der die Firma aufgebaut und zu ihrer Bedeutung gebracht hat. Mein Vater war weit konservativer, zurückhaltend und vorsichtig; er hat die Firma nach außen hin mit Erfolg zu repräsentieren gewußt. ... Die Brüder liebten einander, aber Auseinandersetzungen zwischen ihnen waren an der Tagesordnung. Regelmäßig ein- oder zweimal in jeder Woche kam es zum Streit, von dem die ganze Ferdinandstraße widerhallte.« (Max Warburg, Aus meinen Aufzeichnungen. Privatdruck, New York 1952, 3)
Und weiter heißt es bei Rosenbaum/Sherman (68):
»Als der jüngere Bruder am 31. Dezember 1862 als Partner eintrat, war Siegmund nicht abgeneigt gewesen, seiner mehr herrischen Natur entsprechend, Moritz auf die Leitung des inneren Betriebes der Firma zu beschränken, worauf sich dieser freilich mit Recht nicht einlassen wollte. Und sehr bald schon sah Siegmund ein, daß es geschäftliche Dinge gab, für deren Erledigung die verbindlichen Umgangsformen und die weichere Natur seines Bruders geeigneter waren. Einen Wink in dieser Hinsicht mag er, nach einer Familienaufzeichnung, schon bekommen haben, als Carl Heine, der Sohn von Salomon, an der Börse einmal zu ihm sagte: »Sie sollen ja einen so netten Bruder haben, schicken Sie ihn mir doch einmal.«« [S. 43f., 48] P.D.

Warburg, Olga

geboren 1873 in Hamburg, gestorben 1904 in Bern, verheiratet seit 1898 mit Paul Kohn-Speyer, Geschäftsführer der Metallmakler Brandeis-Goldsmith, Schwester der »famous five«.

Warburg, Paul M.

geboren 1868 in Hamburg, gestorben 1932 in New York, Bankier, verheiratet mit **Nina Loeb**.
1886 Abschluß des Realgymnasiums in Hamburg. Zweijährige Lehre in einer Hamburger Exportfirma. 1889 — 1890 weitere Ausbildung bei »Samuel Montagu & Co.«, Bankiers in London. Ein weiteres Jahr bei der »Banque Russe pour le Commerce Etranger« in Paris. 1891 —1892 Weltreise. 1891 Eintritt bei M.M. Warburg & Co. 1895 Partner bei

M.M. Warburg & Co. und Heirat mit Nina Loeb. 1901 — 1902 Mitglied der Hamburger Bürgerschaft. Zahlreiche Geschäftsreisen in die USA. 1902 endgültige Übersiedlung nach New York und Teilhaberschaft bei Kuhn, Loeb und Co. 1910 Vorschlag für eine »United Reserve Bank of the United States«. 1911 amerikanische Staatsbürgerschaft. 1913 Verabschiedung des Gesetzes zum »Federal Reserve System«. 1914 Ernennung durch Präsident **Wilson** zum Mitglied des ersten »Federal Reserve Board«, Aufgabe der Teilhaberschaft bei M. M. Warburg &Co. und Kuhn, Loeb und Co. sowie zahlreicher anderer Positionen in Finanzunternehmen. 1916 — 1918 Vizegouverneur des »Board«. 1917 — 1918 Mitglied der amerikanischen Abteilung der internationalen Kommission zur Schaffung einheitlicher Handels- und Finanzgesetze für die mittel- und südamerikanischen Staaten. 1918 Rücktrittsangebot vom »Board« an Wilson, das angenommen wird. 1919 Organisation des »American Acceptance Council« (Vorsitz bis 1920, Präsidentschaft bis 1922). 1921 — 1926 Mitglied im »Federal Advisory Council«, des beratenden Ausschusses für die Zentralbank. 1921 Gründung der »International Acceptance Bank, Inc.«. 1929 Angliederung der »International Acceptance Bank, Inc.« an die »Bank of the Manhattan Co.«. 1930 verfaßt er das Buch »The Federal Reserve System — Its Origin and Growth — Recollections and Reflections«. Daneben Direktor bei: »Bank of Manhattan Trust Co.«, »Farmer's Loan and Trust Co.« New York, »First National Bank of Boston«, »Union Pacific«, »Western Union Telegraph Co.«, »Warburg und Co.« Amsterdam u.a.
Finanzielle und tätige Unterstützung für diverse politische, humanitäre und kulturelle Zwecke: »**American Jewish Joint Distribution Committee**«, »National Child Labor Committee«, »Carl Schulz Memorial Foundation, Inc.« für den kulturellen Austausch zwischen Deutschland und Amerika, Akademie für Politische Wissenschaften Berlin, Heidelberger Universität, »Council on Foreign Relations, Inc.« (Direktor), »Brookings Institution« Washington, D.C., »Institute of Economics«, »Institute of Musical Art«, »Juillard School of Music« New York, »Henry Street Settlement« (**Lillian Wald**) u.a.

Paul Warburg ist in vielen Dingen das Gegenteil von seinem Bruder **Felix Warburg**. Er interessiert sich von Jugend an für das Finanzwesen, legt wenig Wert auf gesellschaftliche Amüsements und leidet unter Minderwertigkeitskomplexen. So hat er die Angewohnheit, eigene Meinungen häufig mit den Worten einzuleiten: »Was ich sagen will, wird Ihnen nicht gefallen, aber ...« (Birmingham, 340) Bei der Hochzeit seines Bruders mit Frieda Schiff (**Frieda Warburg**) in New York lernt er Nina Loeb kennen, die Tochter des Gründers von Kuhn, Loeb und Co. Sie ist die jüngere Schwester von Friedas Mutter, also ihre Tante. Mit der Heirat zwischen Paul und Nina wird Paul somit zum Onkel seines eigenen Bruders!
Seit etwa 1903 beschäftigt Paul Warburg sich damit, das amerikanische Bankensystem zu verbessern, in welchem es aufgrund mangelnder gegenseitiger Kontrolle und Absprache zwischen den über 20.000 Finanzunternehmen immer wieder zu heftigen Finanzkrisen kommt. Nach deutschem Vorbild schlägt er die Bildung einer staatlichen Zentralnotenbank vor, die zu gleichen Teilen der Regierung, den Privatbanken und den regionalen Reservebanken gehören soll. Die Zentralbank soll den Privatbanken als gegenseitige Garantie und Kontrollorgan für Währungsemissionen dienen. Obwohl sein Vorschlag dieses sogenannten »Federal Reserve System« bei den Bankiers auf Zustimmung

stößt, wird er erst 1912 offiziell von Präsident Wilson mit der Ausarbeitung eines dementsprechenden Gesetzentwurfs beauftragt, der 1913 — allerdings als »Owen-Glass Act« nach den ihn im Kongreß und Senat einbringenden Abgeordneten — verabschiedet. Zwölf Regionalreservebanken und eine »Federal Reserve Bank«, das »Federal Reserve Board« in Washington, sind geplant. Paul Warburg gibt seine sämtlichen Posten bei Bankhäusern auf, um dem Ruf Wilsons ins »Federal Reserve Board« zu folgen. Er verzichtet damit auf einen ungefähres Einkommen von über 500.000 Dollar jährlich und begnügt sich mit 12.000 Dollar. Als die Vereinigten Staaten 1917 in den Krieg mit Deutschland eintreten und Paul Warburgs Posten als Vizegouverneur der »Federal Reserve Bank« zur Neuwahl ansteht, bietet er Wilson seinen Rücktritt an mit der Begründung, damit politische Diskussionen über seine familiären Verbindungen mit Deutschland vermeiden zu können: *»Ich halte es für meine Pflicht, Sie selbst von meiner festen Überzeugung in Kenntnis zu setzten, daß dem Interesse des Landes* [der Vereinigten Staaten] *am besten damit gedient ist, wenn mein Name nicht von Ihnen in diesem Zusammenhang* [der Wiedernominierung] *in Betracht gezogen wird.«*
Mit der Gründung seiner »International Acceptance Bank, Inc.« (Stammkapital 10 Millionen Dollar) überträgt Paul das Konzept der Zentralbank auf die internationale Ebene. Er kann große europäische Banken wie die »Svenska Handelsbanken«, »N.M. Rothschild«, die Dreyfus-Söhne aus Basel und auch M.M. Warburg & Co. überzeugen, von amerikanischen Banken gegebene Anleihen gegenseitig zu gewährleisten, damit der interkontinentale Handel weiterhin florieren kann. Auch bei den Kriegsanleihen spielt dieses Institut eine bedeutende Rolle für Deutschland und für **Max Warburg**, seinen Bruder, der in der Hamburger Bank mit großen wirtschaftlichen Problemen zu kämpfen hat.
In den folgenden Jahren wird Paul Warburg, der im »Century Club« einmal mit den Worten »Da kommt die alte Unke!« begrüßt wird, sich als zuverlässiger Beobachter und Beurteiler der wirtschaftlichen Lage erweisen. Den Börsenkrach von 1929 sagt er mehrfach voraus, zuletzt warnt er im März 1929: falls die *»Orgien ungehemmter Spekulation«* nicht eingedämmt werden, wird *»der endgültige Zusammenbruch sicherlich nicht nur die Spekulanten selbst treffen, sondern das ganze Land in eine Wirtschaftskrise stürzen...«* Sechs Monate später kam es genau dazu. (Birmingham, 340f.) [S. 39f., 43ff., 50, 50, 54, 125, 160, 220]

S.N.

Warburg, Paul Felix

(1904 — 1965), Bankier und Diplomat, Sohn von **Felix** und **Frieda Warburg**.
Aktiv im Bankgewerbe im Dienst der »International Acceptance Trust Company«, der »Bank of the Manhattan Company«, »J.S. Bache and Company«, 1951 — 1961 »Carl M. Loeb, Rhoades and Co.«. Gründer und Präsident des »Federation Employment Service«. Aktiv in der »**Jugend Alijah**«. Während des Zweiten Weltkrieges als Militärattaché in der US-Botschaft in Paris. Von 1946 — 1950 als Diplomat in der US-Botschaft in London zuständig für »soziale Fälle«. Prominentes Mitglied der Republikanischen Partei, Direktor des »Republican Finance Committee«. [S. 260]

P.D.

Warburg, Sara

geboren 1805 in Hamburg, gestorben 1884 in Hamburg, Bankier, Mutter von **Moritz** und **Siegmund Warburg**, Frau von **Aby S. Warburg**.

Sara Warburg, Tochter von Moses Marcus Warburg und dessen einzige Erbin, heiratete 1829 ihren Cousin Aby S. Warburg, damit dem Bankhaus der Name Warburg erhalten blieb. Sie soll eine überaus schöne und kluge Frau gewesen sein. Heinrich Heines Gedicht »Ein Jüngling liebt' ein Mädchen ...« soll an sie gerichtet gewesen sein.
Über Sara Warburg, ihre Geschäftstüchtigkeit und die strenge Hand, mit der sie das Bankhaus und ihre Söhne regierte, existieren viele Geschichten. Eine davon erzählt **Max Warburg** in seinen Aufzeichnungen: »*An der heutigen Alsterchaussee lagen nebeneinander drei Sommerhäuser, von denen in jedem Jahre die Großeltern eines über die Ferien zu mieten pflegten. Eines Tages im Frühjahr fragte Großmutter ihren Mann, ob er auch nicht vergessen habe, zu mieten. »Natürlich nicht!«, war seine Antwort, — obwohl er es tatsächlich vergessen hatte. Sofort begab er sich zu dem Hausmakler, aber alle drei Häuser waren bereits vermietet. Es gebe nur eine Möglichkeit, er müsse die drei Häuser, die dem selben Eigentümer gehörten, durch Kauf erwerben. Die Angst vor seiner Frau war so groß, daß der Großvater tatsächlich die drei Häuser gekauft hat, ohne es ihr aber mitzuteilen. Es ist ihm nicht gut bekommen, denn sie erfuhr es durch eine Indiskretion.*« (Max Warburg, 2f.)
Charlotte Warburg berichtet über ihre Schwiegermutter: »*Sie war sehr eigen, was die äußere Erscheinung betraf und oft sagte sie »Je älter man wird um so mehr Aufmerksamkeit sollte man seiner äußeren Erscheinung widmen.« Sie regierte ihr Haus mit fester Hand. Sie war sehr nett zu ihren Untergebenen. Wie sehr auch, sie mußten gehorchen ... Sie war auf eine ernste und tiefe Weise religiös und überwachte streng alle in unserer Religion geltenden Regeln und tat alles in ihrer Macht stehende um ihre Kinder dazu zu bringen diese Regeln zu achten, und sie lebten so, wie sie es von ihnen erwartete. Sie achtete auf ein gewisses Maß an Benimm, was den Umgang ihrer Kinder mit ihr anging. Sie war immer der Meinung, daß eine gewisse Distanz notwendig sei, und daß sie die Liebe nicht verringere. Sie bestand darauf, daß ihre Söhne und Schwiegertöchter sie mit Sie anredeten.*« (Farrer, 27f.)
[S. 45, 50] P.D.

Warburg, Siegfried Samuel

geboren 1839 in Hamburg, gestorben 1904 in Stockholm, Kaufmann in Stockholm, Großvater von Ingrid Warburg, verheiratet mit **Ellen Josephson.** [S. 50]

Warburg, Siegmund

(1835 — 1889), Bankier, Bruder von **Moritz Warburg.** [S. 44]

Warburg, Sir Siegmund

(1902 — 1982), Bankier in London, Enkel **Siegmund Warburgs**. [S. 101, 257]

Warren, Avra Milvin

(1893 — 1957), Leiter der Visaabteilung im amerikanischen Außenmininsterium.
1920 Eintritt in den diplomatischen Dienst des amerikanischen Außenministeriums (Haiti, Indien, Kenia, Neufundland, Argentinien). 1938 Ernennung zum Leiter der Visaabteilung. Warren besuchte Ende 1938 Europa, um die Verhältnisse in den amerikanischen Konsulaten und Botschaften zu inspizieren. Um die Visaabfertigung zu beschleunigen, setzte er etwa 35 neue Konsulatsmitarbeiter ein, wies aber gleichzeitig die Konsuln an, die Visaausstellung einzuschränken. 1939 — 1940 beim Auswärtigen Amt. 1941 erneut Visaabteilungsleiter. Seit 1942 verschiedene Botschafter- und andere Posten im Ausland. [S. 198 (?)] S.N.

Warren, George Lewis

(geb. 1890), Regierungsspezialist für Flüchtlingsfragen, 1939 — 1944 führendes Mitglied im »**President's Advisory Committee on Political Refugees**« (Executive Secretary).S.N.

Wassermann, Jakob

(1873 — 1934), deutscher Schriftsteller. [S. 75]

Weber, Marianne

Herausgeberin der Werke und Frau von Max Weber. [S. 78]

Weber, Max

(1864 — 1920), Soziologe und Volkswirt. (**Kurt Hahn, Marianne Jaffé**) [S. 71, 78]

Weizmann, Chaim

geboren 1874 in Motol bei Pinsk in Rußland, gestorben 1952 in Rehovot, Israel, Chemiker, zionistischer Führer und erster Präsident Israels.
Studium der Chemie in Darmstadt, Berlin und Freiburg, dort 1899 Promotion. 1901 Dozent für Chemie an der Universität von Genf. Engagement für den Zionismus durch Kontakte mit zionistischen Führern wie z.B. **Ahad Ha'am** in Berlin. Gehörte der frühen zionistischen Opposition an, die die Schaffung eines jüdischen Staates allein über politische Verhandlungen für nicht möglich hielt, sondern die moralische und praktische Unterstützung des gesamten Judentums für notwendig hielt. Zu Beginn seiner zionistischen Aktivitäten spielte vor allem die Errichtung einer Hebräischen Universität für jüdische Intellektuelle eine Rolle. Weizmanns Bewunderung für Großbritannien, für dessen Tradition der Freiheit, Mäßigung und des »common sense«, ließ ihn auf Hilfe von diesem Land für die zionistische Idee hoffen. 1904 ging er als Dozent für Biochemie an die Universität nach Manchester. 1906 Heirat mit Vera Chatzmann (**Vera Weizmann**). 1907 erste Reise nach Palästina. Bei Ausbruch des Ersten Weltkriegs bot Weizmann seine Dienste der britischen Regierung an und wurde als Chemiker angestellt. 1916 ging er als Direktor des Labors der Admiralität nach London. Da das Zionistische Zentrum in Berlin während des Krieges nicht arbeiten konnte, wurde es nach England verlegt, und Weizmann wurde damit zum führenden Kopf des politischen Zionismus. In England pflegte er intensive Kontakte zu führenden Politikern wie Außenminister Arthur James Balfour; am 2. November 1917 wurde dann die »Balfour Declaration« über die Errichtung einer nationalen Heimstätte der Juden in Palästina erlassen, 1919 erfolgte die internationale Anerkennung der Deklaration auf der Pariser Friedenskonferenz. 1918 ging Weizmann als Vorsitzender des Zionistischen Komitees nach Palästina, um die dortigen Verhältnisse zu untersuchen, Empfehlungen an Großbritannien zu richten, das zu diesem Zeitpunkt Teile des Landes kontrollierte, und mit den Arabern eine Übereinkunft zu treffen. 1920 Wahl zum Präsidenten der »World Zionist Organisation« (1920 — 1931, 1935 — 1946) und somit Verhandlungspartner für britische und andere Politiker über Palästina. Weizmann identifizierte sich mit keiner speziellen zionistischen Gruppierung, sympathisierte aber mit dem **Hechaluz.** Radikale Tendenzen linkssozialistischer oder rechtsrevisionistischer Art lehnte er ab.
Seit 1921 Besuche in den USA, z.T. von **Albert Einstein** begleitet und zum Zweck des »fund raising« für den »Palestine Foundation Fund« und die Hebräische Universtität. So konnte er auch die finanzielle Unterstützung **Felix Warburgs** erlangen. Seit 1929 Präsident der »**Jewish Agency**«, die auch nicht-zionistische Mitglieder wie Warburg hatte.
Seiner pro-britischen Haltung entsprechend akzeptierte Weizmann 1921 die Trennung

Chaim Weizman

Franz Werfel, Alma Mahler-Werfel

Transjordaniens von Palästina und das »White Paper« von 1922, das die jüdische Einwanderung von der ökonomischen Aufnahmekraft des Landes abhängig machte. Das »Passfield White Paper« von 1930 war eine große Enttäuschung für Weizmann, woraufhin er seine Präsidentschaft in der »Jewish Agency« abgab und auch Felix Warburg vom Vorsitz im »administrative committee« zurücktrat. Verhandlungen mit dem britischen Premier **MacDonald** führten dann zu einer Abschwächung des Papiers, konnten aber das Mißtrauen gegenüber England nicht mehr abbauen. 1931 wurde Weizmann daraufhin nicht mehr zum Präsidenten der WZO wiedergewählt.
1936—1937 als wiedergewählter WZO-Präsident gegen die Teilung Palästinas, die von der Peel-Kommission vorgeschlagen wurde. 1939 Einsatz gegen ein weiteres »White Paper«. Bei Ausbruch des Zweiten Weltkriegs bot er Großbritannien und des USA die Hilfe des jüdischen Volks an und war selbst als Chemiker für deren Regierungen tätig. Er warb beim britischen Premier Churchill erfolgreich für die Aufstellung einer jüdischen antinazistischen Kampftruppe, der »Jewish Brigade«. 1945 erreichte seine Enttäuschung über die britische Regierung ihren Höhepunkt: die neue Labour-Regierung und voran Premier Attlee vertraten nicht die vor der Wahl versprochene pro-zionistische Politik, auf die Weizmann lange Zeit gehofft hatte. 1946 wurde er nicht mehr als WZO-Präsident wiedergewählt, und eine neue zionistische Führung mit **David Ben-Gurion** ging zu einer anti-britischeren Politik über.
1947/48 maßgebliche Beteiligung an der Grenzfestlegung des jüdischen Staates, auch durch Kontakte mit dem amerikanischen Präsidenten Truman. 16. Februar 1948 Wahl zum ersten Präsidenten Israels; er blieb bis zu seinem Tod im Jahr 1952 im Amt. Weizmann sah Israel als eine Art »Schweiz des Mittleren

Ostens«, als Mittler im Kalten Krieg zwischen den Weltmächten.
Zur Familie Warburg standen Chaim und Vera Weizmann in vielfältiger und teilweise zwiespältiger Beziehung. Er selbst bezeichnete sie in seiner Autobiographie »Trial and Error« (1949, 143) als »*Kaiserjuden*«, als »*deutscher als die Deutschen, als unterwürfig, überpatriotisch, die Wünsche und Pläne der Herren Deutschlands eifrig antizipierend.*« Mit dieser etwas überspitzten Formulierung meinte er wohl **Max Warburg**. Felix Warburg hat er von der Idee Palästinas überzeugen können — allerdings ohne daß dieser selbst Zionist wurde. Später kam es hierüber und über die Hebräische Universität in Jerusalem zu Auseinandersetzungen zwischen ihnen. **Lola** und **Gisela Warburg** waren in den 40er Jahren enge Mitarbeiterinnen Weizmanns. [S . 87f., 101, 225] S.N.

Weizmann, Vera

geboren 1882 in Rostov am Don, gestorben 1966 in London, geborene Chatzmann, Ärztin, verheiratet mit **Chaim Weizmann**.
Aus einer wohlhabenden jüdischen Familie stammend, studierte Vera Chatzmann Medizin in Genf, dort lernte sie auch ihren späteren Mann kennen. 1906 machte sie ihren Abschluß und heiratete kurze Zeit später in Zopot in Polen.
Sie ging mit ihrem Mann nach England, der dort eine Dozentur für Chemie erhalten hatte. Ihr Studium wurde nicht anerkannt. Sie schrieb sich nochmals für Medizin ein und erhielt 1913 ihren englischen Arzttitel und arbeitete in einer Frauen- und Kinderklinik. Durch ihre vielen Kontakte mit führenden Persönlichkeiten der zionistischen Bewegung — ihr Haus in London wurde soetwas wie ein Hauptquartier — war sie aktiv in vielen Organisationen der Zionisten, so der »Women's International Zionist Organisation«, der »**Jugend Alijah**«, deren Vorsitzende sie von 1940 — 1948 war. 1937 lebten die Weizmanns zeitweilig in Rehovot / Israel, wo sie nach der Gründung des israelitischen Staates 1948 endgültig blieben. Vera Weizmann war dort in zahlreichen humanitären Organisationen tätig und übernahm 1952 nach dem Tod ihres Mannes die Verwaltung seines Nachlasses und des »Weizmann Instituts«. Sie schrieb ihre Memoiren, die 1967 nach ihrem Tod unter dem Titel »The Impossible takes Longer« erschienen. [S. 87f.] P.D.

Welles, Sumner

geboren 1892 in New York City, gestorben 1961 in Bernardsville, New Jersey, Diplomat. Studium an der »Harvard University«. 1915 — 1917 Botschaftssekretär in Tokio, dann an der Botschaft in Buenos Aires. 1921 — 1922 Leiter der Lateinamerikaabteilung im Außenministerium. Dann in der Dominikanischen Republik und in Honduras. 1933 von **Roosevelt** zum stellvertretenden Außenminister ernannt, in Kuba als Botschafter erfolglose Vermittlungsversuche zwischen den opponierenden Revolutionsgruppen. 1937 — 1943 Unterstaatssekretär im Außenministerium und stellvertretender Innenminister unter Roosevelt. 1940 in geheimer Mission in Europa, um dem Präsidenten über die dortigen Zustände Bericht zu erstatten.
(**Amerikanische Flüchtlingspolitik, Franz Bögler, Rudolf Breitscheid, Franco Venturi**)
[S. 176f, 181, 185] S.N.

Werfel, Franz

geboren 1890 in Prag, gestorben 1945 in Beverly Hills, Kalifornien, Schriftsteller, verheiratet mit **Alma Mahler-Werfel.**
1915 — 1917 Soldat der österreichischen Armee, danach freier Schriftsteller. 1929 Heirat mit Alma Mahler. 1933 wegen seiner jüdischen Abstammung aus der Preußischen

Dichterakademie ausgeschlossen. 1938 Emigration über Italien nach Frankreich (Marseille und Sanary-sur-Mer). 1940 Flucht nach Portugal mit Hilfe des »**Emergency Rescue Committee**«, von dort in die USA, nach Beverly Hills in Kalifornien. Seine Geschichte der Heiligen Bernadette, »Das Lied von Bernadette«, erschien 1942 und machte den Katholizismus in den USA publik. Mit einer amerikanischen Auflage von 350.000 Exemplaren in einem Jahr und der Verfilmung des Romanstoffes gehörte das Buch zu den lukrativsten Exilproduktionen.
(Klaus Dohrn, Varian Fry, Wilhelm Herzog, Frank Kingdon, Annemarie Meier-Graefe, Emil Rheinhardt, Ludwig Ullmann)
[S. 207ff.] S.N.

Zwei Monate nach ihrer abenteuerlichen Flucht über die Pyrenäen schreiben Alma und Franz Werfel aus New York einen Brief an Ingrid Warburg in ihrer Funktion als ERC-Vertreterin:

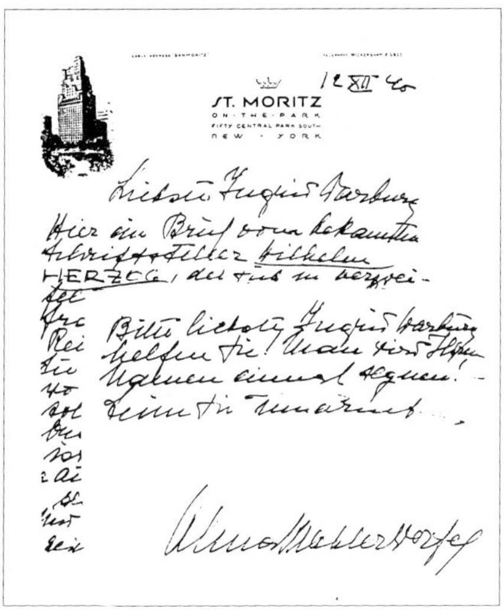
ST. MORITZ
ON-THE-PARK
FIFTY CENTRAL PARK SOUTH
NEW YORK

12 XII 40

Liebste Ingrid Warburg
Hier ein Brief vom bekannten Schriftsteller Wilhelm HERZOG, der sich in verzwei-
Bitte liebste Ingrid Warburg helfen Sie! Man wird Ihren Namen einmal segnen! —
Lesen Sie seinen Brief.

Alma Mahler Werfel

12 XII 40

Liebste Ingrid Warburg

Hier ein Brief vom bekannten Schriftsteller Wilhelm HERZOG, der sich in verzweifelter Lage befindet, und Frau Meier Graefe — und A. E. Reinhardt und Klaus DOHRN. Sie schrieben, Sie wissen nicht, wo Sie das Geld hernehmen sollen!? Alle, bis auf Dohrn brauchen keines! Und hier ist doch ein fond — zu dem ja auch Franz Werfel durch seine Rede[?] beigetragen hat. Nur die Summen, die in Frankreich enorm helfen — sind hier so klein! —
Bitte liebste Ingrid Warburg helfen Sie! Man wird Ihren Namen einmal segnen! —
Lesen Sie seinen Brief

Alma Mahler Werfel

7/11 40

Liebes Fräulein Ingrid Warburg

Ich richte diesen Brief, dessen Absendung ich mit Mr Kingdon telefonisch verabredet habe an Sie, weil ich ihn deutsch schreibe. Es handelt sich um die Rettung folgender höchst gefährdeter Leute, von denen ich immer wieder indirekt Hilferufe empfange.
I.) Der sehr bekannte deutsche Schriftsteller und Publizist Wilhelm Herzog, gegenwärtig in Sanary sur mer, Dep. Var. Dieser Ort liegt 40 Minuten von Marseille entfernt. W.H. ist 56 Jahre alt.
II.) Der österreichische Dichter und Schriftsteller Emil Alfons Rheinhardt, gegenwärtig in Le Lavandon, Var.
III.) Der österreich. Dichter und Publizist

Ludwig Ullmann, wahrscheinlich in Marseille

___

Mit persönlich liegt am dringendsten das Schicksal einer Freundin am Herzen, der Witwe des berühmten Kunsthistorikers Meier Graefe.
Frau Annemarie Meier Graefe St. Cyr s.m. (Var)
Sie ist im Besitz eines amerikanischen Visums. Man müsste ihr nur über die spanische Grenze helfen.
Ich bitte Mr Kingdon allerherzlichst, an Mr F. [Fry] die Weisung ergehen zu lassen, daß den genannten sehr wertvollen Menschen besondere Fürsorge zugewandt werde.
Ihnen verehrtes liebes Fräulein Ingrid, wäre ich für Ihre Mithilfe sehr herzlich dankbar.

Mit vielen Grüßen
Ihr
Franz Werfel

Western, Harold
Anwalt und **Michaela Zuckmayers** zweiter Mann. [S. 163]

Whitlock, Anna
(1852 — 1930), schwedische Pädagogin und Frauenrechtlerin. [S. 51]

Wiesenthal, Simon
(geb. 1908), Historiker und Architekt. [S. 292]

Wilhelm II.
(1859 — 1941), deutscher Kaiser. [S. 45]

Wilson, Sir James Harold
(geb. 1916), 1964 — 1970 und 1974 — 1976 britischer Premierminister (Labour Party), lebte 1987 in England. [S. 101]

Wilson, Woodrow
(1856 — 1924), 1913 — 1921 Präsident der USA. [S. 44, 45, 46]

Wolf, Christa
(geb. 1929), deutsch-deutsche Schriftstellerin. [S. 291]

Wolff, Emil
geboren 1879 in München, gestorben 1952 in Hamburg, Universitätsprofessor, Anglist. Studium in München und Berlin, habilitiert sich 1911 in München, Teilnahme am Ersten Weltkrieg. 1917 Professor in München, dann an der flämischen Universität von Gent, 1918 Ruf nach Hamburg an die neu gegründete Universität. Direktor des englischen Seminars in Hamburg. 1923/1924 und 1945/1947 Rektor der Universität Hamburg. Obwohl er ein entschiedener Gegner der Nationalsozialisten war und seine Kinder im Exil lebten, blieb Wolff in Deutschland. [S. 99f., 103, 274, 277] P.D.

Wolff, Karl
(geb. 1900), SS-Obergruppenführer, 1933 — 1943 **Himmlers** Adjutant und Verbindungsmann zu **Hitler;** dann Militärgouverneur in Norditalien und Gesandter bei **Mussolini.** 1946 von einem deutschen Gericht zu vier Jahren Arbeitslager verurteilt. [S. 153]

Wolff-Mönckeberg, Mathilde
1879 in Hamburg geboren, gestorben 1958 in Hamburg, Frau von **Emil Wolff.**
Mathilde Wolff-Mönckeberg war das siebte

Kind des Hamburger Bürgermeisters und Freundes von **Bismarck** und Brahms Johann Georg Mönckeberg. 1899 ging sie nach Florenz, um dort Italienisch und Gesang zu studieren. Sie wurde der Obhut guter Freunde der Familie **Aby M. Warburg** und seiner Frau **Mary** unterstellt. Dort lernte sie den jungen holländischen Kunsthistoriker **André Jolles** kennen. 1900 heirateten sie. 1902 kehrten sie nach Deutschland / Freiburg zurück und gingen später nach Berlin. 1917, inzwischen Mutter von sechs Kindern, trennt sie sich von ihrem Mann und zog zur Familie nach Hamburg. Dort heiratete sie 1925 Professor Emil Wolff. Die Wolffs blieben, obwohl von den Nazis verfolgt, während des Krieges in Hamburg. Ihre Kinder lebten zu dieser Zeit fast alle im Ausland. Mathilde Wolff-Möncke-bergs Briefe aus dieser Zeit an ihre Kinder erschienen unter dem Titel »On The Other Side« in England. [S. 99f.] P.D.

Wood, L. Hollingsworth

(gest. 1956), Quäker und 2. Vorsitzender des **»Emergency Rescue Committee«**. [S. 136]

Woodlands

Landhaus von **Frieda** und **Felix Warburg,** Besitz in White Plains, 1904 von Felix Warburg erworben und »Woodlands« getauft. Auf ca. 250 Hektar standen ein Haus im Tudorstil, ein Hallenbad inklusive Gewächshaus, sogenannte »Präsidentenbänke« — Holzbänke mit den Namen der amerikanischen Präsidenten — entlang der 5 Meilen Reitwege, eine Herde Guernsey-Kühe für frische Milch, ein kombiniertes Polo-Golf-Feld, ein Squash- und ein Tenniscourt sowie mehrere Häuser für die Verwandtschaft. Sein Bruder Paul und seine Frau Nina besaßen in der Nähe ein etwas bescheideneres Anwesen, das sie in Gedenken an Hamburg »Fontenay« nannten. [S. 129] S.N.

XYZ

Gräfin Yorck von Wartenburg

Richterin und Frau des am 8.8.1944 hingerichteten Mitglieds im »**Kreisauer Kreis**« und der »Grafengruppe« Peter Graf Yorck von Wartenburg. [S. 290]

Zimmer, Christiane

(geb. 1902), Tochter **Hugo von Hofmannsthals**, verheiratet mit **Heinrich Zimmer**. [S. 76]

Zimmer, Heinrich

(1890 — 1943), Indologe, verheiratet mit **Christiane von Hofmannsthal**, ab 1939 in den USA. [S. 76]

Zuckmayer, Carl

geboren 1896 in Nackenheim a. Rhein, gestorben 1977 in Visp, Schweiz, Schriftsteller.
Emigrierte im Herbst 1939 nach Aufführungsverboten und der Beschlagnahmung seines Hauses bei Salzburg über Kuba in die USA, verbrachte sechs Monate in Hollywood und unterrichtete dann in New York an Piscators »Dramatic Workshop«. 1940 pachtete er die »Backwoods-Farm« bei Barnard in Vermont und lebte dort als Farmer und Schriftsteller. 1946 untersuchte er als Zivilangestellter der amerikanischen Regierung das deutsche und österreichische Kulturleben. Seit 1951 pendelte er zwischen Europa und Amerika, 1958 endgültige Rückkehr in die Schweiz. Seine Autobiographie »Als wär's ein Stück von mir« erschien 1966. [S. 161f., 217] S.N.

Zuckmayer, Michaela (Micky)

Tochter **Karl Franks** und **Anna Caples'**, der ersten Frau **Carl Zuckmayers,** Pflegekind von Ingrid Warburg in Amerika. [S. 161f., 217, 232]

»20. Juli«

Bombenanschlag auf **Adolf Hitler** am 20. Juli 1944.
Das Attentat vom 20. Juli 1944 ist das letzte einer Serie von gescheiterten Attentaten seitens einer Gruppe um den General von Tresckow. Am 13. März schmuggelte General von Tresckow eine Bombe in Hitlers Flugzeug, deren Zündmechanismus jedoch versagte. Als Oberst von Gersdorff sich zusammen mit Hitler bei einer Feier zum Heldengedenktag in die Luft sprengen wollte, verließ Hitler überraschend die Veranstaltung schon nach wenigen Minuten, und von Gersdorff mußte die Bombe wieder entschärfen. Erst Mitte 1944 ergab sich durch **Claus Graf von Stauffenberg,** der als interimistischer Chef des Stabes Zutritt zum Hauptquartier des Führers hatte, eine neue Chance, Hitler zu töten.

Zu diesem Zeitpunkt lastete auf dem 20. Juli 1944 bereits das Manko des »zu spät«. Auf der **Casablanca-Conferenz** 1943 war die bedingungslose Kapitulation Deutschlands beschlossen worden und mit dem Einmarsch der Alliierten im Juli 1944 in Nordfrankreich in greifbare Nähe gerückt. Die sowjetischen Armeen überschritten zu diesem Zeitpunkt die Grenzen Polens. In dieser Situation wandelte sich das Attentat zu einem Opfergang, um der Welt das Vorhandensein des deutschen Widerstands zu demonstrieren. Von von Tresckow stammt die berühmte Äußerung: *»Das Attentat muß erfolgen, coûte que coûte. Sollte es nicht gelingen, so muß trotzdem in Berlin gehandelt werden. Denn es kommt nicht mehr auf den praktischen Zweck an, sondern darauf, daß die deutsche Widerstandsbewegung vor der Welt und vor der Geschichte den entscheidenden Wurf gewagt hat. Alles andere ist daneben gleichgültig.«*

Da man im Falle eines geglückten Attentats die Rache der SS fürchten mußte, da viele Offiziere hitlertreu waren, verfiel man auf den gewagten Versuch, auch diese Hitlertreuen in den Putsch einzuspannen. Zu diesem Zweck wollten die Verschwörer einen alten Plan ausnutzen, der zur Niederwerfung eines möglichen Aufstands von Fremdarbeitern und Kriegsgefangenen ausgearbeitet worden war. Dieser Plan sollte in sein Gegenteil verkehrt werden. Tresckow und Stauffenberg gaben vor, von der Möglichkeit auszugehen, daß die SS einen Aufstand durchführen könnte, der von der Wehrmacht niedergeschlagen werden müsse. Dieser fiktive Plan trug den Namen »Walküre« und enthielt alle Pläne für den Umsturz. Auf das Stichwort »Walküre« sollte dieser Plan im ganzen Reich und den besetzten Gebieten gleichzeitig aus den Panzerschränken der Militärs geholt und ausgeführt werden. Der wichtigste Punkt war die Besetzung der Ministerien und Entwaffnung der SS. Mit diesem Trick eines fiktiven Umsturzversuchs wollten die Männer des »20. Juli« auch solche Militärs bei der Überwältigung der SS mitwirken lassen, die auf Seiten Hitlers standen.

Das Attentat sollte in einer kleinen Holzbaracke, nahe dem Führerhauptquartier in Rastenburg, Ostpreußen erfolgen. An diesem 20. Juli, um 12.30 Uhr wurde Stauffenberg mit den anderen Offizieren zu einer Besprechung mit Hitler gebeten. Stauffenberg gelang es, die Aktentasche mit dem Sprengstoff in Hitlers Nähe, unter dem Lagetisch, abzustellen, und er verließ unter einem Vorwand die Baracke. Die Explosion war von einer solchen Wucht, daß Stauffenberg glauben mußte, sie hätte Hitler zerrissen.

Aus verschiedenen Gründen wurde die Auslösung des Plans »Walküre« verzögert, bis Stauffenberg um 15.00 Uhr wieder in Berlin eintraf. Um 18 Uhr lief der Plan »Walküre« auf vollen Touren, aber Hitler hatte sich bereits soweit wieder erholt, daß er per Telephon Gegenbefehle geben konnte, den Putsch niederzuschlagen.

Stauffenberg und einige der engsten Verschworenen wurden bereits am nächsten Tag erschossen. Fast alle Mitglieder des **»Kreisauer Kreises«** wurden in den nächsten Tagen verhaftet und wenig später gehenkt. In einem Rachefeldzug wollte Hitler aber ein völlige Ausrottung des deutschen Widerstands, eine weitere »Endlösung« erreichen. Mehr als 7000 Menschen wurden allein nach Angaben der Gestapo verhaftet. Einer Unzahl von Hinrichtungen fielen all jene zum Opfer, denen auch nur Sympathie mit den Verschwörern unterstellt wurde.

Damit war der letzte erfolgversprechende deutsche Widerstand gegen Hitler gescheitert. Kurz vor seiner Hinrichtung schrieb **Adam von Trott** an seine Frau: *»Es war alles ein aus der Besinnung und Kraft unserer Heimat,* *deren tiefe Liebe ich meinem Vater verdanke, aufsteigender Versuch, ihr in allen modernen Wandlungen und Erscheinungen unwandelbar bleibendes Recht und ihren tiefen, unentbehrlichen Beitrag gegen den Übergriff fremder Mächte und Gesinnungen zu erhalten und zu vertreten. Darum bin ich aus der Fremde mit allen ihren Verlockungen und Möglichkeiten immer mit Unruhe und begierig dorthin geeilt, wo ich mich zu dienen berufen fühlte.«* (Malone, 128)

(**Peter Bielenberg, OSS Office of Stratetic Services)** [S. 117, 119, 123, 279, 291, 293]

R.G.

Zweig, Stefan

(1881 — Selbstmord 1942), österreichischer Schriftsteller. [S. 211]

Ehepaar Zwirner

Freunde von **Hertha Vogelstein.** [S. 286]

Zeittafel

1908 Hamburg
Heirat der Eltern. Dr. Fritz Warburg, Teilhabers des Bankhauses M.M. Warburg und Anna Beata Warburg, Pädagogin und Sozialarbeiterin. Wohnung in der Fontenay 5; im Sommer auf dem Kösterberg.

1.10.1910
Ingrid Warburg wird als erstes Kind geboren.

31.1.1912
Geburt der Schwester Eva.

1915 Stockholm
Umzug der Eltern. Fritz Warburg arbeitet als Handelsbevollmächtigter des Deutschen Reiches. Die Familie wohnt zunächst bei der Großmutter mütterlicherseits, später in einer eigenen Wohnung am Strandvägen. Besuch der Schule Wittloska Samskolam, in der ihre Tante Ingrid Direktorin ist.

1920 Hamburg
Rückkehr des Vaters. Tod der Großmutter Charlotte Warburg.

Ende 1920
Rückkehr der übrigen Familie auf den Kösterberg, später in die Fontenay 5.

1921
Geburt der Schwester Charlotte Esther, genannt Noni.

1921—1924
Privatunterricht, dann Einschulung in die Mädchenschule »Mary Henkel« in Hamburg

1923
Aufgabe des Hauses Fontenay 5, übergangsweise bei Aby Warburg in der Heilwigstraße, dann im väterlichen Haus der Warburgs, im Mittelweg 17.

1926—1930 Salem
Schulbesuch im Landerziehungsheim Salem

1930
Abitur in Salem.

1931 Heidelberg
Immatrikulation für Philosophie und Literatur. Hört bei Jaspers, Gundolf, Bergstraesser, Eckardt und Ernst R. Curtius.

1931/32 Hamburg
Studium und Vorlesungen bei Cassirer und Panofski.

1932 Oxford
Englischstudium am Sommerville College.

Ende 1932 England
Unterrichtet Deutsch an der »Bedales Boarding School« in Südengland.

Sommer 1933 Hamburg
Studium bei Emil Wolff. Arbeit für den »Hechaluz«.

Sommer 1934 London
Vorbereitung der Dissertation über Lucy Hutchinson im »British Museum« in London.

Dezember 1935 Hamburg
Promotion bei Emil Wolff und Bruno Snell.

Ende 1935
Reise durch Deutschland mit einigen Chaluzim auf ihrem Weg nach Israel.

1936 New York
Reise zu Felix Warburg nach Amerika.

1936 — 1937
Beginn der Arbeit für jüdische Flüchtlingskinder in der »German Jewish Children's Aid«, dann Ausdehnung der Tätigkeit auf das »Progressive School Committee for Refugees Children«.

1937 Hamburg
Reise mit Felix und Frieda Warburg nach Hamburg.

1937 Zürich
Teilnahme am XXI. Zionistischen Weltkongreß in Zürich und Rückkehr nach New York.

Mai 1938
Emigration der Eltern nach Schweden.

1939
Rückkehr des Vaters nach Hamburg und Verhaftung. Deshalb Rückkehr der Mutter nach Hamburg.

Mai 1939
Entlassung von Fritz Warburg aus der Haftanstalt Fuhlsbüttel und Ausreise der Familie nach Schweden zusammen mit allen Kindern des jüdischen Kindergartens in Hamburg.

1937 — 1939 USA
Reisen für das »Joint Distribution Committee« durch 220 Städte in den USA, um Geld zu sammeln.

1939 Stockholm
Reise zu den Eltern.

1939 Polen
Reise für den »Joint« durch Polen.

1939 New York
Rückreise nach New York mit Michael Zuckmayer. Gründung des »National Committee to Help Refugee Students« in Harvard. Beginn der Arbeit für die »American Friends of German Freedom« mit Karl Frank und Anna Caples.

Juni 1940
»Fund Raising Dinner« im »Commodore Hotel« in New York. Gründung des »Emergency Rescue Committees« zur Rettung von Flüchtlingen aus Frankreich in ihrer New Yorker Wohnung.

1940 — 1942
»Assistant to the president« beim »Emergency Rescue Committee«.

1941
Arbeit für das »Emergency Relief Committee of the Children in Italy«.

Januar 1941
Heirat mit Veniero Spinelli.

6.11.1942
Geburt der Tochter Elena.

März 1942
Der »ERC« und die »International Relief Association« werden zum »International Rescue Committee« zusammengeschlossen. Ingrid Warburg ist eine der vier Vizepräsidenten.

28.11.1943
Geburt des Sohnes Oliviero.

September 1943
Veniero Spinelli geht als Soldat nach Italien.

1945 Stockholm
Rückkehr nach Europa zu den Eltern in Stockholm.

Ende 1945 Rom
Erste Reise nach Rom.

Frühjahr 1946 Stockholm
Bei den Eltern. Erste Aufzeichnungen über die Arbeit in Amerika.

1946 Rom
Mit den Kindern nach Rom.

2.9.1946
Geburt der Tochter Gioconda.

1947
Gründung der Zeitschrift »Italia Europea« mit ihrem Mann

August 1947
»Congresso dell'unione europea dei federalisti« vom 27.—31. August in Montreux.

März 1948 London
Als Korrespondentin von »Italia Europea« nach London zu einer internationalen Gewerkschaftskonferenz.

25.11.1946 Rom
Geburt des Sohnes Francesco.

19.1.1950
Geburt des Sohnes Italo.

1964
Tod des Vaters in Israel.

1967
Tod der Mutter in Israel.

1967 New York
Reise nach New York.

1968
Reise nach Israel.

Oktober 1969 Rom
Tod Veniero Spinellis.

1978
Reise in die USA, Besuch bei Roger Baldwin.

1980 Deutschland
Reise mit Oliviero durch Deutschland.

1982 Deutschland
Erneute Deutschlandreise zu den Trotts

1983 London
Reise nach England, Wiedersehen mit Isaiah Berlin.

Januar 1983 Oxford
Ingrid folgt einer Einladung David Astors nach Oxford zu einer Tagung über Adam von Trott.

1980
Beginn der Arbeit an den Erinnerugen.

1983—1990
Weitere Reisen nach Deutschland und England. Ingrid Warburg Spinelli lebt in der Via Arenula am Rande des jüdischen Gettos in Rom.

Literatur- und Bildnachweis

Literaturnachweis

Anatomie des SS-Staates. München 1967

Alijah. Informationen für Palästina Auswanderer. Jewish Agency (Hg.). Berlin 1936

Attali, Jacques. Siegmund G. Warburg. Das Leben eines großen Bankiers. Düsseldorf/Wien 1986

Baldwin, Roger N. The Individual and the State. In: Norman Thomas. Is Conscience a Crime? New York/London 1972

Bielenberg, Christabel. Als ich Deutsche war 1934 — 1945. München 1969

Biographisches Handbuch der deutschsprachigen Emigration nach 1933. Bde. I-III. hg. von Herbert A. Strauss. München/New York: K.G. Saur 1980

Birmingham, Stephen. In unseren Kreisen. Die großen jüdischen Familien New Yorks. (am. »Our Crowd« 1967) Berlin/Frankfurt a.M. 1969

Boveri, Margret. Der Verrat im XX. Jahrhundert. Bd. I-IV, Hamburg 1956 ff.

Brandt, Willy. Links und frei. Mein Weg 1930 — 1950. Hamburg 1982

Braun-Vogelstein, Julie. Was niemals stirbt. Stuttgart 1966

Breitman, Richard/Kraut, Alan M. American Refugee Policy and European Jewry, 1933 — 1945. Bloomington/Indianapolis 1987

Brockhaus Enzyklopädie in 20 Bänden. Wiesbaden 1969 (17. Aufl.)

Brooke, Christopher. Oxford and Cambridge. Cambridge 1988

Cartarius, Ulrich. Opposition gegen Hitler. Berlin 1984

Collier's Encyclopedia. ed. William D. Halsey/Bernard Johnston. New York: Macmillan Educational Company 1987

Current Biography Yearbook. ed. Charles Moritz. New York: Wilson 1942ff.

Der deutsche PEN-Club im Exil 1933 — 1948. Eine Ausstellung der Deutschen Bibliothek Frankfurt am Main. Frankfurt/M. 1980

Der Kreisauer Kreis. Portrait einer Widerstandsgruppe. Begleitband zu einer Ausstellung der Stiftung Preußischer Kulturbesitz. Bearb. v. W. E. Winterhager. Berlin 1985

Der Weg der deutschen Alijah. Rechenschaft, Leistung, Verantwortung. Hitachduth Olej Germania (Hg.). Tel Aviv 1939

Delzell, Charles F. Mussolini's Enemies — The Italian Anti-Fascist Resistance. Princeton, New Jersey 1961

Deutsche Literatur im Exil. Briefe europäischer Autoren 1933 —1949. Hg. von Hermann Kesten. Frankfurt a.M. 1973 (München/Wien/Basel 1964)
Dizionario Biografico Degli Italiani. Treccani Roma 1960 ff.
Dossier: Kreisauer Kreis. Dokumente aus dem Widerstand gegen den Nationasozialismus. Aus dem Nachlaß von Lothar König S.J. Herausgegeben und kommentiert von Roman Bleistein. Frankfurt a.M. 1987
Drei Schriften aus dem Exil. (Miles: Neu beginnen!, Otto Bauer: Die illegale Partei, Curt Geyer: Die Partei der Freiheit). Hg. von Kurt Klotzbach. Berlin/Bonn/ Bad Godesberg 1974
Drüll, Dagmar. Heidelberger Gelehrtenlexikon 1803 — 1932. Berlin/Heidelberg 1986
Enciclopedia dell'antifascismo e della Resistenza. La Pietra. 1969 ff.
Encyclopaedia Judaica. Bde. 1-16. Jerusalem 1972
Exil in den USA. Kunst und Literatur im antifaschistischen Exil 1933 — 1945, Band 3. Leipzig 1983
Farrer, David. The Warburgs. The Story of a Family. New York 1975
Feingold, Henry L. The Politics of Rescue. The Roosevelt Administration and the Holocaust 1938 — 1945. New Brunswick/Rutgers University 1970
Fermi, Laura. Illustrious Immigrants. The Intellectual Migration from Europe 1930 — 1941. Chicago and London 1968
Feuchtwanger, Lion. Unholdes Frankreich (am. "The Devil in France" 1941, Viking)
Finker, Kurt. Graf Moltke und der Kreisauer Kreis. Berlin 1980
Fittko, Lisa. Mein Weg über die Pyrenäen. München/Wien 1985
Frank, Leonhard. Links, wo das Herz ist. Frankfurt a.M. 1976
Friedman, Saul S. No Haven for the Oppressed. United States Policy Toward Jewish Refugees, 1938 — 1945. Detroit 1973
Fry, Varian. Auslieferung auf Verlangen. Die Rettung deutscher Emigranten in Marseille 1940/41. Hg. von Wolfgang D. Elfe und Jan Hans. (am. »Surrender on Demand« 1945) München/Wien 1986
Gardiner, Muriel. Code Name »Mary«. Memoirs of an American Woman in the Austrian Underground. New Haven and London 1983
Gisevius, Hans Bernd. Bis zum bitteren Ende. Hamburg 1947
Gold, Mary Jayne. Crossroads Marseille 1940. A Memoir. New York 1980
Grant Duff, Shiela. Fünf Jahre bis zum Krieg. (1934 — 1939). Eine Engländerin im Widerstand gegen Hitler. München 1978
Hallgarten, George W.F./Radkau, Joachim. Deutsche Industrie und Politik von Bismarck bis in die Gegenwart. Frankfurt a.M./Köln 1974
Handbook of the University of Oxford. London 1948
125 Jahre — Vom Fröbelseminar zur staatlichen Fachschule für Sozialpädagogik. Hamburg 1985
International Biographical Dictionary of Central European Emigrés 1933 — 1945. Ed. Herbert A. Strauss and Werner Röder. München/New York/London/ Paris: K.G. Saur 1983
Jay, Martin. Dialektische Phantasie. Die Geschichte der Frankfurter Schule und des Instituts für Sozialforschung 1923 —1950. Frankfurt a.M. 1976Jewish Im-

migrants of the Nazi Period in the USA. Ed. Herbert A. Strauss. New York/ MünchenLondon/Paris: K.G. Saur 1980
Jüdisches Lexikon. Ein enzyklopädisches Handbuch des jüdischen Wissens in vier Bänden. Begr. von Dr. Georg Herlitz und Dr. Bruno Kirschner. Berlin: Jüdischer Verlag 1930
Jungk, Peter Stephan. Franz Werfel. Eine Lebensgeschichte. Frankfurt a.M. 1987
Kroh, Ferdinand. David kämpft. Vom jüdischen Widerstand gegen Hitler. Hamburg 1988
Krohn, Helga. Die Juden in Hamburg. Die politische, soziale und kulturelle Entwicklung einer jüdischen Grosstadtgemeinde nach der Emanzipation 1848 — 1918. Hamburg, 1974
Lash, Joseph P. A World of Love. Eleanor Roosevelt and her Friends 1943 — 1962. New York 1984
Levi, Carlo. Christus kam nur bis Eboli. Zürich/Wien/Konstanz 1947
Lexikon der Weltliteratur. Hg. Gero von Wilpert. Stuttgart 1975
Lorenz, Ina. Die Juden in Hamburg zur Zeit der Weimarer Republik. Eine Dokumentation. Hamburg 1987
Maga, Timothy P. America, France, and the European Refugee Problem 1933 — 1947. New York/London 1985
Malraux, André. L'Espoir. Paris 1948Mann, Golo. Erinnerungen und Gedanken. Eine Jugend in Deutschland. Frankfurt a.M. 1986
Mann, Klaus. Der Wendepunkt. Ein Lebensbericht. (am. "The Turning Point" 1944) Frankfurt a.M. 1953
Michaelis-Stern, Eva. Erinnerungen an die Anfänge der Jugendalijah in Deutschland. Bulletin des Leo Baeck Instituts 70 1985
Mit dem Gesicht nach Deutschland. Eine Dokumentation über die sozialdemokratische Emigration. Hg. im Auftrag der Kommission für Geschichte des Parlamentarismus und der politischen Parteien von Erich Matthias. Düsseldorf 1968
Naumann, Uwe. Klaus Mann. Reinbek bei Hamburg 1984
Nenni, Pietro. Spagna. Milano 1958
Neue Deutsche Biographie. Herausgegeben von der Historischen Kommission bei der Bayrischen Akademie der Wissenschaften. Berlin
Padberg, Magdalena. Das Leben der Elsa Brandström. Freiburg 1989
Paolini, Edmondo. Altiero Spinelli. Appunti Per Una Biografia. Bologna 1988
Radkau, Joachim. Die deutsche Emigration in den USA. Ihr Einfluß auf die amerikanische Europapolitik 1933 — 1945. Düsseldorf 1971
Raynolds, Nicholas. Beck — Gehorsam und Widerstand. Die authentische Biografie des deutschen Generalstabschefs 1935 — 1938. München 1977
Reichshandbuch der deutschen Gesellschaft. Das Buch der Persönlichkeiten in Wort und Bild.
Reijen, Willem v./Schmid Noerr, G. Grand Hotel Abgrund. Eine Photobiographie der Frankfurter Schule. Hamburg 1988
Reventlow, Rolf. Spanien in diesem Jahrhundert. Wien 1968
Roosevelt and Frankfurter. Their Correspondence 1928 — 1945. Annotated by Max Freedman. Boston/Toronto 1967

Rosenbaum, E./Shermann, A.J. Das Bankhaus M.M. Warburg & Co. 1798 — 1938. Hamburg 1976
Sahl, Hans. Die Wenigen und die Vielen. Roman einer Zeit. Frankfurt a.M. 1959.
Santillana, Giorgio de. Reflections on Men and Ideas. Cambridge/Massachusetts/ London 1968
SBZ-Biographie. Ein biographisches Nachschlagewerk über die sowjetische Besatzungszone Deutschlands. Bonn/Berlin 1964
Schneider, Rolf. »Es schaffen bis zum Ende. Sanary in Südfrankreich — Zuflucht für Walter Benjamin und die anderen.« In: Die Zeit, Nr. 41 (7. Oktober 1988)
Schumacher, E.F. Small is Beautiful. Die Rückkehr zum menschlichen Maß. Hamburg 1977
Sheean, Vincent. Dorothy und Red. Die Geschichte von Dorothy Thompson und Sinclair Lewis. (am. "Dorothy and Red" 1963) München/Zürich 1964
Shephard, Naomi. Wilfried Israel. Berlin 1985
Spender, Stephen. Journals 1939 — 1983. Edited by John Goldsmith. London 1985
Svenskt Biografiskt Lexikon. Stockholm 1975
Svenska Män och Kvinnor. Biografisk Uppslagsbok. Stockholm 1942
The Author's and Writer's Who's Who. London 1971
The Academic Who's Who. Adam & Black London
The Encyclopedia Americana. International Edition. Grolier 1984
The Jewish Encyclopaedia. A descriptive record of the history, religion, literature, and customs of the jewish people from the earliest times. Ed. Isidore Singer. KTAV Publishing House, Inc.
The National Cyclopaedia of American Biography. New York 1962
The Universal Jewish Encyclopedia. An Authoritative and Popular Presentation of Jews and Judaism Since the Earliest Times. New York 1940
Thomas, Norman. Is Conscience a Crime? New York/London 1972
Walk, Joseph. Kurzbiographien zur Geschichte der Juden 1918 —1945. Hg. vom Leo Baeck Institute, Jerusalem. München/New York/London/Paris: K.G. Saur 1988
Warburg, Erich. Zeiten und Gezeiten.
Warburg, James P. The long road home. New York 1964
Warburg, Max A. »Irland: Entzückend aber ziemlich aussichtslos«. In: Charlotte Ueckert-Hilbert. Fremd in der eigenen Stadt. Hamburg 1989
Warburg, Max M. Aus meinen Aufzeichnungen. Privatdruck, New York 1952
Weizmann, Chaim. Memoiren. Das Werden des Staates Israel. (am. "Trial and Error" 1950) Hamburg 1951
Weizmann, Chaim. A biography by several hands — With a Preface by David Ben-Gurion. London 1962
Weizmann, Vera. The Impossible takes Longer. London 1967
Wer ist Wer? Das deutsche Who is Who. Degener Berlin
Wer ist Wer? Das deutsche Who is Who. arani Berlin
Who's Who 1988. An Annual Biographical Dictionary. London: A & C Black 1988
Who was Who. A Companion to Who's Who. London: A & C Black
Wininger, S. Große Jüdische Nationalbiographie. Bde. I—VII. Nendeln/Liechtenstein: Kraus Reprint 1979 (von 1925 — 36)

Wolff-Mönckeberg, Mathilde. On The Other Side — To My Children: From Germany 1940 — 1945. Translated and edited by Ruth Evans. London 1979
Wood, Barbara. Alias Papa. A Life of Fritz Schumacher. London 1984
Zadek, Walter (Hg.). Sie flohen vor dem Hakenkreuz. Selbstzeugnisse der Emigranten. Ein Lesebuch für Deutsche. Hamburg 1981
Zuckmayer, Carl. Als wär's ein Stück von mir. Frankfurt a.M. 1966

Bildnachweis

Privatbesitz Ingrid Warburg. S. 16 — 38, 62, 74, 82, 90 — 94, 108, 130, 131, 148, 164, 214, 236 — 238, 267 — 270, 317, 326, 340, 361
Gold, Mary Jayne. Crossroads Marseille. S. 180, 353
Malone, Henry. Adam von Trott. S. 106, 107
Cartarius, Ulrich. Opposition gegen Hitler. S. 317, 319
Farrer, David. The Warburgs. S. 124
Encyclopaedia Judaica. S. 142
Wood, Barbara. Alias Papa. S. 304
S.Reijen, Willem v./Schmid Noerr, G. Grand Hotel Abgrund. S. 311, 427
Bielenberg, Christabel. Als ich Deutsche war. S. 311
Archiv. S. 31, 324, 330, 359, 381
Braun-Vogelstein, Julie. Was niemals stirbt. S. 317
Gardiner, Muriel. Code Name Mary. S. 319, 353
Der deutsche PEN-Club im Exil. S. 330, 389,
Dictionnaire général du surréalisme et de ses environs. S. 205, 389
Exil in den USA. S. 340
Grant Duff, Shiela. Fünf Jahre bis zum Krieg. S. 353
Current Biography. S. 381, 383
Twentieth Century Authors. New York: Wilson, 1955. S. 383
The Encyclopedia Americana. S. 383, 427
1892 — 1982 PSI Novanta anni di storia. 1982 S. 425
La Grande Encyclopédie. Larousse. Paris 1974. S. 425
Enyclopedia of Zionism and Israel. S. 463
Jungk, Peter Stephan. Werfel. S. 463

Quellennachweis

Privatbesitz Ingrid Warburg. S. 108, 302, 312, 320, 325, 334, 335, 337, 346, 387, 392, 431, 435, 437, 438, 439, 448, 465,
Deutsche Bibliothek Frankfurt, Deutsches Exilarchiv. S. 324, 330, 331, 389, 392, 394, 435
Yivo Institute, New York, S. 453

Aus unserem Programm

Margarethe E. Milow
Ich will aber nicht murren
hg. von Rita Bake und Birgit Kiupel
2 Bände in Schmuckkassette,
jeweils 134 Seiten, 52 Abb., DM 34,00
2. Auflage 1988, ISBN 3-926174-04-8
Dölling und Galitz Verlag

»Eine Frau aus dem 18. Jahrhundert erzählt ... ihr durchaus bescheidenes Leben. Aber gerade weil wir so manche autobiographische Darstellung von bedeutenden Gestalten der Epoche besitzen, ... sind jene Aufzeichnungen uns wertvoll, von denen sie sich durch den ungewöhnlichen Lebensgang abheben.

Wie sah der Alltag einer Predigersfrau in eigentlich dürftig zu nennenden Verhältnissen aus? Wie war ihre Kindheit in einem nicht unvermögenden Hamburger Elternhaus? Wie sah die Erziehung aus, und welches waren die Kümmernisse ihrer Jugendzeit? Was hat sie gelesen außer dem Katechismus? Was war ihr die Liebe, und wie kam die Ehe zustande? Hat sie Glück erfahren oder war sie nur zufrieden, weil sie sich ihr Leben gar nicht mehr anders vorzustellen vermochte? All diese Fragen und deren Beantwortung ... überliefert uns Margarethe E. Milow.«

R. R. Wuthenow, Frankfurter Rundschau, 23.2.88

Den Erinnerungen ist ein bebildertes Lexikon an die Seite gestellt, das den Lebensraum der Frauen im 18. Jahrhundert inszeniert, mit Stichworten von Altar über Begierde, Ehezärter, Gärten, Liebe, Literatur, Kirschklöße, Schwangerschaft bis Zuckerbäcker.